하이데거 극장

존재의 비밀과 진리의 심연

A Theater of Heidegger : Secret of Being and Abyss of Truth

by Ko Myoung Sub

Published by Hangilsa Publishing Co. Ltd., Korea, 2022

하이데거 극장

존재의 비밀과 진리의 심연

고명섭 지음

"심연 속으로 떨어지더라도 우리는 공허 속으로
추락하는 것이 아니다. 우리는 높은 곳으로 떨어진다.
이 높은 곳의 높이가 깊이를 열어준다."

• 『언어로의 도상에서』

하이데거 극장
존재의 비밀과 진리의 심연

제4부 ◇ 세계의 밤

1 히틀러와 국가사회주의   13

2 횔덜린의 시   61

3 예술 작품의 근원   119

4 존재와 역사   185

5 권력의지와 영원회귀—『니체』 I   239

6 니힐리즘의 극복—『니체』 II   327

제5부 ◇ 궁핍한 시대의 사상가

1 프랑스 점령기   403

2 사르트르와 실존주의   425

3 휴머니즘 편지   441

4 마르틴과 한나 II   505

제6부 ◇ 숲속의 은자

1 숲길과 사물   527

2 기술 문명의 폭주   559

3 내맡김과 초연함   591

4 동일성과 차이   611

5 언어에 이르는 길   645

6 시간과 존재   693

7 철학의 종말, 사유의 과제   733

8 궁극의 신   755

에필로그   무와 죽음   791

하이데거 연보   819

주註   823

참고문헌   835

인명 찾아보기   853

용어 찾아보기   857

하이데거 극장
존재의 비밀과 진리의 심연

❶

추천의 글 하이데거 사상의 숲속으로 • 김상봉

프롤로그 무의 바다를 밝히는 존재와 진리의 드라마

제1부 ◇ 메스키르히의 마법사

1 어린 시절

2 신학에서 철학으로

3 후설의 제자

4 바울과 아우구스티누스

5 아리스토텔레스 대결

6 딜타이와 해석학

제2부 ◇ 신들과 거인들의 전쟁

1 마르틴과 한나 I

2 존재와 현존재—『존재와 시간』 I

3 호기심, 빈말, 모호성—『존재와 시간』 II

4 염려와 시간—『존재와 시간』 III

5 존재와 진리—『존재와 시간』 IV

6 후설의 오해와 결별

제3부 ◇ 형이상학의 검투사

1 무와 불안의 형이상학

2 다보스 결투

3 향수, 권태, 유한성

4 진리와 자유

주註

인명 찾아보기

용어 찾아보기

일러두기

하이데거 저작은 한국어판을 기본으로 하여 영어판과 독일어판을 함께 참조했다. 본
문에 인용한 하이데거 글의 쪽 번호는 한국어판을 기준으로 삼았으며, 한국어판이 없
을 경우 독일어판의 쪽 번호를 썼다. 『존재와 시간』도 독일어판 쪽 번호를 기재했다.
자세한 내용은 참고문헌을 볼 것.

제4부

◇

세계의 밤

1 히틀러와 국가사회주의

프라이부르크대학 총장으로서 하이데거의
나치 참여는 인간 하이데거의 이력에 평생 종양처럼
따라붙었지만, 하이데거의 본디 철학과 무관하게 섣부른
정치적 오판에 넘어가 저지른 실책만은 아니었다.
어찌 보면 나치 참여야말로 하이데거 철학의 직접적 표출이었고
그 철학의 명령을 따르는 일종의 정치적 모험이었다.
그 모험이 하이데거의 뇌리에 쓰라린 패배의 기억을
새겼지만 그 실패를 하이데거 철학의
실패라고 단정할 수는 없다.

"

아니다. 정신이 운명이고 운명은 정신이다.
그런데 정신의 본질은 자유다.

이 모든 허상 위로 유령처럼 이런 질문이 떠돌 것이다.
무엇을 위한 것인가? 어디로 향하는 것인가?
결국에 가서는 무엇인가?

"

프라이부르크대학에 밀어닥친 히틀러 파도

1930년 9월 총선에서 아돌프 히틀러의 나치당(국가사회주의독일노동자당)이 제2당으로 올라서자 독일 전역에서 환호와 탄식이 엇갈렸다. 이 시기에 하이데거가 어느 쪽에 섰는지는 확실하지 않다. 그러나 얼마 지나지 않아 하이데거의 태도는 분명해졌다. 1932년 4월 대통령선거에 나선 히틀러는 파울 폰 힌덴부르크(Paul von Hindenburg, 1847~1934)에게 패배했으나 36.8%라는 놀랄 만한 득표율을 기록했다. 이어 그해 7월에 치른 총선에서 나치당은 37.8%의 표를 얻어 제1당이 됐다. 11월 총선에서는 33.1%에 머물렀으나 여전히 제1당을 유지했다. 1929년 터진 대공황의 여파는 독일 사회와 경제를 거대한 소용돌이 속으로 몰아넣었다. 실업자는 7백만 명에 이르렀고 바이마르 공화국의 자유주의 체제는 작동 불능 상태에 빠졌다. 어떻게든 나치당 집권을 막아보려던 보수파 대통령 힌덴부르크는 히틀러와 손을 잡는 것 말고는 파국을 막을 길이 없다는 최종 판단에 이르렀다. 1933년 1월 30일 히틀러가 마침내 독일의 총리로 임명됐다. 기회를 잡은 히틀러는 곧바로 의회를 해산하고 3월에 다시 총선을 실시해 나치당을 확고한 제1당으로 세웠다. 이어 반대파를 제압한 뒤 의회의 입법권을 통째로 총리에게 넘겨주는 '수권법'을 통과시켜 순식간에 독재 체제를 구축했다.

히틀러 집권이라는 거대한 파도는 프라이부르크대학도 집어삼켰다. 전해 12월 의과대학 해부학 교수 빌헬름 폰 묄렌도르프(Wilhelm von Möllendorff, 1887~1944)가 대학평의회에서 차기 총장으로 선출됐다. 묄렌도르프는 사회민주당원이었다. 당시 보수적인 독일 대학 사회에서 교수가 사회민주당원인 경우는 드물었고 더구나 대학 총장이 되는 경우는 더 드물었다. 묄렌도르프는 4월 5일 총장에 취임했다. 그 사이에 히틀러가 권력을 장악하고 나치즘이 대세가 되기 시작했기 때문에 묄렌도르프는 총장직 수행에 큰 부담을 느꼈다. 새 총장이 대학 안 반유대인 현수막 게시를 금지하자 당국은 이 사실을 빌미로 삼아 묄렌도르프를 총장 취임 2주 만에 물러나게 했다.[1] 총장직 사퇴 전에 묄렌도르프는 하이데거를 찾아와 다음 총장직을 맡아 달라고 요청했다. 하이데거 부인 엘프리데의 증언으로는 "아침이고 저녁이고 몇 번씩" 찾아왔다.[2] 하이데거의 아들 헤르만 하이데거도 아버지가 총장이 되기 전에 묄렌도르프가 자주 하이데거의 집을 방문했으며 자신이 직접 문을 열어주기도 했다고 뒷날 증언했다.[3] 묄렌도르프는 4월 20일 대학평의회를 소집해 사퇴 결심을 밝히고 마르틴 하이데거를 후임으로 제안했다. 묄렌도르프보다 앞서 총장을 지낸 요제프 자우어(Joseph Sauer, 1872~1949)도 하이데거에게 총장직을 인수할 것을 요청했다. 하지만 하이데거는 선거 당일까지도 마음을 정하지 못했다. 뒷날 잡지 『슈피겔』 인터뷰에서 하이데거는 그 경위를 다음과 같이 밝혔다.

"해임되던 날 묄렌도르프는 내게 와서 이렇게 말했습니다. '하이데거, 이제 당신이 총장직을 맡아줘야 하겠소.' 나는 내가 대학 행정에는 아무런 경험이 없다는 사실을 들어서 거부했습니다. 그렇지만 당시 묄렌도르프의 선임 총장으로서 공석인 총장직을 임시로 맡은 자우어(신학자)도 내가 새 총장 선거에 입후보할 것을 촉구했습니다.

그러지 않으면 당 관료가 총장으로 임명될 위험이 있다는 것이었습니다. 나와 여러 해 동안 대학 개혁에 대해 논의해왔던 젊은 동료들도 내게 총장직을 맡으라고 성화였습니다. 나는 오랫동안 망설였습니다. 결국 나는 만약 대학평의회가 만장일치로 동의한다면, 오직 대학의 이익을 위해 총장직을 맡을 용의가 있다고 밝혔습니다. 그러면서도 과연 내가 적임자인지에 대해서는 여전히 나 자신은 미심쩍었기 때문에 나는 선거일 아침에 총장실에 찾아가서 거기 있던 묄렌도르프와 자우어에게 그 직책을 맡을 수 없다고 설명했습니다. 그러자 두 동료는 선거가 이미 준비됐기 때문이 이제는 입후보를 철회할 수 없다고 답했습니다."4)

교수총회는 거의 만장일치로 하이데거를 새 총장으로 선출했다. 하이데거가 선거 당일 아침까지도 총장직을 맡는 문제를 놓고 마음을 굳히지 못하고 망설인 것은 나치당에 대한 거리감 때문이 아니었다. 이 시기에 하이데거는 벌써 히틀러와 나치즘(Nazismus) 곧 국가사회주의(Nationalsozialismus) 운동의 확고한 지지자였다. 하이데거가 언제부터 히틀러와 국가사회주의 운동의 지지자가 됐는지는 명확하지 않다. 그러나 늦어도 1931년 겨울학기 때는 국가사회주의 지지자로 돌아선 것이 확실해 보인다. 1932년 새해 방학 중에 토트나우베르크의 하이데거를 방문한 제자 헤르만 뫼르헨(Hermann Mörchen, 1906~90)은 하이데거가 국가사회주의에 정치적 공감을 표시하자 매우 놀랐다. 하이데거의 또 다른 제자 막스 뮐러도 스승이 국가사회주의 신봉자임을 드러내자 많은 제자들이 놀랐다는 사실을 증언했다.5) 그러나 그때까지 하이데거의 국가사회주의 지지는 정치적 의견을 표명하는 수준에 머물렀다.

태도 변화는 히틀러가 권력을 장악한 뒤에 나타났다. 하이데거는 1933년 3월 '독일대학협회' 안의 나치 분파인 '독일 대학교수 문화

정치연구회'에 가입해 정치적 행동 쪽으로 한 발 더 다가섰다. 이 단체는 나치 이념에 따라 대학을 개혁하고 대학 안에 '지도자 원리'를 도입할 것을 주창했다. 대학 안에 '지도자 원리'를 도입한다는 것은 장관이 총장을 임명하고 총장이 학장을 임명해 대학 안에서 총장이 전권을 쥐는 것을 뜻했다.[6] 이 시기에 하이데거는 또 프라이부르크 대학 내부의 국가사회주의자 교수·강사들과 긴밀히 접촉했다. 젊은 국가사회주의 교수·강사들은 하이데거를 새 총장으로 밀었다. 이런 사정은 하이데거가 『슈피겔』 인터뷰에서 "나와 여러 해 동안 대학 개혁에 대해 논의해왔던 젊은 동료들도 내게 총장직을 맡으라고 성화였다"고 밝힌 데서도 확인된다. 그렇다면 당시 하이데거가 총장직을 받아들이는 데 마지막 순간까지 주저한 것이 나치의 지원을 꺼린 탓이 아님은 분명해진다. 하이데거가 고백한 대로 자신이 주위의 기대에 부응해 과연 대학 개혁을 잘 해낼지 자신하지 못한 것이 근본 이유라고 해야 할 것이다.

프라이부르크대학 총장 취임 '독일 대학의 자기주장'

하이데거에게 히틀러 집권은 일종의 '혁명'이었고 새로운 시대의 출발을 알리는 서곡이었다. 히틀러 집권을 보는 그런 관점은 1933년 5월 1일 하이데거의 총장 취임과 함께 즉각 외부로 표출됐다. 하이데거는 총장에 취임한 날 국가사회주의독일노동자당에 가입하고 이어 대학 안에 '지도자 원리'를 도입했다. 당시 하이데거가 마음에 품었던 이념이 어떤 것이었는지는 1933년 5월 27일 총장 취임 연설 「독일 대학의 자기주장」에 분명히 드러나 있다. 하이데거는 취임 연설에서 '학문의 자유' 추방을 선언했다.

"자기 자신에게 법칙을 부여하는 것이 최고의 자유입니다. 그동안

프라이부르크대학 1933~34년 겨울학기 개강식.
가운데 키 작은 이가 하이데거다. 하이데거는 1933년 5월 1일 총장에 취임했다.

찬미돼온 '학문의 자유'는 대학에서 추방돼야 합니다. 이런 자유는 오직 부정하는 자유일 뿐이기에 진정한 자유가 아니었습니다. 그것은 제멋대로 거리낌 없이 생각하고 행하는 것을 의미했습니다. 독일 학생의 자유라는 개념은 이제 진정한 의미를 회복해야 합니다."7)

'학문의 자유'를 부정하는 하이데거의 이런 생각은 히틀러 집권 이후에 갑자기 튀어나온 것이 아니었다. 1929년 프라이부르크대학 교수 취임 강연에서도 하이데거는 이미 그런 생각을 밝힌 바 있다.

"(오늘날) 학문 영역은 서로 무관하게 분리돼 있다. 대상을 다루는 취급 양식도 근본적으로 서로 다르다. 이렇듯 산만하게 분산된 다양한 학문은 오늘날 대학 또는 학부의 기술적인 조직에 의해서만 겨우 결합돼 있을 뿐이고, 전공 영역들이 지닌 실용적 목적을 통해서만 겨우 그 의미를 유지하고 있을 뿐이다. 이에 반해서 학문들이 공통적으로 뿌리를 내린 그 본질 바탕은 완전히 메말라버렸다."「형이상학이란 무엇인가」『이정표1』 150쪽

개별 학문이 각자 도생의 방식으로 분산돼 공통의 뿌리와 근거를 잃어버린 채 실용적인 목적을 향해 치닫고 있다는 진단이다. 하이데거는 그런 뿌리 없는 학문의 자유를 부르주아적 자유라고 규정하고 배격한 것이다. 학문을 공통의 형이상학적 바탕 위에 새로운 이념을 지주로 삼아 세우는 것, 실용적인 관심 속에 뿔뿔이 흩어진 학문을 '독일 민족의 역사적 운명'에 관여하도록 재조직하는 것이 진정한 학문의 자유를 실현하는 길이라는 것이 총장 취임 전부터 품어온 하이데거의 생각이었다. 하이데거는 '학문의 자유'에 관한 자신의 주장을 평생 버리지 않았다. 1966년의『슈피겔』인터뷰에서도 하이데거는 그런 생각을 여전히 견지하고 있다고 밝혔다.

학문의 자유에 대한 새로운 정의에 이어「독일 대학의 자기주장」은 대학생들의 의무로 세 가지 '봉사'를 강조했다. '노동 봉사', '국

방 봉사' 그리고 '지식 봉사'가 하이데거가 제시한 세 가지 의무였다.

"첫 번째 의무는 민족 공동체에 대한 의무입니다. 이것은 모든 신분의 민족 구성원들의 노고와 역량에 함께 짐을 지고 함께 행동하면서 참여할 의무입니다. 이 의무는 이제부터 노동 봉사를 통해 실현되고 학생들의 현존재 속으로 뿌리내리게 됩니다. 두 번째 의무는 다른 민족들 한가운데 있는 국가의 명예와 운명에 대한 의무입니다. 이것은 최후까지 자신을 바칠 각오를 요구합니다. 그런 각오는 견고한 의지와 힘 그리고 훈련에 의해 강화됩니다. 이 의무는 장차 학생들의 삶 전체를 국방 봉사로서 철저하게 규정할 것입니다."[8]

하이데거는 세 번째 의무로 제시한 '지식 봉사'에 힘을 주었다.

"학생들의 세 번째 의무는 독일 민족의 정신적인 사명에 대한 의무입니다. 독일 민족은 세계를 형성하는 인간 현존재의 모든 압도적인 힘의 개시성 안에 자신의 역사를 건립하고 자신의 정신적 세계를 언제나 새롭게 쟁취해냄으로써 자신의 운명을 형성합니다. 이렇게 가장 물을 가치가 있는 고유한 현존재에 자신을 내맡김으로써 이 민족은 정신적인 민족이 되려고 의지합니다. 이를 위해서 자연스럽게 그 자체로 요구되는 것은 민족의 지도자들과 수호자들이 최고의 지식, 가장 폭넓고 가장 풍부한 지식을 갖추는 일입니다. 그런 지식은 가장 엄격한 명료함을 특징으로 합니다. 일찍부터 담대한 용기를 내고자 하고 민족의 미래의 운명을 형성하고자 의지하는 청년 학생은 근본적으로 그런 의지를 견고하게 하지 않으면 안 됩니다. 여기서 지식 봉사는 더는 '고상한' 직업을 얻기 위한 과정일 뿐인 속성의 훈련이 되어서는 안 될 것입니다. 정치가와 교사, 의사와 재판관, 성직자와 건축가는 민족적·국가적 현존재를 지도하고 이 현존재가 세계를 형성하는 인간 존재의 힘들과 근본적인 관계를 맺도록 이 현존재를 엄격하게 지켜보고 이끌어가기 때문에, 이 직업과 그것을 위한 교육은 지식 봉사에 귀속됩니다. 지식이 직업에 봉사하는 것이 아니라 그 반대입니다. 직업은 자신의 현존재에 대한 민족의 최고의 본질적인 지식을 실현할 뿐입니다. 이런 지식은 (이른바) 본질들과 가치들 자체에 대한 객관적인 인식이 아니라, 존재자의 압도하는 힘 한가운데서 우리가 우리의 현존재를 극도의 가혹한 위협에 내맡기는 것을 의미합니다. 가장 물을 가치가 있는 존재 일반은 민족에게 노동과 투쟁을 강제하며, 민족을 직업이 유기적으로 결합돼 있는 국가로 결속합니다."[9]

노동 봉사, 국방 봉사, 지식 봉사

하이데거는 이 세 가지 봉사가 "동일하게 필수적이며 서로 동등한 지위를 점한다"고 말했지만, 강조점은 역시 세 번째 봉사인 '지식 봉사'에 놓여 있었다. 지식 봉사를 설명하는 데 가장 긴 시간을 할애한 것도 하이데거의 핵심적 관심이 어디에 놓여 있는지를 보여주었다. 지식 봉사에 대한 설명을 통해 하이데거는 '학문의 자유'를 배격하는 이유를 더욱 명료히 제시했다. 학문의 자유라는 명분을 앞세워 대학이 '고상한 직업을 얻기 위한 속성 훈련 과정'으로 떨어져서는 안 된다. 대학생들은 민족과 국가를 이끌어갈 지도자와 수호자가 돼야 할 사람들이다. 그러므로 '가장 폭넓고 가장 풍부한 지식'을 갖춤으로써 독일이 '정신적인 민족'이 되는 길을 열어야 한다. '가장 물을 가치가 있는 존재 일반'은 이제 민족과 긴밀히 결속하게 된다. 민족의 미래의 운명을 형성하는 것이야말로 지식 봉사의 가장 중요한 의미다. 직업은 이 지식을 실현하는 형식일 뿐이지 지식이 직업을 찾는 수단이 돼서는 안 된다. 이 연설에서 하이데거 철학의 핵심 용어 가운데 하나인 '현존재'의 의미가 크게 바뀌었다. 『존재와 시간』에서 하이데거는 현존재를 개인을 가리키는 말로 썼지만, 이제는 개인이 아니라 독일 민족 전체의 현존재를 강조했다.

하이데거는 총장 취임 연설에 담긴 이념을 틀어쥐고 대학 개혁에 착수했다. 프라이부르크대학이 속한 바덴주가 '지도자 원리'에 입각해 새 '대학조직법'을 만드는 데도 하이데거는 결정적인 기여를 했다.[10] 교수들로만 구성되던 대학평의회에는 학생 대표와 조교 그리고 교직원들도 참여했다. 지도자 원리 도입으로 가장 큰 타격을 받은 쪽은 각 학과의 정교수들이었다. 그 전까지 정교수들은 자기들 뜻대로 학과 정책을 결정했지만, 지도자 원리가 들어서자 정교수 권한을 내려놓아야 했다. 지도자 원리에 입각한 권위주의적 개혁으로 대학은 역설적으로 더 민주화되고 교수 임용이 더 투명해졌다.[11]

하이데거는 총장 취임 연설에서 밝힌 대로 대학에 노동 봉사와 국방 봉사를 도입했다. 학생들은 한편으로 군사훈련을 받고 다른 한편으로 삶의 현장으로 들어가 농부들의 수확을 돕고 공장에서 노동자들과 함께 일했다. 1933년 11월 25일 입학식에서 하이데거는 「노동자로서 독일 대학생」이라는 제목의 연설을 했다. 총장은 연설에서 지식계급의 오만을 규탄했다. 대학생은 개인의 출세를 위해 정신의 보화를 끌어 모으려 해서는 안 되며 어떻게 하면 자신의 연구와 지식으로 민족에 최선의 봉사를 할 수 있을지 자문해야 한다고 말했다. 대학생은 자신의 학업을 아주 겸허히 일종의 '노동'으로 파악해야 하며 실제로 육체노동도 해야 한다고 강조했다. 농가의 수확을 거들거나 프라이부르크 근교로 나가 토지개량사업을 돕거나 도시 안 급식 사업에 일손을 보태야 한다. 하이데거는 자신의 원칙을 다시 한번 분명히 밝혔다.

"국가사회주의 나라는 노동자의 국가입니다."[12]

1933년에 나치당이 실업자들의 사회 편입을 돕는 프로그램을 공포하자, 하이데거는 실업자 600명을 대학으로 초청해 재교육을 받도록 했다. 하이데거의 이런 대학 개혁을 자프란스키는 1960년대 독일 학생 운동의 대학 개혁에 견준다.[13] 1960년대 학생운동과 마찬가지로 하이데거는 학생들을 혁명의 선도 세력으로 보았고 육체노동과 정신노동의 분리를 극복하고자 했다. 하지만 나치 패망 뒤 대학은 과거의 운영 방식으로 되돌아가고 정교수들은 잃어버린 권한을 되찾았다. 1960년대 학생운동이 대학에 더 많은 민주주의를 요구한 뒤에야 교직원과 학생들이 다시 대학 운영에 참여할 수 있게 됐다. 하이데거의 지도자 원리는 단순히 권위주의적인 원칙에 그치지 않고, 광범위한 대중의 동참을 전제로 하여 상향식 이의 제기를 허용하는 것이었다.

1960년대 후반 독일 학생운동 주도자 가운데 한 사람이 쓴 회고록을 보면, 1968년 학생 시위자 대표들이 하이데거를 찾아갔을 때 하이데거는 학생들에게 전폭적인 공감과 지지를 밝히면서, 비록 정치적 상황이 다르기는 하지만 1933년 자신이 프라이부르크대학 총장으로서 하려고 했던 일을 학생들이 지금 1968년에 하고 있다고 밝혔다.[14] 이 문제와 관련해 슬라보예 지젝(Slavoj Žižek, 1949~)은 이렇게 말한다. "이 주장을 하이데거의 위선적인 착각으로 묵살해선 안 된다. 하이데거가 나치즘에 … 기대하고 있었던 것은 혁명적인 사건이었다. 그가 짧은 재임 기간 동안 총장으로서 시행한 일부 조처들은 일종의 '문화혁명'을 일으키려 했던 그의 의도를 입증한다."[15]

야스퍼스의 지지를 받은 하이데거의 대학 개혁

지도자 원리에 입각한 하이데거의 대학 개혁 운동은 야스퍼스의 전폭적인 지지를 받았다. 이 사실은 뒤에 야스퍼스가 하이데거와 거리가 멀어지고 마지막엔 나치 시대 하이데거 행보를 탄핵한다는 것을 고려할 때 특별히 주목할 만한 일이다. 야스퍼스는 1933년 8월 23일 쓴 편지에서 이렇게 말했다. "총장 취임 연설에 대해 당신에게 감사를 표하고 싶습니다. … 초기 그리스에서 출발점을 잡은 당신의 배포는 새로우면서도 자명한 진리처럼 나를 감동시켰습니다. … 당신의 철학하기에 대한 나의 신뢰감은 … 시대에 부합하는 이 연설의 특징들, 내게 뭔가를 강요하는 듯한 혹은 공허한 울림을 지닌 듯한 문장들로 인해 감소되지는 않습니다. 참된 한계와 근원에 가 닿는 말을 할 수 있는 사람이 있다는 사실이 그저 기쁠 따름입니다."

야스퍼스는 이 편지에서 새로이 적용되는 '귀족주의 원리' 곧 지도자 원리가 반드시 성공하기를 기원한다고 말했다. 여기서 '귀족주의 원리'란 플라톤이나 아리스토텔레스가 지지했던 정치 원리, 곧 가장 탁월한 사람들이 다스리는 통치 원리를 가리킬 것이다. 나중에 이 편지 내용과 관련해 야스퍼스는 하이데거와 대화를 지속하고 싶었기 때문에 '가능한 한 선의로' 연설을 해석하려 했지만, 실은 그 연설과 처신의 '참기 어려울 만큼 저급하고 기인한 수준'에 혐오감만 느꼈다고 비망록에 썼다.[16] 그러나 이것은 훗날의 기억이고 당시 야스퍼스가 꼭 그렇게 느꼈던 것은 아닌 듯하다. 야스퍼스 자신이 하이데거의 국가사회주의적 대학 개혁과 지도자 원리 도입에 열렬히 찬동했기 때문이다.

1933년 8월 23일의 그 편지에서 야스퍼스는 바덴주 문화부가 새로 공포한 대학조직법을 "굉장한 진전"이라고 평했다. 야스퍼스 자신도 1933년 여름에 대학 개혁을 위한 테제를 작성했다. 하이데거가 1933년 6월 마지막으로 야스퍼스를 방문했을 때 야스퍼스는 이 테제에 관해 얘기했으며 자신과 정부 관료들의 만남을 하이데거가 주선해주기를 희망했다. 이 테제에서 야스퍼스는 자신의 개혁 이념이

"그동안 정부로부터 들은 원리들"과 모순되는 것이 아니라 오히려 "일치하는" 것이라고 장담했다.[17] 더 나아가 야스퍼스는 하이데거와 마찬가지로 지도자 원리를 단호하게 지지했다. "무제한의 권한을 가지고 대학을 지배할 수 있는 인물, 상황을 의식하고 있는 청년들의 강력한 충동을 독려하고 평소 미온적이고 무관심할 뿐인 사람들에게서 비상한 협력 자세를 끌어낼 수 있는 인물이 단호한 조처를 통해" 모든 장애와 경직화를 극복할 "두 번 다시 없을 기회"가 존재한다. 지금 단호한 조처를 취하지 않는다면 대학은 "최종적 죽음"을 맞이하게 될 것이다.[18] 심지어 야스퍼스는 하이데거가 말한 노동봉사와 국방봉사도 용인했다.[19]

하지만 야스퍼스는 테제를 공개한다는 계획을 결국 포기했다. 야스퍼스는 그 이유를 테제 원고에 첨부한 메모에 이렇게 밝혀 놓았다. "내 의견을 묻지 않으니 나로서는 할 수 있는 게 없다. 아내가 유대인이고 당원도 아닌 나는 신뢰는커녕 용인하기도 어려운 인물이라는 말만 듣게 될 테니까."[20] 야스퍼스는 아내가 유대인이라는 이유로 1937년 결국 대학에서 쫓겨나고 만다. 야스퍼스로서는 잊을 수 없는 쓰라린 체험이었을 것이다. 만약 야스퍼스가 그런 처지에 내몰리지 않았다면, 아내가 유대인이라는 이유로 나치 치하에서 불이익을 받지 않았다면, 야스퍼스 자신도 최소한 나치 집권 초기에는 하이데거처럼 대학 개혁을 명분으로 삼아 나치 운동에 가담했을 가능성을 완전히 부정할 수는 없다. 어쨌든 "야스퍼스가 초기의 나치 운동에 대해 전적으로 대립적인 입장을 취했다고만은 볼 수 없으며 하이데거의 나치 참여에 대해서도 그렇게 부정적이었다고만은 볼 수 없다"는 것만큼은 분명하다.[21]

나치당의 강경 반유대주의에 반대함

하이데거는 대학 개혁 운동에서 나치당과 뜻이 맞았지만 모든 점에서 나치당과 생각이 일치한 것은 아니었다. 특히 나치당의 강경한 반유대주의에 비판적인 태도를 보였다. 하이데거 자신이 총장 시기에 관해 전후에 쓴 것을 정리해보면 다음과 같다. '하이데거가 총장이 된 뒤 맨 처음 취한 조처는 반유대주의 현수막의 교내 게양을 금지하는 것이었다. 당시 모든 대학에는 반유대인 현수막이 걸려 있었다. 그런데도 하이데거는 자신이 총장으로 있는 한 반유대인 현수막을 절대로 교내에 걸 수 없다고 학생회 간부에게 밝혔다. 돌격대 최고사령부가 현수막 게양을 금지할 경우 대학 폐쇄까지는 아니더라도 총장직 해임을 각오해야 할 것이라고 위협했으나 하이데거는 게양 금지를 철회하지 않았다.'[22] 나치당의 정책을 거스르는 행동은 여기에 그치지 않았다. '하이데거는 자신이 직접 도서관을 감시하면서 나치 학생들이 이른바 반나치적인 책들을 소각하는 것을 금했다. 하이데거는 나치가 아닌 사람들을 보직에 임명했으며 폰 헤베시와 탄하우저 같은 유대인 교수들의 해직을 저지하고 당의 부당한 숙청 작업을 막고자 했다.'[23]

전후에 하이데거가 스스로 한 이 진술을 역사학자 베른트 마르틴(Bernd Martin, 1940~)은 대체로 긍정한다. 『마르틴 하이데거와 '제3제국'』이라는 책에서 마르틴은 이렇게 말한다. "당시 대다수 총장들과 달리 하이데거는 공적인 자리에서 반유대적인 발언을 하거나 아리아 인종을 찬양한 적이 없었다. 그리고 하이데거는 유대인 교수들의 숙청 작업에 소극적이었으며 가능할 경우에는 그들 편에 섰다. 하이데거는 인종적인 출신이나 정치적인 신념을 불문하고 모든 양심적인 세력에게는 민족의 새로운 중흥에 참여할 기회가 주어져야 한다고 생각했다. 반유대주의와 아리아 인종 찬양 따위를 거부함으로써 하이데거는 당과 갈등을 빚을 수밖에 없었다. 그런 것들은 나치당의 기본 정책에 속했기 때문이다."[24]

이런 사정을 고려하면 당시 하이데거는 대학 개혁에 반대하는 보수파 교수들과 반유대주의적인 과격 나치 행동대 사이에서 자신이 국가사회주의(나치즘)의 정도라고 생각하는 길을 가려고 했고, 결국 이 양쪽의 협공으로 중도에 총장직을 사퇴할 수밖에 없었던 것으로 보인다. 이런 행보를 두루 감안해볼 때, 당시 하이데거에게 현실의 국가사회주의와는 결이 다른 자기 나름의 국가사회주의 이념이 있었음이 분명하다.

주목할 것은 이때 하이데거가 국가사회주의 이념을 구현할 자로 생각한 사람이 히틀러였다는 사실이다. 하이데거가 히틀러에게 깊이 빠졌음을 보여주는 증거 가운데 하나는 야스퍼스를 마지막으로 방문했을 때 한 말이다. 1933년 6월 하이데거를 앞에 두고 야스퍼스는 이렇게 말했다. "어떻게 히틀러처럼 교양 없는 사람이 독일을 통치할 수 있단 말입니까?" 하이데거는 이렇게 대꾸했다. "교양 따위는 중요하지 않아요. … 그 사람의 멋진 두 손을 보세요!"[25] 1933년 11월 3일 국제연맹 탈퇴 찬반을 묻는 국민투표 실시를 앞두고 하이데거는 '독일 대학생들에게 고함'이라는 연설을 했다. 이 연설은 다음과 같은 말로 끝났다. "'교설'과 '이념'을 여러분의 존재의 규칙으로 삼지 마십시오. 오직 총통만이 오늘과 미래의 독일의 현실이자 법칙입니다. 이제부터 모든 것은 결단을 요구하고 모든 행동은 책임을 요구한다는 사실을 더욱더 깊이 마음에 새기십시오. 하일 히틀러!"[26]

하이데거는 뒷날 『슈피겔』 인터뷰에서 '지금이라면 그런 말을 하지 않을 것'이라고 뒤로 물러섰지만, '하일 히틀러!'로 끝나는 당시

이 연설은 하이데거의 진심에서 우러나온 것이었다. 그 연설에 이어 며칠 뒤 11월 10일 '투표 참여를 호소하는' 연설에서도 하이데거는 학생과 국민에게 히틀러의 결단에 찬성표를 던질 것을 촉구했다. 하이데거의 이런 행동을 어떻게 보아야 할까? 히틀러에게 현혹당하고 열광한 데 대해 오늘의 관점에서 하이데거의 통찰력 부족을 지적할 수는 있을 것이다. 그러나 당시 독일의 상황을 넓게 고려해보면 하이데거의 행동과 주장이 아주 터무니없는 것이라고만 할 수는 없다.

히틀러에 대한 매혹과 기대

1933년 5월 17일 '평화 연설'에서 히틀러는 '자기 민족에 대한 무한한 사랑과 충성은 다른 민족의 국가적 권리에 대한 존중을 배제하지 않는다'고 말했다. 이 연설에 미국 시사주간지 『타임』은 히틀러가 "진정으로 일치단결한 독일을 위해 말했다"고 썼다.[27] 심지어는 유대계 주민 중에도 히틀러의 '국민 혁명'을 열광적으로 환영하는 사람들이 있었다. 그해 4월 1일 유대계 상점이 보이콧을 당하고 5월 7일에는 유대인 공무원들이 해직됐는데도 그랬다. 그해 여름 북부 도시 킬에서 고전문헌학자 펠릭스 야코비(Felix Jacobi, 1876~1959)는 다음과 같은 말로 강의를 시작했다. "유대인으로서 나는 어려운 상황에 있습니다. 하지만 역사가로서 나는 역사적 사건은 개인의 관점에서만 생각할 수 없는 것임을 배웠습니다. 1927년 이래로 나는 선거에서 아돌프 히틀러를 지지했습니다. 그리고 민족적 고양이 이뤄진 올해 아우구스투스에 관한 강의를 하게 돼 행복합니다. 아우구스투스는 세계사에서 아돌프 히틀러에 비견될 만한 유일한 인물이기 때문입니다."[28]

1933년 11월 12일 국제연맹 탈퇴 가부 국민투표와 함께 실시된 제

지지자들의 환영을 받고 있는 아돌프 히틀러(뉘른베르크, 1933).
하이데거에게 히틀러 집권으로 시작한 '나치 혁명'은
일종의 형이상학적 근본 사건이었다.

국의회 선거에서 나치당은 92%의 지지를 확보했다. 독일 국민의 히틀러에 대한 열광은 1930년대 후반으로 갈수록 커졌다. 1939년 4월 28일 연설에서 히틀러는 자신의 성공을 이렇게 요약했다.

"나는 독일에서 혼돈을 극복하고 질서를 회복했으며 우리 국민 경제의 모든 분야에서 생산성을 막대하게 높였습니다. … 우리 모두의 마음에 걸렸던 7백만 명의 실업자 모두를 유용한 생산 현장에 투입하는 데도 성공했습니다. … 나는 독일 민족을 정치적으로 통합했을 뿐 아니라 군사적으로도 무장시켰고, 더 나아가 448개 조항에 민족과 인간에 대한 유례없이 비열한 억압을 담은 베르사유 조약문을 한 장 한 장 찢어냈습니다. 1919년에 빼앗긴 지역들도 다시 찾았으며 우리에게서 떨어져나가 깊은 불행에 빠진 수백만 독일인을 다시 고향으로 데려왔습니다. 또한 나는 1천 년이나 된 독일 생존 공간의 역사적 통일을 회복했습니다. 나는 … 피 한 방울 흘리지 않고서 이 모든 것을 이루려 노력했습니다. 21년 전만 해도 이름 없는 노동자이자 민족의 병사일 뿐이었던 내가 이 모든 것을 혼자의 힘으로 이루어낸 것입니다."[29]

히틀러의 이 연설에 독일 국민 대다수가 환호했다. 요아힘 페스트는 『히틀러 평전』에서 히틀러가 1938년에 암살됐더라면 오직 극소수의 사람들만이 히틀러를 독일의 가장 위대한 정치가 중 한 사람 혹은 독일 역사의 완성자로 규정하는 것을 망설였을 것이라고 썼다.[30] 히틀러에 대한 매혹과 기대는 독일 국경 안에만 국한돼 있지 않았다. 히틀러가 총리가 된 직후에 미국 대통령으로 취임한 프랭클린 루스벨트(Franklin Roosevelt, 1882~1945)도 히틀러의 출현을 열광적으로 환영했다.[31]

히틀러의 춤추는 듯한 손에 매혹된 사람도 하이데거만이 아니었다. 히틀러와 나이가 같았던 영국의 저명한 역사가 아널드 토인비

(Arnold Toynbee, 1889~1975)도 같은 경험을 했다. 독일군이 라인란트에 진입한 1936년 3월 토인비는 독일 법학 아카데미에서 강연을 하러 베를린을 방문한 길에 히틀러와 단독 대담을 했다. 토인비가 히틀러를 비판하는 글을 썼다는 사실을 안 히틀러가 토인비의 비판이 공정하지 않다며 직접 만나 이야기하고 싶다고 해서 성사된 대담이었다. 히틀러는 긴 시간 동안 논리에 흐트러짐이 없이 말했다. 토인비는 단 5분밖에 말할 기회가 없었다. 대담을 마친 뒤 토인비는 「히틀러 회견기」라는 글에 이렇게 썼다. "나의 눈은 히틀러의 손동작을 좇았다. 그는 아름다운 손을 언어의 반주로 썼는데 그 제스처는 우아했으며 음성도 인간적으로 매우 듣기 좋았다. 2시간 15분 동안 히틀러는 정연하고 명쾌하게 자신의 논리를 전개했다. 학술 강연자 중에서도 그처럼 오랜 시간 동안 단 한 번도 이론의 갈피를 잃지 않고 말한 사람을 본 적이 없다."[32]

하이데거의 히틀러에 대한 매혹은 총장직에서 사퇴한 뒤에도 상당기간 지속됐다. 1936년 여름학기 '셸링 강의'에서 하이데거는 이렇게 말했다.

"그리고 곧바로 나폴레옹이 에어푸르트에서 괴테에게 한 '정치는 운명이다'라는 말이 심각한 비진리임이 드러날 수밖에 없었다. 아니다. 정신이 운명이고 운명은 정신이다. 그런데 정신의 본질은 자유다." 『셸링: 인간 자유의 본질에 관하여』 4쪽

하이데거는 정신이 정치보다 위에 있음을 강조한다. 나폴레옹은 정치가 운명이라고 말했으나 그 말은 비진리다. 정신이야말로 운명이다. 여기서 정신이란 곧 철학을 말한다. 철학이 민족의 운명을 이끌지 않으면 안 된다는 뜻이 담긴 말이다. 이 문장은 하이데거의 관심이 정치 자체로부터 물러나 철학이라는 자신의 고유한 영역으로 되돌아가고 있음을 드러낸다. 그러나 이 강의는 히틀러에 대한 하이

데거의 기대가 사라지지 않았음도 보여주었다. 강의 중에 하이데거는 히틀러와 무솔리니를 니힐리즘 극복을 향해 투쟁하는 정치가로 묘사했다.

"더 나아가 두 사람(무솔리니와 히틀러)은 국가와 민족의 정치적 형성을 통해 유럽에서 각자 상이한 방식으로 (니힐리즘에 대한) 대항 운동을 시작했다." 『셸링: 인간 자유의 본질에 관하여』 40~41쪽

하지만 하이데거는 1938년부터 이런 관점에서 벗어나 히틀러의 나치즘을 니힐리즘에 대항하는 운동이 아니라 니힐리즘의 대표적 양상 가운데 하나로 보기 시작한다. 하이데거의 제자 막스 밀러도 히틀러에 대한 하이데거의 환상이 1938년에 환멸로 바뀌었으며 대학 개혁에 대한 희망도 버렸다고 말한다.[33] 헤르베르트 하인릭스는 1959년 10월 14일 하이데거와 나눈 대화를 다음과 같이 기록했다. "하이데거 자신은 1938년 이래 히틀러의 체제를 총체적인 재앙으로 인식했으며 나치에 대한 자신의 관계를 철저하게 수정했다고 자신의 양심을 걸고 말한다고 했다. 사람들은 하이데거의 나치 참여를 자주 비난했지만 그는 1938년 이래로 나치와의 관계를 완전히 단절했으며, 제3제국 하에서 자신의 구상에 따라 대학을 혁신하려던 희망도 완전히 포기했다고 말했다. 하이데거는 이렇게 말했다. '1938년은 문자 그대로 나의 인생의 전환이 되는 해였다. 1938년, 아마 그때는 아직 히틀러가 대승리를 거두기 전이었을 것이다'(따라서 그때는 1938년 1월이나 2월이었을 것이다. 왜냐하면 히틀러의 대승리는 1938년 3월 10일 오스트리아를 병합하는 것과 함께 시작되기 때문이다)."[34] 이런 보고를 보면 하이데거가 일반 독일 국민들보다 조금 더 일찍 히틀러에 대한 환상으로부터 빠져나왔다고 볼 수도 있을 것이다.

나치 혁명, 형이상학적 근본 사건

나치 운동에 가담하고 국가사회주의에 뛰어들자 하이데거의 태도에도 눈에 띄는 변화가 나타났다. 야스퍼스는 1933년 6월 마지막으로 하이델베르크를 방문한 하이데거에게서 이런 변화를 감지했다. 야스퍼스는 훗날 쓴 『철학적 자서전』에서 이렇게 말했다. "하이데거는 변한 것 같았다. 이미 그가 도착한 순간부터 우리를 갈라놓는 분위기가 형성됐다. 국가사회주의는 대중의 도취제가 돼 있었다."[35] 이 말은 모든 것이 끝난 뒤에 회고 속에서 나온 말이기에 야스퍼스의 사후 기억이 투영된 것이라고 볼 수도 있다. 하지만 하이데거가 이 시기에 다른 어떤 때보다 흥분해 있었고 강렬한 정치적 의식 속에서 활동했음을 감안하면 충분히 납득할 수 있는 진술이다. 야스퍼스 앞에서 하이데거는 이런 말도 했다. "철학 교수가 이렇게 많다는 건 어처구니없는 일이지요. 독일에는 두세 명만 있으면 돼요."[36]

하이데거에게 히틀러 집권으로 시작한 '나치 혁명'은 일종의 형이상학적 근본 사건이었다. 하이데거가 1933년 11월 3일에 행한 '독일 학생들에게 고함'이라는 연설의 한 문장을 빌리면 "국가사회주의 혁명은 우리 독일인들의 현존재의 완전한 변혁"이었다.[37] 1931년 겨울학기 플라톤 강의를 빌려 말한다면 나치 혁명은 독일 민족이 플라톤의 어두운 동굴에서 집단적으로 탈출하기 시작했음을 알리는 사건이었다.

국가사회주의 운동은 하이데거의 철학 언어에도 변화를 안겼다. 앞에서 말한 대로, 그 전까지 '현존재'는 대체로 개별 인간 곧 개인을 지칭하는 것이었다. 그러나 이제 현존재는 독일 민족이라는 집단을 가리키는 명칭으로 쓰이기 시작했다. '존재'는 독일 정신이나 독일의 역사적 운명을 대신하는 말로 쓰였다. 『존재와 시간』에서 개인의 존재 양상을 가리키던 '본래성'과 '비본래성'도 이제는 민족의 존재 양상을 가리키는 말로 쓰이기 시작했다. 민족이 개인을 대체하는 듯한 상황이 벌어진 것이다. 뒷날 하이데거는 『슈피겔』 인터뷰에서 이젠 '민족'의 자리에 '사회'가 들어섰다고 말했지만, 이 시기에 하이데거가 민족이라는 개념에 몰두해 있었음은 분명하다.

그 민족이라는 말로 하이데거가 가리키려는 것이 무엇인지를 알려주는 문헌 가운데 하나가 1933년 가을에 쓴 「창조적 풍광: 우리는 왜 시골에 머무르는가?」다. 이해 9월에 하이데거는 베를린대학의 두 번째 초빙 의뢰를 받았다. 10월에는 뮌헨대학으로부터도 같은 의뢰를 받았다. 그러나 하이데거는 이 두 초빙을 모두 거절했다. 베를린대학 초빙을 거절하면서 하이데거가 발표한 것이 바로 「창조적 풍광: 왜 우리는 시골에 머무르는가?」였다. 이 글에서 하이데거는 농촌과 농민의 소박한 삶을 찬양하고, 도시 부르주아의 "매우 소란하고 매우 분주하며 매우 향락적으로 거들먹거리는" 삶을 비판했다. 하이데거가 생각한 민족은 농촌의 농민을 원형으로 하는 것이었다. 도시 부르주아의 물질주의적·향락주의적 삶에 하이데거는 언제나 반감을 내보였다. 도시와 문명에 농촌과 자연을 대립시켰다. 농촌의 자연에 밀착해 소박하게 살아가는 농민이야말로 하이데거가 생각하는 '민족 혹은 민중'(Volk)의 표본이었다. 하이데거가 몇 년 뒤 발표한 「예술 작품의 근원」에서 빈센트 반 고흐의 「구두」를 농촌 아낙네가 밭일을 할 때 신는 신발이라고 생각한 것도[38] 하이데거의 시선이 언제나 고향 메스키르히에서 만나던 농부와 농촌을 향해 있었기 때문일 것이다.

하이데거가 생각한 나치즘, 다시 말해 국가사회주의, 더 정확히 말하면 민족사회주의(Nationalsozialismus)는 농촌과 농민 그리고 자연을 빼놓고는 생각할 수 없는 개념이다. 하이데거는 나치 이념을 도시 중심의 근대 기술문명을 근원적으로 극복하려는 이념으로 받아들였다. 하이데거에게 기술문명은 농촌과 자연을 파괴하고 삶의 토착성과 본래성을 뿌리 뽑는 근대성의 폭주였다. 하이데거는 자신이 생각하는 나치 이념에 따라 대학을 재건함으로써 대학생을 민족의 지도자와 수호자로 키우고 그 힘으로 민족 전체를 변혁하고 국가를 개조한다는 원대한 구상을 품었다. 그런 구상은 나치즘의 실제 기획자·실행자들이 생각한 국가의 모습과는 거리가 있었다. 그랬기에 1933년 11월 30일 튀빙겐대학 연설에서 하이데거는 "독일 대학의 혁명은 시작조차 하지 않았다"고 선언했다. 나치 정권의 실행자들이 대학 내부의 갈등을 봉합하고 산업기술 프로젝트를 향해 나아가려 하자 하이데거는 여기에 분명한 반대를 표명한 것이다.

나치 혁명 운동의 순수한 이념

하이데거는 자신이 생각하는 나치 혁명 운동의 순수한 이념을 지키려고 분투했다. 그런 태도가 표명된 것이 프라이부르크대학 교수 헤르만 슈타우딩거(Hermann Staudinger, 1881~1965)와 괴팅겐대학 교수 에두아르트 바움가르텐(Eduard Baumgarten, 1898~1982)을 고발한 일이었다. 슈타우딩거는 1953년 노벨화학상을 수상한 뛰어난 과학자였다. 제1차 세계대전 때 슈타우딩거는 현대전이 전대미문의 참혹한 전쟁이 되리라 생각하고 그 전쟁에 반대한 평화주의자였다. 1933년 9월에 하이데거는 슈타우딩거를 다음과 같이 고발했다. "슈타우딩거는 제1차 세계대전 중에 적국에 협조했으며 조국이 위기에 처해 있던 1917년 1월에도 스위스 시민권을 얻고자 노력했다. 그리고 조국이 위기에 처해도 결코 무기를 들지 않겠노라고 자주 말했다."[39] 하이데거는 슈타우딩거를 해직할 것을 권고했다. 슈타우딩거가 마치 골수 나치인 듯이 처신하고 있으므로 더 강력하게 조처를 취할 필요가 있다는 것이었다. 하지만 나치 정권은 하이데거의 권고를 따르지 않았고 슈타우딩거는 교수직을 지켰다.[40]

하이데거에게 고발당한 또 다른 교수 바움가르텐은 하이데거의 제자였고 그만큼 친밀한 관계를 유지했다. 바움가르텐은 실제로는 나치에 동조하지 않으면서도 교수가 되려고 돌격대 가입 신청서를 냈다. 하이데거는 괴팅겐에 있는 국가사회주의 대학교수연맹에 바움가르텐에 대한 다음과 같은 평가서를 보냈다. "바움가르텐은 나치에 동조하지 않으며 막스 베버(Max Weber, 1864~1920)를 중심으로 한 하이델베르크대학의 자유민주주의 지식인 그룹에 속한다. 바움가르텐은 망명한 유대인 교수 프랭켈과 가까웠고 괴팅겐대학에서 교수가 되는 데 그의 도움을 받았다. 그는 미국에서 존 듀이(John Dewey, 1859~1952)에 대한 교수 자격 취득 논문을 썼으며 미국 실용주의와 물질주의에 철저히 물든 사람이다."[41] 하지만 이번에도 나치당은 하이데거의 평가서를 "증오에 차 있고 객관성을 결여한 것"으로 간주하여 받아들이지 않았다. 바움가르텐은 교수직을 지켰을 뿐만 아니라 나치 치하에서 출세 가도를 달렸다.[42] 이 바움가르텐 사건은 야스퍼스에게 적잖은 충격을 주었다. 야스퍼스는 1935년 막스 베버의 부인 마리아네 베버(Marianne Weber, 1870~1954)를 통해 하이데거의 평가서에 관해 알게 됐고, 하이데거에 대한 신뢰를 결정적으로 잃어버렸다.

하이데거의 고발 사건을 어떻게 이해해야 할까? 비슷한 시기에 프라이부르크 대학병원 원장 탄하우저와 물리화학 교수 게오르크 폰 헤베시가 유대인이라는 이유로 대학에서 쫓겨날 상황에 처했을 때 하이데거는 장관을 찾아가서 두 사람의 해직을 막으려 했다.[43] 또 유대인 조교 베르너 브로크에게도 도움을 주려고 노력했다. 하이데거의 주선으로 브로크는 케임브리지대학 연구 장학금을 받을 수 있었다. 한편으로는 유대인 교수들의 해직을 막으려고 노력하고 다른 한편으로는 동료 교수들을 고발해 해직시키려 한다. 이 사태를 분명하게 이해하려면 하이데거가 마음속에 품었던 '나치 혁명의 순수성'이라는 이념을 검토해봐야 한다. 하이데거에게 슈타우딩거와 바움가르텐은 나치 이념을 전혀 믿지 않는데도 나치당에 잘 보이려고 하는 전형적인 기회주의자였다. 하이데거는 이 기회주의자들이 나치 혁명에 끼어드는 것을 막아야 한다고 생각했던 것이다. 그러나 나치 정권은 하이데거 같은 '순수한' 나치 이념가보다 오히려 비정치적인 전문 과학자들을 중용했다. 이 과학자들이야말로 나치 국가가 군사·경제 강국이 되는 데 가장 큰 공헌을 한 사람들이었다. 하이데거는 자신의 원칙에 따라 대학 혁명을 밀어붙이려고 했지만, 나치 당국이 보기에 하이데거의 행동은 쓸데없이 분란만 일으키는 것이었다.

하이데거가 마음에 품은 국가사회주의 곧 나치즘은 실제의 나치즘과 여러 지점에서 달랐다. 결정적인 것은 이것이다. 실제의 나치즘은 인종주의와 생물학주의에 근거한 폭력적 반유대주의를 신봉하고 제국주의 전쟁과 전체주의 지배를 꿈꾸고 실행했다. 반면에 하이데거의 나치즘은 인종주의·제국주의·전체주의 같은 극단적인 나치즘과 거리를 두고 있었다. 하이데거는 총장에서 물러나고 1년 뒤 행한 1935년 여름학기 강의 '형이상학 입문'에서 "나치 운동의 내적 진리와 위대함"「형이상학 입문」318쪽에 관해 이야기했다. 실제의 나치즘이 아니라 자신이 생각하는 나치즘에 '내적인 진리와 위대함'이 있다는 얘기다. 하이데거의 생각에 독일은 유럽에서 가장 정신적인 민족이었다. 이 민족은 그 정신의 힘으로 유럽을 지도해야 하고 구원해야할 운명이었다. 그런 점을 고려하면 하이데거의 민족주의는 '정신의 민족주의'라고 부를 수도 있다. 하이데거는 당시 유럽이 '미국과 소런이라는 두 거대한 세력의 집게 사이에 놓여 있다'고 보았다.

"불치의 맹목 속을 헤매면서 여전히 자결 직전 상태에 놓인 이 유럽은 오늘날 한쪽은 러시아, 다른 쪽은 미국이라 불리는 거대한 집게 사이에 있다." 『형이상학 입문』 74쪽

한쪽은 마르크스주의 이념을, 다른 한쪽은 자유주의 이념을 앞세우고 있지만, 광포한 물질주의를 옹호한다는 점에서 하이데거의 눈에는 모두 동일한 니힐리즘으로 비쳤다.

"형이상학적 관점에서 보면 러시아와 미국은 동일하다. 고삐 풀린 기술과 규격화된 인간의 토대 없는 조직이란 것은 똑같이 절망적인 광란에 불과하다. 지구의 가장 구석진 곳들이 기술문명에 정복되고 경제적으로 수탈 가능한 곳으로 변했다 해도, 임의의 모든 사건이 임의의 장소와 시간에서 뜻한 만큼 신속히 접근 가능한 것이 됐다 해도, … 시간이 그저 속도와 순간성과 동시성에 불과한 것으로 변하고 역사로서의 시간이 민족의 모든 현존재에서 사라졌다 해도, 권투선수가 한 민족의 영웅으로 간주된다 해도, 군중의 수가 수백만인 것이 승리로 간주된다 해도, 이 모든 허상 위로 유령처럼 이런 질문이 떠돌 것이다. 무엇을 위한 것인가? 어디로 향하는 것인가? 결국에 가서는 무엇인가?" 『형이상학 입문』 74쪽

이런 물음의 차원에서 보면 하이데거에게 미국이나 소련이나 모두 기술문명의 광신에 사로잡혀 유럽을 질식시키려 하는 허무주의 세력일 수밖에 없다. 이 양대 허무주의 세력에 맞서 유럽을 구할 힘은 독일의 정신에서 나와야 한다는 것이 하이데거의 믿음이었다. "하이데거는 무력을 통한 유럽의 정복이나 지배를 목표로 하지 않았다. 그는 자신이 가장 형이상학적인 민족이라고 생각한 독일인이 자신의 정신성을 다시 회복해 유럽에 본을 보임으로써 유럽을 근대의 니힐리즘과 그것이 초래하는 폐해로부터 구원하지 않으면 안 된다고 생

각했을 뿐이다."[44)

룀과 슈트라서의 '민족주의적 사회주의'

하이데거의 나치즘은 독일 민족주의에 뿌리를 둔 '민족주의적 사회주의' 또는 '사회주의적 민족주의'라고 요약할 수 있다. 이 이념은 나치즘이 내세운 '민족사회주의'의 본디 뜻에 충실한 이념이었고 나치 당내에서 상대적으로 소수였던 '나치 좌파'의 주장과 상통하는 것이었다. 나치 좌파는 독일 북부를 기반으로 하는 에른스트 룀(Ernst Röhm, 1887~1934)과 그레고어 슈트라서(Gregor Strasser, 1892~1934)가 주도했다. 돌격대(SA) 최고사령관이었던 룀은 슈트라서와 함께 '반자본주의적인 사회주의 혁명'을 주창했다. 히틀러의 오른팔 요제프 괴벨스(Paul Joseph Goebbels, 1897~1945)도 초기에는 룀·슈트라서의 반자본주의 세력과 뜻을 함께했다. 룀과 슈트라서와 괴벨스는 소련과 영미의 제국주의에 대항해 억압받는 '프롤레타리아 민족들'의 연대를 주장했다. 괴벨스는 이런 말도 했다. "나는 (독일의) 공산주의자와 우리가 싸우는 것을 끔찍하게 생각한다."[45)

이 나치 좌파 가운데 가장 전투적으로 사회주의 혁명을 요구한 것이 룀과 룀이 이끄는 돌격대(SA)였다. 돌격대는 재벌을 제거해 진정한 민족공동체를 수립해야 한다고 주장했고, "나치의 권력 장악과 함께 혁명은 끝났다"고 본 히틀러의 생각에 맞서 "나치의 권력 장악은 진정한 혁명의 시작일 뿐"이라고 목소리를 높였다.[46) 돌격대 대다수는 노동계급 출신이었고 나치당에 들어오기 전에 공산당에서 활동한 사람들이 많았다. 바로 그런 이유로 돌격대는 겉은 나치당의 색깔인 갈색이지만 속은 공산당의 색깔인 붉은색이라는 말을 들었다. 룀파의 핵심 주장은 말 그대로 '민족주의적 사회주의'였다. 하이

나치 좌파의 주도적 인물 에른스트 룀(왼쪽)과 그레고어 슈트라서.
하이데거는 이들의 '민족주의적 사회주의' 주장에 동조했다.

데거는 여기에 적극적으로 동조했다. 권력을 장악한 히틀러는 사회주의 정책을 실시하는 데 머뭇거리며 대자본가와 타협하는 행보를 보였고, 룀파는 이런 행보를 계속 문제 삼으며 제2의 혁명을 요구했다.[47] 룀파의 압박을 받던 히틀러는 1934년 6월 30일 이른바 '긴 칼의 밤' 사건을 일으켜 룀과 슈트라서를 제거하고 돌격대를 해체했다. 이 사건 이후로 나치 좌파는 권력에서 사실상 배제됐다.

하이데거는 패전 뒤 프라이부르크대학 나치정화위원회에 보낸 1945년 12월 15일 편지에서 자신은 1934년 6월 30일 '룀파 숙청'을 계기로 하여 히틀러에 대한 환상을 버리게 됐다고 썼다.[48] 하지만 그때 이후로도 하이데거는 한동안 히틀러에 대한 희망을 거두지 않았다. 하이데거가 룀파와 유사한 급진적 민족사회주의를 지지했음을 보여주는 근거 가운데 하나는 하이데거의 동료였던 에릭 볼프(Erik Wolf, 1902~77)의 증언이다. 하이데거의 대학 개혁에 법대 학장으로서 동참했던 법학자 에릭 볼프는 자신과 하이데거의 대학 혁명이 사회주의적인 공동체를 지향했다고 말했다. "이런 의미에서 볼프는 자신들이 당시에 추구한 대학 개혁과 나치 운동의 이념적 기반을 나치즘보다는 1910년대 청년들이 진정한 삶을 열망하면서 민족공동체와 조국의 산하와 하나가 되고자 했던 청년 운동에서 찾는다."[49]

1910년대 청년 운동이 표방한 이념은 흔히 '1914년의 이념'이라고 불리는데, 1914년의 이념은 제1차 세계대전 발발 시점에 타오른 독일 민족주의를 가리키는 말이다.[50] 이 이념은 독일 국수주의에 기반을 두고 민족주의적 사회주의를 수립하는 것을 목표로 삼은 일종의 '보수혁명' 이념이었다. 근대주의와 자유주의에 반대한다는 점에서 보수주의이며 동시에 사회주의적 변혁을 주장한다는 점에서 혁명 이념이기에 '보수혁명' 이념이라고들 한다. 그런 점에서 하이데거의 정치적 이념이 1914년의 보수혁명 이념에 뿌리를 두고 있다고도 할 수 있다.[51] 그러나 하이데거의 지향과 달리 실제의 나치즘은 사회주의적이기보다는 민족주의적인 색채가 강했고 공격적인 인종적 반유대주의에 물들어 있었으며, 최종 국면을 보면 제국주의적이고 전체주의적인 데다 허무주의적이었다. 하이데거는 나치 운동 안에서 이 실제의 나치즘에 맞서 자신이 생각한 '나치즘의 순수성'을 지키고 실현하려고 했던 것이다.

하이데거를 반유대주의자라고 부를 수 있는가

여기서 하이데거를 반유대주의자라고 부를 수 있는가, 반유대주의자라고 부를 수 있다면 어떤 종류의 반유대주의자인가라는 물음이 나온다. 하이데거는 분명히 나치즘의 광기에 찬 이데올로기로서 반유대주의를 신봉한 사람이 아니었다. 하이데거는 생물학적이고 인종주의적인 반유대주의와 거리를 두었다. 그렇다고 해서 하이데거가 반유대주의자가 아니었다고 말할 수는 없다. 자프란스키는 하이데거가 제바스티안 하프너가 말하는, 당시 대학 사회에 널리 퍼진 '경쟁적 반유대주의'(Konkurrenzantisemitismus) 이념을 공유하고 있었다고 말한다.[52]

1929년 10월 20일 당시 장학금 수여 기관의 수장인 빅토르 슈뵈르터에게 보낸 편지에서 하이데거는 이렇게 말했다. "우리의 '독일적' 정신생활에 다시금 진정으로 토착적인 힘과 교육자를 공급할 것인가, 아니면 넓은 의미든 좁은 의미든 점증하는 유대화에 결국 내맡길 것인가 하는 선택의 기로에 서 있음을 지금 당장 숙고하지 않으면 안 됩니다."[53] 당시 독일 국민 가운데 겨우 0.75%만이 유대인이었지만, 이 소수의 유대인은 거의 모든 지적 분야에서 탁월한 능력을 발휘하고 있었다. 경쟁적 반유대주의는 유대인을 특수 집단으로 인식하며 유대인들이 문화에서 국민 구성 비율에 전혀 상응하지 않는 지배적 지위를 점하는 데 반대한다. 하이데거의 제자 막스 뮐러는 하이데거가 1933년 그런 생각을 표명한 적이 있다고 밝혔다. "원래 내과에는 유대인 의사가 두 명밖에 없었다. 하지만 시간이 지나자 결국 비유대인이 두 명밖에 없는 상황이 됐고 하이데거는 이 사실을 못마땅하게 여겼다."54)

　통상 경쟁적 반유대주의는 '유대 정신'이 따로 존재한다고 생각한다. 그러나 하이데거의 관점에서 볼 때 반드시 막아내야 할 '유대 정신'이 따로 있지는 않다고 자프란스키는 말한다.55) 1930년대 중반의 한 강의에서 하이데거는 스피노자를 옹호하면서 만약 스피노자 철학이 '유대적'이라면 라이프니츠에서 헤겔에 이르는 모든 철학이 유대적일 것이라고 말했다.56) 하이데거의 말대로 스피노자 철학의 직접적 수혜자가 라이프니츠였고 헤겔도 스피노자에게서 많은 것을 받아들였다. 그러나 라이프니츠나 헤겔이야말로 독일 관념론 철학의 적자 중의 적자다. 1945년에 하이데거의 반유대주의에 대한 감정을 의뢰받은 야스퍼스도 1920년대에 하이데거가 반유대주의자가 아니었다는 결론을 내리면서 다음과 같이 단서를 달았다. "상황에 따라 하이데거가 자신의 양심과 취향에 반해 반유대주의적 태도를 취했을 가능성을 배제할 수는 없다."57) 할레 교육아카데미 교수였으나 유대인이라는 이유로 추방당한 하이데거의 친구 엘리자베트 블로흐만도 하이데거를 반유대주의자라고 비난한 적이 없다. 블로흐만은 1972년 세상을 떠날 때까지 하이데거와 계속 서신 교환을 했다.58)

　하이데거는 총장에 선출되기 직전 한나 아렌트에게 보낸 편지에서 자신이 반유대주의자라는 소문은 악의적인 것이라며 격한 분노를 표출했다. "자신들이 어려움에 처했을 때 찾아오는 학생들은 누구냐? 유대인이다. 자신의 박사 논문에 대해 긴급하게 논의할 것이 있다고 찾아오는 학생들은 누구냐? 그 역시 유대인이다. 엄청난 양의 논문을 시급하게 평해달라고 보내오는 학생들은 누구냐? 그 역시 유대인이다."⁵⁹⁾ 이 편지에서 하이데거는 대학에서 유대인들이 인구 비례에 비해서 교수직을 상대적으로 더 많이 차지하고 있다는 점에 대해서는 불만을 품어왔고 그 점에 대해서는 여전히 불만이라고 말한다. 그런 점에서 자신은 반유대주의자일지 모르지만 그렇다고 해서 유대인을 개인적으로 차별한 적은 없다고 말했다.⁶⁰⁾ 하이데거는 자신이 서구 니힐리즘의 본질이라고 보는 '존재 망각'의 근본 원인을 유대인에게 돌리지는 않았다. 하이데거의 나치 운동은 일종의 정신 운동이었기 때문에 유대인이라고 하더라도 동일한 이념을 지녔다면 이 운동에 참여할 수 있었다.⁶¹⁾ 그러나 다른 한편으로 하이데거는 나치가 유대인들을 조직적으로 차별하고 배제하는 것을 혁명을 위해 감수해야 할 불가피한 일로 보았다.

전체적으로 보면 하이데거는 나치의 인종적·생물학적 반유대주의에 동조하지 않았지만, 나치의 반유대주의 조처를 혁명 과정에 나타날 수밖에 없는 부수적 사태로 이해하려 했음이 분명하다. 동시에 하이데거에게 인종적 반유대주의는 아니더라도 특정한 형태의 반유대주의적 태도가 있었던 것도 분명하다. 하지만 제2차 세계대전 종결 뒤 확인된 나치의 끔찍한 홀로코스트 만행을 하이데거의 반유대주의 성향에 덮어씌워 범죄화하는 것은 사태를 균형감 있게 보는 태도라고 하기 어렵다. 유럽 유대인의 3분의 2가 희생당한 홀로코스트 대재앙이 밝혀지기 전에, 또 히틀러가 자신의 그런 광적인 반유대주의 정책을 실행하기 전에는 양식 있는 지식인들 가운데 반유대주의적인 태도를 드러내는 사람이 드물지 않았다.

하이데거와 같은 시대에 영국 케임브리지대학에서 철학을 가르치던 비트겐슈타인도 그런 경우라 할 수 있다. 비트겐슈타인은 1931년에 쓴 개인 기록에서 유대인들을 히틀러의 『나의 투쟁』에나 나올 법한 언어로 묘사했다. 레이 몽크(Ray Monk, 1957~)는 『비트겐슈타인 평전』에서 이렇게 말한다. "가장 불온한 것은 비트겐슈타인 자신의 내적인 불안감을 표현하기 위해서 나치의 슬로건, '모든 비열함 뒤에는 유대인이 있는가?'를 사용했다는 것이다. 『나의 투쟁』에 나왔을 법한 이 질문은 유대인을 자신의 진짜 의도와 진짜 본성을 감추고 독일인들 사이에 독을 퍼뜨리는 기만적이고 기생적인 존재로 묘사하는 나치의 선전을 생각나게 한다."[62] 그 자신이 유대인이었던 비트겐슈타인은 1931년의 이 개인 기록의 수많은 대목에서 반유대주의적 표현을 사용했다. 히틀러가 『나의 투쟁』에 쓴 대로 유대인을 '종양'으로 묘사한 대목도 눈에 띈다. 이런 묘사에 대해 레이 몽크는 이렇게 해설한다.

"이런 은유가 인종적 유대성의 개념 없이는 어떤 의미도 없으리라는 것은 거의 말할 필요도 없다. 유대인은 아무리 '융화되더라도' 결코 독일인이나 오스트리아인이 되지 못할 것이다. 왜냐하면 같은 '신체'의 부분이 아니기 때문이다. 유대인의 육체는 일종의 종양, 질병 같은 것으로 경험된다. 이 은유는 특히 오스트리아의 반유대주의자들의 공포를 묘사하는 데 적합하다. 왜냐하면 유대인들이 점점 더 융화할수록, 그들이 상징하는 질병은 그것이 없었더라면 더 건강했을 아리아 민족에 점점 더 위협이 되기 때문이다. 따라서 비트겐슈타인의 말들이 함축하는 반유대주의를 카를 크라우스의 '유대인의 자기혐오'와 같은 것으로 생각하는 것은 아주 틀린 일은 아니다."[63]

몽크는 비트겐슈타인의 이런 반유대적인 기록이 1931년까지만 나타난다고 말한다. 비트겐슈타인은 일종의 사고실험의 한 방식으로 반유대주의 문제를 집중적으로 사유했다. 하지만 그 사고실험에서 사용한 말은 히틀러의 『나의 투쟁』에 등장하는 극렬한 반유대주의 언사였다. 전후 맥락을 제거하고 그 발언만 읽는다면, 비트겐슈타인이야말로 인종주의적 반유대주의자라고 볼 여지가 있다. 이 유대인 철학자는 1938년 히틀러가 오스트리아를 합병한 뒤 영구히 조국 오스트리아를 등진다. 히틀러의 피해자가 되는 비트겐슈타인은 그 가해자의 언어를 가져와 자신의 유대성을 반유대주의적 태도로 분석했다.

유대인의 자기혐오에 가까운 이런 발언은 마르크스주의 창시자에게서도 볼 수 있다. 유대인이었던 마르크스는 젊은 시절에 '유대인 문제에 관해' 두 편의 글을 썼다. 이 글들은 반유대주의적인 표현과 주장으로 인해 그 뒤 많은 논란을 불러일으켰다.[64] "유대교의 세속적 기초는 무엇인가? 실제적 요구, 자기 이익이다. 유대인들의 세속적 숭배 대상은 무엇인가? 흥정이다. 유대인들의 세속적 신은 무엇인가? 돈이다…. 따라서 우리는 유대교 속에서 이 시대에 보편적인 반사회적 요소가 들어 있음을 보게 된다. … 그러나 그 요소는 절정을 지나면서 불가피하게 해체될 것이다. 유대인의 해방은 결국 유대교로부터 인류의 해방이다."[65] 또 자신의 정적인 독일 노동운동 지도자 페르디난트 라살(Ferdinand Lassalle, 1825~64)이 유대인이라는 이유로 입에 담기 어려운 인종주의적 욕설을 퍼붓기도 했다. 1862년 엥겔스에게 보낸 편지에서 마르크스는 이렇게 썼다.

"머리 모양과 머리카락이 자라는 방식으로 볼 때 그자(라살)는 모세가 이집트에서 탈출할 때 동행했던 흑인들의 후손임이 분명하네. 아니면 그의 어머니나 할머니가 검둥이와 관계를 했거나. 어쨌든 한편으로는 유대인과 독일인의 피가 섞였다는 점, 다른 한편으로는 기본적으로 흑인의 혈통이라는 점 때문에 그 결과물은 불가피하게 독특한 특성을 지닐 수밖에 없네. 그 친구의 집요한 면 역시 검둥이다운 걸세."[66)

이런 인종주의적인 표현들은 틀림없이 오늘날의 독자들에게 혐오감을 불러일으키게 할 것이다. 그러나 마르크스의 욕설의 대상이었던 라살도 마찬가지로 물질주의에 대한 비판 차원에서 반유대주의적 발언을 했다.[67] 반유대주의 언동은 당시 유럽 문화에 널리 퍼져 있었고 급진적인 혁명가들조차 그런 반유대주의적 발언을 삼가지 않았다. 또 일부는 소신에 따라 반유대주의를 옹호하기도 했다.

하이데거의 반유대주의를 둘러싼 논쟁은 하이데거가 살아 있던 때부터 시작돼 지금껏 계속되고 있다. 최근에는 하이데거 자신이 쓴 글이 한 번 더 논쟁에 불을 붙였다. 1931년부터 1970년까지 하이데거가 쓴 내밀한 메모들이 『검은 노트』(Schwarze Hefte)라는 제목을 달고 '하이데거 전집'에 묶여 2014년부터 출간되기 시작했는데, 이 메모들을 통해 유대인 문제에 대한 하이데거의 생각이 가감 없이 드러난 것이다.

특히 1942~1948년 노트를 묶은 전집 제97권에 등장하는 하이데거의 주장이 논란의 불길에 기름을 부었다. 여기서 하이데거는 홀로코스트를 유대인의 '자기 말살' 행위로 규정했다.[68] 또 유대인들이 '도구적 이성'을 이끄는 매개체였으며 이 도구적 이성이 이룬 '진보한 과학기술'에 유대인들이 살해됐다고 썼다. 유대인 학살을 유대인 스스로 불러낸 것으로 기술한 것이다. 나아가 하이데거는 전후 연합군이 독일을 거대한 강제수용소로 바꿔놓은 탓에 독일인들이 전쟁의 실질적 희생자가 됐다고 묘사하기도 했다.[69] 이 노트가 출간된 뒤 하이데거 지지자들 사이에 소동이 벌어졌고, 국제하이데거학회 회장과 부회장이 '더는 하이데거의 유산을 대변할 수 없다'고 밝히고 사임했다.[70]

지젝 "왜 하이데거를 범죄화해서는 안 되는가"

하이데거의 이 발언을 어떻게 봐야 할까? 전후에 하이데거가 독일인들이야말로 실질적인 희생자라고 생각한 것은 유대인의 고통을 외면하던 1930년대 하이데거의 태도에서 멀리 떨어져 있지 않다. 더 문제로 보이는 것은 홀로코스트를 유대인의 '자기 말살'(Selbstvernichtung)로 이해하는 대목이다. 이런 이해에는 가스실의 조직적인 유대인 살해가 근대 기술문명의 진보가 낳은 결과이며 이 근대 기술문명의 폭주에 박차를 가해 온 것이 유대인이라는 진단이 담겨 있다. 이런 발상은 명백히 근대 기술문명의 폐해의 책임을 유대인에게 돌리는 일이다. 과연 그렇게 볼 수 있는가? 유대인들이 서양 자본주의의 흥성과 함께 비약적인 진출을 했으며 과학기술을 비롯한 다양한 분야에서 탁월한 기량을 발휘한 것은 사실이다. 산업·금융 자본가 가운데 유대인이 많은 것도 사실이다. 그러나 히틀러와 나치라는 학살 주체가 분명히 있는데도 홀로코스트 사태를 유대인의 자기 말살이라고 규정하는 것은 하이데거 사유가 '존재의 역사'라는 거시적 관점에 갇혀 또 독일 민족주의라는 협소한 틀에 갇혀 사태를 바르게 보지 못한다는 지적을 피할 수 없다.

하이데거의 이런 생각은 이미 전후에 얼핏 드러난 적이 있다. 1949년 브레멘 강연에서 하이데거는 가스실에서 시체를 만들어내는 것이 '농촌을 기계화하고 수소폭탄을 제조하는 것, (스탈린 치하의 동유럽에서) 농촌을 봉쇄해 사람들을 기아로 내모는 것, 중국에서 수백만이 굶주림으로 죽어 나가는 것'과 본질적으로 동일하다고 말했다. 홀로코스트를 현대 기술문명 속에서 빚어진 폐해들과 다르지 않다고 본 것이다.[71] 또 하이데거는 제자 헤르베르트 마르쿠제가 1947년 8월 28일 보낸 편지에 답하면서 이렇게 말했다.

"당신은 나치 체제가 수백만의 유대인들을 학살했고 테러를 일상으로 만들었으며 정신과 자유 그리고 진리라는 개념과 결부된 모든 것을 정반대의 것으로 뒤집었다고 비판하고 있습니다. 당신의 이런 엄중한 비판은 정당합니다. 그러나 다음과 같은 사실만은 덧붙이고 싶습니다. '유대인들'이란 단어 대신에 '동유럽의 독일인들'로 바꾸어놓을 경우 그런 비난은 연합군 중의 하나(소련)에도 타당합니다. 다만 1945년 이래 일어나고 있는 사태는 세계에 잘 알려지고 있으나, 나치의 잔인무도한 테러는 독일 민족에게 은폐돼 있었다는 차이가 있을 뿐입니다."[72]

하이데거의 이 말과 글은『검은 노트』속의 발언과 근본적인 차원에서 보면 크게 다르지 않다. 홀로코스트 학살을 유대인이 스스로 불러들인 재앙이며 스스로 저지른 자기 말살로 설명한 것이 다르다면 다르다.

이런 설명을 어떻게 이해할 것인가? 리처드 월린(Richard Wolin, 1952~)은 하이데거의『검은 노트』의 그 문제적 발언이 일으킨 풍파를 전하고 난 뒤 이렇게 말한다.

"이런 사실들은 모든 것을 바꿔놓는다. 국가사회주의의 끔찍한 악행을 하찮아 보이게 만드는 하이데거의 불온한 노력, 그것도 우연히 그런 것이 아니라, 실질적 가해자인 독일인들을 역사적 책임에서 면제해주려는 노력은 그의 제거주의적 반유대주의 고백과 결합돼 그를 더는 '훌륭한 사상가'로서 볼 수 없게 만든다."[73]

월린은 단호하게 하이데거를 규탄함과 동시에 하이데거 철학 자체를 거부하는 자리에 선다. 반면에 비슷한 시기에 하이데거의『검은 노트』출간이 일으킨 풍파를 지켜본 슬라보예 지젝은 전혀 다른 관점에서 이 사태를 이해하려 한다.

"하이데거가 여기저기서 반유대적이고 나치에 동조하는 발언을 한 데서 그의 사상의 '숨겨진 진실'을 보는 것, 그가 '내심으로는 나치당원이었다'는 증거를 보는 것, 혹은 그의 이름이 그야말로 '철학으로 들어온 나치즘'을 직접적으로 상징한다고 보는 것은 잘못이다. 하이데거의 사상이 어떻게 나치즘에 대한 지지를 가능하게 만들었는지, 즉 그의 사상에 내재하는 어떤 실패가 나치 지지의 여지를 열었는지에 대해 문제를 제기하는 것은 전적으로 타당하며 심지어 필요하기까지 하다. 그렇지만 나치 지지는 그의 사상의 직접적인 '핵심'이나 '내적 진실'이 아니라 일종의 증상, 그의 사상에 뭔가 문제가 있음을 드러내는 부수적인 현상이었음을 명심해야 한다. 그리하여 과제는 그의 사상에 내재해 있는 실패나 모순, 바로 그의 용어로 표현하자면 '불법적인' 비약과 경과가 어떻게 나치 지지를 위한 여지를 열었는지를 증명하는 것이다. 진지한 철학적 분석에서 외재적 비평은 내재적 비평에 근거해야 한다."74)

지젝은 하이데거를 범죄화하는 것은 하이데거가 제기한 중대한 문제들을 회피하는 손쉬운 방법을 제공할 뿐이므로 그런 유혹에 넘어가서는 안 된다고 말한다.

"하이데거의 나치 가담이 단순히 일시적인 실수가 아니라 바로 그의 핵심 사상과 일치함을 증명하려는 많은 자유민주주의 비평가들의 강박에는 심히 증상적인 것이 있다. … 일단 하이데거가 그 그림에서 사라지면 생명공학이 열어젖히는 윤리적인 문제나, 공동체적 삶에서 전 지구적 자본주의를 어떻게 수용할 것인지에 대한 우리의 공통된 관심사를 별 문제 없이 계속 가져갈 수 있다. 요컨대 생명공학적 발견과 세계화에서 정말로 새로운 것을 직시하기를 피하면서 … 낡은 기준으로 이 현상들을 평가할 수 있는 것이다."75)

이어 지젝은 하이데거의 나치 가담이 '하이데거 철학'의 기본 틀에 속하지 않는다고 강조하면서 이것이 하이데거의 주요 철학과 좌파의 생태주의적 접근법을 통합하는 '좌파 하이데거주의자들'이 그렇게도 많은 이유라고 주장한다. 지젝은 자신의 관점을 다음과 같이 요약한다.

"하이데거의 사상을 직접적으로 범죄화하자는 요청, 그를 학술 문헌 목록에서 완전히 배제하자는 끈질긴 요청에 맞서 우리는 그가 진정한 철학적 고전임을 주장해야 한다. 하이데거 사상의 직접적인 범죄화는 그의 나치 가담이라는 스캔들과의 고통스러운 대면을 피하게 해주는 손쉬운 탈출구다. 그토록 비상하고 진정성 있는 철학자가 어떻게 나치에 가담할 수 있었을까? 내가 하이데거주의자이자 유대인인 친구에게 '하이데거의 나치 동조와 반유대주의적인 태도에도 불구하고 어떻게 그를 계속 핵심 참고 문헌으로 삼을 수 있는지'를 묻자, 그는 유대인의 오래된 지혜를 말해주었다. 악마적인 사람에게만 가능한 깊은 외상적 통찰이 있는 법이라고."[76)

지젝의 이 마지막 발언은 하이데거뿐만 아니라 니체의 철학에도 그대로 적용될 것이다. 니체야말로 거의 악마적인 열정으로 악의 심층을 들여다보았을 뿐만 아니라 그 악을 찬양하기까지 했다. 그러나 그런 이유로 니체의 철학을 폐기하지는 않는다. 사태는 하이데거에게도 그대로 적용될 것이다. 더 폭을 넓히면 하이데거와 같은 시대에 스탈린주의를 전폭적으로 지지했던 루카치 죄르지(Lukács György)나 에른스트 블로흐(Ernst Bloch, 1885~1977)의 철학도 폐기돼서는 안 될 것이다. 스탈린은 수천만 명의 죽음에 직접적인 책임이 있고 굴라크(Gulag) 같은 범죄적 수용소를 만들어 수많은 사람들을 반혁명분자라는 이름으로 죽음에 몰아넣었다. 하지만 그런 스탈린을 지지했다는 이유로 루카치의 『역사와 계급의식』이나 블로흐의 『희망의 원리』가 던진 본질적인 물음들이 사라지지는 않는다. 이런 사정은 하이데거의 경우에도 다르지 않을 것이다. "제2차 세계대전 이전의 많은 지식인들에게 파시즘과 볼셰비즘 같은 전체주의 체제는 권력욕과 광기와 이데올로기에 사로잡힌 소수의 지배를 의미하는 것이 아니라 자유주의 체제의 병폐를 극복하려는 대실험이라는 의미를 지니고 있었다."[77] 자유주의 체제를 넘어서려는 정치적 이상주의의 급진적 실험이 바로 볼셰비즘과 나치즘의 본질적 양상 가운데 하나였던 것이다.

나치 반대 교수들을 단과대학장으로 임명한 하이데거

다시 1933년 대학 총장 하이데거로 돌아가보자. 총장으로서 처음부터 나치당에 고분고분하지 않았던 하이데거는 이해 겨울부터 본격적으로 당과 마찰을 빚기 시작했다. 마찰은 나치당에 협력하지 않는 교수들에게 대학 행정의 핵심적인 역할을 맡기는 것으로 시작됐다. 하이데거는 대학 개혁에 적임이라고 판단되는 교수들 가운데서 단과대학의 전권을 지닌 학장을 뽑았다. 하이데거는 이 사건의 전말을 『슈피겔』인터뷰에서 이렇게 밝혔다.

"대학을 기술적으로 조직하는 것을 극복하려는 의도에서, 다시 말하면 학부들을 내부로부터, 실질적인 과제로부터 개혁하려는 의도에서 나는 1933~1934년 겨울학기에 개별 학부에서 젊고 특히 그 분야에서 탁월한 동료들을 학장으로 임명할 것을 제안했습니다. 그것도 그들이 당에 취하고 있는 태도와 무관하게 말입니다. 그래서 법학부에서는 에릭 볼프 교수, 철학부에서는 샤데발트(Wolfgang Schadewaldt, 1900~1974) 교수, 자연과학부에서는 죄르겔(Soergel) 교수, 의학부에서는 전해에 총장직에서 해임된 묄렌도르프 교수가 학장이 됐습니다. 그러나 1933년 크리스마스 무렵에 이미 내가 염두에 두고 있었던 대학 개혁을 당의 반대와 동료 교수들의 저항을 무릅

쓰고 관철할 수 없다는 것이 분명해졌습니다."[78]

하이데거가 학장으로 임명한 교수들 가운데 특히 법학부 학장 에릭 볼프는 나치당에 협력하지 않는 사회주의자였고, 의학부 학장으로 임명된 묄렌도르프는 사회민주당원이라는 이유로 나치당이 몰아낸 사람이었다. 하이데거의 이런 조처는 나치당의 지침을 정면으로 거스르는 것이었다. 이미 그해 여름부터 나치당은 교직원을 신뢰할 만한 당원으로 교체하고 특히 학장직은 당원이 맡아야 한다고 요구했다. 나아가 나치당은 대학을 실용적인 지식을 중심으로 하는 기관으로 만들려는 태도를 분명히 했다. 당의 이런 요구에 맞서 하이데거는 당원은 아니지만 투철한 학문 정신을 지닌 사람들을 학장으로 임명했던 것이다. 하이데거의 조처에 분노한 바덴주 교육부 장관은 법학부와 의학부의 두 학장을 나치당이 인정하는 다른 교수로 대체할 것을 요구했다. "나는 이 부당한 요구를 거부했고 장관이 자신의 요구를 고집하면 총장직에서 물러나겠다고 밝혔습니다."[79] 하이데거와 나치당의 갈등은 1934년 2월 하이데거의 총장직 사퇴로 귀결했다. 총장에 취임하고 열 달 만에 일어난 일이었다.

하이데거는 자신의 사퇴를 나치당과 반나치 교수들이 협공한 결과로 보았다. 나치에 반대하는 정교수들은 하이데거의 대학 개혁으로 자신들의 권한이 사라진 데 큰 불만을 느꼈고 노동봉사와 국방봉사로 강의나 세미나가 중단되는 데도 비판적이었다. 나치당은 정권이 안정된 터에 대학도 정상을 회복하기를 바랐고 대학이 나치당의 주도 속에 기술 개발의 거점이 되기를 원했다. 하이데거는 나치당의 이런 상황 인식과 정책 방향을 받아들이지 않았다. 1933년 11월 30일 튀빙겐대학 연설에서 하이데거의 그런 태도를 확인할 수 있다. "총통은 이미 혁명이 완수됐다고 주장하면서 혁명 대신에 진화를 내세운다. 그러나 대학에서 혁명은 아직 시작조차 하지 않았다."[80] 하이데거는 자신의 구상에 따라 대학 혁명을 끝까지 밀어붙이려 했다.

하이데거 후임 총장은 골수 나치 교수였다. 하이데거는 자신이 물러난 데 대한 항의의 표시로 새 총장의 취임식에 참석하지 않았다. 총장 시절 하이데거의 행적은 하이데거가 당의 명령을 순순히 따른 것이 아니라 당과 갈등을 빚더라도 자신이 생각한 '진정한 나치즘'을 실현하고자 했음을 분명히 보여준다. 그런 점에서 하이데거의 초기 나치 참여는 일종의 '비판적 동조'라고 볼 수 있다.[81]

나치 시기 하이데거의 이런 행보를 플라톤의 정치적 행보와 비교하는 학자들이 많다. 플라톤은 기원전 387년에 시칠리아의 그리스 식민도시 시라쿠사 참주였던 디오니시오스 1세를 지도하여 자신이 『국가』에서 밝힌 '이상국가'를 구현해보려고 했다. 결과는 참담한 실패였다. 참주를 이상국가로 이끌기는커녕 노예로 팔려 죽을 위기에 빠졌다가 겨우 목숨을 구해 아테네로 돌아왔다. 그러나 그런 실패를 겪은 뒤에도 플라톤은 두 번 더 시라쿠사를 방문했다. 첫 번째 방문 때 플라톤의 친구가 된 디온이라는 권력자가 디오니시오스 1세의 아들 디오니시오스 2세를 지도해달라는 간절한 요청을 보내오자 그 요청을 저버리지 못하고 갔던 것인데, 이 두 번의 방문에서도 아무런 결실을 맺지 못하고 사실상 감금 상태에 놓이는 쓰라린 경험만 했다. 이런 사정을 플라톤은 자신의 '일곱째 편지'에서 상세히 밝혔다.[82]

훗날 한나 아렌트는 하이데거의 과오를 플라톤의 과오와 그리 다를 게 없는 것으로 평가했다.[83] 하이데거가 총장직에서 사퇴한 직후 거리에서 만난 철학과 교수 볼프강 샤데발트가 "이제야 시라쿠사에서 돌아온 거요?" 하고 물었다는 이야기가 있다.[84] 이 이야기의 전후 맥락을 정확히 확인할 길은 없지만, 당시 대학 사회에서 하이데거의 나치 참여가 플라톤의 정치적 모험을 떠올리게 했음은 분명하다.

1934년 여름학기 강단으로 돌아옴

총장직에서 사퇴한 하이데거는 1934년 여름학기에 강단으로 돌아왔다. 애초에 하이데거가 예고한 강의 주제는 '국가와 학문'이었다. 총장직에서 물러난 직후였기 때문에 첫 강의에는 명성이 높은 사람들, 나치당 고위 관료, 동료 교수들이 몰려들어 하이데거가 무슨 말을 할지 귀를 세웠다. 갈색 제복 차림으로 강단에 오른 하이데거는 강의 주제를 바꿨다며 양해를 구했다. "나는 논리학을 읽겠습니다. 논리학은 로고스로부터 옵니다. 헤라클레이토스가 말하길…."[85] 하이데거는 다시 자신의 철학적 주제로 되돌아간 것이다. 두 번째 강의 시간이 돌아오자 강의실에는 철학에 관심 있는 사람들만 남았다.

1년 뒤에 야스퍼스에게 쓴 편지에서 하이데거는 강단에 복귀하는 것이 어려운 일이었음을 고백했다. "내 이야기를 하자면 마치 더듬거리며 겨우 나아가는 것과 같았지요. 겨우 몇 달 전에야 1932~1933년 겨울에 했던 작업의 결론에 다시 도달했습니다. 하지만 그건 희미한 웅얼거림일 뿐입니다."1935년 7월 1일 이 편지에서 하이데거는 총장직에서 실패한 일이 자기 안에 가시처럼 박혀 있다고 말했다. 총장직 사퇴에 이르기까지 겪은 사건들이 적잖은 트라우마를 안겼음을 고백한 것이다.

프라이부르크대학 총장으로서 하이데거의 나치 참여는 인간 하이데거의 이력에 평생 종양처럼 따라붙었지만, 하이데거의 본디 철학과 무관하게 섣부른 정치적 오판에 넘어가 저지른 실책만은 아니었다. 어찌 보면 나치 참여야말로 하이데거 철학의 직접적 표출이었고 그 철학의 명령을 따르는 일종의 정치적 모험이었다. 그 모험이 하이데거의 뇌리에 쓰라린 패배의 기억을 새겼지만 그 실패를 하이데거 철학의 실패라고 단정할 수는 없다. 역사학자 에른스트 놀테(Ernst

Nolte, 1923~2016)는 하이데거의 철학이 '나치 참여라는 사건에도 불구하고 위대할 뿐만 아니라 어떤 면에서는 나치 참여 때문에 오히려 더 철학적이고 위대하다'고 말한다. "니콜라이 하르트만은 나치에 대해 변함없이 거리를 두었다. 이런 태도는 극히 존경할 만하며 실로 올바르다. 반면에 1933년에 벌어진 하이데거의 나치 참여와 1934년에 자신의 오류를 통찰한 하이데거의 태도는 하르트만에 비해 훨씬 더 철학적이었다."[86] 분명한 것은 하이데거의 나치 참여와 하이데거의 철학을 따로 떼놓고 볼 수 없다는 사실이다. 하이데거의 정치적 행보는 하이데거의 철학을 추진력으로 삼은 것이었고 하이데거의 정치적 실패도 하이데거 철학 속에서 빚어진 일이었다.

총장직에서 물러난 뒤에도 하이데거는 자신이 생각하는 대학 이념을 실현하려는 길을 찾아 한동안 더 노력했다. 베를린의 나치당 본부와 문화부가 설립을 추진하던 '대학 교육자 아카데미'를 자신의 뜻에 따라 만들어 이끌어보겠다는 구상을 한 것이다. 이 구상이 실현된다면 아카데미는 장차 교수가 될 후속 세대 학자들에게 민족적 세계관을 심어주는 정치적 연수기관이 될 터였다.[87] 하이데거는 상세한 제안서를 1934년 8월 베를린으로 보내면서 이 계획을 실행할 기회를 준다면 베를린으로 옮겨갈 뜻도 있다고 밝혔다. 제안서의 내용을 보면 이 아카데미는 학습과 노동과 체육과 식사를 함께하는 일종의 철학자 수도원 혹은 플라톤식 아카데미아를 떠올리게 한다. 하이데거는 자신이 생각하는 국가사회주의 이념에 따라 대학 개혁을 이끌 장래의 지도자들을 양성한다는 꿈을 여전히 접지 않고 있었다. 하지만 하이데거의 구상은 나치당 안 이데올로그들의 격렬한 반대로 무산되고 하이데거의 이름도 아카데미 수장 후보군 명단에서 빠지고 말았다. 하이데거는 나치당과 연결된 끈을 모두 잃지는 않았지만 이후 점차 나치당의 외면을 받고 심지어는 강의 내용을 감시당하기까지 했다.

하이데거는 국가사회주의의 현실 정치에서 멀어졌고 자신을 횔덜린의 시구를 따라 '궁핍한 시대의 사상가'로 여기기 시작했다. 1938년 이후로는 히틀러에 대한 기대도 접었다. 환상에서 벗어난 하이데거에게 나치즘은 근대를 극복하려는 정치적 투쟁이 아니라 하이데거 자신이 부정하는 근대성을 가속화하려는 허무주의 운동으로 다가왔다. "한때 하이데거는 국가사회주의를 근대라는 문제의 해결책이라고 생각했지만, 이제는 국가사회주의 자체가 바로 문제임을 깨닫는다. 그는 국가사회주의 안에서 근대의 광기가 날뛰고 있음을 본다. 거기에서는 기술의 광란과 지배와 조직화, 다시 말해 총체적 동원의 비본래성이 날뛰고 있다."[88] 하이데거의 철학적 사유 안에서 나치즘은 모든 존재자를 계산 가능한 에너지로 떨어뜨리는 기술적 전체주의의 대안이 아니라 그 기술 전체주의의 극단적 형태임이 분명해졌다. 나치즘을 미국식 자유주의나 소련식 볼셰비즘과 마찬가지로 모든 존재자에게서 고유한 존재와 존엄을 박탈하는 니힐리즘의 한 형태로 보게 된 것이다.[89]

나치즘에 대한 하이데거의 태도 변화와 함께 사상의 전환도 속도를 높였다. 이미 1930년대에 들어와 시작된 하이데거 사유의 '전회'가 나치 참여와 실패를 겪으면서 더욱 철저해졌다. 나치 참여 시기에 하이데거는 근대성의 원리 곧 '기술 전체주의의 원리'가 나치즘이라는 형태로 자신을 관철하는 것을 알아보지 못했다. 통찰력 있는 철학자로 자부하던 하이데거 자신이 나치즘의 가면을 쓴 근대성의 원리에 기만당한 셈이었다. 이런 자기 배반의 경험에서 하이데거는 근대성의 원리가 일종의 운명적인 힘임을 실감했다.[90] 사람들은 근대성의 원리에 지배받고 있으면서도 그런 사실을 자각하지 못하며, 근대성의 원리는 그런 사람들을 도구로 사용해 자기 자신을 관철하는 것이다. 그리하여 근대성의 원리가 하이데거에게 일종의 역사적 운명으로 다가왔다. 강단으로 복귀한 하이데거는 특히 횔덜린 강의와 니체 강의를 통해서 이런 근대성 원리의 운명적인 힘을 분명하게 드러내 보이려고 했다. 또 이 강의가 진행되던 1936년부터 1938년까지 내밀하게 기록한 철학 노트에 그 자신의 '사상의 전회'를 수수께끼 같은 장대한 철학적 드라마로 그려냈다. 뒷날 『철학에의 기여』라는 이름으로 출간된 이 철학 노트는 이 시기의 하이데거에게 존재의 역사와 존재의 운명 그리고 존재의 도래를 보는 새로운 시야가 열렸음을 알려준다. 하이데거는 이제 미래로부터 오는 존재의 부름에 응답하는 사상가로 자신을 다시 세우기 시작한다.

2

횔덜린의
시

횔덜린은 신들이 살아 있는 세계야말로 참다운
존재의 세계라고 생각했고, 하이데거는 그런 횔덜린에게서
사상의 동지, 사유의 선구자를 발견했다.
횔덜린이 시로써 했던 일을 하이데거는 철학의 언어,
사유의 언어로써 했다. 존재를 망각에서 불러내는 것은
다른 말로 하면, 존재의 소리에 귀를 기울이고
존재의 소리를 따르는 것이다.

"

이루어낸 것은 많다.
그러나 인간은 이 땅 위에서 시적으로 거주한다.

오직 언어가 있는 곳에 세계는 존재한다.
오직 세계가 주재하는 곳에 역사는 존재한다.

"

횔덜린이라는 안식처

대학 총장에서 물러나 1934년 여름학기에 '논리학' 강의를 한 하이데거는 그해 겨울학기에 독일 시인 프리드리히 횔덜린의 송가 「게르마니엔」과 「라인강」을 강의 주제로 잡았다. 횔덜린 강의는 예정된 것이 아니었다. 하이데거는 이전에 한 번도 철학 수업에서 시를 강의한 적이 없었다. 어쩌면 횔덜린은 나치 참여로 상처 난 마음을 다스리려고 찾아든 안식처였는지 모른다. 니체가 사랑에 실패한 뒤 상한 마음을 부둥켜안고 저 아득히 먼 시대의 페르시아 현자 차라투스트라에게로 날아갔듯이, 하이데거도 정치적 관여에 좌절한 뒤 횔덜린과 함께 고대 그리스의 시원으로 날아간 것이리라.

하이데거가 횔덜린을 처음 발견한 것은 아주 이른 시기였다. 1914년 노르베르트 폰 헬링그라트(Norbert von Hellingrath, 1888~1916)가 횔덜린의 후기 송가 시집의 초판을 편집해 세상에 내놓았다. 헬링그라트는 1916년 제1차 세계대전 중에 전사했지만 이때 시작된 횔덜린 열풍은 하이데거가 횔덜린 강의를 시작하던 때에도 전혀 식지 않았다. 횔덜린은 독일 민족을 대표하는 시인으로 승천했고 많은 지식인들이 횔덜린주의자로서 나치즘 정치와 운동에 합류했다. 그러므로 하이데거의 횔덜린 강의는 정치에 직접 다가가는 방식에서 벗어나 간접적으로 나치 운동에 영향을 주려는 철학적 작업이었다고도 할 수 있다. 그 시기에 횔덜린이 소설 『히페리온』에서 독일인을 가혹하게 비판한 구절이 자주 입에 올랐다.

"좀 신랄한 말이긴 하지만 진실이니 여기서 말하겠다. 독일인들처럼 자아분열적인 민족은 상상하기 힘들다. 장인은 보이지만 인간은 보이지 않고, 사상가는 보이지만 인간은 보이지 않고, 성직자는 보이지만 인간은 보이지 않고, 주인과 하인, 젊은이와 분별 있는 중년은 보이지만 인간은 역시 보이지 않는다. 그 모습은 마치 전쟁터 같지 않은가? 손과 팔 그리고 모든 사지가 절단돼 사방에 흩어져 있고 낭자한 핏물이 모래에 스며든 전쟁터 말이다. … 이 민족에게 성스러운 것치고 신성모독을 받지 않은 것이 없고 궁색한 임시변통의 지위로 강등되지 않은 것이 없다. 계산에만 밝은 이 야만인들은 원시인들에게도 대개 신적으로 순수하게 보존돼 있는 것을 마치 장사하듯이 처리한다. … 성스러운 자연아! 네가 심판하게 될 것이다."[91]

독일을 사랑하기에 더 매섭게 던지는 비판이었다. 횔덜린 열풍에는 독일 민족이 참된 인간의 모습을 되찾아야 한다는 소망도 섞여 있었다.

횔덜린은 하이데거와 같이 독일 남서부 슈바벤 지역 출신이었다. 하이데거에게는 고향의 시인이었다. 두 살 때 아버지를 잃고 계부 밑에서 자란 횔덜린은 어머니의 뜻을 따라 목사가 되려고 1778년 가을 튀빙겐신학교에 들어갔다. 거기서 같은 슈바벤 출신으로 독일 관념철학의 거봉이 되는 헤겔(Georg Wilhelm Friedrich Hegel, 1770~1831)과 친구가 됐다. 이어 1790년 가을 이 신학교에 입학한 다섯 살 아래 조숙한 천재 셸링(Friedrich Wilhelm Joseph von Schelling, 1775~1854)과도 우정을 쌓았다. 횔덜린과 헤겔과 셸링은 튀빙겐신학교의 아우구스티누스 기숙사에서 숙식을 함께했다. 1789년 일어난 프랑스혁명에 열광해 세 사람이 함께 네카어 강변에 자유의 나무를 심기도 했다. 하이데거는 1934년 겨울학기 강의에서 횔덜린과 헤겔의 우정을 특별히 강조했다.

"횔덜린과 헤겔은 공통의 정신적인 세계 안에서 성장했고 새롭게 세계를 형상화하기 위해 함께 투쟁했다. 한 사람은 시인의 길을, 다른 사람은 사상가의 길을 갔다." 『횔덜린의 송가 '게르마니엔'과 '라인강'』184쪽

신학교를 졸업한 횔덜린은 1793년 튀링겐주 발터스하우젠에 있는 샤를로테 폰 칼프의 집에 가정교사로 들어갔다. 헤겔도 가정교사 일을 찾아 스위스 베른으로 갔다. 다시 1796년 횔덜린은 프랑크푸르트에 있는 곤타르트 집안의 가정교사로 자리를 옮겼고, 1년 뒤 헤겔도 횔덜린의 도움으로 프랑크푸르트에서 가정교사 자리를 얻었다.

"프랑크푸르트 시절 횔덜린은 위대한 시작(詩作)의 길을 발견했고, 헤겔은 자신에게 고유한 철학의 길을 발견했다. 이 시기에 두 사람은 시 짓기와 사유의 중심에서 그리스 정신에 대해 서로 논했다." 『횔덜린의 송가 '게르마니엔'과 '라인강'』186쪽

횔덜린은 프랑크푸르트의 가정교사 시절 곤타르트 집안의 안주인이자 네 자녀의 어머니였던 스물일곱 살 주제테 곤타르트와 사랑에 빠졌다. 주제테는 횔덜린의 뮤즈였고 횔덜린은 주제테를 플라톤의 『향연』에 나오는 여사제 디오티마라고 불렀다. 『향연』에서 디오티마는 젊은 소크라테스에게 에로스의 비밀을 가르쳐준다. 두 사람의 '금지된 사랑'은 이 연애 사건이 일으킨 파문과 주제테의 이른 죽음으로 횔덜린의 정신에 지울 수 없는 화인을 남겼다. 횔덜린은 1798년 프랑크푸르트 인근의 홈부르크로 거처를 옮겼다. 이때부터 이곳저곳 가정교사 자리를 찾아 방랑하는 삶이 시작됐다. 횔덜린은 "삶에 무능했고 아무것도 관철할 수 없었으며" 『횔덜린의 송가 '게르마니엔'과 '라인강'』41쪽 철학 교수가 되고자 했지만 끝내 강사직조차 얻지 못했다. 1799년 1월 횔덜린이 어머니에게 보낸 편지는 이 시기 횔덜린의 마

음을 깊이 들여다볼 수 있게 해준다.

"제가 어릴 때부터 항상 정직한 노력을 통해, 이른바 더 근본적인 작업을 통해 추구했던 포에지(Poesie, 시)를 향한 불행한 성향이 어쩌면 아직까지 제 안에 있기에 … 제가 앞으로 저에게 주어질 수 있는 소박한 작업을 제 고유한 것으로 만들려고 노력한다면 그것은 저에게 좋은 일일 것입니다. … 그러나 제가 천성에 별로 맞지 않아 보이는 작업, 예를 들어 철학을 과도한 주의력과 긴장 속에서 해왔으며, 그것도 제가 텅 빈 시문학인이라는 이름을 두려워하기에 그런 작업들을 … 해왔지만, 저는 이런 작업이 가장 깊은 불화와 불쾌함을 제 자신에게 안겼다는 사실을 잘 알고 있습니다. 오랫동안 저는 왜 철학 수업이 그 수업에 요구되는 집요한 열성을 가라앉게 하는지 몰랐고, 또 제가 철학 수업에 몰두할수록 왜 철학 수업은 항상 저를 더 불안정하고 괴롭게만 하는지 몰랐습니다. 이제 저는 그것을 설명할 수 있습니다. 저는 필요 이상으로 제 고유한 성향으로부터 멀리 떨어져 있었고, 부자연스러운 일을 하면서 제 마음은 마치 스위스 목동들이 병영 생활 중 그들의 골짜기와 가축들을 그리워하듯이, 제가 사랑하는 일들을 그리며 한숨짓곤 했던 것입니다. 그것을 몽상이라고 부르지 마십시오. 왜냐하면 제가 모든 일 중 가장 순진무구한 일을 방해받지 않고 한가하게 할 때 저는 마치 어린아이와 같이 평화롭고 즐거웠기 때문입니다."「횔덜린의 송가 '게르마니엔'과 '라인강'」62쪽

이 편지에서 횔덜린은 철학이 자신의 천성에 맞지 않는 것이었는데도 철학 공부에 지나치게 힘을 쏟았다고 고백한다. 철학 공부에 몰두하면 몰두할수록 불안하고 괴로웠는데, 철학이 그 자신의 고유한 성향에서 멀리 떨어져 있었기 때문이었음을 이제 알게 됐다는 것이다. 그러면서 자신이 가장 그리워하는 것이 결국 시를 쓰는 일이며, 시 쓰기는 가장 순수하고 결백한 일이고 시를 쓸 때 어린아이와 같이

평화와 기쁨을 느낀다고 말한다. 여기서 횔덜린은 '철학'이라는 정신의 작업과 '시 짓기'라는 또 다른 정신의 작업을 직접 대립시키고 있다. 이 대립은 뒤에 횔덜린의 사유 안에서 '독일 정신'과 '그리스 정신'의 대립이라는 형식으로 다시 나타나게 된다.

이 편지를 쓰고 얼마 지나지 않은 1801년부터 몇 년 동안 횔덜린에게는 시인으로서 최고의 창작 시기가 열렸다. 1801년 예나대학 사강사가 된 헤겔도 철학자로서 본래의 길을 가기 시작해 『정신현상학』이라는 일생일대의 작품을 탄생시켰다. 하지만 창작자로서 횔덜린의 삶은 일찍 끝났다. 가장 아름다운 노래를 뽑아내던 시기에 들이닥친 광기가 시인을 수시로 괴롭혔고 1806년 정신을 마지막으로 강타했다. 횔덜린이라는 '부서진, 예민한 악기'는 37년에 이르는 긴 여생을 목수의 옥탑 방에서 보냈다.[92] 창조의 절정에서 조광증의 어둠 속으로 들어간 니체의 불행한 삶과 다르지 않았다.

시인, 신의 번개에 맞아 희생당하는 사람

하이데거의 횔덜린 강의는 1940년대 초반까지 니체 강의와 번갈아가며 여러 차례 계속됐다. 특히 1934년 겨울학기의 첫 번째 횔덜린 강의는 횔덜린에 관한 이후 강의와 강연에서 반복될 주제를 거의 모두 다루었다. 강의 첫 시간에 하이데거는 '시원'(Anfang)과 '시작'(Beginn)의 차이를 이야기했다.

"'시작', 이것은 '시원'과는 다르다. 예를 들어 새로운 기상 상황은 폭풍과 더불어 시작되지만, 그것의 시원은 앞서 작용하는 대기 상태의 전적인 변화를 뜻한다." 『횔덜린의 송가 '게르마니엔'과 '라인강'』 22쪽

'시작'이 폭풍의 발생을 가리키는 것과 달리 시원은 그 폭풍의 기원을 가리킨다. 하이데거는 유럽을 휩쓸었던 제1차 세계대전을 예로

든다.

"세계대전은 수백 년 전 서구의 정신적·정치적 역사 안에 그 시원을 둔다. 세계대전은 전초병들의 전투와 더불어 시작됐다. 시작은 곧바로 뒤에 버려지고 사건의 진행 속에서 사라진다. 반면에 시원, 근원은 사건 안에서 최초로 나타나며 자신의 종말에서 비로소 완전히 현존한다."『횔덜린의 송가 '게르마니엔'과 '라인강'』 22쪽 하이데거의 관심은 '시작'이 아니라 '시원'이다. 시작은 어떤 일이 발생함과 동시에 사라져 버리고 말지만 어떤 사태의 근원으로서 시원은 사태가 일어나 그 끝에 이르러서야 완전한 모습으로 드러난다. 서구 역사의 시원은 그저 시작이었던 것이 아니라 그 종말에 이른 오늘에야 오히려 가장 완전한 모습으로 드러날 것이라는 암시가 담긴 말이다. 하이데거의 생각에 횔덜린의 시가 바로 이 시원에 이르는 길을 보여주었다. 하이데거는 횔덜린을 '가장 위대한 시인'이라고 부른다. 왜 횔덜린이 가장 위대한 시인인가? '우리의 가장 미래적인 사상가'이기 때문이다. 다시말해 횔덜린의 시가 시원을 그려냄으로써 장차 우리에게 도래해야할 것을 앞서 보여주었기 때문이다.

하이데거는 강의 제1부에서 「게르마니엔」이라는 시를 분석했다. 게르마니엔은 독일을 가리키는 옛 이름이다. 이 시에서 횔덜린은 자기 시대가 "옛 신들은 죽었고 새로운 신들이 절박하게 요구되는" 시대라고 말한다.『횔덜린의 송가 '게르마니엔'과 '라인강'』 39쪽 횔덜린의 시대는 신들이 사라진 시대다. 옛 신은 사라져버렸으나 새로운 신은 도래하지 않은 이 시대를 횔덜린은 다른 시에서 '궁핍한 시대'라고 부른다. 하이데거에게는 하이데거 자신의 시대야말로 '궁핍한 시대'였다. 횔덜린이 '궁핍한 시대의 시인'이었듯이 하이데거 자신은 '궁핍한 시대의 사상가'인 셈이다.

통상의 시는 언어를 사용해 자연을 포착하거나 시인의 심상을 드

하이데거가 '시인 중의 시인'으로 여겼던 프리드리히 횔덜린.
하이데거는 시원에 이르는 길을 횔덜린의 시에서 보았다.

러낸다. 그런데 휠덜린의 시에선 사정이 다르다. 하이데거는 휠덜린의 관심사가 '시 짓기'와 '시인'에 있다고 말한다. 휠덜린이 시어로써 표현하려고 한 것은 자연이나 심상이 아니라 '시 짓기' 자체이고 시 짓기의 주체인 '시인'이다. 휠덜린은 '시'와 '시인'을 시로 짓는 시인이다. 그래서 하이데거는 휠덜린을 "시인 중의 시인"이라고 부른다. 휠덜린은 '시인들의 시인'이다.

하이데거는 시와 시인을 그린 휠덜린 작품 가운데 하나로 「마치 축제일처럼…」이라는 시에 주목한다. 이 시에서 휠덜린은 시인이 "신의 뇌우 아래 맨 머리로 서서 아버지의 불빛을 제 손으로 붙잡아 노래로 감싸 민족에게 건네준다"고 노래한다. 시인은 신이 보내는 섬광을 시어로 붙잡아 그 시어를 민족의 노래로 들려주는 사람이다. 신의 뇌우, 곧 번개 치는 제우스의 폭풍우 속에 맨 머리로 서서 그 번개에 맞아 희생당하는 사람이 시인이다. 이 이미지는 휠덜린의 시에서 주요한 모티프를 이룬다. 하이데거는 휠덜린이 이 노래에서 묘사한 시인의 희생을 "현존재가 존재(Seyn)의 압도적인 힘 안으로 내버려짐"이라고 풀이한다.『휠덜린의 송가 '게르마니엔'과 '라인강'』 58쪽 하늘의 천둥과 번개야말로 '존재'가 드러난 모습이다.

하이데거는 1934년의 이 휠덜린 강의에서 그 전까지 쓰던 'Sein' 대신에 이 단어의 고어인 'Seyn'을 쓰기 시작해 1940년대까지 그 낱말로 '존재'를 표기했다. 'Seyn'이라는 이 낱말로 하이데거는 '개별적인 존재자들의 존재'가 아니라 '존재자 전체를 존재하게 하는 근원적인 힘'을 가리켰다. 시인이란 바로 이 존재(Seyn)를 시어에 담아 민족에게 전해주는 사람이다.

"뇌우와 섬광은 신들의 언어다. 그리고 시인은 이 언어를 회피하지 않고 견뎌내며 붙잡아 민족의 현존재 안으로 가져오는 사람이다."『휠덜린의 송가 '게르마니엔'과 '라인강'』 59쪽 하이데거는 휠덜린이 「루소」라는 시에서 "그리고 눈짓은 예로부터 신들의 언어다"라고 한 말에 주목해 이 섬광과 뇌우를 '눈짓'이라고 표현하기도 한다. 눈짓이야말로 신들의 언어다.

"시 짓기는 이런 눈짓을 민족에게 보내는 일이다." _{『휠덜린의 송가 '게르마니엔'과 '라인강'』 60쪽}

휠덜린은 자연 현상, 곧 폭풍우 치는 하늘의 천둥과 번개를 신들이 보내는 눈짓으로, 신들의 언어로 이해한다. 휠덜린의 이런 생각은 당대 기독교의 유일신적 신관이 아니라 고대 그리스의 다신교적 신관을 염두에 둔 것이다. 그래서 휠덜린은 신을 부를 때 '신'이라고 단수로 쓰지 않고 '신들'이라고 복수로 쓴다. 그러나 휠덜린이 '신들'이라고 썼다고 해서 다신교를 신앙의 대상으로 삼은 것이 아니었음은 분명하다. '신들'은 '성스러움'을 가리키는 시적 표현이었다.

휠덜린의 신들과 하이데거의 존재

여기서 잠시 휠덜린의 '신들'과 하이데거의 '존재' 사이 연관을 한번 생각해보자. 휠덜린의 신들은 그리스 신화 속의 신들이다. 이 신들은 쉽게 말하면 자연의 의인화다. 그리스의 신들은 하늘과 대지, 태양과 강, 바람과 숲의 신들이었다. 이 신들이 깃들어 있는 자연 세계 전체의 성스러움이 하이데거의 '존재'와 통한다. 그리스의 신들은 하이데거가 말하는 존재(Seyn)를 넌지시 가리켜 보인다. 휠덜린은 그 신들이 떠나버렸고 새로운 신들은 아직 오지 않았다고 말한다. 이것은 무슨 말인가? 신들이 사라져버렸다는 것은 세계가 신들을 허락하지 않는 기술적·계산적·합리적 세계가 됐다는 뜻이다. 막스 베버의 용어를 쓰면 '탈마법화'(Entzauberung, 탈주술화)다. 베버는 근대의 도래와 함께 모든 곳에서 합리화가 진척됨으로써 이 세계가 마

법에서 풀려났다고 말한다. 세계가 탈마법화했다.[93]

세계의 합리화는 이성의 진보일 수도 있지만, 다른 관점에서 보면 이 세계에서 신비와 비밀이 사라져버렸다는 뜻일 수도 있다. 횔덜린의 언어로 표현하면 이 우주 만물을 포괄하는 자연 세계에서 신들이 떠나버렸다는 뜻일 수도 있다. 자연 세계 안에 깃들어 자연 세계를 주재하던 신들이 사라진 것이다. 신들의 사라짐은 하이데거의 용어로는 존재의 떠남이며 존재의 망각이다. 이 존재를 망각에서부터 일깨우고 다시 불러들이는 것, 이것이 후기 하이데거의 존재 사유의 과제였다고 할 수 있다. 횔덜린은 신들이 살아 있는 세계야말로 참다운 존재의 세계라고 생각했고, 하이데거는 그런 횔덜린에게서 사상의 동지, 사유의 선구자를 발견했다. 횔덜린이 시로써 했던 일을 하이데거는 철학의 언어, 사유의 언어로써 했다. 존재를 망각에서 불러내는 것은 다른 말로 하면, 존재의 소리에 귀를 기울이고 존재의 소리를 따르는 것이다. 그렇게 존재의 소리에 귀를 기울일 때 인간의 기억 속에서 사라졌던 존재가 돌아올 것이다. 존재는 '회상'과 '사유'의 방식으로 우리에게 나타난다. 그런 회상과 사유 속에서 인간은 존재의 진리를 경험한다.

그러나 '존재'는 '존재자'가 아니다. 존재자는 이 세상에 존재하는 모든 것들이다. 하늘과 대지와 대양과 강과 바람은 언제나 있다. 그러나 그 존재자들의 전체 존재는 시대마다 다른 모습으로 드러난다. 고대 그리스에서 그 존재자들의 전체 존재는 신들이 살아 숨 쉬는, 신비롭고도 위엄 있고 함부로 범접할 수 없는 성스러운 것이었다. 그런 존재를 그리스인들은 '피시스'(Physis)라고 불렀다. 우리 시대 곧 기술 시대에 들어와 그 신들은 모두 물러나 저 멀리 사라져버렸다. 그리스인들이 자연 속에서 발견한 신들은 망각 속에 묻혀버렸다. 그 잃어버린 신들 곧 '존재'를 다시 불러들이는 것이 바로 횔덜린의 과제였다고 하이데거는 해석한다. 그리고 그 과제는 존재의 파수꾼을 자임한 하이데거의 과제이기도 하다.

그러나 그 과제를 완수하는 것은 인간이 억지로 할 수 있는 일이 아니다. 오히려 '존재'가 인간의 사유를 통해 인간에게 그 과제를 드러내고 계시한다. 존재가 그렇게 과제를 제시할 때 그 과제를 받는 인간의 마음 상태가 바로 하이데거 후기의 용어 가운데 하나인 '내맡김'(Gelassenheit)이다. 자신을 내려놓고 경건히 존재의 소리를 듣고 따르는 사람에게 존재는 자신을 알리고 자신을 드러낸다. 그 드러냄을 통해서 시대의 근원적인 변화가 예고된다. 후기 하이데거는 바로 이런 사유의 길을 따라 걸었다. 그리고 그 길을 앞서 비추며 걸어간 사람으로 횔덜린을 지목했다. 횔덜린은 하이데거가 철학적 사유로써 했던 작업을 시 짓기를 통해 앞서 보여주었다. 옛 신들을 불러들여 그 신들의 언어를 받아 전한 사람이 횔덜린이었고, 시로써 그런 일을 한 횔덜린을 하이데거는 존재의 도래를 준비한 사람으로 해석했다.

민족의 현존재를 통해 드러나는 존재

하이데거에게서 이 존재는 '민족의 현존재'를 통해 드러난다. 이 시기의 하이데거는 강렬한 민족주의적 열망 속에서 존재가 민족 단위로 열리고 드러난다고 생각했고 횔덜린 시를 그런 방식으로 해석했다. 「회상」이라는 횔덜린 시의 한 구절을 보자. "그러나 상주하는 것을 시인들은 수립한다." '상주하는 것' 곧 늘 머무르는 것은 하이데거의 '존재'에 해당한다. 시인은 시어로써 시 안에 존재를 수립하는 사람이다. 그러나 이 존재는 시인 개인의 존재가 아니라 민족의 존재다. 시인이 신들의 눈짓을 민족의 언어로 옮겨 전달하듯이, 존재

는 민족의 현존재 안에서 수립된다.「횔덜린의 송가 '게르마니엔'과 '라인강'」61쪽
존재가 민족의 현존재 안에서 수립된다면, 민족마다 존재는 다른 방식으로 수립될 것이다. 민족마다 고유한 언어가 있고 고유한 역사가 있으며 고유한 과제가 있으므로 존재는 바로 그 언어와 역사와 과제에 맞추어 각각 다른 방식으로 드러날 것이다.

시 짓기는 언어를 사용하는 작업이다. 언어를 떠나서는 시를 지을 수 없다. 하이데거는 이 강의에서 횔덜린이 언어를 어떻게 사유했는지에 관심을 돌린다. 횔덜린의 표현을 이어받아 하이데거는 언어를 '가장 위험한 재화'라고 부른다. 왜 언어는 가장 위험한 재화인가? 간단히 말하면 언어가 존재를 불러내기도 하고 존재를 떨쳐내기도 하기 때문이다.

"근본적으로 인간 현존재는 언어 안에서 최고의 위험에 도달한다. … 왜냐하면 언어 안에서 인간은 스스로 가장 멀리 나아가고 언어 자체와 더불어 비로소 존재 안으로 들어가기 때문이다. 언어 안에서 존재자의 열림이 일어나는데, 이미 드러난 것을 추후에 표현하는 것이 아니라 근원적인 드러남 자체가 언어 안에서 일어난다. … 언어에 힘입어 인간은 존재의 증인이 된다. 인간은 존재를 보증하며 존재를 고수하고 존재에 속한다. 동물이나 식물과 같이 언어가 존재하지 않는 곳에서는 생명은 있지만 존재의 열림은 없으며, 따라서 무나 비존재나 공허함도 없다. … 오직 언어가 있는 곳에 세계도 주재한다. 오직 세계가 있는 곳에, 즉 언어가 있는 곳에 최고의 위험이 존재하고 위험 자체가 존재한다. 즉 존재 자체가 비존재를 통해 위협받는 일이 존재한다. 언어가 인간을 위험으로 이끌기 때문에 언어가 위험한 것일 뿐만 아니라, 언어는 그 자체로 가장 위험한 것, 위험한 것들 가운데 가장 위험한 것이다. 왜냐하면 언어만이 존재의 위협 가능성 자체를 비로소 만들고 견지하기 때문이다. 인간이 언어 안에 존재하기 때

문에 인간은 이런 위험을 야기하고 언어 안에 잠복해 있는 파괴를 이끌어낸다. 가장 위험한 것으로서 언어는 양날의 칼이며 이중의 의미를 지닌다. 언어는 인간을 최고의 쟁취 구역에 세우고 동시에 인간을 심연적인 퇴락의 영역 안에 잡아둔다." 「횔덜린의 송가 '게르마니엔'과 '라인강'」98~99쪽

언어가 있기 때문에 인간은 존재를 사유할 수 있으며 동시에 비존재를 사유할 수 있다. 또 존재 안에 들어서 있을 수도 있고 비존재에 위협받을 수도 있다. 우리가 언어를 어떻게 사용하느냐에 따라서, 곧 언어에 어떤 의미를 담느냐에 따라서, 다시 말해 언어를 통해 세계를 어떻게 보느냐에 따라서 세상은 전혀 다른 모습이 될 수 있다. 언어가 없다면 무도 없고 비존재도 없을 것이다. 언어가 없다면 우리는 신들을 불러낼 수도 없다. 신들을 불러낼 수 없으니 신들을 사라지게 할 수도 없다. 그러므로 언어야말로 가장 소중한 재보임과 동시에 가장 위험한 것이다. 언어가 망가지면 세계가 망가지기 때문이다. 세계가 망가진 곳에는 신들이 살 수 없고 존재가 깃들 수 없다. 여기서 하이데거가 '떠나버린 신'을 찾는 사람이라는 사실이 분명하게 드러난다. 사르트르는 『존재와 시간』을 읽고 하이데거를 '무신론적 실존주의자'라고 분류했지만, 하이데거는 사르트르의 이런 분류를 거부했다. 하이데거가 기독교의 오래된 신을 떠난 것은 사실이지만 그렇다고 해서 신 자체를 떠난 것은 아니었다. 1934년의 이 겨울학기 강의에서 하이데거는 신의 문제와 관련해 이렇게 말한다.

"신들이 도주했다는 것은 신성마저도 인간 현존재로부터 사라졌다는 것이 아니다. 오히려 여기서 신성은 주재하고 있다. … 진지하게 '신은 죽었다'고 말하는 사람, 그리고 니체처럼 이것에 삶을 건 사람은 무신론자가 아니다. 무신론자는 단지 자신의 신을 마치 식탁의 칼처럼 다루는 사람이다. 만약 이런 칼을 잃어버린다면 그것은 곧 사

라진 것이 된다. 그러나 신을 잃는다는 것은 다른 것을 뜻한다. 그것은 신과 식탁의 칼이 내용상 상이한 사물이기 때문만은 아니다. … 전승된 신조가 편안하거나 익숙해서 그 신조를 전복하지 않는 사람들, 마치 전승된 신조의 새장 안에 들어 있는 것 같은 사람들이야말로 위대한 회의주의자보다 더 무신론적이다. 옛 신들을 포기해야 한다는 것, 이런 포기를 견뎌야 한다는 것은 신들의 신성을 옳게 보존하는 것이다."「횔덜린의 송가 '게르마니엔'과 '라인강'」 141쪽

이 시기의 하이데거가 무신론적인 사람으로 보인다면, 그것은 하이데거가 옛 신을 포기했기 때문이다. 다시 말해 형이상학의 신, 중세 기독교의 초월적인 신을 포기했기 때문이다. 그러나 그것이 신의 신성까지 포기했음을 뜻하는 것은 아니다. 오히려 이런 전통의 신을 포기하는 것이야말로 신의 신성을 올바르게 보존하는 일이다. 사정이 그렇다면, 형이상학의 신은 사라졌지만 진정으로 신다운 신은 아직 도래하지 않은 어떤 중간 지대가 하이데거가 서 있는 곳일 것이다.

투쟁적 조화가 존재를 창출함

하이데거는 이 강의에서 횔덜린이 '친밀성'(Innigkeit)이라고 불렀던 것도 사유의 대상으로 삼는다. 횔덜린은 「에게해」라는 시에서 그리스인들을 "친밀성의 민족"이라고 칭했다. 또 논문 「엠페도클레스에 대한 기초」에서는 "가장 심오한 친밀성"이 그리스인의 시 작품 안에 표현됐다고 말했다. 횔덜린에게 친밀성이란 "광범위한 대립투쟁을 통일시키는 연관성"을 가리키는 말이다. 친밀성은 "현존재의 최고의 힘"을 뜻하며 "존재의 극단적인 투쟁의 극복 안에서 보존되는 것"을 뜻한다. "대립 안에서 근원적인 통일성을 지니는 것"이 바

로 친밀성이다.「휠덜린의 송가 '게르마니엔'과 '라인강'」169~170쪽 휠덜린이 말하는 '친밀성'은 헤겔 변증법이 가리키는 '대립물의 통일과 투쟁'을 떠올리게 한다. 서로 대립하면서도 서로 요구하고 그리하여 통일된 채로 투쟁하며 자기 자신을 극복하는 내밀한 존재 상태를 가리키는 말이 친밀성이다. 이 친밀성이야말로 시 짓기의 근원이다. 시 짓기란 대립하는 것을 통일시키며 극복하는 힘겨운 투쟁이다. 하이데거는 이 친밀성을 다른 말로 '비밀'이라고도 부른다.

"친밀성은 순수하게-발원된-것의 힘들이 지닌 적의를 근원적으로 통일하는 것이다. 친밀성은 이런 존재에 속하는 비밀이다. … 순수하게-발원된-것은 철저하게 수수께끼로 남는다. 친밀성은 비밀이 지닌 특징이 아니다. … 친밀성이 비밀로서 나타나기 때문이다. 오직 친밀성이 지배하는 곳에서만 비밀이 존재한다."「휠덜린의 송가 '게르마니엔'과 '라인강'」339쪽

"비밀은 하나의 수수께끼가 아니다. 비밀은 친밀성이며, 이 친밀성은 존재 자체이고 투쟁하는 힘들의 적의다."「휠덜린의 송가 '게르마니엔'과 '라인강'」340쪽

친밀성 자체가 비밀이며 이 비밀이 바로 존재 자체다. 다른 말로 하면 비밀이란 '존재의 비밀'이며 이 비밀이야말로 '진리의 본질'이다. 그래서 하이데거는 이렇게 말한다.

"만약 진리의 본질을 존재자의 개방성 안에서 찾아야 한다면, 그때 은폐성과 감춤은 개방성이 지닌 고유한 방식임이 입증된다. 비밀은 진리의 피안에 놓여 있는 경계선이 아니라, 오히려 진리의 최고 형태이다. 왜냐하면 비밀이 비밀로서, 즉 고유한 존재를 은폐하며 유지하는 것으로서 진실로 존재하려면, 비밀 자체가 개방돼야 하기 때문이다. 자신의 감추는 힘 안에서 의식되지 않은 비밀은 비밀이 아니다. 감춤에 대한 앎이 클수록, 감춤 자체에 대한 말함이 순수할수록 그것

의 은폐하는 힘은 더 순전하게 남는다."「횔덜린의 송가 '게르마니엔'과 '라인강'」
172쪽

　진리란 하이데거의 용어로 하면 '비은폐성'이다. '존재자의 드러
나 있음'이다. 그런데 진리의 본질은 비밀이다. 비밀은 감추어져 있
되 그냥 감추어져 있기만 한 것이 아니라 드러나는 방식으로 감추어
져 있음이다. 우리가 비밀을 비밀로 알려면, 그 비밀이 비밀로서 알
려져 있어야 한다. 그래야만 그 감추어진 것을 향해 비밀이라고 말
할 수 있는 것이다. 진리의 본질은 바로 이렇게 감추어진 채 드러난
비밀이다. 친밀성이라는 것은 바로 진리의 본질이며 비밀이다. 친밀
성은 존재의 비밀로서 감추어진 채 드러나 있다. 그런데 이 친밀성
이 '대립하는 것들의 통일과 투쟁'이라고 한다면, 이때 친밀성은 헤
라클레이토스의 사상과 연관된다고 하이데거는 말한다. 헤라클레이
토스는 '단편 53'에서 이렇게 말한다. "전쟁은 모든 존재자의 창조
자이며 또 모든 존재자의 지배자다. 또 전쟁은 어떤 자는 명백히 신
들로 만들고 다른 자는 인간으로 만들며, 어떤 자는 노예로, 다른 자
는 주인으로 내세우기도 한다."「횔덜린의 송가 '게르마니엔'과 '라인강'」 179쪽 '전
쟁은 만물의 아버지다'라는 말로 더 알려진 유명한 단편이다. 또 '단
편 67'에서 헤라클레이토스는 이렇게 말한다. "신은 낮과 밤이고 겨
울이고 여름이며 전투이고 평화이며 배부름이고 배고픔이다."「횔덜린
의 송가 '게르마니엔'과 '라인강'」 181쪽 이 단편들이 횔덜린의 '친밀성'과 관련돼
있음을 알아채기는 어렵지 않다. 헤라클레이토스의 또 다른 유명한
말, "모든 것은 흐른다"($\pi\acute{\alpha}\nu\tau\alpha$ $\dot{\varrho}\epsilon\tilde{\iota}$, panta rei)라는 경구도 하이데거
는 같은 방식으로 이해한다.

　"이 말이 뜻하는 것은 모든 것이 존속함 없이 계속 변화한다는 것
이 아니다. 오히려 그대는 어떤 입장도 홀로 그 자체로 고정시킬 수
없으며 그대는 서로 간의 투쟁을 통해 반대 입장으로 전이되고, 이렇

게 이리저리로 움직이는 전쟁의 운동 안에서 존재자는 자신의 존재를 갖게 된다는 뜻이다. 여기서 흐름은 단순히 사물들이 끊임없이 멸절된다는 것을 뜻하지 않는다. 오히려 거꾸로 투쟁의 흐름, 즉 투쟁적인 조화가 바로 존속과 존속성 즉 존재를 창출한다는 뜻이다."「횔덜린의 송가 '게르마니엔'과 '라인강'」181쪽

존재는 그저 정지 상태에 머물러 있는 것이 아니다. 존재는 투쟁 속에서 끊임없이 변화하면서 드러난다.

"서로 투쟁하는 것은 … 조화를 지시하고 조화는 투쟁을 지시하며 그런 투쟁 안에서만 조화는 움직이고 있다."「횔덜린의 송가 '게르마니엔'과 '라인강'」182쪽

하이데거는 횔덜린의 시 짓기의 비밀이 바로 여기에 있다고 말한다.

"존재를 건립하는 횔덜린의 시 짓기 안에서 존재에 대한 그의 사유 전체와 이해는 헤라클레이토스의 힘 아래 놓여 있다."「횔덜린의 송가 '게르마니엔'과 '라인강'」183쪽

이 친밀성의 사유를 횔덜린과 헤겔은 공유하고 있었다고 하이데거는 넌지시 암시한다. 하이데거가 헤겔의 『정신현상학』 서문에 나오는 다음 문장을 길게 인용하는 것도 존재의 진리가 바로 이 친밀성이며 투쟁을 통한 통일성의 쟁취임을 알려주기 때문이다.

"만약 우리가 비현실성을 죽음이라고 명명하려 한다면 죽음은 가장 두려운 것이며, 죽은 것을 확고하게 잡는 것은 최고의 힘을 필요로 한다. 무력한 아름다움을 지성은 미워한다. 왜냐하면 지성이 무력한 아름다움에게 요구하는 것을 무력한 아름다움은 해낼 능력이 없기 때문이다. 그러나 죽음 앞에서 두려워하고 파멸로부터 자신을 순수하게 보존하는 생명이 아니라, 오히려 죽음을 견디고 죽음 안에서 자기 자신을 유지하는 생명이야말로 정신의 생명이다. 정신은 절대

적인 찢어짐 안에서 자기 자신을 발견하는 가운데 비로소 자신의 진리를 얻는다. 정신이 힘인 것은 … 부정적인 것을 도외시하는 긍정적인 것으로서는 아니다. 오히려 정신이 힘인 것은 오직 정신이 부정적인 것을 시야 속에서 바라보고 그렇게 머물 때뿐이다. 이런 머묾은 부정적인 것으로 하여금 존재 안으로 되돌아가도록 하는 신비한 힘이다."94)『횔덜린의 송가 '게르마니엔'과 '라인강'』 187쪽

무력한 아름다움은 투쟁을 통해 죽음을 극복할 수 없다. 정신은 분열을 딛고 일어서야 한다. 이런 부정적인 것을 견뎌낼 때에만 정신은 스스로 자신을 발견하고 자신의 진리를 얻는다. 하이데거는 헤겔의 문장을 다음과 같이 해설한다.

"절대적인 사유로서 헤겔의 사유는 모순들을 하나의 공동적인 유동성 안에 넣어 견뎌내는 사유다. 헤겔의 무한한 사유는 … 서구의 현존재와 그 정신의 본질에서 발원하고 유지되는 것이다. 이런 정신에는 극단적인 모순들 안에 있는 찢어지는 아픔이 속한다. 이런 현존재의 찢어짐에 대한 앎을 헤겔은 '불행한 의식'이라고 불렀다. 그것은 세계 역사의 다양한 모습과 단계 안에서 사건을 일으키는 정신 그리고 그 정신을 자기 자신 즉 자신의 본질로 몰아가는 정신 내부에 있는 '고유한 가시'다. 이 정신은 절대적 앎인 철학 안에서 자기 자신을 알게 되고 동시에 이런 앎 안에서 진정으로 현실화한다."『횔덜린의 송가 '게르마니엔'과 '라인강'』 189쪽

이런 말을 할 때 헤겔은 헤라클레이토스 사상의 힘 아래 서 있으며, 마찬가지로 횔덜린도 이 사상의 힘 아래 서 있다. 그리고 여기에 니체도 포함된다고 하이데거는 말한다.『횔덜린의 송가 '게르마니엔'과 '라인강'』 190쪽 이 시기에 하이데거는 니체와 횔덜린이 존재의 비밀로서 친밀성의 진리를 함께 사유했다고 생각했다.

시인, 신과 인간 사이의 반신

이 강의의 제2부 '라인강'은 하이데거가 '존재'라는 말로 무엇을 뜻하는지 다시 한번 확인하게 해준다. 우리는 흔히 '존재'라는 말에서 우리가 처해 있는 현재의 상태를 떠올린다. 그 현재의 상태를 우리는 우리 스스로 선택한 것인가?

"우리는 우리가 우리의 존재를 철두철미하게 이끌고 마음대로 한다고 생각하기도 한다. 그러나 어떤 의미에서 그것은 그만큼 그르기도 하다. 왜냐하면 우리가 이 존재 자체를 우리에게 부여하는 것도 아니고, 우리 자신이 가장 자의적인 자살을 통해 이 존재를 우리에게서 빼앗을 수 있는 것도 아니기 때문이다."『횔덜린의 송가 '게르마니엔'과 '라인강'』242쪽

이렇게 우리가 처해 있는 존재 상태, 우리에게 주어져 있는 존재 상태를 하이데거는 '던져져 있음'이라고 말한다. 분명히 존재는 '던져져 있음', 다시 말해 우리의 뜻과는 무관하게 우리에게 주어진 존재 상태를 가리킨다. 이 주어진 존재 상태로서 '던져져 있음'을 우리는 책임져야 한다. 우리는 우리의 뜻과는 상관없이 어떤 집안의 어떤 부모에게서 태어났고 어떤 나라에서 어떤 민족의 구성원으로 태어났으며 어떤 시대에 어떤 언어를 사용하는 사람으로 태어났다. 이 주어진 존재 상태를 우리는 우리의 책임으로 받아들여야 한다. 그런데 이 존재를 우리의 책임으로 받아들인다는 것은 우리가 '던짐'(기투, Entwurf)이기도 하다는 뜻이다. 우리는 우리에게 주어져 있는 상태에서 미래를 향해 우리 자신을 던진다. 이 던짐 곧 기투야말로 우리 존재의 또 다른 양상이다. 이런 던짐을 통해서 '던져져 있음으로서 우리의 존재'는 열리기도 하고 닫히기도 하며 뒤틀리기도 한다.

이 존재를 민족의 차원에서 생각해보면, 존재는 우리가 기투할 때

우리에게 운명으로 다가오며 우리의 고통 안에서 이 운명이 우리를 움켜잡는다. 쉽게 말해서 우리가 어찌할 수 없는 우리의 주어진 존재야말로 우리의 운명이다. 그 운명 안에 우리는 던져져 있다. 그런데 "운명은 결코 단순히 사물처럼 존재하는 것이 아니다. 오히려 그것은 하나의 보내줌이다."「횔덜린의 송가 '게르마니엔'과 '라인강'」 244쪽 존재가 운명을 보내준다. 다시 말해 존재는 운명으로 우리에게 다가온다. 우리는 그 운명에 응답한다. 그럼으로써 우리는 운명이 주는 고통 속에서 역사를 만들어간다.

이 횔덜린 강의에서 하이데거는 '존재'를 역사의 차원에서 민족의 역사적 운명으로 사유한다. 1930년대 하이데거 사유에서 존재는 이렇게 개인 현존재의 차원을 넘어 민족의 공동 운명으로 나타난다. 좀 더 풀어서 설명하면, 이 시기의 하이데거에게 존재는 피시스 곧 존재자 전체의 차원에서는 성스러움으로 나타나지만 역사의 차원에서는 민족의 공동 운명으로 나타난다. 하이데거의 횔덜린 강의는 존재의 이 두 양상을 오고간다.

하이데거는 이 강의에서 횔덜린의 표현을 빌려 시인을 '반신'(Halbgott)이라고 표현한다.

"반신들, 그들 자신은 신들이 아니지만 신들을 향하는 본질(존재)이다. 즉 반신들은 인간을 위로 향하도록 이끄는 방향성 안에, 그리고 동시에 신들의 위대함 아래 머무는 방향성 안에 존재한다."「횔덜린의 송가 '게르마니엔'과 '라인강'」 231쪽

시인은 신으로부터 메시지를 받아 인간에게 전하는 중간자이며 매개자이다. 인간과 신 사이에 존재하는 자이기에 시인은 반신이다. 횔덜린은 반신으로서 시인의 모습을 바쿠스 곧 디오니소스에 비유하기도 한다. 「마치 축제일처럼…」이라는 시에서 횔덜린은 디오니소스-바쿠스에 관해 이렇게 노래한다. "명백히 신을 보기를 열망했던

세멜레의 집에 신의 번개가 내리쳤고 신과 만난 여인은 뇌우의 열매인 성스러운 바쿠스를 낳았다." 그리스 신화에서 테베의 공주 세멜레는 젊은 남자로 변신한 제우스를 만나 임신한다. 질투에 사로잡힌 제우스의 아내 헤라는 세멜레를 꼬드긴다. 헤라의 꼬드김을 받은 세멜레는 제우스가 찾아왔을 때 본래의 모습을 보여달라고 요구한다. 제우스는 어쩔 수 없이 번개의 모습으로 나타났고 세멜레는 번개에 맞아 그 자리에서 타 죽고 만다. 제우스는 세멜레의 불탄 몸에서 태아를 꺼내 자기 허벅지에 넣어 키운다. 달이 차서 제우스의 허벅지를 뚫고 나온 아이가 바로 디오니소스다. 디오니소스는 도취와 광기를 상징한다. 제우스라는 신과 세멜레라는 인간 사이에서 태어났기에 횔덜린은 디오니소스를 신이 아니라 인간과 신 사이에 있는 반신으로 이해했다. 하이데거는 디오니소스를 이렇게 설명한다.

"디오니소스는 양자(신과 인간)의 존재에 대한 증인이며, 근원적이고 고유한 통일성 안에 있는 존재자다. 디오니소스는 다른 반신들 중의 한 명일 뿐 아니라 아주 특별한 반신이다. 그는 생육을 위한 충동 안에서도 고갈되지 않는 가장 야생적인 생명에 대한 긍정이며, (생을) 멸절하려는 가장 두려운 죽음에 대한 부정이다. 그는 마술적이고 매혹적인 희열이며 혼란스럽고 경악스러운 전율이다." 『횔덜린의 송가 '게르마니엔'과 '라인강'』 261쪽

이 반신이 횔덜린의 상상력 안에서 시인의 상징으로 나타난다. 시인이야말로 도취와 광기 속에서 하늘의 메시지를 받아 인간에게 전해주는 반신이다. 디오니소스는 시인의 상징이자 시적 영감의 상징이다. 이 시인이 받는 영감을 횔덜린은 '하늘의 불'이라고 표현한다. '하늘의 불'은 제우스의 번개를 가리킨다. 그 번개는 시인의 머리에 내리꽂힌다. 다시 말해 영감이 시인을 덮친다. 이 영감이야말로 시인을 시인으로 만들어주는 힘이다. 횔덜린의 찬양자였던 니체는 말년

디오니소스 대리석상(2세기).
횔덜린은 반신으로서 시인의 모습을 디오니소스에 비유했다.
시인이야말로 도취와 광기 속에서 하늘의 메시지를 받아
인간에게 전해주는 반신이기 때문이다.

의 자서전에서 이 영감이라는 것에 대해 이렇게 말했다. 영감의 성격에 관한 가장 탁월한 묘사라고 할 수 있는 글이다.

"19세기 말의 이 시점에, 생동하던 시대의 시인들이 '영감'이라고 부른 개념을 명확히 파악하는 사람이 있을까? 없다면 내가 그것을 말해보겠다. 조금이라도 미신을 믿는 사람이라면 실제로 자기가 압도적으로 강력한 힘의 단순한 화신, 단순한 입, 단순한 매체에 지나지 않는다는 생각을 거의 물리치지 못할 것이다. 돌연 입으로 말할 수 없을 정도의 확실함과 정묘함으로, 깊은 내면에서부터 뒤흔들리고 뒤엎는 어떤 것이 눈에 보이게 되고 귀에 들리게 된다고 하는 의미에서 계시라는 개념은 겉으로 드러난 사실을 서술하고 있을 따름이다. 생각은 듣는 것이지 탐구하는 것이 아니다. 받는 것이어서 누가 주는지 묻지 않는다. 번개처럼 필연성을 지닌 하나의 생각이 갑자기 번득인다. 나는 한 번도 선택하지 않았다. 그 엄청난 긴장이 눈물의 강으로 터져버리고, 발걸음이 자기도 모르게 격렬해졌다가 늦추어졌다가도 하는 황홀경, 대단하고도 미묘한 한기를 가장 명료하게 의식하면서도 그 한기에 발가락마저도 오싹해지는 무아지경, … 모든 것이 정말로 내 의지와는 상관없이 일어나지만, 마치 자유로운 느낌, 무조건성, 힘 그리고 신성함의 도도한 흐름 속에서 일어나는 것 같다. 형상과 비유가 마음대로 되지 않는다는 것은 가장 주목할 만한 일이다. 사람들은 무엇이 형상이고 무엇이 비유인지 알지 못한다. 일체는 가장 친근한, 가장 올바른, 가장 단순한 표현으로서 나온다. … 마치 사물이 자기 발로 다가와 비유로써 몸을 의탁하는 것처럼 생각되는 것이다. … 이것이 영감에 대한 내 경험이다. '그것은 내 경험이기도 하오'라고 내게 말할 수 있는 사람을 찾아내려면 수천 년을 거슬러 올라가야 한다는 것을 나는 의심하지 않는다."[95]

니체의 영감, 밖에서 들이치는 것

니체의 이 묘사는 영감이 정신의 내부에서 자발적으로 일어나는 것이 아니라 정신 밖에서 예고도 없이 들이닥치는 것이며 그리하여 정신은 이 힘에 얻어맞아 황홀경 속에 압도당하는 것임을 알려준다. 그것은 횔덜린의 표현으로 말하면 '신의 뇌우가 머리를 내리치는 것'과 같다. 인간에게는 선택의 여지가 없다. 그 영감의 번개를 맞은 인간은 막강한 힘의 단순한 매개자가 될 수밖에 없고 그 막강한 힘이 말하는 것을 전달하는 입이 될 수밖에 없다. 바로 그런 기이하고도 예외적인 경험을 니체는 알프스 고산지대 실스마리아에서 '동일한 것의 영원회귀'라는 생각에 사로잡혔을 때 했을 것이며 횔덜린도 틀림없이 니체와 유사한 경험을 했을 것이다. 그 경험을 횔덜린은 '신의 뇌우', '하늘의 불'이라는 말로 표현했다. 이 경험과 관련해 횔덜린이 1801년 12월 4일 친구 뵐렌도르프에게 보낸 편지는 횔덜린 시 세계의 본질적인 비밀을 알려준다.

"우리에게 민족적인 것(das Nationelle, 민족에게 천성으로 주어진 것)을 자유롭게 사용하기를 배우는 것보다도 더 어려운 일은 없네. 그리고 내가 믿기로는 표현의 명료성이 우리에게 근원적으로 자연스러운 것이듯이 그리스인들에게는 하늘의 불이 그렇다네. … 원래 민족적인 것은 교양이 발달하는 가운데 점점 더 그 우월성을 상실하게 될 것이네. 그 때문에 단지 적은 수의 그리스인만이 성스러운 파토스의 거장이 된 것이네. 왜냐하면 성스러운 파토스는 그들에겐 천성적인 것이었기 때문이네. 반면에 그들은 호메로스 이래로 표현의 명료성에서는 탁월했네. 왜냐하면 특출한 인간인 호메로스는 자신의 아폴론적 왕국을 위해 서구의 유노(헤라)적인 냉정함을 빼앗음으로써 낯선 것을 자신의 것으로 하기에 충분할 만큼 뛰어난 영혼이었기 때문이네. 우리의 경우는 그 반대일세. … 그러나 자신에게 고유한 것도 낯선 것만큼 잘 배워야 하네. 따라서 우리에게 그리스인들은 꼭 필요한 것일세. 단지 우리에게 고유한 것, 즉 민족적인 것에서 우리는 그들을 따라잡을 수 없을걸세. 왜냐하면 이미 말했듯이 자신에게 고유한 것을 자유롭게 사용하는 것이 가장 어려운 일이기 때문이네.”「횔덜린의 송가 '게르마니엔'과 '라인강'」 392~393쪽

이 편지에서 횔덜린은 '하늘의 불'과 '표현의 명료성'을 서로 대립시키며 고대 그리스인과 당대 독일인을 비교하고 있다. 그리스인들에게 자연스러운 것, 곧 그리스인들의 타고난 능력은 '하늘의 불'이었다. 다시 말해 '영감에 사로잡히는 능력'이었다. 이 편지에 등장하는 다른 표현을 쓰면 '성스러운 파토스'였다. 반면에 독일인들에게 자연스러운 것은 '표현의 명료성'이다. 그런데 횔덜린은 여기서 '역설적인' 주장을 한다. 한 민족에게 자연스러운 것은 자연스럽기 때문에 애써 노력해 획득할 필요가 없고, 오히려 그들의 천성에 구비돼 있지 않은 것을 노력을 통해 자기 것으로 만들어낸다. 그러다 보니 그리스인들은 '표현의 명료성'을 탁월하게 발전시켰다. 반면에 독일인들에게는 '표현의 명료성'이 천성으로 주어져 있다. 그러나 천성은 계발하지 않으면 사라지기 때문에 독일인들은 그리스인들에게서 이 능력을 다시 배워야 한다. 또 '표현의 명료성'을 고도화하려면 그 대립적 힘인 '하늘의 불' 곧 '성스러운 파토스'도 함께 계발해야 할 것이다.

이것이 이 편지에서 횔덜린이 주장하는 것인데, 이 주장은 그 자체로 횔덜린 시론의 핵심을 보여주는 것이기도 하다. 시란 영감과 그 표현의 통일이다. 영감이 없다면 표현은 시적으로 무의미하며, 표현이 없다면 영감은 자신을 드러낼 형식을 얻지 못한다. 이 두 가지 것이 내밀하게 만나 투쟁하면서 통일을 이루는 것, 이것이 횔덜린이 말하는 '친밀성'이기도 하다. 하이데거는 횔덜린이 이 편지에서 주장

하는 것을 다음과 같이 해석한다.

"그리스인들에게 (천성적으로) 함께 주어져 있는 것은 하늘의 불을 향한 격정적인 가까움과 존재의 압도적인 힘에 엄습당하는 일이다. 그들에게 과제로 부과돼 있는 것은 작품을 쟁취함으로써, 구속할 수 없는 것을 (작품 속에) 구속하고 포착하며 존재하게 하는 것이다. 독일인들에게 (천성적으로) 함께 주어져 있는 것은 포착 능력, 영역들을 정비하고 계획하는 것, 계산하는 것, 질서를 부여하여 조직하는 것이다. 그들에게 과제로 부과돼 있는 것은 존재에 엄습당하는 것이다. 그러나 어떤 민족이든 그 민족에게 가장 어려운 일, 즉 '민족적인 것'을 자유롭게 사용하는 것은 각각의 민족에게 과제로 부과돼 있는 것을 쟁취할 때 비로소 성취될 수 있다. 다시 말해 '민족적인 것'을 자유롭게 사용할 수 있는 조건들을 쟁취해야 한다. 이런 투쟁 속에서 그리고 오직 이런 투쟁 속에서만 역사적 민족은 자신의 최고의 것에 도달하게 된다. 그리스인들에게는 '압도하는 것을 향한 격정을 자유롭게 사용하는 것'이 과제로 부과돼 있었기 때문에, 이런 투쟁으로부터 그들의 최고의 것, 즉 작품의 그물(Fuge) 안에 존재를 이어 넣는 것이 그들에게 과제로 주어진다. … 반대로 우리의 최고의 것이 우리에게 주어지는 것은 다음과 같은 때다. 즉 우리에게 천부적인 재능으로서 함께 주어져 있는 포착 능력을 작품 안에 정립함으로써 이런 포착이 자기를 구속하고 규정하며 자기를 존재의 그물 안으로 이어 넣을 때, 하지만 포착 능력이 목적 자체로 전도되지 않고 단지 고유한 능력 속에서 진행될 때다. 단순히 자신에게 고유하게 주어져 있는 것이 아니라, 오직 쟁취되어야 할 것 그리고 쟁취된 것만이 최고의 것을 보증하고 증여한다." 「횔덜린의 송가 '게르마니엔'과 '라인강'」 394~395쪽

디오니소스적인 것과 아폴론적인 것

'하늘의 불' 곧 '성스러운 파토스', 다시 말해 '신적인 영감'이 '표현의 명료성' 곧 '명확한 언어적 표현'과 만나 통일될 때 최고의 작품이 탄생한다는 얘기다. 여기서 '하늘의 불'을 '시적인 것', 그리고 '표현의 명료성'을 '철학적인 것'이라고 불러도 아주 그르지는 않을 것이다. 그렇게 보면 횔덜린은 당대의 독일인이라기보다는 오히려 고대 그리스인에 가깝다고 할 수 있다. 횔덜린은 그리스인들에게 천성으로 주어져 있던 '하늘의 불' 곧 '성스러운 파토스'와 '영감'이 넘쳐흐르는 사람이었다. 반대로 독일인들에게 구비돼 있던 것, 곧 '철학적 사유의 엄격성'은 상대적으로 횔덜린에게 결핍돼 있었다고 할 수 있다. 이 편지를 쓰고 1년이 지난 뒤 1802년 11월 뵐렌도르프에게 쓴 또 다른 편지에서 횔덜린은 이렇게 말한다.

"강력한 요소 곧 하늘의 불과, 인간의 평온, 자연 속에서 살아가는 그들의 삶, 그리고 그들의 절제된 만족, 이런 것에 나는 줄곧 사로잡혀 있었네. 그리고 사람들이 영웅들의 말을 따라하듯 나는 아폴론 신이 나를 내리쳤노라고 분명히 말할 수 있네." 『횔덜린의 송가 '게르마니엔'과 '라인강'』 83쪽

여기서 아폴론 신이 자신을 내리쳤다는 것은 정신착란 곧 광기가 자신을 덮쳤다는 얘기다. 실제로 횔덜린은 가정교사 자리를 찾아 프랑스로 갔다가 이해 여름 죽음을 앞둔 디오티마 곧 주제테 곤타르트의 마지막 편지를 받고 독일로 돌아오는 길에 정신착란 증세를 일으켰다. 그러나 횔덜린의 이 말은 단순히 이런 사실적인 광기를 가리키는 것만이 아니라, 천상의 불 곧 성스러운 파토스와 하늘에서 내리꽂히는 영감이 자신을 엄습했다는 암시이기도 하다. 실제로 '아폴론이 횔덜린을 내리친' 직후부터 2년 남짓한 짧은 기간이 횔덜린 문학의

절정기를 이룬다.[96] 여기서 '아폴론'은 '디오니소스'라고 표현하는 것이 더 적합할 것이다. 왜냐하면 아폴론은 보통 광기의 신이 아니라 절제와 균형의 신으로 알려져 있기 때문이다. 1941년 겨울학기의 횔덜린 강의에서 하이데거는 이렇게 부연한다.

"'아폴론'은 횔덜린에게는 빛과 불타오르는 것 그리고 작열하는 것을 가리키는 이름이다. 그것은 니체가 디오니소스적인 것이라고 부르며 아폴론적인 것에 대립시켰던 바로 그것이다."「횔덜린의 송가 '회상'」 200쪽

어쨌거나 이 묘사에 드러난 대로 횔덜린은 자신이 그리스인들의 천성이라고 생각했던 '성스러운 파토스'를 넘치도록 풍성하게 지니고 있었던 것이다.

반면에 횔덜린이 이 편지에서 묘사한 독일 민족의 특성은 오히려 하이데거에게 더 잘 들어맞는다. 하이데거는 '철학적 사유의 엄격성'에서 당대의 어느 철학자도 따라올 수 없는 탁월한 경지에 이르렀다. 그러나 하이데거에게 '엄격한 사유 능력'은 그 자체로 결정적인 의미를 지니지 못한다. 로고스는 하이데거에게 부차적인 것이었다. 하이데거가 추구한 것, 특히 이 횔덜린 강의를 기점으로 하여 후기의 하이데거가 추구한 것은 본질적으로 '성스러운 파토스'였다고 할 수 있다. 하이데거는 '성스러운 파토스'를 경험하고 그 경험을 엄격한 사유의 언어로 풀어내고자 했다. 그것이 후기 하이데거가 강조하는 '시 지음'(Dichten)과 '사유함'(Denken)의 공조. 하이데거는 자신에게 상대적으로 결여돼 있는 '성스러운 파토스'가 넘쳐흐르는 사람을 횔덜린에게서 보았고, 그래서 그토록 횔덜린을 흠모하고 따라 배우려고 했는지도 모른다. 물론 다른 철학자들과 비교하면 하이데거는 '철학 언어를 사용하는 영매'라고 불러야 할 정도로 '성스러운 파토스'가 풍부한 사람이었다. 하이데거 자신이 자주 망아 상태의 황홀

경을 언급했다. 성스러운 황홀경 안에서 만난 신적인 것을 사유의 언어로 표현하려는 극한의 정신적 투쟁이 후기 하이데거의 사상을 이룬다고 해도 그르지 않을 것이다.

하이데거가 얼핏 말한 대로 횔덜린이 이 편지에서 대립시킨 '천상의 불'과 '표현의 명료성'은 뒷날 니체가 '디오니소스적인 것'과 '아폴론적인 것'이라는 쌍개념으로 설명했던 것과 사실상 일치한다. 이 일치를 하이데거는 1934년 겨울학기 강의에서 이미 이렇게 강조했다.

"여기서 횔덜린이 역사적 현존재의 본질이라고 본 것, 곧 함께 주어진 것과 과제로서 주어진 것의 대립적인 친밀성을 니체는 디오니소스적인 것과 아폴론적인 것이라는 제목으로 다시 발견했다."『횔덜린의 송가 '게르마니엔'과 '라인강'』 396쪽

디오니소스적인 것은 광기 속에서 신에게서 받는 영감이고 성스러운 파토스다. 아폴론적인 것은 바로 그 성스러운 파토스를 조율하고 조직하여 탁월한 형식으로 드러내는 로고스적인 것이다. 이 디오니소스적인 것과 아폴론적인 것의 대립하는 친밀성, 곧 '투쟁 속에 통일을 이루는 친밀성'이야말로 존재의 비밀이며 시의 비밀이라는 것이 하이데거의 생각이다. 그런데 이 문장에 이어 하이데거는 다음의 한 문장을 덧붙인다.

"그러나 니체는 횔덜린처럼 순수함과 단순함 안에서 (대립적인 친밀성을) 발견하지는 못했다."『횔덜린의 송가 '게르마니엔'과 '라인강'』 396쪽

횔덜린이 니체보다 훨씬 더 단순하고도 명확하게 두 힘의 대립적 통일을 파악했다는 얘기다. 그렇더라도 이 시기에 하이데거가 횔덜린과 니체를 자신의 두 영웅으로 생각했음은 분명하다. 그래서 1930년대 중반 이래 제2차 세계대전 말기까지 번갈아가며 니체와 횔덜린을 강의했던 것이리라. 하지만 후기로 갈수록 하이데거는 니

체를 근대의 극복자가 아니라 근대의 완성자, 다시 말해 기술 문명의 형이상학적 완성자로 보게 된다. 반면에 횔덜린에 대한 평가, 곧 근대 기술 문명을 넘어서 장차 올 신을 예고하는 시인이라는 평가는 마지막까지 일관성 있게 견지한다. 그래서 하이데거는 1941년 겨울학기 횔덜린 강의에서 1934년 겨울학기의 니체 평가를 다음과 같이 뒤집는다.

"역사학적으로 비교하고 총괄적으로 헤아리는 방식에 따라 사람들은 그리스인의 고유한 것과 독일인의 고유한 것 사이의 구분을 디오니소스와 아폴론에 대한 니체의 구분으로 치환한다. … 그래서 우리는 요즘 많이 읽히는 책에서 가공스럽게도 횔덜린을 슈바벤의 니체로 그려내는 것을 만난다. 권력의지라는 니체의 형이상학 안에서 이런 구분의 역할은 그리스적인 것이 아니라 오히려 근대 형이상학 안에 그 뿌리를 내리고 있다. 여기에 맞서 우리는 횔덜린의 구분을 모든 형이상학을 극복하는 선구자로 이해하는 것을 배워야 한다."「횔덜린의 송가 '회상'」 188쪽

횔덜린은 '슈바벤의 니체'가 아니며 오히려 횔덜린이야말로 니체 형이상학의 극복자라는 얘기다.

시 지음, 가장 순진무구한 것

1934년 겨울학기 강의는 횔덜린에 관한 하이데거 사유의 본질적인 것들을 거의 다 다루었다. 하지만 이 강의 자체가 하이데거에게 깊은 만족감을 주지는 못했다. 하이데거는 횔덜린 강의가 충분히 무르익지 않았다고 생각했다. 이런 생각은 횔덜린 강의가 한창 진행 중이던 1934년 12월 21일 엘리자베트 블로흐만에게 보낸 편지에서 확인할 수 있다. 하이데거는 이렇게 썼다. "나는 횔덜린에 관한 출판을

계획하고 있지 않습니다. 그렇게 하기에는 아직 시에 대해 상당히 미숙합니다."[97] 스스로 미숙하다고 여길 정도로 아직 생각이 여물지 않았는데도 횔덜린 시를 강의한 것은 이 시기의 하이데거에게 그만큼 횔덜린이 절박하게 필요했다고도 할 수 있을 것이다. 횔덜린은 하이데거가 정치적 실패의 쓰라림을 안고 숨어들 수 있는 안온한 품이었고 동시에 그 정치를 향해 자신의 생각을 던질 수 있는 철학적 사유의 거점이었다. 하이데거는 독일 민족에게 신의 뇌우, 다시 말해 존재의 진리를 전하려고 분투하다 광기 속에 쓰러지고 만 횔덜린에게서, 정치 참여에 실패하고 가시에 찔려 고통스러워하는 자신의 자화상을 보았을 것이다.

첫 번째 횔덜린 강의를 끝내고 1년쯤 지난 뒤인 1936년 4월 하이데거는 로마에서 처음으로 횔덜린의 시를 주제로 한 대중 강연을 했다. '횔덜린과 시의 본질'이라는 이름의 이 강연은 이제 하이데거의 횔덜린 읽기가 무르익었음을 보여주었다. 하이데거는 횔덜린의 시와 글을 자유롭게 오가면서 자신의 고유한 철학 언어로 횔덜린 시의 본질을 이야기했다. 이 강연은 횔덜린의 글과 시에서 뽑아낸 다섯 개의 '주도하는 말'(주제어, Leitwort)을 앞세웠다. 하이데거가 '시의 본질'을 해명하려고 제시하는 다섯 주제어는 다음과 같다.

1. 시 지음은 "모든 것 가운데 가장 순진무구한 것."
2. "따라서 모든 재보 중에서 가장 위험한 것인 언어가 인간에게 주어졌다. … 그 자신이 무엇인지를 증언하기 위해서…."
3. "인간은 많이 경험하였다./ 우리가 하나의 대화이고/ 서로가 서로에게서 들을 수 있게 된 이래로/ 천상적인 것들 가운데서 많은 것이 말해졌다."
4. "상주하는 것을 그러나 시인들은 수립한다."
5. "이루어낸 것은 많다. 그러나 인간은 이 땅 위에서 시적으로 거

주한다."「횔덜린과 시의 본질」『횔덜린 시의 해명』 61~62쪽

하이데거는 '시의 본질'을 해명하는 이 작업에서 횔덜린을 선택한 이유를 다음과 같이 밝혔다. '횔덜린이야말로 시의 본질을 고유하게 시로 짓는 것을 시인의 사명으로 삼은 유일한 사람이기 때문이다.'「횔덜린과 시의 본질」『횔덜린 시의 해명』 63쪽 '시의 본질'을 시로 짓는 것이 시인의 사명이라고 본 시인이 횔덜린이므로 횔덜린을 통해서 '시의 본질'에 다가갈 수 있다는 것이다. 하이데거는 자신이 고른 다섯 주제어를 하나하나 검토한다.

첫 번째 주제어 곧 '시 지음은 모든 것 가운데 가장 순진무구한 것'이라는 말은 앞에서 본 대로 1799년 1월 횔덜린이 어머니에게 보낸 편지에 나오는 말이다. 두 번째 주제어 곧 언어를 '모든 재보 중에서 가장 위험한 것'이라고 규정하는 말은 횔덜린이 1800년에 작성한 단편 초고에 등장한다. 하이데거의 물음은 이것이다. '모든 것 가운데 가장 순진무구한 것'의 영역에 있는 언어가 어떻게 '모든 재보 중에서 가장 위험한 것'이 되는가?

이 물음에 답하기 전에 하이데거는 '언어를 사용하는 존재자' 곧 인간이란 누구인지를 먼저 묻는다. 인간은 자신이 무엇인지를 증언해야만 하는 자라고 하이데거는 말한다. "인간은 자신의 고유한 현존재(Dasein)를 확증하고 있다는 바로 그 점에서 존재하는 자다." 그렇다면 인간은 그 현존재의 무엇을 확증해야 하는가? "자신이 이 땅이 귀속해 있다는 사실을 확증해야 한다."「횔덜린과 시의 본질」『횔덜린 시의 해명』 67~68쪽 그런데 인간이 귀속해 있는 이 땅의 모든 사물들은 투쟁 가운데 있다.

"사물들을 투쟁 가운데 분열시키고 그렇게 함으로써 동시에 결속하는 것을 횔덜린은 친밀성(Innigkeit)이라고 부른다."「횔덜린과 시의 본질」『횔덜린 시의 해명』 68쪽

이미 앞에서 본 대로 친밀성이라는 것은 사물들을 투쟁 속에서 분열시키고 결속하는 내밀한 힘이다. 인간은 이런 친밀성에 귀속해 있다. 이런 친밀성에 귀속해 있음을 인간은 "세계의 창조와 출현을 통해 또 세계의 파괴와 몰락을 통해" 경험한다. 인간은 파괴 속에서 창조되는 세계를 "결단의 자유"를 통해 경험한다. 하이데거는 이 결단이란 다른 것이 아니라 "필연적인 것을 파악하고 스스로 최고의 요구에 구속됨"을 뜻한다고 말한다.「횔덜린과 시의 본질」 「횔덜린 시의 해명」 68쪽 기존의 세계가 파괴되고 새롭게 창조돼야 한다는 그 필요와 필연에 자신을 구속함이 결단의 자유라는 것이다.

존재자 전체의 존재는 역사로서 일어남

세계의 파괴와 창조는 다른 말로 하면 역사다. 존재자 전체의 존재는 바로 이 역사로서 일어난다. 여기서 하이데거는 존재가 역사를 통해 일어남을, 다시 말해 역사가 곧 존재임을 암시한다. '존재'는 파괴와 창조의 거대한 흐름인 역사를 가리키는 말이다. 이 역사가 실제로 진행되려면 인간에게는 언어가 필요하다. 언어가 없다면, 언어를 통한 투쟁과 창조가 없다면, 역사도 진행될 수 없다. 역사를 역사로서 일어나게 하므로 언어야말로 '인간의 재보'다. 그러나 언어가 만들어내는 역사는 단순히 창조하기만 하는 것이 아니라 파괴하기도 하기 때문에, 또 파괴와 창조에는 수없이 많은 대립과 투쟁이 관여하기 때문에, 그리하여 성공과 실패, 승리와 패배가 뒤엉키기 때문에 언어는 "모든 위험들 중의 위험"이다.

이 위험을 하이데거는 "존재자에 의한 존재의 위협"이라는 자신의 고유한 언어로 바꾸어 말한다. 존재하는 것들 곧 존재자가 이 '도래해야 할 존재'를 도래할 수 없도록 위협하는 것이야말로 위험이라는 것이다. 도래할 존재가 도래하지 못하도록 막아서는 것, 세계를 재창조할 수 없도록 완강하게 그 창조의 힘을 틀어막는 것이야말로 위험이다. 하이데거는 말을 바꾸어 다음과 같이 이야기한다.

"언어가 비로소 존재 위협과 혼미의 개방된 터전을 만들어내고, 그리하여 존재 상실의 가능성을 만들어내는데, 이런 것이 위험이다."「횔덜린과 시의 본질」,「횔덜린 시의 해명」 68쪽

언어는 창조의 힘이기도 하지만 창조를 막는 힘이기도 하다. 언어가 바로 존재를 위협해 그 존재가 도래하지 못하도록 막기도 하는 것이다. 그러니 언어가 위협과 혼미의 위험을 가져온다고 말하지 않을 수 없다. 언어는 역사를 창조할 수도 있고 파괴할 수도 있기에 위험 중의 위험이다.

그러나 언어 자체의 차원에서도 언어는 위험한 것이라고 하이데거는 말한다. 언어 자체의 차원이란 언어로 이루어지는 작품의 차원을 뜻한다. 작품을 이루는 언어에 위험이 간직돼 있는 것이다. 다시 말해 언어에는 '순수한 것'과 '범속한 것'이 똑같이 들어 있다. 작품이 존재자 자체를 참답게 드러내 간직하려면 범속한 것을 넘어 순수한 것을 구현해야 한다. 그런데 순수하고 본질적인 말이 만인에게 이해돼 만인의 공동 소유가 되려면 스스로 범속화하지 않으면 안 된다. 범속화는 본질 상실의 위험을 수반할 수밖에 없다. 바로 이것이 작품을 이루는 언어 자체에 간직돼 있는 위험이다.

이 대목에서 언어를 의사소통의 수단으로 보는 통상적인 언어 이해를 거부하는 하이데거를 다시 만나게 된다. 언어는 분명히 의사소통에 사용되지만 그것은 언어의 이차적 기능일 뿐이다. 인간이 언어를 도구처럼 마음대로 다루는 것이 아니라 인간이 언어 속에 있다고 하이데거는 말한다. 인간은 언어 속에 있음으로써 존재자 한가운데 설 가능성을 얻는다. 한마디로 말해 언어가 인간을 존재자 한가운데

설 수 있도록 허락해준다.

왜 그런가? 언어가 없다면 이 세계는 세계로서 드러나지 않기 때문이다. 다시 말해 언어가 없다면 존재가 존재로서 드러나지 않기 때문이다. 그래서 하이데거는 말한다. "오직 언어가 있는 곳에 세계는 존재한다." 그리고 "오직 세계가 주재하는 곳에 역사는 존재한다." 「횔덜린과 시의 본질」, 『횔덜린 시의 해명』 70쪽

세계란 "결단과 행동, 행동과 책임 그러나 또 자의와 소란, 퇴락과 혼란이 뒤섞여 언제나 변화하는 영역"이다. 바로 그런 변화가 역사다. 그러므로 언어는 세계를 열고 세계를 엶으로써 역사를 역사로서 존재하게 한다. 역사는 더러운 것과 순수한 것, 과거의 것과 미래의 것이 투쟁하는 가운데 일어난다. 하이데거는 횔덜린을 강의하는 중에 이렇게 1930년대 중반의 독일과 유럽의 거대한 정치적 투쟁과 갈등을 넌지시 이야기한다.

언어가 이렇게 세계를 열고 역사를 역사로서 일어나게 하는 한, 언어는 인간이 마음대로 다룰 수 있는 도구가 아니다. 오히려 인간이 언어 안에 있다. 언어 안에서 인간은 역사적으로 존재한다. 그러기에 언어는 근원적인 의미에서 인간의 재보다. 인간은 어떤 경우에도 언어의 한계를 넘어서지 못한다. 언어의 빛이 밝히는 세계의 바깥은 그저 어둠이고 무일 뿐이다. 그 언어 안에서 인간은 자신의 가능성을 열어 나갈 수 있다. 그러므로 "언어는 인간 존재의 최고의 가능성을 관할하고 있는 생기-사건(Ereignis)이다." 「횔덜린과 시의 본질」, 『횔덜린 시의 해명』 7쪽 여기에 등장하는 생기-사건(Ereignis)이라는 말은 존재 자체 또는 존재의 일어남을 가리키는 후기 하이데거의 또 다른 용어다. 그러므로 언어는 존재가 일어나는 장이자 그 장에 깃든 존재 자체라고 할 수 있다. 여기서 후기 하이데거의 언어 사유가 그 모습을 드러내기 시작한다.

인간과 존재 사이의 대화

언어는 가장 위험한 것임과 동시에 가장 순수한 것이다. 존재를 위협하는 것도 언어이고 존재를 수립하는 것도 언어다. 그러므로 언어는 가장 위험한 것임과 동시에 가장 순수한 것이다. 이제 하이데거는 언어의 한 양상인 '대화'로 나아간다. 횔덜린은 우리 인간이 '대화'라고 말한다. 하이데거는 언어와 대화의 관계를 다음과 같이 정식화한다.

"인간의 존재는 언어에 근거하고 있으나, 이런 언어는 본래 대화 속에서 비로소 생긴다. 그러니 대화는 언어가 실현되는 하나의 방식에 불과한 것이 아니라, 오히려 언어는 대화로서만 본질적일 수 있다."「횔덜린과 시의 본질」, 「횔덜린 시의 해명」 72쪽

언어가 있음으로써 대화가 성립하는 것이 아니라 오히려 대화를 바탕으로 삼아 언어가 성립한다는 것이다. 그렇다면 대화는 무엇을 뜻하는가? 하이데거는 횔덜린이 "우리가 하나의 대화이고 서로가 서로에게서 들을 수 있게 된 이래로"라고 한 것을 염두에 두고 그 대화의 바탕이 '들을 수 있음'이라고 말한다. 무엇을 들을 수 있다는 말인가? 하이데거의 용어로 하면 그것은 '존재의 소리', '존재의 부름'이다. 이 존재의 소리야말로 대화를 통일시켜주는 그 바탕이다. 하이데거는 존재를 '동일한 것'(das Selbe)이라고 부르기도 한다.

"이런 동일한 것에서 우리는 서로 합일에 이르게 되고, 또 이런 동일한 것을 바탕으로 삼아 우리는 하나가 되며, 그리하여 본래적으로 우리 자신이 된다."「횔덜린과 시의 본질」, 「횔덜린 시의 해명」 73쪽

하이데거가 말하는 우리란 일차적으로 '민족'이다. 민족으로서 우리는 '동일한 것' 다시 말해 존재로서 역사를 함께 형성함으로써 하나가 되고 우리 자신이 된다는 것이다. 그리고 그 역사를 형성하는

휠덜린의 청동 부조 기념비(독일 라우펜 암 네카어).
휠덜린은 하이데거가 정치적 실패의 쓰라림을 안고 숨어들 수 있는
안온한 품이자 정치를 향해 자신의 생각을 던질 수 있는
철학적 사유의 거점이었다.

것이 대화이며, 이 대화 위에서 언어가 성립한다는 얘기다. 이 대화는 인간들 사이의 대화를 뜻하지만 더 근원적으로는 인간과 존재 사이의 대화를 뜻한다. 존재와 대화함으로써, 다시 말해 존재의 부름에 응답함으로써 우리는 역사를 만들어 간다.

하이데거는 '동일한 것' 곧 존재 자체가 '언제나 지속적으로 상주하는 것(das Bleibende und Standige)의 빛' 속에서만 나타난다고 말한다. 그러나 지속적으로 상주하는 것은 아무런 변화도 없이 영원불변하는 것이 아니라 변화하는 가운데 지속하는 것이다. 변화하는 가운데 지속함이야말로 존재 자체다. 이렇게 변화하는 가운데 지속함을 역사라고도 부를 수 있다. 그래서 하이데거는 다음과 같이 말한다.

"시간이 개벽하여 출현한 이래로 우리는 역사적으로 존재한다. 하나의 대화적 존재라는 것과 역사적 존재라는 것, 이 양자는 똑같이 오래된 것이고 함께 공속하는 것이며 동일한 것이다."「횔덜린과 시의 본질」
「횔덜린 시의 해명」 73∼74쪽

민족은 역사적으로 존재하며 대화를 통해 역사를 이루어 간다. 대화란 민족과 역사의 대화, 민족과 존재의 대화다. 언어는 이 대화로 존재한다. 하이데거에게 민족이란 공통의 언어 속에서 함께 역사를 만들어 가는 인간 집단이다. 민족은 언어 공동체다.

이 언어 안에서 인간은 신들을 명명한다. 다시 말해 신을 신으로 규정한다. 횔덜린의 시에 등장하는 신들이란 존재 자체 혹은 존재 자체의 성스러움을 가리킨다. 인간은 언어와 함께 신들을 명명한다. 하이데거는 "신들이 명명되고 세계가 말에 이르게 될 때 비로소 본래적인 대화가 성립하는데, 이런 대화가 바로 우리 자신"이라고 말한다. "그러나 신들 자신이 우리에게 말을 걸어 와 우리가 그들의 요구에 부응할 때에만 신들은 말에 이를 수 있다."「횔덜린과 시의 본질」「횔덜린 시의 해명」 74쪽 이 하이데거의 말을 이해하려면 신들 곧 존재 자체와 인간의 관계에 먼저 눈이 열려야 한다. 하이데거의 존재 사유 안에서 보면, 인간은 자의적으로 존재를 규정하거나 명명할 수 없다. 오히려 존재가 인간에게 다가와 인간을 불러낼 때, 그리하여 인간이 그 부름에 맞출 때 존재는 인간의 말에 이를 수 있다. 인간이 존재의 부름에 응답하는 것이 바로 '존재 규정'이다. 인간이 아무렇게나 멋대로 존재를 규정할 수 있는 것이 아니라, 존재가 다가와 인간을 부를 때 그 부름에 응답하는 방식으로만 인간은 존재를 규정할 수 있는 것이다. 그러므로 신들 곧 존재가 우리에게 말을 걸어 오고 우리가 그 말에 응답할 때에만 존재는 말에 이를 수 있다. 다시 말해 우리가 신들을 명명할 수 있다.

"신들을 명명하는 말은 언제나 그런 요구에 대한 응답이다."「휠덜린과 시의 본질」『휠덜린 시의 해명』 74쪽

이때 응답한다는 것은 그저 대답한다는 것을 뜻하는 것이 아니라 '운명을 떠맡아 책임진다'는 것을 뜻한다. 민족의 역사에는 운명이 있고 이 운명을 떠맡아 책임지는 방식으로 민족은 그 존재의 운명에, 존재의 부름에 응답하는 것이다.

"신들이 우리의 현존재를 언어로 데려옴으로써 비로소 우리는 신들에게 순응할 것인가, 아니면 신들에게서 우리 자신을 거부할 것인가 하는 결단의 영역 안으로 들어선다."「휠덜린과 시의 본질」『휠덜린 시의 해명』 75쪽

존재의 운명으로서 역사가 우리에게 그 운명에 순응할 것인가 아니면 거부할 것인가 하는 결단을 요구한다는 말이다. 이렇게 하이데거의 해명 속에서 언어와 대화와 역사와 운명이 하나로 꿰인다.

시인은 신들을 명명하고 사물들의 존재를 명명함

이어 하이데거는 네 번째 주제어로 향한다. "상주하는 것을 그러나 시인들은 수립한다"(Was bleibt aber, stiften die Dichter)라는 문장은 횔덜린의 시 「회상」(Andenken)의 마지막 구절이다. 횔덜린은 시인이 '상주하는 것을 시어 속에 수립한다'고 말한다. 상주하는 것을 수립한다는 것은 무슨 뜻인가? '상주하는 것'을 존재 자체로 새긴다면, 그리하여 역사의 변화 속에서 자신을 지켜 나가는 존재로, 다시 말해 변화를 뚫고 드러나는 '역사의 뜻'으로 새긴다면, 그 의미는 어느 정도 분명해진다.

"바로 이 상주하는 것이야말로 휩쓸려가는 것에 대항하여 언제나 서 있도록 데려와야만 한다."「횔덜린과 시의 본질」,「횔덜린 시의 해명」 76쪽

상주하는 것은 역사 속에 드러나는 존재이며 역사의 뜻이다. 역사의 뜻으로서 존재는 혼란으로부터 쟁취돼야 한다. 온갖 주장과 의견이 어지럽게 충돌하는 가운데서 우리는 역사의 뜻을 찾아내야 한다. 이 역사의 뜻으로서 존재를 하이데거는 '척도'라고도 부른다. 왜 척도인가? 지상의 모든 존재하는 것들을 재고 평가할 수 있는 가장 근원적인 것이기 때문이다. 하이데거는 척도 곧 존재 자체를 자신의 고유한 언어로 이렇게 표현한다.

"존재자 전체를 두루 지배하는 것은 열린 장(das Offene) 속으로 들어와 밝혀져야 한다."「횔덜린과 시의 본질」,「횔덜린 시의 해명」 76쪽

'존재자 전체를 두루 지배하는 것'은 역사의 뜻으로서 존재다. 이 존재는 숨겨져 있어서는 안 되고 역사의 열린 장에 들어와 밝혀져야 한다. 왜냐하면 "존재자가 현상하려면 존재가 개현돼야 하기" 때문이다. 존재가 개현될 때, 역사의 뜻이 환히 드러날 때 그 척도에 맞춰 존재자들이 본래 있어야 할 모습으로 나타나는 것이다. 척도로서 존

재가 개현될 때 비로소 사라져야 할 것과 변혁돼야 할 것, 그리고 보존돼야 할 것과 극복돼야 할 것들이 그 본질 그대로 드러나는 것이다. 이 척도가 드러나지 않을 때 존재자들은 무차별한 혼란 속에서 뒤엉키고 말 것이다. 시인은 바로 이 존재를 수립하는 자다. 수립하지 않으면 존재는 덧없이 사라져버리기 때문에 붙잡아 세워야 하는 것이다.

그런데 "시인은 신들을 명명하고 모든 사물을 그것들이 존재하는 그 본질에서 명명한다."「횔덜린과 시의 본질」,「횔덜린 시의 해명」 76쪽 왜 시인이 그런 작업을 하는가? 이 말을 할 때 하이데거는 독일의 민족 시인으로서 횔덜린을 먼저 생각했겠지만, 동시에 심중에 고대 그리스의 시인들이나『구약 성서』의 시인들을 떠올렸을지도 모른다.『구약 성서』의 시인들, 예언자들은 존재자 전체의 존재를 명명했고, 고대 그리스의 호메로스와 초기 사상가들도 시와 시적인 언어를 통해 존재자의 존재를 명명했다.『구약 성서』에서 존재자 전체의 존재가 신의 뜻 아래 있게 된 것도 그런 명명의 결과일 것이고, 고대 그리스에서처럼 존재자 전체가 '피시스'로 나타난 것도 그런 명명의 결과일 것이다.

"이런 명명(Nennen)은 이미 익히 잘 알려진 것에 이름을 부여하는 데서 성립하는 것이 아니다. 오히려 시인이 본질적인 낱말을 말함으로써, 이런 명명을 통해 존재자는 비로소 존재하는 것으로 부름을 받는다. 그리하여 그것은 존재하는 것으로서 알려지게 된다."「횔덜린과 시의 본질」,「횔덜린 시의 해명」 76쪽

그렇게 시인은 존재자 전체의 존재를 명명하는 자다. 그렇게 명명함으로써 존재자 전체는 바로 그렇게 존재하는 존재자로 드러나게 된다. 시인은 지상에 척도를 부여하는 사람이다. 시인은 시 짓기를 통해서 존재를 수립하고 척도를 세운다.

그런데 "척도는 척도가 없는 것 속에 있지 않다."「휠덜린과 시의 본질」, 「휠덜린 시의 해명」 77쪽 이 말은 무슨 뜻인가? 존재자 전체의 존재를 재는 척도는 혼란스러운 존재자들 속에서 찾을 수 없다는 말이다. 척도로서 존재는 존재자들과는 다른 차원에 있다.

"존재는 결코 존재자가 아니다. 그러나 사물들의 존재와 본질은 전혀 계산될 수도 없고 눈앞에 현존하는 것으로부터 도출될 수도 없기에 자유롭게 창조되고 정립되고 선사돼야만 한다. 이렇게 자유로운 선사가 수립이다."「휠덜린과 시의 본질」, 「휠덜린 시의 해명」 77쪽

만약 존재가 역사의 뜻이라면, 그 역사의 뜻이 척도라면, 그 척도는 시인이 자유롭게 창조하고 정립하고 선사해야만 한다. 지상의 잡스러운 존재자들 가운데 하나를 가져와 그것을 척도라고 제시해서는 안 되는 것이다. 그러나 시인이 척도를 창조한다고 해서 멋대로 하는 것이 아님은 두말할 필요도 없다. 하이데거는 언제나 인간은 존재의 부름에 응답하는 방식으로만 존재를 명명한다고 말한다. 존재의 부름에 응답함이야말로 인간의 자유라고 해야 할 것이다. 시인은 존재의 부름에 응답하는 방식으로 척도를 창조한다. 그러나 무엇이 존재의 부름인지 판별하는 것은 쉬운 일이 아니다. 그것을 놓고 또 지상의 인간들은 아귀다툼을 벌일지 모른다.

인간은 이 땅 위에 시적으로 거주한다

마지막으로 하이데거는 다섯 번째 주제어를 살핀다. "이루어낸 것은 많다. 그러나 인간은 이 땅 위에서 시적으로 거주한다." 이루어낸 것이 많다는 것은 인간이 노력을 통해 획득하고 달성한 것이 많다는 이야기다. 인간의 문명이라는 것이 바로 이런 노력과 투쟁을 통해 이루어낸 것이다. 그러나 그렇게 이루어낸 것을 통해 인간이 현존재의

근본 바탕에 도달하는 것은 아니다.

"시적으로 거주한다는 것은 신들의 현존 안에 서 있으면서 사물들의 본질 가까이에 관련돼 있음을 뜻한다."「휠덜린과 시의 본질」「휠덜린 시의 해명」79쪽

쉽게 말해서 시적으로 거주한다는 것은 시인으로서 거주한다는 것을 뜻한다. 시인이란 신들의 소리, 존재의 소리를 듣고 응답하는 자이다. 인간은 존재의 소리에 응답하는 방식으로 이 땅에 거주한다는 얘기다. 여기서 이 다섯 번째 문장은 평서문으로 쓰여 있지만, 당위문으로 해석돼야 한다. 인간은 존재의 부름에 응답하는 방식으로 이 땅에 거주해야 한다는 얘기다. 존재의 부름은 다른 말로 하면 역사의 부름이다. 시는 이 부름의 시적 형상화이며 그러므로 존재의 수립이다.

여기서 하이데거는 다시 처음으로 돌아와 '가장 순진무구한 것'이자 '가장 위험한 것'인 언어의 본질을 한 번 더 탐문한다. 언어는 '재보 중에서 가장 위험한 것'이므로 시 짓기는 가장 위험한 작업이다. 동시에 시 짓기는 '모든 것 가운데 가장 순진무구한 것'이다. 이 상반돼 보이는 두 규정을 하나로 통합해 사유할 때 비로소 우리는 시의 완전한 본질을 파악할 수 있다.

하이데거는 휠덜린에게 시 짓기가 '가장 위험한 것'이었음을 휠덜린의 영감과 광기를 빌려 이야기한다. 「마치 축제일처럼…」의 마지막 구절, "하지만 그대 시인들이여! 우리에게 주어진 사명은/ 신의 뇌우 아래, 맨 머리로 서서,/ 아버지의 불빛을 몸소 제 손으로 잡아/ 그 천상의 선물을 노래로 감싸/ 민족에게 전해주는 것이리라." 이 구절은 시인의 사명과 시의 본질을 드러낸 구절이자 시인이 신의 뇌우를 맨 머리로 서서 붙잡는 가장 위험한 일을 하는 자임을 알려준다. 신의 뇌우는 하늘로부터 오는 영감이다. 그 하늘의 선물을 받아 민족

에게 전해주는 자가 시인이다. 시인은 민족에게 존재를 수립해주는 자다. 그러나 그 일은 극도로 위험한 일이다. 하이데거는 정신착란증에 걸린 휠덜린이 친구에게 보낸 편지에서 "아폴론 신이 나를 내리쳤노라고 분명히 말할 수 있네"라고 쓴 대목을 상기시킨 뒤 "과도한 빛이 시인을 어둠 속으로 몰아넣었다"고 말한다. 그리고 다시 이렇게 덧붙인다.

"휠덜린의 '작업'이 가장 위험한 것이었음을 보여주는 증거가 더 필요하겠는가."「휠덜린과 시의 본질」,「휠덜린 시의 해명」 83쪽

영감의 번개를 맞는다는 것은 광기의 불길에 타 버릴 위험을 감수하는 일이다. 그러나 그렇게 위험한 시 짓기는 동시에 '모든 것 가운데 가장 순진무구한 것'이다.

"만일 시인이 범속한 일상 바깥으로 내던져져 자신의 작업을 무해한 것으로 여김으로써 그런 일상에 대항하여 (자신의 작업을) 방어하지 않았더라면 이 가장 위험한 작업은 어떻게 실행되고 보존될 수 있었겠는가?"「휠덜린과 시의 본질」,「휠덜린 시의 해명」 84쪽

범속한 일상의 계산 속에 파묻혀 순수함을 돌보지 않았다면 하늘로부터 오는 신의 선물을 붙잡을 수 없었으리라는 얘기다. 그 신의 선물은 신의 뇌우이고 번개다. 그러므로 오직 가장 결백한 마음 상태에서만 '가장 위험한 것'을 받아 안을 수 있는 것이다. 휠덜린은 「엠페도클레스」라는 시에서 이렇게 노래한다. "신이 들려 말하는 사람은/ 제때에 세상을 떠나야 하리." 진정한 시인은 신이 들린 자이며, 신들린 자로서 신으로부터 받은 영감을 시어로 내뱉는 자다. 광기의 벼랑 가까운 곳에서 작업하는 자가 바로 시인이다. 그러므로 시인이 제때 세상을 떠나지 못하면 그 광기에 휩쓸리고 말 것이라고 휠덜린은 생각하는 것이다.

시의 본질은 존재의 수립이며 존재의 수립은 신들의 자유로운 증

여, 무상의 증여다. 그러므로 시인은 자유롭다. 하지만 하이데거는
이 자유가 "자의적인 방종이나 제멋대로 하기를 원함이 아니라 최고
의 필연성"이라고 거듭 말한다. 신으로부터 받는 영감은 시인의 자
유 속에서 선물로 주어진다. 그러나 동시에 그 영감은 시인이 어찌할
수 없는 것이기도 하다. 그러므로 자유는 멋대로 함이 아니라 영감의
구속을 수락함이다. 즉 최고의 필연성 안으로 스스로 들어감이야말
로 자유다. 구속의 필연적인 힘 아래 스스로 복종함이야말로 자유다.
그래서 자유는 최고의 필연성이다.

횔덜린, 시의 본질을 시로 짓는 시인

시 짓기는 존재의 수립이다. 존재의 수립으로서 시 짓기는 신들의
언어를 민족에게 전달하는 일이다. 그러면 신들은 어떻게 말하는가?
횔덜린은 이렇게 노래한다. "신들의 언어는 눈짓이다." 시인이 시로
써 말한다는 것은 이 눈짓을 포착해 그것을 다시 자기 민족에게 눈짓
으로 전함을 뜻한다.「횔덜린과 시의 본질」,『횔덜린 시의 해명』, 86쪽 신들의 언어인
눈짓을 포착해 민족에게 전해주는 것이 바로 시 짓기이고 존재의 수
립이다. 횔덜린은 다른 시에서 "대담한 정신은 뇌우 속을 비행하는
독수리처럼,/ 그의 도래하는 신들에 앞서/ 예언하며 비상한다"고 노
래한다. 시인은 신들의 언어를 대담하게 자신의 시에 담아 예언하듯
앞질러 말한다. 도래하는 신들 곧 도래하는 존재를 자신의 시어로 예
언하는 자가 시인이다. 다른 말로 하면 그것은 '민족의 소리'(Stimme
des Volkes)를 해석하는 일이다. 민족의 소리는 민족의 염원일 것이
다. 민족의 염원은 불분명하기 때문에 명확하게 해석해줄 자가 필요
하다. 시인이 그 일을 하는 사람이다. 신들의 언어를 전해줌과 동시
에 민족의 소리를 해석하는 것, 이것이 시인이 하는 일이다.

"시의 본질은 신들의 눈짓과 민족의 소리라는, 서로 구분되면서도 상보적인 두 법칙들 속에 삽입돼 있다. 시인 자신은 신들과 민족 사이에 서 있다."「횔덜린과 시의 본질」『횔덜린 시의 해명』88~89쪽

요컨대 신들의 언어를 민족에게 전해주고 동시에 신들의 언어를 척도로 삼아 민족의 소리, 민족의 염원을 해석하는 것이 시인의 일이라는 것이다. 그러므로 시인은 신들과 민족 사이에 있는 자, 신 아래에 민족 위에 있는 '반신'이다. 시인은 신들의 언어 곧 존재의 소리와 민족의 소리 곧 민족의 염원을 만나게 하는 사람이다.

이렇게 횔덜린은 시의 본질을 시로 짓는 시인이다. 그러나 영원히 타당한 본질을 시로 짓는 것이 아니라 특정한 시대에 어울리는 시의 본질을 시로 짓는다. 그러므로 "횔덜린은 시의 본질을 새롭게 수립함으로써 비로소 새로운 시대를 규정하는" 시인이다.「횔덜린과 시의 본질」『횔덜린 시의 해명』90쪽 그런데 횔덜린이 규정하는 시대는 '달아나 버린 신들과 도래하는 신들의 시대'다. 횔덜린은 「빵과 포도주」라는 비가에서 그런 시대를 가리켜 '궁핍한 시대'(die dürftige Zeit)라고 부른다.

"왜냐하면 그 시대는 달아나버린 신들은 더는 없고 도래할 신들은 아직 없다는 의미에서 이중의 결여와 없음 속에 있기 때문이다."「횔덜린과 시의 본질」『횔덜린 시의 해명』90쪽

옛 신들은 사라졌고 새로운 신은 아직 오지 않은 시대가 횔덜린의 시대였고, 하이데거가 보기엔 우리 시대야말로 바로 그런 의미의 궁핍한 시대다. 존재가 떠나버린 시대이고 존재를 망각한 시대다. 그 궁핍한 시대의 궁핍 안에서 "시인은 자신의 사명으로 인해 가장 깊은 고독 속에 홀로 머무름으로써 자기 민족을 대표해 진실로 그 민족을 위해 진리를 성취한다."「횔덜린과 시의 본질」『횔덜린 시의 해명』91쪽 진리를 성취한다는 것은 존재를 수립한다는 것과 다른 말이 아니다. 또 그것

은 시의 본질을 수립한다는 것과 다른 말이 아니다.

"횔덜린이 수립하는 시의 본질은 최고의 척도에서 역사적이다."「횔
덜린과 시의 본질」, 『횔덜린 시의 해명』 90쪽

왜 그런가? 역사적 시대마다 그 시대를 규정하는 척도가 있는데,
횔덜린이 수립한 시의 본질이 바로 그 척도를 마련해줌으로써 새로
운 역사적 시대를 규정하고 있다는 얘기다. 시인은 지상에 척도를 마
련해주는 사람이다.

정신의 떠남과 귀환, 오디세우스의 항해

1941년 겨울학기에 하이데거는 횔덜린의 「회상」이라는 시를 강의
하고 이 강의 내용을 간추려 1943년에 「회상」이라는 글로도 발표했
다. 이 글에서 하이데거가 말하려는 것은 '고향을 경험하려면 고향
을 떠나야 한다'는 문장으로 요약할 수 있다.

"고향에 친숙해지는 것은 친숙하지 않은 존재를 통과해 옴으로써
실현되는 것이요, 또 그렇게 해야만 그것은 자신에게 알맞게 자신의
고유한 것으로 동화되는 것이다. … 그러므로 원천으로 가는 길은 먼
저 원천에서 멀어져야 한다. 근원으로 가는 길은 근원을 향해 가지
않는다. 친숙한 것의 근원이 진실로 무엇인지는 연소한 자가 성장하
는 초기에 '집에서' 곧바로 경험될 수 있는 것이 아니다."「회상」, 『횔덜린
시의 해명』 255~256쪽

고향에 머물러서는 고향이 진정으로 무엇인지 알 수 없다. 자기 자
신 안에 머물러서는 자기 자신이 진정으로 어떤 존재인지 알 수 없다.
오직 자기 자신을 떠나 타자를 경험한 뒤에야 자기 자신으로 돌아올
수 있고 자기 자신이 어떤 존재인지 알 수 있다. 독일인들은 그리스인
들이 경험했던 '하늘의 불'을 경험해야만 자신들에게 친숙한 '표현

오디세우스와 세이렌(존 윌리엄 워터하우스, 1891).
하이데거는 1941년 겨울학기 횔덜린 강의에서 정신의 떠남과 귀환을
호메로스가 노래한 '오디세우스의 항해'에 빗대어 설명했다.

의 명료성'을 진실로 자신들의 것으로 만들 수 있다. 헤겔의 형이상학이 이야기하는 대로 정신은 처음부터 자기 자신으로 있으나 자기를 벗어나 타자를 경험하지 않고는 진정으로 자기 자신이 될 수 없다.

1941년 겨울학기 횔덜린 강의에서 하이데거는 이 정신의 떠남과 귀환을 옛 그리스 시인 호메로스가 노래한 '오디세우스의 항해'에 빗대어 설명하기도 했다. 하이데거는 오디세우스의 항해가 근대인들이 생각하는 모험 정신의 발로가 아님을 강조한다.

"모험가에게 낯선 것은 종종 이국적인 것(das Exotische)이며 이 이국적인 것을 그는 열광적으로 두루 음미하면서 그때 뜻밖의 돌발적인 것을 추적하여 그것과 맞부딪치거나, 그 이국적인 것을 그는 '경이로운 것'(das Wunderbare)과 동일시한다. … 모험가의 정신은 단지 근대적 인류의 주체성의 역사 공간 안에서만 가능하다. 오디세우스는 모험가가 아니었다. 횔덜린이 생각한 , 즉 횔덜린이 시로 지은 항해자는 더는 모험가가 아니다. 모험 정신은 권력의지의 형이상학에 속한다. 횔덜린의 동반자들의 마음은 다르다. 그들의 마음은 경외하는 마음이다."『횔덜린의 송가 '회상'』231쪽

근대의 모험 정신은 정복 정신이며 니체가 말한 권력의지의 표출이다. 오디세우스의 항해는 그런 근대적 의미의 모험 정신과는 아무런 관련이 없다. 오히려 존재를 향한 경외하는 마음의 행로이며 고향으로 돌아가려는 간절한 소망의 항해다.

흥미로운 것은 하이데거가 1941년 겨울학기에 오디세우스를 해석하고 있던 바로 그 무렵 미국으로 망명해 있던 아도르노(Theodor Adorno, 1903~69)와 호르크하이머(Max Horkheimer, 1895~1973)가 『계몽의 변증법』을 구상하고 집필했다는 사실이다.[98] 하이데거와 달리 아도르노와 호르크하이머는 오디세우스를 근대적 모험가의 원형으로 해석했다. "모험의 주인공은 '시민적 개인'의 원형인바, 시민적

개인이라는 개념은 바로 이 방랑하도록 운명 지어진 주인공이 보여주는 일관성 있는 자기주장에서 발생한다."[99] 아도르노와 호르크하이머에게 오디세우스는 자연의 신화적 마법을 해체하는 이성의 힘을 상징한다. "자연 앞에서는 무한히 초라한 존재에 불과하지만 바다의 모든 부분을 알고 있는 주인공은 그런 자신의 무기력한 능력으로 신화적 힘을 무력화하려고 한다."[100] 오디세우스가 상징하는 '계몽 이성'은 한마디로 말해 자연의 파괴자다. 그러나 자연은 그 파괴자에게 복수한다. "자연을 파괴함으로써 자연의 강압을 분쇄하려는 모든 시도는 단지 더욱 깊이 자연의 강압 속으로 빠져 들어갔다. 이것이 유럽 문명이 달려온 궤도다."[101] 아도르노와 호르크하이머는 오디세우스를 니체의 권력의지를 체현한 인간으로 이해한다.

하이데거는 아도르노와 호르크하이머의 『계몽의 변증법』이 출간되기도 전에 이 책의 오디세우스 해석을 반박한 셈이다. 그러나 오디세우스 해석이 이렇게 상반된다고 해도 하이데거와 아도르노-호르크하이머의 관점까지 다른 것은 아니다. 양쪽 모두 자연의 강압을 분쇄해 자연을 길들이고 지배하려 한 계몽 이성이 오히려 근대의 위기를 불렀다고 생각한다. 근대적 모험가의 계몽 정신이 근대의 암흑과 야만을 낳았다고 보는 것이다. 그런 사실을 염두에 두면 양쪽이 상대의 주장을 경청하고 서로 대화할 공동의 지반을 마련하는 것은 그리 어려운 일이 아니었다. 하지만 전후에 미국에서 돌아온 아도르노는 하이데거가 나치에 참여한 것을 빌미로 삼아 원한감정에 가까운 태도로 하이데거 철학을 집요하게 비판하고 부정했다.

니체의 권력의지 형이상학 거부

1941년 겨울의 이 강의는 하이데거가 이 시기에 니체의 권력의지 형이상학을 거부하고 비판하고 있음도 분명히 알려준다. 이 강의에서 하이데거는 이전과는 다른 태도로 횔덜린과 니체를 대립시킨다.

"이 지구촌의 모든 구석에서 나타나는 현대 기술의 고삐 풀린 무제한적 지배는 세계에 대한 아주 오래된 기술적 해석의 차후 결과에 지나지 않는다. 그 해석은 지금까지의 형이상학을 뜻한다. 근대 기술의 본질 근원은 플라톤에게서 시작한 형이상학의 시초에 놓여 있다. 이런 근대 기술은 니체가 사유했던 권력의지의 형이상학을 통해, 다시 말해 플라톤주의를 뒤집은 것으로 파악되는 저 형이상학을 통해 자신의 최후의 형이상학적 정당화를 경험했다."「횔덜린의 송가 '회상'」127쪽

현대 기술의 무제한의 폭주는 이미 플라톤의 철학에 그 뿌리를 두고 있다. 니체의 권력의지 형이상학은 플라톤주의 형이상학을 전복하는 형식을 띠고 있지만 그 본질은 플라톤주의 형이상학의 완성일 뿐이다. 그리하여 니체의 권력의지 형이상학은 근대 기술문명의 폭주를 정당화한다. 그러므로 문제는 형이상학이라는 서구 사유의 근본적인 틀 자체다. 하이데거는 1936년 무렵만 해도 횔덜린과 니체를 모두 그리스의 시원적 사유를 되살리려 한 사상의 동지로 보았지만, 1940년을 전후한 시기에 이르면 이 동반자 관계를 부정하고 니체를 기술 문명의 형이상학적 완성자라고 규정한다. 하이데거의 사유 속에서 횔덜린과 니체는 이제 정반대 방향에 놓인다. 니체의 사상이 근대성의 극한을 상징한다면 횔덜린의 투쟁은 근대성의 극복을 상징한다.

「회상」강의에 이은 1942년 여름학기 '횔덜린 송가 「이스터」' 강의에서 하이데거는 소포클레스의 비극 「안티고네」에 나오는 '합창'을 상세하게 분석했다. 횔덜린은 그리스 비극을 흠모하여 「안티고네」와 「오이디푸스 왕」을 독일어로 번역해 1804년에 출간한 바 있다. 하이데거는 「안티고네」에서 가장 중요한 대목으로 제2막에 첫 번째로 나

오는 코로스의 합창을 꼽았다. 이 합창에서 테베의 원로들은 이렇게 말한다. "섬뜩한 것은 많지만 인간보다 더 섬뜩한 것은 없네." 여기서 '섬뜩한 것'은 그리스어로 '토 데이논'(τò δεινόν)이다. 이 말은 보통 '공포스러운 것, 공포를 일으키는 것'으로 해석된다. 하지만 하이데거는 이 말에 다른 의미를 부여했다.

"데이논은 그 본질에서 단순히 공포스러운 것만도 아니고 단순히 압도적인 것만도 아니며 또 단순히 익숙하지 않은 것만도 아니다. … 데이논의 본질의 본질적인 것은 공포스러운 것, 압도적인 것, 익숙하지 않은 것의 근원적인 통일성 안에 간직돼 있다."『횔덜린의 송가 '이스터'』 103쪽

하이데거는 이 데이논(δεινόν)을 독일어 'Unheimlich'(운하임리히)로 번역했다. 이 말은 친숙하지 않고 낯설고 으스스하고 섬뜩한 상태를 뜻한다. 인간이야말로 '섬뜩한 것'(das Unheimliche)이다. 그런데 하이데거는 이렇게 번역하고서 이 'Unheimlich'(운하임리히)를 'Un-heimisch'(운하이미슈)로, 다시 말해 '고향 같지 않음', '고향처럼 편하지 않음'으로 이해한다. 섬뜩한 것(das Un-heimliche)은 고향답지 않고 고향 같지 않은 것(das Un-heimische), 고향에 있듯이 편안하지 않은 것, 고향처럼 친숙하지 않은 것, 고향을 벗어나 있는 것, 요컨대 비고향성을 뜻한다. 인간이 섬뜩한 존재자라는 것은 고향을 벗어나 낯선 것을 통과하는 자이고 낯선 것과 만나 비판적 대화를 하는 자이며 그리하여 다시 고향을 찾아야 하는 자라는 뜻이다. 하이데거는 기술 문명 속에서 인간이 고향에서 벗어나 있음을 강조한다.

하이데거는 「회상」 강의에서 살폈던 모험가를 다시 불러들인다. "모험가는 결국 비고향성으로 있다. … 언제나 모험가는 고향이 아닌 것, 그 자체로 낯선 것 안에서만 고향다운 것을 발견한다. 더 정확히 말하면 모험적인 마음의 경우에는 고향다운 것과 고향답지 않은

것의 구분이 도대체 없다. 황야는 절대자 자체가 되고 '존재의 충만함'으로 여겨진다."『횔덜린의 송가 '이스터'』 118쪽

고향을 잃어버리고 고향의 고유한 본질에서 벗어난 이 모험가의 정신이야말로 진실로 '섬뜩한 것 중에서 섬뜩한 것'이다. 하이데거는 이 강의에서 '미국주의'가 바로 '고향을 잃어버린 정신'이며 근대 기술 문명의 완전한 승리를 보여준다고 말한다.

"우리는 오늘날 미국주의의 앵글로색슨 세계가 유럽 즉 고향을, 다시 말해 서구의 시원을 포기하기로 결정한 것을 안다. (그러나) 시원적인 것은 파괴될 수 없다. 미국이 지구 이쪽에 개입한 것은 역사 안으로의 개입이 아니다. … 왜냐하면 이 행동은 시원적인 것에 대한 거절이고 무-시원을 결정하는 행동이기 때문이다."『횔덜린의 송가 '이스터'』 90쪽

하이데거는 미국주의라는 말로 미국이 대표하는 자본주의와 자유주의의 기술 문명을 가리킨다. 하이데거의 비판은 볼셰비즘 곧 소련식 공산주의에 대한 비판으로도 이어진다. 하이데거가 보기에 볼셰비즘은 미국주의의 변형일 뿐이다.

"볼셰비즘은 단지 미국주의의 변형된 양식이다."『횔덜린의 송가 '이스터'』 111쪽

하이데거는 한때 나치즘이 이 시원을 되살릴 것으로 기대했으나 이 시기에 이르면 나치즘도 미국주의나 볼셰비즘과 다를 바 없는 고향 상실의 이념으로 보게 된다.

고향 상실에 대한 사유의 절정

하이데거의 고향 상실에 대한 사유는 「귀향-친지에게」라는 횔덜린 시에 대한 1943년 6월의 강연에서 절정에 이르렀다. 이 시는 귀향

에 관해 노래한다. 시의 핵심 구절은 다음과 같다. "그대가 찾는 것, 그것은 가까이 있고 이미 그대와 만나고 있다." 그러나 귀향자가 도착했다고 해서 고향에 이른 것은 아직 아니다.

"도착한 자는 아직도 찾고 있는 자다. 물론 찾고 있는 것은 이미 그와 만나고 있다. 그것은 가까이 있다. 그러나 찾고 있는 것은 아직 발견되지 않았다." 「귀향─친지에게」, 『횔덜린 시의 해명』 20쪽

귀향자는 분명히 고향에 이르렀지만 고향의 본질에는 이르지 못했다는 얘기다. 고향에 왔다고 해서 고향의 본질에까지 이른 것은 아니다. 귀향자는 그러므로 고향의 본질을 찾아야 한다. 그 고향의 본질을 하이데거는 역사적인 차원에서 파악한다. 고향은 '역사적 운명'(Geschick)이고, 운명은 '역사'(Geschichte)와 다르지 않다.

"그러나 천부적으로 보내진 것, 즉 숙명(Schickung) 속에는 고유한 것이 아직은 고유하게 양도되지 않은 상태로 있다. 그것은 아직 보류돼 있다." 「귀향─친지에게」, 『횔덜린 시의 해명』 22쪽

숙명이란 하늘이 보내주는 것, 곧 하늘의 섭리다. 하이데거는 이 숙명의 차원에서 역사를 숙고한다. 역사란 그냥 인간이 행동한다고 해서 이루어지는 것이 아니고, 하늘이 보내주는 것, 곧 하늘의 섭리가 인간과 만날 때 비로소 이루어진다. 이 숙명이란 다른 말로 하면 '존재의 숙명'이고 '존재가 자신을 보냄'이다. 그렇게 존재가 자신을 보낼 때 그 존재를 맞아들임으로써 인간은 역사를 이루어낸다. 그런데 고향의 본질에 이르지 못했다는 것은 바로 이 숙명과 운명으로서 존재의 보냄을 맞아들이지 못했다는 것을 뜻한다. 민족은 고향 안에 있지만 여전히 고향에 이르지 못한 채로 있다. 본래적인 역사를 이루어내지 못한 채로 있는 것이다. 그래서 하이데거는 이렇게 말한다.

"이런 귀향은 독일인들의 역사적 본질의 미래로 존재할 것이다." 「귀향─친지에게」, 『횔덜린 시의 해명』 58쪽

하이데거는 독일인들이 '사유함과 시 지음의 민족'이라고 말한다. 이 말 속에 횔덜린의 시를 하이데거 자신의 사유를 통해 해석함으로써 독일인들에게 고향의 본질을 전해준다는 하이데거의 자부가 깔려 있다. 사유하는 자들은 "시인이 한 말에 주의하면서 그 말이 올바로 해석되고 보존되도록 사유함으로써 시인을 돕는다." 그러나 그렇게 도우려면 먼저 시를 짓는 최초의 사람이 있어야 한다.「귀향─친지에게」 「횔덜린 시의 해명」 59쪽 그 최초의 시인이 바로 횔덜린이다.

"위험이 있는 곳에 구원도 자라네"

하이데거는 이 강연에서 횔덜린의 다른 송가 「파트모스」 제1연에 나오는 구절 "그러나 위험이 있는 곳에 구원도 자라네"를 언급한다. 하이데거의 시론을 통해 널리 알려진 이 구절을 하이데거는 패전 뒤 1946년의 강연 '무엇을 위한 시인인가?'에서 다시 깊이 살폈다. 전후의 그 강연에서 하이데거는 횔덜린이 말하는 '위험'을 기술 문명의 폭주로 해석했다.

"요즘 거론되는 원자폭탄도 특수한 살인 무기로서 치명적인 것은 아니다. … 인간을 그 본질에서 위협하고 있는 것은 자연 에너지의 평화적인 방출·변형·저장·관리를 통해 인간 존재가 어떤 일이든지 견뎌낼 수 있고 또 전적으로 행복해질 수 있다는 의지의 생각이다. 그러나 이런 평화로운 것의 평화는 단지 자기 위에 세워진 의도적인 자기 관철의 광기가 조용히 지속되는 불안정에 지나지 않는다."「무엇을 위한 시인인가」, 「숲길」 431~432쪽

사람들이 평화라고 말하는 것이야말로 진정으로 인간을 위협하는 위험이라는 얘기다.

"기술의 본질은 아주 서서히 드러난다. … 세계는 온전함을 상실

하게 된다. 그 때문에 신성에 이르는 흔적으로서 성스러운 것(das Heilige, 성스러움)이 은폐될 뿐만 아니라, 더군다나 성스러운 것에 이르는 흔적, 즉 온전한 것도 소멸된 것처럼 보인다. 단지 소수의 죽을 자들(인간들)만이 절망적인 것(das Heillose)을 절망적인 것으로 절박하게 감지할 수 있을지라도 말이다. 그들은 어떤 위험이 인간에게 다가오고 있는지 간파하고 있어야 한다. 위험은 인간이 존재 자체에 대한 관계에서 인간의 본질에 다가와 관계하기 시작하는 그런 위협에 있는 것이지 어떤 우발적인 개개의 위협에 있는 것이 아니다. 이런 위험이야말로 진정한 위험이다."「무엇을 위한 시인인가」「숲길」 433~434쪽

그러나 이 위험 앞으로 하이데거는 횔덜린의 시구, "그러나 위험이 있는 곳에/ 구원도 자라네"를 가져온다. 위험의 극한, 위험의 한밤을 통과할 때 그 어둠 속에서 구원이 자라난다는 얘기다. 구원을 찾을 길 없는 그 암흑의 한밤중을 하이데거는 횔덜린의 말을 빌려 '궁핍한 시대', '세계의 밤'이라고 부른다. 하이데거의 후기 사유는 이 빛이 보이지 않는 '세계의 밤'에 새로운 시원의 빛을 향해 나아가는 사유, 어둠 속에서 자라는 구원을 찾아 심연으로 떠나는 사유다. 인간이 존재 망각에서 깨어나 역사의 새 장을 여는 개벽의 순간이 오기까지 '궁핍한 시대'는 끝나지 않을 것이다.

3 예술 작품의 근원

◇◇◇

현상만 보면 세계는 열린 장이고 대지는
닫힌 것이다. 그러나 닫힌 것으로서 대지에 근거하지 않고는
세계는 열리지 않는다. 세계는 인간이 살아가는 삶의 질서다.
이 삶의 질서는 대지 곧 피시스에 터잡지 않으면 안 된다.
이 피시스로서 대지는 자기를 감추면서 드러내는 것이고,
이렇게 드러난 것이 세계로 펼쳐지는 것이다.

66

세계를 건립하고 대지를 내세우는 작품은
투쟁의 격돌이며 이런 투쟁 속에서 존재자 전체의
비은폐성, 즉 진리가 쟁취된다.

예술의 본질은 시 짓기다.
그러나 시 짓기의 본질은 진리의 수립이다.

99

예술 작품은 어디에서 비롯하는가

1934년 겨울학기 횔덜린 강의와 함께 하이데거의 '존재 사유'는 대전환의 복판에 섰다. 그 전환 속에서 하이데거는 횔덜린 시를 관문으로 삼아 그전까지 한 번도 직접 주제로 삼지 않았던 '예술에 관한 사유'로 나아갔다. 그러나 그런 사유의 행보는 이제껏 걸어온 길에서 벗어남을 뜻하는 것이 아니라 '존재 사유'의 본령으로 더 깊숙이 진입함을 뜻한다. 그 진입을 통해 예술이 존재 사유의 고유한 영토로 드러났다. 이 시기 하이데거 사유의 전환에 축과 같은 구실을 한 것이 1935년 11월 강연에서 처음 발표한 「예술 작품의 근원」이다. 이 글은 그리 길지 않은 분량이지만 내용의 심원함과 독창성으로 이후 인문·예술 영역 전반에 깊은 영향을 주었다. 20세기 예술철학 저술 가운데 가장 큰 힘을 발휘한 것이 「예술 작품의 근원」이라고 해도 넘치지 않는다.

하이데거는 이 글의 제목 곧 '예술 작품의 근원'(der Ursprung des Kunstwerkes)에 들어 있는 '근원'(Ursprung)이라는 말을 찬찬히 숙고하는 것으로 논의를 시작한다.

"어떤 것의 근원이란 그것의 본질이 비롯하는 그 유래(Herkunft, 기원·출처)다. 예술 작품의 근원에 대한 물음은 그것의 본질 유래에 대해 묻는 것이다."「예술 작품의 근원」「숲길」18쪽 근원이란 본질의 유래를 가리키는 말이다. 그러므로 '예술 작품의 근원'을 묻는 물음은 예술 작품의 본질이 어디에서 비롯하는가를 묻는 물음이다. 그런데 작품은 예술가의 창작 활동에서 발원한다. 다시 말해 작품은 예술가에게서 비롯한다. 그렇다면 예술가는 무엇을 통해서 예술가가 되는가? 작품을 통해서 예술가가 된다. 작품은 예술가를 통해서 작품이 되고 예술가는 작품을 통해서 예술가가 된다. 그렇다면 예술가와 작품을 묶어주고 동시에 발원시키는 제3자가 있을 것이다. 하이데거는 '예술'이 바로 그것이라고 말한다. 예술이 예술가와 작품의 근원이 되는 것이다. 그렇다면 여기서 '예술은 무엇인가'라는 물음이 나오지 않을 수 없다. 예술은 '예술 작품'에서 드러난다. 그런데 예술 작품은 예술가가 만든다. 이렇게 해서 우리는 예술과 작품과 예술가가 돌고 도는 순환 구조 안으로 들어섰다. 하이데거에게 이런 순환 구조는 논리학에서 결함으로 간주하는 '순환 논증'과는 전혀 관계가 없다. 하이데거의 순환은 사태의 진실에 다가가는 해석학적 순환이다.

"그러므로 우리는 이런 순환의 과정을 밟아 나가야 한다."「예술 작품의 근원」, 『숲길』, 20쪽

이 순환을 밟아나가는 길에 하이데거는 먼저 현실의 예술 작품을 들어 '작품이란 무엇이며 어떻게 존재하는지' 묻는다. 현실의 예술 작품들을 보면 작품마다 어떤 사물 요소가 깃들어 있다는 것을 알 수 있다. 건축 작품에는 돌이라는 요소가 있고 목각 작품에는 나무라는 요소가 있다. 유화 작품에는 색채라는 요소가 있고 문학 작품에는 언어라는 요소가 있으며 음악 작품에는 음향이라는 요소가 있다. 돌·나무·색채·언어·음향이 바로 예술 작품의 사물 요소다. 이 사물 요소와 관련해 예술 작품을 설명하는 개념 도식으로 흔히 '질료와 형상'이라는 도식이 쓰인다. 예술 작품은 사물이라는 '질료'에 '형상'

이 부여된 것이라는 설명이다. 근대의 예술 이론에서 거의 반성 없이 사용하는 것이 이 '질료와 형상'이라는 도식이다. 그렇다면 '질료와 형상'이라는 도식으로 예술 작품의 고유한 성격을 설명할 수 있는가? 하이데거는 그렇지 않다고 말한다. 자연물인 화강암 덩어리를 보자. 통상의 예술 이론에서는 화강암 덩어리가 단순한 질료 곧 재료에 불과하다고 이야기한다. 그러나 실제의 화강암 덩어리를 보면 인간이 조형한 것은 아니더라도 분명히 특정한 형상 곧 형태를 지니고 있다.

그러면 '도구'의 경우는 어떤가? 단지나 도끼나 신발 같은 도구를 보면 확실히 특정한 형상 속에 질료가 배치돼 있다. 하지만 도구를 예술 작품이라고 부를 수는 없다. 도구의 경우에 질료와 형상의 긴밀한 관계는 도구의 사용 목적 곧 용도성(Dienlichkeit)에 따라 미리 정해진다. 도끼는 단단해야 하고 단지는 물이 새지 않아야 하며 신발은 질기고 유연해야 한다. 용도성에 따라 질료가 선택되고 형상이 부여된다. 도구는 용도성이라는 개념 아래 질료를 선택하고 형상을 부여해 제작된다. 이 용도성이 두드러진다는 점에서 도구는 예술 작품과 다르다. 도구는 한편으로는 인간이 제작해 산출한 것이라는 점에서 예술 작품과 유사하지만, 다른 한편으로는 예술 작품의 '자족성'을 결여하고 있기에 사물과 유사하다.

"도구는 사물과 작품 사이에 자기만의 독특한 위치를 점한다."「예술 작품의 근원」「숲길」 36쪽

고흐의 '구두'와 농촌 여인의 신발

이런 논의를 통해 하이데거가 주목하는 것은 '질료와 형상'이라는 개념 도식이 서구 사유의 역사 속에서 사물과 도구와 작품을 모두 아

울러 '사물적인 것'을 규정하는 도식으로 쓰였다는 사실이다. 더 눈여겨볼 것은 이런 질료-형상 도식의 출현이 도구를 제작해 사용하는 인간의 관점에서 비롯했다는 하이데거의 진단이다. 이를테면 중세 신학적 세계관 속에서 세상의 만물은 신의 피조물인데, 그 세계관은 장인이 도구를 만들 듯이 신이 질료에 형상을 부여하는 방식으로 세상 만물을 만들었다고 설명했다. 근대에 들어와 중세 세계관은 해체됐지만, 그 핵심에 들어 있는 질료-형상 도식은 살아남아 모든 사물적인 것들을 규정하는 도식이 됐다. 이렇게 역사를 살펴보면, 용도에 따라 도구를 제작하는 인간의 활동을 바탕에 두고 질료-형상 도식이 형성됐음이 드러난다.

여기서 하이데거가 강조하려는 것은 도구 제작에서 비롯된 질료-형상 도식으로는 사물을 참답게 규정할 수 없다는 사실이다. 질료-형상 도식에 따라 사물을 규정하는 것은 우리의 오래된 선입견을 비판 없이 따르는 것일 뿐이며 사물 자체를 있는 그대로 이해하는 방식이 아니다. 오히려 이런 도식 적용으로 사물을 이해하려 할 때 사물은 스스로 물러나 우리의 이해 범위에서 벗어난다고 하이데거는 말한다. "사물의 이런 뒤로 물러섬, 다시 말해 아무것에도 강요받지 않은 채 자기 안에 고요히 머무르고 있음"이야말로 "사물의 본질"에 속한다.「예술 작품의 근원」『숲길』 39~40쪽 사물의 본질을 알려면 이런 질료-형상 도식을 버려야 한다. 질료-형상 도식에 머물러 있어서는 사물의 본질에 이를 수 없다. 여기서 하이데거가 '사물의 본질'에 주목하는 것은 사물의 본질을 잘 이해함으로써 예술 작품의 본질에 다가갈 수 있다고 보기 때문이다. 목표는 예술 작품의 본질이다.

그렇다면 사물의 본질을 이해하는 데 적합한 사물은 무엇일까? 하이데거는 자연 사물과 예술 작품 사이 중간 위치를 점하는 '도구'를 지목한다. 도구를 통해서 사물의 근본적인 존재 성격을 포착할 수 있다는 얘기다. 그렇다면 도구의 존재 성격을 경험하는 좋은 방법은 무엇일까? 이 물음에 하이데거가 답으로 제시하는 것이 빈센트 반 고흐의 그림이다. 「구두」라는 그림에 등장하는 신발을 해석함으로써 도구의 본질적 성격을 알 수 있다는 것이다. 지나가는 길에 말하자면 하이데거는 고흐의 그림에 등장하는 낡은 작업화를 들일하는 농촌 여인의 신발로 해석했다. 하지만 고흐의 그림 속 신발이 농촌 여인의 신발이라는 증거는 어디에도 없다. 낡은 작업화를 굳이 농촌 여인의 들일과 결부한 것은 농촌 지향성이라는 하이데거의 근본 성향이 낳은 무의식적 결과라고 보아야 할 것이다. 어쨌거나 하이데거는 다음과 같은 시적인 언어로 고흐가 그린 신발 한 켤레를 해석한다.

"너무 오랫동안 신어서 가죽이 늘어나버린 신발이라는 이 도구의 안쪽 어두운 틈새로부터 밭일을 나선 고단한 발걸음이 엿보인다. 신발이라는 이 도구의 수수하고도 질긴 무게 속에는 거친 바람이 부는 드넓게 펼쳐진 평탄한 밭고랑 사이로 천천히 걸어가는 강인함이 배어 있고, 신발 가죽에는 기름진 땅의 습기와 풍요로움이 깃들어 있으며 신발 바닥으로는 저물어가는 들길의 고독함이 밀려온다. 신발이라는 이 도구 가운데에는 대지의 말없는 부름이 들려오는 듯하고, 잘 익은 곡식을 조용히 선사해주는 대지의 베풂이 느껴지기도 하며, 또 겨울 들녘의 쓸쓸한 휴경지에 감도는 해명할 수 없는 대지의 거절이 느껴지기도 한다. 더 나아가 이 도구에서는 빵을 확보하려는 불평 없는 근심, 고난을 이겨낸 후에 오는 말없는 기쁨, 출산이 임박해서 겪어야 했던 아픔, 죽음의 위험 앞에서 떨리는 전율이 느껴진다. 이 도구는 대지(Erde)에 속해 있으며, 농촌 아낙네의 세계(Welt) 속에 포근히 감싸인 채 존재한다. 이렇듯 포근히 감싸인 채 귀속함으로써 도구 자체는 자기 안에 머무르게 된다."「예술 작품의 근원」, 「숲길」 42~43쪽

하이데거는 우리가 그림 속에 있는 신발을 가만히 살펴만 보아도

이 모든 것을 알게 되리라 말한다. 하이데거가 이야기하려는 것은 질료-형상이라는 개념 도식으로는 파악할 수 없는 사물의 사물성이다. 신발은 도구에 속하고 도구는 사물에 속한다. 사물의 사물다움을 파악하려면 그 사물이 존재하는 방식 그대로 두고 그 사물을 보아야 한다. 다시 말해 도구가 쓰이는 그 쓰임새를 있는 그대로 보아야 한다.

"밭일을 하는 농촌의 아낙네는 신발을 신고 있다. 이런 경우에 비로소 신발은 신발 자체의 본질로 존재한다. 신발이 진정 신발로서 가장 참답게 존재하는 경우는 아낙네가 일을 하면서 자기가 신고 있는 신발에 대해 생각하거나 신발에 시선이 팔리거나 신발을 느끼는 일조차 없을 때이며, 오직 그때에만 가장 참답다. 농촌 아낙네가 서 있든 걸어가든 신발은 실제로 이렇게 쓰이고 있다. 이런 도구 사용의 과정에서 우리는 도구적 성격을 발견하게 된다." 「예술 작품의 근원」, 『숲길』 41~42쪽

도구는 실제로 사용될 때 도구로서 성격이 분명히 드러난다.

도구의 이 쓰임새를 뜻하는 다른 말이 용도성이다. 그러나 용도성이라는 말로는 신발의 도구 성격을 정확히 포착할 수 없다고 하이데거는 말한다.

"이 용도성 자체는 도구의 어떤 본질적 존재의 충만함 속에 머물러 있다. 우리는 이것을 신뢰성(Verlässlichkeit)이라고 부른다. 이런 신뢰성에 힘입어 농촌 아낙네는 신발이라는 도구를 통해 대지의 침묵하는 부름 가운데로 들어서게 되며 또 도구의 이런 신뢰성에 힘입어 아낙네는 자신의 세계를 확신하게 된다." 「예술 작품의 근원」, 『숲길』 43쪽

들일하는 여인이 신는 신발의 참모습은 일하는 가운데 드러나는 그 신뢰성에 있다. 여인은 신발이 주는 믿음을 거의 의식하지 못한 채로 그 믿음 속에서 고된 들일을 한다. 그 믿음에서부터 신발이라는 도구의 성격이 이해돼야 한다. 그럴 때 신발은 여인이 발을 디딘 '대

한 켤레 구두(빈센트 반 고흐, 1886).
"신발 바닥으로는 저물어가는 들길의 고독함이 밀려온다."
하이데거는 그림 속의 신발을 해석함으로써 도구의 본질적 성격을 포착했다.

지'를 대지로서 나타나게 하며 여인이 속한 '세계'를 세계로서 나타나게 한다.

"세계와 대지는 아낙네와 같은 농촌 사람들에게는 오직 그런 식으로만 거기에 즉 도구에 존재한다." 「예술 작품의 근원」, 『숲길』 43쪽

하이데거가 여기서 강조하려는 것은 다음 사실, 곧 도구라는 사물은 질료-형상이라는 도식으로는 근원적으로 이해할 수 없다는 사실이다.

"도구는 더욱 넓고도 깊은 참다운 도구 존재에서 유래한다. 질료와 형상 그리고 이 양자의 차이도 더 깊은 근원으로부터 존재한다." 「예술 작품의 근원」, 『숲길』 44쪽

이 '더 깊은 근원'이 농촌 여인의 신발이라는 도구의 경우에는 바로 '신뢰성'이다.

"자기 안에 머무르고 있는 도구의 이런 평안(Ruhe)은 신뢰성에 있다. 이런 신뢰성에 입각해서 우리는 도구가 진실로 무엇인지를 통찰할 수 있다." 「예술 작품의 근원」, 『숲길』 44쪽

이렇게 신발을 해석함으로써 우리는 도구가 무엇인지에 관한 기초적인 앎에 이르렀다. 그러나 하이데거가 진정으로 알고자 하는 것은 도구의 성격이 아니라 작품의 성격이다. 작품의 성격을 탐문하는 길에 도구라는 사물의 성격을 물어 들어갔을 뿐이다. 여기서 하이데거는 우리가 신발이라는 도구의 성격을 알아내려고 할 때 실제로 눈앞에 놓인 신발을 분석한 것이 아니라 고흐의 그림 속 신발을 해석한 것임을 상기시킨다. 도구의 '도구 성격'은 고흐의 그림 앞에 다가섬으로써 발견됐다.

"이 그림이 우리에게 말하고 있었던 것이다. 작품과 가까이할 때 우리는 우리가 일상적으로 있던 곳과는 전혀 다른 곳에 존재하고 있었던 것이다." 「예술 작품의 근원」, 『숲길』 45쪽

고흐의 「구두」라는 예술 작품이 신발이라는 도구가 진실로 무엇인지를 알게 해주었던 것이다. 이 대목에서 하이데거는 묻는다.

"여기서 무엇이 일어나고 있는가? 작품 속에서 무엇이 작용하고 있는가?"「예술 작품의 근원」「숲길」 45쪽

고흐의 그림은 농촌 여인의 신발 한 켤레가 무엇으로 존재하는지를 밝혀주고 있다. 이 사태를 두고 하이데거는 "신발이라는 존재자가 자신의 존재의 비은폐성 곧 진리 가운데로 나타났다"고 말한다. 고흐의 그림에서 신발이 자신의 진리 가운데 나타나게 된 것이다.

진리가 작품 속으로 자기를 정립함

고대 그리스인들이 존재자의 이 비은폐성(Unverborgenheit, 환히 드러나 있음)을 알레테이아($\dot{\alpha}\lambda\dot{\eta}\theta\epsilon\iota\alpha$)라고 불렀다는 것을 우리는 알고 있다. 하이데거는 이 말을 진리(Wahrheit)라고 옮기는 것만으로는 아무것도 입증하지 못한다고 말한다. 중요한 것은 '말의 본디 의미'를 생각하는 것이다. 그리하여 하이데거는 말한다.

"만일 작품 속에서 '존재자가 무엇이며 어떻게 존재하는가'가 밝혀지고 있다고 한다면, 작품 속에 '진리의 일어남'(ein Geschehen der Wahrheit)이 작용하고 있는 것이다."「예술 작품의 근원」「숲길」 46쪽

예술 작품은 '사물이 무엇인지, 어떻게 존재하는지'를 드러낸다. 달리 말하면 예술 작품에서 사물의 알레테이아(비은폐성) 곧 진리가 일어난다. 이 사태를 두고 하이데거는 "존재자의 진리가 작품 속으로 자기를 정립한다"고 표현한다. "어떤 존재자, 즉 농촌 아낙네의 신발 한 켤레가 작품 속에서 자신의 존재의 빛 가운데로 들어선 것이다."「예술 작품의 근원」「숲길」 46쪽 이 사태가 '예술의 본질'을 가리켜 보여준다. 예술의 본질이란 다른 것이 아니라 "존재자의 진리가 작품-

속으로-자기를-정립함"(das Sich-ins-Werk-Setzen der Wahrheit des Seienden)"이다.

이로써 우리는 예술의 본질에 대한 첫 번째 정의에 이르렀다. 서양의 근대 미학이나 예술 이론은 예술을 대개 아름다움(Das Schönheit, 미)과 관계하는 것으로 여겼을 뿐이지 예술이 진리와 연관된다고는 생각하지 않았다. 아름다움은 미학이 다루고 진리는 논리학이 다룬다는 것이 서양 사유의 전통적 견해였다. 하이데거는 이런 전통 예술 이론을 거부하고 예술을 진리와 직접적으로 결부한다. 존재자의 진리가 작품 속에 자기를 정립한 것이 예술이라는 것이다. 하이데거는 여기서 '진리'를 '일치'나 '합치'라는 의미로 해석하지 말라고 요구한다. 서양 전통 철학은 표상과 대상의 일치를 진리라고 이야기해 왔지만, 그 진리는 더 원초적인 진리, 다시 말해 존재자의 비은폐성에 기반을 둔 이차적인 진리일 뿐이다. 더 본래적인 진리는 존재자가 그 자체로 비은폐돼 있음, 훤히 드러나 있음이다. 그러므로 그림 속에 진리가 깃들어 있다는 것은 그림이 대상을 잘 모방했다거나 재현했다는 뜻이 아니다. 모방이나 재현은 진리 그 자체의 차원에서 보면 후차적인 것이 지나지 않는다.

중요한 것은 '진리가 작품 속에 자기를 정립하고 있다'는 사실이다. 그런데 진리가 작품 속에 자기를 정립한다는 것은 앞에서 본 대로 '진리가 작품 속에서 일어난다'는 것을 뜻한다. 또 진리가 작품 속에서 일어난다(geschehen)는 것은 진리가 생성된다는 것을 뜻하며, 이것은 진리가 시초부터 영원히 있는 것이 아니라 역사적으로 생겨남을 뜻한다. 우리는 흔히 진리는 무시간적이고 초시간적인 것이라고 생각한다. 시간을 초월해 영원히 타당한 것이 진리라고 생각한다. 그러나 하이데거는 진리란 일어나는 것이며 생겨나는 것이라고 말한다. 진리는 역사적으로 생성되기 때문에 역사성을 지닌다. 역사성을 지닌다는 것은 역사적으로 한정돼 있으며 특정한 시대에 제약돼 있다는 것을 뜻한다. 이렇게 하이데거는 1935년의 이 강연에 와서 진리의 무역사성을 명백히 거부하고 진리의 역사성을 강조한다. 진리는 역사적이다. 진리의 역사성이라는 문제를 하이데거는 이 글 전체에 걸쳐 집요하게 파헤친다.

그런데 하이데거가 지금 논의하고 있는 것은 예술 작품이다. 하이데거는 예술 작품이 무엇인지를 해명하기에 앞서 예술 작품을 구성하는 '사물'이 무엇인지를 캐물었다. 이런 숙고를 통해 '질료와 형상'이라는 사물 개념은 사물의 사물다움(das Dinghafte)을 제대로 드러내지 못할 뿐만 아니라 작품의 사물적 측면을 파악하는 데 적합한 수단이 되지 못한다는 사실이 드러났다. 사물은 예술 작품 속에 질료-형상이라는 모습으로 들어 있는 것이 아니다. 그렇다면 오랫동안 '자명한 것'으로 군림해온 선입관을 치워놓을 필요가 있다. 다시 말해 질료-형상이라는, 도구를 제작하는 데서 비롯한 전통적인 미학적 구도를 뒤로 밀쳐놓을 필요가 있다. 작품의 사물적 성격은 작품의 성격 자체에서부터 해석돼야 한다. 작품을 작품으로서 제대로 규명하는 길은 사물에서 시작해 작품에 이르는 길이 아니라 작품을 통해서 사물에 이르는 길이다.

이 대목에서 하이데거는 이제까지 해온 탐구의 핵심을 다시 정리한다.

"예술 작품은 저 나름의 방식으로 존재자의 존재를 열어놓는다. 작품 속에서는 이런 열어놓음 곧 탈은폐함, 다시 말해 존재자의 진리가 일어난다. 예술 작품 속에서는 존재자의 진리가 작품 속으로 자기를 정립하고 있었던 것이다. 예술은 진리가 작품-속으로-자기를-정립함이다." 「예술 작품의 근원」, 『숲길』 50~51쪽

이 문장이 말하는 것은 이것이다. 곧 어떤 작업의 결과가 예술 작

품이 되려면 그 안에서 존재자의 진리가 일어나 정립돼 있어야 한다. 아무것이나 예술 작품이 되는 것이 아니다. 존재자의 진리가 일어나 정립될 때 진정으로 예술 작품이 된다. 예술을 예술로 만들어주는 것은 이 '진리의 자기 정립'이라고 할 수 있다. 고흐의 그림을 통해 신발 한 켤레의 진리가 일어날 때 비로소 그 그림이 예술 작품이 된다는 얘기다. 그렇다면 이렇게 예술로서 일어나는 그 진리란 무엇을 가리키는가? 진리가 작품 속으로 자기를 정립한다는 것은 무엇을 뜻하는가? 하이데거는 이 물음과 함께 이제 '작품과 진리'의 관계에 대한 탐구의 문을 연다.

신전이라는 건축 작품, 민족의 삶과 세계를 열어줌

이 탐구로 나아가는 길에 하이데거는 '예술 작품이 언제 그 자신으로 있는지' 묻는다. 우리는 보통 예술 작품을 전시장에서 만난다. 하지만 과연 전시장에 놓인 작품이 작품으로서 작품답게 있는 것일까? 고대의 예술 작품을 생각해보면 의문은 더욱 커진다. 전시장에 들어선 작품은 작품으로서 본래 있어야 할 자리를 이탈한 것은 아닐까?

"뮌헨의 화랑에 있는 '아이기나 섬의 조각품'이나 가장 완벽한 탁본으로 전시된 소포클레스의 「안티고네」도 본래대로 존재하는 작품이기는 하지만, 그것들은 그것들 자체가 고유하게 있어야 할 본질 공간에서 이탈해 있다. 그것들이 아무리 질적으로 탁월한 것으로 평가되고 그것들이 주는 감명이 아무리 크다 해도 또 그것들의 보관 상태가 아무리 좋고 그것들에 대한 해석이 아무리 정확하다 해도, 박물관 가운데로 옮기는 것은 그것들을 그것들 자체의 세계로부터 빼내는 것이다." 「예술 작품의 근원」, 「숲길」 52쪽

그렇다면 고대의 작품이 그대로 현장에 남아 있다면 그 자신으로

있는 것인가? 그렇지도 않다고 하이데거는 말한다.

"예를 들어 제자리에 놓여 있는 파에스툼의 신전과 밤베르크 광장의 돔을 찾아가 본다고 하더라도, 현존하는 이 작품들의 세계는 이미 파괴돼 있다."「예술 작품의 근원」『숲길』 52~53쪽

'물러난 세계'(Weltentzug)와 '파괴된 세계'(Weltzerfall)는 결코 다시 원상으로 되돌릴 수 없다. 작품은 더는 본래의 것이 아니다. 작품의 과거의 자립(Insichstehen)이 이미 사라졌다. 과거의 작품은 대상으로는 서 있지만 작품의 본래적 존재로는 서 있지 않다. 작품이 본래 서 있는 세계가 파괴되고 사라졌기 때문이다. 그렇다면 작품은 어디에 귀속해 있는가? 앞에서 하이데거는 작품 속에서 진리가 일어난다고 했다. 그리하여 하이데거는 다시 묻는다. '진리란 무엇이며 또 진리는 어떻게 일어날 수 있는가?' 이 진리 물음에 대한 답을 찾아 하이데거는 고대 그리스의 신전으로 눈을 돌린다. 그리스 신전은 다른 예술 작품과 달리 아무것도 모사하지 않는다. 험난한 바위 계곡 한가운데 우뚝 서 있을 뿐이다. 아마도 아테네 언덕에 서 있는 파르테논 신전이나 델포이 계곡에 서 있는 아폴론 신전이 하이데거가 여기서 떠올리는 신전일 것이다. 하이데거는 이 신전이 신들을 현존하게 하고 삶의 연관을 모아들여 통일한다고 말한다.

"이 건축 작품은 신의 모습을 간직하고 있으며, 이렇게 은닉된 그 모습을 열린 주랑을 통해 성스러운 신전의 경내로 드러내고 있다. 신의 이런 현존(Anwesen)은 그 자체로 경내의 성스러운 영역을 확장하는 동시에 그것을 경계 짓는다. 그러나 (그렇다고 해서) 신전과 그 영역이 무규정적인 것 속으로 사라지는 것은 아니다. 이 신전 작품이 비로소 자기 주변에 (인간들이 살아야 할 삶의) 행로와 (헤아릴 수 없을 만큼 다양한 삶의) 연관들을 모아들여 이어주는 동시에 통일한다."「예술 작품의 근원」『숲길』 54쪽

신전이라는 건축 작품이 우뚝 섬으로써 그 안에 비로소 신이 현존하게 된다. 신전이라는 작품이 섬으로써 그 신전이 중심이 돼 인간들의 삶의 행로를 모아들이고 삶의 연관들을 불러들인다. 신전은 삶의 중심이 된다. 그리하여 신전은 민족의 세계를 열어놓는다.

"이런 (삶의) 행로와 연관들 속에서 탄생과 죽음, 불행과 축복, 승리와 굴욕, 흥망과 성쇠가 인간 존재에게는 숙명적인 모습으로 다가온다. 이 열린 연관들이 편재하는 넓은 터전이 이 역사적 민족의 세계다. 이 세계로부터 이 세계 속에서만 이 민족은 자신의 사명을 완수하기 위해 자기 자신으로 돌아간다."「예술 작품의 근원」, 「숲길」 54~55쪽

하이데거가 말하는 역사적 민족은 우선은 고대 그리스의 신전을 중심에 놓고 삶이 형성된 그리스 민족을 가리킨다. 또 그리스 민족을 가리키는 이 이미지들은 하이데거 자신이 속한 독일 민족의 이미지로 이어진다. 이 신전이라는 건축 작품이 민족의 세계를 열어놓는 삶의 중심이 된다. 하이데거는 이 신전이 들어선 터, 다시 말해 '대지'로 눈길을 돌린다.

"거기에 선 채 건축 작품은 암반 위에 고요히 머물러 있다. 이렇듯 고요한 머무름이 암석으로부터, 아무런 목적도 없이 그저 육중하게 떠받치는 암석의 어둠을 이끌어내고 있다. 거기에 선 채 그 건축 작품은 자기 위로 몰아치는 세찬 바람에 저항함으로써 비로소 그 바람이 지닌 위력 자체를 내보여준다. 바위의 광택과 빛남은 태양의 은총을 받아 빛나기는 하나, 그것은 한낮의 밝은 빛과 하늘의 넓음과 밤의 어둠을 비로소 나타나게 한다. 신전은 우뚝 치솟아 있음으로써 허공의 보이지 않는 공간을 보이게 한다. 결코 흔들리지 않는 이 작품의 확고부동함은 밀려드는 바다의 파도에 맞섬으로써, 자신의 고요함으로부터 밀물의 광란을 드러나게 한다. 나무와 목초, 독수리와 황소, 뱀과 귀뚜라미가 비로소 그것들 자신의 선명한 모습 속으로 들어

오게 됨으로써 그것들은 본래 있는 그대로 나타나게 된다."「예술 작품의
근원」『숲길』 55쪽

여기서 하이데거는 신전을 둘러싼 자연 만물을 가능한 한 폭넓게
묘사하려고 한다. 신전을 떠받친 암석의 어둠, 세찬 바람, 바위의 광
택, 태양의 은총, 하늘의 넓음과 밤의 어둠, 텅 빈 허공, 바다의 파도
와 밀물의 광란, 그리고 나무와 목초, 독수리와 황소, 뱀과 귀뚜라
미…. 이 모든 것들이 그렇게 솟아 나오고 피어오르는 그 모습 전체
를 고대 그리스인들은 피시스(φύσις)라고 불렀다. 그 피시스는 솟
아나고 피어오르며 생동하는 우주 만물을 가리키는 말이자 그 우주
만물의 피어오르는 생동함 자체를 가리키는 말이다. 이 피시스의 질
서와 운행과 생동을 하이데거는 일찍부터 '존재'라고 불렀는데, 여
기에서는 이 피시스로서 우주 만물을 대지(Erde)라는 말로 바꿔 부
른다.

"이 피시스는 인간이 근본적으로 거주해야 할 그 바탕과 터전을 환
히 밝혀주고 있다. 우리는 이것을 대지라고 부른다."「예술 작품의 근원」『숲
길』 55쪽

대지는 단순히 층층이 쌓인 지층을 가리키지도 않고 지구라는 행
성을 가리키지도 않는다. 대지는 인간을 감싸고서 피어오르고 생육
하는 우주 만물 곧 피시스를 가리키는 다른 이름이다. 대지는 피어오
르고 자라나는 모든 것들이 되돌아가 간직되는 터전이다. 초목이 자
라나 번성하고 시들어 다시 묻히는 곳이 대지다.

"피어오르는 것 속에서 대지는 간직하는 것(das Bergende, 품어 감
싸주는 것)으로서 현성한다."「예술 작품의 근원」『숲길』 56쪽

이렇게 신전이라는 건축 작품은 한편으로 민족의 삶의 행로와 연
관을 모아들여 세계를 열어주며, 다른 한편으로 그 건축 작품은 우주
만물이 생육하고 되돌아가는 대지 위에 서 있다. 여기서 거듭 숙고해

델포이의 아폴론 신전.
하이데거는 우리 시대의 세계가
신이 떠나 폐허가 된 신전 같다고 생각했다.

야 할 낱말이 '세계'와 '대지'라는 낱말이다. 신전은 대지 위에 서서 대지 위로 세계를 열어놓는다.

"신전이라는 작품은 거기에 서서 세계를 열어놓는 동시에 (대지의 품으로) 되돌아가 그 세계를 대지 위에 세운다. 이렇게 해서 대지 자체는 비로소 고향과 같은 아늑한 터전(der heimische Grund)으로서 솟아나온다."「예술 작품의 근원」「숲길」 56쪽

이 고향 같은 아늑한 터전 곧 대지 위에서 인간의 삶이 펼쳐지고 그렇게 펼쳐진 삶이 세계를 이룬다. 그리고 바로 그 대지 위에 사물들이 사물들로서 드러난다. 이 모든 것이 펼쳐지고 드러나게 해주는 그 열린 중심이 바로 신전이다.

"신전이 거기에 서 있음으로써 신전은 사물들에게 비로소 사물들 자신의 모습을 (밝혀) 주고, 인간들에게는 비로소 그들 자신의 전망을 (밝혀) 준다."「예술 작품의 근원」「숲길」 57쪽

신전이 이런 열린 중심 구실을 할 수 있는 것은 신전에 신이 깃들어 있기 때문이다. 신이 깃들어 있지 않다면 신전은 신전이라고 할 수 없을 것이다.

"신이 작품으로부터 달아나지 않는 한에서 작품은 작품으로 존재하며 또 이렇게 작품이 작품으로 존재하는 한에서 이런 시야는 열려 있다."「예술 작품의 근원」「숲길」 57쪽

여기서 하이데거의 독특한 사유법에 주목해볼 필요가 있다. 신이 있어서 신전이 세워지는 것이 아니라 신전이 세워짐으로써 신이 신전에 깃든다고 하이데거는 말한다. 신이 신전에 깃든다는 것은 신이 참답게 임재하고 현존한다는 것을 뜻한다. 그렇게 신이 임재하고 현존함으로써 신전의 신이 사물들에게 사물들의 본디 모습을 밝혀주고 인간에게도 인간의 전망을 열어준다. 그렇다면 신이 떠나버려 폐허가 된 신전은 이런 기능을 하지 못할 것이다. 하이데거는 우리 시

대의 세계가 신이 떠나 폐허가 된 신전 같다고 생각한다. 신이 떠난 세계에서는 사물도 사물로서 빛나지 않고 인간도 자신들의 전망을 찾지 못할 것이다.

거듭 주목할 것은 신전이 서고 신상이 놓임으로써 신이 깃든다는 저 발상이다.

"경기에서 승리한 자가 신에게 봉헌하는 신상의 경우도 마찬가지다. 그것은 신의 모습을 좀더 쉽게 접할 수 있도록 만든 모상이 아니다. 그것은 신 자신을 현존하게 하는 하나의 작품이며, 이런 점에서 그것은 신 자신으로 존재한다." 「예술 작품의 근원」 『숲길』 57쪽

이런 설명은 인간이 신상을 세워 신을 영접하기 전에는 신은 이 땅에 존재하지 않았다는 생각을 담고 있다. 인간이 신전을 세우고 신상을 들여놓음으로써 그 신상이 신으로 존재하기 시작하는 것이다. 신은 결코 신 홀로 존재할 수 없고 언제나 인간의 봉헌과 경배 속에서만 신으로 존재할 수 있다. 말을 바꾸면 신의 현존은 신과 인간의 합작품이다. 이런 사태 설명은 그리스 비극 작품에도 들어맞는다.

"비극 속에서는 (실제적 사건이) 상연되거나 연출되는 것이 아니라 옛 신들에 대항해 새로운 신들이 투쟁을 벌이고 있다." 「예술 작품의 근원」 『숲길』 57쪽

그리하여 그리스 비극 작품에서는 "모든 본질적 낱말이 이런 투쟁을 이끌어나감으로써, 무엇이 성스럽고 무엇이 비속한지, 무엇이 위대하고 무엇이 하찮은지, 무엇이 용감하고 무엇이 비겁하지, 무엇이 고귀하고 무엇이 덧없는지, 무엇이 주인이고 무엇이 노예인지를" 결정해야 하는 결단 앞으로 그리스 민족을 이끌어간다. 비극은 신들의 투쟁 현장이다. 인간이 비극을 만들어 상연함으로써 신들이 거기에 임하여 투쟁을 벌이는 것이다. 그리하여 그 투쟁 속에서 낡은 신이 상징하는 것들에 대항해 새로운 것을 상징하는 신들이 싸움을 벌임

으로써 역사적인 결정이 내려지는 것이다.

그렇다고 해서 인간들이 신들을 멋대로 상상 속에 조작해낼 수 있다는 얘기는 아니다. 인간이 신을 창조하는 것이 아니라 인간의 활동과 함께 신이 임재하고 현존한다는 것을 강조하는 것일 뿐이다. 그점을 하이데거는 다음과 같은 말로 이야기한다.

"봉헌한다는 것은 '성스럽게 함'을 뜻한다. 다시 말해 작품이 세워짐으로써 성스러운 것이 성스러운 것으로 개시되고 신이 현존성의 열린 장으로 들어오도록 부름받는다. 이런 봉헌에는 찬양이 속하는데, 찬양이란 신의 존엄과 영광을 기리는 행위다. 존엄과 영광은 신에게 부수적으로 첨가되는 특성이 아니다. 오히려 이런 존엄과 영광 속에서 신은 현존한다." 「예술 작품의 근원」 「숲길」 58~59쪽

신은 홀로 임재하거나 주재할 수 없고 오직 인간의 봉헌과 찬양 속에서 신으로서 현존하는 것이다. 그렇게 인간이 신상을 세우고 봉헌과 찬양을 바침으로써 신은 임재하여 지상에, 인간들 사이에 척도를 내려준다. 본질적인 것과 비본질적인 것을 가르고 재는 척도를 지상에 세워주는 것이다. 그러므로 신이 사라진다는 것은 본질적인 것을 본질적인 것으로 알아볼 수 있는 척도가 사라진다는 것을 뜻한다.

신전이 섬으로써 신이 신전에 깃들고 세계가 열린다. 하이데거는 여기서 신전이라는 건축 작품이 세계를 열어 놓는다는 것이 무엇을 의미하는지에 초점을 맞춰 한발 더 생각을 밀고 나간다.

"자기 안에 우뚝 선 채 작품은 하나의 세계를 열어놓고 이 세계가 편재하며 머무르게 한다." 「예술 작품의 근원」 「숲길」 59쪽

작품이 작품으로서 존재한다는 것은 하나의 세계를 건립함을 뜻한다. 그렇다면 하나의 세계, 그것은 무엇인가? 하이데거는 여기서 세계라는 말에 관한 흔한 오해를 상기시킨다.

"세계란 셀 수 있거나 셀 수 없는 것 혹은 친숙하거나 친숙하지 않

은 눈앞에 현존하는 모든 사물의 단순한 집합이 아니다. 또 세계는 눈앞에 현존하는 것 전체를 담아내는 표상의 틀로서 상상된 것도 아니다."「예술 작품의 근원」,「숲길」 59쪽

세계는 사물들의 집합을 가리키는 이름도 아니고, 이 사물들을 모두 품은 그 전체를 우리가 머릿속에 표상한 것도 아니다. "세계는 세계화한다(Welt weltet)." 세계는 모든 사물들이 스스로 펼쳐지는 장이며 세계는 사물이 그렇게 펼쳐지는 방식으로 존재한다. 세계가 세계화한다는 것은 세계가 그렇게 스스로 펼쳐진다는 것을 말한다. 그러므로 "세계는 우리 앞에 놓여 있어 관망될 수 있는 어떤 대상이 아니다."「예술 작품의 근원」,「숲길」 60쪽 세계는 사물들의 집합도 아니고 사물들의 전체를 아우르는 그 틀에 대한 표상도 아니며 그 표상의 대상도 아니다. 그렇다면 세계란 무엇인가?

"탄생과 죽음, 축복과 저주의 궤도가 우리를 존재(의 열린 장) 속으로 밀어 넣고 있는 한, 세계는 언제나 비대상적인 것이며 그 안에 우리는 예속돼 있다."「예술 작품의 근원」,「숲길」 60쪽

한마디로 말해 세계는 비대상적인 것이며, 그래서 우리가 눈으로 파악하거나 손으로 잡을 수 있는 것이 아니다. 세계는 존재자들의 집합이 아니라 그 존재자들의 연관 전체를 가리킨다. 세계는 존재자들의 연관 전체로서 펼쳐진다. 우리의 삶이 펼쳐지는 존재 연관의 전체가 세계다. 그 세계는 우리가 마음먹은 대로 바꿀 수 있는 것이 아니다. 우리는 그 세계 안에 예속돼 있다. 세계의 존재 질서를 우리는 따를 수밖에 없는 것이다. 그러나 그렇다고 해서 세계가 불변의 실체로 영원히 존속하는 것은 아니다. 그래서 하이데거는 이렇게 말한다.

"우리 역사의 본질적 결정들이 내려져서 그것이 우리에게 받아들여지기도 하고 포기되기도 하며 또 오인되기도 하고 다시금 물어지기도 하는 바로 그곳에서 세계는 세계화한다."「예술 작품의 근원」,「숲길」 60쪽

이 말은 무엇을 뜻하는가? 세계는 인간을 예속시키는 존재 연관의 전체를 가리키는 것이지만, 이 세계는 인간 집단의 역사적인 결단 아래서 받아들여지기도 하고 거부되기도 한다는 얘기다. 이것은 역사의 결정적인 변화와 함께 세계도 근원적으로 변화할 수 있다는 것을 뜻한다. 그러므로 고대 그리스의 세계가 있을 수 있고 중세 기독교의 세계가 있을 수 있으며 근대 유럽의 세계가 있을 수 있다. 그렇게 역사적으로 세계는 세계화한다.

그런데 여기서 주목해볼 것이 『존재와 시간』에서 나타난 세계의 양상과 지금 이 논문에서 그려진 세계의 양상이 차이를 보인다는 사실이다. 『존재와 시간』에서 세계는 개인으로서 인간 현존재와 함께 펼쳐지는 것이었다. 세계는 현존재의 세계, 현존재의 마음이 펼쳐놓은 세계였다. 그런데 여기에 와서 세계는 개인을 뛰어넘어 민족 집단과 같은 집합적 현존재와 함께 펼쳐지는 것이 된다. 이렇게 하이데거는 1930년대를 거치면서 개인 차원의 현존재와 세계에서 민족 혹은 인류 차원의 현존재와 세계로 나아간다. 그리고 세계의 열림도 『존재와 시간』에서는 일차적으로 개별 인간 현존재의 사건으로 서술됐지만, 「예술 작품의 근원」에 이르러서는 신이라는 이름으로 불리는 외적인 것과 집합적 현존재의 공동 작업을 통해서 이루어지는 것으로 서술된다. 이 공동 작업을 하이데거는 이 글의 후반부에 '존재의 던짐과 현존재의 마주던짐'이라는 표현으로 정식화한다. 역사는 이 공동 작업 속에서 전개되며 세계는 역사 안에서 세계로서 펼쳐진다.

세계는 인간과 함께 펼쳐짐

세계는 인간과 함께 펼쳐진다. 『형이상학의 근본 개념들』에서 이야기했던 대로 돌에게는 세계가 없으며 식물과 동물에게도 마찬가지로 세계는 결핍돼 있다. 돌과 식물과 동물에게는 존재자의 열린 장 곧 존재가 주어져 있지 않은 것이다. 세계는 인간과 함께 세계로 열린다. 그러므로 들일하는 농촌의 아낙네는 존재자의 열린 장 안에 머무르고 있으며 하나의 세계를 지닌다. 여인의 삶과 함께 세계가 열림으로써 모든 사물들은 "자신의 시간(Weile)과 바쁨(Eile)을 부여받으며 또 자신의 멂과 가까움, 그리고 넓음과 좁음을 부여받는다." 들일하는 여인의 세계에서 사물들, 이를테면 농작물은 봄에 씨 뿌린 대로 자라나 때가 늦기 전에 서둘러 열매를 맺는다. 여인에게 산야는 가깝고 도시는 멀리 있으며 집은 비좁고 들판은 넓다. "(세계가) 세계화하는 가운데 그곳으로부터 (사물들을) 참답게 간직해주는 신들의 은총이 선사되기도 하고 거절되기도 하는" 그런 드넓은 공간이 열린다.『예술 작품의 근원』, 『숲길』 60~61쪽

농촌 여인에게 한해 농사가 잘되는 것은 신의 은총을 받는 것이고 농사를 망치는 것은 신의 은총이 거절된 것이다. 그런데 신이 임재하는 것만이 세계가 세계화하는 방식은 아니다. "신이 부재한다는 재앙도 세계가 세계화하는 방식이다."『예술 작품의 근원』, 『숲길』 61쪽 왜 그런가? 세계가 세계로서 펼쳐지지 않고는 신이 부재하는(ausbleiben), 다시 말해 신이 세상 밖에 머무는, 신이 떠나가버리는 그런 재앙도 있을 수 없기 때문이다. 이 말은 신이 떠나버렸다고 해서 신의 존재 자체가 증발해 무로 사라졌음을 뜻하는 것이 아니라는 얘기다. 신은 부재하는 방식으로 존재하고 있는 것이다. 신이 세상 밖에 머무는 방식으로 세계는 세계화하는 것이다. 그것을 하이데거는 '재앙'이라고 부른다. 신이 부재중인 '궁핍한 시대'의 재앙이다.

중요한 것은 작품이 작품으로 존재함으로써, 다시 말해 신전이 신전으로 존재함으로써 전체 공간이 열린다는 사실이다. 작품이 작품으로 섬으로써 세계가 건립되는 것이다. "작품은 세계의 열린 장을

열어놓는다."「예술 작품의 근원」, 「숲길」 61쪽 그런데 여기서 주목해야 할 것은 '세계의 건립'이 작품의 '작품 존재'(작품으로 있음)의 본질적 특성의 전부는 아니라는 사실이다. 작품의 작품 존재의 또 다른 본질 특성으로 하이데거는 '제작함'(herstellen)을 이야기한다. 제작함이란 작품의 재료로부터, 다시 말해 돌·나무·청동·언어·음향 따위로부터 작품을 산출함을 뜻한다. 작품에는 작품을 제작함이 본질 특성으로 속한다.

그런데 여기서 하이데거는 작품을 제작하는 데 쓰이는 재료가 어떤 본질을 지니는지를 묻는다. 작품의 재료가 지닌 본질은 도구의 재료가 지닌 본질과 비교해봄으로써 뚜렷이 드러날 수 있다. 도구의 재료, 예를 들어 도끼를 제작할 때 쓰이는 쇠는 도끼의 용도성 안에서 소실되고 만다. 도끼를 쓰면서 쇠는 닳아져 사라지고 만다. 그러나 작품을 구성하는 재료는 소실되지 않는다. 작품이 서고 난 뒤에도 재료 곧 질료는 질료로서 그대로 남는다.

"신전이라는 작품은 하나의 세계를 건립하면서 질료를 소멸시키는 것이 아니라 오히려 처음으로 (질료 자체로서) 나타나게 하며, 그것도 작품의 세계의 열린 장 안에 나타나게 한다."「예술 작품의 근원」, 「숲길」 62쪽

신전을 떠받치는 바위와 신전의 기둥을 이루는 돌은 신전이 건립된 뒤에도 그대로 남는다. 아니, 오히려 신전이 건립된 뒤에 그 신전을 이루는 것으로서 나타나 빛난다.

"바위는 지탱함과 머무름에 이르게 되고 이로써 비로소 바위가 된다. 금속은 번쩍이는 광채에 이르게 되고 색채는 빛남에, 소리는 울림에, 그리고 낱말은 말함에 이르게 된다. 작품이 돌의 육중함과 무게 속으로, 나무의 딱딱함과 유연함 속으로, 청동의 단단함과 광채 속으로, 색채의 빛남과 어둠 속으로, 소리의 울림 속으로, 낱말의 명

명력 속으로 되돌아가 (거기에) 자기를 세울 때 이 모든 것이 나타나게 된다."「예술 작품의 근원」, 「숲길」 62쪽

이 모든 말로써 하이데거가 가리키는 것은 무엇인가? 한마디로 줄여 '대지'(Erde)다.

"작품이 되돌아가 자기를 세우게 되는 그곳, 다시 말해서 이렇게 되돌아가 자기를 세우는 가운데 작품이 나타나게 하는 바로 그것, 이것을 우리는 대지라고 부른다."「예술 작품의 근원」, 「숲길」 62쪽

대지는 나타나고 솟아나면서 감싸주고 간직하는 것이다. 인간은 세계에 거주하는 자신의 거주함을 위해 대지 위에 터를 닦는다. 핵심은 이것이다. "작품이 세계를 건립함으로써 대지를 (세계의 열린 장 속으로) 내세운다."「예술 작품의 근원」, 「숲길」 63쪽 여기서 '내세운다'(herstellen)고 옮겨진 말은 '제작한다'(herstellen)와 같은 말이다. 질료를 작품으로 제작한다는 것은 대지를 세계의 열린 장으로 내세운다는 것과 같다.

"작품은 대지 자체를 세계의 열린 장으로 밀어넣으면서 (거기에서 대지를) 확고하게 견지한다. 작품은 대지를 대지로서 존재하게 한다."「예술 작품의 근원」, 「숲길」 63쪽

그렇다면 이런 식으로 비은폐되고 훤히 드러나는 대지는 무엇인가? 대지가 가리키는 것은 작품의 재료가 되는 것들 곧 돌이나 바위다. 그런데 그 대지는 자신의 내부를 보여주지 않는다.

"돌은 무겁게 내리누르면서 자신의 무거움을 알린다. 그러나 이 돌의 무거움은 우리에게 그 육중함을 알려오면서도, 그 이면에서 이 무거움은 자기 속으로의 어떤 침입도 거부한다. 우리가 바위를 깨부숨으로써 그런 침입을 시도하더라도 바위는 부서진 자신의 조각들 속에서도 자신의 내부의 열린 모습을 전혀 보여주지 않는다. 돌은 조각이 나더라도, 이런 조각이 여전히 동일하게 지니고 있는 꽉 찬 중량

감과 무거움 속으로 다시 돌아간다."「예술 작품의 근원」, 『숲길』 63쪽

이렇게 자기 내부를 보여주지 않고 자기 내부로 되돌아가는 모습은 다른 모든 대지의 질료에 공통된 모습이다.

"대지는 이렇게 자신에게 침입해 들어오려는 모든 행위를 그 자체로 철저히 분쇄한다. 대지는 단지 산술적으로 자기를 탐색하려고 덤비는 모든 시도를 파괴의 한가운데로 몰아넣는다."「예술 작품의 근원」, 『숲길』 64쪽

이건 무슨 말인가? 우리 인간이 아무리 과학과 기술을 동원해 대지의 핵심을 파헤쳐보려고 발버둥쳐도 대지는 자신의 내부를 보여주지 않는다는 얘기다. 그런 침입에 대지는 자신을 닫아걸어버린다. 이것이 대지의 본질적 특성이다.

"대지가 본질적으로 '열려 밝혀질 수 없는 것'으로서 보존되고 참답게 간직되는 곳에서만, 대지는 대지 자신으로서 환히 밝혀진 채 개방돼 나타날 수 있다. 대지는 모든 열어 밝힘 앞에서 뒤로 물러선다. 다시 말해 언제나 자기를 닫아두고 있다."「예술 작품의 근원」, 『숲길』 64쪽

그렇다면 하이데거가 말하는 대지란 단순히 질료들 그러니까 돌이라든가 바위라든가 청동이라든가 하는 그런 질료들만을 가리키는 것이 아니라는 것을 여기서 짐작할 수 있다. 앞에서 하이데거가 한 말을 상기하면 대지는 고대 그리스인들이 존재자 전체와 그 존재자 전체의 존재를 지칭했던 '피시스'에 해당한다. 피시스는 자연 만물을 가리키는 것이자 그 자연 만물의 생성과 운행과 소멸의 운동 전체를 가리키는 말이다. 이 피시스는 자기 안에 비밀을 굳게 간직하고 있어서 자신을 과학적·기술적 앎의 침탈로부터 보호한다는 얘기다. 대지에 관한 하이데거의 설명을 더 들어보자.

"대지는 '본질적으로 자기를 닫아두고 있는 것'이다. '대지를 불러내세운다(her-stellen)'는 것은 '자기를 닫아두고 있는 것으로서 대지

를 (세계의) 열린 장 속으로 데려온다'는 뜻이다."「예술 작품의 근원」,『숲길』 64쪽

대지는 자기를 닫아두고 있는 것이지만 작품 속으로 들어와 작품으로 내세워져 개방된다. 다시 말해 제작됨으로써 열린 장 속으로 나타난다. "작품이 대지로 되돌아와 자기 자신을 세움으로써 작품은 대지의 이런 '불러 내세움'을 성취한다."「예술 작품의 근원」,『숲길』 65쪽 이런 설명에서 이제 분명해지는 것은 작품의 본질적 특성에 두 가지가 있다는 사실이다. '세계의 건립'과 '대지의 내세움'이 그것이다. 작품은 세계를 건립하고 대지를 내세운다. 작품 안에 이 두 가지 본질적 특성이 통일돼 있다. 그렇다면 작품 자체에 내재하는 이 두 가지 본질 특성 곧 세계의 건립과 대지의 내세움은 어떻게 공속해 있으며 어떻게 연관돼 있는가? 하이데거는 이렇게 설명한다.

"세계란 역사적 민족의 숙명 속에서 단순하고도 소박한 본질적 결정들이 내려지는 드넓은 궤도가 스스로 열리는 개방성(Offenheit, 열려 있음)이다. 대지란 언제나 자기를 꼭 닫아두고 있으면서도 그런 식으로 감싸주는 것이 전혀 아무런 강요됨도 없이 나타나고 있음이다."「예술 작품의 근원」,『숲길』 66쪽

하이데거는 세계와 대지를 시종 시적인 언어로 이야기하고 있기 때문에 그것이 정확히 무엇을 말하는 것인지 간파하기는 쉽지 않다. 그러나 하이데거의 이야기를 찬찬히 따라가면 그 윤곽을 잡는 것이 불가능하지는 않다. 작품은 분명히 세계를 건립하고 대지를 솟아나게 한다. 그런데 대지는 앞에서 얘기한 대로 그리스인들이 피시스라는 말로 가리켰던 것에 대응하는 말이다. 대지란 피시스다. 피시스는 존재자 전체를 가리킴과 동시에 그 존재자 전체의 존재를 가리킨다. 그러니까 피시스는 존재 자체를 뜻한다. 이 존재 자체로서 피시스는 자신을 열면서도 동시에 자신을 닫아건다. 그것은 밝게 드러나면서

동시에 자신을 폐쇄한다. 드러나 있으면서 자기 내부에 비밀과 어둠을 간직하고 있는 것이 바로 피시스다. 피시스로서 대지는 자기를 감추는 비밀과 어둠의 대지이자 작품으로 드러남으로써 자신을 여는 대지다. 그것은 존재 자체의 모습이라고 할 수 있다. 존재 자체는 자신을 드러내기도 하지만 동시에 자신을 비밀과 어둠 속에 깊이 감추고 있다.

그렇다면 세계란 무엇인가? 하이데거는 세계가 '역사적 민족의 숙명 속에서 본질적 결정들이 내려지는 드넓은 궤도의 개방성'이라고 말한다. 그러니까 세계란 민족 차원에서 열리는 것이다. 그 열린 세계에서 본질적인 결정들이 내려진다. 그리고 세계는 역사적 숙명 안에 있다. 그렇다면 세계란 역사적으로 열리는 민족의 삶의 질서라고 할 수 있을 것이다. 민족적 차원의 삶의 문법이라고도 할 수 있을 것이다. 그 세계는 역사적 숙명 속에서 어떤 본질적인 결정에 따라 대전환을 겪는다. 삶의 문법은 대전환 속에서 바뀔 수 있는 것이다. 그런 변화가 역사적 시대를 나눌 것이다.

그런데 그 세계는 바로 대지의 솟아남 위에서 펼쳐진다. 대지는 존재 자체다. 존재 자체가 솟아나면서 세계가 펼쳐지는 것이다. 존재의 열림과 함께 세계가 펼쳐진다. 존재 자체가 자신을 드러냄으로써 그 존재 자체의 열림에 맞춰 세계가 펼쳐지는 것이다. 그렇다면 세계란 존재 자체가 자신을 민족의 삶의 질서로 구체화한 것이라고 말할 수 있을 것이다. 존재 자체가 자신을 보내오고 그것이 세계로 드러나 펼쳐지는 것이다. 그러나 존재 자체가 자신을 드러내 세계로 펼쳐지더라도 존재 자체는 언제나 자기 안에 비밀과 어둠을 간직하고 있다. 존재는 세계로 드러나지만 자기 안에 깊은 비밀과 어둠을 간직하고 있는 것이다. 존재는 어떤 경우에도 자신의 전모를 보여주지 않는다. 존재는 역사적 시대마다 자신을 세계로서 드러내 보일 뿐이다. 그렇게 비밀과 어둠을 간직한 존재가 드러남으로써, 다시 말해 대지가 출현함으로써 세계가 펼쳐진다. 이것이 하이데거가 여기서 이야기하는 대지와 세계의 통일성이라고 할 수 있을 것이다.

이렇게 이해하면 하이데거의 다음과 같은 말이 그저 암호문처럼 들리지 않는다.

"세계와 대지는 본질적으로 서로 다른 것이지만, 그렇다고 해서 결코 분리된 것이 아니다. 세계는 대지 위에 근거하며 대지는 세계를 솟아오르게 한다. … 세계는 자기를 여는 것으로서 어떤 폐쇄도 용납하지 않는다. 그러나 대지는 감싸주는 것으로서 그때그때 세계를 자기에게 끌어들여 자기 속에 간직해두려는 경향이 있다."「예술 작품의 근원」『숲길』66쪽

더 나아가 하이데거는 세계와 대지가 투쟁 관계에 있다고 강조한다.

"세계와 대지의 대립은 투쟁(Streit)이다."「예술 작품의 근원」『숲길』67쪽

하이데거는 투쟁의 본질을 반목이나 불화와 혼동해서는 안 된다고, 교란이나 파괴로만 생각해서는 안 된다고 강조한다.

"본질적 투쟁 속에서는 투쟁하는 것들이 (서로를 파괴하는 대신에) 각자 서로의 상대가 자신의 본질을 스스로 주장할 수 있도록 치켜세운다. … 투쟁 속에서만 각자는 (각자를 지탱할 뿐만 아니라) 자기를 넘어 서로의 상대를 지탱해준다. 그리하여 투쟁은 언제나 더욱더 격렬해지고 더욱더 본래적으로 돼 투쟁의 본질에 이르게 된다. 투쟁이 한층 더 격해지면 격해질수록, 투쟁하는 것들은 그만큼 강력하게 단순한 자기 귀속의 친밀성(Innigkeit) 속으로 해방된다."「예술 작품의 근원」『숲길』67쪽

세계와 대지의 투쟁, 예술 창조의 격투

여기서 세계와 대지의 투쟁을 먼저 예술 작품 창조에서 나타나는 격투로 이해해볼 수 있다. 작품을 창작하는 사람은 자신이 구상하는 세계 안에서 대지를, 다시 말해 질료를 다듬어낸다. 질료를 다듬어 어떤 세계를 품은 것으로 드러내는 일은 지난한 격투를 요구한다. 정이 돌을 내리칠 때마다 파편이 튀고 불꽃이 튄다. 그런 격투 끝에 작품이 작품으로 드러날 때, 대지 곧 질료는 질료대로 자기를 드러내며 세계는 세계대로 온전히 드러난다.

다른 한편으로 더 근원적인 차원에서 세계와 대지의 투쟁은 인간과 존재 자체의 긴밀한 관계를 가리키는 것으로 볼 수 있다. 세계는 인간의 세계이며 대지는 존재 자체의 대지다. 인간은 대지의 어둠과 비밀을 끌어내 세계의 밝음으로 드러내고자 분투한다. 대지 자체가 다시 말해 존재 자체가 비밀과 어둠으로부터 자신을 드러내 보여주지 않는다면 세계를 밝히려는 인간의 노력은 무익한 것으로 끝나고 말 것이다. 대지 곧 존재는 자신을 보내주고 인간은 그것을 받아 안아 세계를 건립한다. 이 양자의 관계는 친밀성의 관계다. 친밀성은 하이데거가 횔덜린 강의에서 강조했던 개념이다. '하늘의 불'이라는 근원적인 것을 인간이 '표현의 명료성'에 담아내려는 내적 투쟁의 통일성이 바로 친밀성이다. '하늘의 불'은 대지의 어둠과 비밀에 해당하며, '표현의 명료성'은 인간의 영역을 가리킨다. 세계와 대지는 서로 대립하면서도 서로를 치켜세워주고 서로를 이끌어낸다. 인간이 없다면 존재는 자신을 드러낼 수 없으며 존재가 없다면 인간은 세계를 건립할 수 없다. 그러므로 인간과 존재는 서로 투쟁하면서 서로 세워준다. 이 시기에 하이데거가 존재와 인간의 '투쟁적 공조'에 강조점을 두었음을 여기서 짐작할 수 있다.

그리하여 하이데거는 세계와 대지의 관계를 다음과 같이 묘사한다.

"대지 자체가 자기를 꼭 닫아두고 있는 자기 폐쇄의 해방된 쇄도 속에서 대지로서 나타나야 한다면, 대지는 세계의 열린 장 없이는 지낼 수 없다. 또한 세계도 그것이 모든 본질적 숙명(역사적 운명)이 펼쳐지는 드넓은 궤도로서, 어떤 결단된 것 위에 근거하고 있어야 한다면 세계는 대지로부터 훌쩍 떠나갈 수 없다."「예술 작품의 근원」『숲길』 67쪽

대지는 세계를 떠나 대지로서 드러날 수 없고 세계는 대지로부터 떠나 자신의 역사적 운명을 결단 속에서 펼쳐나갈 수 없다. 존재 자체는 민족 혹은 집단으로서 인간 현존재를 필요로 하며, 민족 혹은 집단으로서 인간 현존재도 자신의 세계를 열기 위해 존재 자체를 필요로 한다. 존재와 현존재는 이렇게 공속한다.

이 투쟁을 작품의 차원에서 다시 이렇게 표현할 수 있다.

"작품은 하나의 세계를 건립하고 대지를 (세계의 열린 장으로 불러) 내세움으로써 이런 투쟁을 일으킨다. 그러나 이런 점은 작품이 투쟁을 하찮은 화합 속으로 억누르고 조정함으로써 일어나는 것이 아니라, 투쟁이 하나의 투쟁으로 (고유하게) 머무르게 됨으로써 일어난다. 작품의 작품 존재는 세계와 대지 사이에서 벌어지는 이런 투쟁의 격돌 속에 존립한다. 투쟁은 친밀성의 단순함 속에서 그 최고의 수준에 이르기 때문에 작품의 통일성은 투쟁의 격돌 속에서 생겨난다."「예술 작품의 근원」『숲길』 67~68쪽

작품은 세계와 대지 사이에 벌어지는 투쟁의 격돌 속에서 작품으로 드러난다. 인간 현존재의 세계와 존재 자체의 어둠이 격렬하게 맞부딪치는 가운데 그 어둠 속에서 새로운 세계가 열리는 것이다. 여기서 하이데거가 '작품'이라고 말한 것을 반드시 예술 작품에만 한정할 이유는 없을 것이다. 하이데거는 이 시기에 시인의 시 짓기와 사

상가의 사유, 정치가의 국가 창건을 창조적인 활동으로 이해했다. 이 창조적인 활동의 결과가 '작품'이라면 국가 창건도 작품이라고 할 수 있을 것이다. 새로운 국가의 창건은 내적인 격렬한 투쟁을 통해서 존재의 비밀을 끄집어내 세계로 열어냄으로써 이루어질 수 있을 것이다. 새로운 국가의 창건이란 다른 말로 하면 새로운 세계를 여는 것, 새 하늘과 새 땅을 여는 것이다.

하이데거는 여기서 '진리가 작품 속으로 자기를 정립함'이라는, 처음에 제시한 명제를 다시 불러낸다. 그런데 이미 보았듯이 작품은 세계와 대지의 투쟁 속에서 작품으로 솟아난다. 그렇다면 진리는 어느 정도로 세계와 대지의 격돌 속에서 일어나는 것일까? 도대체 진리란 무엇인가? 하이데거는 가장 단순한 명제를 제시한다.

"진리란 참된 것의 본질이다."「예술 작품의 근원」, 「숲길」 69쪽

참된 것이란 우리 눈앞에 참되게 있는 것, 참으로 있는 것을 가리킨다. 그 참된 것들의 본질을 가리켜 진리라고 한다. 그렇다면 참된 것들의 본질이 진리라고 할 때, 그 본질, 다시 말해 진리의 본질은 또 무엇을 뜻하는가? 하이데거는 여기서 다시 진리의 그리스 낱말 '알레테이아'를 불러낸다. 알레테이아는 비은폐성(Unverborgenheit)이다. 비은폐성으로서 알레테이아가 바로 진리의 본질이다. 그런데 여기서 알레테이아가 근본적으로 무엇을 뜻하는지를 우리가 경험하지 못한다면 그 말은 공허한 낱말로 남을 수밖에 없다. 하이데거는 그리스인들이 알레테이아라는 말을 알았고 사용했지만, 알레테이아로서 진리의 본질은 그것이 처음 나타난 순간에 얼핏 빛을 발하고는 이내 어둠 속에 잠겨버렸다고 말한다.

"알레테이아로서 진리의 본질은 그리스인들의 사유 속에서조차 사유되지 않은 채 남겨졌으며 그 이후의 철학에서는 더 말할 여지도 없다. 비은폐성은 그리스인들에게는 '일찍부터 현존자의 모든 현

존을 규정하는 것'이었지만 그들의 사유에서는 가장 은닉된 것이었다."「예술 작품의 근원」,「숲길」70쪽

그렇다면 그리스인들에게조차 은닉되고 만 알레테이아의 본질을 다시 살려내 경험해야 한다. 앞에서 본 대로 진리는 서구에서 오래전부터 인식과 사태의 일치, 사태와 명제의 일치를 뜻했다. 그러나 사태 자체가 먼저 스스로 드러나 있지 않는 한 사태와 명제의 일치는 성립할 수가 없다. 다시 말해 사태 곧 존재자의 '스스로 드러나 있음', '은폐돼 있지 않음', 요컨대 '비은폐성'이야말로 명제 진리 근저에 놓여 있는 근원적 진리다. 이 비은폐성이 바로 알레테이아가 가리키는 것이다.

진리, 리히퉁, 비은폐성

그러므로 진리란 존재자의 비은폐성이다. 그러나 하이데거는 진리에 대한 물음을 여기서 멈추지 않는다. 존재자의 비은폐성이 드러나려면 더 근원적 차원이 존재자에 앞서 열려야 한다. 그런 근원적 열림을 가리켜 하이데거는 '열린 장소'(offene Stelle) 곧 '리히퉁'(Lichtung, 환한 밝힘, 환히 트인 터)이라고 부른다. 존재자가 나타나려면, 다시 말해 존재자가 비은폐되려면 그 존재자가 나타날 수 있는 어떤 열린 장이 필요한데 그것이 바로 '리히퉁'이라는 것이다. 리히퉁이라는 것은 독일어에서 일차로 숲의 환히 트인 터를 가리킨다.

독일 서남부의 산지 슈바르츠발트(Schwarzwald, 검은 숲)가 슈바르츠발트로 불리는 것은 나무가 빽빽이 들어찬 숲이 어둡게, 검게 보이기 때문이다. 이렇게 나무로 빽빽히 들어찬 숲을 벌목해 훤히 드러난 터를 가리키는 말이 '리히퉁'이다. 동시에 '리히퉁'은 '빛을 비추어 환히 밝힘', '빛이 들어와 환히 트임'을 뜻하기도 한다. 그러므로 '리

히퉁'은 환한 밝힘이고 벌목해 환히 트인 터이고 그 환히 트인 터의 트임이다. '리히퉁'은 밝힘이고 트임이다. 그런데 하이데거는 이 '리히퉁'의 이미지로 존재자들이 드러날 수 있는 열린 터를 가리켜 보인다. 존재자들은 무턱대고 존재자로 드러날 수 있는 것이 아니라 열린 터가 열릴 때에만 그 열린 터에 드러날 수 있다. 그러므로 '존재자의 비은폐성'보다 그 존재자가 비은폐될 수 있는, 다시 말해 드러날 수 있는 환히 밝혀진 열린 터가 먼저 있어야 하는 것이다.

왜 그런 열린 터를 상정해야 하는 것일까? 근대에 들어와 세계의 탈마법화를 통해서 존재자들에게서 마법이 모두 사라진 상황을 떠올려보자. 이런 시대에 과학적으로 이해되고 파악되지 않는 어떤 마법적인 현상을 만나면 우리는 그것을 존재하지 않는 것으로, 비존재로 간주하여 치워버리거나 건너뛴다. 존재의 터에 드러나지 못하고 어둠 속으로 밀려나는 것이다. 반면에 중세 시대에는 천사도 존재했고 악마도 존재했으며 당연히 마법도 존재했다. 존재자가 드러나는 원초적인 열린 터가 근대 세계의 양상과 전혀 달랐던 것이다. 그래서 어떤 '리히퉁'이냐, 어떤 존재의 열린 터냐에 따라 존재자가 드러나기도 하고 드러나지 않기도 하는 것이다. 또 똑같은 존재자라도 어떤 '리히퉁'이냐에 따라서, 이렇게 드러나기도 하고 저렇게 드러나기도 한다. 중세 시대에는 모든 존재자들이 신의 피조물로서 드러났다. 그러나 근대에 들어와 존재자들은 신의 피조물이 아니라 인간이 다룰 수 있고 조작할 수 있고 이용할 수 있는 대상으로, 우리가 끌어다 쓸 수 있는 일종의 자원으로 나타났다. 이렇게 시대마다 존재의 열린 터가 달라지는 것이다.

그러므로 '존재자의 비은폐성'보다 먼저 우리가 주목해야 하는 것이 '존재의 비은폐성', 존재의 열린 터이다. 이것이 '리히퉁'이라는 말로 하이데거가 가리키는 사태다. 이 사태는 『존재와 시간』에서 '현존재의 열려 밝혀져 있음(개시성)'이라는 근원적인 진리 안에서 '세계 내부 존재자의 발견돼 있음'이라는 이차적인 진리가 성립하는 것과 같은 구조다. 현존재의 진리가 근원적이고 이 근원적인 진리를 바탕으로 삼아 존재자의 진리가 성립하는 것이다. 이 '현존재의 진리'가 후기 사유에서 '존재의 진리'로 전환한 셈이다. 이것이 하이데거 사유의 '전회'(Kehre)가 가리키는 사태다.

그런데 이 '존재의 진리'에 대한 하이데거의 설명을 따라가다 보면 존재가 '어둠과 비밀'을 간직하고 있음이 드러난다. 존재는 열린 터로서 존재자를 밝히고 있지만, 존재 자체는 비밀과 어둠을 간직하고 있다. 비유하자면 존재는 마치 빙산처럼 그 일각을 밝게 드러낼 뿐이고 나머지는 수면 아래 어둠 속에 잠겨 있는 것이다. 이 사태를 역사적으로 보면, 어둠 속에 잠긴 비밀의 일면이 모습을 바꿔가며 열린 터로 드러난다고 할 수 있고, 그 열린 터의 변화를 따라서 존재자들이 각각 다른 양상으로 드러난다고 할 수 있다. 리히퉁 곧 존재의 열린 터는 그 어둠 속 비밀의 일각이 드러난 것이라고 할 수 있다. 그러나 존재 자체가 자신의 전모를, 다시 말해 모든 비밀을 백일하에 드러내는 일은 없다. 그 어둠과 비밀이야말로 드러난 존재 곧 존재의 열린 터를 지탱하는 바탕이라고 할 수 있다.

이렇게 어둠과 비밀 위에 드러난 존재가 바로 리히퉁이다. 리히퉁은 존재의 드러남이므로 존재의 비은폐성이다. 그러므로 비밀 위에 드러난 존재가 바로 '존재의 진리'다. 존재의 진리가 먼저 열리고 그 위에서 '존재자의 진리'가 펼쳐진다고 할 수 있다. 다시 말해 존재자의 진리가 드러나려면 존재의 리히퉁 곧 존재의 진리가 먼저 열려야 한다. 존재의 진리는 역사적 차원에서 열리는 것이고, 그 역사적 시대마다 존재자의 진리가 다르게 펼쳐지는 것이다. 이 논문의 말미에서 하이데거는 "진리는 존재의 진리다"「예술 작품의 근원」「숲길」 118쪽라고

숲으로 난 들길 위의 하이데거.
하이데거는 존재자가 나타날 수 있는 어떤 열린 장을
'리히퉁'(Lichtung)이라고 했다. 그것은 '빛을 비추어 환히 밝힘',
'빛이 들어와 환히 트임'을 뜻한다.

언명한다. 존재자의 진리를 드러내는 더 원초적이고 근원적인 차원의 진리가 존재의 진리다. 이 사태와 관련해 발터 비멜은 이 예술 철학 논문에 이르러 '존재자의 진리로부터 존재의 진리로' 이행이 일어났다고 말한다. "이 저서에서 존재자의 진리에서부터 존재의 진리로의 이행이 일어나고 있다. 다르게 말하자면 존재자 그 자체의 진리에서부터 비은폐성으로의 이행이 일어나고 있다. 이 비은폐성은 그때그때 존재자의 현성에 선행해야 하며, 다른 한편으로는 비은폐성으로 현현할 수 있기 위해 존재자를 필요로 하기도 한다."[102] 이 말은 '존재의 역사'를 묻는 방향으로 사유의 전환이 일어났다는 것과 다르지 않다. 왜냐하면 존재의 진리를 묻는다는 것은 존재의 비은폐성, 존재의 열린 장이 역사적으로 바뀜을 묻는다는 것과 같은 뜻이기 때문이다. 존재의 열린 장, 그것이 존재의 진리다. 앞에서 본 대로 그 열린 장은 서양 형이상학의 역사 속에서 여러 차례 변화를 겪었다. 이 변화에 따라 그때마다 존재의 열린 장이 바뀌었고, 그 바뀐 장에서 존재자 전체가 전혀 다른 양상으로 나타났다. 존재의 진리가 바뀜으로써 존재자 전체의 진리가 다르게 드러난 것이다.

다시 '리히퉁'으로 돌아오면, 이 리히퉁 곧 존재의 열린 터는 우리 눈앞의 허공에 열리는 것이 아니다. 플라톤이 상상한 것처럼 천상에서 태양처럼 빛나는 것도 아니다. 그 존재의 열린 터는 바로 인간 현존재에서 열린다. 하이데거가 인간을 현존재(Da-sein)라고 부르는 이유도 바로 여기에 있다. 현존재라는 말은 그대로 존재(Sein)의 열린 터(Da)이기 때문이다. 인간 현존재 안에서 존재의 열린 터가 열리고 그 열린 터 위에서 존재자들이 드러나는 것이다. 그래서 하이데거는 이 논문에서 이 열린 터를 '열린 한가운데'(die offene Mitte)라고도 부른다. 모든 존재자들의 한가운데서 그 모든 존재자들을 감싸고 있는 열린 중심이 바로 인간 현존재인 것이다.

그러나 잊지 말아야 할 것은 인간이 멋대로 열린 터를 여는 것이 아니라는 사실이다. 인간 현존재는 존재의 열린 터, 존재가 열려 있는 터다. 그러므로 다른 말로 하면 인간 현존재는 존재가 자신을 여는 터라고 할 수 있다. 그렇다면 인간이 능동적으로 존재의 터를 연다기보다는 존재가 인간 현존재를 터전으로 삼아 자기를 연다고 할 수 있을 것이다. 인간은 존재가 자신을 개시하는 터전이며 존재의 그 다가옴을 향해 인간이 자신을 엶으로써 존재의 열린 터로서 드러나게 되는 것이다. 현존재는 존재의 진리가 열리는 터전이다. 잊지 말아야 할 것은 여기서 인간 현존재란 개인을 가리키는 것이 아니라 민족 혹은 집단의 현존재를 가리킨다는 사실이다.

존재에서 시작해 현존재로 다가오는 후기 사유

사태를 이렇게 보면, 앞에서 잠깐 언급한 대로 이 시기에 이르러 하이데거가 '현존재에서 시작해 존재로 나아가는' 전기의 사유 방향을 바꾸어 '존재에서 시작해 현존재로 다가오는' 후기 사유로 나아가기 시작했음을 분명히 알 수 있다. 존재를 주어의 위치에 놓고 그 존재가 무언가를 적극적으로 행한다는 식으로 서술하기 시작한 것이다. 비멜도 사태의 그런 변화를 강조한다. "이로써 우리는『존재와 시간』에서 그랬듯이 존재에 도달하기 위해 현존재에서 출발하던 때와는 전혀 다르게, (존재에서 출발해 현존재로 나아가는) 사유의 전환 즉 '전회'가 마련되는 시기에 처하게 된다."[103] 이렇게 존재가 주어의 위치를 차지하게 되면 현존재는 존재의 그런 주도적 행위에 대응하는 이차적 지위에 놓이게 된다. 하이데거의 이런 발상을 이해하려면 헤겔의 사유를 떠올려보는 것이 좋다.[104] 헤겔의 '정신 현상학'은 절대정신이 자기를 전개하는 것이 역사이며 그 절대정신이 개별 인간의 정신,

곧 예술가·종교인·철학자의 정신을 매개로 삼아 자기를 관철한다고 보았다. 절대정신이 인간의 정신을 관통하고 인간의 정신에 현상하는 방식으로 자기를 실현하는 것이다. 후기의 하이데거는 헤겔의 이 사유 방식과 유사하게, 존재 자체가 인간 현존재를 통해서 자기를 드러낸다고 본다. 그런 존재 중심의 사유 방식을 통찰하는 것이 하이데거의 후기 존재 사유를 수월하게 이해하는 길이며 또 이 논문 「예술 작품의 근원」을 하이데거 사유에 밀착해 파악하는 길이다.

진리는 존재자의 비은폐성이다. 그러나 존재자가 비은폐되려면 존재자는 먼저 리히퉁 곧 환한 밝힘 속에서 환히 밝혀진 열린 장에 들어서 있어야 한다. 이 열린 장에 나와 서 있을 때에만 존재자는 존재자로서 존재할 수 있다. 이 환히 밝혀진 열린 장에서 인간은 다른 존재자를 이해할 수 있으며 인간 자신을 이해할 수 있다. 이런 환한 밝힘 덕분에 존재자는 비은폐된 것으로 존재하게 된다. 또 설령 존재자가 은닉된다고 하더라도 이런 은닉은 오직 이렇게 환히 밝혀진 열린 장이라는 활동 공간 안에서만 일어난다.「예술 작품의 근원」, 『숲길』 73쪽 여기서 하이데거는 존재자가 자기를 감추는 이 '은닉'이라는 문제에 주목한다. 우리가 만나고 마주치는 모든 존재자는 언제나 '자기를 은닉하면서 탈은폐하는 이중성'을 자기 안에 지니고 있다. 하이데거는 이 은닉(Verbergung, 은폐)이 두 가지 방식으로 일어난다고 말한다. 하이데거가 이야기하는 은닉의 첫 번째 방식은 '거부'(Versagen)이고 두 번째 방식은 '위장'(Verstellen)이다.

은닉의 두 방식, 거부와 위장

하이데거는 "우리가 일단 존재자와 마주치게 되면, 우리는 '그것이 존재한다'고 쉽게 말하게 되지만, 이렇게 겉으로는 사소해 보이는 사태에서조차 존재자는 우리에게 자기를 거부하고 있다"고 말한다. 「예술 작품의 근원」 「숲길」 73~74쪽 이것은 무슨 말인가? 우리의 상식적인 눈은 우리가 만나는 사물들을 보면서 '그것은 무엇으로 존재한다', '그것은 무엇이다'라고 말하고는 그 사물을 안다고 생각한다. 그러나 보이는 것이 결코 전부는 아니다. 사물은 자기를 내보이지만 동시에 자기를 감춘다. 사물의 존재는 드러나 있지만 그것이 전부가 아니며 우리가 침투해 들어갈 수 없는 비밀을 간직하고 있다. 이렇게 사물이 우리에게 자신의 전모를 보여주지 않는 것이 바로 하이데거가 말하는 '거부'다. 사물 곧 존재자는 자기의 전모를 보여주기를 거부한다.

사람이라는 존재자를 예로 들어보면 더 이해하기 쉽다. 우리는 가까이 있는 사람을 잘 안다고, 그 사람은 이러저러한 존재라고 쉽게 생각한다. 그러나 그렇게 드러난 모습만이 그 사람의 전부는 아니다. 사람은 저마다 자기 안에 비밀을 간직하고 있다. 일부러 비밀을 만들어 감춘다는 뜻이 아니라 사람을 아무리 안다고 해도 그 전모를 알 길이 없다는 얘기다. 이렇게 존재자가 자기를 드러내지 않는 것을 가리켜 하이데거는 '거부'라고 부른다. 존재자가 자기를 드러내기를 거부하는 것이다. 하이데거는 이 거부라는 방식의 은닉이야말로 존재자가 환히 밝혀지기 시작하는 '리히퉁(환한 밝힘)의 시원'(Anfang der Lichtung)이라고 말한다. 거부로서 은닉에 밝힘의 시원이 있다는 얘기다. 존재자의 비밀에서부터 밝힘이 일어난다는 얘기다. 그러므로 거부는 단순히 부정적인 것이 아니고 오히려 긍정적인 것이라고 할 수 있다. 비밀에서부터 존재자의 존재가 드러나기 때문이다.

하이데거가 말하는 두 번째 은닉인 '위장'은 존재자가 있는 그대로 드러나지 못하도록 가리고 덮는 것을 가리킨다.

"하나의 존재자가 다른 존재자 앞으로 자기를 밀착시킴으로써 다른 존재자를 가리기도 하고 어둡게도 하며, 소수의 것이 다수의 것을 가로막기도 하고, 개별적인 것이 전체를 부인하기도 한다."「예술 작품의 근원」, 「숲길」 74쪽

이것이 하이데거가 말하는 위장이라는 방식의 은닉이다. '거부'가 존재자가 자신의 존재를 드러냄과 동시에 자신을 감추는 근원적인 자기 은닉을 가리킨다면, '위장'은 존재자가 드러났지만 이차적인 방식으로 가려지고 은폐되는 것을 말한다. 이 위장이 없다면 우리는 사태를 잘못 파악할 일이 없을 것이다.

"어떤 존재자가 다른 존재자를 위장하는 법이 없다고 한다면 우리가 존재자를 잘못 보고 잘못 다루는 일도 없을 것이며 종국에는 헛짚는 일도 결코 없을 것이다."「예술 작품의 근원」, 「숲길」 74쪽

쉬운 예를 들어보자. 우리가 어두운 숲속에서 뱀인 줄 알고 놀랐던 것이 가까이 다가가 살펴보니 새끼줄이었다면, 이것이 새끼줄이 뱀으로 위장된 것이다. 더 적실한 사례는 역사적 투쟁에서 찾아볼 수 있다. 어떤 정치 세력이 자신들을 선이고 정의이며 미래를 밝히는 힘이라고 내세워 많은 사람들이 거기에 동조했지만, 알고보니 전혀 그런 것과는 거리가 먼 것으로 드러날 수 있다. 이것이 바로 존재자가 자신을 드러내되 위장하는 방식으로 드러내는 경우라고 할 수 있다. 우리는 위장의 방식으로 있는 존재자와 싸워 그 위장을 벗겨내야 한다. 더 나아가 자신을 드러내지 않고 거부하는 존재자의 존재를 불러내는 방식으로도 존재자와 싸워야 한다.

은닉은 거부일 수도 있고 위장일 수도 있다. 그러나 은닉이 거부인지 위장인지를 우리가 즉각 확신할 수는 없다고 하이데거는 말한다. 은닉의 진상이 곧바로 드러나지 않는다는 얘기다. 하이데거는 다음과 같이 강조한다.

"존재자의 한가운데서 드러나는 열린 곳, 다시 말해 환한 밝힘(환

히 트인 터, 리히퉁)은 언제나 막이 올라 있어 그 위에서 존재자의 놀이가 상연되는 고정된 무대가 결코 아니다."「예술 작품의 근원」,「숲길」75쪽

존재의 훤히 열린 터라고 말하면 어떤 고정된 무대가 펼쳐져 있는 것처럼 생각하기 쉽지만 그렇게 보아서는 안 된다는 얘기다. 환히 트였다고 해서 막힘없이 모든 것이 드러나는 것은 아니다.

"오히려 환한 밝힘(리히퉁)은 이런 이중적 은닉으로서만 일어난다. 존재자의 비은폐성, 그것은 결코 눈앞에 현존하는 어떤 상태가 아니라 어떤 일어남(ein Geschehnis)이다."「예술 작품의 근원」,「숲길」75쪽

존재자의 비은폐성 곧 존재자의 진리는 고정된 열린 터에 곧바로 드러나 있는 항구불변의 것이 아니라, 거부와 위장이라는 이중의 은닉에 맞선 투쟁 속에서 일어나는 것이라는 얘기다. 하이데거가 말하는 진리는 고정된 속성이 아니라 은닉을 뚫고 드러나는 존재자의 참된 나타남이다. 그러나 은닉은 존재자가 나타날 때 곧바로 사라지는 것이 아니다. "오히려 환한 밝힘 속에는 거부와 위장이라는 이중적 형태로 나타나는 지속적인 은닉이 속속들이 배어 있다."「예술 작품의 근원」,「숲길」75쪽 하이데거는 은닉의 이 지속성을 '비은폐성의 본질이 '완강한 거부'(Verweigerung)에 철저히 지배되고 있다'는 말로 강조한다. 그러나 이런 '완강한 거부'는 진리의 결함(Fehler)이나 결핍(Mangel)이 아니고 오히려 진리의 본질에 속한다. 존재자의 비은폐성으로서 진리의 본질에는 이 완강한 거부가 이중적 은닉의 방식으로 속해 있는 것이다.

진리의 본질은 비-진리다

그리하여 하이데거는 다음과 같은 결정적인 정식을 내놓는다.

"진리(Wahrheit)는 그 본질에서 비-진리(Un-wahrheit)다."「예술 작품

비은폐성 곧 진리 안에는 은닉이 속해 있다. 은닉은 비은폐성 곧 진리의 부정이므로 비-진리다. 비은폐성에는 언제나 은닉이 따라오므로 진리의 본질에는 비-진리가 속해 있다. 이것이 하이데거의 독특하기 이를 데 없는 진리 주장이다. 이제까지 진리는 거짓이나 가짜와는 완전히 다른 것, 질적으로 구분되는 것으로 이해돼 왔다. 그러나 하이데거는 진리가 본질적으로 비-진리를 품고 있다고 말한다. 그것은 진리가 그 자체로 거짓이라는 말이 아니다. 진리는 존재자의 드러나 있음이다. 그러나 그 드러나 있음은 언제나 동시에 은닉 곧 감춤을 내장하고 있는 드러나 있음이다. 그래서 하이데거는 이렇게 말한다.

"거부가 … 비로소 모든 환한 밝힘에 지속적인 유래를 제공해주고, 또 위장이 … 모든 환한 밝힘에 모질게 따라붙는 현혹(Beirrung)의 여지를 제공해주는 한에서 진리는 진리로서 현성한다."「예술 작품의 근원」 「숲길」 76쪽

진리는 진리로서 일어난다. 다만 그 진리는 '거부'를 내장한 진리여서 그 거부라는 은닉에서부터 유래한다. 다시 말해 드러나지 않는 '존재의 비밀'에서부터 유래한다. 동시에 그렇게 드러난 진리는 언제나 위장에 현혹될 수 있는 그런 방식으로만 나타난다. 그러므로 진리의 본질에는 비-진리가 속해 있고, 그래서 진리에는 '밝힘 곧 진리'와 '은닉 곧 비진리'의 대립이 깃들어 있다.

"그것은 근원적 투쟁의 대립이다. 진리의 본질은 저 열린 한가운데(offene Mitte)를 쟁취하려는 근원적 투쟁(Urstreit)이다."「예술 작품의 근원」, 「숲길」 76쪽

진리의 본질은 근원적 투쟁이다. 다시 말해 밝힘과 은닉 사이의 근원 투쟁이며, '열린 한가운데' 곧 존재의 열린 터를 쟁취하려는 근원

투쟁이다. 진리는 진리로서 비은폐돼 있지만, 그 진리는 은닉과 밝힘 사이 투쟁 속에서 진리로 드러난다. 우리는 우리에게 뚝 떨어지는 진리를 받아 소유하는 것이 아니라 이중적 은닉에 맞서 투쟁함으로써 진리를 쟁취하는 것이다. 그러나 투쟁함으로써 쟁취한다고 해서 비-진리가 완전히 사라진다는 것을 뜻하지는 않는다. 투쟁을 통해 드러난 진리는 언제나 그 아래 어둠과 비밀을 간직하고 있다. 어둠과 비밀은 은닉으로서 비-진리다. 그러므로 진리는 비-진리를, 은닉을 동반하는 진리다.

그렇다면 '세계-대지'와 '진리 곧 존재의 열린 장'은 어떤 관계에 있는가? 하이데거는 이 '열린 한가운데' 곧 '존재의 열린 장'에 세계와 대지가 속해 있다고 말한다. "그러나 세계는 단순히 환한 밝힘에 상응하는 열린 장이 아니며, 또 대지는 은닉에 상응하는 닫힌 것(das Verschlossene)이 아니다." 언뜻 생각하면 세계는 열린 장을 가리키고 대지는 은닉으로서 닫힌 것을 가리킬 것 같지만 하이데거는 그렇지 않다고 말한다.

"오히려 세계는 모든 결정이 내려지는 본질적 지시들의 궤도를 환히 밝혀주는 환한 밝힘(리히퉁)이다. 그러나 모든 결정은 '마음대로 지배할 수 없는 것, 은닉된 것, 현혹하는 것'에 근거하고 있으며, 만일 그렇지 않다면 그것은 결코 결정이 아니다. 대지는 단순히 '닫힌 것'이 아니라 '자기를 닫아 버리는 것(Sich-verschliessendes)으로서 개현하는 것이다." 「예술 작품의 근원」, 「숲길」 77쪽

세계는 그저 무차별적으로 열린 장이 아니라 인간의 역사적 결정이 내려지는 질서 잡힌 열린 장이다. 그 세계는 대지에 근거하여 열린다. 대지는 단순히 닫힌 것이 아니고 자기를 닫아버리는 것으로서 열린다. 그러니까 현상만 보면 세계는 열린 장이고 대지는 닫힌 것이다. 그러나 닫힌 것으로서 대지에 근거하지 않고는 세계는 열리지 않

는다. 세계는 인간이 살아가는 삶의 질서다. 이 삶의 질서는 대지 곧 피시스에 터잡지 않으면 안 된다. 이 피시스로서 대지는 자기를 감추면서 드러내는 것이고, 이렇게 드러난 것이 세계로 펼쳐진 것이다. 다른 말로 하면 세계가 대지의 은닉으로부터 환히 열린 장으로 드러난다고 할 수 있다. 그런데 하이데거는 대지와 세계가 자신의 본질에 따라 투쟁하고 있다고 강조한다. 대지의 은닉에서부터 세계가 열린 장으로 펼쳐지는 것은 아무런 수고 없이 자연스럽게 이루어지는 일이 아니라 투쟁을 통해서 쟁취되는 일이라는 얘기다. 그래서 "세계와 대지는 밝힘과 은닉의 투쟁 속으로 들어선다."「예술 작품의 근원」 『숲길』 77쪽

진리, 밝힘과 은닉 사이의 근원적 투쟁으로 일어남

세계와 대지가 근원적인 투쟁 속에 있듯이, 진리도 밝힘과 은닉 사이의 근원적 투쟁으로서 일어난다. 진리는 언제나 은닉을 내장한 채 환히 밝혀지는 방식으로 드러난다.

"진리가 환한 밝힘과 은닉 사이의 근원적 투쟁으로 일어나는 한에서, 대지는 세계를 솟아오르게 하고 세계는 대지 위에 스스로 지반을 놓는다."「예술 작품의 근원」 『숲길』 77쪽

민족의 역사 속에서 진리는 밝힘과 은닉의 투쟁 속에서 쟁취된다. 진리를 쟁취한다는 것은 대지가 새로운 세계를 솟아오르게 한다는 뜻이고 그 세계가 대지 위에 터를 잡는다는 뜻이다. 세계는 무로부터 열리는 것이 아니라 대지로부터 열린다. 다시 말해 존재의 비밀을 간직한 대지로부터 그 비밀이 개현됨으로써 솟아나 열린다. 투쟁 속에서 진리를 쟁취함으로써 그 세계가 대지로부터 솟아나 열리는 것이다.

진리의 일어남에 관한 물음을 계속 밀고 나가는 가운데 하이데거는 예술 작품으로 돌아가 "진리가 일어나는 방식 가운데 하나가 작품의 작품 존재"라고 말한다.

"세계를 건립하고 대지를 내세우는 작품은 투쟁의 격돌이며 이런 투쟁 속에서 존재자 전체(das Seiende im ganzen)의 비은폐성, 즉 진리가 쟁취된다." 「예술 작품의 근원」 「숲길」 77쪽

예술 작품에서 진리가 쟁취된다는 것은 단순히 작품 속 존재자 하나의 진리가 쟁취된다는 것을 뜻하는 것이 아니라, '존재자 전체'의 진리가 쟁취된다는 것을 뜻한다. 다시 말해 예술 작품은 존재자 전체의 진리를 열어 밝힌다. 그것이 곧 '대지를 내세우고 세계를 건립한다'는 말이 뜻하는 것이다. 대지에 담긴 비밀을 밝혀내 세계로 세우는 것이 바로 존재자 전체의 진리를 쟁취함인 것이다. 여기서 대지가 비밀을 은닉한 존재자 전체의 존재를 뜻한다면, 세계는 그 존재자 전체의 존재가 비밀로부터 현출해 인간 삶의 연관 전체로 펼쳐진 것이라고 할 수 있다.

다시 신전 작품을 보자. 신전이라는 작품에서 진리가 일어난다.

"그러나 이것은 여기서 어떤 것이 올바로 묘사되고 재현되고 있다는 사실을 뜻하는 것이 아니라, 존재자 전체를 비은폐성 안으로 데려옴으로써 그것을 그 안에 머물게 한다는 사실을 뜻한다." 「예술 작품의 근원」 「숲길」 77~78쪽

존재자 전체를 비은폐성 안으로 데려온다는 것은 신전이 섬으로써 존재자 전체의 존재 연관이 새롭게 드러난다는 뜻이다. 다시 말해 세계가 새롭게 펼쳐진다는 뜻이다. 마찬가지로 고흐의 작품에서도 진리가 일어나고 있다. "신발이라는 도구의 도구 존재가 개방될 경우에 이런 (존재자의 존재의) 개방됨 속에서 존재자 전체가, 즉 서로 맞대항하는 세계와 대지가 (존재 자체의) 비은폐성 안으로 이르게 된

다." 고흐의 그림에서 신발 한 켤레의 존재가 열림으로써 단순히 신발 한 켤레만 개방되는 것이 아니라 그 신발을 둘러싼 세계와 대지 전체가 비은폐돼 새롭게 드러나는 것이다. 들일하는 농촌 여인의 삶이 깃든 세계가 진리 속에 드러나는 것이다.

이렇게 예술 작품은 존재자 전체와 관련해 비은폐성(진리)이 그 자체로 일어나게 한다. 그리하여 신발이 자신의 본질 속에서 나타나면 나타날수록 신발을 둘러싼 존재자 전체는 더 잘 존재하게 된다. 다시 말해 더 참되고 풍요롭게 존재하게 된다.

"이런 식으로 '자기를 은닉하는 존재'는 환히 밝혀진다."「예술 작품의 근원」, 「숲길」 78쪽

다시 말해 존재자 전체의 존재는 자기 자신을 은닉하지만, 예술 작품을 통해서 전체 존재가 환히 밝혀지는 것이다. 이렇게 예술 작품 속에서 존재의 빛이 자신의 빛남을 작품 속으로 퍼뜨려놓는다. 작품 속으로 퍼져 있는 그 빛남(Scheinen)이 아름다운 것(das Schöne)이다. 그러므로 "아름다움(Schönheit, 미)은 진리가 비은폐성으로서 현성하는 방식이다."「예술 작품의 근원」, 「숲길」 78쪽 아름다움이란 존재의 빛이 작품 속에서 빛남이다. 이 존재의 빛은 존재자 전체의 비은폐성 곧 존재자 전체의 진리다. 아름다움이야말로 진리가 일어나는 한 방식이다. 이렇게 아름다움과 진리는 일치하게 된다. 아름다운 것은 참된 것이고 참된 것은 아름다운 것이다.

예술 작품을 떠받치는 창작자와 보존자

지금까지 하이데거가 논의한 것은 '진리가 자기를 작품 속으로 정립함'이라는 예술 작품의 본질 정의에 대한 설명이었다. 다시 말해 진리를 주어로 내세워 진리가 자기를 작품 속에 어떻게 정립하는지,

그리고 진리가 자기를 정립한다는 것이 무엇을 뜻하는지 설명하는 과정이었다. 그러나 이것은 예술 작품의 본질에 관한 한 측면의 설명일 뿐이다. 예술 작품은 '진리의 자기 정립' 말고도 '창작자와 보존자의 존재'를 요구한다. 진리가 자기를 정립할 때 아무런 도움도 받지 않고 홀로 자기를 정립하는 것이 아니기 때문이다.

"진리는 애초에 홀로 뚝 떨어진 저 하늘의 별 어느 한 곳에 현존하고 있다가, 나중에 존재자들 가운데 어디에서든 그저 아무렇게나 머무르는 것이 아니다."「예술 작품의 근원」, 『숲길』 87쪽

진리의 자기 정립에는 예술 작품을 창작하는 창작자와 예술 작품을 보존하는 보존자가 함께 필요하다. 하이데거는 이 예술 작품의 본질을 떠받치는 또 다른 축인 창작자와 보존자에 대한 논의로 나아간다.

창작자는 작품을 창작하는 자이다. 창작자는 무로부터 작품을 창작하는 것이 아니다. 하이데거는 진리의 본질 속에 '작품이 되려는 성향(der Zug zum Werk)이 있다'고 단언한다.「예술 작품의 근원」, 『숲길』 88쪽 창작자는 진리의 그 성향을 받아 작품으로 구현하는 자다. 진리는 존재와 다른 것이 아니다. 존재는 자기를 은닉하려는 성향만 있는 것이 아니라 자기를 드러내려는 성향도 있다. 그런 성향이 있다고 해서 진리가 아무런 매개 없이 그냥 드러나는 것은 아니다. 그 성향이 현실로 나타나려면 인간 쪽에서 그 성향에 상응하는 움직임을 보여야 한다. 그 성향을 받아서 그것이 현실로 나타나도록 해주어야 한다. 그 일을 하는 사람이 바로 창작자다. 그리하여 창작자가 창작한 작품은 '진리가 자기를 작품 속으로 정립한 것'으로서 창작된 것이 된다.

"작품 속으로 진리가 자기를 설립함이란 예전에 있어본 적도 없고 이후에도 결코 더는 생기지 않을 그런 존재자를 산출함이다."「예술 작품의 근원」, 『숲길』 88쪽

아무것이나 창작한다고 해서 진리가 빛나는 것은 아니다. 작품 속으로 진리가 자기를 세운다는 것은 진리가 작품에서 빛난다는 뜻이다. 그리고 창작의 관점에서 보면 그것은 과거에도 없었고 앞으로도 없을 유일무이한 작품을 창출한다는 뜻이다. 그런 독창적인 작품이라야 진리가 빛을 발할 수 있는 것이다.

그런데 작품은 창작자의 창작으로 완성되는 것이 아니다. 창작자가 아무리 탁월한 작품을 만들어냈다고 하더라도 그것을 보존하는 사람, 쉽게 말해서 작품을 경험하고 이해하여 간직하는 사람이 없다면 작품은 작품으로서 완성되지 못한다. 작품을 경험한다는 것은 박물관이나 전시장에서 한가롭게 감상한다는 것을 뜻하지 않는다. 그것은 창작자의 창작을 통해서 작품 속에 구현된 진리에 놀라고 충격받고 강타당한다는 것을 뜻한다. 그래서 하이데거는 이렇게 말한다.

"'작품이 작품으로서 존재한다는 (놀라운 사실이 주는) 충격'과 '이런 눈에 보이지 않는 충격이 부단히 지속된다는 사실'이 작품에서 자기-안에-머무름의 지속성을 형성한다."「예술 작품의 근원」, 「숲길」 93쪽

작품을 경험하고서 충격 받는다는 것은 그 작품에서 일어나는 진리에 충격 받는다는 뜻이다. 그렇게 충격 받을 때에만 감상자는 진리를 경험하게 되고 그 진리 속에서 새로운 세계가 열리는 것을 목격하게 된다. 진리를 품은 독창적인 작품이 새로운 세계를 열어 보여주는 것이다.

창조적 작품에 국가의 창건과 사상가의 사유도 있음

그런데 하이데거는 진리가 일어나는 창조적인 작품에 '예술 작품'만 있는 것이 아니라 '국가의 창건'과 '사상가의 사유'도 있다고 말한다.「예술 작품의 근원」, 「숲길」 87~88쪽 국가라는 작품을 창건할 때 그 창건

에 참여하는 사람들은 새로운 존재를 경험하게 되고 이들에게는 새로운 세계가 열린다. 마찬가지로 사상가의 사유를 경험한 사람들에게는 그 사유 안에서 일어나는 진리에 엄습당하고 충격을 받게 되며 그 충격 속에서 새로운 세계가 열리는 것을 경험하게 된다. 충격이란 습관적으로 알고 있던 익숙한 세계가 깨져나가는 것을 뜻한다. 그렇게 익숙한 세계가 깨져나가지 않으면 새로운 세계는 열리지 않는다. 존재자 전체의 새로운 경험 속에서만 새로운 세계는 열릴 수 있다. 다른 말로 하면 존재자 전체의 존재가 인간을 엄습할 경우에만 새로운 세계가 열릴 수 있다. 그 충격을 하이데거는 이렇게 표현하기도 한다.

"작품이 좀더 본질적으로 자신을 열면 열수록 '작품이 있으며 없는 게 아니다'라는 이 유일무이한 사실은 그만큼 더 찬란하게 빛나게 된다. 이런 충격이 좀 더 본질적으로 열린 장 안으로 들어오면 들어올수록, 그만큼 더 작품은 낯설고 고독한 것이 된다. 작품의 산출 행위 속에는 그것이 '존재한다는 (유일무이한) 사실'이 제시되고 있다."
「예술 작품의 근원」, 「숲길」 4~95쪽

"형태로 확립된 작품이 가만히 저 홀로 자기 안에 서 있으면 서 있을수록, 또 인간과 관련된 작품의 모든 연관들이 더 순수하게 풀려난 것처럼 보이면 보일수록, 그런 작품이 존재하고 있다는 그 충격(Stoß)은 그만큼 더 소박하게 열린 장 안으로 들어서며, 또 그만큼 더 본질적으로 어떤 섬뜩함이 우리에게 밀어닥치고, 그리하여 지금까지 평온하게 보이던 것은 무너지고 만다."「예술 작품의 근원」, 「숲길」 95쪽

이것이 작품을 경험하는 자가 겪는 충격의 내용이다. 이런 충격은 작품을 경험하는 자 곧 작품의 보존자를 변화시킨다.

"이런 변화를 따른다는 것은 작품 속에서 일어나는 진리 가운데 머물기 위해, 세계와 대지에 대한 (종래의) 습관적인 연관들을 변화시

킴으로써, 장차 모든 통상적 행위와 평가 그리고 그런 앎과 시선을 자제하며 삼간다는 것을 뜻한다. 이렇게 머물기 위해 자제하는 태도가 창작된 것을 비로소 그것이 존재하는 바의 그런 작품으로 존재하게 한다."「예술 작품의 근원」,「숲길」 95~96쪽

　이렇게 작품의 충격 속에서 변화를 경험함으로써 기존의 모든 익숙하고 습관적인 것들로부터 떨어져 나와 진리 안에 참답게 머무르는 것이야말로 작품을 작품으로 존재하게 하는 것이다. 그러므로 작품이 작품으로 존재하려면 창작자의 창작 행위만으로는 부족하고 보존자의 보존 행위가 반드시 함께해야 한다. 그래서 하이데거는 이렇게 말한다.

　"'작품을 하나의 작품으로 존재하게 함', 바로 이런 태도를 우리는 작품의 보존이라고 말한다."「예술 작품의 근원」,「숲길」 96쪽

　작품의 완성은 창작자와 보존자를 모두 요구한다.

　"창작됨이 없이는 어떤 작품도 존재할 수 없듯이, 그래서 본질적으로 작품은 창작자를 필요로 하듯이, 보존하는 자가 없다면 창작된 것 자체도 존재할 수 없을 것이다."「예술 작품의 근원」,「숲길」 96쪽

　그렇다면 작품을 창작하는 자도 작품을 보존하는 자도 진리의 자기 정립 성향에 응답하는 자일 것이다. 작품이 참다운 작품이라면 그 작품 안에서는 진리가 일어난다. 그러나 진리는 아무런 도움도 없이 스스로 일어나는 것이 아니다. 진리가 작품으로 되려는 성향을 실현하려면 창작자의 창작 행위가 필요하다. 창작자의 창작 행위는 바로 이런 진리의 성향, 진리의 요구에 대한 응답이라고 할 수 있다. 그러나 응답은 창작자의 응답으로 완수되지 않는다. 작품을 작품으로 알아보는 보존자가 함께할 때에야 응답은 진정한 응답이 된다. 작품 안에서 일어나는 진리를 경험하고 그 진리에 충격을 받아 잠겨드는 자, 진리의 부름에 응답하는 자가 필요한 것이다.

"작품이 진정 하나의 작품으로 존재하는 한, 그 작품은 언제나 보존하는 자와 관련된 채 머무르기 마련이다. 그리고 작품이 오직 보존하는 자를 애타게 기다리면서 자신의 진리 속으로 그들이 들어와 머물기를 간절히 염원하고 있을 때조차도, 바로 그때에도 작품은 보존하는 자와 관련된 채 머물러 있다. 심지어 작품이 망각 속에 빠진다 하더라도, 이런 망각조차 아무것도 아닌 것이 아니다. 오히려 그것은 여전히 보존하는 방식이다." 「예술 작품의 근원」 『숲길』 96~97쪽

횔덜린의 작품들이 망각 속에 빠져 있었어도 횔덜린의 작품은 그 작품의 진리를 알아보는 보존자를 애타게 기다리며 머무르는 방식으로 보존되고 있던 것이다. 아마도 이 구절을 쓸 때 하이데거는 하이데거 자신의 사상이 그렇게 보존되기를 바랐을 것이다. 누군가가 자신의 사상을 알아봄으로써 그 사상에 담긴 진리에 충격을 받고 거기에서부터 새로운 세계를 여는 쪽으로 나아가는 그런 보존자가 나오기를 바랐을 것이다.

" '작품을 보존함'은 작품 속에서 일어나는 존재자의 열려 있음 안에 서 있음(Innestehen in der Offenheit des Seienden)을 뜻한다." 「예술 작품의 근원」 『숲길』 97쪽

존재자의 열려 있음 안에 서 있다는 것은 존재자의 진리 안에 서 있다는 뜻이다. 그러므로 보존한다는 것은 작품의 진리 안에 서서 그 진리를 간직함을 말한다. 그러나 하이데거가 여기서 강조하는 것은 이런 보존자의 보존 행위가 주체적 능동성을 뜻하는 것은 아니라는 사실이다. 보존자는 능동적으로 작품을 체험하고 능동적으로 진리를 끄집어내 능동적으로 그 진리를 현실에서 구현하는 자가 아니라, 작품 안에서 일어나는 진리에 엄습당해 그 충격 속에서 결단성(Ent-schlossenheit)에 이르는 자다. 이때의 결단성은 주체적으로 결단한다는 것을 뜻하는 것이 아니라 '묶여 있고 닫혀 있는 상태'(-schlossen)

에서 '풀려남'(Ent-)을 뜻한다. 진리에 얽어맞아 자기 구속 상태에서 풀려남으로써 삶이 근원적으로 바뀌는 것, 그리하여 그 진리 속으로 나아가지 않을 수 없게 되는 것이 결단성이 가리키는 사태다. 하이데거는 이 결단성이『존재와 시간』에서 말한 결단성이라고 여기서 이야기하고 있지만예술 작품의 근원, 「숲길」 97쪽, 『존재와 시간』에서는 현존재가 능동적으로 죽음을 향해 앞질러 달려감에 강조점을 두고 있었다면, 여기서는 현존재가 진리에 엄습당해 자기에게서 풀려남에 주목한다. 둘 사이에 분명한 뉘앙스의 차이가 있다. 그런 차이는 전기 하이데거 사유와 후기 하이데거 사유의 차이를 보여준다고 할 것이다. 또『존재와 시간』에서 현존재의 결단은 개별적인 현존재의 결단이었지만, 이 논문은 '공동 존재'로서 현존재의 '역사적인 진리 경험'을 강조한다. 공동체의 집단적인 진리 경험을 시야에 두고 있는 것이다.

존재의 던짐과 인간의 마주던짐

이렇게 작품의 창작에는 창작하는 자와 함께 보존하는 자도 속해 있다. 그러나 작품 쪽에서 보면, 작품이 창작하는 자와 보존하는 자를 불러낸다고도 말할 수 있다. 그래서 하이데거는 이렇게 말한다.

"예술이 작품의 근원이라고 한다면, 이 말은 예술이 작품에 본질적으로 함께 속해 있는 창작자와 보존자를 그들의 본질에서 발원하게 한다는 뜻이다."예술 작품의 근원, 「숲길」 103쪽

그런데 진리가 자기를 정립함에서 예술 작품이 성립한다는 것을 상기하면, 예술이 창작자와 보존자를 발원케 한다는 것은 결국 진리가 창작자와 보존자를 불러낸다는 것과 다르지 않다. 진리가 인간을 창작자와 보존자로서 요구하는 것이다. 그런데 진리란 존재자의 비

은폐성으로서 존재자의 존재를 말한다. 진리란 비은폐성 차원에서 이해된 존재다. 그러므로 진리가 창작자와 보존자를 요구한다는 것은 존재 자체가 창작자와 보존자를 요구한다는 것과 같다. 존재의 요구와 인간의 응답이 말하자면 예술 작품의 창작과 보존인 것이다. 바로 이 사태를 하이데거는 이 논문에서 던짐(Zuwerfen)과 마주던짐(Entwerfen)이라는 말로 설명한다.

"우리를 향해 자기를 던지는(zuwerfen) 존재자의 비은폐성이 기투(Entwurf, 마주던짐)에 의해 작품 속에 정립됨으로써, (우리에게) 익숙했던 종래의 모든 것들이 작품을 통해서 비존재자(das Unseiende, 근원적으로 참답게 존재하지 않는 것)가 된다." 「예술 작품의 근원」 「숲길」 105쪽

존재자의 비은폐성 곧 존재자의 진리, 다시 말해 존재가 우리를 향해 자신을 던진다. 우리는 창작자로서 기투를 통해, 다시 말해 '마주던짐' 혹은 '대응투사'를 통해[105] 존재의 진리를 작품 속에 정립한다. 그러므로 작품이 작품으로 세워진다는 것은 존재 쪽에서 보면 진리가 자기를 작품 속으로 정립함이지만, 인간 쪽에서 보면 그렇게 자기를 던지는 존재를 받아 마주던지는 방식으로 작품 속으로 진리를 세움이라고 말할 수 있다. 그러니까 작품이 작품으로 선다는 것은 존재의 던짐과 우리의 마주던짐의 합작의 결과라고 할 수 있다. 이렇게 작품 속으로 진리가 정립되면 종래의 모든 존재자들은 비존재자가 되고 만다. 다시 말해 진리를 담지하지 못한 존재자, 참답게 존재한다고 할 수 없는 존재자가 되고 만다.

"이런 비존재자는 존재를 규준으로서 부여하면서 참답게 보존하는 능력을 이미 상실하고 만 것이다." 「예술 작품의 근원」 「숲길」 105쪽

존재하기는 하지만 이미 존재의 의미를 상실하고만 존재자들은 존재의 규준을 잃어버린 존재자들이다. 그러므로 역사의 뒤꼍으로 밀려나야만 하는 존재자들이다. 그런데 작품은 '인과 작용'의 방식으

로 기존의 존재자를 밀어내는 것이 아니다. 작품의 작용은 원인이 결과를 야기하듯 그렇게 일어나지 않는다.

"그것은 작품으로부터 일어나는, 존재자의 비은폐성의 변화에, 다시 말해 존재의 변화에 고요히 거하고 있다." 「예술 작품의 근원」「숲길」105쪽

작품 속에서 존재가 변화함으로써 종래의 존재자들이 비존재자로 밀려나고 마는 것이다. 존재가 역사적으로 변화함으로써 과거에 '참되게 존재했던 것들'이 이제 참됨을 잃어버린 존재자로 떨어지는 것이다. 예를 들어, 과거에는 군주가 다스리는 국가가 참된 국가였다면, 이제 그런 국가는 참됨을 잃어버린, 낡아서 시대에 맞지 않는 국가로 낙인찍힌다. 존재의 역사적인 변화가 군주국을 진리에서 이탈시킨 것이다.

예술의 본질은 시 짓기, 시 짓기의 본질은 진리 수립

이 대목에서 하이데거는 다시 예술의 본질로 돌아가 예술을 '시 짓기'(시작)라고 규정한다. 하이데거가 말하는 '시 짓기'는 횔덜린 해석에서 드러난 시 짓기, 곧 하늘의 소리를 언어에 담아 민족에게 전달해주는 시 짓기를 뜻한다. 하늘의 소리가 존재 곧 진리의 소리라고 한다면, 그 진리의 부름에 응답하는 것이 시 짓기다. 다시 말해 진리의 던짐을 향해 마주던짐이 시 짓기다. 모든 예술은 그 본질에서 시 짓기이므로 건축 예술, 회화 예술, 음악 예술이 모두 언어 예술로서 포에지(Poesie)로, 시 짓기로 환원돼야 한다. 왜 그런가? 언어 예술로서 시 짓기가 모든 예술 가운데서 탁월한 위치를 차지하고 있기 때문이다. 언어야말로 존재자를 비로소 처음으로 존재의 열린 장으로 데려오기 때문이다. 다른 말로 하면 언어가 바로 존재자를 존재하게 하기 때문이다.

"돌·식물·동물의 존재에서처럼 언어가 현성하지 않는 곳에서는 존재자의 열려 있음도 없으며, 따라서 '비존재자의 비어 있음'의 열려 있음도 없다."「예술 작품의 근원」,「숲길」106~107쪽

언어가 없다면 존재도 진리도 나타나지 않는다. 언어에 관한 이 고유한 사유를 하이데거는 나중에 '언어는 존재의 집'이라는 말로 정식화하게 된다.

"언어가 처음으로 존재자를 부름으로써 이런 부름(Nennen)이 존재자를 비로소 낱말로 가져오면서 나타나게 한다."「예술 작품의 근원」,「숲길」107쪽

여기서 '언어'는 존재의 언어, 횔덜린의 용어로 하면 '신들의 소리'다. 이 언어를 받아 존재자에 이름을 붙인 것이 바로 인간의 '낱말'이다. 다르게 말하면 인간이 언어를 사용해 작품을 만들어내는 행위는 존재의 던짐에 대응한 마주던짐이다. 인간의 기투(Entwurf)는 존재의 던짐(Wurf)을 풀어내는(Ent-) 행위, 그래서 마주던지는 행위다. 인간은 아무렇게나 예술 작품을 구상하고 기획하는 것이 아니라 '존재의 근원적인 언어'에 응답하는 방식으로, 그 진리에 응답하는 방식으로 자신을 마주던져 작품을 창작하는 것이다. 그러므로 인간은 모든 것을 처음 시작하는 주체가 아니다. 인간은 자신이 모든 것을 스스로 구상하고 스스로 시작하는 주체라는 오만을 버려야 하며 존재의 소리, 존재의 부름을 따르는 겸손을 배워야 한다. 이렇게 '기투하는, 마주던지는 말함' 다시 말해 존재의 부름에 응답하는 말함이 바로 시 짓기라고 하이데거는 말한다.

"시 짓기란 세계와 대지에 대해 말하는 것이며, 이 양자가 투쟁하는 놀이 공간에 대해 말하는 것이요, 따라서 신들의 그 모든 가까움과 멂의 터전에 대해 말하는 것이다."「예술 작품의 근원」,「숲길」108쪽

횔덜린 시에 관한 하이데거의 해명을 생각하면 이해하기 어렵지

않은 말이다. 요컨대 "시 짓기란 존재자의 비은폐성에 관해 말하는 것이다."「예술 작품의 근원」, 『숲길』 108쪽 곧 진리에 관해서 말하는 것이 시 짓기다. 그런데 예술이란 진리를 수립하는 것이므로 결국 모든 예술은 시 짓기로 통한다고 할 수 있는 것이다.

시 짓기는 언어를 사용하는 예술이다. 그런데 언어에 관해 하이데거는 이렇게 말한다.

"각각의 언어는 역사적으로 한 민족에게 그들의 세계가 열리는 동시에 '굳게 닫힌' 대지가 참답게 보존되는 그런 말함이 일어나는 사건이다."「예술 작품의 근원」, 『숲길』 108쪽

한마디로 말해 각 민족의 언어는 역사적으로 세계가 열리고 대지가 보존되는 그런 말함이 일어나는 사건이다. 언어 속에서 민족은 세계라는 열린 존재를 말하고 대지라는 닫힌 존재를 말한다. 그런 말함이 일어나는 현장이 바로 언어다. 여기서 하이데거의 민족주의가 혈통 민족주의가 아니라 언어 민족주의임을 볼 수 있다. 민족이란 다른 어떤 동질성 이전에 언어의 동질성을 중심으로 하는 언어 공동체다.

이 언어의 일어남으로서 시 짓기가 모든 예술을 근본적으로 규정하고 있다. 언어가 존재의 터전이고 그 존재의 터전을 노래하는 것이 시 짓기다. 다른 모든 예술은 이 시 짓기를 따른다. 그러므로 "무언가를 건축하고 조형하는 작업은 언제나 이미 그리고 언제나 오직 말함과 부름의 열린 장 안에서만 이루어진다. 이런 열린 장에 의해서 그런 작업은 철저하게 다스려지며 인도된다. 이런 까닭에 건축 작업과 조형 작업은 진리가 자기를 작품 속으로 세워놓는 각각의 고유한 도정이며 방식이다. 그 작업들은 존재자의 환한 밝힘(리히퉁) 안에서 저마다 고유하게 시를 짓는 행위이며 이런 환한 밝힘(리히퉁)은 비록 아무런 주목을 받지 못한다 하더라도 이미 언어 속에서 일어나고 있다."「예술 작품의 근원」, 『숲길』 109쪽 존재의 열린 장이 언어 안에서 일어나고

있다는 얘기다.

생각해보면 언어가 존재의 열린 터이기 때문에 우리는 언어를 통해서 온갖 것을 불러낼 수 있고 명명할 수 있다. 그 언어라는 근원적인 열린 장 안에서 개별 예술 작품 창작이 이루어지는 것이다. 하이데거는 예술이란 작품 속으로 진리를 정립하는 것으로서 일종의 시 짓기이며 이 시 짓기에는 창작 행위만이 아니라 보존 행위도 포함된다고 거듭 강조한다. 왜냐하면 우리에게 익숙한 것으로부터 떨어져나와 작품이 열어놓은 존재의 열린 장으로 우리를 밀어넣는 한에서만 작품이 작품으로서 현존하기 때문이다. 우리의 보존 행위가 작품을 최종적으로 작품으로 만들기 때문에 보존은 일종의 시 짓기인 것이다. 횔덜린의 시를 읽고 음미하고 그 진리를 해명하는 행위, 그런 보존 행위도 실제로 시를 짓는 행위와 마찬가지로 '시 짓기'라는 얘기다. '시 짓기'라는 말이 그리스어 '포이에시스'(ποίησις)를 가리키고 포이에시스가 '어떤 것을 산출하는 행위'를 뜻한다는 것을 염두에 두면, 보존 행위도 일종의 시 짓기 곧 산출하는 행위임을 이해하기는 어렵지 않다. 진리는 작품 속에 묻혀 있어서는 안 되고 보존자들의 보존 행위를 통해서 끊임없이 음미되고 재산출돼야 하는 것이다.

이런 논의를 종합해 하이데거는 다음과 같은 간결한 정식을 제시한다.

"예술의 본질은 시 짓기다. 그러나 시 짓기의 본질은 진리의 수립이다."「예술 작품의 근원」「숲길」110쪽

언어의 본질은 진리의 수립이고, 시 짓기야말로 존재의 터전인 언어로써 진리를 불러내 생동하게 하는 것이기에 예술의 본질은 시 짓기인 셈이다. 그런데 여기서 하이데거는 진리의 수립이 안온한 가운데 일어나는 일이 아님을 강조한다.

"작품 속으로-진리의-정립은 섬뜩함(das Un-geheuere)을 몰아오며 동시에 평온한 것(das Geheuere)과 평온하다고 믿어 온 것을 뒤엎어 버린다." 「예술 작품의 근원」, 「숲길」 110쪽

작품을 참답게 보존한다는 것, 작품에서 일어나는 것에 참되게 참여한다는 것은 익숙하고 평온하고 안전한 상태를 뒤흔들어버리는 섬뜩하고도 거대한 충격 속에서 경악함으로써 그 작품의 진리를 경험하는 일이다. 바로 그런 경험 속에서만 작품은 작품으로서 현실성을 획득할 수 있다. 다시 말해 작품은 작품으로서 작동할 수 있다. 그리고 그렇게 작동함으로써 비로소 진리가 작품 안에서 일어난다고 할 수 있다. 진정으로 위대한 예술 작품은 우리의 낡은 감각을 흔들어 깨워 충격과 경악 속에 우리를 빠뜨림으로써 그 작품에 담긴 진리를 처음으로 강력하게 경험하게 해준다. 여기서 '스탕달 신드롬', 다시 말해 프랑스 작가 스탕달이 1817년 피렌체의 산타크로체성당 내부 예술 작품들을 둘러보다 충격을 받고 쓰러져버린 사건을 떠올려 볼 수도 있을 것이다. 그것은 인간 쪽에서 보면 진리를 경험하는 일이지만 존재 쪽에서 보면 작품 안으로 진리가 정립되는 일이다.

그러므로 작품 속에서 자기를 개시하는 진리는 기존의 것, 지금까지 존재해온 것으로부터는 증명될 수도 없고 연역될 수도 없다. 오히려 이제까지 존재해온 것들은 작품을 통해 부정된다. 여기서 하이데거는 진리가 미래의 보존자를 향해 자기를 던지면서 다가온다고 말한다. 이 미래의 보존자를 하이데거는 '역사적인 인류'라고도 부른다. 하이데거의 관심은 역사적인 인류로서 미래의 보존자에게 향해 있다. 왜냐하면 이 미래의 보존자야말로 진실로 진리를 현실로 불러낼 자들이기 때문이다. 진리를 불러내는 행위는 현존재가 역사적인 존재자로서 자신들이 거주하고 있는 터전을 열어놓는 행위다.

"이런 터전이 바로 대지이며, 그것은 한 역사적 민족을 위한 그 민

족의 대지가 된다. 한 민족의 대지는 비록 그들 자신들에게는 아직도 여전히 (알려지지 않은 채) 은닉돼 있을지언정, 이미 존재하고 있는 그 모든 것들과 함께 그 민족이 체류하고 있는 터전, 즉 자기를 닫아 두고 있는 지반이다. 그러나 이것이 그 민족의 세계이며, 이런 세계가 존재의 비은폐성과 관계하는 현존재의 연관으로부터 도처에 편재한다."「예술 작품의 근원」『숲길』110~111쪽

대지는 존재의 비밀을 간직한 채 자기를 닫아 두면서 동시에 열린 장으로서 세계를 연다. 민족은 그 대지 위에 세계를 열면서 거주한다. 그 세계는 존재의 비은폐성, 곧 존재의 진리와 관계하는 현존재로부터 펼쳐진다. 존재의 진리가 펼쳐지는 세계가 민족의 현존재로부터 열린다는 얘기다. 이 세계는 '시 짓는 기투' 곧 진리를 불러오는 창작하는 마주던짐에서 열린다.

여기서 하이데거는 예술이 서양에서는 그리스 문화권에서 처음으로 발생했다고 강조한다. 바로 이 점을 염두에 두고 하이데거는 "시 짓는 예술은 진리의 투쟁을 시원적으로 수립한다"고 말한다. 그리스 문화에서 시작된 시 짓기의 예술은 시원을 수립하는 행위였다. 시원을 수립하는 예술에서 비로소 존재가 작품 속으로 정립됐다. 그때의 존재는 피시스로서 존재자 전체의 존재를 말할 것이다. 그 피시스 안에서 모든 것은 코스모스를, 다시 말해 조화로운 전체를 이루었다. 그런데 그 최초에 정립된 존재가 역사 속에서 변천을 거듭했다.

"그렇게 열려 전체 안에 존재하는 것이 그 다음에는 신에 의해 창조된 것이라는 의미에서 존재자로 변했다. 이런 일은 중세에 일어났다. 이런 존재자는 근대가 시작돼 진행되는 과정에서 다시금 변화했다. 존재자는 계산적으로 지배할 수 있으며 철저히 꿰뚫어볼 수 있는 대상이 됐다. 이런 변화가 일어날 때마다 새롭고도 본질적인 세계가 등장했다."「예술 작품의 근원」『숲길』113쪽

'베아트리체 첸치'(귀도 레니, 17세기경).
스탕달이 그 아름다움에 큰 충격을 받은 것으로 알려진 그림이다.
하이데거는 우리를 충격과 경악 속에 빠뜨리는 예술 작품에서
진리를 경험한다고 보았다.

존재와 진리의 역사적 변화

이 문장에 이르러 하이데거는 존재가, 존재의 진리가 역사적으로 변화한다는 것을 명확하게 말한다. 존재가 고대와 중세와 근대를 거치면서 역사적으로 변화할 때마다 새롭고도 본질적인 세계가 등장했다. 존재의 변화에 맞춰 인간들의 삶의 연관을 두루 아우르는 세계가 새로 나타난 것이다. 그러므로 세계의 변화는 존재의 진리의 변화에 따른 것임을 알 수 있다. 존재의 성격이 이렇게 바뀜으로써 고대에 피시스로서 인간을 조화롭게 감쌌던 존재는 중세에는 신이 만들어낸 것으로 바뀌었고, 근대에 들어와 인간 중심주의가 승리하면서 인간이 꿰뚫어보고 지배할 수 있는 대상으로 떨어지고 만 것이다. 이런 역사적 고찰을 통해 드러나는 것이 존재의 역사적 운명이다. 그 운명은 인간이 멋대로 만들어낸 것이 아니며 인간이 멋대로 바꿀 수 있는 것이 아니다. 그러나 인간을 떠나서 존재가 자신의 역사적 운명을 드러낼 수 있는 것도 아니다. 하이데거는 이렇게 존재의 역사가 인간 세계의 본질적 변화의 역사로서 드러난다는 것을 예술을 통해서 설명하고 있는 것이다.

여기서 하이데거는 존재의 역사 속에서 예술이 하는 일도 이야기한다.

"예술이 생성될 때마다, 즉 시원이 존재할 때마다 역사 속으로 어떤 충격이 가해짐으로써, (이런 충격으로 말미암아) 역사는 비로소 처음으로 시작하거나 다시금 (새롭게) 시작한다."「예술 작품의 근원」「숲길」
113쪽

예술이 존재의 진리를 불러옴으로써 역사가 새롭게 시작할 수 있는 시원을 열어놓는다는 얘기다. 여기서 역사란 우리가 역사책에서 배우는 그런 사건사로서 역사를 말하는 것이 아니다.

"역사란 한 민족에게 공동으로 부여된 사명 속으로 그 민족을 밀어 넣는 것인 동시에 그 민족이 떠맡아야 할 과제 속으로 그 민족을 몰입하게 하는 것이다."「예술 작품의 근원」, 「숲길」 113쪽

하이데거가 말하는 역사는 '존재의 역사'인데 이 존재의 역사는 오직 민족의 사명과 과제로부터만 알아볼 수 있다. 다시 말해 민족에게 과제로 부여돼 있고 사명으로 부과돼 있는 것, 곧 민족의 미래를 통해서 유추할 수 있는 역사다. 그런데 하이데거는 역사의 시원이 은밀하게 종말을 간직하고 있다고 말한다. 시원에서 수립된 존재의 진리가 끝에 이르러 다시 도래할 것이라는 얘기다. 그렇다면 민족의 사명과 과제는 시원에 수립된 존재의 진리를 다시 불러오는 일일 것이다. 그리스에서 수립된 시원의 진리 곧 '피시스'를 다시 도래하게 하는 것이 민족의 사명과 과제가 되는 것이다.

하이데거의 존재사적 사유와 마르크스의 역사유물론

이쯤에서 하이데거의 존재사적 사유와 마르크스의 역사유물론의 유사성을 살펴보는 것도 좋을 것 같다. 마르크스의 역사유물론은 '인간의 의식이 존재를 규정하는 것이 아니라 사회적 존재가 의식을 규정한다'고 말한다. 이때 사회적 존재란 사회적 차원의 생산관계나 계급관계를 말한다. 그런 의식 외부의 것이 인간의 의식을 규정한다는 점에서, 존재가 현존재에 대해 우위를 차지하는 하이데거 존재 사유와 통하는 면이 있다. 또 역사유물론은 역사의 발전 단계를 설정한다. 이를테면 원시 공산제 사회가 있었고 고대 노예제 사회가 있었으며 중세 봉건제 사회가 있었고 근대 자본제 사회가 있다. 이 마지막 자본제 사회를 극복하면 미래의 공산제 사회가 열린다. 원시 공산제 사회가 한층 높은 차원에서 도래하는 것이 미래 공산제 사회라면, 이

것은 하이데거가 그리스에서 수립된 시원이 미래로서 도래할 것이라고 이야기하는 것과 유사하다.

　더 나아가 마르크스는 역사의 발전 단계를 인간이 멋대로 뛰어넘을 수 없다는 것도 강조한다. 마르크스주의 역사유물론의 틀에서는 근대 자본주의 사회를 생략하고 중세 봉건제 사회에서 곧바로 미래의 사회주의-공산주의로 나아가는 것은 거의 불가능에 가까운 일이다. 생산력의 발전에 생산관계가 조응하는 방식으로 단계적으로 역사가 전진할 수밖에 없다고 보기 때문이다. 그러므로 인간의 자의적인 노력만으로 역사 발전 단계를 뛰어넘기는 어렵다. 이런 마르크스주의의 발상은 존재의 요구와 무관하게 인간이 멋대로 역사를 창조할 수 없다는 하이데거의 사상과 겹치는 공통 지대가 있다. 마르크스주의에서는 사회의 전면적 변혁은 생산력과 생산관계의 객관적 발전과 여기에 조응하는 계급의 조직화를 통한 인간의 대응이 함께함으로써 일어난다. 하이데거 사상에서도 존재의 시대적 요구에 인간이 집단적으로 응답함으로써 존재의 근본 변화와 함께 새로운 세계가 열린다.

　나아가 두 사상은 모두 새로운 미래의 도래를 예견하는 변혁적이고 종말론적인 사유라는 공통점이 있다. 하이데거는 마르크스주의 혁명 운동이 만들어낸 현실의 공산주의 국가를 니힐리즘의 극단, 근대 기술 문명의 극단이라고 비판했지만, 마르크스 사상과 하이데거 사상 사이에는 그냥 지나치기 어려운 발상의 공통성이 있다. 그러므로 하이데거 사상에서 특히 두드러지는 생태주의적 사유와 마르크스의 보편적 해방의 사유가 만나 생태사회주의 혹은 생태공산주의의 형태로 재조직되는 것도 충분히 가능하다. 하이데거 사상에 내재한 완강한 언어 민족주의적 성향과 마르크스주의에 내장된 기술과학적 개발주의 성향을 극복한다면 두 사상이 만나 생태사회주의적인 해방의 사상으로서 하이데거-마르크스주의를 구성할 수도 있는 것이다.

다시 하이데거의 글로 돌아가자. 예술은 작품 속으로의 진리의 정립이다. 그런데 여기서 하이데거는 이 진리가 '주체'인 동시에 '객체'라고 말한다. 물론 이런 표현은 부적절하다. 하지만 진리와 인간의 관계를 설명하는 데는 유용하다고 할 수 있다. 진리는 작품 속으로 자기를 정립하기 때문에 주체다. 다시 말해 진리는 예술의 주체일 뿐만 아니라 역사의 주체다. 그러나 인간 쪽에서 보면 인간이 진리를 작품 속으로 정립한다고 할 수 있으며 역사 속에서 진리를 새로운 세계로 구현한다고 할 수도 있다. 그럴 때 진리는 인간 행위의 객체가 된다. 이 사태를 더 정확히 보여주는 것이 바로 '진리의 던짐과 인간의 마주던짐'이다. 진리가 인간을 향해 자기를 던지고, 인간은 집합적 현존재로서 그 진리를 향해 자기를 마주던진다. 이 던짐과 마주던짐이 만나 작품이 창조되며 역사가 창조된다고 할 수 있을 것이다. 다른 말로 하면 진리의 부름에 인간이 응답하는 것이 작품의 창조이고 역사의 창조라고도 할 수 있다.

바로 그런 의미에서 예술은 역사적이다. "그리고 이렇게 역사적인 것으로서 예술은 작품 속에 진리를 창작하여 보존하는 것이다."「예술 작품의 근원」,「숲길」 114쪽 예술은 역사적 지반을 정초한다는 의미에서 역사로 존재한다. 그리하여 하이데거는 마지막으로 이렇게 묻는다.

"우리는 우리의 현존재 안에서 근원에 머물면서 역사적으로 존재하고 있는가? 우리는 근원의 본질을 알고 있는가? 다시 말해 그것을 주목하고 있는가?"「예술 작품의 근원」,「숲길」 115쪽

이렇게 물음으로써 하이데거는 예술을 통해서 존재의 부름을 사유하기를 촉구하고 있는 것이다.

4 존재와 역사

존재 물음을 묻는 것은 단순히 추상적인
형이상학적 물음을 묻는 일이 아니라 우리 현존재의
시원을 반복하여 되찾아오는 일이고 우리를 다시 새로운
출발선에 세워 놓는 일이다. 그렇게 시원을, 다시 말해
그리스 초기의 존재물음을 반복하여 회복하는 것은
'역사의 척도'를 확보하는 일이기도 하다.

66

정신은 알맹이 없는 날카로움이 아니며,
어정쩡한 재치의 발동도 아니고 지적 분석의
끝없는 방황도 아니며 더 나아가 호연지기도 아니다.
정신이란 존재의 본질에 본래적으로 조율돼 있는
의식적인 결단이다.

99

휠덜린과 예술 작품에 대한 관심으로 옮겨가던 1935년 여름학기에 하이데거는 '형이상학 입문'(Einführung in die Metaphysik)이라는 제목의 강의를 했다. 1929년 프라이부르크대학 교수 취임 강연 '형이상학이란 무엇인가'로 본격화한 형이상학 탐구를 결산하는 강의였다. 하이데거는 총장직에서 물러난 뒤로 현실 정치에 직접 관여해 대학과 국가를 개혁하겠다는 생각은 접었지만, 자신의 철학을 통해 나치 운동에 방향을 제시해보겠다는 생각까지 포기한 것은 아니었다. 이 강의에서 하이데거는 형이상학을 당대 독일의 현실과 하나로 묶어내는 사유의 도전을 감행한다. 그리하여 이 강의는 가장 근원적인 철학적 물음에서 시작해 현실 변혁이라는 역사적 전망으로 나아간다. 존재론적 혁명이 정치적 혁명으로 이어지는 위태롭고도 장대한 사유의 모험이 펼쳐지는 것이다.

왜 존재자는 존재하고 도리어 무가 아닌가

다른 저술에서와 마찬가지로 하이데거가 여기서 형이상학이라는 이름으로 해명하려 하는 것은 '존재 물음'(Seinsfrage)이다. 존재를 가장 근원적으로, 가장 전체적으로 묻는 물음이 형이상학이라는 특수한 사유 방식에 집결돼 있다고 보는 것이다. 그래서 하이데거는 강의의 첫머리에서 라이프니츠(Gottfried Wilhelm Leibniz, 1646~1716)

가 처음 제시해 알려진 물음 곧 '왜 존재자는 도대체 존재하고 도리어 무가 아닌가?'(Warum ist überhaupt Seiendes und nicht vielmehr Nichts?)를 제시하고 논의를 시작한다.[106] 이 물음은 가장 넓고 가장 깊고 가장 본래적인 물음이라는 점에서 '첫 번째 물음'이라고 하이데거는 말한다. 생각해보면 이 물음이야말로 그 넓이와 깊이와 근본에서 첫째가는 물음이다. 우리가 머릿속에 떠올릴 수 있는 모든 존재하는 것들을 하나로 아울러 그것이 왜 없지 않고 있는지를 묻는 물음이야말로 가장 근원적인 물음일 수밖에 없다. 이 물음이 포괄하는 존재자는 지금 눈앞에 존재하는 존재자뿐만 아니라 과거에 있었던 존재자들과 미래에 있게 될 존재자들까지 모두 포괄한다. 그리고 '무'란 무엇이냐 하고 묻는 이상, 어떤 의미에서는 이 존재하지 않는 '무'까지도 존재하는 것에 포괄된다.

그러므로 이 물음이야말로 모든 형이상학적 물음 가운데 가장 근원적인 물음일 수밖에 없다. 하이데거는 이 근본적인 물음이 "말할 수 없는 절망 중에 모든 사물들의 무게가 사라지고 그 의미들이 어둠으로 얼굴을 가릴 때" 나타나고 "심장이 뛸 듯한 기쁨 속에" 솟구치며 "거센 돌풍처럼 우리의 존재를 휘몰아쳐 지나가기도 하고 사정없이 우리를 괴롭히기도 한다"고 말한다.「형이상학 입문」 24쪽 이 물음을 통해 존재자 전체가 처음으로 자신을 나타내 머무르며 또 이 물음과 함께 물음을 묻는 우리가 존재자 전체 앞에 마주서게 된다. 그러므로 이 물음이야말로 다른 어떤 물음과도 비교할 수 없는 물음이다.

이 물음 앞에서 하이데거는 기독교 신앙의 전제를 잠시 뒤로 밀쳐놓을 것을 요구한다.『성서』가 신의 계시요 진리인 사람에게는 이 물음의 답이 이미 정해져 있다. 존재하는 모든 것은 신이 창조한 것, 신의 피조물이다. 따라서 이런 물음은 신앙인의 눈에는 '미치광이 짓'일 뿐이다. 그러나 "이 미치광이 짓 속에 철학은 성립한다."「형이상학 입문』 32쪽 철학은 신앙과는 다른 것이다. 그러므로 "'기독교 철학'이라는 것은 나무로 된 쇠와 같은 것이요 오해일 뿐이다."『형이상학 입문』 32쪽 철학은 이 미치광이 짓을 감행하는 것, '왜 존재하는 것은 도대체 존재하고 도리어 무가 아닌가?'라는 물음을 그 끝에 이를 때까지 밀고 나가는 것이다. 하이데거는 철학의 근본 물음이 때에 맞지 않는, 반시대적인 것이지만 동시에 그 시대에 척도를 제공할 수 있으며, 실용적인 앎을 주지는 못해도 한 민족의 운명에 대한 정신적 공명이 될 수 있다고 말한다.『형이상학 입문』 33쪽

이 문제와 관련해 하이데거는 철학을 둘러싸고 빚어지는 몰이해 하나를 거론한다. 철학이 민족의 현재와 미래에 금자탑을 세울 초석을 놓아줄 수 있으리라는 기대가 그것이다. 이런 기대는 철학의 본질과 능력을 넘어선 과도한 것이기에 조만간 그 반대의 것으로 역전돼 철학을 헐뜯는 것으로 나타난다.

"예를 들어 사람들은 형이상학이 혁명을 준비하는 데 아무런 기여도 하지 않았기 때문에 집어던져 버려야 한다고 말한다."『형이상학 입문』 35쪽

당시 나치 이론가들 가운데 상당수가 이런 생각을 하고 있었을 것이다. 그러나 이것은 "마치 대패판이 날 수 없으니까 내다 버려야 한다고 말하는 것과 똑같은" 어리석은 짓이다. 철학은 직접적으로 역사적 현실을 이끌어나갈 수도 없고 거대한 집단적 행동을 일으킬 수도 없다. 왜 그런가? 하이데거는 철학이 "직접적으로는 항상 극소수의 사람들과만 관계하고 있다"는 데서 이유를 찾는다. 이 극소수의 사람들은 "창조하면서 자기 자신을 변화시켜 나가는 사람들, 자기 자신을 변혁하는 사람들"이다.『형이상학 입문』 35쪽 그러므로 철학의 진정한 힘은 간접적인 데 있다.

"철학은 간접적으로 그리고 그 방향을 정할 수 없는 에움길을 통해

서 넓게 퍼져나가 마침내 애초의 철학이 잊힌 지 오래됐을 때, 마치 자명한 사실처럼 인간 존재의 평범한 상식 속에 (스며들어) 점점 그 자취를 감추는 것이다."『형이상학 입문』 35쪽

철학은 즉각적으로 현실을 변혁하는 힘이 아니라 긴 세월에 걸쳐 인간 존재와 사유의 근본 틀을 바꾸는 힘이다.

철학에 대한 몰이해에는 이것만 있는 것이 아니다. 하이데거는 또 다른 몰이해로 철학이 "세계지도와 같은 세계관"을 세워줌으로써 실제적이고 기술적인 문화 사업을 손쉽게 해주는 길을 제시해주리라는 기대를 거론한다. 그러나 철학은 무언가를 쉽게 달성하게 해주는 것이 아니다. 오히려 하이데거는 철학의 사명이 '어려움을 주는 데' 있다고 말한다.

"어려움을 주는 것이란 사물들에게, 존재자들에게 그 무게를 되돌려주는 것이다."『형이상학 입문』 36쪽

존재자들에게 그 무게를 돌려줌으로써 비로소 민족의 구성원들이 민족의 운명을 깨달을 수 있다고 하이데거는 말한다. "사물에 대한 참된 앎이 인간 존재를 지배하는 곳에서만 비로소 운명이란 것이 있을 수 있다."『형이상학 입문』 36쪽 철학이 이런 앎의 길을 열어주는 것인 이상, 철학에 '쉬움'을 요구해서는 안 된다. 쉬운 앎에서는 깊이 없는 앎밖에 나오지 않는다.

존재자 전체를 가리키는 말, 피시스에서 나투라로

'왜 존재자는 도대체 존재하고 도리어 무가 아닌가?'라는 물음은 존재자 전체의 존재에 대한 물음이다. 이 물음을 처음 분명하게 밝힌 사람은 라이프니츠였지만 사유의 역사를 거슬러 올라가보면 이 물음이야말로 그리스의 초기 사상가들을 휘감은 물음이었다고 하이

데거는 말한다. 그러므로 이 존재 물음을 끝까지 물어 나가려면 이 물음이 태어난 그리스 초기로 되돌아가야 한다. 그리스 초기 사상가들은 존재자 전체를 '피시스'(φύσις)라고 불렀다. 그러나 애초 피시스라는 낱말에 담겼던 풍부한 함의는 이 낱말이 라틴어의 나투라(natura)로 옮겨짐으로써 유실되고 말았다. 나투라 안에서 피시스는 본디 의미를 잃었을 뿐만 아니라 그리스어에 고유한 철학적 힘도 함께 잃었다. 그리스어가 라틴어로 옮겨지는 거대한 정신적 변화와 함께 그리스 철학은 자신의 본질로부터 멀어져 막을 내리기 시작했다. 고대 로마인들의 번역은 중세 기독교 사유의 척도가 됐고 중세 기독교 사유는 근대 철학을 규정했다. 근대 철학은 라틴어 번역어의 후손이다. 그러므로 진정으로 철학을 하려면 그리스 시대 낱말들의 '명명하는 힘', 이름 지어 부르는 힘을 되찾아야 한다고 하이데거는 말한다. 왜냐하면 "사물들은 낱말과 언어 안에서 비로소 처음으로 존재하게 되기" 때문이다.『형이상학 입문』 40쪽

그렇다면 '피시스'는 무엇을 뜻하는가? 피시스란 "자기 자신으로부터 열려 피어남, 스스로 열려 펼쳐짐, 이런 펼쳐짐 속에 자신을 나타냄, 그리고 그 속에 머무르고 다스림"을 뜻하며, 짧게 말해서 "피어나고 머무르는 주재함"을 뜻한다.『형이상학 입문』 40쪽 피시스에는 태양이 떠오르고 대양의 파도가 몰아치고 초목이 성장하고 짐승과 사람이 태어나 살아가는 그 모든 것이 속한다. 피시스는 '존재 자체'(das Sein selbst)를 가리킨다. 동시에 존재 자체로서 피시스는 존재자 전체를 가리키기도 한다. 그래서 하늘과 땅, 돌맹이와 초목, 짐승과 인간, 나아가 인간의 역사가 피시스에 속하고 어떤 의미에선 신들조차 피시스에 속한다.

그리스 철학은 이 피시스에 대한 사유에서 시작돼 아리스토텔레스 철학과 함께 웅장한 끝맺음에 이르렀다. 다시 말해 아리스토텔

레스와 함께 피시스의 의미가 축소되기 시작했다. 하이데거의 관심은 이렇게 축소되기 전의 본래적인 피시스 개념을 되살리는 데 있다. 통상 형이상학이란 '존재자 그 자체에 관한 물음'을 뜻하지만, 하이데거에게 철학적 사유의 과제는 '존재 자체'를 묻는 것이다. 그러므로 하이데거가 말하는 형이상학은 '존재가 무엇이냐'는 물음으로서 형이상학이며, 이 물음은 그리스 초기로 돌아가 피시스에 관해 묻는 데서 시작돼야 한다. 강의의 제목인 '형이상학 입문'이란 이 존재 물음 안으로 인도함을 뜻한다. 다른 말로 하면 '존재 망각'(Seinsvergessenheit)을 거슬러 존재 물음으로 나아가도록 이끌어 감을 뜻한다.

하이데거의 탐구는 '왜 존재자는 도대체 존재하고 도리어 무가 아닌가?'라는 물음에서 시작됐다. 그런데 이 물음은 무언가의 '있음' 곧 '존재'라는 것에 대한 이해를 전제하고 있다. 그러므로 이 물음은 '존재는 어떻게 있는가?'라는 물음으로 이어진다. "어디에 존재는 놓여 있으며, 어떻게 그것은 존재하는 것인가?"『형이상학 입문』, 69쪽 분명히 존재자는 존재한다. 그러나 존재는 어디에 있는가? "우리가 존재를 붙잡으려고 하면, 그것은 언제나 허공을 붙잡으려고 하는 것처럼 돼버리고 만다."『형이상학 입문』, 71쪽 신전이든 국가든 그림이든 학교든 존재자가 존재한다는 것은 확실하다. 그러나 그 존재자가 존재한다고 할 때 그 '존재', 그 '있음'은 어디에 있는가? 이 물음 앞에서 대답이 쉽게 나오지 않는다. 존재는 붙잡으려고 하면 아지랑이처럼 사라지고 만다. 그러나 그렇다고 해서 존재를 아무것도 아닌 것으로 치부하고 치워버릴 수는 없다. 도대체 존재가 무엇인지라는 문제가 풀리지 않고는 존재하는 것 곧 존재자가 무엇인지를 근원적으로 해명할 수 없기 때문이다.

"존재는 어떻게 존재하는가? … 이 물음은 누구나 다 알 수 있듯이,

아무짝에도 쓸모없는 물음인 것이다. 그렇지만 이것은 하나의 물음이며 최대의 물음이다."「형이상학 입문」 73쪽

왜 이 아무짝에도 쓸모없는 것처럼 보이는 물음이 최대의 물음인가? 바로 '서양의 정신적 운명'과 결부된 물음이기 때문이라고 하이데거는 답한다.

미국과 러시아의 기술 문명 질주, '정신적 추락'

하이데거가 존재 물음을 물어가는 도중에 현실로 돌아와 유럽과 세계의 정세를 이야기하는 이유도 여기에 있다. 하이데거는 탄식하듯 말한다.

"불치의 맹목 속에서 헤매는, 그래서 할복자살하기 직전의 상태에 놓여 있는 유럽은 오늘날 한쪽은 러시아라고 부르고 다른 한쪽은 미국이라고 부르는 커다란 집게 사이에 놓여 있다."「형이상학 입문」 73∼74쪽

이 강의를 하는 시점 곧 1935년의 유럽이 러시아와 미국이라는 커다란 집게 사이에 놓여 언제라도 파멸할 수 있는 상태에 놓여 있다고 하이데거는 진단한다. 그런데도 유럽은 그런 사태에 아랑곳하지 않고 뭐가 뭔지 알지 못하는 불치의 맹목 속에 헤매고 있다는 것이다. 하이데거가 존재 물음을 물어가다 말고 이 말을 하는 것은 존재 물음이라는 극도로 추상적인 듯 보이는 물음이 바로 이 시대의 파국적 현실과 근원적으로 연결돼 있다고 보기 때문이다.

그렇다면 하이데거가 러시아와 미국을 동시에 거론하는 이유는 무엇인가? 러시아는 1917년 세계 최초로 볼셰비키 혁명을 이룬 공산주의 운동의 사령탑이다. 미국은 자본주의의 최전선을 질주하는 자유주의 세계의 대표자다. 그런데 하이데거는 "형이상학적 견지에서 볼 때 러시아나 미국은 둘 다 동일한 것"이라고 말한다. 왜 그런가?

러시아든 미국이든 "눈 뜨고 볼 수 없는, 쇠사슬 끊긴 기술 문명의 발광 그리고 규격화된 인간들의 바탕 없는 조직"이기 때문이다.「형이상학 입문」 74쪽 두 나라가 다 기술 문명을 향해 전력으로 질주하는 국가이며 그 안에서 인간들은 존재의 근거를 잃어버린 채 규격화되어 가고 있기 때문이다.

이 진단에는 하이데거의 근원적인 문명 비판의 시야가 깔려 있다. 질주하는 기술 문명은 그것이 자본주의적인 것이든 볼셰비즘적인 것이든 결코 인류의 미래가 될 수 없다는 것이다. 그렇다면 하이데거는 이 시기에 자신이 생각하는 '나치 혁명'이 이 기술 문명의 폭주를 제어하고 진정한 인간 존재의 변혁을 독일에, 나아가 유럽에 가져올 수 있으리라는 기대를 했던 것으로 볼 수 있다. 하이데거의 이 기대는 머잖아 속절없이 무너지지만 이 강의를 해나가던 시점에는 그 기대가 아직 살아 있었고, 자신의 철학이 나치 운동에 방향을 제시해줄 수 있으리라는 희망의 불빛도 남아 있었다.

하이데거는 미국과 러시아가 주도하는 기술 문명의 질주를 "정신적 추락"이라고 부르고 이 질주가 "마지막 정신적 힘마저 민족들에게서 빼앗아버릴" 것을 우려한다. 이런 진단은 '문명 비관론'이나 '문명 낙관론'을 넘어서 있다.

"세상은 음울해지고 신들은 자취를 감추고 땅은 파괴되고 인간들은 부화뇌동하고, 자유롭고 창조적인 모든 것에 대한 가증스러운 의심이 이미 세상천지를 온통 휩쓸어 도무지 비관론이니 낙관론이니 하는 아이들 장난과 같은 개념들은 이미 오래 전에 웃음거리가 되고 만 것이다."「형이상학 입문」 74쪽

하이데거가 여기서 표명하는 위기의식은 '심각하다'는 상투적 표현으로는 가 닿기 어려울 정도로 깊다.

"우리는 집게의 가운데 놓여 있다. 많은 이웃 나라와 인접해 있어

늘 위험 속에 처해 있는 민족, 그리고 다른 어떤 것에 앞서 형이상학적인 민족인 우리 민족은 그 중심부에 놓여 있다는 사실로 말미암아 가장 뼈저린 집게질을 경험하고 있다."『형이상학 입문』 74~75쪽

이 말 속에는 가장 형이상학적인 독일 민족이 그 형이상학적 사유의 힘으로 유럽과 인류의 문명사적 위기를 극복할 길을 제시해야 한다는 확신이 담겨 있다. 하이데거는 계속 말한다.

"우리가 깊이 인식하고 있는 이런 소명으로부터 어떤 반향을 이 민족 안에 스스로 마련함으로써, 그리고 자신의 전통을 창조적으로 장악함으로써 우리는 이 민족의 운명을 개척해나갈 수 있을 것이다. 이런 모든 것은 이 역사적인 민족이 그 자신과 서양의 역사를 동시에 … 존재의 본래적이고도 고유한 힘의 영역으로 옮겨 내세워야 한다는 것을 내포한다."『형이상학 입문』 75쪽

독일 민족이 전통을 창조적으로 재장악함으로써 독일 민족 자신과 서양 역사를 존재의 본래적인 힘의 영역으로 옮길 때 운명을 개척해나갈 수 있으리라는 진단이다. 여기서 전통을 창조적으로 장악하는 것이 존재의 본래적 힘을 되살리는 일임을 알 수 있다. 이런 진단을 하이데거는 다음과 같은 말로 바꿔 이야기하기도 한다.

"만일 유럽에 대한 어떤 중대한 결정이라는 것이 바로 자신의 절멸의 길로 떨어짐을 의미하지 않기를 원한다면, 그런 결정은 새로운 역사적·정신적 힘을 그 핵심으로부터 전개함으로써만 내려질 수 있을 것이다."『형이상학 입문』 75쪽

존재의 본래적 힘을 되살린다는 것은 다른 말로 하면 새로운 역사적·정신적 힘을 그 핵심에서부터 전개하는 것이다.

미래로부터 규정되는 역사

이렇게 하이데거는 존재라는 극도로 막연하게 느껴지는 것을 독일과 유럽의 위기라는 구체적이고 역사적인 사태와 결부한다. 하이데거가 집요하게 존재 물음을 파고드는 이유가 바로 이 임박한 문명사적 위기에 어떻게 대처할 것이냐라는 절박한 과제를 해결하는 데 있음을 짐작할 수 있는 대목이다. 하이데거는 존재 물음이 지닌 역사적의미를 다시 다음과 같이 말로도 표현한다.

"존재는 어떻게 존재하는가 하고 묻는 것, 그것은 우리의 역사적·정신적 현존재의 그 시원(Anfang)을 다시 한번 '반복하여 되찾아오는'(wieder-holen) 것, 그리하여 우리를 새로운 출발 속으로 옮겨놓는 것, 바로 그것을 요구하는 것을 의미할 것이다." 『형이상학 입문』 75쪽

존재 물음을 묻는 것은 단순히 추상적인 형이상학적 물음을 묻는 일이 아니라 우리 현존재의 시원을 반복하여 되찾아오는 일이고 우리를 다시 새로운 출발선에 세워놓는 일이다. 그렇게 시원을, 다시 말해 그리스 초기의 존재 물음을 반복하여 회복하는 것은 '역사의 척도'를 확보하는 일이기도 하다. 역사의 척도를 확보한다는 것은 역사의 진행이 어디로 향해야 하는지를 알려주는 방향타를 찾아낸다는 뜻이다. 그리고 그렇게 시원을 반복하는 것은 단순히 시원을 모방하는 것이 아니라 그 시원을 근원적으로 다시 시작하는 것, 그리하여 진정한 시작에 뒤따르는 "모든 낯섦, 어둠, 불확실성과 함께 다시 한번 출발하는 것"을 뜻한다.

그런데도 '존재'라는 말이 그저 텅 빈 소리나 아지랑이처럼 다가오는 이유는 무엇일까? 하이데거는 우리 자신이 존재라는 낱말이 말하고자 하는 것 바깥으로 떨어져 나와 존재를 되찾지 못하고 있다는 데 그 이유가 있다고 말한다. 존재 자체가 문제인 것이 아니라 존재를

대하는 우리 자신이 문제라는 것이다. 요컨대 우리가 '존재 망각'에 빠져 있다는 것이 문제다. 하이데거는 다시 묻는다.

"존재란 단지 하나의 어휘에 불과한 것이며 그것이 의미하는 바는 아지랑이일 뿐인가? 아니면 '존재'라고 불리는 것 안에 서양의 정신적 운명이 감추어져 있는 것인가?"『형이상학 입문』, 80쪽

하이데거가 이 물음으로 이야기하려는 것은 이제 분명하다. 존재라는 낱말 안에는 서양 정신의 역사와 운명이 감추어져 있다는 것이다. 하이데거는 이 물음이 "너무 거세게 들리고 과장된 것처럼 여겨질지 모른다"고 인정한다. 그러나 이 물음은 궁극적으로 "전 지구의 역사적인 결정을 좌우하는 문제"와 연결돼 있기 때문에 그것은 결코 과장된 것이 아니다. 바로 그런 의미에서 존재 물음은 "철두철미 역사적인 물음"이다.『형이상학 입문』, 81쪽 그렇다면 여기서 하이데거가 말하는 '역사'라는 것은 무엇을 뜻하는가? 역사는 과거만을 가리키지도 않고 현재만을 가리키지도 않는다.

"여기서 역사라는 것은 우리에게 과거만을 의미하지 않는다. … 그렇다고 해서 역사를 단지 현재에 일어나는 일로만 여기는 것도 타당하지 않다. … 일어남(Geschehen)이라는 의미에서 역사(Geschichte)는 미래(Zukunft)로부터 규정되며 지나간 일(Gewesene, 기재)을 넘겨받아 현재(Gegenwart)를 통해서 그 지나간 일을 다룸으로써 고통을 이겨나가는 것을 말하는 것이다."『형이상학 입문』, 82~83쪽

이 말은 하이데거가 뜻하는 역사를 이해하는 데서 결정적으로 중요한 말이다. 우리는 역사라고 하면 보통 과거에 일어난 일 그리고 그 일들의 지속적인 흐름을 떠올린다. 그러나 하이데거에게 역사라는 것을 본질적으로 규정하는 것은 미래다. 미래로부터 역사는 규정되며 지나간 것들은 이 미래의 빛 속에서 재해석된다. 그리고 우리는 지나간 일로부터 오는 고통을 현재라는 시점에서 극복해나간다. 이

것은 하이데거가 학자로서 이력을 쌓던 시기에 초기 기독교인들의 삶의 시간을 해석하는 가운데 제시했던 시간관과 동일한 구조다.

바울 시대 기독교인들은 미래의 어떤 시점에서 일어날 그리스도의 재림에서부터 자신들의 과거와 현재를 이해했다. 그렇게 미래로부터 이해한 현재가 삶을 결단하는 칼날 같은 '순간'으로서 '카이로스'였다. 하이데거는 초기 기독교인들에게서 발견되는 시간 이해를 오늘의 집합적 현존재의 역사적 시간에 적용한다. 역사라는 것은 미래로부터 규정되는 것이다. 다시 말해 민족적 차원이든 인류적 차원이든 미래에 실현될 목표에 따라 과거와 현재가 규정되는 것이다. 그렇게 미래에서부터 역사를 볼 때 과거는 우리가 되찾아야 할 위대한 근원을 품은 채 현재로 이어지는 것으로 드러난다. 또 현재는 미래를 향해 결단하는 순간으로 드러난다. 물론 우리가 올바르게 결단하지 못한다면 현재는 오류를 되풀이하는 위태로운 시간으로 드러날 것이다.

바로 이런 역사적 관점에서 하이데거는 형이상학의 근본 물음 곧 존재 물음을 이해한다.

"우리가 형이상학적 근본 물음을 묻는다는 것은 역사적이다. 왜냐하면 그 물음은 존재자 전체와의 본질적 관계 안에서 인간 현존재의 일어남(역사)을 열어주기 때문이다. 그리하여 그 물음은 아직 물어지지 않은 가능성, 곧 미-래(Zu-kunft)를 열어주고 지나간 시원(Anfang)을 다시 이어주며, 그래서 또 그 시원을 현재 안에서 날카롭게 드러내고 거기에 무게를 주기 때문이다. 이 물음 속에서 우리의 현존재는 말의 가장 완전한 의미에서, 현존재 자신의 역사 앞에 부름을 받았으며 그 역사를 향해서 또 그 역사 안에서 결단하라는 호출을 받은 것이다."「형이상학 입문」 83쪽

존재 물음을 묻는 것은 바로 이런 차원의 역사적인 물음이다. 여기서 하이데거는 "역사적인 이 존재 물음을 묻는 것이 지구상에서 일

어나는 세계사와 얼마만큼 내적 관계를 지니고 있는지 꿰뚫어볼 수 있는 본질적인 통찰력이 (우리에게) 결여돼 있다"고 말한다.『형이상학 입문』 83쪽 그렇다면 이 강의를 통해 이 전체 관계를 꿰뚫어볼 수 있는 본질 통찰력을 길러야 할 것이다.

하이데거가 여기서 주목하는 세계는 '정신적인'(geistig) 세계다. 하이데거는 유럽이 19세기 독일 관념론의 붕괴 이래 이 정신을 거세당했으며 그리하여 인간 존재가 "모든 깊이를 잃어버린 세계로" 미끄러져 들어가기 시작했다고 말한다. 그 결과가 러시아와 미국의 출현이다. 하이데거는 미국과 러시아를 '데몬적인 것'(das Dämonische)이라고 부른다. 악령처럼 무시무시한 힘이라는 뜻이다.

"이것은 우리들이 데몬적인 것의 출현이라고 부르는 것의 쇄도다. 이런 마력(Dämonie)의 출현은, 그리고 이에 비례해 커져만 가고 있는 … 유럽의 불안상은 이미 여러 가지 징후로 나타나고 있다."『형이상학 입문』 85쪽

이런 현상 가운데 하나가 '정신의 몰이해'라는 의미에서 '정신적 힘의 거세'다. 하이데거는 이 정신의 몰이해를 다음 몇 가지로 요약한다. 첫째, 정신이 지능(Intelligenz)으로 왜곡되는 것이다. 다시 말해 정신이 관찰·계산·연구에 필요한 이해력으로 변조되는 것이다. 그러나 이런 지능은 "정신의 껍데기"이며 "정신 결핍의 은폐"일 뿐이다. 둘째, 정신이 '가르치고 배울 수 있는 것'에 봉사하는 도구로 전락하는 것이다. 하이데거는 이런 사태가 마르크스주의와 실증주의에서 일어났다고 말한다. 셋째, 대학 안에서 학문이 지식을 획득하고 전달하는 기술적·실용적인 일로 전락하는 것이다. "이런 학문으로는 정신의 일깨움이란 도무지 생각조차 할 수 없다."『형이상학 입문』 88쪽 마지막으로 정신의 왜곡은 정신이 선전선동의 기술, 목적 달성을 위한 도구로 떨어지는 데서 찾을 수 있다. 하이데거는 1933년 프라이

부르크대학 총장 취임 연설의 한 대목을 제시한다.

"정신은 알맹이 없는 날카로움이 아니며, 어정쩡한 재치의 발동도 아니고 지적 분석의 끝없는 방황도 아니며 더 나아가 호연지기도 아니다. 정신이란 존재의 본질에 본래적으로 조율돼 있는 의식적인 결단이다."『형이상학 입문』 89쪽

여기서 하이데거는 정신을 존재자 전체의 존재와 결부한다.

"정신은 존재자 전체의 힘에 권능을 준다. 정신이 지배하는 곳에서 존재자는 언제나 그 각각의 경우에 더욱더 존재하는 것이 되는 것이다. 이런 이유로 그 존재자 전체에 관해서 묻는 것, 즉 존재 물음을 묻는 것은 정신을 일깨움으로써 역사적인 현존재의 근원적인 세계를 열고, 그리하여 세계가 어두워질 위험을 가라앉히고 유럽의 심장인 우리 민족이 역사적 사명을 떠맡는 데 본질적인 근본적 전제 조건이 된다."『형이상학 입문』 89쪽

유럽의 심장인 독일 민족이 정신을 일깨움으로써 존재를 회복한다는 역사적 사명을 떠맡고 있다는 것이다.

"이런 큰 안목에서만 우리는 이 존재 물음을 묻는 것이 얼마나 철두철미 역사적인지를 명확히 밝힐 수 있으며, 나아가 이로부터 존재라는 것이 우리에게 그저 아지랑이에 불과한 것인지 아니면 서양의 운명이 될 것인지 하는 물음에 분명한 답을 줄 수 있다."『형이상학 입문』 89쪽

존재 물음과 서양의 운명이 내적으로 연결돼 있음을 강조하는 대목이다.

로고스, 사물을 질서 있게 모아둠

이어 하이데거는 존재와 언어의 관계로 논의를 옮긴다. 사람들은

보통 언어를 의사소통에 쓰이는 단순한 매개체, 대중교통 수단과 본질적으로 다르지 않은 매체라고 생각한다. 그러나 이것이야말로 언어에 대한 근원적인 오해다. 존재라는 낱말이 오늘날 힘을 잃어버리고 텅 빈 낱말이 된 것은 존재와 인간의 관계가 파괴된 탓이며, 이런 파괴가 언어와 인간의 잘못된 관계를 낳았다고 하이데거는 말한다. 언어의 운명은 '존재와 민족의 관계'에 기초를 두고 있다. 그러므로 존재에 관한 물음은 가장 깊은 곳에서 언어에 관한 물음과 얽힐 수밖에 없다. 이 언어에 관한 물음을 물어가기에 앞서 하이데거는 그리스어와 독일어에 대해 이렇게 말한다.

"그리스어는 독일어와 함께 가장 힘 있는 언어이며 가장 정신적인 언어다."「형이상학 입문」99쪽

하이데거가 자신의 사유의 원천을 그리스어에서 구하는 이유가 여기에 있다. 나아가 이 문장은 그리스어의 힘이 라틴어로 옮겨지는 과정에서 소실됐으며 그리하여 유럽 정신이 존재를, 다시 말해 정신을 잃어버리고 황폐해졌다는 하이데거의 생각을 보여주는 문장이다. 하이데거는 유럽 정신이 이렇게 황폐해졌지만 그렇게 황폐해진 중에도 그리스어의 힘과 정신이 독일어 안에 비교적 안전하게 보존돼 있다고 생각한다. 하이데거의 언어 민족주의가 어디에 근거를 두고 있는지 알려주는 대목이다.

고대 그리스인들의 언어 사용과 관련해 주목할 낱말이 '로고스'(λόγος)다. 아리스토텔레스는 로고스를 '발언'으로 이해했지만, 하이데거는 로고스의 근원적인 의미가 '모음'(Sammlung)이라고 강조한다. '로고스'의 동사형 '레게인'(λέγειν)은 '모으다'라는 뜻이다. 사물을 모아 질서 있게 놓아둠이 로고스의 가장 근원적인 의미다. 여기서 하이데거는 그리스어의 또 다른 근본 낱말 가운데 하나로 헤라클레이토스가 사용한 '폴레모스'(πόλεμος)를 제시한다. 폴레모스

는 '투쟁'(Streit)으로 번역된다. 이때의 투쟁은 인간들끼리 벌이는 전쟁을 뜻하는 것이 아니다. 투쟁은 "존재자들을 처음으로 서로 구분해주면서 또 서로 부딪치게 해주는 것"이며 그리하여 "존재자들의 위치·신분·품위를 그 존재자들의 현존에 맞추어 존재하게 해주는 것"이다.『형이상학 입문』 107쪽 그러므로 투쟁은 존재자들을 단순히 분열시키는 것이 아니며 오히려 존재자들의 통일성을 성립시켜주는 것이다. 바로 그런 점에서 '투쟁으로서 폴레모스'는 '모음으로서 로고스'와 동일한 것이라고 할 수 있다.

폴레모스는 최초로 길을 여는 원초적 투쟁이다. 폴레모스는 '지금까지 사유되지 않고 말해지지 않은 것을 처음으로 그려내고 전개하는 것'을 가리킨다. 그러므로 창조적인 사람들만이 투쟁을 이끈다. 하이데거는 투쟁을 이끄는 창조적인 사람들로 시인, 사상가, 그리고 위대한 정치가를 꼽는다. 하이데거는 이 말을 하면서 시인으로 횔덜린을, 사상가로는 하이데거 자신을 꼽았을 것이다. 또 하이데거는 1935년 시점의 히틀러가 위대한 정치가의 반열에 드는 사람이라고 생각했을 것이다. 그러나 뒷날 하이데거는 이 창조하는 사람들의 목록에서 정치가를 제외했다. 나치즘의 홀로코스트 광란과 제2차 세계대전의 끔찍한 결과가 하이데거의 생각을 바꾼 것이리라.

투쟁이야말로 존재가 역사 속에 펼쳐지는 원동력

하이데거는 '투쟁'이 세계를 생성시키며 바로 그 세계 생성이 역사라고 말한다. 투쟁이야말로 피시스 곧 존재가 역사 속에서 펼쳐지는 원동력이다. 그러므로 투쟁이 사라지면 세계 생성은 멈추고 존재자는 자기를 주장하지 못한다. 존재자는 그저 눈앞에 놓여 있는 것이 될 뿐이다. 존재가 존재자에게서 등을 돌리는 것이다.

"만일 진정한 투쟁이 사라져 투쟁이 단지 적의에 찬 논쟁 (Polemische)이 되고 그저 눈앞의 존재자들 안에서 벌이는 인간들의 간계와 조작이 되고 만다면, 몰락(Verfall)은 이미 시작된 것이다. 왜 냐하면 어떤 세대가 전승돼온 자신들의 현존재의 수준을 지키려고 만 한다면 이것은 벌써 그 수준의 하락을 의미하기 때문이다. 진정한 수준은 모든 세대에서 창조적으로 상승함으로써만 지켜나갈 수 있 는 것이다."『형이상학 입문』 109쪽

하이데거는 그리스인들에게서 '존재'가 이중적으로 사유됐다고 말한다. 하나는 '피시스'(φύσις)이며 다른 하나는 '우시아'(οὐσία) 다. 피시스는 이미 살펴본 대로 '자기 안에서 스스로 일어나 서 있음' 으로서 생성을 뜻한다.『형이상학 입문』 110쪽 우시아는 '지속적인 머무름과 현존함'을 뜻한다. 존재는 '스스로 피어남'이자 '지속적으로 머무름' 이다. 그러므로 이 양자를 아울러 '존재'를 이해한다면, 존재는 단순 히 지속적으로 머무르기만 하는 것이 아니라 스스로 피어나 생성하 는 것이기도 하다. 더 강하게 말하면, 그렇게 피어나 창조적으로 상 승하는 것이 존재다. 만약 피시스가 망각된 채 존재가 우시아 곧 '지 속적인 머무름'으로만 이해된다면, 그때의 존재에는 아무런 창조성 도 없을 것이다. 인간의 역사란 우시아와 피시스의 이중적 합일로서 그 존재가 펼쳐지는 장이라고 할 수 있다. 물론 이때 주도적인 것은 우시아가 아니라 피시스다.

그런데 그리스어에서 '존재'를 의미하는 단어는 존재 동사의 부 정형인 '에이나이'(εἶναι)다. 동사의 부정형(Infintiv)은 흔히 동사의 원형이라고 불리지만, 동사의 다른 형태와 비교해볼 때 최초로 나타 난 원형이 아니라 시간의 서열상 가장 마지막에 나타난 형태다. 이 '에이나이'에 해당하는 독일어 낱말이 'Sein'(자인)이다. 'Sein'은 '있다/이다'를 뜻하는 동사 부정형 'sein'을 명사화한 것이다. 하이

데거는 이 'sein'의 어원을 찾아 인도-유럽어의 뿌리로 들어가 sein이 세 가지 의미 곧 '살다'(leben), '피어나다'(aufgehen), '머무르다'(verweilen)로 이루어져 있음을 확인한다. '존재'(Sein)란 어원상 '살고 피어나고 머무름'이라는 현상을 가리키는 낱말인 셈이다. 말의 뿌리에 깃든 이 의미들이 혼합돼 오랜 세월에 걸쳐 그 구체적인 의미가 희석되고 남은 것이 '존재'라는 낱말인 셈이다. 그러나 그렇게 의미가 흩어져 손에 잡을 수 없는 것이 됐다 하더라도 우리는 '존재'라는 낱말에 부딪히는 경험을 할 수 있다. 존재는 닳아 낡아빠진 무의미한 낱말이 아니다.

그러나 여전히 '존재'의 본질을 분석하는 것은 보통 사람들에게 무의미한 작업처럼 여겨진다. 그러므로 존재라는 낱말을 분석하는 작업은 이런 오해를 뚫고 나가는 일이기도 하다. "마치 외떨어지고 비실재적인 어떤 것을 실재로서 간주하려 하면서 아무짝에도 쓸모없는 낱말 분석에만 몰두함으로써 외고집만을 부리고 세상에서 동떨어져 세상 물정을 전혀 모르고 있다는 그런 인상을 줄 위험"을 뚫고 나가지 않으면 안 되는 것이 존재 분석이라는 것이다. 『형이상학 입문』 127쪽 하이데거 자신이 존재 물음의 지난한 과정에서 그런 외로움과 두려움을 느꼈음을 짐작하게 하는 대목이다.

하이데거는 '존재'가 무엇을 말하는 것인지 분명하게 알 수 있는 계기를 주는 것이 '존재'(Sein)과 '비존재'(Nichtsein)의 구별에 대한 앎이라고 말한다. 존재가 아무리 모호하고 추상적이라 하더라도 우리는 '존재하지 않음'이 무엇인지는 분명히 안다. 그리고 그렇게 분명히 안다는 것은 '존재한다'와 '존재하지 않는다'는 것을 미리부터 분명하게 구별할 수 있다는 것을 뜻한다. 우리는 어떤 것이 존재하지 않는다는 것이 무엇을 뜻하는지 알고 있으며 마찬가지로 어떤 것이 존재한다는 것이 무엇을 뜻하는지를 알고 있다. 이렇게 존재와 비존재를 분명히 구별할 수 있다는 데서 우리가 '존재'라는 것이 무엇을 말하는지를, 충분히 자각하지 못한 상태에서나마 확실히 알고 있음이 확인된다.

"존재라는 단어는 이렇게 해서 그 의미상으로 볼 때 불확정적이며 동시에 우리는 그것을 확정적으로 이해하고 있는 것이다." 『형이상학 입문』 132쪽

존재, 개별적인 것이자 유일무이한 것

이렇게 존재라는 낱말을 탐구해 들어가면 이 낱말이 불확정적이면서 동시에 규정된 것, 더 나아가 유일무이하게 규정된 것임을 알 수 있다. 그래서 하이데거는 다음과 같이 단언한다.

"개개의 존재자들에게서 볼 수 있고 그래서 가장 평범한 것 속에 흩어져 나타나는 '존재'라는 것은 모든 존재자들 중에서 최고의 유일무이성을 지니고 있다." 『형이상학 입문』 133쪽

왜 '최고의 유일무이성'인가? 다른 모든 존재자들은 그것이 아무리 유일한 것이라고 할지라도 다른 것들과 비교될 수 있고, 비교되는 만큼 규정 가능성도 늘어난다. 반면에 존재 자체의 경우엔 다른 어떤 것과도 비교될 수 없다. 오직 비교될 수 있다면 아무것도 없음 곧 '무'(das Nichts)와만 비교될 수 있다. 그러나 무와 비교된다는 것은 아무것도 비교될 것이 없다는 것을 뜻한다. 존재 자체가 이렇게 유일무이하게 그리고 최고로 규정된 것인 이상, 존재라는 낱말이 결코 텅 빈 것이 아니라는 것이 드러난다고 하이데거는 말한다.

"텅 빈 낱말이라는 것은 존재하지 않는다. 단지 아직도 그 의미를 지니고 있는, 그러나 너무 사용돼 낡고 닳아 빠진 낱말들이 존재할 뿐이다." 『형이상학 입문』 133~134쪽

하이데거의 존재 물음은 이렇게 너무 오래 사용돼 닳아빠진 '존재'라는 낱말의 의미를 생생하게 되살려내는 것, 존재라는 낱말의 시원에 깃든 풍요로움과 성스러움을 되찾아내는 것, 그렇게 되살려낸 시원의 풍요로움과 성스러움을 세계에 돌려주는 것이라고 할 수 있다. 요컨대 존재라는 말의 힘을 되찾아 오늘의 이 현실로 가져오는 것이 하이데거의 존재 물음이 목표로 삼는 것이다.

존재는 그 자체로 보면 아지랑이처럼 손에 잡히지 않지만, 무라는 것과 대비되면 그것의 유일무이함이 분명히 드러난다. 하이데거는 이 존재에 대한 우리의 선이해 곧 '존재 이해'가 없다면 우리의 언어가 존재할 수 없고, 언어가 없다면 인간 존재가 있을 수 없다고 말한다. 왜 그런가? 존재를 이해하지 못한다면 우리는 마찬가지로 '비존재'도 이해하지 못하기 때문이다. 비존재에는 '없음'뿐만 아니라 '아님'도 속한다. 한 그루 나무가 눈앞에 있다는 것과 그 나무가 눈앞에 없다는 것을 구분하지 못한다면, 또 나무가 다른 것과 같지 않음, 예를 들어 나무가 토끼가 아님을 이해하지 못한다면 우리는 애초에 말을 할 수 없다.

"우리가 존재를 전혀 이해하지 못한다면, 만일 존재라는 낱말이 … 오락가락하는 의미조차 지니고 있는 것이 아니라면, 그럴 경우엔 단 하나의 낱말조차 존재할 수 없다. 우리 자신도 결코 말하는 자가 될 수 없다." 그리고 그렇게 말을 할 수 없는 이상, 우리는 인간으로서 존재할 수도 없다. "왜냐하면 인간이란 말하는 자로 존재함을 뜻하는 것이기 때문이다." 『형이상학 입문』 138쪽

말을 소유하지 못한 인간은 근본적으로 인간이 아니다. 그러므로 존재 이해야말로 모든 것의 출발점인 셈이다. 나아가 존재 이해는 우리 앞에 존재하는 것들을 긍정하는 데만 쓰이는 것이 아니라 그 존재하는 것들을 부정하는 데도 쓰인다. 그리고 진정한 창조는 바로 이

부정에서부터 시작된다. 우리 앞에 있는 것들, 우리가 속해 있는 이 세계가 도무지 존재해서는 안 될 것들이라면 그것들을 부정하고서 앞으로 나아가야 한다. 그러므로 존재에 대한 근원적인 이해는 우리가 어떤 근본적인 환경 속에 있는지를 아는 첫걸음일 뿐만 아니라 우리가 지금의 세계를 넘어 어떤 세계로 나아가야 할지, 어떤 세계를 창조해야 할지 결단하는 일에서도 첫걸음이 된다고 할 것이다.

인간이 존재하는 한에서만 존재는 존재함

그런데 이 '존재 이해'라는 것은 인간 쪽에서 존재를 이해하는 것을 뜻한다. 반대로 존재 쪽에서 존재 자신을 인간에게 내보인다면 그것은 '존재의 열림'이 될 것이다. 존재 이해가 없다면 우리가 인간일 수 없듯이, 마찬가지로 존재의 열림이 없다면 우리는 인간일 수 없다. 그리고 존재는 오직 인간에게만, 인간 현존재에게만 열린다. 왜냐하면 인간만이 존재를 이해하는 존재자이기 때문이다. 동물이나 식물이나 돌에게는 근본적으로 존재도 없고 세계도 없는 것이다. 인간만이 존재를 이해하므로 존재는 인간에게만 열린다. 존재 이해와 존재 열림은 이렇게 공속한다. 그래서 하이데거는 이렇게 말한다.

"개별적인 존재자는 우리들 각자가 존재를 그 본질에서 미리 이해하는 한에서만 그 자신을 있는 그대로 우리에게 열어 보인다."『형이상학 입문』 144쪽

우리가 존재를 이해하고 있을 때에만 존재자는 개별적으로든 전체적으로든 그 존재를 우리에게 열어 보이는 것이다. 그리고 이것은 우리 인간이 어떤 존재 이해를 지니고 있느냐에 따라서 존재가 자신을 다르게 열어 보일 것이라는 뜻이다. 그러므로 우리의 존재 이해가 역사적으로 달라진다면 존재도 자신을 역사적으로 다르게 열어 보일

것이다. 더 정확히 말하면, 존재가 자신을 역사적으로 어떻게 열어 보이느냐에 따라서 우리의 존재 이해가 역사적으로 달라질 것이다. 그리고 그 역사의 전개 속에 정신의 운명이 깃들어 있을 것이다.

그렇다면 다음과 같은 물음엔 어떻게 답해야 하는가. 다시 말해 인간이 존재하지 않는다면 그때에도 존재자는 존재할 것인가? 인간이 존재하지 않았던 때에도 이 세계와 우주는 있었지 않은가? 그런 때가 있지 않았겠는가? 그러나 여기서 하이데거는 단호하게 말한다.

"엄격하게 따져서 말한다면, 우리는 인간이 존재하지 않았던 때가 있었다고 말할 수는 없다. 왜냐하면 인간이 존재하는 한에서만 시간이 시간화하기 때문이다. 인간이 존재하지 않았던 때는 없다. 그것은 인간이 영원으로부터 영원으로 존재하기 때문이 아니라 시간이라는 것이 영원이 아니기 때문이며, 시간은 단지 인간적·역사적 현존재(Dasein)로서만 스스로 시간화하기 때문이다."『형이상학 입문』 142쪽

하이데거의 이 문장은 정곡을 찌른다. 우리가 천체물리학적 관점에서 인류의 탄생 이전에도 장구한 세월 동안 우주가 존재했다고 말하는 것은 당연히 타당하다. 그러나 인간이 빠진 그런 있음은 근원적으로는 아무런 의미도 없다. 의미가 결여된 존재는 존재라고 할 수 없다. 그리고 의미는 오직 인간과 존재자 사이에서만 성립한다. 인간 현존재가 존재하지 않을 때는 아무리 거대한 존재자도 근본적으로는 존재 의미를 지닌 채 존재한다고 할 수 없다. 인간이 탄생하기 이전의 우주 역사가 의미 있게 다가오는 것은 우리 인간의 존재를 전제로 할 때뿐이다. 지금의 우리 존재를 전제로 하여 지금의 시점에서 시간을 거슬러 셈해보기 때문에 우주의 역사라는 것이 의미 있게 다가오는 것이다.

더구나 시간이라는 것은 오직 인간 현존재의 시간일 뿐이다. 인간이 존재하기 때문에 시간과 세월이 지금 우리가 느끼는 방식으로 있

는 것이다. 그것을 하이데거는 '시간이 시간화한다'고, 시간이 스스로 펼쳐진다고 표현한다. 인간이 존재하지 않았던, 빅뱅 이후 138억 년의 우주론적 시간이라는 것은 어떤 관점에서 보면 눈 깜빡할 순간보다도 짧은 것일 수 있다. 오직 인간 현존재를 전제로 했을 경우에만 우주 탄생 이후 138억 년이라는 세월이 아득히 긴 시간으로 다가올 뿐이다. 인간 존재가 없다면 우주의 탄생과 진화의 138억 년 세월이든 원자 속 전자의 회전 속도든 근원적으로는 아무런 차이도 없는 것이다. 시간은 오직 인간 현존재와 함께 시간으로 펼쳐지기 때문이다. 길어야 100년 남짓 사는 인간의 삶을 전제로 했을 때에만 100억 년이든 십억 분의 1초든 시간으로서 의미가 있는 것이다. 이것은 주관적인 시간 이해가 아니라 시간에 관한 모든 물리학적 이해에 앞서는 근원적인 시간 이해다. 그러므로 이런 눈으로 보면 인간 이전에 존재자가 존재했다는 것도 인간 종말 이후에 존재자가 존재할 것이라는 것도 근본적으로는 무의미한 말이다.

이렇게 강의를 진행하던 도중에 하이데거는 불쑥 이런 말을 한다.

"이 강의에 대해서 가끔 나에게 던져지는 질문들은 사람들이 많은 경우에 잘못된 방향으로 듣고 있으며 세부적인 것에 붙잡혀 있다는 것을 나에게 다시금 새로이 일깨워주었다."「형이상학 입문」143쪽

이 문장에서 하이데거의 강의를 따라잡지 못하는 수강생이 적지 않았음을 짐작할 수 있다. 헤겔의 절대정신의 전개 방식을 이해하지 못할 때 『정신현상학』을 이해할 수 없듯이, 하이데거가 말하는 존재 자체를 이해하지 못하면 하이데거의 강의는 한없이 막연한 것이 되고 만다. 그래서 하이데거의 말대로 아지랑이를 손으로 붙잡으려고 헛된 노력을 하거나 아니면 어떤 세부적인 문제에 붙들려 거기서 빠져나오지 못하게 된다. 많은 하이데거의 독자들 그리고 수강자들이 그런 오리무중의 상태에 빠졌음을 고백했다. 그러나 존재 자체로 진

입해 그것을 경험한다면 하이데거의 언어는 뜻밖에 맑게 갠 하늘처럼, 수평선 너머로 펼쳐지는 장대한 대양처럼 자기를 내보인다.

존재와 생성, 존재와 가상, 존재와 사유, 존재와 당위

이제 하이데거는 존재의 본질에 대한 물음을 존재와 짝이 되는 낱말들을 함께 살핌으로써 심화하는 길에 나선다. '존재와 생성 (Werden)', '존재와 가상(Schein)', '존재와 사유(Denken)', '존재와 당위(Sollen)'가 하이데거가 탐사하는 짝이 되는 말들이다. 과연 존재는 이 낱말들 곧 생성·가상·사유·당위와 어떤 관계를 맺고 있는가? 하이데거는 이 낱말들이 가리키는 사태가 존재를 둘러싸고 있으며 존재의 본질을 규정하고 있다고 말한다. 생성·가상·사유·당위가 존재에 마주 서서 존재와 구별되면서도 존재에 속해 있다는 얘기다. 다시 말해 존재는 '생성'과 '가상'을 포괄하고 있으며 '사유'를 바탕으로 하여 '당위'로 펼쳐진다. 하이데거는 존재를 둘러싸고 존재와 마주서 있는 생성·가상·사유·당위의 구분이 서양 철학에서만 그 위세를 떨치는 것은 아니라고 강조한다.

"이들은 모든 앎과 행동과 말함 속에 스며들어 있으며 이들이 이런 이름으로 불리지 않는 곳에도, 이들이 전혀 말해지지 않는 곳에도 침투해 있다." 『형이상학 입문』 157쪽

존재와 생성, 존재와 가상, 존재와 사유, 존재와 당위의 구분은 서양 철학에만 한정된 문제가 아니라 인간이 존재하는 모든 곳에서 보편적으로 발견되는 문제라는 얘기다. 서양의 언어와 똑같은 명칭으로 불리지는 않아도, 심지어 전혀 말로 드러나지 않아도 이 네 가지 구분은 인간의 말과 생각과 행동에 깊이 스며들어 인간 존재를 규정하고 있다는 것이다.

하이데거는 이 네 가지 구분 가운데 가장 먼저 '존재와 생성'
의 관계를 살펴 들어간다. 존재와 생성은 이 네 가지 구분 가운데
가장 널리 통용되는 구분이다. 이 둘의 관계를 잘 보여주는 사례
로 하이데거는 소크라테스 이전의 그리스 초기 사상가 헤라클레
이토스(Heraclitus, Ἡράκλειτος, 기원전 540~480)와 파르메니데스
(Parmenides, Παρμενίδης, 기원전 515~445)의 논의를 끌어들인다.
파르메니데스의 한 단편(8번)은 다음과 같은 내용으로 이루어져
있다.

"길에 대한 이야기가 하나 남아 있다. 존재가 어떻게 존재하는지
를 (알려주기 위해 이 길은 열려 있다.) 이 길 위에는 많은 것들이 나타
나 손짓한다. 존재는 어떻게 태어나지도 않고 파멸하지도 않는지를,
… ."107)「형이상학 입문」 160쪽

이 교훈시에서 핵심이 되는 문장은 '존재는 어떻게 태어나지도 않
고 파멸하지도 않는지'라고 할 수 있다. 이 문장에서 존재는 모든 변
화를 초월한 것처럼 보인다. 그래서 오늘날에도 사람들은 파르메니
데스의 교설을 헤라클레이토스의 교설과 마주 세운다. 헤라클레이
토스가 한 말 '판타 레이'(πάντα ῥεῖ) 곧 '모든 것은 흐른다'라는 말
을 사람들은 '머물러 있음'은 존재하지 않으며 모든 것은 변화(생성,
Werden) 중에 있다고 해석한다. 이렇게 이해하면 '존재'와 '생성'은
상반된 것을 가리키고 있는 것처럼 보인다. 그러나 하이데거는 이런
통념을 거부하고 모든 위대한 철학자는 본질적으로 동일한 것을 말
한다고 이야기한다.「형이상학 입문」 162쪽 파르메니데스와 헤라클레이토
스가 표면상 상반된 것을 말하는 듯이 보이지만, 본질적으로는 같은
이야기를 하고 있다는 것이다. 왜 그런가? 협의의 존재와 협의의 생
성을 뛰어넘어서 더 높은 차원에서 보면 존재와 생성은 동일한 것이
기 때문이다. 근원적으로 볼 때 생성을 품지 않은 존재는 없기 때문

파르메니데스(아래줄 가운데)와 헤라클레이토스(턱을 괸 남자).
하이데거는 존재와 생성의 관계를 이 두 사상가의 논의로 펼친다.

이다.

'존재와 가상'의 구분도 '존재와 생성'의 구분과 다르지 않다. 존재와 가상도 마주 서 있기만 한 것이 아니라 서로 속해 있다. 존재와 가상의 그 공속성을 이해하려면, 역시 그리스 시대의 사유의 뿌리로까지 들어가야 한다. 겉으로 보면 존재는 '실재'를 가리키고 가상은 '비실재'를 가리키는 것처럼 보인다. 하이데거는 가상 곧 'Schein' (샤인)이라는 것에 세 가지 양상이 있다고 말한다. 첫째, 빛남이라는 의미, 둘째, 나타남 곧 눈앞에 등장함이라는 의미, 셋째, 겉으로 그렇게 보임이라는 의미. 요컨대 'Schein'에는 빛남·출현·가상이라는 세 가지 뜻이 들어 있는 것이다. 이 셋 가운데 '무엇으로 나타남'이라는 두 번째 의미의 'Schein'이 첫 번째 의미의 '빛남'과 세 번째 의미의 '가상'이 존재할 근거가 된다고 하이데거는 말한다. 이 'Schein'을 그리스적 의미에서 이해하는 것이 관건이다. 그리스인들에게 존재 곧 피시스는 '열려-펼쳐져-머물러-다스림'을 뜻함과 동시에 '나타남, 빛남'을 뜻했다. 여기서 벌써 존재와 가상이 공속할 가능성이 드러난다.

독사, 나타나 보임과 봄

하이데거는 '존재와 가상'의 관계를 더욱 명료하게 이해하기 위해 '존재와 진리'의 관계에 대한 물음으로 들어간다. 존재와 진리의 관계가 존재와 가상의 관계를 알려주기 때문이다. 진리 곧 알레테이아 (ἀλήθεια)란 은닉(숨겨져 있음, Verborgenheit)에서 벗어남, 숨겨져 있지 않음을 뜻한다. 이 '숨겨져 있지 않음'에 바로 '숨겨져 있음으로부터 나타남'이라는 의미가 깃들어 있다. 진리란 은닉에서 벗어나 '나타남'을 뜻한다. 존재란 다른 것이 아니라 바로 이 진리, 이 나타남을 의미한다. 진리도 나타남이고 존재도 나타남이다. 그러므로 진리는 존재의 본질에 속한다.

이렇게 존재는 나타남, 나타나 보임을 가리킨다. 그런데 이 나타나 보임은 '숨겨져 있지 않음' 곧 '비은폐돼 있음'이지만 동시에 '가상'의 가능성을 지닌 나타나 보임이다. 존재는 나타남이지만 이 나타남에는 '가상으로 나타남'의 가능성도 속해 있는 것이다. 그래서 태양은 지구를 도는 것으로 나타나지만 실제로는 지구가 태양을 도는 것이다. 이렇게 태양이 지구를 도는 것으로 나타남이 바로 'Schein'이며, 그래서 그것은 가상이기도 한 것이다.

이것은 그리스어 '독사'(δόξα, doxa)라는 말을 통해서도 알 수 있다. 독사는 '영광·광휘'를 뜻하기도 하지만, '나타나 보임' 그리고 그렇게 나타나 보이는 것을 '봄'을 뜻하기도 한다. 독사는 '스스로 빛나는 것'을 뜻하기 때문에 '영광·광휘'이며, '신의 영광'(독사 테우, δόξα θεοῦ)에서 그 의미가 분명히 드러난다. 동시에 독사는 '나타나 보임'을 뜻하며, 그래서 그렇게 나타나 보이는 것에 대한 인간의 '봄'이라는 의미에서 '의견'을 뜻하게 된다. 의견이란 '나는 이렇게 본다' 할 때의 그 '봄'이다. 그리고 의견은 잘못된 견해가 될 수도 있다. 왜냐하면 나타나 보인 것이 잘못 나타나 보일 때 그 봄은 잘못된 봄이 되기 때문이다. 요컨대 존재는 나타남이고 이 나타남에는 가상의 가능성이 언제나 속해 있는 것이다.

주목할 점은 이 가상이 주관적인 오류를 뜻하는 것이 아니라는 사실이다. 이 사실을 하이데거는 특별히 강조한다.

"우리는 이 가상(Schein)이라는 것을 그저 단순하게, 마치 '상상된 것', '주관적인 것'일 뿐인 것으로 취급하는 오류에 빠지는 것을 조심해야 한다. 오히려 우리는 나타나 보임이라는 것이 존재자 자체에 속해 있다는 사실, 그래서 가상도 존재자에 속해 있다는 사실을 알아들

어야만 한다." 『형이상학 입문』 174쪽

다시 태양의 사례를 보자. 태양은 매일 뜨고 진다. 지구가 태양을 돈다는 것은 우리의 일상 경험이 아니라 천문학자들과 물리학자들의 관측과 실험 속에 있는 일이다. 우리의 일상 경험에서 태양이 보여주는 것, 다시 말해 새벽의 풍경, 저녁놀이 지는 바다, 밤의 어둠 따위는 일종의 '가상'이지만 동시에 그 가상은 아무것도 아닌 것이 아니며 참되지 않은 것도 아니다.

"이 가상은 역사적이며 역사(Geschicht)다. 그래서 이것은 시와 전설 속에 발견되고 거기에 뿌리박고 있으며, 그래서 이것은 또한 우리 세계의 본질적인 영역을 이루고 있는 것이다." 『형이상학 입문』 175쪽

가상은 가상이므로 아무것도 아닌 것이 아니라 역사적인 위력을 지니고 있다는 얘기다. 소피스트 시대에 이르러, 특히 플라톤의 사유에 이르러 처음으로 가상을 단순한 가상으로 단정해버리고, 동시에 가상이 지닌 힘을 지나쳐버리는 일이 일어났다고 하이데거는 말한다. 플라톤은 독사(δόξα)를 이데아(ἰδέα)와 대립시켰다. 다시 말해 독사를 단순한 보임과 의견으로 떨어뜨리고 오직 이데아만을 참된 존재 곧 진리로 끌어올렸다. 가상이 존재의 영역에서 밀려나기 시작한 것이다.

오이디푸스 왕의 영광과 가상

반면에 플라톤 이전의 그리스인들에게 존재와 가상의 투쟁은 근원적이고 거대한 것이었다고 하이데거는 말한다. 그런 사태를 소포클레스의 비극 「오이디푸스 왕」이 보여준다. 오이디푸스는 처음에 모든 영광(독사)을 한몸에 지닌, 폴리스의 구제자이며 지배자였다. 그러나 오이디푸스는 스스로 진실을 알아가는 지난한 투쟁 과정을 거

처 그 영광이 모두 가상이었음을 스스로 폭로한다. 오이디푸스가 신의 가호를 받는 영광의 자리에서부터 전율스러운 폭군의 자리로 떨어지는 과정은 가상과 존재, 은닉(숨겨져 있음)과 진리(숨겨져 있지 않음) 사이에 벌어지는 투쟁의 과정이다. 가상은 존재와 무관한 것, 존재와 대립하기만 하는 것이 아니라 존재와 얽혀 있으며 존재에 근원적으로 속해 있는 것임을 소포클레스 비극은 보여주는 것이다.

"나타나 보임(Erscheinen)이라는 의미의 존재 자체에 가상(Schein)이 속해 있다. 가상으로서도 존재는 비은폐성(숨겨져 있지 않음)이라는 의미의 존재(Sein)와 똑같이 막강한 것이다."『형이상학 입문』 180쪽

존재와 가상의 이런 관계를 보여주는 유명한 시구가 헤라클레이토스의 단편(123)에 나온다. "피시스 크립테스타이 필레이(φύσις κρύπτεσθαι φιλεῖ)." 하이데거는 이 시구를 다음과 같이 해석한다.

"존재는 그 자체 안에 자신을 숨기는 쪽으로 기울어지는 경향을 지니고 있다."『형이상학 입문』 189쪽.

간략하게 말하면, 피시스 곧 존재는 '자신을 숨기기'(크립테스타이)를 좋아한다. 이때 '크립테스타이'가 가리키는 것이 숨겨져 있음으로서의 가상이다. 존재는 가상으로 기울어지려는 성향을 지니기 때문에, 존재를, 다시 말해 '숨겨져 있지 않음으로서 진리'를 구제하는 것은 언제나 가상과의 힘겨운 투쟁을 요구하는 것이다. 또 이렇게 힘겨운 투쟁을 요구한다는 것은 존재와 가상이 그만큼 긴밀하게 결부돼 있다는 것을 뜻하는 것이기도 하다.

그렇다면 '존재와 가상'과 '존재와 생성'은 어떤 내적 연관을 지니고 있는 것일까? 당연히 생성은 가상과 밀접한 관련이 있다. 왜냐하면 생성이란 변화이고 변화는 '이렇게 보이다가 저렇게 보이게 됨'을 가리키기 때문이다. 어떤 존재자가 생성 중에 있다는 것은 변화 중에 있다는 것을 뜻하며 그것은 이런 모습으로 있다가 저런 모습으

로 바뀌어간다는 것을 뜻한다. 그런데 이런 생성이야말로 '열리고 펼쳐지고 피어나는' 피시스의 본래 모습이다. 피시스는 생성 중에 있다. 피시스는 현존으로 들어와 머물다가 현존에서 떠나간다. 이런 피시스의 생성이야말로 존재 자체다. 그렇기 때문에 어떤 한 시점의 모습에만 집착할 경우 그 모습은 다음 순간에 비존재로, 가상으로 떨어지고 만다. 우리가 식물의 씨앗에만 머물러 있다면 싹이 트고 꽃이 피는 것을 알아볼 수 없다. 또 열매를 맺고 시들어 사라지는 것도 알아볼 수 없다. '나타나 보임'이라는 의미의 가상은 그러므로 존재의 생성을 가리킨다고도 할 수 있다.

존재는 인간의 사유를 통해 나타남

이제 하이데거는 '존재와 사유'라는 세 번째 구별로 나아간다. 인간의 사유는 존재를 사유하고 존재는 인간의 사유를 통해 나타난다. 그러므로 사유와 존재는 떼려야 뗄 수 없는 관계에 놓여 있다. 이 존재와 사유의 관계야말로 결정적인 것이다. 왜냐하면 존재와 사유의 근본 관계 속에 서양 정신의 근본 태도가 깃들어 있기 때문이다. 여기서 하이데거는 특히 사유가 펼쳐지는 장인 '로고스'(λόγος)에 논의를 집중한다. 왜냐하면 사유는 결국 '말을 통한 진술', 곧 로고스로 하는 사유이기 때문이다. 사유라는 것은 말로써 하는 것이며 명제를 진술하는 것이기 때문이다. 하이데거는 로고스와 존재가 어떤 식으로 일치하는지, 로고스가 어떤 경로로 존재로부터 떨어져나가게 됐는지, 그리고 그리스 철학의 시작 시기에 '이성과 지성'이라는 의미의 로고스가 어떻게 해서 존재를 지배하는 위치에 올라서게 됐는지 밝혀나간다.

앞에서 설명한 대로 로고스가 처음부터 진술이나 지성이나 이성을 의미한 것은 아니었다. 로고스의 동사형인 '레게인'(λέγειν)은 '말하다'를 뜻한다. 그러나 로고스의 더 본래적인 뜻은 말함 혹은 언어와는 직접적으로 아무런 관련이 없다. 그 본디 뜻은 앞에서 밝힌 대로 '어떤 것을 다른 것 옆에 놓음, 하나로 함께 놓음', 짧게 말해서 '모아 놓음'(sammeln)을 뜻한다. '레게인'이 애초에 '모으다'를 뜻했다는 것을 보여주는 문장으로 하이데거는 호메로스의 『오디세이아』의 한 구절을 들어 보인다. 지하에서 죽은 사람들을 만난 아가멤논은 이렇게 말한다. "암피메돈이여! 그대들은 어떤 고통을 겪고 이 땅밑의 어두운 나라에까지 이르게 됐는가? … 도시 전체를 샅샅이 뒤져 찾는다 해도 그대들과 같이 고귀한 이들을 어떻게 이렇게 한자리에 모을(λέξαιτο, 렉사이토) 수 있을지 나는 모르겠네."[108]『형이상학 입문』 205쪽 또 아리스토텔레스는 『자연학』에서 "모든 질서는 모음(로고스)이라는 특성을 지니고 있다"고 말한다. 로고스는 말, 언어, 진술을 뜻하기 전에 모음, 특히 아무것이나 마구잡이로 모아놓음이 아니라 가려 뽑아 질서 있게 모아놓음이라는 뜻을 지니고 있었던 것이다.

중요한 것은 '존재 곧 피시스'와 '모음 곧 로고스'가 어떻게 동일한 것을 가리켰다가 갈라지게 됐는지 확인하는 일이다. 여기서 하이데거는 다시 자신이 '표본과도 같은 사상가'라고 부르는 헤라클레이토스와 파르메니데스로 돌아가 그리스인들의 세계로 들어갈 입구를 찾는다. 하이데거가 여기서 탐구의 목표로 제시하는 것은 "낡은 세계의 거추장스러운 것들을 치우고 그 위에 진정으로 새로운 세계, 다시 말해서 역사적인 세계를 다시 건설하는" 것이다. 하이데거는 이 과제를 "오랜 시일을 요하는 거대한 임무"라고 말한다. 그런 임무의 무게를 느끼고 실행하려면 "철저한 역사적인 앎"이 필요하다.『형이상학 입문』 206쪽 여기서 하이데거는 존재의 본질을 찾아 초기 그리스 사상으로까지 거슬러가는 이유, 다시 말해 형이상학적 사유의 뿌리를 파고드는 이유가 낡은 세계를 치우고 진정으로 새로운 세계를 건설하는 데 있음을 거듭 분명히 밝힌다. 그리하여 먼저 하이데거는 헤라클레이토스의 글을 통해 그리스 초기의 로고스와 피시스의 내적 관계를 살핀다. 헤라클레이토스가 남긴 '단편'은 '로고스'에 관해 이렇게 말한다.

"로고스는 끊임없이 그 자체로 머물러 있는 데 반해, 인간들은 이것을 듣기 전에도 그리고 이것을 듣고 난 뒤에도 마치 아무것도 이해하지 못하는 사람처럼 행동한다."(단편 1)[109]

"그렇기 때문에 모든 존재자들에 속해 있는 것에 자신을 머무르게 하는 것이 필요하다. 로고스가 이 모든 존재자들에 속해 있는 것으로 존재하는데도 사람들은 이미 그들 각자가 고유의 이해력을 지닌 것처럼 살아간다."(단편 2)[110]『형이상학 입문』209쪽

헤라클레이토스의 두 단편이 이야기하는 로고스의 성격을 하이데거는 다음과 같이 정리한다. 첫째, 로고스는 지속성, 머물러 있음이라는 성격을 지녔다. 둘째, 로고스는 모든 존재하는 것들에 속해 있는 것이며, 존재자들을 함께 모으는 것이다. 셋째, 일어나는 모든 것, 다시 말해 존재 안으로 들어오는 모든 것은 이 로고스의 다스림에 상응해서 일어난다. 로고스야말로 '지배하고 다스리는 섭리'(das Waltende)다. 요약하자면 존재하는 것들을 질서 있게 모아놓음이 로고스이며 그렇게 모아놓은 존재자들을 지배하고 다스림이 로고스다. 하이데거는 헤라클레이토스가 말하는 로고스가 모음(sammlung), 모아놓음(Gesammeltheit)을 의미하며, '뜻(Sinn)이나 말(Wort)이나 가르침(Lehre)과는 관련이 없음을 강조한다.

로고스, 하나로 모여 조화를 이룸

그렇다면 로고스는 정확히 무엇을 뜻하는가? 하이데거는 헤라클레이토스의 또 다른 단편들을 제시한다.

"그대들이 내 말을 듣지 않고 로고스의 말을 들었다면, 거기에 맞추어 이렇게 말하는 것이 지혜로울 것이다. 하나는 모든 것이다 (Eines ist Alles)."(단편 50)[111]『형이상학 입문』210쪽

여기서 로고스는 '들을 수 있는 것'으로 이해되고 있다. 헤라클레이토스는 이런 말도 한다.

"왜냐하면 그들은 그들이 늘 함께 만나는 것, 로고스에 등을 돌리고, 그들이 매일 부딪치는 것이 그들에게는 낯설게만 나타나 보인다."(단편 72)『형이상학 입문』213쪽

로고스가 무언가 중대한 것을 알려주고 있는데 사람들은 그 말에 귀를 기울이지 않고 등을 돌리고 있다고 헤라클레이토스는 한탄하고 있다. 하이데거는 이 단편들의 가르침을 다음과 같이 해석한다.

"인간들은 늘 존재와의 관계 속에 놓여 있다. 그렇지만 그것은 그들에게는 낯선 것이다. 그들은 항상 존재자를 대함으로써 존재와 늘 상관하고 있으면서도 … 존재자는 그저 존재자일 뿐이고 더는 아무것도 아니라고 주장함으로써 존재로부터 등을 돌리고 있는 것이다. 그들은 존재자에 관해서는 깨어 있지만, 존재는 그들에게 숨겨져 있는 것이다. 그들은 잠자고 있는 것이다. 그들은 잠자는 중에, 이미 이루어놓은 것조차 다시 잃어버리고 만다. 이렇게 그들은 존재자 주위를 방황하며, 언제나 손쉽게 붙잡을 수 있는 것만을 이해할 수 있는 것으로 생각한다."『형이상학 입문』214쪽

로고스는 존재 곧 피시스를 가리킨다. 피시스와 로고스는 동일한 것이다. 좀 더 분석하면 로고스는 피시스의 내적 구조, 내적 질서, 서

로 대립해 경쟁하는 힘들의 통일성을 가리킨다. 피시스를 그 내적 질서의 섭리에 따라 파악한 것이 로고스인 셈이다. 로고스는 대립하는 것들의 모임이며, 이렇게 모여서 서로 대결하고 있다는 의미에서 폴레모스(πόλεμος) 곧 투쟁(Kampf)이다. 헤겔의 용어를 빌리면 '대립물의 통일과 투쟁'이 로고스다. 로고스는 피시스의 내적 질서다. 이 로고스가 폴리스 곧 '국가 혹은 공동체' 차원에서 나타난 것이 '노모스'(νόμος), 다시 말해 공동체의 '규범'이다. 노모스는 폴리스의 내적 구조이며, 서로 대립해 경쟁하는 것들을 근원적으로 일치시켜주는 통일성이다.『형이상학 입문』 214~215쪽

하이데거는 헤라클레이토스의 다른 단편을 빌려 '로고스 사유', '존재 사유'의 중요성을 알지 못하는 사람을 '개'와 '당나귀'에 비유한다. "왜냐하면 개들 또한 누구든지 알지 못하는 사람을 보면 짖어대는 것이다."(단편 97) "당나귀들은 황금보다 겨를 더 좋아한다."(단편 9)『형이상학 입문』 217쪽 존재자 곧 주위세계의 일거리에 마음을 빼앗긴 사람들은 존재를 돌보지 않고 아집과 무지 속에 취해 비틀거리는 사람들이다. 그들에게 존재는 숨겨져 있다. 왜냐하면 존재는 잡을 수도 없고 만져볼 수도 없으며 귀로 들을 수도 없고 냄새 맡을 수도 없기 때문이다. 그러나 존재는 아지랑이나 연기와는 전혀 다른 것이다.『형이상학 입문』 217쪽 하이데거는 시인(Dichter)과 사상가(Denker)만이 진정으로 로고스의 소리에 귀를 기울이는 사람이라고 말한다.

로고스는 하나로 모여 조화를 이룸을 뜻한다. 그러므로 존재는 로고스이고 하르모니아(harmonia, 조화)이며, 알레테스(alethes, 비은폐된 것, 진리)이고 피시스(physis, 열려 피어남)이며, 파이네스타이(phainesthai, 나타남)다. 그런데 존재는 아무렇게나 자신을 나타내 보이지 않는다. 참된 것으로서 존재는 누구에게나 주어지는 것이 아니라 오직 강한 사람에게만 주어진다고 하이데거는 말한다.『형이상학 입문』

로고스는 아무렇게나 모아놓은 것이 아니다. 두엄더미처럼 마구 뒤섞어놓는 것은 로고스가 아니다. 로고스는 내적 질서를 갖춘 '대립하는 것'의 통일이다. 하이데거는 로고스의 이런 개념을 염두에 두고 헤라클레이토스가 한 말 "모든 것은 흐른다"도 이해해야 한다고 말한다. 이 말은 모든 것은 단지 흐름이고 변화이며 무상한 것일 뿐이라는 뜻이 아니고, 존재자 전체는 그 존재 속에서 대립되는 것들이 서로 힘겨루기를 하며 이쪽에서 저쪽으로, 저쪽에서 이쪽으로 유동한다는 것, 그리하여 대립하는 것들이 불안정 속에 모여 있다는 것을 뜻한다. 그러므로 로고스의 모음은 "대결하고 있는 것들 그리고 대립하고 있는 것들을 상호귀속성 안에 붙잡아 두고 있음이다."「형이상학입문」 219쪽 바로 이렇게 붙잡아 둔다는 의미에서 로고스는 '철저히 다스려 지배함'(Durchwalten) 곧 피시스라는 특성을 지니고 있다. 그리하여 로고스는 대립하는 것들을 통일하는 가운데 이것들을 최고의 긴장 상태 안에 보존한다.

헤라클레이토스의 로고스와 신약성서의 로고스

여기서 하이데거는 헤라클레이토스가 말하는 로고스와 기독교 『신약 성서』에 등장하는 로고스를 비교한다. 초기 기독교 교부들은 『신약 성서』의 「요한복음」 첫 장의 첫 구절 "태초에 말씀(로고스)이 있었다"에 나오는 로고스가 바로 헤라클레이토스가 말한 로고스라고 해석했다. 그러나 「요한복음」의 로고스는 '신의 아들' 예수 그리스도를 가리키는 것이며, 헤라클레이토스의 로고스와는 근본적으로 관련이 없다고 하이데거는 말한다. 헤라클레이토스를 '덜 성숙한 기독교 신학자'로 이해하는 것이야말로 터무니없는 오해다. 로고스를 그리스도로 이해하는 신학적·철학적 배경을 마련한 사람은 헬레니즘 시대 알렉산드리아의 유대 종교철학자 필론(philon, Φίλων, 기원전 15~기원후 45)이었다. 필론은 창조론에서 로고스를 메시테스(μεσίτης) 곧 중재자로 해석했다. 로고스가 중재자가 된 경위는 『구약 성서』의 그리스어 번역(70인역)에서 확인할 수 있다. 이 번역에서 로고스가 '신의 말씀'을 의미하는 것으로 옮겨졌으며, 여기서 신의 말씀은 명령 곧 계명을 뜻한다. 모세가 받은 '십계명'(Dekalog)을 '호이 데카 로고이'(οἱ δέκα λόγοι)라고 번역한 것이 단적인 사례다. 이어 로고스는 이 계명을 전달하는 앙겔로스(ἄγγελος) 곧 전달자를 뜻하게 됐다. 그리하여 「요한복음」에 이르러 로고스가 신과 인간 사이의 중재자가 된 것이다. 이런 역사를 보면 「요한복음」의 로고스는 헤라클레이토스가 말한 로고스와는 거리가 먼 것임이 분명해진다.

헤라클레이토스에게서 피시스와 로고스는 근원적으로 일치하는 것, 다시 말해 존재의 두 양상이라고 할 수 있다. 그렇다면 어떻게 해서 피시스와 로고스의 통일성에서 이 둘이 분리됐는가? 다시 말해 이 통일성에서 로고스가 '사유'로서 갈라져 나와 피시스 곧 '존재'와 대립하는 위치에 서게 됐는가? 하이데거는 여기서 파르메니데스가 남긴 단편들을 검토한다. 파르메니데스의 가장 유명한 말, 그리하여 후대 서양 철학에 결정적인 영향을 끼친 말은 다음과 같다.

"토 가르 아우토 노에인 에스틴 테 카이 에이나이(τὸ γὰρ αὐτὸ νοεῖν ἐστίν τε καὶ εἶναι)."[112]

이 말은 서양 철학에서는 통상 "존재와 사유는 동일한 것이다"라고 번역해왔다. 그리고 이렇게 번역하면서 '노에인'(사유)을 주체에 귀속시키고, '에이나이'(존재)를 객체에 귀속시켰다. 그리하여 '객관적인 것(존재)은 주관적인 것(사유)이다'라는 근대 주관주의 철학의 모토가 성립됐다. 그러나 이 명제를 이런 식으로 이해하는 것은 파르메니데스가 본디 말하려 한 것에서 멀리 벗어나는 일이 되고 만다. 이 말을 바르게 이해하려면 이 문장에서 핵심이 되는 것, 곧 '노에인'과 '에이나이'와 '토 아우토'를 파르메니데스의 생각에서부터 이해해야 한다.

먼저, 흔히 사유로 번역되는 '노에인'을 하이데거는 '알아들음'(Vernehmen, 지각함·인지함), '받아들임'(Hinnehmen)으로 옮긴다. 노에인이라는 것은 '자기를 나타내는 것이 나타나는 대로 다가오도록 놓아 둠, 그대로 받아들임'을 뜻한다. 스스로 나타나는 것을 그대로 받아들이는 것이 바로 노에인이다. 노에인은 그런 의미에서 받아들임이고 알아들음이다. 파르메니데스는 이 받아들임 곧 노에인이 존재(에이나이)와 동일한 것(토 아우토)이라고 말하는 것이다. 그런데 여기서 '토 아우토'는 정확히 말하면 일치성을 뜻하며, 일치성이란 '서로 반대되는 것이 함께 속해 있음'을 뜻한다. 존재와 사유는 서로 대립되는 것으로서 함께 속해 있다는 의미에서 일치하는 것, 동일한 것이다. 달리 말하면 존재는 존재로서 있고 사유는 사유로서 있지만 이 둘은 서로 공속하는 방식으로 통일돼 있다는 얘기다.

'안티고네'의 합창

그리하여 하이데거는 파르메니데스의 이 문장을 "알아들음과 존재는 서로 함께 속해 있다"고 새롭게 옮긴다.「형이상학 입문」237쪽 그러나 이런 번역만으로 파르메니데스가 말하려고 하는 것이 진정 어떤 것인지를 깊이 이해하기는 쉽지 않다. 그래서 하이데거는 이 사태를 생생하게 이해하게 해줄 모범적인 사례로 소포클레스의 비극「안티고네」에 등장하는 합창(첫 번째 정립가)을 분석한다.「안티고네」의 이 합창은 '인간이란 무엇인가'라는 물음에 대한 고대 그리스인의 대답을 품고 있으며, 더 나아가 인간과 피시스의 관계에 대한 그리스인들의 생각을 담고 있다. 하이데거는 이 합창을 분석함으로써 근대의 인간 이해의 틀을 벗고 고대 그리스의 인간 이해로 되돌아가 인간의 본질을 근본적으로 재규정하려고 한다. 인간 본질을 이렇게 재규정함으로써 '존재와 사유'의 근원적인 일치와 분리도 더 깊게 이해할 수 있다고 하이데거는 말한다. 하이데거가 분석 대상으로 삼는 「안티고네」의 합창은 다음과 같다. 횔덜린 시론에서도 등장한 바 있는 그 합창이다.

> 두려운 것은 많으나, 아무것도
> 인간을 뛰어넘을 만큼 그렇게 두려운 것은 없나니,
> 겨울의 남쪽 바람을 타고
> 인간은 거품 이는 망망대해를 향해 돌진하여
> 광란하는 파도를 가로질러 항해하는구나.
> 그렇게도 피곤해할 줄 모르는, 파괴될 수 없는
> 가장 너그러운 신 대지까지도
> 말이 끄는 쟁기로 해를 거듭해서
> 갈고 또 갈아 고갈시키는구나.
>
> 용의주도한 인간은
> 하늘을 가볍게 날아다니는 새들의 무리 또한 그물을 쳐 잡으며 야생의 짐승들과
> 바다 속에 살며 꿈틀거리는 것들을 사냥하는구나.
> 간계를 써 산중에서 밤을 보내며 돌아다니는
> 뭇 짐승들을 사로잡으며,
> 가장 난폭한 말의 목과 아직 한 번도 길들여져 본 적이 없는

황소의 목에 나무틀을 만들어

멍에를 지도록 강제하나니.

언어의 번거로움 속에서도

바람처럼 빠른 경박한 박식 속에서도

그는 도시를 다스릴 용기를 지녔노라.

매서운 날씨의 화살과 엄동설한을

어떻게 피할 것인지 또한

그는 잘 생각해낸다.

곳곳으로 경험을 쌓으러 돌아다니며, 결국은 아무런 경험도

얻지 못하고 막다른 길에 이르러

그는 아무것도 아닌 것(무)에 이르고야 마는 것을.

비록 그가 운명적인 불행을 피하는 수 있다 할지라도,

결코 피하는 것으로써는 대항할 수 없는,

오로지 단 하나의 밀어닥쳐 오는 것, 죽음만은 그 또한

감수해야 하는 것을.

아 우스운 일이로다. 자칭 수단이라는 것을 통해서

재주를 부리는 이 인간은

모든 예측과는 달리

또 다른 야무진 인간이 그를 실패시킴으로써

언젠가는 완전히 비참하게 돼 버리고 마는 것을.

대지의 법칙과 신들이 선서한 섭리 사이에서

인간은 자신의 길을 걸어가는구나.

그에게는 늘 존재하지 않는 것이 존재하는 것으로 여겨지는 것이

기에,

언제나 그는 과감한 행동을 즐기게 되는 것이며,

높은 문화 성역을 지배하는가 하면, 높은 문화 성역에서 쫓겨나기도
하는 것을.

그가 나의 집안에 친밀한 친구가 되지 않기를,

또한 그의 망상이, 나의 과업을 성취시켜주는

나의 앎과 서로 뒤섞이지 않기를.[113)『형이상학 입문』, 240~241쪽]

인간이야말로 가장 두려운 것

하이데거는 이 시를 세 국면으로 나누어 분석한다. 첫 번째 국면에
서는 시의 첫 구절에 등장하는 인간 규정 곧 '가장 두려운 것'의 본
질을 파헤친다. 여기서 '가장 두려운 것'은 그리스어로 '토 데이노타
톤'(τὸ δεινότατον)이다. '데이노타톤'은 '데이논'(δεινόν)의 최상
급이다. 하이데거는 이 단어를 독일어로 'das Unheimlichste'로 옮
겼다. 이 말의 원형인 'unheimlich'(운하임리히)는 '두려운' 것을 가
리키기도 하지만, 일차로는 '집, 고향에 있는 것처럼 친밀하지 않은'
상태를 뜻하고, 나아가 '낯설고 불길하고 으스스한', 그래서 '섬뜩
한', '무시무시한', '엄청난' 사태를 가리킨다. 낯설고 섬뜩하고 무시
무시하고 두려운 것은 많지만 그 어떤 것도 인간만큼 낯설고 섬뜩하
고 무시무시하고 두려운 것은 없다는 사실이 이 합창의 첫 구절이 보
여주는 인간 규정이다.

그런데 데이논은 인간에 대한 규정으로 그치는 것이 아니다. 하이
데거는 이 합창 전체에 걸쳐 '데이논'이 이중의 의미로 쓰이고 있음
을 강조한다. 하나는 존재자 전체의 압도적 지배를 뜻하는 데이논이
고, 다른 하나가 존재 전체의 지배 아래 놓여 있는 인간의 폭력적인

대항을 뜻하는 데이논이다.『형이상학 입문』245쪽 존재자 전체의 압도적인 지배야말로 데이논, 곧 두려운 것이다. 동시에 인간 그 자체가 데이논 곧 두려운 것인데, 그것은 인간이 존재자 전체의 지배 아래 놓여 그 존재자 전체에 맞서 폭력을 사용하기 때문이다. 존재 자체의 폭력성에 맞서 폭력을 사용하는 자가 인간이다. 이때의 폭력은 무분별하고 방자한 폭력을 뜻하는 것이 아니라, 위력으로 자신의 의지를 관철한다는 의미의 폭력(Gewalt)이다.

하이데거가 여기서 '데이논'을 군이 '운하임리히' 곧 '친밀하지 않은'이라는 단어로 번역한 이유는 무엇인가? 하이데거는 이렇게 설명한다.

"친밀하지 않은 것(das Unheimliche)이라는 말은 우리가 '친밀한 것'(Heimlichen), 고향같이 편안한 것(Heimischen), 익숙한 것, 일상적인 것, 안전한 것으로부터 밖으로 밀려 쫓겨나왔음을 가리킨다."『형이상학 입문』246쪽

인간의 근원적인 폭력성은 우리를 고향에 있도록 내버려두지 않는다. 인간은 친밀한 것의 경계를 넘어 친밀하지 않은 것, 압도하는 것을 향해 나아가는 자다.『형이상학 입문』246쪽 그러므로 가장 두려운 것으로 존재하는 것이야말로 인간 본질의 근본 양상이다.

"'인간은 가장 두려운 존재자다'라는 말은 그리스인들의 고유한 인간 정의를 알려준다."『형이상학 입문』246쪽

그리하여 이 시의 세 번째 절에서 인간은 "곳곳으로 경험을 쌓으러 돌아다니며, 결국 아무런 경험도 얻지 못하고 막다른 길에 이르러 아무것도 아닌 것(무)에 이르고야 마는 것"으로 드러난다. 인간은 고향에 머물지 못하는 자, 모험을 감행하는 자이며, 바로 그렇게 모험하는 중에 길 없는 막다른 곳에 도달한다. 친밀한 것을 떠나 모든 곳을 돌아다니다가 결국 파멸, 재앙, 불행, 추락으로 끝나버리는 게 인

간이다. 바로 그런 이유로 인간은 '친밀하지 않은 자', 고향을 벗어난 자이며 데이논이다.

이어 하이데거는 두 번째 국면에 접어들어 가장 두려운 것으로서 인간 존재가 전개되는 양상을 뒤따라간다. 다시 말해 존재자 전체 곧 피시스의 압도적 지배에 대항하는 인간 존재의 모습을 추적한다. 피시스의 그런 압도적인 지배를 보여주는 것이 '파도가 광란하는 바다'와 '가장 너그러운 신 대지'다. 피시스의 이 압도적인 힘에 대항해 인간은 한겨울의 파도 위로 배를 띄우고 너그러운 대지를 쟁기질로 파헤친다. 대지와 바다의 지배에 순응하는 새떼와 들짐승과 물고기를 잡고 멍에를 지워 소와 말을 부린다. 그러나 진정으로 두려운 것은 대지와 바다로 나타나는 존재자 전체의 존재다. 인간은 이런 두려운 것들의 지배 아래 있을 뿐인데도 마치 자신들이 이 두려운 것들을 지배하고 있는 것처럼 생각한다. 인간은 존재자 전체의 압도적이고 위력적인 지배 아래 놓여 있다.

하이데거의 논의를 다시 요약하면 '데이논'은 두 가지를 가리킨다. 하나는 압도하는 것으로서 피시스의 데이논이다. 다른 하나는 폭력적인 것으로서 인간의 데이논이다. 이 두 데이논은 서로 대립해 마주서 있다. 다시 말해 인간은 자신의 '지식과 능력'을 통해 이 피시스의 질서에 대항하는 방식으로 마주 서 있으며, 피시스의 질서는 인간의 지식과 능력을 근원적으로 규정하고 지배하는 방식으로 마주 서 있다. 양자는 이렇게 서로 교류하고 서로 대립한다.『형이상학 입문』 260쪽

마지막으로 세 번째 국면에서 하이데거는 인간의 역사적 현-존재야말로 존재자 전체의 존재가 자신을 열어 보이는 장임을 이야기한다. 존재는 자신을 직접 드러내 보일 수 없고, 오직 인간의 마음과 행위를 통해서만 나타난다. 인간 현-존재가 바로 존재의 터전인 것이다. 그런데 인간이 집합적 행위를 통해 만들어가는 것이 역사이므로,

존재는 인간의 역사를 통해 자신을 드러낸다고 할 수 있다. 인간의 역사야말로 존재가 자신을 드러내는 장이다.

하이데거는 이렇게 소포클레스의 「안티고네」 합창을 분석한 뒤 이 분석의 결과를 들고 다시 파르메니데스로 돌아와 '노에인'과 '에이나이'의 관계를 살핀다. 여기서 노에인과 에이나이의 관계는 로고스와 피시스의 관계로 나타난다. 왜냐하면 '노에인 곧 사유'의 장소가 '로고스 곧 언어'이기 때문이다. 또 '에이나이 곧 존재'가 바로 '존재자 전체의 존재로서 피시스'이기 때문이다. 그러므로 노에인과 에이나이의 관계, 쉬운 말로 해서 사유와 존재의 관계는 로고스와 피시스의 관계로 나타난다.

그렇다면 어떻게 해서 로고스는 언어를 뜻하게 됐는가. 로고스의 본디 의미는 모음이다. 그런데 모은다는 것은 모아서 열어 보인다는 것을 뜻한다. 열어 보인다는 것은 '무언가를 가리켜 보이는 말함'을 뜻한다. 그리하여 로고스가 '말함 곧 언어'가 되는 것이다.「형이상학 입문」 274쪽 로고스는 모음이며 열어 보임이며 무언가를 가리켜 보이는 말함이고 그래서 언어다. 그리하여 하이데거는 인간 존재를 다음과 같이 규정한다. '인간 존재는 역사를 전개하는 존재자로서 존재자의 존재를 알아듣고 모으는 로고스다.'「형이상학 입문」 275쪽 인간이란 언어로 존재를 모으는 자다. 존재가 모여든 것이 언어인 셈이다. 인간은 이 언어로써 '압도적인 것'을 다스리는 일을 떠맡는다. 언어는 압도적인 것을 길들이고 보존하는 모음이다.

로고스는 어떻게 피시스를 심판하는 법정이 됐나

그렇다면 로고스는 어떻게 해서 피시스로부터 갈라져 나왔으며, 피시스를 심판하는 법정으로 군림하게 됐는가? 하이데거는 로고스가 피시스 곧 존재를 지배하는 법정으로 군림하는 데 필요한 준비 과정이 그리스 철학 안에서 이미 시작됐다고 말한다. 플라톤이 사물의 존재를 '이데아'라는 말로 부른 것이 그 출발점이다. 이데아라는 것은 본디 사물의 '보이는 모습'을 뜻했다. 이 사물의 모습 곧 이데아는 '항구적으로 현존하는 것'이다. 이데아란 항구적으로 현존하는 사물의 존재, 사물의 본질을 뜻했다. 그런데 결정적인 사태 변화는 이 이데아가 존재 해석에서 유일하고도 표준적인 것으로 등장해 군림하게 됐다는 것이다.『형이상학 입문』 291쪽 이데아는 항구적으로 존재하는 것, 고유하게 존재하는 것을 가리킴으로써 현실의 변화하는 것들보다 더 참되게 존재하는 것, 나아가 최상으로 존재하는 것으로 승격됐다. 더구나 이데아가 현실의 존재자가 따라야 할, 본받아야 할 모범이 됨으로써 현실의 존재자들은 그 모범의 복사물 같은 위치로 떨어졌다. 이런 경로를 따라 피시스가 이데아보다 못한 것으로 강등되고 만 것이다.

그런데 그 지속적인 존재로서 이데아는 우리의 정신의 눈, 사유의 눈에만 보인다. 이데아가 사유에게만 드러나는 이상, 이 이데아를 알아보는 능력이 중요해지는데, 그 사유의 능력이 바로 '로고스'라고 불리게 됐다. 이 로고스는 나중에 '이성'이라는 이름을 얻는다. 이런 과정을 거쳐, 이데아를 알아보는 사유 곧 로고스가 피시스보다 우위를 차지하게 됐다. 그리고 이런 변화와 함께 이제 진리라는 것은 '피시스 자체의 비은폐성'을 뜻하는 것이 아니라 '이데아라는 원본과 실제 존재자 사이의 일치(호모이오시스, ὁμοίωσις)'를 뜻하는 것이 됐다. 다시 말해 진리는 '사유와 실재의 일치'를 가리키는 것이 됐다. 그리하여 사유 곧 로고스가 이데아와 사물의 일치를 결정하는 위치에 서게 되고, 그 결과로 로고스가 피시스를 심판하는 법정이 된 것이다.

주목할 것은 존재가 이데아로 규정됨과 함께 '당위'라는 것이 존재와 대립하는 것으로 등장했다는 사실이다. 이데아는 단순히 참으로 존재하는 것, 항구적으로 존재하는 것만을 의미하지 않는다. 이데아는 참으로 존재하는 것으로서 존재자들의 모범이기도 하다. 이를테면 플라톤이 이데아들의 이데아라고 제시한 '선(좋음)의 이데아'가 바로 최고의 모범으로서 최고의 척도를 제공한다. 최고의 이데아인 선의 이데아는 '모범들의 원형'인 것이다.『형이상학 입문』 314쪽 이렇게 존재가 이데아가 되고 이데아가 모범이 됨으로써 이제 현실의 존재자들은 이데아에 미치지 못하는 결함 있는 존재자로 드러나고, 그리하여 이데아를 모범으로 삼아 그 이데아를 향해 나아가야 할 의무가 생긴다. 그것이 바로 '당위'다. 당위는 이데아의 탄생과 함께 태어나 존재와 대립하게 됐다.

그런데 그런 의미의 당위, 다시 말해 마땅히 해야 함이라는 의미의 당위를 담당하는 것이 바로 사유다. 사유가 바로 당위의 장소다. 그리하여 이성이라는 의미의 사유가 근대에 와서 지배권을 장악하게 됨과 함께 존재와 당위의 구별이 완성된 모습을 형성하게 됐다.『형이상학 입문』 315쪽 칸트 철학에서 이성으로부터 규정된 정언명령 곧 절대적 당위가 등장한 것이 단적인 사례라고 할 수 있다.

그런데 19세기에 역사학·경제학을 포함한 과학 일반이 우월적 지위를 장악하게 되자, 당위가 지녔던 척도로서 역할이 위협받기 시작했다. 과학은 마땅히 해야 할 것이라는 의미의 당위를 상대하는 것이 아니라 현실에 실제로 존재하는 것 곧 실재를 상대하기 때문이다. 그리하여 19세기 후반부터 이런 흐름에 맞서 당위의 자기주장이 시작되는데, 여기서 당위가 '그 자체로 가치(Wert)를 지닌 것'으로 등장했다. 다시 말해 가치 자체가 당위의 근거가 된 것이다.

그리하여 모든 존재자들에서 가치가 결정적인 것이 된다. 이를테면 역사라는 것은 다른 것이 아니라 가치들을 실현하는 과정이다. 그리하여 19세기 말 신칸트학파의 등장과 함께 '가치 철학'이 철학의 본류를 이루었다. 그러나 가치라는 것은 근원적으로 볼 때 존재 자체를 건드리지 못하고 그 표면에 머물러 있는 것일 뿐이다. 그리하여 가치라는 말이 힘을 잃어 퇴조하자 이 말 대신에 '전체성'(Ganzheit)이라는 말이 사용되기 시작했다. 그러나 이것은 단순히 명칭의 변화일 뿐이며 존재 자체와 만나는 일은 아니다. 하이데거가 이 강의를 하고 있던 1930년대 중반에 이 가치 철학에 입각해 국가사회주의(나치즘) 운동에 참여한 사람들이 적지 않았다. 하이데거는 이 사태를 두고 다음과 같이 말한다.

"특히 오늘날 국가사회주의 철학이라는 이름 아래 시장에서 판매되고 있는 것들은 이 운동의 내적 진리와 위대성과는 아무런 상관도 없다. 그것들은 이 '가치'와 '전체성'이라는 흙탕물 속에서 그물질을 하고 있을 뿐이다."「형이상학 입문」318쪽

하이데거의 이 표현은 훗날 이 책이 출간되고 난 뒤에 많은 논란을 불러일으켰다. 분명한 것은 이 구절이 등장하는 대목의 맥락을 볼 때, 하이데거가 현실의 나치 철학에 깊은 반감을 지니고 있었으며 그 자신의 철학이야말로 나치즘을 올바른 방향으로 이끌 철학이라고 생각했다는 것을 알 수 있다. 이때 하이데거 심중에 있는 나치즘은 하이데거 자신이 거부하는 '기술 문명의 질주'에 대항하는 것일 수밖에 없다. 하이데거는 히틀러와 나치 운동이 그 방향으로 가기를 기대했지만 1938년 이후 자신의 기대가 잘못됐음을 깨닫고 히틀러의 나치즘 자체와 멀어지게 된다.

존재와 생성·가상·사유·당위의 관계

이렇게 하여 하이데거는 존재를 중심에 두고 네 가지 대립하는 것들, 곧 생성과 가상과 사유와 당위가 둘러서게 된 역사적 경위에 대한 고찰을 마친다. 그렇다면 존재 자체와 이 네 가지 대립하는 것들은 어떤 관계에 있는가? 첫째, 존재는 생성에 대립하는 것으로는 '머물러 있음'(Bleiben)이다. 둘째, 존재는 가상에 대립하는 것으로서는 '머물러 있는 모범'(bleibende Vorbild)으로서 '항상 동일한 것'(das Immergleiche)이다. 셋째, 존재는 사유에 대립하는 것으로서는 '근저에 놓여 있는 것'(das Zugrundeliegende)으로서 '눈앞에 있는 것'(Vorhandene)이다. 넷째, 존재는 당위에 대립하는 것으로서는 '아직 실현하지 못했거나 벌써 실현된 것'이라는 의미에서 '이미 앞에 놓여 있는 것'(das je Vorliegende)이다. 『형이상학 입문』 322쪽

그런데 이 '머물러 있음' '언제나 동일함', '근저에 놓여 있음', '앞에 놓여 있음'은 근본에서 보면 모두 같은 것을 말하고 있다. 곧 '항구적인 현존'(ständige Anwesenheit) 곧 우시아(οὐσία)로서 존재를 가리키고 있는 것이다. 다시 말해 존재를 둘러싸고 대립하는 네 가지 것들은 결국 존재 자체의 네 가지 측면과 맞닿아 있는, 존재를 구성하는 것들이라고 할 수 있다. 그리스 철학과 함께 시작된 이 존재 규정은 오늘날까지 존재자 전체에 대한 우리의 모든 관계를 지배하고 지탱하는 힘이라고 하이데거는 말한다.

하이데거는 결론에 이르러 '존재는 어떻게 존재하는가?'라는 질문이 '우리의 현존재는 어떻게 역사 안에 존재하는가?'라는 물음으로 자신을 나타내 보인다고 말한다. 존재는 그 자체로 드러나는 것이 아니라 역사 안에서 우리의 현존재로 자신을 드러낸다는 것이다. 그렇다면 우리의 현존재는 실제로 어떤 모습으로 있는가? 이 물음에 하

이데거는 다음과 같이 답한다.

"형이상학적으로 보았을 때 우리는 몸을 가누지 못하고 비틀거리고 있다. 우리는 존재자들의 한가운데서 방방곡곡으로 돌아다니고 있으면서도 존재라는 것이 어떻게 존립하는 것인지를 더는 알지 못하고 있는 것이다. 우리는 그런 문제를 알지 못하고 있다는 사실마저 알지 못하고 있다."『형이상학 입문』 323쪽

하이데거 시대의 사람들 대다수가 존재를 망각했으며 존재를 망각했다는 사실마저 망각했다는 얘기다. 하이데거에게 근원적인 혁명은 바로 존재 망각을 극복하는 형이상학적 혁명으로 일어나야만 하는 것이었다.

이 존재 망각의 망각을 다른 말로 하이데거는 '허무주의'(니힐리즘, Nihilismus)라고 부른다. '유럽의 허무주의'가 눈앞에 와 있다는 앞시대 니체의 경고를 하이데거는 적실한 시대 진단으로 받아들인다. 그러나 하이데거가 보기에, 당시 실존주의라는 이름으로 유행하던 철학은 이 허무주의의 뿌리와 본질을 보지 못하고 있다. 그래서 하이데거는 묻는다.

"도대체 어디에 진정한 허무주의라는 것이 실현되고 있는 것인가?"『형이상학 입문』 323쪽

사람들이 존재자에만 집착함으로써 존재에 대해 묻는 것을 거부하고 존재라는 것을 마치 '아무것도 아닌 것'(무)으로 취급하는 곳에 바로 허무주의가 있다고 하이데거는 답한다.

"존재를 망각하고서 존재자에만 집착하는 것, 이것이야말로 허무주의인 것이다."『형이상학 입문』 324쪽

존재 물음을 끝까지 물어 들어감으로써 아무것도 아닌 것(무)처럼 보이는 존재를 되살려내는 것이야말로 허무주의를 진정으로 극복할 수 있는 유일한 길이다. 하이데거는 이렇게 서양 형이상학의 뿌리까

지 들어가 그것을 해체하고 재구성함과 동시에 그 작업을 통해 존재의 바탕을 드러냄으로써 허무주의 극복의 길을 제시한다. 이 작업을 다른 어느 철학자도 따라오기 힘든 깊이와 넓이로 감행했다는 데 하이데거 사유의 위력이 있다고 할 것이다.

하이데거는 이 강의의 마지막에 이르러 '존재와 존재자의 구별'을 이야기한다. 생성·가상·사유·당위, 이것들은 결코 아무것도 아닌 '무'가 아니라 존재 자체를 이루는 것이며, 이 존재 자체는 '한정된 본질 규정에 따라 존재하는 것들' 곧 우리가 실제로 만나는 존재자들보다 더 존재하는 것이라고 하이데거는 단언한다. 존재는 존재자보다 더 존재한다. 다시 말해 존재자가 아니라 존재가 더 풍요롭고 더 참되게 존재한다. 그리하여 하이데거는 이렇게 강조한다.

"우리의 역사적 현존재를 역사적으로 실현하고자 한다면, 존재라는 것을 그 근본에서부터 그리고 그 가능한 본질의 전체적인 영역에서부터 다시 경험해야 한다." 『형이상학 입문』 325쪽

존재를 둘러싸고 있는 그 네 가지 대립하는 것들을 존재와 구별되는 별개의 것으로 이해해서는 안 된다. 오히려 이 네 가지가 존재 자체를 구성하는 것으로 이해해야 한다. 그렇게 이해할 때 존재 자체는 커다란 원으로서 존재자 전체를 둘러싸고 이 존재자 전체의 바탕을 이루는 것으로 드러난다. 그리하여 가장 본래적인 구별은 존재와 존재를 둘러싼 네 개의 대립하는 힘들의 구별이 아니라, 커다란 원을 이루는 존재 자체와 그 존재 자체의 규정을 받는 존재자 전체 사이의 나눔과 구별이다.

여기서 후기 하이데거 사유의 가장 중요한 사태 가운데 하나인 '존재와 존재자의 구별'이 등장한다. 왜 이 구별이 중요한가? 모든 것은 존재 자체로부터 비롯하고, 존재 자체를 통해서 존재자 전체가 규정되기 때문이다. 통상 우리는 인간이 사유를 통해 존재자들의 존재를

규정한다고 생각한다. 그러나 그 사유조차 존재 자체의 한 양상이라면, 결국 존재 자체가 존재자 전체를 규정하는 셈이다. 그러므로 우리를 둘러싼 존재자들을 변혁하려면, 다시 말해 우리 삶의 양식과 우리를 둘러싼 국가와 세계를 변혁하려면, 그 근원적인 존재 자체를 불러내야만 하는 것이다. 그리고 존재 자체를 불러내려면 존재가 드러나는 장인 우리의 사유가 변혁돼야만 한다.

결정적인 물음, 인간이란 누구인가

여기서 '인간이란 누구인가?'(Wer ist der Mensch?)라는 물음이 결정적인 물음으로 드러난다. 왜냐하면 존재 물음을 통해 인간의 본질이 "존재가 자신을 열어 보이기 위해 필요로 하는 장소(Stätte)"로 드러나기 때문이다.

"인간은 그 자체로 열려 있는 '터'(Da, 현)라는 장소다."『형이상학 입문』
327쪽

바로 그런 이유로 인간의 존재를 '현-존재'(Da-sein)라고 부른다고 하이데거는 말한다. 인간의 존재는 결국 존재 자체가 자신을 드러내는 터로서 '현-존재'인 것이다. 더 명확히 말하면 '인간의 사유와 언어'가 존재가 자신을 드러내는 터라고 할 수 있다. 이 현존재 안에 존재가 존재로서 드러나는 시각 궤도(Blickbahn)가 마련된다. 여기서 시각 궤도란 우리 인간의 처지에서 말하면, 존재를 이해하고 규정하는 근원적인 인식의 틀을 가리킨다. 그 틀 위에서 존재가 이렇게 또는 저렇게 역사적으로 드러난다. 다시 말해 존재를 인식하고 규정하는 틀이 역사적으로 바뀐다. 그러므로 존재에 대한 서양의 모든 이해의 전통은 '존재와 사유'라는 이름으로 종합된다고 할 수 있다.

그런데 그 존재 이해의 근본 틀로서 '시각 궤도'를 하이데거는 '시간'에서 찾는다. 이미 아리스토텔레스 시기부터 존재는 '지금 눈앞에 현존해 있음'이라는 시간 규정에 따라 이해됐다. 그러나 이렇게 '지금'에서부터 이해되는 시간으로는 존재를 근원적으로 파악할 수 없다. 존재를 존재로서 참답게 이해하려면 '지금'이 아니라 '도래함'(다가옴)으로서 '미래'로부터 이해해야 하기 때문이다. 그렇게 '미래'로부터 존재를 이해할 때 '이제까지 존재해옴'(지나옴) 곧 '기재'도 되살아나게 되며, 그렇게 해서 미래와 기재를 통해 현재가 규정된다. 그때 현재는 결단의 순간으로 드러날 것이다. 하이데거는 『존재와 시간』에서 이 시간성의 구조를 개별 현존재 차원에서 이해했지만, 1935년의 이 강의에서는 '집합적 현존재' 곧 공동체 혹은 민족을 구성하는 집단의 현존재 차원에서 이해한다. 그럴 경우 시간은 집합적 현존재의 역사로서, 그리하여 역사적 미래와 역사적 기재의 통일로서 드러날 것이다.

미래로부터 기재를 반복하는 이 사태를 하이데거는 1937년 겨울 학기 강의 『철학의 근본 물음』에서는 이렇게 표현했다.

"현재는 궁극적인 것인 미래보다 항상 더 늦다. 미래와 기재의 전투로부터 현재는 발원한다."『철학의 근본 물음』, 72쪽

미래에서부터 시간이 발원해 기재를 반복함으로써 현재가 드러나기 때문에 현재는 미래보다 늦게 오는 것이다. 그리고 미래를 통해 기재를 반복한다는 것에는 '미래와 기재의 싸움', 다시 말해 '이제껏 존재해온 것과 우리가 앞으로 실현해야 할 것 사이의 싸움'이 깃들어 있다. 기재를 반복하는 것은 단순히 역사를 반복하는 것이 아니라 미래를 기준으로 삼아 기재의 힘과 맞붙어 싸워 미래에 합당한 것을 기재에서 찾아내 실현하는 것이기 때문이다. 미래와 기재의 투쟁이야말로 존재 자체가 역사로서 드러나는 모습일 것이다.

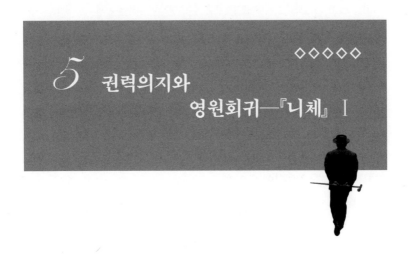

◇◇◇◇◇

5 권력의지와 영원회귀—『니체』 I

권력의지는 존재자 전체의 끊임없는
생성과 고양을 의욕하지만, 바로 그렇게 생성하는
것으로서 존재자 전체의 성격이 '머물러 있는 것'으로
있기를 의욕한다. 바로 그것이 니체가
'동일한 것의 영원한 회귀'라는 말로 사유했던 것이다.
권력의지는 세계 전체의 끊임없는 생성을 의욕한다.
그러나 그렇게 끊임없이 생성하는 것으로서
영원히 회귀함으로써 일종의 '항존적인 것',
'항구적인 것'이 되기를 욕구한다.

"

의지는 자신을 초월하여 주인으로
존재한다는 의미에서 자기 자신을 향한 각오다.

인간이란 진리를 숭배하는 자이며 그 때문에
또한 진리를 부인하는 자이기도 하다.

"

니체 사상과의 대결, 후기 하이데거 사유의 최대 장관

1930년대 중반 이래 횔덜린 강의를 해가던 하이데거는 1936년부터 니체 철학 강의도 시작했다. 그리하여 1940년대 초반까지 횔덜린과 니체가 번갈아 강의 주제로 올랐다. 그 사이에 다른 중요한 강의들도 끼어들었지만, 전체로 보면 제2차 세계대전 종결 때까지 하이데거의 사유는 횔덜린과 니체를 두 줄기로 삼아 새끼줄을 꼬듯 나아갔다고 할 수 있다. 두 시인과 철학자 가운데 하이데거는 횔덜린에게 더 친근감을 느꼈다. 하지만 사상 자체의 대결로는 니체 강의가 압도적이었다. 니체 강의와 비교하면 횔덜린 강의는 오히려 여가 활동에 가까울 정도로 밀도가 낮았다. 횔덜린 강의가 횔덜린과 나란히 들길을 걸으며 대화하는 것이라면, 니체 강의는 니체라는 마성의 힘과 벌이는 절체절명의 싸움에 가까웠다. 후기 하이데거 사유의 최대·최고의 장관을 보려면 니체 강의 현장으로 들어가야 한다.

하이데거는 1936년 겨울학기와 1937년 겨울학기, 1939년 여름학기와 1940년 여름학기에 네 차례 니체 강의를 했다. 이 강의록은 1940년부터 1946년 사이에 발표한 몇 건의 강연문과 함께 묶여 1961년 '니체'(Nietzsche)라는 제목의 두 권짜리 책으로 출간됐다. 이 책의 출간은 전후 서구 철학에서 일어난 가장 큰 지적 사건이라고 해야 할 것이다. 하이데거의 해석을 거쳐 니체는 생철학을 주창한 시인-철학자라는 문학성 짙은 이미지를 벗고 형이상학 전통 위에 선 엄격한 철학자로 재탄생했다. 『니체』에 담긴 하이데거의 니체 해석은 20세기 후반의 철학적 사유의 풍경이 바뀌는 데 막대한 영향을 주었고, 니체 철학을 연구하는 사람들은 하이데거의 이 책을 통과하지 않고서는 니체를 안다고 할 수 없게 됐다. 『존재와 시간』을 빼면 『니체』야말로 하이데거의 가장 중요한 저서라고 해야 할 것이다. 그리고 『존재와 시간』이 제1의 주저로 불린다면 그것은 그 책의 온전한 체계성 덕분이지 그 책이 펼쳐 보인 깊이와 넓이 때문은 아니다. 깊이와 넓이로 치면 『니체』가 오히려 『존재와 시간』을 능가한다고 해도 지나치지 않을 것이다.

눈여겨볼 것은 하이데거가 니체 강의를 해나가던 1936~1938년 사이에 비밀 노트에 자신의 고유한 존재 사유를 적어나갔다는 사실이다. 이 비밀 노트는 하이데거 사후에 『철학에의 기여』(*Beiträge zur Philosophie*)라는 제목으로 출간돼, 일부 하이데거 연구자들 사이에 제2의 주저라는 평가를 받았다. 니체가 자신의 철학적 사유를 무수한 메모로 남겼듯이, 하이데거도 자신의 내밀한 사유를 비밀 노트에 메모로 남겼던 것이다. 하이데거는 니체 해석에서 니체의 출간된 저작이 아니라 메모 형식의 유고를 중심에 놓았는데, 니체 생전에 출간되지 않은 메모들이야말로 니체 사상의 정수를 담고 있다고 보았던 것이다. 출간된 저서에서는 어쩔 수 없이 독자와 타협하느라 사유의 궁극적 경지를 보여주지 못했다는 것이 하이데거의 판단이었다. 마찬가지로 하이데거도 이 시기에 비밀 노트에 강의나 강연에서 상세히 밝힐 수 없었던 자신의 사유를 적어나갔다. 하이데거는 이 비밀 메모에서 자신을 새로운 신의 도래를 준비하는 사상가로 드러냈다.

분명한 것은 하이데거의 사상적 대결이 니체 강의에서 최고의 높이에 도달했으며 니체 강의를 통해서 하이데거의 후기 사유가 만개

했다는 사실이다. 하이데거의 니체 강의는 두 가지 목표 아래 이루어졌다. 첫 번째 목표는 당대의 니체 해석, 특히 나치 철학자들의 니체 해석에서 니체 사상을 구출해내는 것이었다. 하이데거는 나치 철학자들이 해석한 인종주의적이고 생물학주의적인 니체 해석이 니체 형이상학의 본질을 왜곡하거나 덮어버린다고 보았다. 하이데거는 나치 철학자들의 니체 해석을 바로잡음으로써 당대 현실 정치에 올바른 방향을 제공해줄 수 있으리라는 생각을 1930년대 후반의 어느 시기까지 했다. 또 이 시기에 하이데거는 자신의 사상과 니체 사상 사이의 본질적 차이에 주목하기보다는 두 사상 사이의 깊은 친연성을 드러내는 데 더 주력했다.

그러나 나치와 히틀러에 대한 실망이 반감으로 굳어지면서 하이데거의 니체 강의 분위기도 우호적인 쪽에서 대립적인 쪽으로 점차 바뀌었다. 그리하여 1940년 니체 강의에서 니체 형이상학은 짙은 어둠을 띠고 형이상학의 완성, 니힐리즘의 완성으로 나타났다. 이제 니체와 벌이는 대결은 근대 형이상학 전체, 나아가 서양 형이상학 전체와 벌이는 싸움이 됐다. 이런 대결을 통해 하이데거는 니체 사상이 가닿은 니힐리즘의 극한에서 그 니힐리즘의 철벽을 뚫고 제2의 시원(Anfang)을 불러온다는 자신의 고유한 사상을 제시했다.

전체적으로 볼 때 하이데거의 니체 강의는 니체 사상을 완성하면서 비판하는 방식을 따른다. 니체의 가장 깊은 사유가 메모들에 파편처럼 남겨져 있기에, 그 파편들을 모아 전체를 구축하고 그렇게 구축한 니체 형이상학을 하이데거 자신의 고유한 관점으로 비판하는 것이다. 완성하면서 극복하는 것, 이것이 하이데거의 니체 비판 방식이다. 이런 논의 방식은 하이데거가 체계적으로 구축한 니체 사상이 과연 니체가 본래 구상했던 사상이냐라는 중대한 문제를 낳는다. 하이데거가 완성한 니체는 니체 자신의 사상이 아니라 니체의 파편적 사

프리드리히 빌헬름 니체(1875경).
하이데거의 해석을 거쳐 니체는 비로소 형이상학 전통 위에 선
엄격한 철학자로 재탄생한다.
하이데거는 니체 강의를 통해 후기 사유를 꽃피웠다.

유를 엮어 세운 하이데거 자신의 사상이 아니냐는 의문이다. 그리하여 니체와 벌이는 대결은 하이데거라는 철학자가 하이데거 자신의 사상과 벌이는 대결이라는 성격을 띨 수밖에 없다는 주장이 이어진다. 하이데거의 니체 해석에는 분명히 그런 면모가 있다. 그러나 이런 문제를 제쳐두고 하이데거의 니체 해석 자체만 놓고 보면, 하이데거의 논의는 20세기의 그 어떤 니체 연구자들에게서도 볼 수 없는 심오함과 탁월함으로 형이상학적 사유의 아득한 경지를 보여준다. 그 아득한 경지에서 하이데거는 자신의 사상을 장대하게 펼쳐나간다.『니체』는『존재와 시간』과는 또 다른 차원에서 하이데거 사유의 막대한 통찰력을 보여주는 거대한 사상의 구조물이다.

권력의지와 영원회귀의 공속 관계

하이데거의 니체 해석 작업은 1936년 겨울학기 강의 '예술로서 권력의지'에서 시작한다. 이 강의에서 주요 텍스트로 삼은 것이 니체 사후에 편집돼 출간된 유고 모음『권력의지』(Der Wille zur Macht)의 제3권 제4장 '예술로서 권력의지'다. 오늘날 우리는 니체의 주저를『차라투스트라는 이렇게 말했다』로 간주한다. 하지만 니체 자신은 이 책을 마무리해가던 1884년에 새로운 주저를 구상했고,『차라투스트라는 이렇게 말했다』는 그 주저라는 본관으로 들어가는 현관에 지나지 않는다고 생각했다. 니체는 그 주저를 완성하려고 이후 5년 동안 모든 힘을 쏟아 부었지만 끝내 무수한 메모만 남긴 채 완성하지 못하고 1889년 1월 정신 붕괴 상태에 떨어지고 말았다. 하이데거는 니체가 정신 붕괴 직전까지 남긴 이 메모들이야말로 니체 사상의 정수가 담긴 것이라고 보고, 그 메모들을 편집한『권력의지』를 기본 텍스트로 삼아 니체 사상을 해석해 들어간다.

이 메모들에서 니체 자신이 논구한 가장 중요한 사상이 '권력의지'와 '동일한 것의 영원회귀'다. 하이데거는 이 두 가지 사상이 '존재자 전체의 존재'를 부르는 두 가지 이름이라고 해석한다. 다시 말해 권력의지가 존재자 전체의 존재 성격이라면 영원회귀는 존재자 전체의 존재 방식이라고 해석한다. 존재자 전체를 니체는 '세계'라고도 부른다. 따라서 존재자 전체 곧 세계의 본질이 권력의지이며, 그 세계의 존재 방식이 영원회귀라는 것이다. 니체의 그런 사상을 가장 정갈하게 보여주는 것이 『권력의지』의 맨 마지막에 묶인 다음 메모(1067번)다.

"그대들은 또한 나에게 '세계'란 무엇인지 알고 있는가? 내가 그대들에게 이 세계를 내 거울에 비추어 보여주어야만 하는가? 이 세계는 곧 시작도 끝도 없는 거대한 힘이며, 커지지도 작아지지도 않으며, 소모되지도 않고 오히려 전체로서는 그 크기가 변하지 않지만, 변화하는 확고한 청동 같은 양의 힘이며, 지출과 손해가 없지만 마찬가지로 증가도 수입도 없고, 자신의 경계인 '무'에 의해 둘러싸여 있는 가계 운영이며 … 힘들과 힘의 파동의 놀이로서 하나이자 동시에 다수이고, 여기에서 쌓이지만 동시에 저기에서는 줄어들고, 자기 안에서 휘몰아치며 밀려드는 힘들의 바다며, 영원히 변화하며 영원히 되돌아오고, 엄청난 회귀의 시간과 더불어, 자신의 형태가 빠져 나가는 썰물과 밀려들어 오는 밀물로, 가장 간단한 것으로부터 가장 복잡한 것으로 움직이면서, 가장 고요한 것이나 가장 단단한 것, 가장 자기모순적인 것으로 움직이고 … 이런 동일한 자기 자신의 궤도와 시간 속에서도 여전히 자기 자신을 긍정하면서, 영원히 반복해야만 하는 것으로서 스스로를 축복하면서, 어떤 포만이나 권태나 피로도 모르는 생성이다. 영원한 자기 창조와 영원한 자기 파괴라고 하는 이런 나의 디오니소스적인 세계, 이중적 관능이라는 이런 비밀의 세계, 이런 나의 선악의 저편의 세계, 이 순환의 행복 속에 목적이 없다면 목적이 없으며, 원환 고리가 자기 자신에 대해 선한 의지를 갖지 않는다면 의지가 없다. 그대들은 이런 세계를 부르는 이름을 원하는가? 그 모든 수수께끼에 대한 해결을? … '이런 세계가 권력의지다. 그리고 그 외에 아무것도 아니다.' 그대들 자신이 권력의지다. 그리고 그 외에 아무것도 아니다."114)

이 공들여 작성한 단편이 묘사하는 대로 권력의지는 영원회귀라는 방식으로 드러난다. 권력의지와 영원회귀라는 두 사태의 이런 내적인 공속 관계를 해명해나가는 것이 하이데거의 저작『니체』의 주요한 작업 가운데 하나라고 할 수 있다. 하이데거는 그 첫 번째 강의 '예술로서 권력의지'에서 권력의지라는 존재자 전체의 본질이 드러나는 방식 가운데 하나가 바로 '예술'이라는 데 주목해, 이 예술이라는 말로 니체가 가리키는 것이 무엇이며 예술이 권력의지와 어떤 내적인 관계를 맺는지 해명해나간다.

여기서 미리 밝혀둘 것은 하이데거가 니체가 말한 '생'(Leben, 삶)이라는 것을 '존재자 전체'의 존재로 이해하고 있다는 사실이다. 니체는 출간된 저서나 메모들에서 생 또는 생명이라는 것을 주로 '생명 있는 것들' 곧 식물이나 동물이나 인간을 가리키는 말로 쓰며, 특히 인간의 삶을 가리키는 말로 쓴다. 또 권력의지라는 것도 바로 이 생명 있는 것들, 그중에서도 특히 인간의 근본 성격을 가리키는 말로 쓴다. 그러나 하이데거는 니체가 남긴 메모들을 기초로 삼아, 니체가 생이라는 말로 존재자 전체를 가리켰으며 권력의지도 존재자 전체의 근본 성격으로 보았다고 해석한다. 앞에 인용한『권력의지』마지막 단편이 그런 이해의 대표적인 사례다. 그렇게 볼 경우 권력의지는 존재자 전체의 형이상학적 본질를 이룬다.

하이데거의 이런 해석은 니체의 권력의지가 생명 있는 것들, 특히 인간의 삶과 관련된 사태라는 다른 니체 연구자들의 해석과 충돌한다. 그러나 하이데거는 일관되게 니체의 생과 권력의지를 존재자 전체의 문제로 이해하고, 특수하게만 인간의 삶에 관련된 사태로 이해하는 방식을 고수한다. 따라서 하이데거의 니체 해석의 전모를 파악하려면, 생과 권력의지에 대한 이런 해석을 그대로 존중해 뒤따라갈 필요가 있다. 그렇게 하지 않으면 하이데거의 니체 해석은 처음부터 삐걱거리다 끝내 탈선할 수밖에 없다. 하이데거 논구의 최종 국면까지 들어가려면 니체에 대한 하이데거의 원초적인 형이상학적 이해의 구도를 전제하고 그것을 충실히 밟아나가야 한다.

권력의지, 우리가 도달할 수 있는 궁극적 사실

이제 '예술로서 권력의지'라는 말이 뜻하는 것이 무엇인지 하이데거의 말을 들어가며 이해해보자. 니체는 "권력의지는 우리가 도달할 수 있는 궁극적 사실이다"라고 말한다.『니체Ⅰ』20쪽 하이데거는 이 말을 '존재자란 무엇인가'라는 물음에 대한 대답으로 이해한다. 이때 '존재자란 무엇인가'라는 물음을 하이데거는 2천년 동안 서양 형이상학을 이끌어 온 '주도 물음'(Leitfrage)이라고 말한다. 그러면서 여기에 '존재란 무엇인가'라는 물음을 대립시킨다. 이 존재 물음을 하이데거는 '근본 물음'(Grundfrage)이라고 부른다. 이제까지 서양 형이상학은 존재자의 본질만을 물어왔지만, 더 중요한 것은 존재의 본질을 묻는 것이며, 이 물음은 하이데거 이전에는 묻지 않았다는 것이다. 하이데거 자신에 이르러서야 존재의 본질을 묻는 존재 물음이 비로소 물음으로서 등장했다는 이야기다. 하이데거의 이런 설명은 니체도 권력의지라는 말을 통해 '존재자의 본질'을 물었을 뿐이며, 따라서 니체의 물음은 전통 형이상학 안에 있는 물음이라는 진단을 깔고 있다. 니체가 진정으로 의도했던 것, 근대의 니힐리즘을 넘어서려면 이런 형이상학 안에 갇힌 물음을 넘어 존재의 본질을 묻는 근본 물음으로 나아가야 한다는 것을 하이데거는 여기서 미리 이야기하고 있는 셈이다.

그렇다고 해서 니체의 물음이 그저 전통 형이상학 안에 머무르기만 하는 물음인 것은 아니다. 하이데거는 니체가 그 물음을 극한까지 밀어붙임으로써 서양 형이상학을 완성과 종결에 이르게 했다고 말한다. 완성은 그 시작부터 마지막까지 전체를 내장하고 있다. 그러므로 니체와 벌이는 대결은 니체 철학 자체와 벌이는 대결을 넘어 서양 형이상학 전체와 벌이는 대결이 된다.「니체 I」 21쪽 그리고 하이데거는 대결이라는 것이야말로 진정한 비판이며, 그런 진정한 비판이야말로 한 사상가를 기리는 최고의 길이자 유일한 길이라고 말한다. 그런 비판은 사상가의 약점을 들추어내는 방식이 아니라 그 사상가의 사유가 지닌 진정한 힘을 드러내는 방식으로 이루어지며, 그렇게 드러내면서 비판이 이루어질 때 우리가 진정으로 그 사유로부터 자유로워질 수 있다는 것이다. 그런 엄격한 비판의 태도로 볼 때 니체는 한갓 생철학자나 시인-철학자가 아니라 형이상학적 사유의 궁극적 경지를 보여준 철학자로 드러난다.

세계 혹은 존재자 전체를 대하는 니체의 태도를 보면, 니체에게 존재 자체는 궁극적으로 '생성'이다. 그리고 이 생성은 의지의 작용과 활동이다. 이때 의지란 본질적으로 권력의지를 가리킨다.「니체 I」 22쪽 모든 존재자는 생성 속에 있는데 이 생성을 일으키는 것이 바로 권력 의지라는 얘기다. 그런데 여기서 니체가 '존재'와 '생성'이라는 말을 쓰는 방식을 먼저 명확하게 이해할 필요가 있다. 니체에게 '존재'라는 것은 우선은 '생성'과 대립하는 것이다. 다시 말해 '존재'는 생성하지 않음, 변화하지 않음, 고정돼 있음이다. 반대로 생성이라는 것은 존재 상태를 벗어나 흐르고 변화함을 뜻한다. 니체의 요점은 서양 형이상학이 '고정된 것'으로 이해한 '존재'라는 것을 그 근본까지 따져보면 '생성'으로 판명될 수밖에 없다는 데 있다. 이 우주 전체를 통해서 고정된 것은 없고 모든 것은 생성 속에 있다. 모든 것은 흐르고 바뀌고 변화한다. 이것이 니체의 근본 태도다.

하이데거는 니체가 자기 철학의 '본관' 곧 자신의 주저를 집필하려는 계획을 세 번에 걸쳐 바꾸었다고 말한다. 첫 번째는 1882년에서 1883년까지, 주로 『차라투스트라는 이렇게 말했다』를 집필하던 시기이며, 두 번째는 1885년부터 1887년까지, 주로 『선악의 저편』과 『도덕의 계보』를 집필하던 시기이고, 세 번째는 1887년부터 1888년까지 『우상의 황혼』 『이 사람을 보라』 『안티크리스트』를 집필하던 시기다.

첫 번째 시기에는 주저의 제목을 '영원회귀의 철학'이라고 붙이고 그 제목 아래 '모든 가치를 전도하려는 시도'라는 부제를 붙였다. 두 번째 시기에는 '권력의지'라는 제목 아래 부제를 '모든 가치를 전도하려는 시도'라고 붙였다. 세 번째 시기에는 '모든 가치를 전도하려는 시도'를 주제목으로 삼았다. 이 세 시기마다 강조점의 이동이 보인다. 하지만 전체를 통해서 확인할 수 있는 것은 '영원회귀', '권력의지', '가치 전도'가 니체의 세 가지 근본 입장이라는 사실이다. 이 세 가지 근본 입장은 내적으로 통일돼 있다고 하이데거는 말한다.

"동일한 것의 영원회귀설은 권력의지설과 가장 내밀하게 연관돼 있다. 그리고 이 설들은 역사적으로 이제까지 모든 가치들을 전도하려 한다는 점에서 통일돼 있다." 「니체 I」 34쪽

니체는 이 주저에 대한 계획 속에서 심혈을 기울여 사유 실험을 해나갔고 그것을 메모 형식으로 기록했으며, 그 사이사이에 자신의 사유 성과들 가운데 일부를 책으로 출간했다. 그러나 주저는 끝내 완성

되지 못하고 메모 더미로만 남았다.

무한히 반복되는 '힘들의 바다'

중요한 것은 이 셋이 어떻게 통일돼 있는지, 특히 권력의지와 영원회귀가 어떻게 내밀하게 통일돼 있는지를 확인하는 것이다. 앞에서 얘기한 대로 권력의지는 존재자의 근본 성격을 가리킨다. "존재하는 모든 것은 그것이 존재하는 한 권력의지다."『니체Ⅰ』34쪽 모든 것이 권력의지로 존재한다는 것은 모든 것이 '의욕'이고 '생성'이라는 것을 뜻한다. 그런데 그 권력의지는 어떻게 존재하는가? "그 답이 동일한 것의 영원회귀다."『니체Ⅰ』35쪽 그렇다면 권력의지와 영원회귀는 어떻게 연관되는가? 그 연관의 비밀을 밝혀주는 것이 니체의 다음 메모다. "요약. 생성에 존재의 성격을 각인하는 것, 이것이 권력의지의 극치다." 같은 메모에서 니체는 다음과 같이 부연한다. "모든 것이 회귀한다는 것은 생성의 세계가 존재의 세계에 극한에 이르기까지 접근한다는 것이다. 이것이 고찰의 정점이다."『권력의지』617번

이 말을 이해하려면 세계 곧 존재자 전체에 대한 니체의 근본 구상을 알아야 한다. 니체는 그 근본 구상을 1881년 여름 실스마리아에서 '영원회귀'의 계시로 경험했다. 그 내용이 앞에서 인용한 『권력의지』 마지막을 장식하는 단편(1067번)이다. 그 구상을 다시 간략하게 도식화하면 다음과 같다.

'이 세계 전체, 다시 말해 우주 만물을 포함하는 존재자 전체는 힘들의 바다. 그 바다는 크기가 한정돼 있고 시간은 무한히 흐른다. 그 바다 안에서 힘들이 바닷물처럼 출렁거리고 요동치고 흘러 다닌다. 그런데 그렇게 끝없는 흐름과 요동은 그것이 무한히 반복된다면, 과거에 있었던 동일한 상태에 언젠가는 이르게 된다. 그것이 아무리

많은 시간과 세월이 걸린다 하더라도 반드시 한 번은 동일한 상태에 이르게 될 것이다.'

이것이 니체의 근본 발상이다. 그리하여 무한한 생성, 무한히 반복되는 권력의지로서 세계 곧 존재자 전체는 동일한 상태에 이르게 된다. 그런데 이렇게 동일한 상태에 이르게 되면, 그 흐름이 무한히 반복되는 이상, 동일한 상태도 단 한 번 반복되는 것이 아니라 무수히 반복될 것이다. 이것이 바로 니체가 말하는 '동일한 것의 영원한 회귀'다. 세계 곧 존재자 전체가 권력의지이므로, 다시 말해 무한한 생성으로서 힘들의 바다이므로 그 무한한 생성은 '동일한 것의 영원한 회귀'로 나타나게 된다. 그리하여 무한한 생성은 최종 결과만 보면 결국 동일한 것이 영원히 회귀하는 것으로, 다시 말해 동일한 것이 그대로 반복되는 것으로 끝나게 된다. 그렇다면 무한한 생성은 무한한 생성이 아니라 동일한 것의 반복이라는 어떤 '고정된 상태'에 귀착하게 된다. 이것이 바로 '생성에 존재의 성격을 각인하는 것'이라는 니체의 말이 가리키는 것이다. 무한한 생성이 결국에는 존재로, 다시 말해 고정된 것으로 드러나고 마는 것이다.

이것을 좀더 실감나게 이해하려면 이 무한 생성을 인간의 삶에 대입해보는 것이 좋다. 인간의 삶은 무한한 흐름 속에 있다. 그러나 그 삶이 무한히 반복된다면 언젠가는 동일한 상태의 삶에 이를 것이다. 그런 삶은 무한히 계속되므로 결국 동일한 삶의 반복도 한 번에 그치는 것이 아니라 무한히 반복되게 된다. 다만 그 동일한 삶으로 되돌아오는 것은 무한에 가까운 시간이 걸려야 가능할 것이다. 그런데 이런 동일한 상태의 회귀를 인간의 의식 차원에서 보자면 즉각적인 반복이 된다.

왜 그런가. 인간에게 시간이란 의식이 있는 동안에만 있는 것이기 때문이다. 아무리 긴 시간도 인간이 의식하지 않으면 없는 것이나 마

니체가 '영원회귀' 사상을 떠올린 바위.
1881년 여름 니체는 스위스 작은 마을 실스마리아에 머물며
근처 호숫가를 산책하던 중에 영감을 받았다.
하이데거는 니체 형이상학의 근본 관점을 두 명제로 규정했다.
"존재자 전체의 근본 성격은 '권력의지'다.
존재자 전체의 존재는 '동일한 것의 영원회귀'다."

찬가지다. 동일한 상태가 한 번 더 반복되기까지 무한한 시간이 흐른다 하더라도 그 무한한 시간은 무의 시간이나 다름없다. 그래서 한 번의 동일한 삶 다음에 또 한 번의 동일한 삶이 오기까지 그 무한한 시간도 인간의 의식의 차원에서 보면 찰나보다 짧은 것일 수밖에 없다. 따라서 우리의 의식의 차원에서 보면, 우리의 이 삶이 시간의 간격 없이 무한히 똑같이 반복되는 것으로 나타나게 된다.

이것은 무엇을 뜻하는가. 바로 무한한 생성이 존재로, 다시 말해 고정된 것으로 드러나게 되는 것이다. 그러므로 권력의지는 '동일한 것의 영원회귀'로 존재하게 되는 것이다. 니체에게 권력의지는 영원회귀로 나타나며 영원회귀는 권력의지가 나타나는 방식인 셈이다. 그것을 하이데거는 이렇게 표현한다.

"니체의 형이상학의 근본 입장은 두 명제로 규정될 수 있다. 존재자 자체의 근본 성격은 '권력의지'다. 존재는 '동일한 것의 영원회귀'다." 「니체 I」 40쪽

다른 말로 하면 권력의지는 존재자 전체의 본질이며 영원회귀는 그 존재자 전체의 존재 방식이다.

권력의지와 영원회귀의 사유, 모든 가치의 전도

그런데 모든 것을 권력의지와 영원회귀로 사유하는 것이 왜 '모든 가치의 전도'가 되는가? 니체가 '가치'라는 말로 우선 가리키는 것은 우리의 삶을 규제하는 도덕이나 철학이나 종교 같은 것이다. 특히 니체가 생각하는 '최고의 가치'는 기독교적 가치, 곧 기독교적 진리다. 이 기독교적 진리를 니체는 '플라톤주의의 대중적 판본'이라고 말한다. 플라톤주의는 이 세계를 '이데아'라는 눈에 보이지 않는 초감성적 세계와 '이 세상'이라는 눈에 보이는 감성적 세계로 나누고 초감

성적 세계를 우위에 둔다. 기독교적으로 말하면 인간의 현세적 삶은 무가치한 것이고, 이상적인 천상 세계만이 가치 있는 것이 되는 것이다. 이것이 니체가 생각하는 플라톤주의적-기독교적 '진리'다. 그런데 플라톤주의적-기독교적 진리의 세계, 초감성적인 이데아의 세계가 실은 존재하지 않는 가상의 세계이고, 존재하는 것은 이 감성적 세계뿐이라면 어떻게 되는가?

니체는 인간들이 구체적으로 살아가는 이 감성적인 세계만이 존재하며, 초감성적인 세계는 인간이 만들어낸 허구적인 것이라고 생각한다. 그러므로 초감성적 세계를 제거해버리면 이 현실적인 삶의 세계만 남는다. 그 현실적인 삶의 세계가 바로 권력의지와 영원회귀로 존재한다는 것이다. 고정된 초감성적 세계는 실은 존재하지 않는 가상이다. 그러므로 권력의지와 영원회귀의 구상을 밀어붙이면, 초감성적인 세계는 존재하지 않는 것으로 사라져버리며 이 감성적인 삶의 세계만 남게 된다. 그리고 그 감성적인 삶의 세계, 다시 말해 피안이 아닌 차안의 세계 안에서 우리는 가치를 형성해야 한다. 이 차안의 삶에서 진정한 가치를 찾아내야 하는 것이다. 니체는 인간에게 '최고의 권력의지를 발동시키는 삶'이야말로 가장 가치 있는 삶이라고 말한다.

이렇게 관점을 바꾸어서 보면 피안의 가치는 모두 사라져버리고 차안의 현실적인 삶의 가치만 남게 된다. 이것이 '모든 가치의 전도'라는 말로 니체가 의미하는 것이다. 권력의지와 영원회귀를 긍정하게 되면 피안의 고정된 가치 세계는 흩어져 사라져버리게 되고 차안의 현실적인 삶만이 남게 되며, 그 삶에서 가치를 찾아내 구현해야 하는 상황이 펼쳐지게 되는 것이다. '가치 전도'라는 작업은 2천 년 동안 최고의 가치로 군림해온 기독교적-플라톤주의적 가치 질서를 뒤엎어 현세의 삶을 가치 있는 것으로 들어올리고 현세의 삶에서 진정한 가치를 찾아내는 작업인 것이다.

그렇다면 '니힐리즘'이란 무엇을 뜻하는가? 니체에게 니힐리즘이란 바로 2천 년 동안이나 지배해온 저 피안의 가치가 가치를 상실하여 사람들이 더는 어떤 가치를 추구해야 할지 알지 못하게 된 상태를 가리킨다.

"니힐리즘이란 최고의 가치들이 가치를 상실하게 되는 것을 의미한다. 즉 그것은 그리스도교에서, 고대 말기 이후의 도덕에서, 플라톤 이후의 철학에서, 척도를 부여하는 현실과 법칙으로 간주돼왔던 것이 구속력을 상실한다는 것을 의미한다."「니체Ⅰ」42쪽

니힐리즘이란 다른 말로 하면 2천 년이나 유럽을 지배해오던 신이 죽어 사라져버린 사태를 가리킨다. 신이 죽어버렸으므로 신이라는 이름으로 지배력을 행사해오던 가치들도 함께 죽어버린다. 신의 이름으로 군림하던 모든 가치들의 질서가 무너지는 상태가 되는 것이다. 가치 질서가 무너졌다는 것은 다른 말로 하면, 가치 질서가 떠받치던 창조력이 고갈됐다는 뜻이다. 창조력의 고갈이야말로 가치 붕괴를 극명하게 보여준다. 이것이 니체가 말하는 니힐리즘이다. 니체는 이 니힐리즘을 적당히 봉합하지 않고 극한으로 밀어붙여 그 끝에서 새로운 가치를 창안함으로써 니힐리즘을 극복하려고 한다.

하이데거는 니체의 이 극단의 사상에 우선은 공감하는 쪽에 선다. 다시 말해 니힐리즘을 극한까지 밀어붙임으로써 그 끝에서 니힐리즘을 극복한다는 발상에 다가간다. 하이데거도 서구 역사가 그리스 시원 이래 점차로 타락해왔으며 제2의 시원을 향해 나아가지 않을 수 없는 역사라고 생각한다. 다만 니체의 사상 곧 권력의지와 영원회귀의 사상이 과연 니힐리즘을 극복하느냐라는 물음의 최종 국면에서 니체와 생각이 달라질 뿐이다. 하이데거에게 니체는 니힐리즘을 완성한 사람이지 그것을 극복한 사람은 아니다.

그런데 '가치의 전도'는 니체의 사유 방식 자체를 가리키는 말이기도 하다. 이런 사유 방식을 잘 보여주는 것으로 하이데거는 두 가지를 거론한다. 첫째가 예술이다. 아르투어 쇼펜하우어(Arthur Schopenhauer, 1788~1860)는 『의지와 표상으로서의 세계』에서 예술의 본질을 '생의 진정제', 곧 생의 비참과 고통을 달래는 것으로 해석했다.[115] 니체는 젊은 시절 쇼펜하우어의 이 책에서 결정적인 감화를 받고 철학의 길로 들어섰지만, 머잖아 쇼펜하우어의 염세주의 철학과 결별하고서 자신의 고유한 철학 세계로 나아갔다. 그런 점에서 보면 『권력의지』 구상은 쇼펜하우어 철학 뒤집기였다고도 할 수 있다. 니체가 쇼펜하우어의 생각을 정반대로 바꾸어 예술을 '생의 자극제', 생을 자극하고 고양하는 것이라고 말하는 것이 단적인 사례다.『니체I』 45쪽 니체에게 진정한 예술은 생의 고통을 달래주는 아편이 아니라 고통 속에서도 생을 다시 한번 살도록 의욕하게 해주는 동력인 것이다.

가치를 전도하는 니체 사유 방식의 두 번째 사례로 하이데거는 '진리'를 '오류'라고 부르는 것을 거론한다.

"진리란 그것 없이는 특정한 종류의 생물이 살아갈 수 없는 그런 종류의 오류다. 생을 위한 가치가 최종적으로 결정한다."『권력의지』 493번

니체가 '진리'라는 말로 먼저 가리키는 것은 기독교적-플라톤적 진리, 곧 초감성적인 세계, 이데아의 세계다. 이런 세계야말로 오류라는 것이다. 인간이 창안한 것이지만 결국에 가서는 인간의 삶을 억압하는 퇴락한 가치가 되고 만 것이기에 니체는 이 '진리'를 '오류'라고 부른다.

이렇게 가치를 뒤집는 니체의 사유는 권력의지의 작동을 보여주는 것이기도 하다. 권력의지, 다시 말해 더 많은 생, 더 많은 힘을 원하는 권력의지는 이런 낡은 가치들, 낡은 진리들을 폐기해버리고, 지금

껏 그 가치 질서의 아래쪽에 놓여 비진리·비가치로 여겨지던 것들을 새로운 진리, 새로운 가치로 높이는 것이다. 니체는 이렇게 질서를 전도할 경우에는 새로운 가치 질서가 저절로 생겨날 것이라고 생각한다. "이런 방식으로 기존 가치들의 폭정을 분쇄하고 우리가 '참된 세계'를 철폐한다면, 세계의 새로운 질서가 저절로 틀림없이 따라 나오게 될 것이다."『권력의지』461번 가치를 뒤집자마자 지금껏 인간의 삶을 짓눌러온 낡은 가치의 압제가 깨져나가고, 반대로 억압당하던 가치가 고개를 쳐들 것이라는 얘기다.

권력의지는 의지에 대한 의지다

그런데 니체에게 권력의지는 자기 바깥에 있는 어떤 실체로서 힘 곧 권력을 잡으려고 의욕을 발동한다는 뜻이 아니다. 의지는 그 자체로 힘이다. 힘은 의지와 본질적으로 다른 것이 아니다. 이 점을 하이데거는 특별히 강조한다.

"권력의지는 따라서 의지에 대한 의지다. 즉 의욕한다는 것은 자기 자신을 의욕한다는 것이다."『니체Ⅰ』52쪽

자기 밖에 있는 권력을 가져오려고 의지를 발동하는 것이 아니라, 자기 자신의 의욕을 의욕하는 것, 의지를 의지하는 것이 바로 권력의지다. 그러므로 권력의지는 자기 자신을 초월하여 자기를 장악함으로써 자기 자신의 주인이 되고자 하는 의지다.

"의지는 자신을 초월하여 주인으로 존재한다는 의미에서 자기 자신을 향한 각오다."『니체Ⅰ』58쪽

권력의지는 자기 자신을 극복하여 자기 자신의 주인이 되는 것 말고 다른 것을 의욕하지 않는다. 그렇게 자기 자신을 의욕하여 자기 자신의 주인이 될 때, 다른 존재자들을 지배하는 것도 자연스럽게 따

라온다. 그러므로 권력의지는 자기 의지를 향한 의지다.

이런 권력의지는 인간의 삶에서 가장 분명하게 드러난다. 그러나 니체의 사유를 검토해보면 인간뿐만 아니라 생물과 무생물을 포함한 모든 존재자에서 권력의지가 발견되고 관철된다고 하이데거는 말한다. 다시 말해 권력의지는 존재자 전체의 본질이다.

"권력의지는 결코 어떤 개별적인 것, 어떤 현실적인 것의 의지가 아니다. 그것은 존재자의 존재와 본질에 관계하는 것이며, 존재자의 본질 자체다." 이어 하이데거는 이렇게 덧붙인다. "니체는 이런 사실을 분명하게 말하고 있지 않지만 근본적으로 그런 사실을 염두에 두고 있다."『니체 I』78쪽

권력의지가 모든 존재자의 본질을 가리킨다고 니체가 명확하게 말한 것은 아니라고 하이데거는 인정한다. 그러나 니체 사유를 전체적으로 검토해볼 때 니체가 권력의지를 모든 존재자의 본질로 이해하고 있다고 추정할 수 있다는 것이다. 이런 발언은 니체의 권력의지를 단순한 생물학적 사실이나 심리학적 사실이 아니라 형이상학적인 원리로 이해하려는 하이데거의 근본 태도를 보여준다.

예술, 권력의지의 한 형태

이 권력의지의 한 형태가 '예술'이다. 그렇다면 권력의지는 예술에서 어떻게 나타나는가? 하이데거가 논의의 기초 텍스트로 삼은 것은 니체의 유고를 편집한 『권력의지』 제3권 제4장 '예술로서 권력의지'다. 먼저 하이데거는 '예술가란 무엇인가'라는 물음에서 이야기를 시작한다.

"예술가로 존재한다는 것은 산출할 수 있다는 것이다. 산출한다는 것은 아직 존재하지 않는 것을 존재하게 한다는 것이다."『니체 I』87쪽

이 문장은 니체가 예술이라는 말로써 무엇을 의미하는지를 알아볼 수 있는 시야를 열어주는 문장이다. 예술가란 여기서 예술 작품이라는 특정한 것을 창조하는 사람을 가리키는 것이 아니라 '산출하는 자'다. 무언가를 생산하고 끄집어내고 건립하고 창조하는 자가 예술가다. 그런데 이런 행위는 바로 니체가 '생'이라고 규정하는 것이 하는 행위다. 예술가라는 것은 이 생의 본질을 가장 투명하게 보여주는 자다.

"예술가로 존재한다는 것은 생의 가장 투명한 방식이다. 생은 우리에게 가장 잘 알려져 있는 존재의 형태다. 존재의 가장 내적인 본질은 권력의지다. 예술가로 존재한다는 것에서 우리는 권력의지의 가장 투명하고 가장 잘 알려진 방식을 접하게 될 것이다."「니체 I」88쪽

생은 모든 존재자의 존재다. 그 생은 권력의지로서 존재한다. 그런데 바로 권력의지란 산출하고 창조하는 의지다. 그러므로 창조하는 자로서 예술가에게서 생의 권력의지를 가장 투명하게 볼 수 있다. 여기서 니체가 이야기하려는 것은 예술을 수용자 혹은 감상자의 처지에서 이해할 것이 아니라 예술을 창조하는 예술가의 처지에서 이해해야 한다는 것이다. 예술은 감상의 대상이 아니라 창조의 행위이자 그 행위의 결과다. 그러므로 "예술에 대한 물음은 산출하는 자들, 창조하는 자들로서 예술가에 대한 물음이다."「니체 I」89쪽 더 중요한 것은 예술가가 단지 예술 작품을 창조하는 사람들만을 가리키는 것이 아니라 창조 행위, 산출 행위를 하는 모든 행위자를 가리킨다는 사실이다. 그러므로 예술 작품은 산출하고 창조한 결과물을 모두 가리킨다. '예술가'와 '예술 작품'은 산출과 창조를 투명하게 볼 수 있게 해주는 모범적인 사례일 뿐이다.

프로이센 장교단, 예수회, 신체도 예술 작품

니체가 예술 작품이라는 말로 무엇을 의미하는지 가장 잘 보여주는 것이 다음 문장이다.

"비록 예술가가 없어도 출현하는 예술 작품, 예를 들면 육체로서, 조직(프로이센 장교단, 예수회)으로서 나타나는 예술 작품. 따라서 예술가는 전 단계에 지나지 않는다. 자기 자신을 산출하는 예술 작품으로서 세계."『권력의지』796번

그러니까 니체에게는 인간이 자신의 육체를 조형하는 것, 다시 말해 신체를 아름답게 단련하는 것도 예술 행위이며, 조직을 만드는 것도 예술 행위다. 니체가 사례로 든 프로이센 장교단과 예수회는 엄격한 규율과 위계질서로 조직화된 집단이다. 이런 집단도 일종의 예술 작품인 것이다. 더 나아가 자기 자신을 산출하는 세계도 넓게 보면 예술 작품이다. 세계야말로 자신을 스스로 산출한다. 숲이 자라고 화산이 폭발하고 지구가 형성되고 태양계가 만들어지는 것도 일종의 산출이고 창조이므로 예술 작품이라고 할 수 있는 것이다. 그렇게 본다면 예술가의 작품 활동은 우리에게 가까운 사례, 좁은 의미의 예술일 뿐이다. 니체가 예술이라는 말로 나타내고자 하는 바를 하이데거는 이렇게 정리한다.

"예술가의 확장된 개념을 따르면, 예술은 모든 존재자의 근본 생기다. 존재자는 그것이 존재하는 한, 자신을 창조하는 것이며 창조된 것이다."『니체 I』90쪽

창조와 산출의 관점에서 본 삶과 세계가 바로 예술이다. 존재자가 생겨나 변모하는 모든 양상이 넓게 보면 다 예술이다. 그런데 존재자의 이런 창조와 파괴가 바로 권력의지의 활동이다. 그러므로 예술이 가리키는 것은 결국 권력의지다. 예술은 모든 존재자의 근본 성격이

다.「니체 I」91쪽 이 권력의지가 가장 높게 드러난 것이 예술가의 창조 행위다. 권력의지는 예술에서 자신을 가장 투명하고 본래적인 모습으로 드러낸다.

니체의 사상에서 권력의지는 '새로운 가치 정립의 원리'다. 권력의지가 낡은 가치를 깨부수고 새로운 가치를 정립하는 것이다. 나아가 이 말은 권력의지를 고양하는 것만이 진정한 가치를 지닌다는 뜻이다. 그런 점에서 보면 예술이야말로 진정한 가치다. 여기서 더 주목할 것은 예술이 플라톤주의적-기독교적 가치를 전복하기 때문에 진정한 가치가 된다는 사실이다. 플라톤주의에서는 이데아의 세계, 초감성적 세계가 바로 '참된 세계'이고, 현실의 감성적인 세계는 가상의 세계, 거짓의 세계, 기만의 세계다. 우리의 감성과 감각이야말로 믿을 수 없는 허위라는 것이 플라톤주의의 가르침이다. 니체는 바로 이 플라톤주의를 거꾸로 뒤집는다. 이 플라톤주의의 진리야말로 오류이며, 플라톤주의가 말하는 '참된 세계'야말로 가상 세계다. 그리하여 우리가 살아가는 이 현실의 세계가 참된 세계로 드러난다.

그런데 예술이라는 것은 바로 이 감성적인 현실 세계 안에서 이 감성적인 현실 세계를 대상으로 하여 펼쳐진다. 감성과 감각이 바로 예술이 펼쳐지는 장이다. 예술을 최고의 가치로 들어올린다는 것은 바로 이 감성적이고 감각적인 현실의 세계를 참된 세계로 들어올린다는 뜻이다. 예술은 이런 가치 전복 활동을 통해 플라톤주의적-기독교적 질서가 창출한 니힐리즘에 대항한다. 니힐리즘이란 생의 부정이며 권력의지의 부정이다. 예술이야말로 생의 부정에 맞서는 최고의 대항력이다. 니체의 이런 생각을 하이데거는 이렇게 요약한다.

"예술은 니힐리즘에 대한 탁월한 대항 운동이다."「니체 I」92쪽

니체는 예술이라는 말로 창조하고 형성하는 행위를 두루 가리킨다. 그러므로 탁월한 대항 운동에는 니힐리즘적 도덕 철학에 맞서는

철학적 사유도 포함된다. 이렇게 니힐리즘에 대항하는 철학자를 '예술가-철학자'라고 부를 수 있다.

진리로 인해 몰락하지 않으려고 예술을 가짐

그렇다면 '예술'과 '진리'는 어떤 관계에 놓여 있을까? '예술과 진리의 관계'에 대한 니체의 근본 생각은 다음과 같은 정식으로 표현된다.

"우리는 진리로 인해 몰락하지 않기 위해 예술을 가진다."『권력의지』 822번*

---

* 니체의 텍스트에서 진리라는 말은 이중적인 의미로 쓰인다. 니체가 자주 따옴표로 묶어 쓰는 '진리'는 플라톤주의적-기독교적 진리다. 그것은 오류이고 가상이다. 그러나 다른 의미로 쓰는 진리도 있다. 그때 니체는 보통 따옴표를 붙이지 않고 진리라고 쓴다. 이때의 진리는 날 것 그대로의 현실 자체에 대한 인식을 가리킨다. 그 날것 그대로의 현실, 세계의 실상은 결코 아름답지도 않고 선하지도 않다. 그래서 니체는 "진리는 추하다"(『권력의지』 822번)고 단언한다. 바로 이 문장에 이어 "우리는 진리로 인해 몰락하지 않기 위해 예술을 가진다"는 문장이 뒤따라 나온다. 그러므로 이 문장의 진리는 바로 '추한 현실 자체' 곧 '세계 실상'이란 의미의 진리를 가리킴을 알 수 있다(고명섭, 「보충 4: 니체의 관점주의에 대한 이해들」『니체극장―영원회귀와 권력의지의 드라마』, 김영사, 2012, 643쪽 참조). 이런 진리 앞에 무방비로 마주 선다면 우리는 견딜 수 없고 무너질 수밖에 없다. 그래서 예술이라는 가상의 덮개가 필요하다. 니체가 말하려는 것이 이것이다. 뒤에 나오는 "예술은 진리보다 더 가치가 있다"(『권력의지』853번)는 문장 속의 진리도 마찬가지로 따옴표 없이 등장한다. 그렇다면 이 진리도 추한 진리, 곧 날것 그대로 세계 실상을 가리킬 것이고, 이런 추한 현실 자체보다 예술이 더 가치 있다는 뜻으로 읽을 수 있다. 핵심은 니체에게 진리가 두 가지 의미로 쓰인다는 사실이다. 그러나 하이데거는 이 대목을 해석할 때 진리의 이 두 가지 의미를 구분하지 않고 '플라톤주의적 오류와 가상'이라는 의미의 진리로 이해하고 있다. 그렇게 이해하더라도 하이데거가 나중에 니체가 말하는 '세계 실상에 대한 인식으로서 진리'에 해당하는 것을 따로 다뤄주기 때문에 논의 전개에 결정적 하자가 생기는 것은 아니다. 그래서 이 글에서는 하

이 말의 의미를 하이데거의 논의대로 정확히 이해하려면 먼저 니체가 '진리'라는 말로 무엇을 뜻하는지를 알아야 한다. '진리란 무엇인가'라는 물음으로 니체가 가리키는 것은 '참된 것은 무엇인가', '존재자는 무엇인가'라는 물음이다. 그러나 이미 앞에서 나왔듯이 니체에게 그 답은 일차로 플라톤주의적-기독교적 진리다. 니체가 플라톤주의적-기독교적 진리를 신봉한다는 뜻이 아니라, 지금까지 유럽인들이 그것을 진리로 신봉해왔다는 뜻이다. 니체가 '진리'라는 말을 쓸 때는 바로 이 플라톤주의적-기독교적 진리를 가리킨다. 플라톤주의적-기독교적 진리는 지상의 감성적인 삶을 부정하고 천상의 초감성적인 것, 이데아를 떠받든다. 니체는 이런 진리가 인간의 삶을 억압하고 무력화했다고 생각한다. 그러므로 이런 진리를 향해 나아가는 것은 이 현실의 삶을 중심에 놓고 보면 후퇴이고 몰락이다. 그래서 니체는 이렇게 말한다. "진리를 향한 의지는 이미 퇴락의 징후다."

니체에게 '진리를 향한 의지'는 플라톤과 기독교가 말하는 '참된 세계', 초감성적인 것을 향한 의지다. 플라톤주의와 기독교에서는 그 초감성적인 세계야말로 '참으로 존재하는' 세계다. 그래서 그 '참된 세계'를 향한 의지는 우리가 살고 있는 이 현실의 세계에 대한 부정이 된다. 그러나 예술은 바로 이 세계, 이 감성적이고 감각적인 세계, 늘 바뀌고 변하는 이 현실의 세계를 고향으로 삼는다. 니체에게는 바로 이 세계가 본래적이며 유일하게 참된 세계다. 니체가 "예술은 진리보다 더 가치가 있다"「권력의지」 853번고 말하는 것도 바로 그런 이유다. 니체는 이렇게 가치를 전도하고 참된 세계를 천상에서 지상으로 끌어내린다. 감성적인 이 세계야말로 참으로 있는 세계이며, 초감성

이데거의 해석을 존중해 논의를 일단 그대로 따라간다.

적인 이데아의 세계는 가상의 세계다. 다시 말해 이 감성적인 세계가 저 초감성적인 세계보다 더 본래적으로 존재한다.

그리하여 니체가 내리는 결론이 이것이다. "인간은 진리로 인해 몰락하지 않기 위해 예술을 가진다." '진리'는 실재하지 않는 초감성적인 것을 가리킨다. 그 초감성적인 것이 현실의 이 감성적인 삶을 부정하기 때문에 그 초감성적인 '진리'는 결국 인간을 몰락으로 이끈다. 여기에 대항하는 것이 바로 예술이다. 예술 활동은 몰락에 맞서는 대항 운동이다. 왜 초감성적인 '진리'는 우리를 몰락으로 이끄는가.

"초감성적인 것은 생을 힘으로 충만한 감성으로부터 박탈하고, 그런 감성에서 힘을 박탈하면서 그것을 약화시킨다. 초감성적인 것을 중시하는 입장에서 보면 복종·굴복 그리고 동정·겸손·자기비하가 본래적인 '덕'이 된다. '이 세계의 어리석은 자들'과 비천하고 영락한 자들이 '신의 아이들'이 된다. 그들이야말로 참으로 존재하는 자들이다."『니체 I』94쪽

하이데거의 이 말은 니체의 심중을 정확히 대변하고 있다. 니체가 부정하는 것은 바로 기독교의 창시자인 사도 바울의 가치다. 바울은 이 세상의 강한 자들이 아니라 이 세상에서 어리석다고 하는 자들, 비천하고 영락한 자들이야말로 신의 사랑을 받는 자들이라고 선포했다. 니체는 바울의 이런 선포가 이데아를 참된 세계로 떠받드는 플라톤주의의 대중화라고 본다. 기독교는 플라톤주의의 민중적 형태다. 그 플라톤-기독교적 가치 곧 '진리'가 인간의 권력의지를 부정하고 무력화했다고 보는 것이다. 여기에 맞서려면 이 현실 세계 안에 있는 예술을 맞세워야 한다. '천상의 진리'는 인간의 생을 쇠약하게 한다. 이것을 막으려면 이 감성적 현실의 세계를 옹호하는 예술이 필요하다. 그러므로 니체는 예술이 '진리'보다 더 가치가 있다고 확언

하는 것이다. 그런 예술이야말로 '생의 자극제'다. 그것은 예술이 권력의지의 한 형태라는 것을 뜻한다. 예술이야말로 권력의지가 가장 순일하게 나타난 것이다.

그런데 니체가 예술을 모든 산출과 창조의 행위를 아우르는 개념으로 쓰는 것은 근거가 있는 것인가. 하이데거는 예술의 기원을 보여주는 그리스어 '테크네'(τέχνη)의 의미를 살핌으로써 이 물음에 답한다. 테크네는 오늘날 기술(Technik, 테크니크)의 어원에 해당한다. 그러나 테크네는 고대 그리스에서 수공장인의 제작 기술뿐만 아니라 예술가의 창작 활동도 함께 의미했다. 더 근원적으로 보면 테크네는 창작하거나 제작하는 행위 이전에 '앎', '지식'을 뜻한다. 어떤 의미의 앎과 지식인가?

그리스인들이 존재자 전체를 '피시스'(φύσις)라고 불렀다는 것은 더 말할 필요가 없을 것이다. 이 피시스는 스스로 피어나 펼쳐지는 모든 것이다. 인간은 피시스 한가운데 놓여 있다. 피시스는 우호적인 것이기도 하지만 위협적인 것이기도 하다. 피시스가 위협적이라면 우리 인간은 피시스의 그 위협에 대처해야 한다. 그러려면 피시스의 존재 양상과 활동 양상을 잘 알아야 한다. 바로 이 앎, 피시스의 존재 방식에 대한 앎이 '테크네'의 본디 의미였다. 그리스인들이 인간 신체의 질병에 대한 앎과 대처 방식을 '테크네' 곧 의술이라고 불렀던 것을 떠올리면 이 사태를 더 명확하게 이해할 수 있다.

이렇게 테크네는 피시스에 대처하는 앎을 의미했다. 그리고 여기서 한발 더 나아가 피시스에 대응하는 행위들을 가리키게 됐다. 다시 말해 장인이 무언가를 제작하고 만들어내는 것, 그리하여 예술가가 예술 작품을 산출하는 것을 뜻하게 됐다. 예술가도 작품을 산출하는 자이기 때문에 테크네를 다루는 자 곧 '테크니테스'(τεχνίτης)라고 불린 것이다. 그러므로 테크네는 피시스 자체의 존재 방식에 대한 앎과 그 피시스의 쇄도에 대처하여 이 쇄도를 극복하려는 인간의 모든 산출 활동을 가리킨다. 니체가 예술이라는 말을 쓸 때 이런 테크네의 근본 의미를 염두에 두고 있었을 것이라고 하이데거는 생각한다.

니체에게 니힐리즘의 근원은 플라톤주의-기독교의 이원론과 초감각적인 세계 숭배에 있다. 그러나 그런 이원론도 처음에는 어느 정도는 창조적 힘을 지니고 있었고, 그래서 그 이원론의 표현인 종교와 도덕과 철학이 창조성을 발휘하기도 했다. 그랬던 것이 근대에 들어와 그 이원론적인 '진리'가 창조적 힘을 상실한 데 따라 종교와 도덕과 철학이 퇴락했고, 삶의 목적을 잃어버리는 니힐리즘이 세력을 떨치게 됐다. 이것이 니체의 역사 진단이다.

이렇게 니힐리즘이 대세가 된 세계에서 그 니힐리즘에 대항하는 힘을 니체는 예술에서 찾아낸다. 예술이야말로 권력의지를 고양하는 창조의 힘이다. 그리고 초기에 니체는 리하르트 바그너(Richard Wagner, 1813~83)의 '종합 예술'에서 그런 예술의 창조적 힘을 보았지만, 바그너와 결별한 뒤로는 바그너의 예술이 그리스도교의 도덕주의로 후퇴했을 뿐만 아니라 그 도덕주의를 퇴폐적인 감정의 과잉과 뒤섞었다고 비판하게 된다. 요컨대 바그너의 예술이 권력의지를 고양하는 참된 예술이 아니라 허무주의에 압도당해 예술의 본질을 잃어버린 예술이라고 보는 것이다.

디오니소스적인 것과 아폴론적인 것의 대립

이 대목에서 하이데거는 니체 예술 이론의 핵심 개념인 '디오니소스적인 것'과 '아폴론적인 것'을 권력의지의 관점에서 해석한다. 니체는 '디오니소스적인 것'과 '아폴론적인 것'의 대립을 예술을 설명하는 개념의 틀로 평생 간직했다. 그러나 그 양상은 초기와 말기 사

리하르트 바그너(1870경).
니체는 바그너의 '종합 예술'에서 권력의지를 고양하는
창조적 힘을 보았다. 하지만 나중에는 허무주의에 압도당한
예술이라고 비판했다.

이에 중대한 변화를 겪었다.

첫 저서『비극의 탄생』에서 니체는 '디오니소스적인 것'과 '아폴론적인 것'을 예술의 두 가지 상태로 제시했다. 일종의 이원론인 셈이다. 여기서 니체는 '아폴론적인 것'을 '꿈'과 결부하고, '디오니소스적인 것'을 '황홀'와 결부한다. 다시 말해 디오니소스적인 것이 '황홀한 망아적 도취의 상태'를 가리킨다면, 아폴론적인 것은 꿈과 같은 것, 곧 '가상의 질서 정연한 조직화'를 가리킨다. 그리스 비극이란 이 망아적 도취로서 디오니소스적인 것과 가상의 조직화로서 아폴론적인 것의 대립적 통일 속에서 탄생한 것이다.

하지만 말기에 와서 니체는 이 이원론을 일종의 일원론으로 통합했다. 정신 붕괴 직전인 1888년에 쓴『우상의 황혼』에서 니체는 아폴론적인 것과 디오니소스적인 것이 '도취'의 두 가지 형태라고 말한다. 도취가 더 근본적인 상태이고 이것이 아폴론적인 것과 디오니소스적인 것으로 나타난다는 것이다. 이때 니체는 도취와 관련해 두 가지를 강조한다. "도취에서 본질적인 점은 힘의 고양과 충만의 감정이다." 힘의 고양이라는 감정과 힘의 충만이라는 감정이 도취에서 본질적인 것이라는 주장이다. 이 주장은 도취의 본질이 권력의지에 있다는 것을 말한다. 힘의 고양을 통한 충만의 느낌이야말로 권력의지가 추구하는 것이므로 도취의 핵심에 있는 것이 권력의지인 셈이다. 그렇다면 디오니소스적인 것과 아폴론적인 것은 권력의지의 표출이라고 보아도 될 것이다.

여기서 하이데거는 예술에 대한 이런 인식, 곧 '디오니소스적인 것'과 '아폴론적인 것'의 대립과 통일에 대한 인식을 니체보다 앞서 횔덜린이 사유했음을 강조한다. 횔덜린은 1801년 12월 4일 친구 뵐렌도르프에게 쓴 편지에서 이 두 가지 상태를 '하늘의 불' 곧 '성스러운 파토스'와 '표현의 명료성'으로 대비했다. 그리스인들에게 '성스러운 파토스'가 있었다면 독일인들에게는 '냉정한 표현의 천부적 재능'이 있다면서 이 둘을 어떻게 결합할 것인지를 과제로 제시했던 것이다. 하이데거는 이런 사실을 상기시킨 뒤 다음과 같이 강조한다.

"디오니소스적인 것과 아폴론적인 것의 대립과, 성스러운 파토스와 냉정한 표현의 대립이 독일인들의 역사적 사명의 은닉된 양식 법칙(Stilgesetz)이며 언젠가는 우리가 그런 법칙을 형성할 각오와 준비를 해야 한다."「니체 I」126쪽

이 문장에서 감지할 수 있는 것이 하이데거 자신이 바로 이 두 가지 것의 통일을 지향한다는 사실이다. 겉면만 보면 하이데거는 냉철한 철학자로서 사태를 엄격하고 차가운 이성의 눈으로 절개하고 분석하는 것처럼 보인다. 다시 말해 아폴론적인 냉정함이 압도적으로 강해 보인다. 그러나 그 내면으로 들어가면 디오니소스적인 것, 다시 말해 '성스러운 파토스'가 들끓고 있음을 직감할 수 있다. 이 성스러운 파토스는 일종의 망아적인 황홀경 속에서 차오르는 것인데, 하이데거는 이 망아적인 황홀경 속에서 차오르는 성스러운 파토스를 어떻게 냉정한 사유의 언어로 표현할 것인가를 평생 숙고했던 것으로 보인다. 여기서 하이데거와 니체 사이의 차이가 불거진다. 니체는 위대한 스타일리스트로서 비할 바 없이 탁월한 문체로 이 디오니소스적인 망아적 황홀경을 표현해냈다. 반면에 하이데거는 아폴론적인 냉정함이 전면에 드러나 있고 디오니소스적인 '성스러운 파토스'는 마그마처럼 단단하고 치밀한 언어 아래서 부글부글 끓고 있다.

하이데거 정신 깊은 곳 망아적 파토스의 마그마

하이데거의 정신 저 깊은 곳에서 이런 망아적인 파토스의 마그마가 끓어올랐다는 사실을 엿보게 하는 증언이 적지 않다. 제2차 세계

대전이 끝난 뒤 하이데거와 친분을 쌓은 한스 피셔-바르니콜(Hans A. Fischer-Barnicol, 1930~99)은 이렇게 증언했다. "내 눈에는 사유가 이 늙은 남자를 영매로 삼아 지배하고 있는 것만 같았다. 사유가 그 사람을 통해서 말했다."[116) 하이데거의 아들 헤르만 하이데거(Hermann Heidegger, 1920~2020)도 아버지에게서 다음과 같은 말을 이따금 들었다고 증언했다. "그것이 내 안에서 생각해. 나로서는 그것에 저항할 수 없단다."[117) 이런 증언들은 하이데거에게 사유가 자신의 주체적 행위라기보다는 외부의 어떤 저항할 수 없는 힘이 주는 것이었음을, 더 나아가 그 외부의 저항할 수 없는 힘이 하이데거 안에서 스스로 사유했음을 알려준다. 하이데거가 사유를 '존재의 사유' 곧 '존재가 현존재를 통해서 사유하는 것'이라고 한 것이 그냥 해보는 말이 아니라 하이데거 자신의 절실한 체험 속에서 나온 것임을 짐작하게 해주는 증언이다.

더구나 이 증언은 하이데거가 어떤 망아적·탈자적 상태에서 '성스러운 파토스'에 젖어들었음을, 그리하여 그 성스러운 파토스를 어떻게든 명료한 언어라는 아폴론적 수단을 통해 표현하려고 분투했음을 에둘러 알려준다. 하이데거가 쓴 글들 가운데 상당수가 바로 이 망아적 상태에서 일어난 성스러운 파토스를 명료한 언어로 표현하려는 내적 투쟁의 결과였을 것이다. 그러나 니체에게 디오니소스적인 것이 더 강력했던 것과 달리, 하이데거에게는 아폴론적인 것이 더 우위에 있었음은 분명하다. 두 사람 사이의 근본적인 관점의 차이를 일단 미뤄놓고 보면, 이것이 하이데거와 니체의 사유 스타일과 문장 스타일이 다른 이유이기도 할 것이다. 다른 말로 하면, 니체가 '그리스적'이라면 하이데거는 '독일적'이다. 하이데거의 니체 강의는 독일적인 하이데거가 그리스적인 니체를 '독일적으로' 해석하는 작업이라고도 할 수 있을 것이다.

문체, 날카로운 정신의 소산

다시 니체에게 눈을 돌려보자. 말년의 니체는 '디오니소스적인 것'과 '아폴론적인 것'을 '도취'라는 더 근원적인 상태에서 하나로 보는 인식에 이르렀다. 이때 도취는 단순한 망아적 황홀경을 뜻하는 것이 아니라, 디오니소스적인 것이 아폴론적인 형식으로 구현되는 것을 뜻한다. 다른 말로 하면 도취란 '아폴론적인 것을 품은 디오니소스적인 것'이라고도 할 수 있다. 그렇게 아폴론을 내장한 디오니소스가 니체에게는 '최후의 신'이었다.『권력의지』 1052번

이런 사태는 니체의 문체, 니체의 스타일에서 전형적으로 드러난다. 여기서 스타일이라는 것은 날카로운 정신의 소산이지 손끝에서 흘러나오는 재주가 아니라는 사실을 명확히 할 필요가 있다. 스타일의 어원을 이루는 라틴어 '스틸루스'(stilus)는 '뾰족하고 날카로운 것'을 가리키며, 그래서 글씨를 쓰는 데 쓰이는 날카로운 펜을 가리킨다. 그리고 이 펜은 다시 펜으로 쓰는 글씨의 모양 곧 필체를 가리키며, 필체는 나중에 글의 특징, 곧 문체를 가리키게 됐다. 날카로운 정신의 소산만이 진정한 스타일을 이룬다. 글의 형식은 글의 내용의 소산이다. 그래서 니체는 이렇게 말한다. "사람들은 모든 비예술가들이 '형식'이라고 부르는 것을 내용으로서 즉 '사태 자체'로서 느끼지 않으면 안 된다."『권력의지』 818번 이 사태를 요약해 하이데거는 이렇게 말한다.

"도취는 단지 거품이 일고 있는 모든 것이 뒤섞여서 끓는 혼돈, 술에 취해서 방탕하게 되고 비틀거리게 되는 상태를 의미하지 않는다. 니체가 '도취'라고 말할 경우, 이 말은 바그너가 의미하는 것과는 정반대의 음향과 의미를 지니고 있다. 도취, 그것은 니체에게는 형식의 최고의 승리를 의미한다."『니체 I』 142쪽

대가, 모순적인 것을 굴복시키고 통일하는 자

니체에게 예술은 권력의지의 한 형태다. 예술이 권력의지의 한 형태라는 것은 '위대한 양식의 예술'이라는 개념에서 확인할 수 있다. 하이데거는 말한다. "위대한 양식은 최고의 힘 감정이다." 힘 감정 곧 힘의 느낌을 최고도로 느끼게 해주는 것이 '위대한 양식'으로서 예술이다. 그러나 힘의 느낌을 최고도로 느끼게 해준다고 해서 힘이 멋대로 분출하도록 내버려둔다는 뜻은 아니다. 카오스와 같은 힘의 분출에 새로운 척도와 가치를 부여하고 법칙으로써 이 도취적인 힘을 제어하는 데서 위대한 양식이 창출된다. 절도와 법칙의 엄격한 명령과 카오스의 원시적 생명력을, 두 마리 소를 나란히 묶듯 하나의 멍에 아래 묶어 자유롭게 이끄는 곳에 위대한 양식이 있다. 니체는 '고전적인 예술가'에 대해 이렇게 말한다.

"고전적인 예술가가 되려면 사람들은 강력하면서도 외관상으로는 모순에 가득 찬 모든 재능과 욕망을 가져야 한다. 그러나 그것들이 서로 하나의 멍에 아래서 걷는 방식으로 그것들을 가져야 한다."『권력의지』848번

여기서 '고전적인 예술가'로 번역된 '클라시커'(Klassiker)는 문호·대가·거장을 뜻하는 말이기도 하다. 예술에서든 사유에서든 진정한 거장이 되려면 자기 안에 모순으로 가득 찬, 강력한 욕망과 재능이 있어야 한다. 이 모순적인 것, 말하자면 디오니소스적인 것과 아폴론적인 것을 굴복시키고 변모시켜야 한다. 거기에서 위대함이 탄생한다. 하이데거는 이 사태를 이렇게 간추린다.

"따라서 자신의 가장 첨예한 대립자를 자기 아래 굴복시킬 뿐만 아니라 그것을 자신 안에서 변화시키는 것만이 진정으로 위대하다. 그러나 동시에 위대한 것은 자신의 대립자가 소멸하지 않고 자신의 본

질을 전개하게 하는 방식으로 그것을 변화시킨다." 『니체 I』 160쪽

예술은 권력의지의 한 형태다. 예술은 최고의 힘의 느낌이다. 그 힘의 느낌 안에서 예술은 모순된 것을 통일한다. 예술은 가장 적극적인 것이다. 그러므로 낭만주의적인 도피로는 위대한 예술을 창출할 수 없다.

"낭만주의적인 예술은 불만족과 결핍에서 비롯되는 것이기 때문에 자기에게서 벗어나려는 의지다. 그러나 의욕은 그것의 본래적인 본질에 입각해 말하자면, 자기 자신을 의욕하는 것이다. 이 경우 '자기 자신'이란 단순히 눈앞의 존재자로서 단지 그렇게 존속하는 것이 아니라 진정한 '자기 자신'이 되려고 의욕하는 것으로서 자기 자신이다. 본래적인 의욕은 자기 자신에게서 벗어나려는 것이 아니라 자신을 초월하려는 것이다. 이 경우 이렇게 자신을 초월하려는 의지는 의욕하는 자를 사로잡고 자기 안으로 끌어들여서 변화시킨다. 따라서 자기 자신에게서 벗어나려는 의욕은 근본적으로 보면 비의욕이다. 반면에 본질의 충일과 충만 … 이 순일한 것의 법칙을 따르는 곳에서 의욕은 자기 자신을 그 본질에서 의욕하는 것이며 거기에 의지가 존재한다. 이런 의지가 권력의지다." 『니체 I』 161쪽

예술은 진리보다 더 가치가 있다

이렇게 예술이 무엇인지를 논구한 뒤에 하이데거는 니체가 말하는 '예술'과 '진리'의 관계 쪽으로 사유의 창끝을 들이민다. 니체는 분명히 '예술이 진리보다 더 가치가 있다'고 말한다. 니체에게서 어떤 것의 가치는 그것이 존재자의 현실성을 높이는 데 얼마나 기여하느냐에 따라 측정된다. 예술이 '진리'보다, 다시 말해 플라톤적 의미의 진리보다 더 가치 있다는 것은 '감성적인 것'으로서 예술이 초감성

적인 것보다 더 풍부하게 존재한다는 뜻이다. 이제까지 초감성적인 존재자가 최고의 존재자로 간주돼왔지만, 예술이 더 풍부하게 존재한다면 이제 예술은 존재자들 가운데 최고로 존재하는 것으로 판명된다.「니체 I」166쪽

하이데거의 사유의 창끝은 니체가 말하는 '예술과 진리'가 어떤 관계에 있는지 그 가장 깊은 층위까지 파고들어 간다. 니체는 1888년에 쓴 글에서 자신이 '진리와 예술의 분열'이라는 사태 앞에서 경악을 경험했다고 고백한다.

"예술과 진리의 관계에 대해 나는 극히 일찍부터 진지하게 생각했다. 그리고 지금도 나는 성스러운 경악을 느끼면서 이런 분열 앞에서 있다."「니체 I」167쪽

왜 니체에게 예술과 진리의 분열이 경악을 불러일으키는가? 이 물음에 대한 답을 찾아야 한다. 하이데거는 이 문제를 상론하기에 앞서 먼저 도대체 '진리'라는 것이 무엇을 뜻하는지를 상세히 해명한다. 이 문제가 풀려야만 니체가 '진리'라는 말로 무엇을 뜻하는지, 그리고 '진리'가 왜 예술과 분열될 수밖에 없는지를 투명하게 이해할 수 있기 때문이다.

진리라는 것은 통상 '양의적인' 의미를 지니고 있다. 먼저 진리는 개별적인 '참된 것'(das Wahre)을 가리킨다. 2+2=4라는 것은 개별적인 진리로서 '참된 것'이다. 소크라테스는 아테네 사람이다. 이 문장도 개별적인 진리로서 '참된 것'이다. 그러나 동시에 진리는 이 개별적인 '참된 것'들의 공통된 본질을 가리키기도 한다. 모든 '참된 것'들을 참된 것으로 만들어주는 그 본질을 가리켜 진리(Wahrheit)라고 한다. 이때 이 본질로서 진리는 하나뿐이다. 하나뿐이라는 것은 이 본질로서 진리가 모든 참된 것들에 보편적으로 적용된다는 이야기다. 이렇게 진리는 개별적인 참된 것을 가리키기도 하지만 동시에 참

된 것들의 보편적인 본질을 가리키기도 한다. 그런데 이 보편적 본질로서 진리는 모든 참된 것들에 적용되기 때문에 '진리는 불변하며 영원한 것'이라는 명제가 생기게 된다.

그런데 정말로 진리의 본질은 불변하며 영원한가? 하이데거는 본질은 개별적인 것들에 두루 일치하는 것이기는 하지만, 이 사실로부터 '본질은 변할 수 없다'는 명제가 따라 나오는 것은 아니라고 말한다. 왜냐하면 본질이 변한다고 해서 그 본질이 두루 타당하다는 사태 자체가 부정되는 것은 아니기 때문이다. 이 말을 명확하게 이해하려면 '본질의 역사적 변화'라는 하이데거의 근본 발상에 주목해야 한다. 본질은 결코 영원하거나 불변하는 것이 아니다. 본질은 역사적으로 변화한다. 진리의 경우를 예로 들자면, 고대 그리스 초기에 진리는 '비은폐성' 곧 '알레테이아'를 뜻했다. 존재자가 '은닉에서 벗어나 드러나 있음'이 바로 진리였다. 그랬던 것이 뒤에 가서 진리는 판단과 대상의 '일치'를 뜻하게 됐다. '비은폐성으로서 진리'가 '일치로서 진리'로 바뀐 것이다. 그렇게 진리의 본질이 변화했다. 그러므로 본질이라는 것은 역사적으로 변화한다고 봐야 할 것이다.

이것은 존재자 전체의 본질을 '피시스'로 곧 스스로 열려 피어남으로 이해했던 것이 기독교가 지배하는 중세 시대에 이르러 '신의 피조물'로 이해하게 된 데서도 확인할 수 있다. 본질은 역사적으로 변화한다. 그러므로 진리의 본질도 역사적으로 변화한다. 그렇다면 진리의 본질 변화는 '진리 상대주의'를 주장하는 것인가? 진리가 여기서는 이런 것으로, 저기서는 저런 것으로 규정되는 것이라면 진리는 상대적인 것이라는 얘기가 아닌가? 하이데거는 결코 그렇지 않다고 말한다. 본질이 변화하더라도 그 역사적 국면마다 본질은 보편적으로 적용되기 때문이다.

니체, 진리를 불변의 것으로 이해함

니체의 진리관과 관련해 결정적인 것은 니체가 진리를 이렇게 본질이 변화하는 것으로 이해하지 않고, 고정된 것, 불변의 것으로 이해했다는 사실이다. 다시 말해 진리를 '판단과 사태의 일치', '사유와 대상의 일치'라는 관점에서만 이해했다는 사실이다. 니체는 진리를 본래적으로 묻는 데까지 이르지 못했다. 그런 사정을 단적으로 보여주는 말이 '진리는 오류다'라는 니체의 말이다. 플라톤주의 형이상학이 제시한 진리 곧 '참으로 있는 것은 이데아의 세계다'라는 진리 명제가 오류였다는 것이다. 이 말은 플라톤주의 인식이 사태 자체와 일치하지 않았다는 얘기다. 사태 자체는 '이데아의 세계 같은 것은 없고 참으로 있는 것은 이 현실의 세계다'라는 명제로 표현될 수 있다. 니체에게는 '인식과 사태의 일치'가 진리였기 때문에 니체는 종래의 진리를 오류라고 선언할 수 있었던 것이다. 이렇게 니체에게서 '일치'라는 진리의 본질은 자명한 것으로 전제돼 있다.

"니체가 본래적인 진리 물음, 참된 것의 본질과 본질의 진리에 대한 물음, 그리고 그것과 함께 진리의 본질 변화의 필연적인 가능성에 대한 물음을 제기하지 않으며, 따라서 이런 물음의 영역을 결코 전개하지 않는다는 것, 이것을 아는 것이 결정적으로 중요하다."「니체 I」174쪽

하이데거는 이런 니체의 '태만'이 니체의 책임으로만 돌릴 수 있는 일이 아니며 "플라톤과 아리스토텔레스 이래로 서양 철학사 전체에 걸쳐서 보이는 태만"이라고 강조한다.「니체 I」174쪽

니체의 진리는 인식의 진리

진리의 본질에 대한 이런 불완전한 이해를 염두에 두면, 니체의 많은 말들이 분명하게 이해될 수 있다. 니체에게 진리란 서양 형이상학의 역사에서, 특히 데카르트 이래로 당연하게 여겨져 온 '인식의 진리'를 말한다. 다시 말해 참으로 존재하는 것이 참된 것이며 참된 것은 '진실로 인식된 것'이다. 니체에게 진리는 '인식의 진리'다. 이때 인식은 인간의 인식이다. 다시 말해 인간의 인식이 인식돼야 할 것 곧 존재자와 일치하는 것, 그것이 바로 '인식으로서 진리'다. 그런데 플라톤의 경우에 인식이란 존재자의 존재를 인식하는 것이다. 책상을 책상으로 인식하는 것이 바로 진리다. 이때 책상을 책상으로 인식한다는 것은 책상이라는 구체적인 사물에서 그 이데아 곧 책상의 이데아를 통찰한다는 것을 뜻한다. 플라톤에게서 인식이란 그러므로 이데아에 대한 통찰이다. 이데아를 통찰했을 때 그것이 바로 '인식으로서 진리'가 된다. 다시 말해 우리의 인식 행위가 이데아와 일치했을 때 그것이 바로 '인식으로서 진리'가 되는 것이다.

플라톤에게서 진리는 그러므로 '인식과 이데아의 일치'다. 그리고 그렇게 인식된 이데아가 또 '참된 것'으로서 진리라고도 불린다. 근대 실증주의에서는 우리의 인식이 사물 자체와 일치했을 때 그 일치를 가리켜 진리라고 부른다. 여기서도 역시 진리는 '인식의 진리', 곧 인식 행위와 외부 사물의 일치라는 의미의 진리다. 실증주의(positivism)라는 말의 바탕에 깔린 것은 '포시툼'(positum)인데, 이 '포시툼'은 바로 눈앞에 놓여 있는 것을 뜻한다. 그 눈앞에 놓여 있는 실제의 것과 인식의 '일치'가 실증주의의 진리인 것이다.

니체에게 진리란 플라톤과 실증주의에 모두 적용되는 의미의 진리 곧 '인식의 진리' '일치의 진리'다. 그러므로 진리에 대한 니체의 견해는 서양 사유의 전통을 그대로 따르고 있다. 니체는 결코 진리를 보는 관점을 근본적으로 변혁한 것이 아니다. 니체가 플라톤의 진리 곧 이데아로서 진리가 오류에 지나지 않는다고 이야기하는 것, 그래서 전통적으로 플라톤주의-기독교에 입각한 모든 진리 해석이 오류에 지나지 않는다고 이야기하는 것이 무척이나 혁명적인 발언처럼 들리지만, 그 근저에 깔린 진리관은 '인식으로서 진리', '일치로서 진리'라는 전통적인 진리관이다. 그리하여 니체의 진리관 속에서 보면, 플라톤의 이데아는 진정으로 실재하는 것과 일치하지 않기 때문에 오류에 지나지 않는다. 그러므로 이데아를 전제로 삼아 제출된 모든 '참된 것들'도 다 오류로 떨어진다.

니체 "나의 철학은 전도된 플라톤주의"

이제까지 논의에서 분명해진 것은 니체의 인식관이 정확히 '뒤집힌 플라톤주의'라는 사실이다. 니체는 이미 『비극의 탄생』을 준비하던 시기에 쓴 짧은 메모에서 이렇게 말했다. "나의 철학은 전도된 플라톤주의다." 이 생각을 니체는 사유의 마지막 국면까지 근본적인 변화 없이 지켜나갔다. 플라톤주의에서 참된 것, 참으로 존재하는 것은 초감성적인 것, 이데아다. 반면에 감성적인 것은 '메 온'(μὴ ὄν), 다시 말해서 '아예 존재하지 않는 것은 아니지만 참으로 존재한다고 말할 수 없는 것', 일종의 '그림자' 같은 것이다. 그러므로 감성적인 것은 초감성적인 것을 척도로 삼아 측정하고 평가해야 한다.

바로 이 지점에서 니체의 뒤집기(전도)가 개입한다. 니체가 플라톤주의를 뒤집는다는 것은 이 척도를 뒤집는다는 것을 뜻한다. 그럴 경우 감성적인 것이 바로 진실로 존재하는 것이 되며, 초감성적인 것은 이 감성적인 것을 척도로 삼아서 측정돼야 하는 것이 된다. 위계가 정반대로 뒤집히는 것이다. 감성적인 것이 상위를 차지하고 초감성적인 것은 그 아래 놓이게 되는 것이다. 감성적인 것이 본래 존재하는 것, 참된 것, 진리가 되고, 초감성적인 것은 비진리가 되는 것이다.

니체가 이렇게 플라톤주의를 뒤집게 된 것은 유럽의 역사를 니힐리즘의 역사로 이해하고 그 근원을 플라톤주의에서 찾았기 때문이다. 플라톤주의야말로 니힐리즘의 근원적인 출발점이며 기독교는 그 플라톤주의가 민중의 머리 위로 강림한 것일 뿐이다. 니체가 유럽의 역사를 니힐리즘으로 인식했음을 알려주는 가장 확실한 명제는 "신은 죽었다"라는 저 유명한 말이다. 신이 죽어버렸으므로 2천 년 동안 지배해온 최고 가치가 가치를 잃어버렸고, 그 결과로 인류가 진정한 목표를 잃어버렸다는 것, 이것이야말로 니힐리즘의 사태다.

이때 목표를 잃어버렸다는 것은 단순히 인류가 어느 방향으로 나아가야 할지 알지 못하게 됐다는 것만을 뜻하지 않는다. 근원적으로 존재자 전체에 질서를 세워줄 수 없게 됐다는 것을 뜻한다. 최고 가치들이 붕괴했으므로 무엇을 척도로 삼아 존재자 전체의 질서를 세울지 알 수 없게 됐다는 형이상학적 진단이 이 목표 상실이라는 말에 들어 있는 것이다. 이렇게 니체는 플라톤주의를 니힐리즘의 근원으로 파악하고 플라톤주의를 거꾸로 뒤집었다. 그러나 그런 사정과는 무관하게 니체는 플라톤주의 진리관을 자명한 것으로 간주하고 그 진리관을 플라톤주의와 공유하고 있다. 이것이 하이데거의 결정적인 진단이다.

어쨌든 플라톤주의를 뒤집음으로써 니체는 참된 것, 곧 참으로 존재하는 것을 '감성적인 것'에서 찾게 된다. 쉽게 말하면 우리가 육체의 감각으로 인지하는 것이야말로 참으로 존재하는 것이 된다. 여기서 '예술'과 '진리'는 이 감성적인 것을 공통의 바탕으로 삼아 만나게 된다. 진리도 감성적인 것을 긍정하고 예술도 감성적인 것을 긍정

플라톤 흉상(4세기 원본).
니체는 플라톤주의를 니힐리즘의 근원으로 파악하고
플라톤주의를 전복했다.

하기에 감성적인 것이 공통의 바탕이 되는 것이다. 그런데 어떻게 해서 예술과 진리가 경악스러울 정도로 분열된다는 것일까?

이 문제를 살피기 전에 여기서 잠깐 플라톤이 말하는 이데아의 성격을 되짚어보자. 플라톤에게서 이데아는 감각적인 것들의 배후에 있는 '진리'이며, 다른 모든 감각적인 것들이 바뀌어갈 때도 그 감각적인 것들의 본질로서 '항존성'을 유지한다. 다시 말해 개별적인 침대가 아무리 다양하더라도 또 시간의 흐름 속에서 망가져 버려지더라도 침대의 이데아는 의연하게 존속한다. 현실의 생성하고 변화하는 모든 것들은 이 이데아의 항존성을 결여하고 있기 때문에 진정으로 존재하는 것이 아니다. 따라서 플라톤주의에서 '존재'는 항상 '생성'과 '변화'에 대립한다. 주목할 것은 '존재'라는 말을 쓸 때 니체가 뜻하는 것은 플라톤주의를 뒤엎은 뒤에도 여전히 플라톤주의적인 의미의 존재, 곧 생성에 대립하는 것으로서 존재라는 사실이다.

"참된 세계는 어떻게 우화가 됐나"

플라톤주의를 전도함으로써 니체에게는 이제 감성적인 것이 초감성적인 것 위에 놓이며 본래적으로 존재하는 것으로 등장한다. 그러나 이렇게 전도된 뒤에도 그 구조 형태는 존속한다. 곧 감성적인 것이 우위에 있고 초감성적인 것이 아래에 있는 그 구조 형태, 다시 말해 감성적인 것이 '참된 세계'이고 초감성적인 것이 '가상 세계'라는, '참된 세계' — '가상 세계'의 이원적 구조 형태는 존속한다. 이런 구조 형태가 지속된다면, 그것은 진정한 플라톤주의의 극복이 아니라 변형일 뿐이다. 그래서 말년의 니체는 이 구조 형태 자체를 붕괴시키는 작업에 돌입한다. 그 사태를 보여주는 것이 니체가 1888년에 쓴 『우상의 황혼』에 등장하는 매우 짧은 세계사 요약이다. ''참된 세계'는 어떻게 우화가 됐나. 오류의 역사'라는 제목의 이 짧은 글에서 니체는 역사를 여섯 시기로 나눈다. 그 역사의 여섯 시기는 플라톤주 의에서 시작해 플라톤주의 구조에서 벗어나는 것으로 끝난다.

"첫째, 현명한 자, 경건한 자, 덕 있는 자가 도달할 수 있는 참된 세 계. 그는 그 안에서 살며 그가 바로 그 세계 자체다." 이것은 이데아 라는 참된 세계를 창설하고 그 참된 세계 안에 살고 있는 플라톤을 가리킨다.

"둘째, 참된 세계는 이제 도달할 수는 없지만 현명한 사람, 경건한 자, 덕 있는 자('회개하는 죄인')에게는 약속된 세계다." 이것은 플라 톤 사후 성립된 플라톤주의적-기독교적 세계 인식을 가리킨다. 참된 세계는 초감성적 세계이며 이 지상에 사는 동안에는 도달할 수 없고 다만 피안에 있는 것으로서 약속된 세계다.

"셋째, 참된 세계는 이제 도달할 수 없고 증명할 수 없으며 기약할 수 없는 세계다. 그러나 사유할 수 있는 세계로서 위안이며 의무이고 명령이다." 이것은 칸트 철학으로 나타난 플라톤주의를 말한다. 칸 트에게서 피안의 참된 세계는 증명할 수도 없고 기약할 수도 없지만, 어쨌든 우리가 상정하지 않을 수 없는 세계, 도덕적인 삶을 살려면 그 세계가 존재한다고 믿어야만 하는 세계다. 초감성적인 것은 '실 천이성의 요청'이 된다.

"넷째, 참된 세계, 도달될 수 없다? 어쨌든 도달되지 못한 세계, 그 리고 도달되지 못했기에 인식될 수도 없는 세계. 따라서 위안도 보상 도 의무도 없다. 도대체 인식될 수 없는 것이 우리에게 무슨 의무를 부과할 수 있다는 말인가?" 이것은 19세기 중반 시대의 세계 인식이 다. 칸트 철학에서 출발해 결국 칸트가 실천이성으로서 요청한 피안 의 세계를 포기하는 시대의 인식이다.

"다섯째, '참된 세계', 더는 쓸모없으며 이에 더는 우리에게 의무로서 구속하지도 않는 관념. 불필요하게 남아돌게 된 잉여관념, 결과적으로 논박돼버린 관념. 자, 그 관념을 없애버리자." 이것은 니체가 플라톤주의를 전복함으로써 자신의 고유한 길을 처음으로 내디딘 때를 가리킨다. 1878년 『인간적인 너무나 인간적인』에서부터 1882년 『즐거운 학문』에 이르기까지 실증주의 시기다. 초감성적인 것을 제거하고 이제 감성적인 것만이 남은 시기다. 그런데 여기에 니체는 또 한 시기를 덧붙인다.

"여섯째, 우리는 참된 세계를 제거해버렸다. 어떤 세계가 남아 있는가? 현상의 세계일까? … 아니다! 참된 세계와 더불어 우리는 가상의 세계도 없애버렸다!" 바로 이 대목에서 니체는 단순히 플라톤적 세계를 전도해 초감성적인 세계를 무가치한 것으로 없애기만 하는 것이 아니라, 더 나아가 이 플라톤적 구조 형태 자체를 제거해버리려고 한다. 그러면 초감성적이니 감성적이니 하는 그 구분마저 폐기된다. 이 상태에 이르러 모든 그림자가 완전히 사라지는 정오에 이른다고 니체는 말한다. "정오. 가장 짧게 그늘이 지는 순간, 가장 긴 오류의 끝, 인류의 정점. 차라투스트라의 등장." 그렇게 참된 세계니 가상 세계니 하는 구분마저 폐기하고 나면 무엇이 남는가? 바로 이 문제를 해명하는 것이 하이데거의 다음 작업이다.

니체의 관점주의가 뜻하는 것

니체가 이런 말로써 세계가 무가 됐다고 말하는 것이 아님은 두말할 것도 없다. 초감성적인 세계가 폐기됨으로써 감성적인 세계마저도 폐기됐다는 말로 니체가 진정으로 가리키는 것은 '감성적인 세계라고 하는 것이 우리가 감각으로 느끼고 아는 실재의 세계를 뜻한다'는 그 생각이 폐기됐다는 것이다. 그것은 무슨 뜻인가.

이 말을 이해하려면 니체가 주장하는 '관점주의'(Perspektivismus)를 먼저 이해해야 한다. 니체는 모든 살아 있는 것들은 세계를 관점에 따라 이해한다고 말한다. 즉 자신의 생명을 유지해가기 위해 세계를 자신들의 관점에 따라 받아들이거나 배제하는 방식으로 구성한다는 것이다. 그런 사례로 하이데거는 도마뱀의 경우를 든다. 도마뱀은 풀이 살랑거리는 아주 작은 소리도 잘 듣지만 아주 가까운 곳에서 발사되는 권총의 소리는 듣지 못한다.

"이렇게 생물에게는 환경과 아울러 생기(일어남) 전체에 대한 해석이 수행된다. 그리고 그것은 부수적으로가 아니라 생명 자체의 근본 과정으로서 수행되는 것이다."「니체 I」239쪽

그것을 두고 니체는 "관점적인 것은 모든 생명의 근본 조건이다"라고 말한다. 이렇게 생명체는 근원적이고 선차적인 어떤 관점에 따라서 자기 주위에 '지평'을 설정한다. 존재자들은 그 지평 안에서만 그 생명체에게 출현할 수 있거나 출현하지 못하는 것이다. 즉 도마뱀에게 풀이 살랑거리는 소리가 들릴 수 있음과 동시에 권총이 발사될 때 나는 굉음은 듣지 못하는 것이다. 우리 인간이 지구가 자전하며 내는 무시무시한 소리를 듣지 못하는 것과 같다. 이렇게 설정된 지평은 하이데거의 용어로 하면 '존재 지평'이라고 할 수 있다. 그런데 하이데거는 니체가 생명체뿐만 아니라 비유기적인 것들 곧 생명체 아닌 것들조차 자신의 관점을 지니는 것으로 본다고 해석한다. 비유기체의 그런 관점은 힘 관계, 다시 말해 인력과 척력으로 나타난다는 것이다. 그것도 일종의 '생의 관점'에 해당한다고 하이데거는 본다.

"'생명 없는' 자연이라는 기계론적 자연관은 계산을 위한 가설에 지나지 않는다." "모든 역점은 그 자체로 관점적이다."「니체 I」239쪽

그러므로 생명 없는 세계는 없다. 니체가 정말로 그런 생각을 끝까지 고수했는지는 논쟁의 여지가 있지만, 하이데거는 이런 해석에 따

라 니체의 사유를 계속 파고들어간다. 그리하여 니체의 관점을 이렇게 요약한다.

"모든 '실재적인 것'은 살아 있으며, 그것은 그 자체로 '관점적'이고 자신의 관점으로부터 다른 것들에 대해서 자신을 주장한다."『니체 I』239~240쪽

이런 관점주의는 '진리의 상대주의'로 이어지는가? 이런 물음이 자연스럽게 나온다. 그러나 반드시 상대주의로 이어지는 것은 아닐 것이다. 도마뱀이라는 동물 종에게는 그런 관점적 해석 속에 드러나는 존재 지평이 도마뱀의 세계이므로, 그 세계는 모든 도마뱀에게 진리로서 드러날 것이다. 마찬가지로 인간에게도 인간 종으로서 관점적 해석이 있을 테지만, 그것이 인류 전체에게 공통의 존재 지평을 제공함으로써 그 존재 지평 안에서 인류 공통의 진리로 나타날 것이다. 그러므로 관점주의가 곧바로 상대주의로 이어지는 것은 아니다. 하지만 인간이 '높은 인간'과 '낮은 인간'으로 나뉘고 그 높낮이에 따라 관점이 달라진다면, 관점주의는 상대주의로 이어지게 된다. 관점주의는 해석에 따라 상대주의로도 나타날 수 있고 비상대주의로도 나타날 수 있다. 그런데 니체의 철학은 인간의 높고 낮음에 기초를 두고 있다. 그러므로 니체의 관점주의는 상대주의로 이어진다고 봐야 할 것이다.

더 나아가 니체는 동일한 유기체 안에서도 관점이 여럿일 수 있다고 주장한다. 유기체 안에는 다수의 충동과 능력이 존재하며 이 충동과 능력은 각각 나름의 관점을 지닌다는 것이다. 따라서 충동이나 능력이 지닌 관점들은 서로 충돌할 수도 있고 엇갈릴 수도 있다. 이런 니체의 주장을 쉽게 이해할 길은 없을까? 프로이트의 정신분석 이론에서 사례를 찾아볼 수 있다. 프로이트는 우리의 정신 안에는 의식적인 힘도 있지만 무의식적인 힘도 있다고 말한다. 무의식적인 힘에는

리비도의 힘도 있고 초자아의 힘도 있다. 이 힘들 각각은 작용하는 방향이 다르다. 그래서 리비도의 힘과 초자아의 힘은 정면으로 충돌하기도 한다. 이것을 니체가 말하는 유기체 내부의 관점들을 보여주는 것으로 이해할 수 있을 것이다.

"영원불변한 진리는 오류"

그렇다면 니체는 존재자의 가장 근원적인 사태를 어떻게 보고 있는가? 생명체뿐만 아니라 무기물에서도 모든 것은 관점적이다. 논의의 편의를 위해 사태를 생명체에, 특히 인간에게 한정해보자. 인간에게는 모든 것이 관점적이다. 이 관점의 지평 위에서 모든 것 곧 세계 전체가 그 관점에 따라 어떤 모습을 띠고 나타난다. 그것은 관점의 지평 위에서 나타난 것이기 때문에 일종의 '가상'일 수밖에 없다. 그 자체로 참된 것이 아닌 것이다. 그런 가상 가운데 '존재'도 있고 '예술'도 있다. 유기체의 관점 속에서 '존재'로 나타난 것은 다른 말로 하면 참으로 존재하는 것, 항존적인 것, 영원불변한 것으로 나타난 것이다. 그렇게 참으로 존재하는 항존적인 것으로 나타난 전체를 플라톤주의는 '참된 것', 곧 진리라고 불렀다. 그러나 그런 진리는 실은 하나의 관점이 고정된 것이며 그렇게 고정돼 지배적 지위를 차지하게 된 가상성, 곧 오류일 뿐이다.

인간은 생을 유지하기 위해 이런 가상에 의존하지 않을 수 없다. 가령 어떤 것을 '독'이라고 하고 어떤 것을 '약'이라고 한다고 하자. 그것은 실재 자체가 독이거나 약인 것이 아니라, 생을 유지하려는 인간의 관점에서 독으로 또는 약으로 나타난 것일 뿐이다. 그러므로 독이니 약이니 하는 것을 항존적인 것으로 받아들이는 것은 오류일 수밖에 없다. 그러나 인간은 생을 유지하기 위해 이런 관점적인 진리를, 다시 말해 관점적인 오류를 추구하고 지켜나가지 않을 수 없다. 이런 사태를 두고 니체는 이렇게 말한다.

"진리란, 그것 없이는 특정한 종류의 생물이 살아갈 수 없는 그런 종류의 오류다. 생을 위한 가치가 최종적으로 결정한다."『권력의지』493번

진리 곧 항존적으로 참된 것은 일종의 가상이지만, 그것은 생의 자기주장의 필연적인 조건으로서 정당화되는 가상인 것이다.

그러나 관점적인 것은 이렇게 '진리'로 나타나는 가상에만 그치지 않는다. 생의 모든 표출이 관점적인 것이고 가상이다. 바로 그런 가상 가운데 '예술'이 있다. 예술은 산출하고 형성하고 창조하는 생의 모든 활동을 가리킨다. 특히 본래적인 의미의 예술은 성장하는 생이 더 많은 힘을 지닐 수 있도록 힘을 키우고 해방하는 활동이다. 예술은 생을 성장시키고 발전시키고 변용시키려 한다.

"예술은 '그 자체로 나타남'인 실재를 변용의 빛남 안에서 가장 깊이 그리고 가장 높이 나타나게 한다."『니체Ⅰ』243쪽

바로 이런 점에서 예술과 진리는 대립한다. 예술이나 진리나 생의 관점 속에서 나타난 가상이라는 점에서는 다르지 않다. 그러나 진리는 생을 어떤 특정한 관점에 고정시켜 자신을 유지하게 하는 확정된 현상이다. 그런 확정으로서 '진리'는 생의 정지이며 억제이고 파괴다. 반면에 예술은 그렇게 고정된 진리에 맞서 생을 일깨우고 변용의 빛남 속으로 생을 끌어올리려고 한다. 예술은 존재로 굳어진 생을 자극하고 더 큰 힘으로, 변용으로 나아가게 한다. 바로 그런 의미에서 니체는 다음과 같이 진리와 예술을 대립시킨다고 하이데거는 말한다.

"우리는 진리로 인해서 몰락하지 않기 위해 예술을 가진다."『권력의지』822번

존재로 확정되고 굳어져 생을 억압하고 몰락시키는 진리에 대항

해 그 진리를 깨뜨리고 생의 활력을 다시 일으켜 세우고 더 큰 힘으로 나아가게 해주는 것이 바로 예술이라는 얘기다. 그래서 니체는 생이 생의 고양인 한 진리와 함께 사는 것은 가능하지 않으며, '진리를 향한 의지' 곧 확정된 현상을 향한 의지는 이미 퇴화의 징후라고 말한다.

다시 정리해보자. 예술과 진리는 둘 다 관점적인 '현상함'의 방식들이다. 생이 현상하는 방식이 예술이고 진리다. "그러나 실재적인 것의 가치는 실재의 본질을 얼마나 충족시키는지, 그것의 나타남을 어떻게 수행하며 실재를 어떻게 고양하는지에 따라 정해진다."「니체 I」 244쪽 당연히 예술이 진리보다 더 실재의 본질을 충족시키며 그래서 더 가치가 있다. 변용으로서 '예술'이 어떤 현상의 확정인 '진리'보다 생을 더 고양하기 때문이다. 이렇게 예술과 진리의 관계는 니체의 사유 속에서 플라톤주의의 경우와 정반대가 된다.

예술과 진리는 분열한다. 어떤 것이 분열하려면 그것이 공속의 통일성 속에 있어야 하고 그 통일 속에서 분리돼야 한다. 이 공속의 통일성은 "유일한 실재 곧 관점적인 나타남"에서 주어진다. 진리도 관점적인 나타남이고, 예술도 관점적인 나타남이다. 그러나 그 양자는 분열된다. 그 분열 양상을 다시 한번 이야기하면 다음과 같다.

"실재적인 것(살아 있는 것)이 실재적으로 존재할 수 있기 위해 그것은 한편으로 특정한 지평 안에서 자신을 확정해야 하며 따라서 진리라는 외관 안에 머물러야 한다. 그러나 이런 실재적인 것이 실재적으로 존속하려면 그것은 다른 한편으로 동시에 자신을 초월하여 자신을 변용해야만 하며 예술에 의해 창조된 것의 빛남에서 자신을 고양해야 한다. 즉 그것은 진리에 대항하여 나아가야 한다."「니체 I」 244쪽

이렇게 진리와 예술은 실재의 본질에 똑같이 근원적으로 속하기 때문에 그것들은 서로 분리되고 대립하게 된다. 이렇게 예술은 진리

와 분열하고 대립한다. 그리고 이 예술이 "권력의지의 최고 형태"가 된다.『니체I』245쪽

니체는 주저 곧 『권력의지』를 한창 준비하던 1886년에 자신의 첫 저서 『비극의 탄생』 새 판을 내면서 새로 쓴 서문에 다음과 같은 구절을 써넣었다.

"나의 눈은 이전보다 훨씬 늙었고 백배나 버릇없어졌지만, 이 대담한 책이 처음으로 도전한 과제, 즉 학문을 예술가의 관점에서 보고, 예술을 삶의 관점에서 본다는 과제조차 낯설어질 정도로 냉담해지지는 않았다."

하이데거는 이 말이 50년 동안이나 오해 속에서 횡행했다고 말한다. 그렇다면 이 말의 진정한 의미는 무엇일까? 하이데거의 논의를 요약하면 다음과 같다. '여기서 학문이란 인식 자체 곧 진리를 의미한다. 따라서 학문을 예술가의 관점에서 본다는 것은 진리를 예술가의 관점에서 봄으로써 그것이 가치 없는 것임을 드러낸다는 뜻이다. 그리고 예술을 삶이 관점에서 본다는 것은 삶(생)의 본질로서 권력의지의 관점에서 예술을 본다는 뜻이다. 이 권력의지는 영원한 생성과 영원한 창조를 욕망한다. 그 창조가 바로 예술이다.' 이렇게 니체는 진리와 예술을 모두 가상이라는 공통의 토대 위에 세움과 동시에 예술을 진리 위에 놓는다.

1939년 '인식으로서 권력의지' 강의

하이데거는 첫 번째 니체 강의에서 니체 형이상학의 구조를 예술이라는 관점에서 드러내는 데 집중했다. 그러나 니체의 진리 사상에 대한 탐구가 충분하지 않다고 보고 1939년 여름학기 '인식으로서 권력의지' 강의에서 니체의 인식 이론과 진리 이론을 한층 더 깊

이 파고들었다. 제2차 세계대전이 일어나기 직전의 어두운 분위기 속에서 시작된 이 강의는 다음과 같은 말로 니체 탐사 행보를 본격화한다.

"니체는 본질적인 사상가들에 속한다." 『니체 I』 456쪽

하이데거는 후기에 이르러 자신을 더는 철학자라고 부르지 않고 사상가(Denker, 사유하는 사람)라고 부른다. 하이데거가 사상가라는 말을 어떤 의미로 쓰는지 이어지는 설명이 알려준다.

"'사상가'라는 명칭으로 우리가 가리키는 것은 어떤 유일한 사실을, 그리고 항상 존재자 전체에 대한 유일한 사상을 사유하라는 사명을 부여받은 사람들이다. 모든 사상가는 오직 유일한 사상만을 사유한다." 『니체 I』 456쪽

존재자 전체에 대해 단 하나의 사상을 사유하는 사람이 사상가다. 사상가라고 부를 수 있는 사람은 전통 형이상학으로 치면 '존재자란 무엇인가'라는 '주도 물음'을 끝까지 물은 사람이다. 그렇게 전체를 향한 유일한 물음을 물은 사람만이 사상가라고 불릴 수 있는 것이다.

니체, 최고의 결단 향해 사유하는 본질적인 사상가

그러나 하이데거의 주장은 여기서 그치지 않는다. 하이데거는 "사상가들 중에서도 본질적인 사상가는 유일한 최고의 결단을 준비하는 방식으로든 그런 결단을 확고하게 수행하는 방식으로든, 그런 결단을 향해 사유하는 유일한 사상을 지닌 사람"이라고 말한다. 『니체 I』 457쪽 그러니까 전체를 향해 사유하는 사람을 사상가라고 부를 수 있지만, 본질적 사상가는 그렇게 전체를 사유하는 가운데 '최고의 결단, 유일한 결단'을 향해 사유하는 사람이라는 것이다. 무엇을 결단한다는 말인가? "가장 내적인 분리와 극한의 구별"을 결단한다. 여전

히 모호한 이 말의 의미는 이어지는 설명에서 좀 더 분명해진다.

"극한의 구별이란 신들과 인간, 세계와 대지를 포함하는 존재자 전체와 존재 사이의 구별이다."「니체 I」457쪽

결국 신과 인간과 세계와 대지를 포함한 모든 존재하는 것 전체에 맞서 존재를 구별해내는 것이야말로 참다운 결단이라는 것이다. 왜 그런 결단이 본질적인가? 이 존재의 지배 아래서 비로소 각각의 존재자가 그 자신으로 존재하는 것이 허용되거나 거절되기 때문이다. 하이데거의 이 말은 '종래의 모든 형이상학에 대한 극복'을 선언하는 발언이다. 이제까지 형이상학은 '존재자 전체란 무엇인가' 하고 물음으로써 언제나 존재자를 우위에 두고 존재를 사유했다. 그러나 진정으로 본질적인 사상은 존재를 우위에 두고 존재자를 사유하는 데 있다. 그러므로 물음은 마땅히 '존재란 무엇인가'라는 '근본 물음'으로 향해야 한다. 그리하여 하이데거는 말한다.

"내려질 수 있는 최고의 결단, 그리고 그때마다 모든 역사의 근거가 되는 최고의 결단은 존재자가 우월한가 아니면 존재가 지배하는가 사이의 결단이다."「니체 I」457쪽

니체가 본질적인 사상가인 것은 바로 "이 결단을 회피하지 않으면서 확고하게 이 결단을 향해 사유하고 그것의 도래를 준비했기 때문"이다. 이 말로써 하이데거는 니체가 결단 자체를 수행하지는 않았지만 자신의 사유를 극한까지 밀어붙여 이 결단의 문 앞까지 다가갔다는 것을 암시한다. 다른 말로 하면 '존재가 존재자를 지배한다'는 것을 명확히 드러내는 데까지는 아직 이르지 못했다는 것을 암시한다. 그러나 그 결단의 문 앞에 이르렀다는 이유만으로도 니체는 본질적인 사상가라고 할 수 있다.

"니체는 존재자의 이런 우월에 대한 긍정을 무조건적으로 그리고 결정적으로 수행하고 이로써 가장 가혹하고 준엄한 결단 안에 서 있

는 서양 사상가다."「니체 I」 458쪽

　존재자의 우월에 대한 긍정을 결정적으로 수행했다는 것은 서양의 전통 형이상학의 주도 물음을 극한까지 물었다는 것을 뜻한다. 그렇게 극한까지 물어 들어갈 때 니체가 동력으로 삼은 사상이 '권력의지 사상'이다. 니체는 권력의지 사상을 통해서 물음을 극한까지 밀고 감으로써 "근대라는 시대의 완성"을 미리 사유했다. 근대의 준비 시기 곧 1600년부터 1900년 사이의 시기로부터 근대의 완성이 시작되는 시기로 이행해가는 사상가가 바로 니체다.「니체 I」 458~459쪽 니체는 전통 형이상학을 최후까지 밀어붙임으로써 근대의 완성을 미리 사유한 사상가다.

　그런데 하이데거가 이 강의를 하던 시점은 제2차 세계대전이 일어나기 직전이었다. 큰 전쟁을 눈앞에 둔 시점에서 하이데거는 이 근대가 파국의 형태로 완성될 수도 있고 장기간에 걸쳐 점진적으로 완성될 수도 있을 것이라고 말한다. 아마도 임박한 전쟁이 근대의 완성을 급속히 앞당길 가능성이 크다고 보았던 듯하다. 그러나 전쟁이 나치 독일의 패망으로 끝난 뒤에 하이데거는 이 전쟁이 아무것도 결정하지 못했다며 근대의 완성을 확정할 수 없는 미래의 사건으로 미뤄 놓게 된다.

존재자가 우월하냐, 존재가 지배하느냐

　'존재자가 우월하냐, 존재가 지배하느냐' 하는 결단의 문제를 놓고 하이데거는 존재자의 우위를 긍정하는 사유가 서양 형이상학(Metaphysik) 역사를 관통했다고 말한다. 서양의 전통 형이상학이 존재자가 존재보다 우월하다고 본다는 것은 무엇을 의미하는가? 그것은 다른 것이 아니라 '존재자로부터 존재를 설명한다'는 것을 뜻한

프리드리히 니체(1882).
하이데거는 니체를 '서양 최후의 형이상학자'라고 규정했다.
그것은 니체와 벌인 대결의 자세를 보여준다. 즉 하이데거는 니체보다
더 철저히 사유함으로써 니체를 넘어서려 했다.

다. 서양 전통 형이상학의 관점에서 보면, 존재는 존재자의 가장 일반적인 규정이다. 모든 존재자는 '존재한다'는 점에서 공통성을 지녔다는 얘기다. 다른 한편으로 모든 존재자는 그 최종 근거를 '존재'에서 찾는다. 여기서 '존재'란 존재자를 존재하게 하는 궁극의 원인 곧 기독교 신학에서 이야기하는 최고 존재자로서 신을 말한다. 신이 모든 존재자에게 존재를 준다. 그런데 신은 최고 존재자로서 일종의 존재자다. 그리하여 전통 형이상학에서는 결국 존재자가 존재의 척도이자 목표이고 실현이 된다.「니체 I 」459쪽 존재자가 존재에 대해 우월한 지위를 점하고 있는 것이다. 존재자를 전제하고서 이 존재자의 공통 성격으로 존재를 도출하거나, 아니면 그 존재자 전체의 근거이자 원인으로 최고 존재자를 찾거나 하는 것이다. 이렇게 전통 형이상학은 존재자 전체가 존재에 대해 우월하다는 것에 입각해 존재자 전체를 사유한다. 바로 이런 의미에서 "그리스 시대 이래로 니체에 이르기까지 서양의 모든 사유는 형이상학적 사유다."「니체 I 」460쪽 이것이 이 강의를 해나가는 하이데거의 근본 원칙이다.

1936년의 강의에서는 니체 비판의 태도가 명확히 드러나지 않았지만, 이 1939년 여름학기 강의에 이르면 하이데거는 니체의 역사적 한계를 분명히 긋고 시작한다. 동시에 니체는 이 한계 안에서 서양 형이상학을 그 극한까지 밀어붙임으로써 형이상학의 한계를 넘어설 전망을 열어 보였다는 점에서 형이상학을 종말에 이르게 한 "서양 최후의 형이상학자"로 드러난다.「니체 I 」461쪽 근대라는 시대의 완성을 사유한 서양 최후의 형이상학자, 이것이 니체의 역사적 위상이다. 이때 근대의 완성이란 근대의 종말을 가리킨다고 하이데거는 말한다. 그런데 근대의 종말은 서양 역사의 종결을 뜻할 수도 있고, '다른 시원'(andere Anfang) 곧 제2의 시원을 예고하는 것일 수도 있다. 이 역사적 결단 앞에 인류를 세우는 것이 바로 '근대의 종말'이다.

"권력의지를 향한 니체의 사상 행보를 답파하는 것은 이런 역사적 결단 앞으로 걸어 나가는 것을 의미한다."『니체 I』 460쪽

영원회귀 사상이 권력의지 사상보다 앞섬

이 대목에서 하이데거는 니체가 가리키는 '권력의지' 사상과 '동일한 것의 영원회귀' 사상의 내적 관계를 다시 한번 밝혀 보인다.

"우리는 권력의지에 관한 사상을 니체의 유일한 사상이라고 부른다. 이것은 동시에 니체의 또 다른 사상인 동일한 것의 영원회귀에 관한 사상은 필연적으로 권력의지에 관한 사상에 포함돼 있다고 말하는 셈이 된다. 양자(권력의지와 영원회귀)는 동일한 것을 말하고 있으며 존재자 전체가 지닌 동일한 근본 성격에 대해 사유하고 있다."
『니체 I』 462쪽

존재자 전체는 권력의지라는 근본 성격을 지니고 있으며 이 권력의지는 영원회귀의 방식으로 존재한다. 권력의지의 분출은 필연적으로 동일한 것의 영원회귀라는 방식으로 완성되는 것이다. 권력의지 사상이나 영원회귀 사상이나 결국 동일한 것 곧 존재자 전체를 사유한다. 여기서 하이데거는 니체가 '영원회귀' 사상을 '권력의지' 사상보다 시간상 앞서 사유했다는 점을 강조한다.

"왜냐하면 모든 사상가는 자신의 유일한 사상을 처음으로 사유할 경우, 완성된 모습에서 사유하지 전개되는 모습에서는 아직 사유하지 않기 때문이다."『니체 I』 462쪽

이것은 무슨 뜻인가? 니체에게 먼저 다가온 것은 '영원회귀' 사상이었다는 뜻이다. 영원회귀 사상은 1881년 여름 실스마리아에서 처음 니체를 폭풍처럼 휘감았다. 이 사상을 이해해보려고 분투하던 중에 니체는 권력의지라는 사상에 이르렀다. 영원회귀를 설명하려다

보니 필연적으로 권력의지가 따라 나오지 않을 수 없었던 것이다. 권력의지를 동력으로 삼아 존재자 전체가 동일한 상태로 되돌아오기를 반복하는 것이다.

그런데 사상가에게는 완성된 사상이 먼저 전체로 다가오며, 그 사상을 구체적으로 전개할 때 넘어야 할 고비와 위험은 처음에는 드러나지 않는다고 하이데거는 강조한다. 그 완성된 사상을 찬찬히 단계를 밟아 사유해나갈 때에야 비로소 그런 고비와 위험에 부닥치게 되는 것이다. 하이데거의 이런 설명은 하이데거 자신이 니체와 유사한 상황에 처했음을 에둘러 말하는 것으로 읽을 수 있다. 하이데거 자신도 어떤 전체 사상, 다시 말해 존재 사상이 막연하지만 완성된 형태로 다가왔을 것이며, 그것을 해명해나가는 가운데 여러 난관과 위기에 봉착했으리라는 것을 짐작할 수 있다.

니체야말로 그런 사태를 자신의 작업과 유고를 통해 생생하게 보여주었다. 1884년부터 정신이 붕괴되기 직전인 1888년 말까지 니체는 이 유일한 사상을 체계적으로 설명해보려고 전력을 다했다. 자신이 '주저'라고 부른 『권력의지』를 완성하려고 모든 방면에서 사유를 전개한 것이다. 그러나 그 주저는 결국 작품이 되지 못하고 유고 더미로 남겨졌다.

여기서 하이데거는 니체의 미완성 사상을 완결된 체계로 보여주겠다는 각오를 넌지시 내비친다. 니체의 미완성 사상, 곧 권력의지의 사상을 완성한다는 것은 그 완성된 상태에 안주하겠다는 것이 아니라 그 완결된 모습으로 나타난 니체 사상과 결정적인 대결을 벌이겠다는 뜻이다. 하이데거가 니체를 '서양 최후'의 형이상학자라고 규정하고 시작하는 것이 그 대결의 자세를 보여준다. 하이데거는 니체보다 더 철저하게 사유함으로써 니체를 넘어서 니체 사상 전체를 관통하려고 한다. 그렇게 니체보다 더 높이 서서 니체를 보는 것은 하이데거가 니체를 자기 식으로 소화해 흡수하는 방식이기도 하다. 다시 말해 하이데거가 설정한 존재 역사의 어떤 종말 국면에 니체를 배치하는 것이다. 니체를 그렇게 배치함으로써 하이데거는 니체와 함께 유럽 허무주의의 극한을 통과하여 진정한 허무주의 극복의 길을 찾으려고 한다.

그런 자세로 하이데거가 이 강의에서 시선을 모아 살피는 것이 『권력의지』라는 이름으로 편집된 니체 유고 가운데 제3권 제1장 '인식으로서 권력의지'다.

"권력의지는 '새로운 가치 정립의 원리'다. 그리고 역으로 새로운 가치 정립을 위해서 근거 지어야 할 원리는 권력의지다."『니체Ⅰ』 467쪽

여기서 니체가 말하는 '가치'는 "생의 조건, 생이 '생'으로 존재하기 위한 조건"을 말한다.

"니체의 사유에서 '생'은 대부분의 경우 … 존재자 전체를 가리키는 말이다. 그러나 간혹 그 말은 또한 특별히 우리의 생, 즉 인간 존재를 의미한다."『니체Ⅰ』 468쪽

이것이 니체의 사유에 등장하는 '생'을 해석하는 하이데거의 원칙이다. 생을 생물학적 개념이 아니라 형이상학적 개념으로, 존재자 전체의 본질을 가리키는 개념으로 이해하는 것이다. 이 생의 본질적 특성은 자기 보존이 아니라 '자기를 초월하는 상승'이다. 그렇게 생 곧 존재자 전체를 상승시키는 것만이 가치를 지닌다. 더 정확히 말하면 그렇게 생을 상승시키는 것, 생의 자기 초월을 가져오는 것만이 가치다.『니체Ⅰ』 468쪽 바로 이 새로운 가치를 정립하는 원리가 '권력의지'다. 새로운 가치를 정립한다는 것은 낡은 가치를 전복하는 것을 당연히 포함한다. 낡은 가치란 이미 앞에서 설명한 대로 플라톤-기독교적 가치를 뜻한다. 그 가치는 본디 존재해서는 안 될 가치였다는 것이 니체의 근본적인 믿음이다. 왜냐하면 그런 가치는 생을 짓누르고

저해하고 부정하기 때문이다. 생을 부정하는 가치들이야말로 니체에게는 '비가치'다.

존재자 전체의 근본 성격, 권력의지

존재자 전체의 본질과 근거는 권력의지다. 이것이 니체의 원칙이다. 그 원칙을 니체는 다음과 같은 말로 선포한다. "이 세계는 권력의지이며 그 이외에 아무것도 아니다. 그리고 그대들 자신도 이런 권력의지이며 그 외에 아무것도 아니다." 『권력의지』 1067번 니체의 이 선언을 니체 사상의 최종 결론으로 받아들인다면, 니체에게는 존재자 전체가 권력의지로 존재할 뿐만 아니라 우리 인간도 권력의지를 본질로 하여 존재하는 것이 된다. 다시 말해 인간을 포함해 존재자 전체는 생이며 이 생의 본질은 권력의지인 것이다. 하이데거는 이 명제를 모든 논의의 출발점으로 삼는다.

"'생은 권력의지다'라는 표어와 함께 서양 형이상학은 완성된다." 『니체 I』 471쪽

하이데거는 '생은 권력의지다'라는 말을 서양 형이상학의 시원에 등장한 말 '존재자 전체는 피시스다'라는 말과 대비한다. 이런 대비를 통해 니체의 표어가 지닌 역사적 성격이 한층 뚜렷하게 드러난다. 이 시원의 규정이 퇴락하여 형이상학의 최후 국면에서 니체의 표어로 나타났다고 하이데거는 진단한다. 니체가 이런 표어로써 순전히 자신의 사적인 견해를 제시한 것이 아니라 서양 형이상학의 운명을 이 표어를 통해 드러냈다는 것이다. 본질적 사상가는 본질적인 말로써 형이상학의 은닉된 역사를 발설한다. 다시 말해 본질적 사상가의 본질적 발언은 존재자 전체를 둘러싼 거대한 역사적 투쟁을 드러낸다. 이것이 하이데거가 니체를 보는 근본 관점이다.

권력의지는 존재자 전체의 근본 성격이다. 그렇다면 권력의지는 자연·문화·역사·정치·학문과 같은 존재자의 모든 영역에서 발견돼야 할 것이다. 그러므로 학문, 나아가 인식 일반도 권력의지의 한 형태임이 분명하다. 하이데거는 서양인들이 형이상학의 시원에서부터 '인식이란 무엇인가'라는 물음을 물었다는 점에 서양 사유의 고유한 특징이 있다고 말한다. 그렇다면 인식이란 무엇을 말하는가?

"서양 역사에서 인식은 참된 것을 파악하면서 소유물로 보존하는 저 관계 맺음, 즉 표-상한다(vor-stellen)는 저 태도로 간주된다." 『니체 Ⅰ』 476쪽

인식이라는 것은 참된 것을 파악해 소유하는 '표상함'(눈앞에 떠올려 세움)이라는 것이다. 다시 말해 우리가 대상을 눈앞에 떠올리는 방식을 통해 참된 것을 파악해 소유하는 것, 그것을 서양 사유에서는 '인식'이라고 부른다는 것이다. 그러므로 '참된 인식'이란 말은 동어반복이다. 왜냐하면 참된 인식이 아닌 것은 인식이 아니기 때문이다. 인식이란 참된 것을 표상 활동을 통해 파악해 소유하는 것을 말한다. 인식이란 참된 것에 대한 인식, 참된 것을 파악함이다.

"이 경우 참된 것은 존재하는 그대로의 어떤 것을 의미한다. 참된 것을 파악한다는 것은 존재자를 있는 그대로 표상과 진술 속에서 받아들이고 재현하며 고지하고 유지하는 것을 의미한다." 『니체 Ⅰ』 476~477쪽

존재자를 있는 그대로 파악함이 바로 진리 파악이다. 곧 진리가 인식을 형성한다. 그러므로 인식이란 무엇인가 하는 물음은 진리란 무엇인가 하는 물음으로 이어질 수밖에 없다. 그렇다면 도대체 진리란 무엇인가?

진리는 존재자를 존재하는 그대로 포착해 제시한다. 그런데 이 존재자 중에는 인간도 있다. 인간은 존재자 한가운데 있는 존재자다.

인간은 이 존재자 전체와 관계 맺는 방식으로 존재하는 존재자다. 존재자와 관계 맺는 방식은 참되지 않으면 안 된다. 인간은 그 모든 존재 방식에서, 참된 것에, 진리에 의지한다.

"인간은 진리를 추구하며 모든 행위와 포기, 모든 소망과 증여, 모든 경험과 형성, 모든 고통과 초극에서 진리가 지배할 것을 요구한다. 이 점에서 우리는 '진리에 대한 의지'를 말할 수 있다."『니체Ⅰ』477쪽

인간은 존재자 한가운데서 존재자들과 관계 맺으며 존재할 수밖에 없으므로, 참된 것에 대한 인식을 지향하지 않을 수 없다. 인간은 '진리를 향한 의지'로 존재한다. 바로 그런 점에서 "인간이란 진리를 숭배하는 자이며 그 때문에 또한 진리를 부인하는 자이기도 하다."『니체Ⅰ』477쪽 인간이 애초에 진리를 숭배하지 않는다면, 진리를 부인하는 짓을 할 리도 없는 것이다. 진리를 숭배하지만 그렇게 숭배한 진리가 진리 아닌 것으로 드러날 때, 그 절망 속에서 인간은 진리라는 것 자체를 부인하는 자가 되기도 하는 것이다. 이런 말로써 하이데거는 인간이 정말로 진리 없이도 살 수 있는가라는 물음을 던지고 있다.

"진리에 대한 숭배는 환상의 결과"

그렇게 진리를 숭배하기에 진리를 부인하게 된 사람의 가장 극적인 사례가 니체일지도 모른다. 니체는 권력의지 사상을 형성하기 시작한 1884년에 이런 기록을 남겼다.

"진리에 대한 숭배는 이미 환상의 결과다."『권력의지』602번

니체가 통상 '진리'라는 말로 플라톤-기독교적 진리를 가리킨다는 것은 이미 확인됐다. 그런데 이 플라톤-기독교적 진리를 니체는 허위로, 비진리로 규정했다. 그러므로 이 문장의 의미는 즉각 이해된다. 플라톤-기독교의 진리를 진리로 숭배하는 것은 진리 아닌 것을

진리로 오해하는 환상의 결과인 것이다.

니체는 목사의 아들로 태어나 꼬마 목사라는 말을 들을 정도로 기독교 진리에 푹 젖어 어린 시절을 보냈다. 그 뒤에 그 기독교의 진리가 환상이라는 자각 속에서 철학적 구도자로 다시 태어났다. 니체에게 이 말은 그러므로 매우 당연하고도 자연스러운 말이다. 다만 니체가 여기서 이 문제를 자신의 사적인 경험으로 놔두지 않고 서양 형이상학 전체의 문제로 바꿔봄으로써, 다시 말해 기독교적 진리를 넘어 이제껏 진리라고 주장돼온 모든 것이 환상이라고 선언함으로써 형이상학 역사의 새 국면을 열었다는 데 니체 사유의 본질적 의미가 있다.

우리에게는 진리를 향한 의지가 있다. 그런데 그렇게 추구하는 진리가 환상이라면, 그 진리는 생을 고양하는 것이 아니라 생의 저지, 생의 억압이 되고 말 것이다. 그렇게 진리가 비진리로 떨어져버리고, 그리하여 진리와 진리 아닌 것의 경계가 허물어져버릴 때 모든 것이 공허해지는 '허무주의'가 현실이 된다. 바로 이 허무주의, 니힐리즘이 문제다.

"니체는 니힐리즘을 의지하는가, 아니면 니힐리즘을 그 자체로 인식하고 극복하려고 하는가?"『니체 I』478쪽

당연히 니체는 니힐리즘을 극복하려고 한다. 그렇게 니힐리즘을 극복하려면 진리보다 더 가치 있는 것이 있어야 한다. 이미 살펴본 대로 니체는 예술에서 진리보다 더 가치 있는 것을 발견한다. 진리로 인해 몰락하지 않으려고 우리는 예술을 소유한다고 니체는 말한다. 예술이야말로 진리보다 더 높은 가치이며 생의 더 근원적인 관점적 조건이다. 예술은 환상이라는 의미의 진리와 형이상학적으로 대립한다. 그런데 여기서 물어보자. 예술이야말로 환상 아닌가? 그리고 진리도 환상이고 예술도 환상이라면 결국 모든 것이 환상이 되고 마

견진례를 받은 니체(1861).
니체는 목사의 아들로 태어나 꼬마 목사라는 말을 들을 정도로
기독교에 푹 젖어 어린 시절을 보냈다.

는 것 아닌가? 모든 것은 가상 위에서 떠도는 것이 되고 마는 것 아닌가? 이런 물음을 회피해서는 안 된다고 하이데거는 강조한다.

"우리는 처음부터 진리를 환상으로 보는 니체의 견해가 얼마나 타당한지 조망해야 한다."「니체Ⅰ」 479쪽

'진리는 환상이다'라는 니체의 명제는 통상의 논리적 반박으로는 반박되지 않는다고 하이데거는 말한다. 중요한 것은 그 명제가 가리키는 더 깊은 근저를 보는 일이다.

"모든 본질적 명제는 제거될 수 없는 근거, 즉 오히려 한층 더 근본적으로 구명되기만을 요구하는 어떤 근거들을 소급하며 가리키고 있다. 건전한 인간 지성은 존중돼야 하지만 그것이 미치지 않는 영역이 있으며 그 영역들이야말로 가장 본질적 영역들이다."「니체Ⅰ」 481쪽

우리의 건전한 상식의 논리학이 접근할 수 없는 그 근원적인 영역까지 들어갈 때 '진리의 본질' 문제는 근원적으로 해명될 수 있다는 것이다.

하이데거는 진리의 본질을 더욱 예리하게 파고들어 가기에 앞서 니체의 저 유명한 문장을 다시 한번 제시한다. "진리는 그것 없이는 어떤 특정한 종류의 생명체도 살 수 없는 일종의 오류다."「권력의지」 493쪽 이로써 '진리는 환상이다'라는 명제에 이어 '진리는 오류다'라는 명제가 제시된다. 진리는 환상이고 오류다. 그러니 진리에 관해 이야기하는 것은 아무 쓸모도 없다는 것인가? 전혀 그렇지 않다. 니체는 오히려 '진리가 환상이고 오류라는 바로 그 이유 때문에 진리가 존재하며, 그 때문에 진리는 가치다'라고 말한다.「니체Ⅰ」 487쪽 왜 그런가? '생명체는 생명을 유지하기 위해 일군의 믿음이 필요하고, 따라서 설령 궁극적으로 오류로 판명난다고 하더라도 무언가를 참으로 간주하는 것을 요구할 수밖에 없기 때문이다.' 니체는 그런 식으로 답한다.

그런데 니체가 이런 생각을 할 때 전제하는 진리의 본질은 '표상의 올바름'이다.『니체Ⅰ』489쪽 '표상의 올바름', 다시 말해 '눈앞에 존재하는 사물을 올바르게 표상해, 그렇게 표상된 것이 눈앞에 존재하는 사물과 일치하는 것'을 진리로 보는 관점이다. 검은색 칠판을 보고 '이 칠판은 검다'라고 말하는 것, 이것이 바로 '표상의 올바름'이다. '이 표상의 올바름'이 바로 플라톤과 아리스토텔레스 이래 서양 형이상학의 유구한 진리관이다. 니체는 바로 이 진리관 안에서, 이 진리 규정을 전제하고서 진리에 관해 발언하고 있는 것이다. 다만 니체 자신은 그런 사실을 의식하지 못할 뿐이다.

진리의 본질은 가치 평가

니체에게 이 진리 개념은 이제 특유한 변화를 겪는데 그것은 바로 '진리는 그것의 본질에서 보면 하나의 가치 평가다'『권력의지』507번라는 것이다. 진리를 가치로 보는 것이다. 가치 평가란 '어떤 것이 어떠하다고 믿는다'는 것을 뜻한다. 다시 말해 어떤 것이 얼마만큼의 가치가 있다고 믿는 것이 가치 평가다. 가치가 높으면 좋은 것, 훌륭한 것, 참된 것이 된다. 그러므로 진리는 어떤 것을 참된 것으로 간주함을 뜻한다.

"진리가 본질에서 가치 평가일 경우, 진리는 '참된 것으로 간주함'과 동일한 의미를 지닌다."『니체Ⅰ』492쪽

그러나 이 '가치 평가로서 진리'는 '올바름으로서 진리'를 전제로 한 것이다. 이것은 올바름이라는 진리의 본질이 본디 하나의 가치 평가라는 것을 의미한다. 어떤 판단을 올바른 것으로 믿는 것에는 이미 가치 평가가 깔려 있다는 얘기다. '올바른 것이 더 가치 있다'는 평가가 깔려 있는 것이다. 그러므로 니체가 진리를 가치 평가로 본다고

해서 전통적 진리 규정과 결별하는 것은 전혀 아니다.

다시 니체가 전제로 삼고 있는 전통적 진리 주장으로 돌아가면, 올바름은 표상 작용(표상함)이 존재자와 일치하는 것을 의미한다. 우리의 표상이 대상과 일치하는 것이 바로 표상의 올바름이다. 그러나 우리의 표상이 대상과 일치하는지 확인하려면 먼저 대상들 자체가 우리에게 주어져 있어야 한다. 그런데 그 대상은 우리의 표상 안에서만 확인할 수 있다. 그렇다면 표상을 떠나서 우리는 대상 자체를 확인할 수 없다는 얘기가 된다. 그러므로 표상과 대상의 일치라는 진리 규정은 그 자체로 의문의 여지 없이 완결돼 있는 것이 아니다.「니체Ⅰ」509쪽

이 대목에서 니체는 진리를 '참이라고 믿는 것'으로 해석함으로써 사유를 진척시킬 길을 찾아낸다. "따라서 무언가가 참된 것으로 간주돼야 한다는 것이 필연적인 것이지, 이 어떤 것이 참이라는 것이 필연적인 것은 아니다."「권력의지」507번 진리는 있어야 하지만 이 진리에서 '참된 것으로 간주되는 것'이 반드시 참일 필요는 없는 것이다. 다시 말해 어떤 것이 참이라는 것은 중요하지 않다. 그 어떤 것이 참이라고 간주되는 것이면 충분하다. 그러므로 다음 물음이 자연스럽게 일어난다.

"그렇다면 니체는 어떠한 종류의 기만이라도 필요한 '믿음'을 확보하는 '행운'만 있다면 진리로 간주하고 싶어 하는가? 따라서 니체는 모든 진리와 진리 가능성을 파괴하고 싶어 하는가? … 미친 것 아닌가?"「니체Ⅰ」511쪽

그러나 정말로 중요한 것은 이렇게 흥분하기 전에 니체가 왜 이런 주장을 밀고 나가는가라는 물음이다.

니체의 명제가 가리키는 것은 다음과 같다. '진리가 존재한다는 것은 필수적이고 필연적이지만, 그 진리가 꼭 참일 필요는 없다.' 이것을 이해하려면 니체가 진리의 본질을 '가치 평가'로 환원한다는 것

을 기억해야 한다. 니체에겐 가치 평가가 진리의 본질이다. 그래서 니체는 이렇게 말한다. "'참된 세계와 가상 세계', 이런 대립을 나는 가치 관계들로 환원한다. … 변영하기 위해서는 확고한 믿음을 지녀야 하기 때문에, 우리는 '참된' 세계는 변전하고 생성하는 세계가 아니라 존재하는(영원불변하는) 세계라는 사실을 조작해냈다."『권력의지』 507번 니체는 여기서 왜 진리의 본질이 가치 평가인지를 분명하게 보여준다.

니체를 지배하고 있는 진리관 '일치의 진리'

이 대목에서 하이데거는 다시 한번 니체를 애초부터 지배하고 있는 진리관을 이야기한다. 근대적 사유에서는 진리의 본질이 인식의 본질로부터 규정되지만, 시원적인 그리스적 사유에서는 인식의 본질이 진리의 본질로부터 규정된다.『니체 I 』 524쪽 이 말은 니체가 '진리의 본질'을 근대적으로 사유하고 있다는 뜻이다. 다시 말해 진리의 본질을 '인식'에서 찾고 있는 것이다. 바꿔 말하면 인식에서 '존재자와 판단의 일치'를 진리로 보고 있는 것이다.

그런데 이것을 하이데거는 근대적인 '진리의 본질' 규정이라고 말한다. 그러면서 그것을 그리스 초기의 '진리의 본질'과 대립시킨다. 그리스 초기에는 근대에서처럼 인식의 본질이 진리의 본질을 규정한 것이 아니라, 역으로 진리의 본질이 인식의 본질을 규정했다는 것이다. 이 말은 하이데거가 진리의 그리스적 의미로 쓰는 '알레테이아'를 이해하지 않으면 알아들을 수 없다.

알레테이아 곧 그리스적 의미의 진리는 '비은폐성' 곧 존재자의 드러나 있음이다. 존재자의 드러나 있음이 곧 진리다. 그러므로 인식이란 그렇게 드러난 존재자를 받아들이는 것이다. 진리가 이미 드러나 있고, 그것을 우리가 받아들이는 것이다. 진리의 본질은 알레테이아이고, 그 알레테이아를 받아들이는 것이 인식인 것이다. 그런데 이런 시원적인 진리 개념 곧 '비은폐성으로서 알레테이아'는 곧 망각됐고, 플라톤 이래로 점차로 인식이 진리를 규정하는 척도가 돼 근대에 들어와서는 의심의 여지 없이 확실한 것이 되고 말았다. 니체의 모든 진리에 관한 발언들은 바로 이 근대에 확정된 '진리의 본질' 규정 속에서 일어나고 있는 것이다. 이 점을 확고히 붙들지 않으면 니체의 진리에 관한 논의는 방향을 잃고 표류할 수밖에 없다.

니체에게 진리는 인식과 연관돼 있다. 그래서 니체의 진리관을 파고들어가는 하이데거는 다시 '인식이란 무엇인가'라는 물음을 묻는다. 그런데 이 물음은 재귀적 성격을 지니고 있다. 인식이란 무엇인가라는 물음은 인식 자체를 인식하려는 것이다. 도대체 인식한다는 것이 무엇을 의미하는지를 해명하려는 것이 '인식이란 무엇인가'라는 물음이다. 그것은 인식 자체를 반성하는 물음이다.

그런데 여기서 하이데거는 이렇게 인식 자체를 인식하려는 이런 반성적 인식 물음이야말로 서양인과 서양 사유의 고유한 특징이라고 강조한다. 고대 그리스 시대 이래로 서양인은 앎(Wissen)과 인식(Erkennen)이 존재자 전체에 대한 인간의 근본 관계에 속한다는 것, 따라서 인간의 성찰성이 존재자 전체에 대한 근본 관계에서 핵심적인 문제라는 것을 알고 있었다는 것이다. 하나의 사례를 들자면, 파르메니데스의 저 유명한 말 '존재와 사유는 동일한 것이다'라는 명제가 그런 사태를 보여준다고 할 수 있을 것이다. 그러므로 존재자가 무엇인지 알려면 인식이 무엇인지 아는 것이 필수적이다. 인식에 대한 성찰적 물음, 다시 말해 인식하는 인간 자신에 대한 성찰적 물음이 필수적인 일이 되는 것이다.

"그렇기 때문에 이런 역사적 특성을 지닌 서양인만이 성찰의 상실과 성찰성의 혼미에 빠질 수 있다. 이런 역사적 운명에 아프리카 인종은 절대로 부딪힐 수 없다. 반대로 그런 역사적 특성을 지닌 서양인의 구원과 정초는 오직 성찰에 대한 최고의 열정에서 생겨날 수 있다."「니체 I」526쪽

사물을 인식할 때 아프리카 인종은 사물이 인식되는 것으로 인식을 종료할 뿐이며, 그런 인식 활동이 무엇인지, 인식과 존재자는 어떤 관계를 맺고 있는지를 따로 사유하지 않는다는 말이다. 하이데거의 이 말을 인종주의적 편견의 소산으로 보기 전에, 서양인이 아닌 인류가 그런 인식 자체의 재귀적 이해를 철학적으로 끈질기게 물었는지를 먼저 생각해볼 필요가 있다. 분명한 것은 인식 자체를 물음의 대상으로 삼는 것은 상당히 특이한 사유 방식이라는 사실이다.

인식이란 카오스에 대한 도식화

그렇다면 니체는 인식과 진리를 어떻게 파악했는가? 이 물음의 답을 찾으려면 두 가지를 먼저 명확히 해야 한다고 하이데거는 말한다. 첫째, 니체는 인간의 생을 둘러싸고 있는 세계 전체를 어떤 모습으로 미리 규정하고 있는가? 둘째, 우리를 둘러싼 세계 전체를 인식한다고 할 때 그 인식의 척도가 되는 것을 니체는 어디서 발견하고 있는가? 이 문제와 관련해 니체는 다음과 같이 이야기한다.

"'인식'이 아니라 도식화—— 우리의 실제적 필요를 충족시킬 만큼 카오스에 규칙성과 형식을 부여하는 것."「권력의지」515번

니체는 인식을 도식화로 이해한다. 다시 말해 인식을 '외부의 사태를 있는 그대로 받아들이고 모사한다'는 의미로 이해하지 않고 '도식화'로 이해하고 있는 것이다. 무엇을 도식화하는가? '카오스'를 도식화한다. 니체는 인간의 생을 둘러싼 세계 전체를 '카오스'로 이해

한다. 이 카오스에 인간의 필요·욕구를 충족시킬 만큼 규칙과 형식을 부여하는 것, 그것이 바로 도식화이며 이 도식화를 흔히 인식이라고 부른다는 것이다. 카오스에 우리 인간이 규칙과 형식을 부여하면 그것은 질서를 갖춘 세계 곧 코스모스로 드러날 것이다.

니체의 사유 밑바닥에 깔려 있는 생각은 다음과 같다. '코스모스로 드러난 세계 자체는 우리가 인식하기 이전에는, 다시 말해 도식화하기 이전에는 단지 카오스였을 뿐이다.' 그런데 이렇게 카오스를 도식화하는 것은 어떤 이론적인 태도의 소산이 아니라 우리의 실제적·실천적 필요의 소산이다. 이것이 니체가 인식과 진리라는 것을 파악해갈 때 근저에 깔고 있는 생각이다. 그리고 니체의 이 발언은 단순히 종래의 형이상학적 사유에만 적용되는 것이 아니라 니체 자신의 사유에도 적용된다. 요약하자면 우리의 '인식'이라는 것은 실천적 필요에 따라 '카오스를 도식화한 것'이다. 이것이 니체의 인식에 대한 근본 생각이며 니체 자신의 사유에도 적용되는 생각이다.

그렇다면 니체가 말하는 '카오스'란 무엇을 가리키는가? 카오스 (chaos)라는 것은 '입을 벌리고 있는 것', '측정할 수도 없고 지지하는 것도 근거도 없이 갈라져서 열려 있는 것'을 뜻한다.「니체 I」535쪽 우리에게 카오스는 '뒤죽박죽인 것, 혼란스러운 것, 서로 뒤엉켜 와해되고 있는 것'을 의미하며, 끝없는 운동 상태에 있는 것을 가리킨다. 우리가 어떤 사물을 인식하기 이전에는, 다시 말해 도식화해서 이해하기 이전에는 그 사물은 단지 혼란스러운 카오스일 뿐이다. 우리가 처음 외국어를 들을 때, 외국인들이 쓰는 말이 도무지 알아들을 수 없는, 혼란스럽기 짝이 없는, 아무 구분도 규칙도 없는 것으로 다가오는 것이 단적인 경우다. 도식화해서 이해하기 이전에는 모든 것이 이런 카오스 상태에 있다. 이것이 니체가 생각하는 카오스다. 우리의 신체를 둘러싼 채 질서 없이 몰아대고 흐르고 움직이는 것, 이것이 카오스이며, 니체는 세계 전체가 이런 카오스 상태에 있다고 생각한다. 다시 말해 세계 전체와 그 세계의 운행에서, 우리에게 익숙한 어떤 질서와 규칙을 배제해놓고 그 원초적 상태를 본다면, 그것은 카오스일 수밖에 없다는 것이 니체의 생각이다.

이 원초적 카오스에 대응하는 인간의 방식을 니체는 크게 두 가지로 나눈다. 하나가 전승돼온 의미의 '진리'다. 이것은 카오스의 혼란스러운 흐름을 고정화한 것이다. 니체는 이런 진리가 최고 가치일 수 없다고 단언한다. 다른 하나는 '예술'이다. 예술도 어떤 형식 속에서 아름다움을 구현한다는 점에서는 일종의 고정화다. 그러나 예술은 카오스에 즉해서 그 카오스로서 생을 변용하여 아직 구현된 적 없는 더 높은 가능성으로 고양한다. 앞에서 말한 대로 이 예술에는 예술 자체뿐만 아니라 생을 고양하는 인간의 창조적인 활동, 이를테면 철학도 포함된다. 이런 의미의 예술은 '진리'보다 더 높은 가치를 지니고 있다.

"예술이 참된 것, 고정된 것, 정지돼 있는 것보다 현실적인 것, 생성하는 것, '생'에 더 가까운 것이라는 것을 의미한다."「니체Ⅰ」540쪽

니체에게 카오스는 세계 전체를 의미한다. 이런 세계 전체는 자기 자신을 창조하고 자기 자신을 파괴하면서 무진장하게 쇄도해오는, 제어될 수 없는 충만을 의미한다.「권력의지」1067번 이 세계 안에서 법칙이 형성되고 붕괴된다. 동시에 카오스는 개개의 생명체에게 다가오는 주위의 혼란스러움과 잡다함을 뜻하기도 한다. 생명체, 더 좁혀서 인간은 인식을 통해서 이 카오스에 질서를 부여한다. 다시 말해 이 인식과 함께 세계가 세계로서, 즉 코스모스로서 드러난다. 생은 존재를 유지하고 고양하기 위해 카오스로서 쇄도해오는 것을 어떤 질서로, 도식으로 치환하지 않으면 안 된다. 이런 도식 확보의 욕망은 쇄도해오는 것을 확정할 수 있는 지평을 연다. 지평 형성은 쇄도하는

것을 도식화하려는 생명체의 실천적 욕구가 만들어내는 필연적인 것이다. 이 지평 위에서 이제 모든 것은 어떤 질서를 지닌 것으로 드러난다. 그렇게 모든 것을 도식화할 때 생이 적용하는 것이 바로 '관점'이다. 지평은 그러므로 관점을 통해 열리는 조망 안에 존재한다. 생의 근원적인 욕구가 관점을 형성하고 관점이 조망을 열고 그 조망 속에서 지평이 형성되며, 그 지평 안에서 모든 것들이 어떤 질서를 지닌 것으로 드러나는 것이다.

이 관점의 문제와 관련해 하이데거는 니체가 "지평과 관점을 서로 동일시하고 있으며, 이 때문에 그것들 간의 차이와 연관을 결코 명료하게 서술하고 있지 않고 있다"고 말한다. 이렇게 지평과 관점을 동일시하는 것은 '관점이 지평을 연다'는 사태를 니체가 정확하게 파악하지 못한다는 것을 가리킬 뿐만 아니라, 더 근본적인 한계도 드러낸다. 다시 말해 지평과 관점이 인간 '현-존재'에 근거한다는 것을 니체가 보지 못했다는 사실을 드러낸다.

하이데거에게 이것은 결정적으로 중요한 지점이다. 왜냐하면 존재자의 존재는 바로 인간 현-존재를 터전으로 삼아 드러나기 때문이다. 이것을 니체의 용어를 빌려 이야기하자면, 인간의 관점이 지평을 열지만, 그렇게 열린 지평은 아무렇게나 열리는 것이 아니라, 존재자 전체의 존재가 드러나는 방식으로, 존재자 전체의 존재가 자신을 여는 방식으로 열린다는 것을 뜻한다. 존재자 전체의 존재가 현-존재를 터전으로 하여, 다시 말해 인간의 관점과 조응하는 방식으로 열리는 것이다.

분명히 지평은 존재자 전체의 존재가 열리는 터전으로 이해돼야 한다. 그러나 "니체는 니체 이전의 모든 형이상학과 마찬가지로 이런 본질 형태(현-존재)를 보지 못했으며 볼 수도 없었다."「니체 I」546쪽 인간이 관점을 통해서 연 지평은 순전히 주관적인 것도 아니고, 인간의 관점을 배제한 채 존재자 전체가 스스로 열리는 것도 아니다. 이 둘의 만남과 조응 속에서 존재 지평이 열린다는 것, 이것이 하이데거의 고유한 통찰이다. 그렇게 본다면, 니체의 '관점과 지평'은 하이데거의 존재 지평의 코앞에 와서 멈춘 통찰이라고 할 수 있을 것이다.

다시 니체의 인식에 초점을 맞추어보자. 우리의 관점은 '쇄도하고 생성하는 세계 전체' 곧 카오스로 향하지만, 이 관점은 언제나 그 관점이 열어젖힌 지평 안에서 그 카오스로 향한다. 이 지평이 도식화를 주재한다. 다시 말해 카오스에 질서를 부여한다. 그럴 때 이 질서를 부여하는 방식은 '진리'로도 나타날 수 있고 '예술'로도 나타날 수 있다. 그런데 모든 것이 관점에 따른 것이라면, 결국 카오스를 도식화하는 것도 인간마다 모두 다르지 않을까? 그러나 하이데거는 그렇지 않다고 말한다. 왜냐하면 인간은 상호존재(서로 함께 있음)로 존재하기 때문이다. 인간은 상호존재로서 언제나 공동의 지평 위에서 자신의 생각을 펼쳐가기 때문이다. 이 상호 이해가 전제된 상태에서 의견의 나뉨과 충돌도 생기는 것이다. 이미 동일한 것을 공동으로 확정한 상태에서만이 이 동일한 것에 대한 해석이 나뉠 수 있기 때문이다. 그러므로 오해와 몰이해는 상호 이해의 변종일 뿐이다.「니체 I」548쪽 인간들 공통의 상호 이해는 역사적으로, 다시 말해 긴 역사적 경험을 통해서 형성된다고 하이데거는 강조한다.

오류로서 진리, 카오스와의 일치로서 진리

그런데 여기서 하이데거는 니체가 말하는 진리가 독특한 '양의성'을 지닌다는 점을 주목한다. 일차로 진리는 전승된 의미의 진리, 곧 카오스를 참된 것으로 고정하여 표상한 것을 가리킨다. 이것은 플라톤적인 의미의 진리다. 그런데 이 진리는 본래적으로 현실적인 것 곧 카오스를 배제하고 부정한 것이기에 참이 아니라 오류다. 그래서 진리는 일종의 오류다. 그런데 오류라는 것은 진리를 지나쳐 가고 참된 것을 놓치는 것을 의미한다. 그래서 오류는 진리를 배제하고 부정한다. 그런데 여기서 한번 생각해보자. 어떤 것이 오류라는 것은 그런 오류가 아닌 것 곧 참된 것이 있다는 것을 전제한다. 그러므로 "오류는 참된 것과 진리에 의존한다."『니체 I 』587쪽 이것은 무슨 말인가? 니체는 마치 어떤 경우에도 진리는 없는 것처럼 이야기하지만, 니체가 오류를 이야기하는 이상, 이 오류가 근거하고 있는 진리는 있을 수밖에 없다는 얘기다.

"만약 진리가 존재하지 않는다면 오류가 어떻게 그르침일 수 있을 것이고 그것이 어떻게 진리를 그르치고 지나치며 간과할 수 있겠는가? 모든 오류는 우선적으로, 즉 그것의 본질에서 진리에 의존해서 살고 있다"『니체 I 』587쪽

그렇다면 그 진리는 무엇을 뜻하는가? 이미 앞에 나온 대로 '본래적으로 현실적인 것 곧 카오스'와 관계될 수밖에 없다. 그래서 하이데거는 이렇게 말한다.

"이런 의미의 오류는 필연적으로 진리를 현실적인 것, 즉 생성하는 카오스와의 일치라는 의미로 사유하고 있다."『니체 I 』587쪽

이렇게 니체에게 진리는 이중적인 의미로 사용되고 있다. 첫 번째는 '오류로서 진리', 다시 말해 현실적인 것의 고정화로서 진리, 두 번째는 '카오스와의 일치로서 진리'다. 그런데 여기서 또 하나 분명한 것은 니체가 이렇게 진리를 이중적으로 사유한다고 하더라도, 진리를 사유하는 근본 방식은 다르지 않다는 사실이다. 그것은 '일치'라는 의미의 진리다. 곧 인식이 대상과 일치하는 것이 진리라는 저 오래된 진리관이다. 그래서 첫 번째 진리든 두 번째 진리든 모두 어떤 대상과 일치함을 의미하게 된다. 단지 첫 번째 진리는 이미 고정

화된 것과 인식이 일치하는 것을 뜻하고, 두 번째 진리는 더 근원적인 실제의 카오스와 인식이 일치하는 것을 뜻한다는 점이 다를 뿐이다.

그러나 니체가 이 두 번째 진리 곧 카오스에 대한 일치를 진리 자체로만 보는 것은 아니다. 니체는 이 카오스에 즉해서 이 카오스를 변용하는 예술을 '진리'라고 부르지 않고 '가상'이라고 부른다. 예술은 카오스와 일치하는 것이지만 동시에 카오스를 형태로 고정함으로써 일종의 가상이 되기 때문이다. 다만 예술이라는 가상은 생의 더 높은 가능성이 빛을 발하면서 나타나는 가상이기에 '진리'라는 가상보다 더 높은 가치가 있을 뿐이다. 따라서 니체에게는 진리와 마찬가지로 '가상'도 이중적인 의미를 지님이 분명해진다. 생을 고정하고 쇠약하게 하는 플라톤-기독교적 진리라는 가상과 생의 생성하는 힘을 고양하는 방식으로 고정하는 예술이라는 가상이 그것이다. 여기서 하이데거는 다음과 같은 결론을 끄집어낸다.

"그러나 이제 만약 오류라는 성격을 지닌 것으로 파악된 진리에 '일치라는 의미의 진리'가 전제돼 있다면, 그리고 이런 진리조차도 가상과 겉보기에 그렇게 보이는 것으로 입증된다면, 결국은 모든 것이 오류와 가상이 돼버리는 것은 아닌가? 모든 종류의 진리는 단지 상이한 종류와 단계의 '오류'와 '가상'이다."『니체 I』589쪽

전통적인 진리는 오류로 판명됐다. 더 나아가 더 근원적인 진리 곧 카오스에 대한 인식의 일치라는 의미의 진리, 다시 말해 '예술로서 진리'도 고정화로서 일종의 가상이라는 것이 드러났다. 그러므로 어떤 진리도 진리가 아니라 오류이고 가상에 지나지 않는다. 단지 전통적 진리에 비해 예술이라는 가상이 더 높고 더 빛나는 것이라는 점에서 다를 뿐이다. 그래서 하이데거는 이렇게 말한다.

"사실은 진리들도 없으며 어떤 진리도 전혀 존재하지 않는다. 모든

것은 단지 가상이고 상이한 종류와 상이한 단계의 빛남(Scheinen)이다."『니체 I』589쪽

전통적인 진리, 곧 플라톤-기독교적 진리는 '카오스로서 생'을 부정하는 방식으로 구성된 진리다. 그래서 가상이다. 반면에 예술은 카오스에 대한 인식에 즉해서, 다시 말해 카오스의 생 자체를 긍정하는 방식으로 구성된 진리다. 그러나 그것도 카오스에 대한 인식에 즉해 그것을 변용한 것이라는 점에서는 전통적 진리와 마찬가지로 가상이다. 다만 이 '예술로서 가상'이 '전통적 진리로서 가상'보다 더 높은 단계에 있을 뿐이다.

좀 더 단순한 논리로 이 두 사태를 설명해보자면, 니체에게 참으로 존재하는 것은 '카오스로서 생' 자체뿐이다. 이 생 자체에 대한 인식은 두 가지 방식으로 나타난다. 하나는 전통적 의미의 플라톤-기독교적 진리다. 다른 하나는 예술적 변용으로서 진리다. 이 두 가지 진리는 모두 카오스에 대한 인식을 나름의 방식으로 구성한 것이라는 점에서 동일한 가상이다. 다만 이 가상의 가치가 다를 뿐이다. 전통적 진리는 카오스의 생을 부정하기에 낮은 것이며, 예술로서 진리는 카오스의 생을 긍정하기에 높은 것이다. 니체가 보기에 우리에게 나타나는 것, 다시 말해 우리의 관점적 지평에 나타나는 것은 카오스 자체가 아니라 그것에 대한 인식의 두 가지 형태 곧 전통적 의미의 진리와 카오스의 힘을 변용한 예술뿐이다.

진리의 극한에서 모든 것이 오류와 가상으로 드러남

이렇게 니체는 진리의 문제를 극한까지 밀어붙인다. 이 극한에 이르러 모든 것은 오류와 가상으로 드러난다.

"참된 것으로 간주함이라는 의미의 진리는 비록 그것이 필연적일

지라도 오류다. 생성과의 일치 즉 '예술로서 진리'는 비록 그것이 변용하는 것일지라도 가상이다. 그 자체로 동일한 것으로 머무르는 것. 즉 영원히 타당한 것이라는 의미의 '참된 세계'란 존재하지 않는다."
『니체 I』 589쪽

이렇게 니체의 진리 사유가 극한에 이르면 '참된 세계'라는 것은 그 자체로 존재하지 않게 된다. 우리에게 인식된 모든 것은 단지 단계만 다를 뿐이지 다 가상의 세계다. 참된 세계는 사라지고 가상 세계만이 남는다. "즉 가상 세계의 빛남(Scheinen)이 나타나는 그런 근본 형식으로서 진리와 예술만 남는다."『니체 I』 590쪽 그렇다면 가상 세계만이 유일한 세계라고 불러야 할 것이다. 그런데 가상 세계라는 것은 도대체 무엇인가? 그리하여 이 극한의 사유 앞에서 물음은 다시 한번 깊어진다.

"우리의 물음은 이것이다. 즉 참된 세계의 폐기 이후에 아직 남아 있는 가상 세계는 어떻게 되는가? 여기서 가상은 무엇을 의미하는가?"『니체 I』 590쪽

이 물음과 함께 하이데거는 결론을 향해 나아가기 시작한다.

생명체는 생의 욕구라는 관점에서 전망을 열고 그 전망은 지평을 확정한다. 그러나 지평의 확정은 가상의 설립이다. 이 지평 위에서 모든 것이 형성되고 고정되기 때문이다. 관점이 연 공간에서 쇄도하는 카오스가 고정됨으로써 가상이 세워진다. 일정한 시점 곧 보는 지점이 전망을 열고 그 전망 속에서 지평이 펼쳐진다. 따라서 지평은 시점과 상대적으로 연동돼 존재한다. 시점이 달라지면 그렇게 달라지는 만큼 지평이 상대적으로 달라진다는 얘기다. "여기서 상대성은 지평적 관점의 권역인 세계가 생 자체의 '활동'의 산물일 뿐이라는 사실을 가리킨다."『니체 I』 591쪽 생 자체가 (인간 안에서) 활동하여 관점을 세우고 그 관점이 지평을 열고 그 지평 위에 비로소 세계가 펼쳐

진다. 그러므로 지평과 세계는 관점과 연동돼 있는 것, 관점과 상대적 관계에 있는 것이다. 이것이 하이데거가 해설하는 니체의 관점주의다.

바로 이런 관점주의를 굳게 지킨다면 여기서 무엇이 귀결되는가? 가상 세계는 더는 가상 세계로 파악될 수 없게 된다. 왜냐하면 '가상 세계'란 말은 '참된 세계'라는 것을 전제로 해서 성립하는 개념인데, 관점이 여는 지평을 떠나서 어떤 참된 세계도 따로 드러나지 않기 때문이다. 결과만 놓고 보면 참된 세계와는 직접적 관련이 없이 가상 세계가 열리는 것이다. 그렇게 참된 세계를 척도로 삼지 않은 채로 가상 세계가 열린다면 그런 가상 세계를 가상 세계라고 부를 이유가 없다.

"만약 참된 것을 척도로 하는 측정과 평가가 더는 일어나지 않는다면, 생의 '활동'에서 발원한 세계가 어떻게 여전히 '가상'으로 낙인찍히고 파악될 수 있겠는가?"『니체 I』 591쪽

그럴 수 없다는 것을 통찰함과 동시에 니체는 오랫동안 망설였던 결정적인 일보, 다음과 같은 인식의 일보를 내디뎠다.

"'참된 세계'의 제거와 함께 '가상 세계'도 제거된다."『니체 I』 591쪽

참된 세계가 제거됨과 동시에 참된 세계를 척도로 하는 가상 세계도 제거되는 것이다. 남아 있는 세계는 '가상 세계'가 아니라 그냥 '세계'다. 그러므로 세계 곧 존재자 전체와 대립하는 것은 '참된 세계'가 아니라 '무'일 뿐이다. 그래서 니체는 이렇게 말한다.

"가상 세계와 참된 세계의 대립은 '세계'와 '무'의 대립으로 환원된다."『권력의지』 537번

참된 세계와 가상 세계 구분의 붕괴

이렇게 '참된 세계'와 '가상 세계'의 구분이 붕괴된다면, 그때 '진리'와 '가상'의 관계는 어떻게 되는가?

"참된 세계와 가상 세계의 구별이 사라지는 이런 극한에서, 이런 구별의 근거와 그런 구별의 소멸은 어떻게 되는가? 이제 진리의 본질은 어떻게 되는가?"「니체 I」 593쪽

하이데거는 바로 이 극한의 지점에서 니체가 '호모이오시스 (ὁμοίωσις) 곧 일치로서 정초된 진리'의 최후의 형이상학적 변화 앞에 선다고 말한다. 그것을 니체는 다음 메모에서 이야기하고 있다.

"실로 유럽의 제후들은 그들이 우리의 지원 없이 자신을 유지할 수 있을지에 대해서 자성해야만 할 것이다. 우리 비도덕주의자들 (Immoralisten) ── 우리는 오늘날 승리하기 위해 어떤 동맹도 필요로 하지 않는 유일한 세력이다. 따라서 우리는 강한 자들 중에서도 단연 가장 강한 자이다. 우리는 거짓말조차도 전혀 필요로 하지 않는다. 다른 어떤 세력이 거짓말을 사용하지 않으면서 자신을 유지할 수 있겠는가? 어떤 강한 유혹이 우리를 위해서 투쟁한다. 아마도 존재할 수 있는 가장 강한 유혹, 즉 진리의 유혹이…. '진리'라고? 누가 내 입에 그 단어를 집어넣었는가? 그러나 나는 다시 그 단어를 끄집어 낸다. 그러나 나는 이 긍지로 가득 찬 단어에 치욕을 준다. 아니, 우리는 진리조차도 필요로 하지 않으며 또한 진리 없이도 힘과 승리를 획득하게 될 것이다. 우리를 위해서 투쟁하는 그 마법, 우리의 적조차도 매혹하고 눈멀게 만드는 비너스의 눈, 그것은 극단의 마법, 즉 극한적인 모든 것이 행하는 유혹이다. 우리 비도덕주의자들 ── 우리야말로 가장 극한적인 인간들이다"「권력의지」 749번

니체는 참된 세계와 가상 세계가 동시에 붕괴함으로써 드러난 '세

계' 자체에 대한 인식을 '진리'라고 부른다. 그리고 그 단어를 말하자마자 곧바로 철회한다. 가장 강한 자들에게는 진리라는 말조차 필요없다는 것이다. 진리라는 말이 없어도 승리를 획득할 것이므로 거짓말도 필요없고 거짓을 필요로 하는 어떤 세력과 동맹을 맺을 필요도 없다. 이 극한에 선 자, 다시 말해 니체 자신을 니체는 '비도덕주의자'라고 부른다. 이 '비도덕주의자'라는 말로 니체는 무엇을 뜻하는가?

하이데거는 니체가 쓰는 '비도덕주의자'라는 말이 일종의 형이상학적 개념, 다시 말해 세계 전체의 존재를 결정하는 개념이라고 말한다. 여기서 '도덕'은 도덕주의적 설교에 등장하는 도덕이 아니다. 오히려 종래의 모든 형이상학이 참된 세계로서 초감성적 세계를 설정해 감성적 세계와 대립시키는 한, 그 모든 형이상학이야말로 '도덕적'이다.

"비도덕주의자는 모든 형이상학을 근거 짓는 '도덕적' 구분에 반해 자기 자신을 정립한다. 비도덕주의자는 참된 세계와 가상 세계의 구분과 그런 구분 안에 세워진 가치 위계를 부정하는 자다. '우리 비도덕주의자들'은 형이상학을 지탱하는 구분의 외부에 서 있는 우리를 의미한다."「니체 I」 595쪽

니체가 1886년에 출간한 『선악의 저편』이라는 책의 제목이 가리키는 것이 바로 이것이다. 니체가 발을 디딘 형이상학의 극한의 지점은 기존의 모든 도덕의 지반을 붕괴시켜버리는 지점이다.

그렇다면 이 지점에서 '진리의 본질'은 어떻게 결정되고 있는가? 이 물음은 다시 한 번 니체를 결단 앞에 세운다.

"참된 세계와 가상 세계의 구분이 붕괴할 경우 어떻게 되는가? 진리의 형이상학적 본질은 어떻게 되는가?"「니체 I」 596쪽

이미 앞에서 인용한 바 있는 『우상의 황혼』의 단상('참된 세계가 어

떻게 마침내 우화가 됐는가? 오류의 역사')의 마지막 단락에서 니체는 이 물음에 대한 답을 내놓는다. "우리는 참된 세계를 제거해버렸다. 이제 어떤 세계가 남아 있는가? 가상의 세계일까? 아니다. 참된 세계와 더불어 우리는 이른바 가상 세계도 없애버렸다. (정오. 가장 짧게 그늘이 지는 순간. 가장 길었던 오류의 끝. 인류의 정점. '차라투스트라의 등장'.)" 여기서 괄호 안에 쓰인 것이 바로 형이상학적 근본 구분이 붕괴한 뒤에 남는 것을 가리킨다. 그렇다면 니체가 차라투스트라라고 부르는 자, 형이상학의 극한에 서 있는 자는 진리에 대해 무어라고 말하고 있는가?

진리의 본질 '디케'

하이데거는 니체가 이 극한에서 드러나는 진리의 본질을 '정의'(디케, δίκη)라는 이름으로 사유하고 있다고 말한다. 그러나 디케라는 말로 니체가 알려주는 것이 극히 소략하기 때문에 하이데거는 여기서 니체의 사유를 보충하는 방식으로 완성해 보여준다. 그렇다면 진리는 어떻게 '디케'의 관점에서 이해될 수 있는가? 먼저 니체가 '정의'에 관해서 얘기한 결정적인 두 개의 메모를 보자. 하나는 1884년에 '자유의 길들'이라는 제목으로 쓰인 메모다. 이 메모에서 니체는 이렇게 말한다. "가치 평가로부터 건설하고 배제하며 파괴하는 사유 방식으로서의 정의: 생 자체의 최고의 대변자."『니체 I』604쪽 여기서 정의는 '생 자체의 최고의 대변자'다.

그런데 그 정의는 '가치 평가'를 기반으로 하여 '건설하고, 배제하고, 파괴하는' 사유 방식이라고 니체는 말한다. 이것은 무엇을 뜻하는가? 건설한다는 것은 창립한다는 것을 뜻한다. 다른 말로 하면 앞에서 우리가 본 대로 하나의 관점 위에서 지평을 정립하는 것을 뜻한다. 전망을 형성해 새로운 공간을 여는 것이다. 이 지평 위에서 세계가 열리므로, 정의는 모든 인식과 형성을 근원적으로 고안하는 것이다. 동시에 이 건설하는 사유는 배제하는 것이다. 지평의 건립이란 어떤 척도를 세우는 것이다. 척도를 세우는 것은 척도에 맞지 않는 것을 배제하는 것이기도 하다. 그리하여 건설하고 배제하는 사유는 파괴하는 것이 된다.

열린 지평에서 척도를 세워 척도에 맞지 않는 것을 배제한다는 것은 지금까지 생의 존립을 보장했던 것을 제거한다는 뜻이다. 그러므로 "정의는 건설하고 배제하고 파괴하는 사유라는 본질 구조를 지닌다. 그런 방식으로 정의는 가치 평가를 수행한다."「니체Ⅰ」607쪽 정의는 무엇이 생을 위한 본질적 조건인지를 평가해, 어떤 것은 수용하고 어떤 것은 배제해 제거해버리는 것이다. 그것이 근원적인 형이상학적 의미의 정의다. 이런 정의를 수행할 때 기존 형이상학이 낳은 도덕이라는 기준은 폐기될 수밖에 없다. 이때 정의란 생 자체를 의미할 수밖에 없다. 생 자체가 정의로서 자신을 드러내는 것이다. 생을 고양하는 것은 끌어들이지만 생을 약화시키는 것은 가차 없이 배제하고 파괴하는 것이 정의다. 생으로서 정의는 진리와 인식의 근원적인 근거다. 생은 자기를 초월해 자기 자신의 주인이 되는 것만을 기도한다. 그것이 바로 정의다.

니체가 정의에 대해 말하고 있는 두 번째 메모는 다음과 같다. "선과 악이라는 좁은 관점을 초월하여 바라보며 따라서 이로움(Vorteil)이라는 더 넓은 지평을 … 갖고 멀리 주변을 조망하는 힘의 기능으로서의 정의."「니체Ⅰ」610쪽 선과 악을 넘어서 오직 '이로움'의 관점에서 지평을 여는 것이 바로 정의다. 이것은 생이 본래적으로 지닌 힘의 기능이다. 정의는 바로 이런 지평을 여는 것으로서 관점 자체다.

정의에 대한 이런 두 가지 가장 본질적 표현에서 우리는 무엇을 간취하게 되는가?

"정의는 관점적 힘을 발휘하는 것이며, 가장 폭넓은 최고의 건설로서 생 자체의 근본 특성이다."『니체Ⅰ』612쪽

정의는 생 자체의 근본 특성이며 관점을 통해서 가장 폭넓은 지평을 정립하는 것이다. 이것은 바로 생 안에서 생동하는 힘의 기능이다. 이 '힘의 기능'이라는 말로 니체가 가리키는 것은 결국 '권력의지'다. 그래서 하이데거는 이렇게 말한다.

"정의가 '기능' 즉 권력의지의 근본 특징이자 수행이라면, 우리는 권력의지 사상을 정의의 본질로부터 사유해야만 하고 이와 함께 정의를 그 본질 근거로 소급하여 사유해야 한다."『니체Ⅰ』614쪽

결국 생의 권력의지가 앞에서 말한 정의를 요구하는 것이다. 그러므로 정의는 그 본질에서 보면 권력의지와 다른 것이 아니다. 정의는 권력의지의 정의다. 그렇다면 권력의지란 무엇인가?

"권력의지는 자신을 고양하도록 힘을 부여하는 것을 의미한다. 이처럼 자신을 넘어서면서 상승시키는 것이 바로 고양 자체의 근본적 행위다. 이 때문에 니체는 힘은 그 자체로 '힘의 상승'이라고 끊임없이 말하고 있다. 힘은 '더' 많은 힘을 지니도록 힘을 부여하는 것으로서 존재한다."『니체Ⅰ』616쪽

이 권력의지가 정의를 요구하고 정의는 지평을 열고 그 지평 위에서 '인식과 진리'가 펼쳐진다. 그러므로 니체가 생각하는 '정의로운 인식'은 권력의지를 고양하는 인식이다. 니체는 인간의 생뿐만 아니라 카오스 곧 존재자 전체가 이 권력의지라는 근본 성격을 지닌다고 보았다.

"존재의 가장 내적인 본질은 권력의지다."『권력의지』693번

이렇게 니체는 사상가로서 존재자 전체의 존재를 권력의지라는 것으로 구상하는 것으로부터 사유한다고 하이데거는 강조한다.

권력의지, 최종적인 '진리'

이렇게 니체가 존재자 전체의 존재가 권력의지라고 보았다는 것은 바로 이것을 최종적인 사실, 최종적인 '진리'로 보았다는 것을 의미한다. 그런데 존재자 전체를, 세계 전체를 이렇게 권력의지로 보는 것은 모든 존재자를 인간화하는 것은 아닌가? 그런 사유는 철저한 '의인관' 아닌가? 하이데거는 '당연히 그렇다'라고 말한다. 존재자 전체를 권력의지로부터 보는 것은 철저한 의인관이다. 그러나 하이데거는 이런 의인관이 '위대한 양식'의 의인관이라고 강조한다. 왜 그런가? 니체에게는 이렇게 세계 전체를 의인화하는 것이야말로 인간을 이 세계의 주인으로 만드는 방식이기 때문이다.

"세계를 인간화함. 다시 말해 점점 더 세계 속의 우리를 주인으로서 느낌."『권력의지』 614번

하이데거는 바로 여기에서 형이상학이 그 끝에 이른다고 말한다. 인간이라는 '주체'를 극단화해서 세계 전체를 인간에게 복속시키기 때문이다.

이렇게 가차 없이 극한까지 수행된 세계의 인간화를 통해서 근대의 형이상학의 근본 입장이 지닌 최후의 환상들이 제거되고 인간은 주체로서 완성된다. 이렇게 하여 하이데거는 "권력의지로서 니체의 사상 행보에서 근대의 형이상학뿐만 아니라 서양 형이상학 전체가 완성된다"고 말한다.『니체 I 』 619쪽 왜 그런가? 그리스인들은 존재자의 존재를 '현존의 항존성'으로 규정했다. 다시 말해 참된 존재자는 '항존적으로 현존함'의 방식으로 존재한다고 보았다. 이런 그리스인의 인식이 니체에 와서 완성됐다는 것이다.

"그러나 우리는 니체에게 존재자 전체의 본질은 카오스 즉 '생성'이지 고정되고 항존적인 것이라는 의미의 '존재'는 아니며, 니체는

고정되고 항존적인 것을 참되지 않으며 비현실적인 것으로 생각한다고 거듭해서 듣지 않았던가? 존재는 생성을 위해서 거부되고 있으며, 이런 생성의 성격과 운동의 성격의 권력의지로서 규정되고 있다. 그렇다면 우리가 니체의 사유를 형이상학의 완성이라고 부르는 것은 문제가 있는 것이 아닌가? 니체의 사유는 그것의 부정이거나 더 나아가 그것의 극복 아닌가? '존재'를 떠나 '생성'으로 향하는 것이 아닌가?"『니체I』 619쪽

이런 이의는 지극히 정당해 보인다. 그러나 이런 이의는 권력의지의 본질을 이해하지 못하기 때문에 나오는 것일 뿐이다. 권력의지는 존재자 전체가 끊임없이 생성하고 고양하는 것을 의욕하지만, 바로 그렇게 생성하는 것으로서 존재자 전체의 성격이 '머물러 있는 것'으로 있기를 의욕한다. 바로 그것이 니체가 '동일한 것의 영원한 회귀'라는 말로 사유했던 것이다. 권력의지는 세계 전체의 끊임없는 생성을 의욕한다. 그러나 그렇게 끊임없이 생성하는 것으로서 영원히 회귀함으로써 일종의 '항존적인 것', '항구적인 것'이 되기를 욕구한다. 그런 생각이 담긴 것이 1888년에 쓴 메모다.

"요약: 생성에 존재의 성격을 각인하는 것 ― 이것이 최고의 권력의지다."『권력의지』 617번

이것이 왜 최고의 권력의지인가? 생성을 항존화함으로써 일종의 존재의 성격을 지니게 하기 때문이다. 그리하여 존재를 '항존적 현존성'으로 이해한 그리스의 존재 이해가 니체 사유에 이르러 그 극한을 보여준 것이다.

니체 사유, 서양 형이상학의 완성

이렇게 하여 니체의 사유에서 서양 형이상학은 완성된다. 그리고

그것은 형이상학의 종말이 된다고 하이데거는 말한다. 이때 종말이라는 것은 또 다른 시작, 제2의 시작, '다른 시원'을 예고하기 때문에 종말일 수 있다. 그것은 인간의 극단적 주체화를 극복하는 것, 세계 전체를 지배하고 복속하는 주체를 극복하는 새로운 시대의 개막이다. 그러나 그런 새로운 시작은 저절로 오지 않는다고 하이데거는 말한다.

"우리가 다른 시원의 필요성을 경험하는지는 우리와 미래의 인간들에게 달려 있다."「니체Ⅰ」621쪽

존재자로부터 존재가 떠나가버림 곧 존재 망각이 극복되는 새로운 시작의 문이 열리는 것은 우리 인간에게 달려 있다는 얘기다. 그런 새로운 시작이 절박한 것으로 드러나려면 니체 사상을 그 한계까지 파고들어가 서양 형이상학의 본질적 문제를 철저하게 파헤쳐 보여야 한다. "그때 우리는 존재가 존재자…의 우월한 그림자에 의해 얼마나 광범위하게 그리고 얼마나 결정적으로 은폐돼 있는지를 가장 중요한 것으로서 경험하게 된다."「니체Ⅰ」621쪽 존재가 떠나버림으로써 존재자 전체 다시 말해 이 세계가 황폐해졌다는 것을 처절하게 깨달을 때에야 제2의 시원의 문이 열릴 것이라는 얘기다. 하이데거의 니체 강의는 그 절박한 국면을 마지막까지 사유하는 극한의 경험이다.

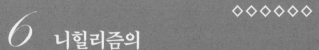

6 니힐리즘의 극복—『니체』 II

존재를 가치로 보는 해석에 묶여 있어서는
존재 자체를 존재 자체로 묻고 사유할 수 없다.
니체의 형이상학은 니힐리즘의 극복이 아니라
니힐리즘의 최종적 완성일 뿐이다.
니체의 니힐리즘은 본래적 니힐리즘의 완성이다.
이로써 하이데거는 니체에 대해 처음에 보였던
공감에서 완전히 벗어나 니체를 근원적으로
비판하는 자리에 서게 된다.

"

존재는 가장 공허한 것이면서
가장 풍요로운 것이고, 가장 일반적인 것이면서
유일무이한 것이고, 가장 이해하기 쉬운 것이면서
모든 개념 파악에 저항하는 것이며,
가장 자주 사용되면서 이제 비로소 도래하는 것이며,
가장 믿을 수 있는 것이면서 가장 심-연적인 것이며,
가장 깊이 망각된 것이면서 가장 뚜렷이
상기시키는 것이며, 가장 자주 언표되는 것이면서
가장 깊이 침묵하는 것이다.

"

1940년 '유럽의 니힐리즘' 강의

1940년 여름학기에 하이데거는 '유럽의 니힐리즘'이라는 제목으로 네 번째 니체 강의를 했다. 1939년 9월 1일 나치 독일의 폴란드 침공으로 시작된 제2차 세계대전이 한창이던 시점이었다. 이 강의에서 하이데거는 니체 형이상학의 핵심 용어 가운데 하나로 '니힐리즘'을 지목하고 그 니힐리즘을 서양 형이상학의 역사 전체를 관통해 구명했다. 제2차 세계대전 한가운데서 펼쳐지는 강의가 '니힐리즘'을 이야기하고 있다면, 그 니힐리즘이라는 말로 하이데거가 세계대전을 에둘러 가리킨다는 것을 짐작하기는 어렵지 않다. 니체는 권력의지 사상을 통해 서양의 니힐리즘을 극복했다고 자신했으나, 하이데거는 이 강의에서 니체의 형이상학이 니힐리즘을 극복하지 못하고 서양 형이상학의 정점에서 니힐리즘을 완성하는 데 그쳤음을 치밀한 사유로 입증해 나간다.

하이데거의 강의는 '니힐리즘'이라는 말이 어디서 유래했는지를 밝히는 데서 출발한다. 니힐리즘이라는 말을 처음 사용한 사람은 독일 철학자 프리드리히 하인리히 야코비(Friedrich Heinrich Jacobi, 1743~1819)였다. 야코비는 피히테에게 보낸 편지에서 이 말을 처음 사용했다. 하이데거는 니힐리즘이라는 표현을 널리 유포한 사람으로 19세기 러시아 작가 투르게네프(Ivan Turgenev, 1818~83)를 지목한다.

"투르게네프는 '니힐리즘'이라는 말을 감각적으로 지각될 수 있는 존재자, 즉 직접적으로 경험될 수 있는 존재자만이 존재하며 그 외의 것은 존재하지 않는다고 주장하는 견해를 가리키는 말로 사용했다."

『니체II』 35쪽

투르게네프의 말은 니힐리즘에 대한 고전적인 정의를 보여준다. 투르게네프의 소설 『아버지와 아들』에 묘사된 대로 당시 러시아 니힐리스트들은 차르 체제를 철저히 부정하는 혁명주의자들이었다. 이들은 차르 체제가 전통과 권위와 규범으로 민중을 지배하고 착취한다고 보았다. 이 모든 전통과 권위와 규범의 바탕에 기독교 신앙이 있으므로, 이 신앙을 혁파하는 것이 혁명의 관건이라고 이들은 생각했다. 그러므로 러시아 니힐리스트들은 신의 존재를 부정했고 신의 속성으로 간주되는 것, 다시 말해 사랑이니 영원이니 진리니 하는 것을 부정했다. 나아가 신에 대한 믿음 위에 구축된 세계 질서를 부정했다. 니힐리스트들은 모든 '관념적인' 것들을 '무'(니힐, nihil)로 보고 부정함으로써 봉건 질서의 토대를 무너뜨리고자 한 사람들이었다. 이 니힐리즘을 투르게네프의 동시대 러시아 작가 도스토옙스키(Fyodor Dostoevsky, 1821~81)는 '푸시킨 강연'(1880)에서 다음과 같이 묘사했다.

"푸시킨은 심원하고 꿰뚫어보는 천재적인 정신과 진정으로 러시아적인 심성을 통해 우리나라의 지식인 계층, 즉 민중보다 훨씬 뛰어나다고 자부하면서도 이 나라의 대지로부터 분리돼 있는 지식인 사회 내의 심각한 병적 현상을 처음으로 발견했고 그것의 본질을 인식한 사람이었다. 그는 현상을 인식하고 우리 러시아의 이런 부정적인 인간 유형, 항상 불안해하고 기존의 어떤 것에도 만족할 수 없으며 향토와 향토의 힘을 믿지 않는 인간, 러시아와 자기 자신(또는 더 올바르게 말하자면 그 자신이 속하는 사회계급, 즉 우리의 국토로부터 분리된 지식인 계층 전체)을 궁극적으로 부정하고 동포에 대해 어떤 유대감도 품지 않으려 하면서도 이 모든 것 때문에 성실하게 괴로워하는 인간을 우리 눈앞에 생생하게 그려낼 수 있었다. 푸시킨이 묘사했던 알레코(서사시 「집시들」의 주인공)와 오네긴(소설 『예브게니 오네긴』의 주인공)을 시발로 하여 우리 문학계에는 그들과 같은 인물들이 무수히 출현했다."「니체Ⅱ」 36쪽

하이데거가 도스토옙스키의 발언을 이렇게 길게 인용하는 것은 도스토옙스키의 말, 특히 '항상 불안해하고 기존의 어떤 것에도 만족할 수 없으며 향토와 향토의 힘을 믿지 않는' '부정적인 인간 유형'이라는 니힐리스트 진단에 어느 정도 공감하고 있음을 보여준다. 그러나 니체에게 '니힐리즘'이란 투르게네프나 도스토옙스키의 진단을 넘어서는 것을 의미한다고 하이데거는 강조한다. 니체 유고를 편집한 『권력의지』의 제1권 '유럽의 니힐리즘'에서 니체는 다음과 같은 묵시록적인 말을 한다. "니힐리즘이 문 앞에 서 있다. 모든 방문객 가운데 가장 기분 나쁜 이 방문객은 어디서 오는 것일까?"[118] 하이데거는 '유럽의 니힐리즘' 다시 말해 '서양의 니힐리즘'을 다음과 같이 설명한다.

"니체가 말하는 '니힐리즘'은 이미 그전 수 세기를 지배했고 그 다음 세기도 규정할 역사적 운동을 의미하는바, 이런 역사적 운동은 니체 자신에 의해 처음으로 인식됐으며 그는 '신은 죽었다'라는 짤막한 명제로 이 운동의 가장 본질적인 성격을 집약적으로 드러냈다."「니체Ⅱ」 36쪽

니체에게 니힐리즘은 역사적 운동이며 '신의 죽음'이 가져온 가공할 사태를 가리킨다. 하이데거는 니체가 말하는 '신은 죽었다'는 명제의 의미를 다음과 같이 부연한다.

19세기 러시아 작가 투르게네프(일리야 레핀, 1874).
하이데거는 니힐리즘이라는 표현을 널리 유포한 사람으로
투르게네프를 지목했다.

"이 명제가 말하는 것은 '기독교의 신'이 존재자와 인간 본분에 대한 지배력을 상실했다는 것이다. 여기서 '기독교의 신'이란 동시에 '초감성적인 것' 일반과 그것에 대한 여러 해석, 즉 존재자 전체 '위'에 내걸리면서 존재자 전체에 목적과 질서, 요컨대 '의미'를 부여하는 '이상'과 '규범', '원칙'과 '규칙', '목표'와 '가치'를 대표하는 명칭이다. 니힐리즘이란 기독교 신의 죽음이 서서히 그러나 지속적으로 백일하에 드러나는 존재자 자체의 역사다."『니체II』36~37쪽

니힐리즘, 존재자 전체의 진리가 변화하는 사건

앞에서 상세히 논의한 대로 초감성적인 것의 지배는 플라톤 철학에서부터 시작한다. 그렇다면 니힐리즘이란 플라톤 철학과 그것을 이어받은 기독교 신앙이 지배력을 상실해가는 오랜 역사적 과정을 가리키는 말인 셈이다. 초감성적인 것이 지배력을 잃어버림으로써 서양인에게 삶과 역사의 목적과 의미가 사라져버리는 것, 이것이 바로 니힐리즘이다. 니힐리즘의 무시무시한 사대를 니체는 '우리가 믿고 따랐던 신이 죽어버렸다'는 말로 간명하게 이야기한 것이다. 하이데거는 이 사태를 단순히 역사적인 사건이 아니라 형이상학적인 사건으로 해석한다.

"니힐리즘은 오히려 존재자 전체에 대한 진리가 본질적으로 변화하면서 이 진리 자체에 의해 규정된 종말을 향해 나아가는 장기간에 걸쳐 일어나는 사건이다."『니체II』37쪽

니힐리즘은 '존재자 전체의 진리'가 변화하는 사건이며 이 진리가 규정하는 종말을 향해 나아가는 사건이다.

그런데 전통적으로 '존재자 전체의 진리'를 가리키는 말이 바로 '형이상학'이라고 하이데거는 말한다. 이때 형이상학은 단순히 철학

의 한 분과를 말하는 것이 아니다. 모든 시대의 인간의 삶을 지탱하고 가능하게 하는 것이 형이상학이며, 나아가 인간이 존재자 전체 그리고 인간 자신과 만나는 방식을 규정하는 것이 형이상학이다. 하이데거는 이 서양 형이상학이 종말에 이르렀다고 진단한다.

"형이상학의 종말은 초감성적인 것과 그것으로부터 기원하는 '이상'이 지녔던 지배력의 쇠퇴 또는 소멸로 드러난다. 그러나 형이상학의 종말은 결코 역사의 종결을 의미하지 않고 '신이 죽었다'는 저 '사건'(Ereignis)과의 진지한 대결이 시작됐음을 의미한다."「니체II」 37쪽

니힐리즘 역사의 완성과 함께 형이상학이 종말에 이르렀다. 그러나 이 형이상학의 종말은 니힐리즘의 완성이라는 사건과 벌이는 대결이 시작됐음을 의미한다. 하이데거는 니체 사상에서 이 대결이 일어났다고 말한다. 니체는 20세기를 완전히 새로운 시대의 시작으로 예견했으며 이런 새로운 시대가 초래할 변혁은 이제까지 알려진 그 어떤 변혁과도 비교할 수 없는 것이라고 생각했다.「니체II」 37쪽 하이데거는 이 문장을 쓰면서 어쩌면 당시 벌어지고 있는 제2차 세계대전이 그런 변혁을 준비하는 사건이 될 것이라고 생각했을지 모른다.

세계라는 극장

이 대목에서 하이데거는 세계라는 것을 '극장'에 비유한다.

"세계라는 극장의 무대 장치는 한동안 옛날 그대로일지 모르지만 거기서 행해지는 연극은 이미 다른 것이다. 그 경우 이제까지의 목표가 사라지고 이제까지의 가치가 무가치한 것이 된다는 것은 결코 한갓 파괴로서 경험되지 않으며, 결여와 손실로서 개탄되지도 않고 오히려 해방으로서 환영받으며 최종적인 승리로서 적극 지원을 받고

완성으로서 인식된다."『니체II』37~38쪽

세계라는 극장의 무대 장치는 달라지지 않았지만 연극의 내용은 달라진다는 것이다. 이 달라진 연극에서 니힐리즘은 사람들에게 해방으로서 인식되고 환영받는다. 기존의 모든 목표, 기존의 모든 가치가 붕괴했다는 인식이 진리로서 지배권을 획득하게 되는 것, 이것이 새로운 연극의 내용이다. 바로 이런 과정을 거쳐 니힐리즘은 '새로운 가치 정립'이라는 과제를 떠맡게 되며 이런 과제의 완수를 통해서 니힐리즘은 완성된다. 니체는 이렇게 완성된 형태로 미래에 대해 척도를 부여하는 니힐리즘을 '고전적 니힐리즘'이라고 불렀다. 동시에 니체는 이 고전적 니힐리즘을 종래의 모든 형이상학에 대한 유일한 '대항 운동'으로 파악했다. 그리하여 니힐리즘이라는 용어는 허무주의라는 말이 풍기는 단순한 부정과 파괴의 의미를 넘어 '종래의 모든 가치의 일대 전환'이라는 적극적인 의미를 띠게 된다고 하이데거는 말한다. 다시 말해 초감성적인 것의 가치에 대항해 새로운 종류의 가치가 전면에 등장하는 것이다.

종래의 모든 가치가 일대 전환을 감행하려면 '새로운 원리', 다시 말해 새로운 가치와 새로운 가치에 척도를 제공하는 원리를 찾아내는 것이 필요하다. 그런데 초감성적 세계가 이미 무너진 이상, 이 새로운 원리는 감성적인 세계 곧 존재자 자체의 세계에서 나올 수밖에 없다. 존재자 전체에 대한 새로운 진리를 건립하는 것이 필요한 것이다. 하이데거는 이렇게 존재자 전체에 대한 진리를 건립하는 것이야말로 형이상학이라고 말한다. 니체가 바로 새로운 원리로 '권력의지'를 제시함으로써 바로 이 새로운 형이상학을 세운 사람이다. 니체에게 권력의지는 '존재자 전체의 근본 성격' 곧 존재자 전체의 본질이다. 하이데거는 니체가 말하는 '권력의지'가 무엇을 뜻하는지를 다시 한번 명확하게 설명한다.

"'권력의지'라는 용어는 니체에게는 힘의 본질에 대한 해석도 포함하고 있는 것이다. 어떤 힘도 그것이 힘의 증대, 곧 힘의 고양인 한에서만 힘이다. 힘은 그때마다 도달된 힘의 단계를 초월할 경우에만, 따라서 그때마다 자기 자신을 초월하고 자신을 고양할 경우에만, 말하자면 자신을 더 강하게 할 경우에만 힘은 자신을 자신 안에서, 즉 자신의 본질에서 유지할 수 있다. 특정한 힘의 단계에 머무르자마자 힘은 이미 무력하게 된다. '권력의지'는 아직 힘을 지니지 않은 자가 힘을 지니기를 원하는 '낭만적인' 바람과 열망을 의미하는 것이 결코 아니다. '권력의지'는 힘이 더 강력해지는 것을 통해서만 힘으로서 자격을 지닌다는 것을 의미한다."『니체 II』 39~40쪽

존재의 역사 속 사상가의 근본 경험

니체는 권력의지의 사상가다. 권력의지의 경험은 니체에게는 근본 경험이다. 하이데거는 여기서 사상가가 무엇을 뜻하는지를 다시 한 번 분명하게 말한다.

"니체가 존재자의 근본성격을 권력의지로 파악하는 것은 망상을 좇다 보니 병이 들고 만 몽상가의 자의적인 고안에 의한 것이 아니다. 그것은 한 사상가(Denker)의 근본 경험, 즉 자기 멋대로 사유하는 것이 아니라 존재자가 그 존재의 역사에서 그때마다 무엇으로 존재하는가를 언표하지 않으면 안 되는 인간들 중의 한 사람이 겪는 근본 경험이다."『니체 II』 40쪽

근본 경험 곧 근본 사상은 어떤 사상가가 자기 마음대로 고안하는 것이 아니라는 얘기다. 다시 말해 진정한 사상가는 존재의 역사에서 존재자가 무엇으로 존재하는지를 사상으로 드러내는 사람, 쉽게 말해서 형이상학의 역사에 획을 긋는 사람이다. 말하자면 사상가는 존

재의 부름을 받은 사람이지, 존재의 역사와 무관하게 자기 스스로 생각을 제시하는 사람이 아니라는 것이다. 니체는 존재자 전체가 권력의지로 존재한다고 선언함으로써 '사상가 중의 사상가'가 됐다고 하이데거는 말한다. 이때 니체가 뜻하는 '권력의지'는 언제나 '동일한 것의 영원회귀'라는 방식으로 존재한다. 영원회귀 사상으로만 권력의지는 그 내적인 본질과 필연성에서 파악될 수 있다. 권력의지는 영원회귀로 존재한다.

초감성적인 것의 붕괴 곧 니힐리즘에 맞닥뜨려 인간 본질의 새로운 정립이 절박한 문제가 된다. 신이 죽어버린 이상, 인간에게 척도와 중심이 돼야만 하는 것은 오직 인간 자신뿐이다. 이때의 인간은 "모든 가치를 권력의지라는 유일한 힘으로 전환하는 과제를 인수하고 지상에 무조건적인 지배를 확립하려는 인간 유형"이다.「니체Ⅱ」42쪽 그것이 바로 니체가 말하는 '초인'(Übermensch)이다. 초인은 권력의지라는 유일한 가치의 최고 형태다. 니체는 초인이야말로 인류의 목표라고 단언한다.

이렇게 하여 니체에게 핵심이 되는 다섯 가지 주요 용어가 나왔다. 곧 '니힐리즘', '모든 가치의 전환', '권력의지', '동일한 것의 영원회귀', '초인'이 그것이다. 하이데거는 니체의 형이상학이 이 각각의 용어에서 드러남과 동시에 각 시점이 전체를 규정하는 방식으로 드러난다고 말한다. 그러므로 니체의 형이상학을 이해하려면 다섯 가지 주요 용어들의 상관관계를 사유해야 한다. 다시 말해 '니힐리즘'이 무엇인지 알려면 나머지 네 가지를 동시에 연결해 파악할 수 있어야 한다.

하이데거는 이 다섯 핵심 용어 사이의 연관이 니체의 심안 곧 마음의 눈에는 보였을 것으로 추측한다. 그러나 그 체계의 순수한 형태를 니체가 남긴 유고 단편들에서 찾아낼 수는 없다. 하이데거는 파편으로 흩어진 유고를 검토해 니체의 사상 체계를 완성된 모습으로 드러내 보이려고 한다. 그럴 때 하이데거가 원칙으로 삼는 것이 '사상가의 사상을 통해 존재 자체가 자신을 드러낸다'는 명제다.

"그 사상은 결코 개인의 견해에 지나지 않는 것이 아니며, 더구나 흔히들 말하는 '그의 시대의 표현'도 아니다. 니체 정도의 지위를 지닌 사상가의 사상은, 아직 인식되지 않은 존재의 역사가 '역사적 인간이 자신의 언어(Sprache)로 하는 말(Wort)'에 반향된 것이다."『니체 Ⅱ』46쪽

존재의 역사가 니체의 언어로 말하고 있으며 그 말이 바로 니체의 사상이라는 것이다. 니체의 사상은 니체의 언어로 기술한 존재의 역사라는 얘기다. 이것은 앞에서 말한 대로 '사상가는 자기 멋대로 사상을 표현하는 것이 아니라 존재의 역사에서 존재자가 무엇인지를 표현한다'는 주장과 연결되는 말이다. 니체의 언어에서 존재 자체가 스스로 말하는 것을 찾아내는 것, 이것이 하이데거가 니체 유고를 이해하는 방식인 것이다.

'우주론적 가치의 붕괴'

이런 원칙을 전제하고서 하이데거는 『권력의지』 12번에 등장하는 '우주론적 가치의 붕괴'라는 제목의 단편을 주목한다. 이 단편은 니체 사유가 정점에 이른 시기(1887~88)에 쓴 것인바, 니힐리즘의 핵심을 포괄적으로 펼쳐 보이는 글이다. 단편치고는 비교적 긴 이 글을 상세히 살피기에 앞서 예비 작업으로 하이데거는 『권력의지』 맨 앞의 짧은 메모를 검토한다.

"니힐리즘이란 무엇인가? 그것은 최고 가치가 가치를 상실하게 된다는 것이다. 그리고 이 말은 목표가 결여돼 있다는 것, 즉 '왜?'라는

물음에 대한 답이 결여돼 있다는 것을 의미한다."「권력의지」2번

이 단편은 니힐리즘의 본질을 묻고 그 답으로 '최고 가치가 가치를 상실하게 된다는 것'을 제시한다. 최고 가치는 앞에서 본 대로 플라톤-기독교적 가치다. 니체의 이 답변에서 니힐리즘에 대한 결정적인 정의를 발견할 수 있다. 하이데거는 그 정의를 이렇게 설명한다.

"그것은 니힐리즘이 하나의 과정인바, 최고 가치가 가치를 상실하고 무가치하게 되는 과정이라는 것이다."「니체Ⅱ」48쪽

이렇게 니체 사유에서는 가치 개념이 주도적인 역할을 한다. 그렇다면 가치란 무엇인가? 가치란 중요한 것이고 높이 평가받는 것이고 척도를 부여하는 것이다. 그러므로 가치가 척도가 됐다는 것은 그것이 하나의 '목표'가 됐다는 것을 뜻한다. 더 나아가 가치가 모든 것의 근거가 됐다는 것을 뜻한다.

여기서 하이데거는 왜 가치 사상이 니체의 사유를 지배하게 됐는지를 따져 묻는다. 하이데거는 그 답을 니체가 근원적으로 니힐리즘의 '니힐'(nihil) 곧 무를 제대로 이해하지 못했다는 데서 찾는다. 니체가 니힐리즘을 최고 가치가 무가치하게 되는 것으로 보는 것은 '가치 있는 것이 가치 없는 것이 된다'는 존재자 차원에서 '니힐'을 보고 있음을 알려준다. 니체는 니힐 곧 무의 본질을 알지 못했기 때문에 무를 '무가치'로 이해한 것이다. 왜 니체는 무를 무가치로 이해하게 됐을까?

하이데거는 서양 형이상학의 '무' 이해를 간단히 살핀다. 서양 형이상학은 무라는 것을 존재자 곧 존재하는 것의 단적인 부정으로 이해한다. '존재자 아니면 무'라는 이분법이 서양 형이상학을 지배하는 것이다. 그러므로 무가 단적인 '없음'을 뜻하는 이상, 존재하는 것은 무로 떨어질 수도 없고 무로 해소될 수도 없다.「니체Ⅱ」54쪽 존재하는 것은 다르게 존재하는 것으로 바뀔 뿐이지 무 자체로 바뀌지는 않

는다는 얘기다. 다른 말로 하면 존재자는 가치 있는 존재자에서 가치 없는 존재자는 될 수 있어도 단적인 없음은 될 수 없는 것이다. 바로 그런 이유로 니체는 무를 무가치로 이해하는 것이다. 여기에 니체가 이해하는 니힐리즘의 근원적인 한계가 있다.

니체의 형이상학, 완성된 니힐리즘

하이데거는 무라는 것이 존재자가 아님은 분명하다 하더라도, 그렇다고 해서 무가 곧바로 '아무것도 없음' 곧 '단적인 무'를 뜻하는 것은 아님을 강조한다. 존재하는 것이 아니라는 의미의 무에는 '존재'도 들어 있다. 다시 말해 무는 '존재'가 현성하는 방식일 수도 있는 것이다. 무의 본질이 '존재'를 가리킬 수도 있다는 것을 서양 형이상학은 이해하지 못할 뿐만 아니라 이해하려고도 하지 않는다고 하이데거는 말한다.

"그렇다면 니힐리즘이란 무의 본질에 대해 사유하지 않는 것을 의미할 것이다." 「니체Ⅱ」 55쪽

하이데거는 바로 여기에 니체의 형이상학이 '완성된' 니힐리즘에 그칠 수밖에 없는 이유가 있다고 말한다. 서양 형이상학이 무를 단적인 없음으로만 보았을 뿐이지 존재자를 존재하게 하는 '존재'가 자신을 드러내는 방식으로는 이해하지 못했듯이, 니체도 무의 본질을 서양 형이상학과 동일한 방식으로 이해하고 있다는 것이다.

"니체는 실로 니힐리즘을 특히 서양의 근대 역사의 운동으로 인식하지만 무의 본질을 물을 수 없기 때문에 무의 본질을 사유할 수도 없다." 「니체Ⅱ」 55쪽

그래서 니체는 무를 무가치라는 존재자적 관점에서 파악하는 것이다.

"니체는 서양 형이상학의 궤도와 영역 안에서 사유하기 때문에, 그리고 그런 궤도와 영역에서 서양 형이상학을 종국에까지 사유하고 있기 때문에, 니힐리즘을 그런 식으로(가치 사상으로) 사유할 수밖에 없다."「니체II」56쪽

그 결과로 니체의 형이상학은 서양 형이상학의 극복이 아니라 완성으로 머물고 만다. 이제『권력의지』단편 12번을 살필 차례다. 이 단편 12번은 A와 B 두 절로 이루어져 있다. 첫 번째 절인 A절의 내용은 다음과 같다.

"심리적 상태로서 니힐리즘이 나타나지 않을 수 없을 때는 첫째로 우리가 모든 것에서 하나의 '의미'를 찾았으나 의미가 그것들 안에 존재하지 않으며 의미를 추구했던 자가 급기야는 (의미 추구를 향한) 용기를 상실할 때다. 이 경우 니힐리즘이란 오랫동안 힘만 낭비했다는 의식, '도로'에 그친 자신의 노력에 대한 통한, 불안정, 어떻게든 자신의 힘을 회복하고 무엇을 통해서든 안정을 얻을 수 있는 기회의 결여, 자신이 너무 오랫동안 자신을 기만해왔다고 느끼는 자기 자신에 대한 수치감이다. … 이제 사람들은 생성을 통해 아무것도 달성되지 않고 아무것도 도달되지 않는다는 것을 깨닫는다. 따라서 … 이른바 생성의 목적에 대한 환멸이 니힐리즘의 원인이다. …

심리적 상태로서 니힐리즘이 나타날 때는 둘째로 경탄과 외경을 갈망하는 혼이 최고의 지배와 관리 형태에 대한 전체적 표상 안에서 만족을 누리기 위해 … 모든 것 안에서 그리고 모든 것의 근저에 하나의 전체성과 체계화, 조직화를 상정했을 경우다. 일종의 통일, 즉 어떤 형태의 것이든 '일원론'에 대한 신앙을 통해 인간은 자신보다 무한히 우월한 전체에 깊이 연대해 있고 의존해 있다고 느끼면서 신성의 한 양태가 된다…. '보편자가 번영하기 위해서는 개체의 헌신이 요구된다!'

그러나 보라. 그런 보편자는 존재하지 않는다! 인간은 자신을 통해 무한한 가치를 지닌 전체가 작용하지 않을 경우, 자신의 가치에 대한 믿음을 완전히 상실하고 만다. 다시 말해 그는 자신의 가치를 믿을 수 있기 위해 그런 전체를 생각해낸 것이다.

심리적 상태로서 니힐리즘에는 제3의 마지막 형태가 있다. 생성에 의해 어떤 목적이 달성되는 것도 아니고, 모든 생성의 근저에 … 개체가 완전히 의존할 수 있는 어떤 통일도 주재하고 있는 것이 아니라는 두 가지 통찰이 주어질 경우, 도피처로서 남는 것은 이런 생성의 세계 전체를 기만적인 것으로 단죄하면서 생성의 피안에 존재하는 하나의 세계를 참된 세계로 고안해내는 것이다. 그러나 심리적 욕구로부터 이런 세계가 구성됐다는 것, 그리고 그가 그런 세계를 구성할 수 있는 어떤 권리도 갖고 있지 못하다는 것을 깨닫자마자 형이상학적인 세계를 불신하면서 이른바 참된 세계에 대한 신앙을 금하는 니힐리즘의 마지막 형태가 나타난다. 사람들은 이 입장에서 생성의 실재성만 유일한 실재성으로 인정하며 배후 세계와 거짓된 신성으로 빠지는 모든 종류의 시도를 자신에게 허용하지 않는다. 그러나 인간은 이런 생성의 세계를 이제 부인하지는 않지만 그것을 견디지는 못한다….

근본적으로 어떤 사태가 일어났는가? '목적'의 개념으로도, '통일'의 개념으로도, '진리'라는 개념으로도 현실의 총체적 성격이 해석돼서는 안 된다는 사실을 깨달을 때 가치 상실감이 등장한다. 현실을 통해 어떤 목적도 달성되지 않고 도달되지 않으며, 사건들의 다양성 안에는 어떤 포괄적인 통일도 존재하지 않고, 현실은 '참된' 것이 아니라 거짓된 것이며…, 사람들은 참된 세계를 신봉할 어떤 근거도 전혀 갖지 못한다…. 단적으로 말해 우리가 세계에 하나의 가치를 투입하기 위해 사용한 '목적' '통일' '존재'라는 범주는 우리에게서 박탈되는 것이며 이제 세계는 무가치하게 나타난다."『니체II』57~58쪽

니힐리즘의 세 가지 형태

니체의 이 단편은 니힐리즘의 세 가지 형태를 설명한다. 첫째 형태는 '목적'의 상실이다. 공산주의나 천년왕국, '영구평화'나 '최대 다수의 최대 행복'과 같은, 미래의 목적에 대한 믿음이 의미이고 가치였으나 그것이 아무런 의미도 가치도 없는 것으로 드러났을 때 니힐리즘이 도래한다는 것이다. 둘째, 이 세계가 하나로 연결된 전체, 통일된 전체라고 생각하고 그 전체를 위해 개체가 헌신한다는 것이 의미를 주었으나 하나의 전체라는 그 생각이 붕괴할 때 니힐리즘이 닥친다는 것이다. 셋째, 이 현세를 부정하고 저 피안의 세계를 참된 세계로 생각하는 것, 곧 이데아의 세계나 기독교의 천국이 참된 세계로, '진리'로 존재한다는 믿음이 붕괴했을 때 니힐리즘이 등장한다는 것이다. 이 세 가지 개념으로 세계를 해석해서는 안 된다는 것을 깨달았을 때 가치 상실감이 휘몰아치고 세계 전체가 무가치한 것으로 나타난다. 생각할 수 있는 가장 넓은 개념 곧 우주 전체의 가치가 붕괴한다. 이것이 니힐리즘이라는 것이다.

이 니힐리즘 설명에서 우리는 니체가 인간을 우주의 중심, 우주의 척도로 설정하고 있음을 본다. 인간이 우주 곧 존재하는 모든 것의 척도와 중심, 근거와 목적이 된 시대가 바로 근대라는 시대다.

"인간은 모든 존재자의 근저에 놓여 있는 것, 즉 모든 대상화와 표상 가능성의 근저에 놓여 있는 기체(subiectum)다. 니체가 근대의 형이상학을 정초한 데카르트를 아무리 날카롭게 비판한다고 하더라도 그것은 단지 데카르트가 인간을 아직 완전히 그리고 결정적으로 기체로서 설정하지 않았기 때문이다. 기체를 에고(ego) 즉 자아로 표상하는 것, 다시 말해 기체에 대한 '에고이스틱한' 데카르트의 해석이야말로 니체에게는 아직 충분히 주관주의적이지 않은 것이다."「니체 II」

기체 곧 '모든 존재하는 사물의 근저에 놓여 있는 것'을 '에고'(자아)로 해석하는 것만으로는 니체를 충족시키지 못한다. 왜 그런가? 존재하는 모든 것들에 대한 인간의 무조건적인 우위를 설파하는 '초인 사상'에 이르러서야 이 에고가 진정으로 모든 것의 기체로 등극하기 때문이다. 데카르트의 자아는 니체의 초인에 이르러서 최고의 형태, 최고의 승리를 보여주는 것이다. 이것은 니체가 데카르트가 확립한 근대 주체주의(주관주의) 형이상학을 벗어난 것이 아니라 그 완성이자 극한이라는 것을 뜻한다.

아무런 목표도 가치도 없는 '중간 상태'

그런데 니힐리즘의 도래에 대한 니체의 이런 설명은 생성하고 변화하는 이 감성적인 세계 위에 세워진 초감성적 세계 곧 형이상학적 세계에 대한 분명한 불신을 표명하고 있으며, 이런 표명은 인간이 이 초감성적 세계로 도피하는 것을 금지한다. 이런 금지를 통해서 니힐리즘이 새로운 단계에 도달한다고 하이데거는 말한다.

"그것은 단순히 생성하는 세계의 무가치함과 비현실성에 대한 느낌에 머물지 않으며, 초감성적인 참된 세계가 몰락한 지금, 생성의 세계는 오히려 '유일한 현실' 즉 본래적이고 하나뿐인 '참된' 세계로서 드러난다."『니체II』67쪽

초감성적인 세계로 도피하는 것이 금지된 이상, 이제 남은 것은 이 생성하고 변화하는 현실의 세계뿐이다. 이 세계가 유일한 세계이자 진정으로 '참된' 세계로 드러나는 것이다. 앞의 논의를 끌어들이면 '카오스'의 세계가 유일한 '참된' 세계로 나타나는 것이다. 이렇게 해서 '일종의 독특한 중간 상태'가 성립한다.

"첫째로 생성의 세계, 즉 지금 여기서 영위되는 삶과 그것의 변전하는 영역들은 현실적인 세계이며 부인될 수 없다. 둘째로 이런 유일하게 현실적인 세계는 우선 아무런 목표도 가치도 없으며 따라서 견딜 수 없는 세계다. 이런 상태는 단순히 현실적인 것이 무가치하다는 느낌이 아니고 유일하게 현실적인 것 안에서 어쩔 줄 모르고 당혹해하는 감정이다."『니체II』68쪽

남은 것이 이 현실적인 세계뿐이지만 그 현실의 세계는 사실 아무런 목표도 가치도 없는 세계다. 그런 인식에 이르러 인간은 견딜 수 없는 당혹감에 빠진다. 바로 이런 상태가 '중간 상태'다. 이 중간 상태는 견딜 수 없는 것이기 때문에 인간은 그대로 머물러 있을 수 없다. 어떻게든 이 견딜 수 없는 상태를 벗어날 출구를 찾지 않으면 안 된다. 여기서 니체 니힐리즘의 독특한 동학이 나타난다. 하이데거는 이 사태를 다음과 같이 설명한다.

"자신의 본질을 자신의 고유한 '가치 충만'으로부터 전개하는 저 인간을 가능하게 하는 세계가 생성돼야만 한다. 그러나 이를 위해서는 세계가 무가치하게 보이지만 동시에 새로운 가치를 요구하는 중간 상태를 통한 이행과 통과가 필요하다. 중간 상태를 이렇게 통과하면서 인간은 중간 상태를 중간 상태로서 최대한 의식적으로 통찰하지 않으면 안 된다. 이를 위해서는 다시 이런 중간 상태의 기원을 인식하고 니힐리즘의 최초의 원인을 드러내는 것이 필수적이다. 중간 상태를 이렇게 인식하는 것으로부터만 그것을 극복하려는 결정적인 의지가 발원하는 것이다."『니체II』78쪽

중간 상태가 어떻게 해서 만들어졌는지, 니힐리즘이 어디에서 기원했는지를 철저히 통찰함으로써만 중간 상태를 통과하여 니힐리즘을 극복할 의지가 나올 수 있다는 얘기다. 그래서 하이데거는 니힐리즘의 기원으로 눈을 돌린다. 그렇게 볼 때 니힐리즘은 단순히 가치

상실에서 발원하는 것도 아니고 가치 박탈에서 발원하는 것도 아니다. 오히려 이런 가치를 세계에 투입하는 것이 이미 니힐리즘이라고 하이데거는 단언한다.『니체II』78쪽 세계에 가치를 투입한 것은 서양 형이상학의 초기에 일어난 일이다. 그렇다면 니힐리즘은 이미 서양 형이상학 초기에 일어난 일이 되는 셈이다. 이렇게 시작한 니힐리즘은 그렇게 투입한 가치를 세계로부터 박탈함으로써 완성된다고 하이데거는 말한다.

『권력의지』 12번 A절은 이 니힐리즘의 역사를 암시한다. 특히 이 절의 세 번째 단락에서 니힐리즘의 세 번째 형태 곧 '최고 가치의 박탈'을 이야기하는 대목은 명확히 플라톤의 형이상학, 곧 '초감성적 세계'와 '감성적 세계'라는 두 세계에 관한 학설을 가리킨다. 플라톤의 '두 세계에 관한 학설'은 감성으로 파악되는 가변적인 차안의 세계 위에 초감성적인 불변의 피안 세계가 존재한다는 학설이다. 저 피안의 세계는 '항상 머물러 존재하는 것'이며 따라서 참된 세계인 데 반해, 이 차안의 현실적인 세계는 가상적인 세계다. 여기서 니체는 참된 세계를 '진리'라고도 부르고 '존재'라고도 부른다. 니체에게 진리는 '참된 세계'를 가리키는 말이며, 그 참된 세계를 달리 '존재'라고도 부르는 것이다. 또 기독교가 차안의 세계와 피안의 세계를 나누고 차안의 세계를 피안의 세계로 가는 일시적인 통로라고 가르친다는 것 때문에 니체는 기독교를 '민중을 위한 플라톤주의'라고 부른다. 니체에게 플라톤주의와 기독교는 본질적으로 하나인 셈이다.

이제 하이데거는『권력의지』단편 12번의 A절에 대한 설명을 지나 B절에 대한 설명으로 나아간다. B절은 우주론적 가치 붕괴의 결과를 보여준다.

"어떤 의미에서 더는 이 세 가지 범주를 통해 세계가 해석되어서는 안 되는가를 통찰하고 이런 통찰 후에 세계가 우리에게 무가치한 것이 되기 시작한다고 할 경우, 이 세 가지 범주에 대한 신앙이 어디로부터 기원하는가를 물어야만 한다. …

결산: 이성 범주에 대한 신앙이 니힐리즘의 원인이다. 우리는 세계의 가치를 순전히 허구적인 세계에 관계하는 범주를 척도로 삼아 측정했다.

최종적인 결산: 우리는 지금까지 여러 가치를 통해 세계를 우선 가치 있는 것으로 만들려고 했으나 이런 모든 가치가 세계에 적용될 수 없다는 사실이 입증됐을 때 세계에서 가치를 박탈했다. 이런 모든 가치는 심리적으로 환산했을 경우, 인간의 지배 형상의 유지와 고양을 위해 유용하냐 아니냐를 기준으로 보는 특정한 '원근법적 전망'(Perspektive, 관점)의 결과이며 단지 그릇되게 사물의 본질 안으로 투사됐을 뿐이다. 인간이 자기 자신을 사물들의 의미와 가치의 척도로 상정하는 것은 인간이 여전히 극히 순진하기 때문이다." 「니체 II」 81쪽

가치 정립의 새로운 원리

여기서 니체는 이제까지 최고 가치로 상정돼온 것에서 가치를 박탈하고 최고 가치를 폐기하라고, 그리하여 자각적으로 자신을 정당화하라고 요구한다. 이런 니체의 요구는 최고 가치가 무가치한 것으로 사라짐과 동시에 차안의 세계만이 유일한 현실로 남아 있게 됨으로써 야기된 '중간 상태'를 진지하게 받아들이라는 것이다. 최고 가치가 폐기됨으로써 이전까지는 그저 차안의 세계에 지나지 않았던 이 현실의 세계가 '유일한 세계'가 된다. 이렇게 최고 가치의 폐기는 '존재자 전체의 변화'를 일으킨다. 즉 차안과 피안으로 나뉘었던 세계가 차안 하나만 남는 세계가 되는 것이다. 동시에 최고 가치가 폐

기됨으로써 피안의 '참된 세계' 곧 '진리'가 사라진다. 그것은 이제까지 가치를 떠받치던 토대가 사라졌음을 의미한다. 그렇다면 가치정립의 새로운 원리가 나와야만 한다. 이렇게 새로운 가치를 정립하는 원리를 통해서 지금까지 군림해오던 가치의 붕괴가 완성되는 것이다. 하이데거는 니체가 말하는 의미의 니힐리즘을 역사로 파악해야 함을 강조한다. 다시 말해 니힐리즘을 '새로운' 가치 정립의 전 단계로서 긍정적으로 이해하고, 가장 극한적인 니힐리즘을 새로운 현존재의 조건으로 이행하는 역사적 과정으로 파악해야 한다는 것이다. 니체는 니힐리즘의 본질에 대한 이런 총체적 통찰을 단편 12번을 쓸 무렵 다음 메모에 기록해 두었다.

"총체적 통찰. 사실상 모든 위대한 성장은 거대한 분해와 소멸을 동시에 수반한다. 고통, 몰락의 징후는 거대한 전진의 시대에 속한다. 인류의 생산적이고 강력한 모든 운동은 동시에 니힐리즘적인 운동을 창출해왔다. 염세주의의 극한적 형태인 본래적인 니힐리즘의 출현은 경우에 따라서는 결정적이고 가장 본질적인 성장, 즉 새로운 현존재 조건으로 이행하는 것이 될 수 있다. 나는 이런 사실을 파악했다." 『권력의지』 112번

이 동일한 시기에 니체는 다음과 같은 메모도 남겼다.

"인간은 비동물이면서 초동물이다. 더 높은 인간은 비인간(Unmensch)이면서 초인간(Übermensch)이다. 양자는 공속한다. 인간은 위대해지고 고양되면서 동시에 더 깊고 두려운 존재가 된다. (이런 사실의) 한 측면을 원하지 않으면서 다른 측면을 원해서는 안 된다. 오히려 한 측면을 더 철저하게 원하면 원할수록 그만큼 더 철저하게 사람들은 다른 측면을 달성하게 되는 것이다." 『권력의지』 1027번

니힐리즘 극복의 길, 권력의지

니체에게 고전적 니힐리즘의 완성을 통한 니힐리즘의 극복은 존재자 전체를 권력의지로 해석하는 것으로 전개된다. 그리하여 새로운 가치 정립은 권력의지의 형이상학이 된다. 이 권력의지를 좀 더 분석해보면, 권력의지는 일종의 객체이자 동시에 주체임이 드러난다. 먼저 권력의지가 존재자 전체의 총체적 성격을 형성하는 한, 권력의지는 '존재자 전체에 대한 진리'다. 그리하여 니체의 형이상학은 권력의지를 자신의 '대상'으로 삼는다. 동시에 권력의지가 존재자 전체의 근본 성격인 이상, 인간의 본질도 권력의지의 성격을 지닐 수밖에 없다. 그러므로 권력의지는 형이상학의 근저에 놓여 있는 주체(subjectum, 기체)다. 따라서 니체의 형이상학은 권력의지가 존재자 전체를 지배하는 방식으로 자신을 구현하는 형이상학이라고 할 수 있다. 이렇게 권력의지는 니체 형이상학의 '대상'이자 '주체'라는 이중적 의미를 띤다.

그런데 니힐리즘이 완성으로 향하는 시기에 초감성적인 것이 무너진 자리에 새로운 이상을 세우려는 움직임도 나타난다. 이를테면 '사회주의'나 '기독교적 이상'이 그런 것들이다. 니체는 이런 현상을 가리켜 '불완전한 니힐리즘'이라고 부른다. 불완전한 니힐리즘은 니힐리즘의 극복을 방해한다. 니힐리즘을 극복하려면 그것을 극한까지 밀어붙여야 한다. 그 극한에서 '진리 그 자체는 존재하지 않는다'는 것을 인식하고 표명하는 니힐리즘을 니체는 '극단적 니힐리즘'이라고 부른다. 그러나 이 극단적 니힐리즘도 두 가지 양상으로 나타날 수 있다. 하나는 정신의 고양된 힘의 징표로서 '능동적 니힐리즘'이고 다른 하나는 정신의 힘의 쇠약과 후퇴로서 '수동적 니힐리즘'이다.『권력의지』22번 수동적 니힐리즘은 '진리 그 자체'는 존재하지 않는다는 사실을 인정하는 데 머무른다. 반면에 능동적 니힐리즘은 모든 것을 규정할 수 있다는 '진리에 대한 의지'를 발동해 진리를 스스로 규정하려고 한다. 권력의지가 진리조차 능동적으로 새롭게 규정하려고 하는 것이다. 이 능동적 니힐리즘이 완성된 니힐리즘으로서 '고전적 니힐리즘'이다. 이 니힐리즘은 종래의 삶의 방식에서 벗어나 새로운 질서를 향해 길을 엶으로써 '사멸하는 것'을 끝장내려고 한다.

"그런 방식으로 니힐리즘은 기존의 장을 제거하는 동시에 새로운 가능성의 장을 연다."「니체II」 91쪽

극단적이고 능동적인 고전적 니힐리즘은 자신 말고는 어떤 척도도 인정하지 않고 모든 가치를 완전히 새롭게 정립하려 하기 때문에 '일종의 신적인 사유 방식'이라고 할 수 있다.「권력의지」 15번 권력의지로 무장한 인간이 니힐리즘의 극한에서 일종의 신과 같은 존재가 되는 것이다. 물론 하이데거는 니체의 이 극단적인 권력의지 사상을 긍정적으로 보지 않는다. 오히려 이어지는 논의를 통해 그런 사상이 지닌 본질적인 문제를 드러내 보이려 한다.

권력의지 구상의 출현

그렇다면 니체에게 이런 극단적 니힐리즘 사상을 가능하게 하는 '권력의지 구상'은 어떻게 해서 출현하게 된 것일까? 다시 말해 서양 형이상학에서 무엇이 나타나고 주재하기에 서양 형이상학은 니체의 사상에 이르러 궁극적으로 권력의지의 형이상학이 된 것일까?「니체II」 92쪽 하이데거의 이런 물음은 니체 형이상학과 벌이는 대결이 되고, 그럼으로써 서양 형이상학 전체와 벌이는 대결이 된다. 이런 물음을 물어 나갈 때 기초로 삼아야 할 것이 '가치 사상'이다. 왜냐하면 니체가 니힐리즘을 철저히 가치 사상으로부터 파악하기 때문이다.

그렇다면 니체의 '가치 사상'은 어디에서 비롯하는가? 니체에게 모든 것의 근원은 권력의지다. 그러므로 가치도 권력의지가 설정하는 것이다. 어떻게 권력의지는 가치를 설정하는가? 이 물음에 대한 답은 '원근법적 전망' 곧 '관점'(Perspektive)에 있다. 권력의지는 자신을 유지하고 고양하는 데 필요한 가치를 정립한다. 다시 말해 권력의지는 자기 유지와 자기 고양이라는 두 시점에 따라 전망하고 내다보면서 가치를 정립한다. 이렇게 전망하고 내다볼 때 권력의지가 따르는 것이 바로 니체가 '원근법적 전망' 곧 관점이라고 부르는 것이다. 권력의지가 자신의 유지와 고양이라는 시점에서 전망을 열어 보임으로써 모든 것이 가치의 위계를 지닌 것으로 드러난다는 얘기다. 가치는 관점의 소산이다. 나아가 전 세계의 모든 것이 이 관점의 전망 속에서 구성된다.

니체의 이런 생각은 라이프니츠의 형이상학과 유사한 데가 있다. 라이프니츠는 모든 존재자들이 지각(Perceptio)과 욕구(appetitus)를 지니고 있으며 이 욕구와 지각에 따라 세계 전체를 앞에-세워(vor-stellen) 표상한다(repräsentieren)고 말한다. 어떤 '시점'에 서서 세계를 구성하는 것이다. 그런 점에서 보면 라이프니츠의 생각은 니체의 관점적 사고와 매우 유사하다. 그러나 라이프니츠는 이런 시점을 '가치'로서는 사유하지는 않았다는 점에서 니체와 다르다.『니체II』98쪽 니체에게 생성하는 것 곧 실제의 세계 자체는 어떤 가치도 지니지 않은 것이다. 오직 권력의지가 자신의 관점에 따라 세계를 구성하면서 모든 존재자에 가치를 매기는 것일 뿐이다. 가치는 권력의지로부터 발원한다.

"힘의 유지와 고양을 위한 조건으로서 가치는 … 유일한 무조건자인 권력의지를 통해서만 존재한다."『니체II』100쪽

이 가치와 관련된 것 가운데 하나가 '도덕'이다. 니체에게 도덕은

초감성적인 세계를 척도로 정립하는 가치 평가의 체계, 존재자의 생존 조건과 관련된 가치 평가의 체계를 의미한다. 이 도덕에서 초감성적인 것을 정립하는 모든 형이상학이 발원한다고 니체는 말한다. 그런데 앞에서 살펴본 대로 니체는 도덕이라는 말도 이중적으로 사용한다. 첫째는 가장 넓은 의미에서 가치 평가의 총체적인 체계를 뜻한다. 이 경우에는 새로운 가치 정립도 '도덕적'이라고 부를 수 있으며, 그래서 니체는 이런 가치 평가 체계의 정립에 '정의'(디케)라는 말을 쓴다. 둘째로 도덕이라는 말은 더 좁은 의미로는 플라톤주의와 기독교의 가치 평가 체계를 가리킨다. 이때의 도덕은 '선악의 피안'에 살지 않는 '선한 인간'의 도덕이다. 니체는 선악을 넘어서고자 하며 그래서 자신을 '비도덕주의자'라고 부른다. 그러나 이때의 '비도덕'은 첫 번째 의미의 '도덕'과 대립하지 않는다. 비도덕주의자로서 니체는 권력의지의 정의, 권력의지의 도덕을 요구한다.

세계의 인간화에 대한 단호한 긍정

반면에 플라톤주의-기독교적 의미의 '선한 인간'은 『권력의지』의 단편 12번 결어, 곧 "인간이 자기 자신을 사물들의 의미와 가치 척도로 상정하는 것은 인간이 여전히 극히 순진하기 때문이다"라는 말에 등장하는 '순진함'에 해당하는 인간이다. 왜 그런가? 그런 인간은 권력의지가 가치를 정립한다는 것을 알지 못하기 때문이다. 그러나 이것은 모든 사물과 세계 전체를 인간화하는 것에 니체가 반대한다는 뜻은 아니다. 반대로 니체는 세계 전체의 인간화를 요구한다. 모든 존재자의 본질을 권력의지로 보는 것 자체가 세계 전체를 인간화하지 않고서는, 다시 말해 세계 전체를 인간의 시점과 관점에 따라 이해하지 않고서는 나올 수 없는 생각이다. 그러므로 니체가 요구하는 것은 세계 전체를 자각적으로 인간화하는 것이다.

하이데거는 인간이 세운 '상'에 따른 세계 정립이야말로 세계 해석의 유일한 방식이라고 단언한다. 인간은 세계를 인간화하는 방식을 떠나 세계를 해석할 수 없다. 세계의 인간화에 대한 니체의 단호한 긍정은 1888년에 쓴 메모에서 찾아볼 수 있다. 거기서 니체는 이렇게 말한다.

"나는 우리가 실재의 사물과 공상의 사물에 대여했던 모든 아름다움과 숭고함을 인간의 소유와 산물로서, 즉 인간에 대한 가장 아름다운 변명으로서 반환할 것을 요구한다. 시인과 사상가, 신, 사랑 그리고 힘으로서의 인간, —오, 왕과 같은 관대함으로 사물들을 풍요롭게 하고 자신은 빈곤해지고 비참하게 느끼게 된 인간. 그가 경탄하고 기도하면서, 그 자신이야말로 그가 경탄하는 바로 그것을 창조한 자라는 사실을 자신에게 숨길 줄 알았던 것이야말로 그에게 사심이 전혀 없었기 때문이다." 『권력의지』 제2권 제1장 서언

사물들이 아름답다거나 숭고하다는 것은 사물 자체가 그런 것이 아니라 인간이 인간화를 통해서 아름다움과 숭고함을 사물에 투여한 결과다. 그런데도 인간은 그런 사실을 알지 못한 채 그 사물에 경탄하고 그 사물 앞에서 기도했다는 것이다. 니체는 이렇게 대여했던 것을 인간 자신에게 회수해 자신을 존재자 전체를 지배하는 주인으로 인식해야 하고 힘의 고양을 향해 자각적으로 결단해야 한다고 말하는 것이다. 이런 무조건적인 '대지의 지배'를 행하는 자가 바로 '초인'이다.

하이데거는 니체가 주장하는 이런 '인간화' 자체를 부정하지 않는다. 인간화는 불가피한 일이다. 다만 니체의 인간화는 근원에서 볼 때 방향을 잘못 잡았다. 왜냐하면 권력의지에 입각해 무조건적인 힘의 요구를 관철하는 것은 진정으로 니힐리즘을 극복하는 길이 될 수

없기 때문이다. 그것은 니힐리즘의 극한일 뿐이다. 니체의 이 한계를 돌파하려면 니체의 형이상학 역사 해석보다 더 도전적이고 더 근원적으로 형이상학의 역사를 통찰해야 한다고 하이데거는 말한다.

앞에서 살펴본 대로 니체의 교설 곧 권력의지 사상은 근대 철학의 발단인 데카르트의 주체성의 형이상학을 극한까지 밀어붙여 전개한 것이다. 데카르트의 근본 명제는 '에고 코기토 에르고 숨'(ego cogito ergo sum)이다. 이 말을 말뜻 그대로 번역하면 '나는 생각한다, 그러므로 나는 존재한다'이다. 여기서 가장 중요한 것은 '나는 생각한다'는 첫 번째 명제다. 이 생각하는 주체의 의식은 존재자 전체에 대한 의식이며 이 의식이 사물의 객관성을 정립한다. 데카르트 이후 사물의 현실성(실재성)은 사물의 객관성으로 파악되며, 사물의 객관성은 인간 주체를 통해서 정립된다. 모든 것이 인간의 소유와 소산이라는 니체의 교설은 '모든 진리가 인간 주체의 자기 확실성으로 환원된다'는 데카르트 학설을 극한까지 전개한 것인 셈이다.

데카르트의 인간과 프로타고라스의 인간

그런데 데카르트의 이 학설은 자주 플라톤 이전 그리스 사상가 프로타고라스(Protagoras, 기원전 485~414)의 교설과 같은 것으로 거론된다. 프로타고라스가 '인간은 만물의 척도다'라고 한 것이 데카르트가 '객관성은 주체로 환원된다'고 한 것과 일치한다는 것이다. 그러나 하이데거는 이 두 사람의 견해가 겉으로 보기엔 일치하는 듯하지만 근본적으로는 아주 다른 것을 말한다고 이야기한다.

그렇다면 데카르트 학설의 핵심은 무엇인가. 그것을 알려면 중세 스콜라학과 대비해볼 필요가 있다. 중세 기독교의 스콜라학은 신앙의 진리를 탐구했다. 스콜라학의 목적은 '구원'에 있다. 중세의 기독

르네 데카르트의 초상(세바스티앙 부르동, 17세기).
데카르트는 제일의 진리가 무엇인지를 가장 명확하고
결정적인 방식으로 물었다.

교 시대와 비교해 '근대'의 새로운 점은 인간이 존재자 전체의 한가운데서 자신의 존재를 자신의 능력으로 확실하게 확보하려 한다는 데 있다. 그 근대의 문을 연 사람이 데카르트다. 데카르트는 구원의 확실성을 확보한다는 기독교의 사상을 받아들였지만, 데카르트에게 구원은 피안의 영원한 지복이 아니라 지금 여기에서 인간의 자기 존재의 확실성이다.

"구원으로 이끄는 길은 오직 인간의 모든 창조적인 능력의 자유로운 전개다."『니체II』 122쪽

그리하여 인간이 자기 존재의 확실성을 어떻게 확보할 수 있는가라는 물음이 초미의 관심사가 된다. 이런 물음 위에서 어떤 길을 통해서 이 '확실성'이라는 '부동의 진리'에 도달할 것인가가 데카르트의 핵심 문제로 떠오른다. 이 길을 찾는 것이 바로 '방법'(Methode)이다. 데카르트의 책 제목이 '방법 서설'인 이유가 여기에 있다. 진리에 이르는 길 곧 방법을 안내하는 책인 셈이다. 어떤 길을 통해서 자신만의 힘으로 '제일의 흔들리지 않는 진리'에 도달할 것인가? 이 제일의 진리는 무엇인가? 이런 물음을 가장 명확하고 결정적인 방식으로 물은 사람도 데카르트다.

이 물음에 대한 답으로 데카르트가 내놓은 것이 바로 '에고 코기토 에르고 숨', '나는 생각한다, 그러므로 나는 존재한다'라는 명제다. "이 명제에는 인간의 자아가 지닌 우위와 인간의 새로운 지위가 표명돼 있다."『니체II』 123 '나는 생각한다'에서 출발하는 것은 중세의 신 중심의 사고를 뒤집지 않으면 불가능하다. 신의 사유 대신에 인간의 생각을 중심에 놓는 것이야말로 근대의 문을 연 사유의 대전환이다. 인간이 모든 확실성과 진리의 근거이자 척도가 되는 것이다.

이런 점을 염두에 두면 데카르트의 학설에서 바로 프로타고라스의 잠언 곧 '인간은 만물의 척도다'를 떠올리는 것도 어색하지 않다. 프

로타고라스가 데카르트의 선구자로 다가오는 것이다.

"그러나 프로타고라스의 잠언은 데카르트의 명제와 내용이 전혀 다르다." 『니체॥』 123쪽

다시 말해 두 사람의 형이상학적인 근본 태도가 다르다. 분명히 프로타고라스의 명제는 '모든' 존재자는 자아(에고) 곧 인간과 관련돼 있으며 인간은 존재자의 존재에 대한 척도라고 말하고 있다. 그러나 프로타고라스의 관점은 오늘날의 주관주의자의 관점과는 근본적인 점에서 차이가 있다. 오늘날의 주관주의자의 관점에서는 주관을 통해 객관이 성립한다. 주관이 객관을 정립하는 것이다. 그러나 프로타고라스에게는 인간의 주관 이전에 사물은 현존하는 것으로서 이미 그 자체로 있다. 다시 말해 사물은 은폐돼 있지 않다. 인간은 그렇게 은폐돼 있지 않은, 이미 드러나 있는 사물에 접근하는 것이다. 사물이 이미 개방된 장에 비은폐돼 있기 때문에 인간은 그 사물을 발견할 수 있는 것이다.

이것이 근대 주관주의와 다른 점이다. 프로타고라스에게 만물 곧 모든 존재자는 비은폐성(Unverborgenheit)의 상태에 놓여 있다. 이것이 핵심이다. 이 비은폐성이 인간의 인식에 일정한 제약을 가하고 그 제약에 순응하는 방식으로 인간이 사물에 다가갈 수 있는 것이다. 그러므로 주관을 통해서 비로소 객관이 성립하는 것이 아니다. '객관'이 주어진 상태에서 인간이 거기에 접근해 들어가는 것이다.

그렇다면 인간이 이 존재하는 것 전체의 척도(메트론, metron)라는 것은 무엇을 의미하는가? 존재자 전체가 비은폐된 것으로서 인간 개개인에게 나타나는 것을 전제로 하여, 그 개개의 인간이 그 존재자 전체의 척도가 된다는 뜻이다. 다시 말해 존재자 자체의 은폐와 비은폐를 인간 자신이 결정할 수는 없는 것이다. 존재자의 비은폐성은 그 자체로 경험되고 인식된다. 이것은 서양 철학의 시원에 선 사상가들

곧 아낙시만드로스, 헤라클레이토스, 파르메니데스의 근본 사상이기도 하다. 프로타고라스의 사상은 이 시원적인 해석에 기초를 두고 있다. 이미 드러나 있는 사물에 대해서만 인간은 척도 구실을 할 수 있는 것이다.

"여기에는 존재자 자체가 자립적인 자아 곧 주체로 향해야만 하고, 이런 주체가 모든 존재자와 그것의 존재에 대한 재판관이고, 이 주체는 재판관의 권한으로 무조건적인 확신을 지니고서 객체들의 객체성을 결정한다는 사상은 조금도 보이지 않는다." 『니체II』 128쪽

주체가 객체(객관)를 결정한다는 주체주의(주관주의)는 근대 사유에만 독특하게 존재하는 사고방식이다. 프로타고라스에게 '진리'는 존재자의 비은폐성으로 경험되며, 인간이라는 척도는 이 비은폐성에 순응하는 방식으로 척도가 되는 것이다.

데카르트의 주체는 어디서 유래하는가

근대의 개막과 함께 시작된 주체의 지배가 프로타고라스의 경우와는 전혀 양상이 다르다는 것은 이제 분명해졌다. 그렇다면 주체의 지배는 어디에서 유래하는가? 이 물음에 답하려면 '주체'라는 말의 기원을 살펴야 한다. '주체'라는 말은 라틴어 수브-옉툼(sub-iectum)에서 나온 말이다. 수브-옉툼은 그리스어 히포-케이메논(ὑπο-χείμενον, hypo-cheimenon)의 번역어다. 히포-케이메논이라는 것은 말뜻 그대로 하면 '밑에 가로놓여 있는 것'을 뜻한다. 어떤 사물이나 사태의 근저에 놓여 있는 것이 히포-케이메논이다.

이 말은 '그 스스로 현존하는 것', 다시 말해 '다른 것의 도움을 받지 않고 그 자신의 힘으로 존재하는 것'을 뜻한다. 히포-케이메논이 수브-옉툼으로 번역된 뒤에도 이 기본적인 의미는 유지됐다. 다시

말해 돌과 식물과 동물을 포함해 모든 사물을 수브엑툼이라고 말할 수 있는 것이다. 이때 수브엑툼은 통상 '기체'로 번역된다. 다른 것에 의존하지 않고 스스로 현존하는 것이 기체다. 그러므로 근대 형이상학이 시작되기 이전에는 수브엑툼이 인간만이 아니라 모든 사물을 포괄했다. 다른 것의 속성으로 딸려 있지 않고 독자적인 실체로 존재하는 것이면 다 수브엑툼이라고 불렀다.

그런데 데카르트의 형이상학에 이르러 인간의 '자아'가 우월한 방식으로 수브엑툼 곧 기체의 지위를 차지했다. 그렇다면 인간의 자아는 어떤 의미의 기체가 된 것일까? '진리의 무조건적인, 가장 확실한 기초'라는 의미의 기체가 됐다고 하이데거는 답한다. 다시 말해 '존재자란 무엇인가'라는 형이상학의 주도 물음이 근대에 들어와 '진리의 가장 확실한 기초는 무엇인가'라는 물음으로 바뀌었고, 그 물음에 대한 답으로 인간의 자아가 지목됐다는 것이다. 인간이 진리의 가장 확실한, 흔들리지 않는 기초로 발견된 것인데, 바로 이 부동의 기초가 기체(subiectum) 곧 주체(Subjekt)가 된 것이다. 이런 과정은 인간이 기독교적 계시 진리의 구속에서 해방돼, 자신을 모든 진리의 척도이자 중심으로 내세우는 과정과 병행했다. 바로 이런 사건이 데카르트의 형이상학에서 일어났고 여기서부터 근대 형이상학이 전개되기 시작했다. 그 데카르트 형이상학을 요약하는 핵심 명제가 바로 '에고 코기토 에르고 숨'(나는 생각한다, 그러므로 나는 존재한다)이다.

이 명제가 가리키는 진리는 '확실성'이라는 의미의 진리다. 여기서 확실성이란 '내가 생각한다'는 사실의 '의심할 수 없음'을 뜻한다. 모든 것을 다 의심한다 해도 나의 '의심하는 생각' 자체가 존재한다는 것은 의심할 수 없는 것이다. 그렇게 해서 '나는 생각한다' 곧 '코기토'(cogito)는 가장 확실한 것이 되고, 여기서 '그렇게 생각하는 내가 존재한다'는 것이 즉각적인 사실로 따라 나오게 된다. 내가 존재하지 않고서 내가 생각할 수는 없는 것이다. 그러므로 '내가 생각한다'와 '내가 존재한다'는 것은 논리학의 대전제에서 추론되는 결론이 아니라 그 자체로 겹치는 사태다. 다시 말해 '생각하는 나, 표상하는 주체가 있다'는 것을 상정하지 않고서는 '생각한다'는 사태도 상정할 수 없는 것이다.

그렇다면 코기토(cogito, 나는 생각한다)와 숨(sum, 나는 존재한다) 사이의 '에르고'(ergo, 그러므로)는 불필요한 말임이 드러난다. 그냥 '코기토 숨'(cogito sum, 나는 생각한다, 나는 존재한다)인 것이다. 내가 생각한다는 것은 내가 존재한다는 것과 같은 것이다. 이렇게 의심할 수 없는 사유 본체로서 나의 존재로부터 다른 모든 사물들의 존재의 확실성이 확보될 수 있게 된다. 그러므로 '코기토' 곧 '생각하는 나'야말로 모든 것의 근거로서 기체 곧 주체가 되는 것이다. 이렇게 생각하는 자아가 모든 것의 중심이자 척도가 됨으로써 데카르트의 형이상학은 니체의 형이상학을 예비했고 니체의 형이상학은 데카르트 형이상학의 완성이 됐다.

니체 형이상학, 데카르트 형이상학의 완성

니체 형이상학이 데카르트 형이상학의 완성이 되는 이 사태를 조금 더 상술하면 다음과 같다. 데카르트에게 '코기토' 곧 '코기타레'(cogitare, 사유하다)라는 것은 '페르키페레'(percipere)를 뜻하는데 '페르키페레'는 '자기 앞에 세우는 방식으로 자신에게로 가져오다' 곧 '표상하다'(vor-stellen)를 의미한다. 이때 표상한다는 것은 단순히 사물을 눈앞에 떠올린다는 것을 뜻하는 것이 아니라 더 적극적인 의미 곧 표상함으로써 자기 것으로 확보한다는 뜻을 함축한다. 코기타레의 명사 '코기타티오'(cogitatio)는 표상함이며 더 풀어서 말하면

'표상된 것을 앞에 세워놓고 구명하고 확정하고 소유하고 확보함'을 뜻한다. 내가 표상한 모든 것은 내가 확보한 것, 내가 소유한 것이 되는 것이다. 그리하여 모든 표상함 속에 이 '표상하는 나'가 놓이게 된다. 이 '표상하는 나'가 바로 기체 곧 주체가 되는 것이다.

그런데 데카르트는 이 코기타티오가 단순히 인식함만을 뜻하지 않고 '인식함, 의식함, 상상함, 감각함'을 모두 뜻한다고 말한다.「니체II」143쪽 코기타티오 곧 사유함에는 인식함, 의식함, 상상함, 감각함이 다 포함되는 것이다. 하이데거가 후기 존재 사유에서 늘 쓰는 '사유'라는 말은 이렇게 넓은 의미를 포괄한다. 다시 말해 좁은 의미의 이성적인 사유만이 아니라 느끼고 지각하고 상상하고 의욕하는 것을 모두 아우른다.

이 사유의 기체로서 주체는 결국 '진리의 본질에 대해' 기체인 것으로 드러난다. 그 사태를 가리키는 데카르트의 명제가 바로 '코기토 에르고 숨'이다. 다시 말해 존재자의 진리가 확고부동하게 근거하고 있는 것이 바로 '생각하는 나'인 것이다. 그리고 앞에서 이야기한 대로 '코기토'와 '숨'은 인과관계가 아니라 일치 관계이기 때문에 '코기토 숨'에서 '나의 사유'와 '나의 존재'의 공속성이 드러난다. 이렇게 '사유하는 나'로부터 모든 사유 대상 곧 객체가 드러나므로, 이 '사유하면서 존재하는 나'가 바로 기체 중의 기체, 곧 탁월한 의미에서 주체가 되는 것이다. 그래서 데카르트는 이 사유하는 나를 '레스 코기탄스'(res cogitans, 사유하는 사물)로 부르고, 그 사유하는 내가 사유를 통해 파악하는 객체를 '레스 엑스텐사'(res extensa, 연장적 사물, 길이와 넓이와 부피를 지닌 사물, 공간을 차지하는 사물)로 부른다. 그렇게 주체가 객체를 파악함으로써 그 객체가 주체의 소유물이 되는 것이다.

데카르트의 자연, 기술 문명의 제일보

데카르트가 이 이분법을 통해 객체 곧 자연을 '레스 엑스텐사'로, 다시 말해 '수학적 방식'으로 파악될 수 있는 사물로 설정함으로써 인류는 근대의 동력 기계 기술을 향한 최초의 일보를 내디뎠다. 그리하여 하이데거는 데카르트에게서 시작하는 이 형이상학의 전개가 오늘날 유럽인이 감당할 수 없는 사태 곧 기술 문명의 재앙을 야기했다고 말한다. 온갖 기계 기술이 동원된 제2차 세계대전이라는 미증유의 재난에 유럽 전체가 말려들었는데, 이것은 '역사의 은밀한 법칙'이 관철된 결과라는 것이다.『니체II』151쪽 마법으로 불러낸 괴물을 감당하지 못하게 된 마법사의 처지와 같다. 그러므로 오늘날의 문명을 지배하고 있는 기술의 본질은 근대 형이상학 속에 담겨 있는 셈이다. 그리고 그 기술 문명에 가장 적합한 인간 유형이 바로 니체의 '초인'이라고 하이데거는 단언한다.

"무조건적인 '기계적 경제'에 니체 형이상학의 의미에서 적합한 것은 오직 초인뿐이다. 그리고 역으로 이런 초인은 지상에 대한 무조건적인 지배의 수립을 위해 저 무조건적인 '기계적 경제'를 필요로 한다."『니체II』152쪽

바로 이 초인의 지배에 이르는 입구를 '코기토 숨'이라는 명제를 통해 열어 보인 사람이 바로 데카르트였다. 그런 의미에서 '코기토 숨'은 근본 명제이며 근본 원리라고 할 수 있다. 이 '코기토 숨'에서 주체가 나오고 그 주체의 극한이 권력의지를 본성으로 하는 니체의 초인이다. 이 초인의 등장과 함께 데카르트 형이상학은 니힐리즘의 완성으로 이어지는 것이다.

이렇게 데카르트 형이상학에서 인간은 탁월한 의미의 기체 곧 주체가 되고 나머지 자연의 모든 것은 그 주체가 표상하고 파악하고 소

유하는 대상 곧 객체가 된다. 그리하여 존재자의 '존재'는 이 주체의 표상 속에 나타남 곧 '표상돼 있음'을 뜻하는 것이 된다.

그렇다면 '진리'는 어떻게 되는가? 여기서 진리는 '주체가 표상을 통해 존재자를 인식함'이 된다. 다시 말해 주체의 인식과 대상 사이의 '일치'가 진리로 규정되는 것이다. 그리고 진리가 이렇게 규정됨으로써 이제 오직 주체의 표상함을 통해서 의심할 수 없는 것으로 드러난 것만이 존재하는 것으로 받아들여지게 된다. 주체의 인식을 통해 의심할 수 없는 것으로 드러나지 않은 것은 진리에 위배된 것이며 존재하지 않는 것이 되는 것이다. 그렇게 하여 '참된 것'은 '확실한 것'이 되고, 진리는 확실성이 된다. 그리고 주체가 존재자를 객체로서 확보하고 정복하는 길을 여는 것, 곧 '방법'이 진리를 확보하는 데 결정적으로 중요한 것이 된다.

이런 경로를 걸쳐 인간은 존재자 전체의 척도이자 중심이 되는 것이다. 인간은 주체로서 세계의 발견과 세계의 정복을 수행하는 자가 된다. 그런데 이런 일은 '탁월한 개인'이라야 수행할 수 있다. 바로 여기에서 '천재'라는 개념이 등장한다고 하이데거는 말한다. 천재는 인간을 주체로 보는 근대 형이상학에서만 나올 수 있는 개념이다. 그리스인들이 비극작가 소포클레스를 '천재적인 인간'으로 보았다고 생각한다면, 그것은 매우 비역사적인 추측이다. 그리스 시대에는 천재라는 개념이 존재할 수 없었다. 근대 형이상학이 탄생시킨 주관주의(주체주의) 속에서만 '존재자 전체를 발견하고 통제하고 지배한다'는 생각이 나올 수 있었다. 바로 이런 생각의 틀 안에서 데카르트는 다음과 같이 자신 있게 쓸 수 있었다.

"왜냐하면 그것들(코기토 숨에 근거하여 자연의 본질에 대한 새로운 구상을 규정하는 개념들)은 삶에 매우 유용한 인식에 도달할 수 있다는 전망, 즉 미리 주어진 진리를 단지 추후적·개념적으로 분석할 뿐인 저 강단 철학 대신에 직접 존재자를 지향하고 그것으로 나아가면서 불과 물, 공기, 별들과 천체, 그리고 우리를 둘러싸고 있는 모든 물체들의 힘과 작용에 대한 인식에 도달하는 철학을 발견하는 것이 가능하다는 전망을 나에게 열었다. 그리고 (불·물·공기 따위의 요소들에 대한) 이런 인식은 장인들의 여러 활동에 대한 우리의 인식과 마찬가지로 정확할 것이다. 따라서 우리는 이런 인식들을 모든 적합한 목적을 위해 사용할 수 있을 것이며, 그런 형태로 이런 인식(표상하는 새로운 방식)을 통해 우리는 자연의 지배자이자 소유자가 될 것이다."[119]『니체II』172쪽

데카르트와 프로타고라스의 차이

그렇다면 이제 데카르트와 프로타고라스의 차이도 한층 더 분명해진다. 프로타고라스에게 존재자는 비은폐된 것으로서 그 자체로 드러난다. 그러나 데카르트에게 존재자란 주체에게 표상돼 있는 것을 뜻한다. 다시 말해 주체의 객체다. 프로타고라스에게 진리는 '현존하는 것의 비은폐성'을 뜻한다. 그러나 데카르트의 진리는 '눈앞에 세워 표상하고 확보하는 표상함의 확실성'이다. 프로타고라스에게 인간은 비은폐된 존재자를 전제하고서 거기에 자신을 제한한다는 의미에서 만물의 척도다. 데카르트에게 인간은 자기 자신을 확보하는 확실성을 향해 표상함의 제한을 철폐한다는 의미에서 만물의 척도가 된다.

"인간은 척도를 부여함으로써, 존재하는 것으로 간주될 수 있는 모든 것을 표상이 행하는 계산에 복속시킨다."『니체II』158쪽

이렇게 프로타고라스와 데카르트 사이에는 근본적인 차이가 있는 것이다. 프로타고라스는 존재자의 비은폐성(진리)을 전제하고서 존

재자에 대한 인간의 대응을 이야기하는 데 반해, 데카르트는 존재자의 비은폐성을 전제하지 않고 존재자에 대한 인간의 표상과 지배를 이야기하는 것이다.

이런 결정적인 차이는 하이데거와 니체의 차이로도 이어진다. 하이데거에게 존재자 전체는 어떤 식으로든 비은폐돼 있고, 인간은 그 비은폐성에 조응하는 방식으로 존재자 전체를 발견한다. 반면에 니체는 데카르트와 마찬가지로 존재자 전체가 인간 주체의 인식을 통해서 비로소 드러난다. 그렇기 때문에 니체가 세계의 궁극적 사실을 '카오스의 생과 그 생의 권력의지'로 파악한다고 해도, 그 생의 권력의지는 그 자체로 비은폐된 것이 아니라 니체의 인식을 통해서 비로소 드러나는 것이 된다. 니체가 인식을 통해서 비로소 드러나는 것으로 본 생의 권력의지를, 하이데거는 존재자 전체 곧 세계가 자신을 비은폐한 결과로 이해한다. 생의 권력의지는 '존재자 전체의 진리(비은폐성)'인 것이다. 이런 차이는 니체가 진리를 인식과 대상의 '일치'로 파악하는 데 반해, 하이데거는 진리를 초기 그리스 사상가들과 마찬가지로 존재자 자체의 '비은폐성'으로 이해하는 데서 빚어진다. 더구나 하이데거에게 진리는 형이상학의 존재 이해가 역사적 시기마다 바뀌는 데 따라 변화한다. 그러므로 '생의 권력의지'라는 존재자 전체의 진리(비은폐성)도 어떤 특정한 역사적 국면에서 드러난 진리일 뿐이다. 이런 차이를 염두에 두면 하이데거의 니체 논의를 더 명료한 눈으로 따라갈 수 있다.

'나는 생각한다'에서 '나는 의욕한다'로

다시 니체로 돌아가자. 니체는 데카르트의 '에고 코기토'(나는 생각한다)를 '에고 볼로'(ego volo, 나는 의욕한다)로 환원한다. 그럼으로써 데카르트 형이상학을 극단화한다. 나아가 데카르트가 기체로 설정한 '자아' 대신에 니체는 '육체'를 기체로 제시한다. 이때 육체는 욕망과 정열의 담지자를 가리킨다. 니체에게 인간이란 영혼이라든가 의식이라든가 하는 의미의 정신 혹은 자아이기 이전에 욕망과 정열로 이루어진 육체인 것이다. 그리고 이성이라고 하는 것은 이 육체에 봉사는 부차적인 것에 지나지 않는다. 이것은 데카르트 형이상학의 이탈을 보여준다기보다는 그것의 극단화, 데카르트 형이상학의 완성이라고 보아야 한다. 그리하여 니체의 형이상학은 근대 형이상학의 완성이자 서양 형이상학의 완성으로, 더 나아가 형이상학 자체의 종말로 드러난다고 하이데거는 말한다.「니체II」175쪽

그런데 여기서 하이데거는 서양 형이상학의 인간관 곧 '아니말 라티오날레'(animal rationale, 이성적 동물)라는 규정을 근본적으로 문제삼는다. '라티오날리타스'(rationalitas, 합리성·의식성·정신성)를 우위에 놓든 아니면 '아니말리타스'(animalitas, 동물성·야수성·육체성)을 우위에 놓든 이런 규정으로는 인간의 본질을 충분히 근원적으로 파악할 수 없다는 것이다. 왜 그런가? '아니말 라티오날레'라는 규정은 '존재자란 무엇인가'라는 형이상학의 주도 물음 속에서 나온 인간 본질 규정이다. 그러나 존재자란 무엇인가 곧 '존재자의 진리'에 대한 물음이 아니라 존재란 무엇인가 곧 '존재의 진리'에 대한 물음을 근거로 삼는다면, 인간은 '아니말 라티오날레'가 아니라 '현-존재'로 불려야 하기 때문이다. 이때 현-존재란 존재의 진리가 드러나는 장소를 의미한다. 이것이 인간이라는 존재자를 바라보는 하이데거의 근본 원칙이다. 인간을 '이성적 동물'이라고 규정한 서양 형이상학의 고전적 정의가 근대 형이상학을 통해서 '주체'라는 것으로 나타났는데, 이 주체라는 것은 인간의 본질을 규정하는 근원적인 규정이 될 수 없다는 것이 하이데거의 생각이다.

이 대목에서 하이데거는 『존재와 시간』에서 자신이 인간 본질을 '현존재'로 규정함으로써 근대 형이상학을 극복하려고 했지만 결국 그 시도가 중단되고 말았다는 자기비판을 내놓는다.

"이런 중단은 모든 노력에도 불구하고 이렇게 접어들었던 길과 시도가 자신의 의지에 반해 주체성을 다시 강화할 위험에 빠지며 그 시도 자체가 결정적인 행보를, 더 정확히 말하면 그런 행보의 충분한 서술을 본질적으로 수행하는 것을 저해한다는 사실에 근거하고 있다."『니체II』177쪽

『존재와 시간』에서 하이데거가 존재 자체를 사유하는 쪽으로 도약을 감행하려고 했지만, 물음을 현존재에서부터 시작함으로써 그 도약에 실패하고 오히려 주체성을 강화할 위험에 빠지고 말았다는 고백이다. 그렇다면 이제 현존재를 전면적으로 새롭게 이해해야 하며, 특히 현존재를 현존재로부터 이해할 것이 아니라 오히려 존재 자체로부터 이해해야 한다.

아니말 라티오날레, 이성성과 동물성의 결합

그렇게 인간 본질을 현존재로서 이해하기에 앞서, 하이데거는 서양 형이상학의 인간 본질 규정인 '아니말 라티오날레'의 의미를 한번 더 상술한다. '아니말 라티오날레'는 인간을 '이성을 지닌 동물'로 이해함을 뜻한다. '이성성'과 '동물성'이라는 두 범주가 인간을 규정하는 것이다. 이 규정에서 우선은 '이성성'이 우위를 차지했음을 형이상학의 역사는 보여준다. 그리고 그 극단을 우리는 헤겔의 형이상학에서 찾아볼 수 있다. 헤겔은 인간의 정신성(rationalitas) 곧 이성을 극한까지 전개해 모든 것을 이성 속으로 흡수하고 통합했다. 『정신현상학』이 그 드라마를 장대하게 보여주었다. 헤겔에게 이성이

란 '인식하는 의지'다. 그러므로 헤겔의 형이상학은 '인식 의지의 무조건적 주체성의 형이상학'이다. 반면에 니체에게 모든 것은 육체성(animalitas)으로 귀속된다. 충동과 욕망의 육체성이 정신성을 복속함으로써 니체의 형이상학은 '권력의지의 무조건적 주체성의 형이상학'이 된다. 니체의 주체성은 '야만적인 야수성'으로 전개된다. 니체가 '금발의 야수'라는 용어를 쓰는 것은 단순히 지나가는 길에 쓰는 과장법이 아니다. 이렇게 헤겔과 니체를 통해서 '라티오날리타스'와 '아니말리타스'는 무조건성 곧 절대성의 지위를 얻는다. 그리하여 서양 형이상학은 니체와 헤겔에게서 그 완성을 보게 되고, 형이상학의 본질적 가능성이 고갈됨으로써 종말에 이르게 된다고 하이데거는 말한다.「니체 II」182쪽

그런데 형이상학이 종말에 이르렀다는 것은 형이상학을 넘어서는 사유가 예고되고 있다는 것을 암시한다. 여기서 하이데거는 '형이상학의 종말과 극복'이라는 문제를 '존재론적 차이'라는 문제를 통해 숙고한다. 그렇다면 도대체 '존재론적 차이'는 무엇을 뜻하는가? 결론부터 말하면 '존재론적 차이'란 '존재와 존재자의 근원적 차이'를 가리킨다. 형이상학은 이 '존재론적 차이'에 주목하지 않는다. 존재론적 차이에 주목하지 않는다는 것은 존재자에만 관심을 기울이고 존재와 존재자 사이의 근원적인 관계를 보지 못한다는 뜻이다. 형이상학은 '존재자란 무엇인가'라는 물음에만 매달린 채 '존재 자체'를 사유하지 않는다. 형이상학은 언제나 '존재자'에만 골몰함으로써 존재 자체를 시야 밖으로 밀어내버린다. 이렇게 존재 자체가 시야 밖으로 밀려나면 존재자도 근원적으로 해명되지 못한다.

하이데거는 이 '존재론적 차이'라는 틀을 통해 형이상학을 근저에서부터 파악함으로써 이제껏 형이상학이 묻지 않은 것을 묻고 밝히려 한다. 이미 말한 대로 존재론적 차이란 '존재와 존재자의 근원적

차이'를 뜻한다. 형이상학이란 이 차이에 기초를 두고 서 있다. 다만 형이상학은 자신이 그런 차이 위에 서 있다는 사실을 알지 못한다. 그래서 하이데거는 이렇게 말한다.

"존재와 존재자의 구별은 모든 형이상학에서 근거지어지지 않았으나 도처에서 요구되는 미지의 근거다."『니체 II』 190쪽

형이상학은 존재자만을 문제 삼기 때문에 그 형이상학 안에 머물러 있어서는 '존재와 존재자의 존재론적 차이'가 우리의 시야에 들어오지 못한다. 그러나 그 차이가 시야에 들어올 때에만 우리는 형이상학의 근저를 볼 수 있고 형이상학을 극복할 수 있다.

존재와 존재자의 구별에서 벗어날 수 없음

존재 자체는 존재자를 존재자로 볼 수 있게 해주는 '열린 장'이다. 그 열린 장 안에서 존재자가 존재자로서 드러난다. 이 존재가 어떻게 열리느냐에 따라서 형이상학이 역사적으로 변화한다고 하이데거는 말한다. 이를테면 그리스 초기에 존재는 '피시스'로 나타났고 플라톤 철학에서는 '이데아'로 나타났다. 존재를 이데아로 보는 플라톤의 해석에서부터 형이상학이 시작됐다. 서양 철학의 역사는 플라톤 이래로 니체에 이르기까지 '형이상학의 역사'다. 이 플라톤의 이데아론이 서양 형이상학을 근원적으로 규정했다. 니체가 자신의 철학을 '플라톤주의의 전도'라고 밝힌 것은 니체의 철학이 '플라톤을 뒤집는 방식으로 플라톤주의의 틀 안에 놓여 있음'을 알려준다. 니체 철학에 이르기까지 모든 서양 형이상학은 플라톤주의의 변주에 지나지 않았다. 플라톤주의라는 근본 틀 안에서 '존재'가 근대에 들어와 '주체의 대상'으로 나타났고 니체 철학에 이르러서는 '생의 권력의지'로 나타났다. 그런데 여기서 주동적인 것은 존재를 사유하는

'사상가'가 아니라 '존재 자체'임을 하이데거는 특별히 강조한다. 이것이 하이데거의 근본 관점이다.

"존재자의 존재가 권력의지로서 위세를 부리게 된 것은 … 존재 자체가 자신의 본질을 권력의지로서 … 드러냈기 때문이다."『니체II』217쪽

니체가 권력의지 사상을 구상한 것은 사실이지만, 더 엄밀히 말하면 존재 자체가 니체라는 사상가의 사유를 통해서 스스로 권력의지로 나타났다고 봐야 한다는 것이다. 형이상학의 역사는 존재 자체가 개별 사상가들의 사유를 통해 자신을 드러내온 역사다. 그리하여 하이데거는 이렇게 말한다.

"우리가 형이상학을 하나의 학설로 피상적으로 받아들이지 않을 경우, 우리는 형이상학을 존재 자체에 의해서 '구조화된' 존재와 존재자의 구별의 구조로서 경험한다."『니체II』218쪽

하이데거는 우리 인간이 '존재와 존재자의 구별'로부터 벗어날 수 없다고 말한다. 존재와 존재자의 구별은 우리 인간의 자연 소질이다.

"우리가 형이상학적으로 사유하는 것을 포기한다고 생각할 경우에조차도 우리는 그런 구별에서 벗어날 수 없다. 언제 어디서나 우리는 우리를 존재자로부터 존재로, 존재로부터 존재자로 이끄는 이런 구별의 길 위에 서 있다."『니체II』218쪽

존재와 존재자의 구별 속에서, 다시 말해 그렇게 구별된 존재의 빛 안에서 인간은 존재자와 관계 맺을 수 있고 그 관계 안에 서 있을 수 있다.『니체II』219쪽 그런데 이렇게 존재와 존재자의 구별이 인간의 자연 소질이라면 다음과 같은 물음이 뒤따라 나오게 된다.

"이런 구별은 인간의 자연 본성의 결과로서 생기는 것인가, 아니면 그 전에 인간의 자연 본성과 본질이 이런 구별을 근거로 하여 그리고 이런 구별로부터 규정되는가?"『니체II』220쪽

만약 후자라면 "인간은 … 이런 구별 안에 체류하는 한에서만 인간

일 수 있을 것이다."『니체II』220쪽 이것이 하이데거가 인간을 이해하는 근본 원칙이다. 인간은 '존재와 존재자의 구별' 안에 머무르고 있기 때문에 인간일 수 있다.

이 말을 쉽게 이해하려면 우리 인간의 실존을 떠올려보면 된다. 실존이란 우리가 우리 자신의 존재를 문제 삼는 방식으로 존재함을 뜻한다. 우리는 존재자들에 둘러싸여 있지만, 동시에 우리는 언제나 그 존재자들을 넘어 우리의 존재 가능성을 염려하면서 존재한다. 쉽게 말해, 지금 여기에 있는 이 존재자들에 만족하지 않고 미래를 향해 우리의 가능성을 던지면서 존재한다. 그렇게 존재자들을 넘어 자신의 존재 가능성을 문제 삼기에 인간은 인간으로 존재하는 것이다.

더 나아가 우리가 우리 존재를 문제 삼는다는 것은 존재자 전체의 존재를 문제 삼는다는 뜻이기도 하다. '왜 존재자가 존재하고 무는 없는가'라는 라이프니츠의 물음부터가 우리가 실존하고 있기 때문에 물을 수밖에 없는 물음이다. 우리는 죽을 수밖에 없고 죽음과 함께 모든 것이 사라지기에 '왜 이 모든 것이 존재하는가'라는 물음을 묻게 되는 것이다. 인간은 이렇게 존재를 문제 삼는 방식으로 존재하는 존재자다. 다시 말해 인간은 존재와 떼려야 뗄 수 없는 근원적인 관계를 맺고 있다.

이렇게 존재와 인간이 맺는 근원적인 관계에서부터 인간을 이해할 때 인간은 '현-존재'로 드러난다. 현-존재란 '존재가 자신을 드러내는 장'이라는 뜻이다. 인간이 존재 개현의 장 곧 현-존재라는 사실이 인간을 인간으로 만들어준다. 인간의 본질은 현-존재에 있다. 인간이 존재가 열리는 장 곧 현-존재가 아니라면 인간은 인간일 수가 없는 것이다. 이렇게 인간은 존재자를 넘어 존재 자체와 관계를 맺고 있다. 그리고 바로 여기서 인간이 '존재와 존재자의 구별' 안에 있음이 드러난다.

노자 『도덕경』 '도가도 비상도'

앞에서 본 대로 하이데거는 존재와 존재자의 구별이 "(인간을) 존재자로부터 존재로, 존재로부터 존재자로 이끄는 길"이라고 말한다. 존재와 존재자의 구별이 일종의 길이라는 이야기인데, 하이데거는 이 길을 "결코 이름 지을 수 없을 것"이라고 말한다.『니체Ⅱ』223쪽 이 말에서 노자 『도덕경』의 첫 구절 '도가도 비상도, 명가명 비상명'(道可道非常道 名可名非常名)을 떠올릴 수도 있다. 실제로 1940년대에 하이데거는 『도덕경』을 꼼꼼히 읽고 그 일부를 중국인 제자와 함께 독일어로 번역하기도 했다.[120] 하이데거가 말하는 '존재'와 『도덕경』의 '도' 사이에는 무시하기 어려운 유사성이 있다. '말로 규정하기 어렵다'는 것도 둘 사이의 유사성 가운데 하나다. '도' 그 자체가 무엇인지 말하기 어렵듯이 '존재' 자체가 무엇인지 말하기 어렵다. 하이데거는 여기서 '존재'라는 말의 그 손에 잡히지 않는 성격을 한 번 더 강조한다.

"우리는 존재에 대해서 말하고 '존재'라고 부르며 그 말을 듣고 그리고 그 단어를 거듭해서 사용한다. 그것은 거의 순식간에 음향에 불과한 것처럼 보인다."『니체Ⅱ』224쪽

존재라는 말은 그 실체를 파악할 수 없는 '막연하고 어슴푸레한' 말이고 그래서 거의 소리에 지나지 않는 듯이 우리에게 다가온다. 그렇지만 여전히 '존재'라는 말에는 '인식의 흔적'이 있다고 하이데거는 말한다. 존재는 눈에 보이지도 않고 손에 잡히지도 않지만 그렇다고 해서 전적인 '무'는 아니라는 얘기다.

'존재'(das Sein)은 독일어 동사 'sein'에 정관사 'das'를 붙여 명사화한 말이다. 동사 'sein'은 흔하게 쓰이는 3인칭 단수 'ist'(이다/있다)의 부정형이다. 하이데거는 독일인들이 끊임없이 'ist'라는 말을

사용하며 '존재'를 말하고 있음을 상기시킨다. 이렇게 끊임없이 사용되는 존재 동사는 모든 말을 떠받치고 있을 뿐만 아니라 존재자에 대한 모든 관계도 떠받치고 있다.

"우리는 말하지 않는 경우에도 항상 존재자 자체와 관계하며 '존재하고', 이러저러하게 있는 것, 아직 존재하지 않는 것, 더는 존재하지 않는 것, 또는 전혀 존재하지 않는 것과 관계한다." 『니체Ⅱ』 224쪽

존재 동사를 실제로 사용하지 않을 때에도 우리는 존재하고 있고 존재자들의 존재와 만나고 있다는 얘기다. 존재는 가장 흔하고 가장 막연하며 그래서 거의 의미가 없는 것처럼 느껴진다. 그러나 여기서 하이데거는 존재라는 말의 특별한 성격에 주목한다.

"이렇게 가장 많이 사용되면서도 그때마다 거듭해서 신선한 의미를 지니는 '이다'(ist)라는 말의 단조로움은 어음과 어형의 동일함 배후에 거의 사유되지 않는 풍요로움을 숨기고 있다." 『니체Ⅱ』 224쪽

존재라는 말은 너무나 단조로워서 그냥 지나치기 쉽지만 실은 어떤 '풍요로움'을 숨기고 있다는 것이다. 말하자면 존재에는 깊은 비밀이 숨어 있다. 규정할 수 없는 것이면서 동시에 가장 풍요로운 것이 바로 존재다.

"'존재'와 '있다'는 우리에게 독특한 무규정성과 함께 일종의 충만으로 경험된다. 존재의 이런 이중적인 면이야말로 그것의 본질을 추적할 때 우리를 인도하는 실마리가 될 것이다." 『니체Ⅱ』 227쪽

존재의 이중성

하이데거는 이 존재의 이중성을 다음과 같이 열거한다. 첫째, 존재는 가장 일반적인 것이면서 동시에 유일한 것이다. 모든 존재자는 다른 존재자들과 대립해 있기에 한정돼 있다. 그러나 존재는 한정돼 있

지 않고 모든 존재자를 포괄해 존재로서 하나다. 둘째, 존재는 가장 이해하기 쉬운 것이면서 모든 이해 가능성에 저항한다. 존재는 가장 이해하기 쉽기 때문에 우리는 전혀 노력하지 않고도 존재 안에서 지낼 수 있다. 존재 동사를 아무 때나 의식도 하지 않은 채로 사용한다. 그런데 이렇게 이해하기 쉬운 존재를 이해하려고 들면 존재라는 말은 우리의 손아귀에서 빠져나가고 만다. 셋째, 존재는 가장 믿을 수 있는 것이어서 우리의 의심을 불러일으키지 않으면서 동시에 우리가 의지할 근거를 주지 않는다. 우리는 존재자에 의지할 수는 있지만 존재에 의지할 수는 없다. 존재는 존재자가 아니어서 어떤 기반도 근거도 제공하지 않는다. 존재는 심연과도 같은 것이다. 여기서 심연(Abgrund)이란 근거(-grund)가 없음(Ab-)을 뜻한다. 존재는 가장 믿을 수 있는 것이면서 아무런 토대도 바탕도 없는 심연이다.

넷째, 존재는 가장 깊이 망각돼 있는 것이자 가장 뚜렷이 상기시키는 것이다. 우리는 존재 안에 살고 있으면서도 끊임없이 존재자만을 향해 질주한다. 존재자를 뒤쫓으면서 존재를 생각하지 않는다. 그래서 존재는 "가장 깊이 망각된 것이며, 이렇게 망각돼 있다는 사실조차 망각돼 있을 정도로 전적으로 망각돼 있는 것"이다.『니체Ⅱ』229쪽 그런데 이렇게 가장 망각된 존재는 동시에 가장 뚜렷이 상기시키는 것이다. 그리하여 존재는 "이미 있었던 것과 현재의 것 그리고 미래의 것을 깨닫게 하고 그런 것 안에 서게 한다."『니체Ⅱ』229쪽

다섯째, 존재는 가장 자주 말로 드러나면서 동시에 가장 깊이 침묵하는 것이다. 실제로 존재 동사의 여러 변형들이야말로 가장 많이 사용되는 단어다. 또 "'존재'라는 명칭이 사용되지 않더라도 모든 동사가 존재를 말하며, 더 나아가 모든 명사와 형용사, 모든 단어와 결합어가 존재를 말한다."『니체Ⅱ』229쪽 꼭 존재 동사가 쓰여야만 존재를 말하는 것이 아니라 존재 동사가 쓰이지 않더라도 이미 우리가 쓰는 모

든 말이 존재를 가리키고 있다. 그런데 이렇게 수없이 말로 드러나면서도 존재는 자신을 깊은 침묵 속에 감추고 있다.

하이데거는 존재의 이런 다양한 대립적 성격이 우연한 것일 수 없다고 말한다. 왜냐하면 그 대립을 나열하는 것만으로도 이미 그 대립들 사이의 내적인 관계가 암시되기 때문이다.

"존재는 가장 공허한 것이면서 가장 풍요로운 것이고, 가장 일반적인 것이면서 유일무이한 것이고, 가장 이해하기 쉬운 것이면서 모든 개념 파악에 저항하는 것이며, 가장 자주 사용되면서 이제 비로소 도래하는 것이며, 가장 믿을 수 있는 것이면서 가장 심-연적인 것이며, 가장 깊이 망각된 것이면서 가장 뚜렷이 상기시키는 것이며, 가장 자주 언표되는 것이면서 가장 깊이 침묵하는 것이다."『니체Ⅱ』230쪽

이렇게 존재는 이중성을 띠고 있지만 우리 인간은 이 대립 가운데 한쪽 면과만 관계를 맺는다고 하이데거는 말한다.

"우리는 대립들의 한쪽과만 관계한다. 즉 존재는 우리에게 가장 공허한 것이고 가장 일반적인 것이며 가장 이해하기 쉬운 것이고 가장 자주 사용되는 것이며 가장 믿을 수 있는 것이고 가장 깊이 망각된 것이고 가장 자주 언표되는 것이다."『니체Ⅱ』229~230쪽

그러나 바로 그렇기 때문에 우리는 이런 사실조차 거의 주목하지 않으며 그래서 존재의 다른 대립항을 전혀 인식하지 못한다. 그렇게 존재는 철저히 망각돼 있다.

존재의 이중성 바깥에 서 있는 형이상학

하이데거는 이렇게 존재의 이중성 가운데 한쪽 면만 알고 있다는 것, 다시 말해 존재의 이중성 바깥에 서 있다는 것이 '모든 형이상학의 특징'이라고 말한다. 근대인만 그런 것이 아니라 플라톤부터 니체

까지 모든 형이상학이 그래 왔다는 것이다. 그렇게 일면적인 존재의 권역 안에서 존재자를 사유하는 것이 형이상학이다. 형이상학의 역사 전체를 통해서 존재는 그저 자명한 것으로 간주된다. 이런 사태를 두고 하이데거는 "존재에 대한 관계가 무관심 속에 소멸해버렸다"고 말한다. 그리하여 형이상학은 '존재와 존재자의 구별'에 대해서도 물을 수 없게 됐다. 지금 이 시대는 '극도의 정열로 존재자를 추구하지만 존재에는 아무런 관심도 보이지 않는' 시대다. 다시 말해 이 시대는 인간의 본질이 상실된 시대이고 존재를 망각한 시대이며 존재가 존재자를 떠나버린 시대다. 인간은 존재가 떠나버린 황량한 존재자 전체 한가운데 덩그러니 버려져 있는 것이나 다를 바 없다. 그런데도 인간은 그런 사실마저 깨닫지 못하고 미친 듯이 존재자를 뒤쫓고 있다. 이것이 하이데거의 시대 진단이다.

'니힐리즘의 존재사적 규정'

하이데거가 『니체』라는 제목으로 출간한 책에는 1936년 이래 네 학기 동안 개설한 니체 강의만이 아니라 1940년대 초중반에 쓴 강연문도 포함돼 있다. 이 강연문 가운데 '니힐리즘의 존재사적 규정'이라는 제목으로 묶인 제7부는 특히 주목할 만하다. 여기서 하이데거는 니체가 완성한 니힐리즘을 존재사 곧 '존재 역사'의 시야에서 조망함으로써 존재 자체를 더욱 심원하게 규명해 간다.

하이데거는 니체의 근본 개념인 '권력의지'에서 논의를 시작한다. 니체는 '권력의지'를 존재자 전체의 '궁극적인 사실'(das lezte Factum)로 제시했다. 이것은 니체가 '존재'를 사실이라는 성격을 지닌 '존재자'로 이해하는 데 만족한다는 것을 의미한다. 니체는 권력의지를 존재자 전체의 궁극적 사실로 보았으나 '존재 자체에 대한 사유'에는 이르지 못한 것이다. 존재 자체를 사유한다는 것은 존재의 진리를 사유한다는 것을 의미한다.

"우리가 니체를 아무리 많이 그리고 모든 방향에 걸쳐서 탐구하더라도 그의 사유가 존재를 그것의 진리로부터 그리고 이런 진리를 '존재가 현성하는 것'(das Wesende des Seins)으로서 … 사유하고 있다는 사실을 발견하지 못한다."『니체Ⅱ』307쪽

존재의 진리란 존재의 비은폐성이고 존재의 현성이다. 존재가 드러나는 역사적 과정이야말로 존재의 진리고 존재 자체다. 니체의 사유는 거기에 이르지 못한 채, 권력의지를 궁극적 사실로 보는 데서 멈춘 것이다. 그리하여 니체의 사유는 형이상학을 벗어나지 못하고 그럼으로써 니힐리즘을 극복하는 것이 아니라 완성하는 것이 되고 만다. 니체는 존재를 존재 자체로 인정하지 않는다.

"존재는 가치로 규정되고 있으며, 따라서 존재자 자체인 권력의지에 의해 정립된 조건으로서 존재자로부터 설명된다. 존재는 존재로서 인정받고 있지 않다."『니체Ⅱ』309쪽

이렇게 존재를 존재로서 인정하지 않기에, 다시 말해 존재 자체를 물음의 대상으로 삼지 않기에, 니체는 형이상학에서 벗어나지 못하고 니힐리즘에서 벗어나지 못하는 것이다. 존재가 공허한 무로 간주되는 곳에서 니힐리즘은 활개를 치는 것이다. 그러므로 "니힐리즘의 역사는 존재 자체가 공허한 무로 간주되는 역사다."『니체Ⅱ』310쪽 존재 자체는 공허한 듯 보이지만 본질적으로 풍요로움으로 충만한 것이다. 하이데거는 존재 자체가 공허한 무로 나타나는 것도 존재 자체의 '역사적 운명'(Ge-schick, 역운) 속에서 일어나는 일이라고 말한다.

니힐리즘의 극단화 '본래적 니힐리즘'

니체는 자신의 형이상학을 가장 극단적인 니힐리즘으로 이해하는 동시에 이런 극단적 니힐리즘은 니힐리즘이 아니라고, 다시 말해 니힐리즘을 이미 극복한 것이라고 생각한다. 그러나 하이데거는 니체의 니힐리즘을 존재 자체를 망각함으로써 니힐리즘을 극단화한 '본래적 니힐리즘'이라고 규정한다.

"이런 말에는 니체의 니힐리즘은 니힐리즘을 극복하지 않을 뿐만 아니라 그것을 극복할 수도 없다는 생각이 포함돼 있다."「니체II」312쪽

존재를 가치로 규정하는 것이야말로 존재 자체를 공허한 무로 간주하는 것이 되고 말기 때문이다. 존재를 가치로 보는 해석에 묶여 있어서는 존재 자체를 존재 자체로 묻고 사유할 수 없다. 니체의 형이상학은 니힐리즘의 극복이 아니라 니힐리즘의 최종적 완성일 뿐이다. 니체의 니힐리즘은 본래적 니힐리즘의 완성이다. 이로써 하이데거는 니체에 대해 처음에 보였던 공감에서 완전히 벗어나 니체를 근원적으로 비판하는 자리에 서게 된다.

그런데 니힐리즘이 존재 자체를 공허한 무로 간주하는 한, 니힐리즘 안에서는 니힐리즘의 본질이 경험될 수도 없고 사유될 수도 없다. "따라서 완성된 니힐리즘은 니힐리즘의 본질을 사유하고 인식할 가능성으로부터 자기 자신을 궁극적으로 봉쇄한다."「니체II」312쪽 그러므로 니체가 아무리 니힐리즘의 극복을 목표로 삼아 나아가더라도 니힐리즘 안에 갇혀 있는 한 니힐리즘의 극복은 가능하지 않다.

중요한 것은 니힐리즘의 극복을 목표로 삼는 것이 아니라 니힐리즘에 맞서 니힐리즘의 본질을 백일하에 드러내는 대결 작업이다. 하이데거에게 니힐리즘의 본질은 '형이상학' 자체에 있다. 존재 자체를 망각하는 형이상학이 본래적 니힐리즘의 근거인 것이다. 그리하

여 하이데거는 이렇게 선언한다.

"형이상학은 형이상학으로서 본래적 니힐리즘이다. 니힐리즘의 본질은 역사적으로 형이상학으로서 존재한다."「니체 II」 314쪽

니체의 권력의지 사상이 비로소 니힐리즘에 이른 것이 아니라 플라톤과 함께 형이상학이 개시됨과 동시에 니힐리즘이 시작됐다는 이야기다. 서양 형이상학의 모든 역사를 니힐리즘의 역사로 보는 것, 그것이 하이데거 사유의 유례없는 독특함이다.

그런데 니힐리즘의 본질이 니힐리즘 내부에서 인식될 수 없듯이, 마찬가지로 형이상학의 본질은 형이상학 내부에서는 결코 인식될 수 없다. 오직 형이상학을 뛰어넘어 형이상학 밖으로 나갈 때에만, 다시 말해 존재자에 대한 물음을 넘어 존재 자체에 대한 물음으로 나갈 때에만 형이상학의 본질은 선명하게 인식될 수 있다. 또 그럴 때에만 니힐리즘의 본질이 뚜렷하게 인식될 수 있다. 그리고 이런 인식을 통해서만 형이상학과 니힐리즘을 극복할 전망도 나올 수 있다. 하이데거는 여기서 '본질'(Wesen)이라는 말을 '동사적으로' 이해할 것을 요청한다. 본질(Wesen)은 '현성하는 것'(das Wesende). 다시 말해 '본질로 나타나는 것'이다. 본질이란 어떤 존재자 안에 그저 머물러 있는 것이 아니라, 그 본질이라는 것으로 일어나 나타나고 드러나는 것이다. 본질은 본질로 현성한다. 이렇게 본질을 동사적으로 이해한다는 것은 본질이 역사적으로 바뀔 수 있음을 의미한다. 본질은 고정돼 있는 것이 아니라 역사적으로 변화하면서 그 역사적 국면마다 다르게 드러나는 것이다.

형이상학은 존재를 고려하면서 존재자를 사유한다. 그러므로 형이상학이 존재에 대해 묻지 않는 것은 아니다. 그러나 형이상학이 존재에 대해 묻는 것은 존재자를 해명하려는 차원에서일 뿐이다. 형이상학은 존재자를 그 존재자에 초점을 맞춰 사유한다. 그러므로 형이상

학은 존재 자체를 사유하지 않는다.

"분명히 형이상학의 물음은 존재 자체에까지 이르지 못한다."「니체
Ⅱ」317쪽

형이상학은 존재자가 존재 없이는 존재하지 않는다는 사실을 인정
한다. 그러나 그렇게 말하자마자 형이상학은 존재를 다시 존재자로
옮겨놓는다. 존재를 존재자로 이해한다. 존재자를 존재하게 하는 최
고 존재자로서 신을 불러들이거나 모든 객관성을 가능하게 하는 주
체성의 담지자로서 주체를 불러들이는 것이다.

형이상학의 존재 이해, 존재-신-론

형이상학은 플라톤과 아리스토텔레스에게서 시작될 때부터 존재
자를 존재하게 하는 '존재'를 '최상위의 원인'과 '최고의 존재 근거'
로 이해함으로써 '신적인 존재자'(테이온, theion)를 상정했다. 형이
상학은 그 시작 시기부터 존재를 최고의 존재 근거 또는 최상위의 존
재 원인으로, 다시 말해 '신적인 존재자'로 이해했다. 바로 이런 이유
로 하이데거는 형이상학이 그 자체로 '신론'이라고 단언한다. 형이
상학이 존재자의 궁극적 근거로서 최고 존재자 곧 신을 상정할 수밖
에 없기 때문에 신론이 될 수밖에 없다는 것이다. 형이상학은 존재자
에 관한 신론, 곧 존재-신-론(Onto-theo-logie)이다. 하이데거는 니
체 형이상학이 신론으로부터 멀리 떨어져 있는 것처럼 보이지만 결
국에는 '존재론이자 동시에 신론'이라고 단언한다. 니체가 존재자
전체의 실존을 '동일한 것의 영원한 회귀'로 설명할 때 그것이 다름
아닌 신학적 설명이라는 것이다. 니체 형이상학은 플라톤을 뒤집은
것으로서 플라톤 철학의 연장인 셈이다. 이 존재-신-론으로서 형이
상학은 존재자를 향해서 사유할 뿐이고, 존재 자체는 사유하지 않은

채 방치해놓는다.

　형이상학은 존재자를 존재자로서 사유하기 때문에, 존재 자체는 형이상학에서는 사유되지 않은 채로 남아 있다.『니체II』321쪽 존재자를 존재자로서 사유한다는 것은 무엇을 뜻하는가? 그것은 존재자 자체를 사유한다는 것을 뜻하고, 존재자 자체를 그 열려 있음에서, 비은폐성에서 사유한다는 것을 뜻한다. 존재자가 비은폐성 안에 존재함을 사유한다는 뜻이다. 이 비은폐성이란 다른 것이 아니라 '존재의 열린 장'이다. 존재 자체는 이런 비은폐성으로 현성한다. 그러므로 형이상학은 존재자를 사유하면서도 그것을 존재 자체에서부터, 다시 말해 그 비은폐성 자체에서부터 사유하지 않는다. 그리고 이렇게 사유되지 않은 존재 자체는 형이상학의 역사에서 공허한 무로 간주된다. 형이상학은 존재를 존재 자체로 고유하게 사유하지 않는다.

　하이데거는 여기서 형이상학이 존재 자체를 고유하게 사유하지 못하는 이유를 "형이상학이 존재 자체를 거부하기 때문이 아니라 존재 자체가 밖에 머물러 있기 때문"이라고 말한다.『니체II』323쪽 그렇다면 존재 자체가 '밖에 머물러 있다'(ausbleiben, 부재중이다)는 것을 무엇을 의미하는가? 간명하게 말하자면, 존재 자체가 형이상학 바깥에 머물러 있다는 것을 뜻한다. 물론 존재는 형이상학 안에 서 있으며 형이상학의 시야 안에 서 있다. 그러나 그때 존재는 존재자의 존재로서 서 있을 뿐이며 존재 자체로서 서 있는 것이 아니다. 이 사태를 하이데거는 다음과 같이 표현한다.

　"존재 그 자체는 존재자가 그 안에 서 있는 비은폐성으로 현성한다. 비은폐성 자체는 비은폐성으로서는 은닉돼 있다. 비은폐성에서는 비은폐성 자체와 관련해 비은폐성이 나타나지 않고 있다. 그것은 비은폐성의 본질의 은닉성(은닉돼 있음)에 머물러 있다. 그것은 존재

자체의 은닉성에 머물러 있다. 존재 자체는 밖에 머물러 있다."『니체II』 324쪽

이 수수께끼 같은 말을 이해하려면 '비은폐성 자체'의 구조를 이해해야 한다. 비은폐성이란 존재의 열림, 존재의 드러남이다. 그러나 이 비은폐성은 그 아래 은닉성을 감추고 있다. 다시 말해 존재 자체는 비은폐성으로 드러나지만 동시에 은닉성으로서 감추어져 있다. 존재 자체의 '비은폐성과 은닉성'의 관계를 굳이 시각적으로 묘사하자면, 거대한 어둠을 밑에 깔고서 드러난 밝은 표면이라고 할 수 있다. 거대한 어둠 위로 빛나는 것이 비은폐된 존재 곧 드러난 존재다. 존재자란 바로 그렇게 드러난 존재의 존재자다. 그러나 존재 자체는 그렇게 드러나지 않은 채 거대한 어둠으로 있다. 형이상학에서는 이 드러난 존재 곧 비은폐된 존재만을 존재자의 존재로서 고찰할 뿐이다. 그러므로 존재가 형이상학에서도 비은폐성으로서 드러나 있기는 하지만, 존재 자체의 차원에서 보면 거대한 어둠은 형이상학에서는 전혀 보이지 않는다. 그러므로 존재 자체는 형이상학의 지평에서는 밖에 머무르는 것이 되며, 그래서 형이상학에서는 보이지 않고 드러날 수 없는 것이 된다. 형이상학이 아는 것은 존재 자체 가운데 존재자로 비은폐된 존재, 곧 드러난 존재뿐인 것이다. 그러니 존재 자체는 존재 자체의 은닉성에 머물러 있으며, 그러므로 존재 자체는 밖에 머물러 있다. 하이데거는 이 사태를 이렇게도 표현한다.

"존재는 존재의 은닉성에 머물러 있으며, 더 나아가 이런 은닉성이 자기 자신 안에 자신을 은닉하는 식으로 존재의 은닉성에 머물러 있다. 존재의 밖에 머무름은 이렇게 밖에 머무름으로서의 존재 자체다."『니체II』324쪽

무의 바다와 그 위에서 일어나는 파도

이 존재 자체의 사태를 시각적 이미지를 방편으로 삼아 이해해보면 다음과 같다. 거대한 바다와 그 위에서 일어나는 파도를 떠올려보자. 거대한 어둠의 바다, 그것이 존재의 은닉성 곧 은닉된 존재다. 바다의 표면에서 일어나는 파도는 은닉에서 벗어난, 드러난 존재다. 그 파도가 만들어내는 형상이 바로 존재자다. 존재자는 존재가 비은폐돼 드러난 모습이다. 파도가 일어나면 존재가 비은폐돼 존재자의 형상으로 드러난다. 그러나 그때에도 존재 자체는 거대한 어둠의 바다로 파도 아래 잠겨 있다. 파도는 때에 따라 일어나는 양상이 다르다. 다시 말해 존재가 비은폐되는 양상은 시기마다 다르다. 이렇게 존재의 비은폐 양상이 달라짐에 따라, 곧 파도가 일어나는 방식이 달라짐에 따라 파도의 형상도 달라진다. 존재자의 존재가 달라지는 것이다. 그런데 형이상학은 그 존재자의 존재가 고정돼 있다고 본다. 파도가 고정돼 있다고 보는 것이다. 그리고 그렇게 고정된 파도, 곧 그렇게 고정된 존재가 존재의 전부라고 보는 것이다. 그러므로 형이상학은 존재 자체를 결코 보지 못하는 것이다. 왜냐하면 존재 자체를 본다는 것은 그 파도를 일으키는 거대한 어둠의 바다를 보는 것이기 때문이다. 그래서 형이상학이 파도를 고정된 것으로 인식할 때 존재 자체는 밖에 머물 수밖에 없다. 형이상학에서 존재 자체는 '밖에 머무름'인 것이다.

그런데 존재는 분명히 존재자가 아니다. 다시 말해 우리가 눈으로 볼 수 있거나 손으로 잡을 수 있거나 하는 존재자가 아니다. 존재의 바다라는 것은 존재자와 비교하면 무에 가까운 것이다. 이 무와도 같은 거대한 어둠의 바다에서 파도가 일고 그 파도와 함께 존재자들이 존재하게 되는 것이다. 그래서 존재 자체가 존재자를 존재하게 한다

무와도 같은 거대한 어둠의 바다에서 파도가 일고
그 파도와 함께 존재자들이 존재하게 된다.

고 말할 수 있다. 그러나 때가 되면 그 파도는 다른 모습으로 바뀌고 그리하여 존재자의 존재도 변화한다. 무와도 같은 어둠의 바다 위에서 일렁이는 파도, 이 이미지를 통해서 우리는 존재 자체를 엿볼 수 있으며, 비은폐된 존재를 느껴볼 수 있다. 이 거대한 어둠의 바다는 자기를 은닉하고 있는 존재 자체라고 할 수 있다. 존재 자체가 그 은닉 상태에서 벗어나면 파도로 나타나는 것이다. 다시 말해 존재자의 존재로 비은폐되는 것이다. 그러나 그때에도 존재 자체는 바다의 어둠으로 머물러 있다. 파도는 존재의 열린 장이며 이 열린 장에서 존재자가 존재자로서 드러나는 것이다. 존재자의 존재는 시대마다 이데아로도(플라톤 시대), 신의 피조물로도(중세 시대), 주체의 대상으로도(데카르트 이후), 권력의지로도(니체) 드러나는 것이다.

하이데거는 존재를 '베일'에 비유하기도 한다.

"밖에 머물러 있음에서 밖에 머묾은 자기 자신으로 자신을 은닉한다. 존재 자체는 밖에 머물러 있음 내에서 자기 자신에게로 사라지는 이런 베일로서 현성하는 바, 그런 베일은 존재 자체로서 무다."「니체II」 324쪽

하이데거는 파도의 일어남을 베일로 표현하고 있다. 존재 자체가 베일처럼 자기 자신을 덮은 채로 일어나면 그 베일과 함께 존재자로 나타나고, 다시 베일이 가라앉으면 무로 돌아가는 것이다. 존재 자체는 존재자가 아니기 때문에 무라고 불러도 지나치지 않다. 존재 자체의 바다는 거대한 무의 바다, 거대한 어둠의 바다다. 여기서 하이데거는 이 존재 자체의 무가 공허한 무와는 무한히 다르다는 것을 강조한다. 공허한 무에서는 아무것도 나올 것이 없다. 그러나 존재 자체의 무는 공허한 무가 아니다. 존재 자체가 일어남으로써, 즉 비은폐됨으로써 무수한 존재자의 형상이 나타난다. 그렇기 때문에 그 존재 자체의 무는 가장 풍요롭고 충만한 무다. 그런데 니힐리즘은 이 존재

자체를 공허한 무로 간주하여 밀어내버리고 만다. 남는 것은 존재자의 존재, 무의 바다 위에 일렁이는 파도뿐이다.

이제 다음과 같은 하이데거의 말을 좀 더 분명하게 이해할 수 있다.

"존재 자체는 형이상학 자체에서는 사유되지 않은 채로 남아 있다. 이것은 이제 존재 자체가 밖에 머물러 있으며 그렇게 밖에 머물러 있음으로서 존재 자체가 현성한다는 것을 의미한다." 「니체II」 324쪽

형이상학은 존재의 파도만 고정된 형태로 볼 뿐이지 존재 자체를 보지 못한다. 그러므로 존재 자체는 형이상학에서는 사유되지 않은 채로 밖에 머물러 있다. 그러나 밖에 머물러 있다는 것은 완전히 사라져버린다는 뜻이 아니다. 형이상학의 시야에 잡히지 않은 채로 밖에 머물러 있을 뿐이지 존재 자체는 사라지지 않는다. 존재 자체는 오히려 이렇게 밖에 머물러 있는 방식으로, 형이상학의 시야에 잡히지 않은 방식으로 현성한다. 존재 자체가 그렇게 현성한다는 것을 형이상학의 시야 안에 우리가 머물러 있어서는 볼 수가 없다. 그러므로 존재 자체가 형이상학의 시야 밖에 머물러 있는 방식으로 현성한다는 것을 보려면 우리는 형이상학을 뛰어넘어 더 넓은 시야를 확보해야 한다.

존재 자체의 밖에 머묾, 존재자에게서 존재가 떠남

이 존재 자체를 존재자와 관련해 다시 살펴보면, 존재 자체가 '밖에 머문다'는 것은 '존재자의 밖에 머문다'는 것을 뜻한다. 존재자가 존재자로 드러날 때 존재 자체는 뒤로 물러나 밖에 머문다. 존재 자체가 그 자체로 드러난다면 그것은 존재자일 것이다. 존재는 그 자체로 드러날 수 없다. 존재 자체는 언제나 존재자가 존재자로 드러날

수 있게 해주고, 다시 말해 존재자를 존재하게 해주고 그 자신은 뒤로 물러나 밖에 머무르는 것이다. 존재 자체는 존재자를 파도의 형상처럼 존재자로 존재하게 해준다. 그러나 존재 자체는 거대한 어둠의 바다로서 밖에 머문다. 이것을 하이데거는 이렇게 표현한다.

"존재 자체가 빠져나가면서 동시에 존재자의 존재로서 시야 안에 남아 있다. 존재 자체는 빠져나감(Sichentziehen)으로서 현성하지만 존재자에게서 존재를 박탈하지는 않는다."『니체II』325쪽

만약에 존재 자체가 존재를 박탈한다면 존재자는 존재자로 존재할 수 없을 것이다. 그것은 마치 파도의 일렁임이 잦아들면 파도의 형상이 존재할 수 없는 것과 같다.

하이데거는 형이상학이 존재 자체를 알지 못하고 사유하지 못하는 것을 "존재자에게서 존재가 떠났다"고 표현한다.

"존재자에게서 존재가 떠남(Seinsverlassenheit, 존재가 버려져 있음)은 존재자 자체에 관련돼 있으며 인간이라는 종류의 존재자에게만 관련돼 있는 것은 아니다."『니체II』326쪽

인간만이 존재 상실을 겪는 것이 아니라 존재자 전체, 세계 전체가 존재 상실을 겪는다는 얘기다.

"인간의 경우 인간은 존재자 자체를 표상하지만 그런 표상 작용에서는 존재 자체가 그것의 진리에서 빠져나간다."『니체II』326쪽

인간이 형이상학적으로 존재자를 표상할 때 존재 자체는 그 진리에서 빠져나간다. 여기서 '존재 자체'는 파도를 일으키는 거대한 어둠의 바다 그 자체를 가리킨다. 존재 자체의 진리는 존재 자체가 비은폐된 것 곧 일렁이는 파도를 뜻한다. 존재 자체가 그 진리에서 빠져나간다는 것은 파도의 일렁임만 남기고 거대한 어둠의 바다는 사라져버린다는 뜻이다. 이것이 형이상학에서 일어나는 일이다. 형이상학은 파도의 형상만을 고정된 것으로 본다. 이런 형이상학의 태도

에서는 존재 자체 곧 존재의 거대한 바다는 보이지 않게 되는 것이다. 이렇게 존재 자체가 보이지 않게 된다는 것은 존재 자체 쪽에서 보면, 인간의 사유에서 존재 자체가 떠나는 것일 수밖에 없다. 또 그것을 인간 쪽에서 보면 인간이 존재 자체를 망각하는 것이 될 것이다. 존재의 떠남은 존재의 망각이다. 형이상학이 시작된 이래로 존재 자체는 존재자로부터 떠났고 인간은 존재 자체를 망각했다. 왜냐하면 형이상학은 기껏해야 "존재자 자체의 비은폐성의 역사"이기 때문이다.「니체II」326쪽 형이상학은 존재자 자체의 비은폐성만을 시야에 넣고 있기 때문에, 그 비은폐성 아래 있는 거대한 은닉의 바다는 보이지 않는 것이다. 바로 이렇게 존재 자체가 사유되지 않고 빠져나감으로써 본래적 니힐리즘이 현성한다.

그런데 여기서 하이데거는 '존재 자체의 밖에 머물러 있음'이 '존재 자체의 사유되지 않음'의 근거가 된다는 점을 특별히 강조한다. 존재 자체를 사유하지 않음이 인간의 단순한 잘못이나 오류 탓이 아니라 '존재 자체가 밖에 머물러 있음'에서 비롯한 것이라는 얘기다. 이런 사태를 이해하려면 사유와 존재의 관계를 먼저 시야에 넣어야 한다. 사유는 존재와 무관하게 사유로 존재하고 난 뒤에 비로소 존재를 대상으로 사유하는 것이 아니다. 오히려 존재 자체가 사유로서 자신을 드러낸다고 보아야 한다. 그러므로 사유가 존재를 사유하지 않는다는 사태는 사유 자체의 잘못이 아니라, 존재 자체가 사유를 통해 자신을 드러내지 않는다는 것을 암시한다. 존재 자체가 밖에 머물러 있기 때문에 사유가 존재 자체를 사유하지 못하는 사태가 일어나는 것이다. 사유는 존재 자체에 속한다. 그러므로 인간의 사유가 존재를 고정된 것으로 사유했다면, 그것은 존재 자체가 자신을 그렇게 드러냈다는 것을 뜻한다. 여기서 알 수 있는 것은 존재 자체의 떠남도 존재 자체에서 비롯하는 것이고 존재 자체의 귀환도 존재 자체에서 비롯한다는 사실이다.

사유, 존재 자체가 자신을 드러내는 매체

그렇다면 사유라는 것은 존재 자체가 자신을 드러내는 장일 것이다. 다른 말로 하면 사유는 존재 자체가 자신을 드러내는 매체, 곧 영매와 유사한 매체일 것이다. 그런데 이 사유는 다른 말로 하면 인간의 본질로서 현-존재(Da-sein)이다. 현-존재란 존재(Sein)가 머무는 장소(Da), 존재가 자신을 드러내는 장소라는 뜻이다. 존재는 자신을 인간의 현-존재에서 드러낸다. 앞에서 존재 자체를 거대한 어둠의 바다라고 했지만, 이 거대한 어둠의 바다가 어디 다른 곳에서 현성하는 것이 아니라 인간의 현-존재에서 현성하는 것이다. 그 현-존재를 하이데거는 존재의 숙박지(Unterkunft, 숙소)라고 부른다. 숙박지는 존재 자체의 소재(Ortschaft)다.

"이런 소재는 인간의 본질이다. 이렇게 소재가 되는 인간은 (존재로부터) 독립해 존재하면서 단지 자신의 인간적인 것에만 신경을 쓰고 자기 자신을 다른 존재자들 중의 하나로 간주하는 그런 주체로서 인간이 아니다." 『니체॥』 328쪽

우리가 인간을 주체라고 부를 때 그 주체는 모든 것의 중심에서 대상 전체를 객체로 드러내는 존재자다. 인간은 그런 주체가 아니라 오히려 존재가 도래하고 존재가 머무는 처소일 뿐이다. 인간은 오직 존재 자체와 관계하는 한에서만 인간일 뿐이다. 다시 말해 인간은 오직 현-존재로서만 인간이다.

하이데거는 여기서 데카르트의 형이상학과 함께 발흥한 주체 중심주의를 정면으로 공박한다. 인간은 자기 홀로 세상의 중심인 주체가 아니라, 오직 존재 자체와 관계하는 한에서 존재의 처소인 현-존재

로 존재하는 것이다.

"숙박지의 현(Da)으로서 이런 장은 존재 자체에 속하며 존재 자체이고 그 때문에 현-존재라고 불린다."「니체Ⅱ」329쪽

그러나 존재의 머묾의 처소로서 현-존재는 인간이 멋대로 창출할 수 있는 것이 아니라고 하이데거는 강조한다. 인간은 마음대로 현-존재를 만들어내거나 폐기할 수 없다.

"인간의 본질로서 현-존재는 항상 인간의 현-존재이고 인간이 속하는 것이지만, 그 자신이 자신의 제작물로서 창출하고 경영하는 것은 아니다."「니체Ⅱ」329쪽

현-존재는 인간의 뜻과는 상관없이 인간에게 주어진다고 말해야 할 것이다. 현-존재가 존재의 진리의 장소라면 그 현-존재가 무엇인지는 니체가 자서전에서 공들여 묘사했던 '영감'의 출현 방식을 통해서 짐작할 수 있다. 영감은 번개처럼 내리치는 것이어서 인간이 피할 수 있는 것이 아니다. 영감은 외부로부터 들이닥치는 것이다. 존재의 진리도 그렇게 들이닥친다. 이렇게 들이닥친 존재의 진리가 머무는 곳이 현-존재이고 그 존재의 진리가 드러나는 곳이 바로 현-존재다. 현-존재는 인간이 자기 자신을 주체라고 생각하듯이 그렇게 자기가 소유하는 것이 아니다. 차라리 현-존재의 주인은 존재 자체라고 해야 할 것이다. 인간은 존재가 머무는 장소다. 인간은 이 본질 곧 현-존재 안으로 진입함으로써 본질적인 것이 된다고 하이데거는 말한다. 인간은 이성적 동물도 아니고 주체도 아니다. 인간은 존재의 장소인 현-존재가 됨으로써 진정으로 본질적인 것, 존재 전체와 관련을 맺는 자가 된다.

그렇다면 사유라는 것도 이 존재의 처소로서 현-존재로부터 이해될 수 있다. 사유란 다른 것이 아니라 "존재의 소재의 열린 터 안에 탈자적으로 서 있음"이다.「니체Ⅱ」329쪽 쉽게 말해서 사유가 현-존재

자체다. 인간이 존재의 도래를 영접하는 현-존재가 되려면 자기 안에 문 걸어 잠그고 머무는 주체여서는 안 된다. 자기를 열고 자기 밖으로 나가야 한다. 곧 '탈자적(ekstatisch)으로' 존재해야 한다. 니체가 영감을 받을 때 주체로서 능동적으로 욕망해서 받은 것이 아니라, 자기를 벗어나 영매처럼 존재의 진리가 엄습하는 것을 엄습하는 그대로 받은 것이다. 그때 사유는 단순히 이성을 뜻하는 것이 아니라 인간의 의욕과 감정을 모두 포괄하는 정신적 능력으로 이해해야 한다. 이런 포괄적인 정신의 능력으로서 사유는 다른 말로 하면 '존재의 자기 이해'라고도 할 수 있을 것이다. 존재가 사유를 통해서 자신을 드러내고 자신을 이해하는 것이다. 인간의 사유는 주체적이고 능동적인 것이라기보다는 존재가 들이닥쳐 스스로 드러나는 장이라고 해야 한다. 존재 자체가 인간의 사유를 통해 자신을 사유하는 것이고 인간의 현-존재를 통해 자신을 드러내는 것이다.

형이상학, 존재가 역사적으로 탈은폐되는 방식

바로 이런 존재의 소재로서 사유는 형이상학적 사유로도 나타날 수 있다.

"사유는 존재를 존재자 자체라는 형태로 언표할 수 있다. 이런 사유는 형이상학적 사유다."「니체II」330쪽

형이상학적 사유는 인간의 오류나 태만이 낳은 것이 아니라 존재 자체가 자신을 그렇게 드러내는 방식이라는 얘기다. 형이상학도 순전히 잘못된 것이기만 한 것이 아니라 존재 자체가 역사적으로 자신을 탈은폐하는(드러내는) 한 방식인 것이다. 여기서 분명히 하이데거는 형이상학의 역사적인 오류를 인간 자체의 잘못으로 돌리지 않고 존재 자체가 자신을 드러내는 방식으로 이해하고 있다. 그렇게 형이

상학적으로 존재 자체가 자신을 드러낸 최종적인 방식이 바로 니체의 '가치 사상'이다. 존재 자체가 가치로 왜곡되는 것이다. 그러므로 니체의 이런 형이상학적 사유도 존재 자체가 자신을 드러내는 방식일 뿐이며 니체 자신의 잘못은 아니라고 하이데거는 말하는 것이다.

이런 하이데거의 발상은 개별적인 개인에게 책임을 씌우지 않고 역사의 흐름 자체를 냉정하게 보려는 태도라고 할 수 있다. 마치 마르크스가 자본주의의 그 모든 폐해를 보면서도 그 책임을 개별 자본가들에게 떠넘기지 않고 자본주의라는 체제 자체의 문제로 보려 한 것과 유사한 태도다. 이런 존재사적 시야에서 보면 니체의 니힐리즘 사상도 '존재 자체가 밖에 머물러 있음'의 극한적 양태로 드러난다. 그러나 '존재 자체의 밖에 머물러 있음'을 형이상학 자체는 보지 못한다. 시야가 좁고 시선이 고정돼 있기 때문이다. 형이상학 자체는 존재자에게서 존재가 떠났다는 것을 볼 수 없다.

그러므로 니힐리즘을 본질적으로 사유하려면 형이상학을 떠나 역사적으로 사유해야 한다. 다시 말해 니힐리즘을 존재 역사의 시야에서 사유해야 한다. 존재 자체가 역사적으로 자기 자신을 니힐리즘이라는 형태로 탈은폐한 것으로 보아야 하는 것이다.

"존재 자체는 그런 역사로서 존재한다." 『니체॥』 333쪽

이렇게 보면 니힐리즘의 본질은 인간의 사태가 아니라 존재 자체의 사태임이 분명해진다. 그리고 바로 그렇게 존재 자체의 사태임을 전제한 상태에서 니힐리즘은 인간 본질의 사태이자 그 본질이 나타난 것으로서 인간의 사태가 된다. 『니체॥』 333쪽 이것이 니힐리즘의 존재사적 본질이라고 할 수 있다.

이렇게 니힐리즘이 존재 자체가 자신을 드러내는 역사의 한 양상이라면, 인간이 주체적이고 능동적으로 대항해 니힐리즘을 극복하는 것은 가능한 일일까? 하이데거는 불가능하다고 말한다.

"니힐리즘을 그것의 본질과 관련해 사유할 경우, 니힐리즘을 극복하고 극복하기를 원하는 것은 인간이 '밖에 머물러 있음'의 상태에 있는 존재 자체에 자신으로부터 대항하는 것을 의미할 것이다. 그러나 … 누가 또는 무엇이 존재 자체에 대항하면서 그것을 인간의 지배 아래 둘 수 있을 것인가? 존재 자체의 극복은 수행될 수 없을 뿐만 아니라 그것을 위한 시도가 이미 인간의 본질을 근본적으로 전복하려는 기도로 전락할 것이다. 왜냐하면 인간의 본질 근본은 … 존재 자체가 인간의 본질을 요구한다는 데 있기 때문이다." 『니체॥』 335쪽

인간의 본질이란 현-존재를 가리킨다. 현-존재는 존재의 부름에 응답하는 자리이지 인간이 존재 자체를 좌우하고 지배하는 곳이 아니다. 인간은 주체가 아니다. 그러므로 이 시대에 니힐리즘이 극한에 이르렀다고 하더라도, 그 니힐리즘을 극복하는 것은 인간이 마음대로 결정할 수 있는 일이 아니다.

이런 사유에서 하이데거 자신이 프라이부르크대학 총장 시절에 능동적으로 역사를 창조하려고 했던 노력이 쓰라린 실패로 끝난 뒤, 역사를 인간이 마음대로 할 수 없다는 것을 절감하고 존재의 역사에 대한 사유를 통해 겸허히 존재의 소리를 듣고 따르는 태도로 물러섰음을 짐작할 수 있다. 니힐리즘이 아무리 기승을 부리더라도 그것을 극복하는 것은 니힐리즘의 형식으로 자신을 드러낸 존재 자체의 일이지 인간이 존재 자체를 뛰어넘어 역사를 바꿀 수는 없는 것이다. 인간은 존재의 부름에 응답하는 존재자일 뿐이다. 존재 자체가 니힐리즘을 극복하고자 할 때 인간을 부르는 것이고 인간은 이 부름에 응답하는 방식으로 니힐리즘 극복을 향해 나아갈 수 있는 것이다.

"우리가 존재 자체의 역사로서 니힐리즘의 본질에 주의한다면, 니힐리즘을 극복하려는 기도는 … 좌절하고 말 것이다. 니힐리즘의 극복은 인간의 사유가 '존재가 밖에 머물러 있음'에 대항한다는 의미

로 시도될 경우에도 잘못된 것이다. 그런 것 대신에 오직 필요한 것은 단지 존재 자체의 말 걸어 옴(부름)에 응해 사유가 먼저 '밖에 머물러 있음'의 상태에 있는 존재 자체에 응하면서 사유하는 것뿐이다."「니체II」337쪽

이것이 존재의 역사와 인간의 역할을 보는 '후기 하이데거'의 근본적인 태도다. 요컨대 인간은 존재의 역사적 운명(Geschick, 역운)에 대항할 수 없고 그 역운을 거스를 수 없다.

"니힐리즘의 본질은 존재 자체의 역운이다."「니체II」339쪽

이렇게 하이데거는 근대 주체성 철학의 대척점에 자신의 '존재 사유'를 놓는다. 인간의 사유는 존재의 부름을 듣고 따라야 한다.

"존재 자체에 응하면서 사유하는 것은 존재의 빠져나감 안으로까지 존재를 따른다. 그러나 사유는 존재 자체로 하여금 길을 가게 하고 자신은 뒤에 머물러 있는 방식으로 존재를 따른다."「니체II」338쪽

이때 사유는 '뒤로 물러남'(Schritt zurück)을 수행함으로써 뒤에 머무른다. 사유가 뒤로 물러난다는 것은 밖에 머물러 있는 존재 자체를 배제하는 형이상학적 사유로부터 뒤로 물러난다는 것이고, 그리하여 존재 자체의 그 어둠과 비밀을 본다는 것을 뜻한다. 그렇게 뒤로 물러섬으로써 사유는 존재 자체를 시야에 넣게 된다.

형이상학의 역사, 존재 자체가 자신을 보존하는 역사

형이상학의 역사는 존재 자체가 자신을 보존하는 역사다. 존재 자체가 자신을 은닉하면서 빠져나가는 방식으로 자신을 보유하는 것이 형이상학의 역사인 것이다. 존재 자체의 그런 자기 은닉과 자기 보유를 하이데거는 '비밀'이라고 부른다.

"그 본질상 보유하면서 은닉하는 것, 그리고 그 경우 이런 그의 본

질에서 자기 자신에게 그리고 그와 함께 총체적으로 은닉된 채로 남아 있는 것, 그러나 그럼에도 불구하고 어떻게든 현출하는 것은 그 자체로 우리가 비밀이라고 명명하는 것이다."『니체II』339쪽

존재 자체는 언제나 자신을 은닉하면서 빠져나간다. 그리하여 존재 자체는 언제나 비밀로 남아 있다. 존재의 어두운 바다는 그 어둠의 상태로 깊은 비밀을 간직하고 있다. 다시 말해 인간의 사유로 존재의 비밀을 다 길어낸다는 것은 불가능한 일이다. 바꿔 말하면 존재 자체는 자신의 비밀을 결코 다 드러내 보여주지 않는다. 이렇게 존재 자체가 비밀을 간직하고 있다는 사실은 우리가 형이상학 바깥에서 존재 역사의 시야에서 사태를 보았을 때만 드러날 수 있다. 그렇다면 '형이상학의 극복'이란 형이상학적 사유를 포기함을 뜻할 것이다. 그것은 뒤로 물러섬의 사유다. 그렇게 뒤로 물러섬으로써 사유는 존재를 배제하지 않고 사유 안으로 끌어들인다.

"즉 비로소 처음으로 자신을 드러내는 존재의 비은폐성 안으로 존재를 끌어들이는 것이다. 이런 비은폐성이야말로 존재 자체다."『니체II』340쪽

이 대목에서 하이데거는 존재 자체의 에포케(epoche, ἐποχή)에 대해서도 이야기한다. 에포케는 '억제·자제'라는 뜻과 함께 '시대·시기'라는 뜻을 동시에 품고 있는 말이다. 하이데거는 이 말을 존재가 자신을 '억제하는' 방식으로 드러내는 그 '역사적 국면'을 가리키는 말로 쓴다. 존재의 에포케는 은닉된 방식으로 형이상학의 국면 국면을 형성한다.『니체II』352쪽 그 형이상학의 마지막 국면이 바로 니힐리즘이 극한에 이르는 시기다. 이 마지막 시기에 주체성의 형이상학은 완성된다. 이 형이상학의 완성 시대 곧 기술이 지배하는 시대에 모든 존재자는 기술의 부품(Bestand, 재고품·주문품)이 된다. 인간마저도 그런 부품의 하나가 된다.

"이런 형이상학의 완성과 함께 존재하는 모든 것의 무조건적이고 완전한 대상화의 시대가 시작된다. 이런 대상화에서 인간 자신과 모든 인간적인 것은 하나의 단순한 부품이 된다."『니체II』356쪽

그리하여 인간은 '인적 자원' 혹은 노동력을 지닌 생산 부품이 되고 천연자원이나 가공 자원보다 못한 차원으로 떨어지게 된다. 이런 추락은 존재자의 무조건적 대상화의 결과다.

"존재자 자체의 무조건적인 대상화는 주체성이 자신의 지배를 완성해가는 것으로부터 비롯한다. 이런 지배는 존재자 자체를 존재 자체의 배제 안으로 극한에 이르기까지 방면하는 것으로부터 현성한다."『니체II』356쪽

인간이 주체가 될수록 대상화되고 비인간화되는 역설이 빚어지는 것이다. 이런 사태의 도래와 함께 존재의 빠져나감도 극한에 이른다. 이 모든 것이 존재의 역운이다.

이런 존재사적 사유가 존재를 존재 자체로서 현성하게 한다고 하이데거는 말한다. 존재사적 사유를 통해서만 존재 자체가 드러나는 것이다.

"존재사적 사유는 존재를 인간의 본질 공간 안으로 도래하게 한다. 이런 본질 영역이 존재가 존재 자체로서 자신에게 부여하는 숙소인 한, 이것이 의미하는 것은 존재사적 사유가 존재를 존재 자체로서 현성하게 한다는 것이다. 사유는 형이상학적 표상 작용으로부터 뒤로 물러남을 수행한다."『니체II』358쪽

이때 존재는 현-존재를 숙소로 필요로 하고 그것을 요구한다. 이렇게 존재가 인간의 현-존재를 숙소로서 요구함을 하이데거는 '곤궁'(Not)이라고 표현한다. 그러나 존재의 진정한 곤궁은 그 곤궁을 곤궁으로 알아보지 못하는 '무곤궁성'에 있다. 다시 말해 존재가 인간의 본질을 간절히 필요로 한다는 것을 알아보지 못하는 것이야말

로 진정한 곤궁이다. 하이데거는 이 시대가 바로 '곤궁 부재'가 지배하는 시대라고 말한다.

"존재자가 암울하게 되고 혼란이 지배하는 시대, 인류의 폭력성과 그의 절망의 시대, 의욕함이 교란되고 무기력하게 되는 시대, 바로 이런 시대에 존재의 은폐된 극한의 곤궁으로서 곤궁 부재가 지배하고 있다. 무한한 고뇌와 끝없는 고통이 공공연하게든 암암리에든 세계 상태를 극도로 곤궁에 처한 시대로 고지하고 있다. 그러나 그런 세계 상태는 자신의 역사의 근저에서 곤궁을 망각하고 있다. 그러나 이것은 존재사적으로는 그의 세계 상태의 최고 곤궁이자 동시에 가장 은폐된 곤궁이다. 왜냐하면 그것은 존재 자체의 곤궁이기 때문이다."『니체II』360쪽

니힐리즘이란 이 존재 자체의 곤궁을 가리키는 말이다. 그렇다면 인간은 이 곤궁에 부닥쳐 무엇을 할 수 있는가?

"무곤궁성의 곤궁에 호응함이 의미하는 것은 오직 가장 먼저 무곤궁성을 '현성하는 곤궁' 자체로서 경험하게 하는 것뿐이다. 그것을 위해 필수적인 것은 곤궁이 망각되고 있음을 지시하는 것이며, 이것은 '존재 자체가 밖에 머물러 있음'을 … 경험하는 것이다."『니체II』361쪽

아마도 이것을 니체의 용어로 하면 '신이 죽었다'는 사태를 이해함을 뜻할 것이다. 인류가 '신이 죽었다'는 사태를 이해하지 못하는 것이야말로 무곤궁성을 보여준다. 하이데거는 무곤궁성을 넘어 곤궁을 경험하는 것에는 '니힐리즘의 본질을 존재 자체의 역사로서 사유하는 것'도 포함된다고 말한다.

존재 자체의 성스러움

여기서 하이데거는 존재 자체를 성스러움과 연결한다.

"존재 자체의 비은폐성이 밖에 머물러 있음은 존재자 내에서 모든 구원이 될 만한 것을 사라지게 한다. 구원이 될 만한 것의 이런 사라짐은 성스러운 것(성스러움)의 열린 터를 자신과 함께 가져가면서 폐쇄한다. 성스러운 것의 폐쇄는 신적인 것(das Gottheitliche)의 모든 빛남을 암흑에 빠뜨린다. 이렇게 암흑에 빠뜨리는 것이 신의 결여를 확고한 것으로 만들고 은닉한다."「니체Ⅱ」363쪽

이런 상황에서는 존재자가 무제한적인 대상화의 대상으로, 다시 말해 인간의 확실한 소유물로 나타나고 또 인간에게 아주 친숙한 것으로 나타난다. 그러나 이 상태에서야말로 모든 존재자는 낯선 상태(das Unheimische) 안에 존재하게 된다. "존재 자체의 이런 낯섦은 존재자 한가운데서 역사적인 인간의 고향 상실(Heimatlosigkeit)을 백일하에 드러낸다."「니체Ⅱ」363쪽

고향 상실이란 존재자의 무제한적인 대상화의 결과이며 이런 대상화와 함께 존재 자체가 떠나고 '성스러움'과 '신적인 것'이 사라진 결과다. 존재 자체가 자기를 거부함으로써 고향이 파괴되는 것인데, 그것은 존재 자체의 거처인 현-존재에 존재가 깃들기를 거부함을 뜻한다. 그렇게 고향 상실이 가속화할수록 인간은 그 상실감을 더 가열찬 대지 정복으로, 우주 공간 진출로 달래려고 한다. 이것이야말로 도피다. 그러나 인간은 이런 도피를 인간다운 인간의 참된 인간성이 돌아온 것으로 생각한다.

이런 무곤궁성 상태에서 인간의 궁핍은 완성된다. 존재자 전체가 권력의지로 비은폐되는 시대를 하이데거는 "존재자 자체의 완성된 궁핍성의 시대"라고 부른다.「니체Ⅱ」363쪽 그리하여 니힐리즘은 완성된

다. 인간은 이런 시대를 인간성이 해방된 시대로 본다.

"이런 시대의 궁핍함의 존재사적 본질은 무곤궁성의 곤궁에 근거한다. 신의 결여보다 더 섬뜩한 것은 존재자가 그리고 오직 존재자만이 쇄도하는 한가운데서 존재의 진리가 자신을 거부하는 존재의 역운이다."『니체II』364쪽

이런 궁핍함의 시대에 인간은 존재의 진리에 친숙하지 않을 뿐만 아니라 '존재'가 나타나도 이런 '존재'를 한갓 '추상의 유령' 같은 것이라고 여기면서 존재를 공허한 무처럼 보고 폐기한다. 존재자 전체가 존재한다는 사실 앞에서 느끼는 형언할 길 없는 놀라움과 그런 있음의 성스러움을 조금도 경험하지 못하게 되는 것이다.

바로 이런 시대에 하이데거는 '존재 사유'를 이야기한다. '존재 사유'는 존재자만을 사유하는 형이상학에 대립한다. 존재 사유를 통해 인간은 무곤궁성의 곤궁을 '존재 자체가 밖에 머물러 있음'의 운명으로 경험할 수 있다. 존재 사유는 존재자만을 뒤쫓는 형이상학적 사유에 대립해 있는 것이지만, 동시에 존재 사유는 이 형이상학적 사유를 지팡이로 삼아 자신의 길을 열어갈 수 있다.

"형이상학은 도와주면서 동시에 방해한다."『니체II』365쪽

왜냐하면 형이상학도 존재 자체가 자신의 운명을 전개하는 역사에 속하기 때문이다. 형이상학은 존재의 역사의 비밀로 존재한다. 다시 말해 형이상학은 존재를 사유하지 않지만, 그 형이상학 안에 존재의 역사가 감추어져 있는 것이다. 존재 사유는 이 형이상학을 통과해 존재의 열린 터로, 존재의 진리로 나아갈 길을 찾아내는 사유다.

이 형이상학의 극한에서 존재는 '가치'로 간주된다. 그러나 "존재로서 존재의 존엄은 비록 최고 가치로서라도 가치로 간주되는 데 있지 않다."『니체II』366쪽 어떤 경우에도 존재를 가치로 평가하는 것은 존재의 존엄을 파괴하는 일이다. 존재의 성스러움은 결코 가치라는 저

울로 무게를 잴 수 있는 것이 아니기 때문이다. 존재의 진리가 환히 열리는 그 열린 터에 설 때 모든 존재자는 그 자신을 향해 해방된다.

다시 말해 인간은 존재의 열린 터에 나가 설 때 인간으로서 자유로워지고 해방되며, 사물도 사물로서 고유한 본래성 속에서 빛나게 된다. 모든 인간과 사물이 가치의 사슬에서 벗어나 존재 자체로 존중받는 것이다. 이 존재의 열린 터, 존재의 진리 안에 설 때 인간은 진정으로 해방된다. 동시에 인간을 둘러싼 모든 존재자들도 인간에게 쓸모 있는 부품의 상태에서 벗어나 그 자체의 고유한 아름다움으로 빛나게 된다. 이렇게 하이데거는 심원하고도 비밀스러운 존재 사유를 통해 '완성된 형이상학의 지배'를 넘어설 해방의 전망을 열어 보인다.

제5부

◇

궁핍한 시대의 사상가

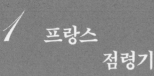

1 프랑스
점령기

악으로 오염되지 않은 순수하고 결백한 사상만
받아들이겠다는 태도는 실상 아무것도 받아들이지 않겠다는
태도와 다르지 않다. 헤겔이 말한 대로 아름답기만 한
사상은 무력한 사상이다.
하이데거 비판의 역사 전체를 보면 역편향이라고 부를 만한
흐름이 보이는 것을 부정할 수 없다. 하이데거의 행적을
빌미로 삼아 사상 자체를 공격하고 부정하는 경우가 많았고
부분적 과오를 전면적 과오로 확대함으로써 하이데거
사유의 성과마저 묻어버리는 일이 적지 않았다.

"

신성의 빛이 세계사에서 사라지고 있는 것이다.
세계의 밤의 시대는 궁핍한 시대다.

"

1939년 9월 1일 독일의 폴란드 침공으로 시작된 제2차 세계대전은 유례를 찾을 수 없는 참화 속으로 유럽 전역을 몰아넣었다. 히틀러의 독일군은 전광석화 같은 속도로 네덜란드와 벨기에를 가로질러 프랑스로 직진했다. 1940년 6월 21일 파리가 독일군의 손에 떨어졌다. 1년 뒤 1941년 6월 22일 히틀러 군대는 소련 국경을 넘었다. 2년 전 히틀러와 스탈린이 맺은 독-소 불가침 조약이 한순간에 휴지조각이 됐다. 이해 12월 7일 일본이 진주만 공습을 단행하자 미국이 개전을 선포했다. 전쟁은 동서를 아우르는 총체적 세계 대전으로 번졌다. 독일군은 스탈린그라드에서 다섯 달이 넘는 참혹한 공방전을 벌인 끝에 1943년 2월 소련군에 패배했다. 전선을 확대해 나가던 독일이 마침내 수세에 몰리기 시작했다. 1944년 6월 6일 연합군이 노르망디 상륙 작전에 성공했다. 독일은 미군과 맞붙은 서부전선, 소련과 맞붙은 동부전선 양쪽에서 후퇴를 거듭했다. 독일의 패색이 짙어졌다. 히틀러는 총동원령을 내렸다. 아우슈비츠를 비롯한 유대인 강제수용소는 죽음의 공장으로 바뀌었고 히틀러의 비밀 지령에 따라 조직적인 대학살이 벌어졌다.

하이데거의 나치 비판, 국민돌격대 징집

전쟁의 검은 그림자는 저물녘의 땅거미처럼 머잖아 후방의 하이데거도 덮쳤다. 하이데거의 두 아들 외르크(Jörg Heidegger, 1919~ 2019)와 헤르만은 1940년에 징집돼 동부전선에 배치됐다. 전선의 포성이 커져가는 동안 하이데거는 니체와 횔덜린과 헤라클레이토스를 강의했다. 전쟁 말기에는 동원령으로 대학 강의들마저 중단됐다. 하이데거에게 제2차 세계대전은 어떤 이미지로 다가왔을까? 1942년 여름학기 '횔덜린 강의'에서 하이데거가 그 전쟁을 어떻게 보았는지 알려주는 대목을 만날 수 있다. 하이데거는 강의 중에 이렇게 말했다.

"우리가 오늘날 알고 있듯 미국주의의 앵글로색슨 세계는 유럽을, 즉 고향을, 다시 말해 서양적인 것의 시원을 파괴하기로 결심했다."

『횔덜린 송가 '이스터'』 91쪽

하이데거는 미국의 개입을 물질주의가 유럽을 파괴하려는 것으로 받아들였다. 그렇다고 해서 나치 독일을 지지한 것도 아니었다. 하이데거는 전쟁 중 계속된 강의와 세미나에서 국가사회주의를 은밀히 비판했고 나치당 지도부를 범죄자라고 불렀다. 하이데거의 나치 비판은 1936년 니체 강의에서부터 시작된 터였다. 나치 당국의 하이데거에 대한 감시도 그 무렵부터 시작됐다. 전쟁 말기에 나치는 하이데거를 요주의 인물로 찍어 굴욕적인 처분을 내렸다.

뒷날 『슈피겔』 인터뷰에서 하이데거는 1944년 여름에 있었던 사건을 이야기했다. 프라이부르크대학 총장이 전체 교원을 강당으로 불러 모은 뒤 교수진을 세 그룹으로 나누었다. '첫째, 전혀 불필요한 교수, 둘째, 반쯤 불필요한 교수, 셋째, 없어서는 안 될 교수.' 전혀 불필요한 교수 중 첫 번째로 호명된 사람은 하이데거였고 그 다음이 게르하르트 리터(Gerhard Ritter, 1888~1967)였다.[1] 현대사 교수이던 게르하르트 리터는 1944년 7월 20일에 일어난 히틀러 암살 기도 사건으로 그해 11월 1일 구속된 사람이었다. 리터는 연합군 진입 뒤 감옥에서 풀려났다. 이 전쟁 말기에 독일 정부는 학자·예술가 5백 명을 모든 종류의 군복무에서 면제해주었다. 저명한 철학자였는데도 하이데거는 이 면제자 그룹에 속하지 못했다.

이해 여름에 하이데거는 라인강 너머 카이저슈틀의 참호 공사 작업에 투입됐다. 이어 1944년 겨울학기 강의가 시작된 직후에는 다시 국민돌격대에 징집됐다. 소집된 교원단체 성원 가운데 하이데거가 가장 나이가 많았다. 하이데거는 55세였다. 학과 동료 교수들은 하이데거 징집을 취소시키려고 했지만 결정을 되돌리지 못했다. 나치 당국이 하이데거를 나치 체제에 순응하지 않는 자로 간주해 불이익을 준 것이 분명했다. 당시 하이데거는 자살 충동을 느낄 정도로 모멸감을 느꼈다고 하이데거 제자 게르하르트 슈미트는 훗날 전했다.[2) 1944년 11월 27일 영국과 미국의 폭격기가 프라이부르크에 폭탄을 쏟아부어 도시를 폐허로 만들었다. 이때 하이데거는 국민돌격대에 소속돼 엘자스(알자스) 지방으로 이동하던 중이었다. 하이데거가 속한 부대의 임무는 프랑스군이 라인강을 넘지 못하게 막는 것이었지만 그러기에는 너무 늦은 때였다.

12월 프라이부르크로 돌아온 하이데거는 원고 더미를 안전한 장소에 보관해두려고 휴가를 얻었다. 프라이부르크를 떠나기 직전 하이데거는 철학자 게오르크 피히트(Georg Picht, 1913~82)의 집을 방문했다. 하이데거는 방명록에 이렇게 썼다. "몰락은 종말과는 다르다. 모든 몰락은 시작 안에 보존돼 있다."[3) 패전이 임박한 상황에서 하이데거는 제2차 세계대전을 몰락으로 보았다. 그 몰락의 씨앗은 서구 형이상학의 시작에 이미 들어 있었고 그것이 긴 세월에 걸쳐 싹을 틔운 결과가 지금의 재앙이라고 진단한 것이다. 그리고 그 몰락이 종말, 곧 단순한 파멸이 아니기에 제2의 시원이 열릴 것이라는 기대도 이 짧은 글 안에는 깃들어 있었다. 하이데거는 겨울 동안 고향 메

독일의 역사가 게르하르트 리터.
리터는 나치 지배 아래서 하이데거와 함께 이른바 '전혀 불필요한 교수'로
낙인이 찍혀 탄압을 받았다.

스키르히에 머물며 원고를 정리했다.

봄이 되자 프라이부르크대학은 일부 조직과 학과를 메스키르히 근처 보이론 위쪽 빌덴슈타인성으로 옮기기로 결정했다. 철학과 교수들과 학생들이 이곳으로 옮겨와 여름학기 수업을 했다. 1945년 4월 30일 소련군에 포위된 베를린 총리 관저 지하 벙커에서 히틀러가 부인과 함께 자살했다. 히틀러의 광기는 독일을 파괴하고 자기 자신마저 파괴했다. 프로이트가 말했던 타나토스적 파괴 충동에 사로잡힌 자의 최후였다. 나치 독일은 항복하고 제3제국은 멸망했다. 하이데거는 6월 24일 여름학기 강의를 끝내고 7월 초 전쟁이 할퀴고 간 프라이부르크로 돌아왔다.

프랑스군 점령, 집과 장서 징발

프랑스군이 점령한 프라이부르크에서 하이데거는 '나치'로 간주돼 집과 장서를 징발당했다. 나치 집권기 총장직 수행에 따른 거의 자동적인 조처였다. 프랑스 군정 당국은 정치적 정화 작업에 착수했고 프라이부르크대학 안에 나치정화위원회를 구성했다. 하이데거는 정화위원회에 나와 조사를 받았다. 정화위원회의 분위기는 대체로 하이데거에게 우호적이었다. 나치 체제 아래서 탄압을 당한 게르하르트 리터는 하이데거가 1934년 '룀파 제거 사건'('긴 칼의 밤' 사건) 이래로 국가사회주의를 반대했으며 자신은 하이데거와 평소 가까운 사이였기에 이 사실을 잘 알고 있다고 진술했다.[4]

하지만 리터의 옹호는 정화위원회에 속한 경제학자 아돌프 람페(Adolf Lampe, 1897~1948)의 반격에 부닥쳤다. 하이데거가 총장 시절에 정치적 신뢰성이 부족하다는 이유로 람페의 교수직 연장에 반대했던 것이 문제였다.[5] 람페는 하이데거 처분 문제를 두고 강경한 태도를 고수했다. 하이데거는 1930년대 중반 이후 공개적으로, 특히 니체 강의에서 국가사회주의자들의 권력 사유화를 비판했다고 자신을 방어했다. 람페는 하이데거가 후일 나치 체제를 비판했다고 해서 이전의 행위가 상쇄되지는 않으며 공개적 비판을 거쳐야만 용서받을 수 있을 것이라고 반박했다. 1945년 8월 나치정화위원회는 하이데거가 정치적 변혁 와중에 독일 학문의 자주성을 위태롭게 했지만 1934년 이후 더는 나치가 아니었다고 판정했다. 정화위원회는 '해직'이 아니라 '조기 퇴직'이라는 상당히 관대한 권고안을 냈다.

하이데거를 궁지로 몬 야스퍼스의 평가서

하지만 프라이부르크대학 평의회는 이 권고안에 반발했다. 정화위원회는 하이데거 문제를 재심의하라는 명령을 받았다. 1945년 12월 다시 조사를 받게 된 하이데거는 어린 시절부터 자신을 도와준 추기경 콘라트 그뢰버와 친구 야스퍼스의 평가서를 받아보라고 정화위원회에 제안했다. 두 사람 모두 자신에게 도움을 주리라고 하이데거는 기대했다. 그뢰버는 하이데거의 부탁에 호의적으로 답했다. 뜻밖의 답변은 야스퍼스에게서 왔다. 야스퍼스는 처음에는 이 제안을 거부하려고 했으나 곧 평가서 작성을 자신의 의무로 받아들였다.

야스퍼스의 평가서는 하이데거의 자기변호를 정면으로 공박했다. 이해 겨울학기에 야스퍼스는 '죄의 문제'에 관해 강의를 한 터였다. 강의에서 야스퍼스는 나치 체제 하에서 독일인이 저지른 죄를 네 가지로 나누었다. 첫째가 형사 범죄다. 이것은 직접적인 범죄를 가리킨다. 야스퍼스가 주목한 것은 나머지 세 가지 죄, 곧 '정치적 죄'와 '도덕적 죄' 그리고 '형이상학적 죄'였다.

"'이것은 너희의 죄다'라는 문구는 다음과 같은 세 가지 의미를 전달할 수 있다. 첫째로, 너희는 너희가 감내한 체제가 벌인 행위에 책임을 지라는 의미가 있다. 여기에서 문제가 되는 것이 우리의 정치적 죄다. 둘째로, 너희가 체제를 단순히 감내하는 차원을 넘어 그것을 지지하고 그것에 협력한 것은 너희의 책임이라는 것이다. 바로 여기에 우리의 도덕적 죄가 존재한다. 셋째로, 범죄가 자행될 때 너희는 그것을 방관했으니 너희에게 책임이 있다는 의미다. 이는 형이상학적 죄를 시사한다."[6]

야스퍼스는 나치 체제를 지탱한 독일인이 이 세 가지 죄로써 스스로 성찰하고 심판하고 정화해야 한다고 말했다. 여기에 더해 야스퍼스는 하이데거가 형사적 범죄에 가까운 잘못을 저질렀다고 판단했다. 하이데거가 알렉산더 바움가르텐을 밀고한 사실을 거론한 것이다. 물론 야스퍼스는 하이데거가 반유대주의자가 아니었다는 것은 인정했다. 하지만 '어떤 맥락에서는' 반유대주의에 휩쓸린 것도 사실이라고 썼다.[7] 야스퍼스의 평가서 가운데 하이데거에게 결정적인 영향을 끼친 대목은 다음이다.

"우리의 상황에서 젊은 세대의 교육은 최대한 책임감 있게 추진돼야 합니다. 완전한 교육의 자유가 궁극적 목표이기는 하지만, 이 목표가 당장 달성될 수는 없습니다. 내게 하이데거의 사유 방식은 본질적으로 자유롭지 못하고 독재적이며 소통 능력을 결여한 것이라 생각됩니다. 오늘날 이런 사유 방식은 교육 활동에 치명적 결과를 가져올 것입니다. 나는 그 공격성에서 쉽게 방향을 틀 수 있는 정치적 판단의 내용보다 사유 방식이 더 중요하다고 생각합니다. 그 사람 내부에서 진정한 재탄생이 일어나고 이것이 저작에서도 표현되지 않는 한 오늘날 그런 교육자가 젊은 세대, 내면에서 아직 거의 저항력을 갖지 못한 세대의 교육을 맡아서는 안 됩니다. 젊은이들은 우선 독립적으로 사유할 수 있어야 합니다."[8]

야스퍼스의 이 평가서를 공정한 것이라고 볼 수 있을까? 야스퍼스의 시각에서는 그렇게 볼 수도 있다. 하지만 하이데거의 사유 방식이 "자유롭지 못하고 독재적이며 소통 능력을 결여한 것"이며 그래서 "교육 활동에 치명적인 결과를 가져올 것"이라는 판단은 전체를 아우르는 종합적인 판단이 아니라 하이데거에 대한 실망과 반감이 키운 성급한 판단이라고 볼 소지가 있다. 하이데거의 사유 방식이 정말로 그런 것이었다면, 야스퍼스가 오랫동안 하이데거와 철학적 동지로서 교류를 계속한 이유를 설명하기 어려워지기 때문이다. 하이데거의 사상, 존재의 역운을 이야기하는 사상이 그렇게 독재적이라면 헤겔의 철학이나 니체의 철학도 마찬가지로 독재적이고 마르크스의 역사유물론도 다르지 않다. 야스퍼스가 문제 삼은 '하이데거의 사유 방식'의 독재적 성격이라는 것은 철학적 대가들에게서 흔히 발견되는 사고 양식이다. 그것이 젊은 세대의 교육에 악영향을 끼친다면, 하이데거가 가르쳤던 수많은 젊은이들이 독재적 사고방식으로 무장하거나 나치 체제에 적극적으로 참여했어야 했을 테지만 실상은 그렇지 않았다. 야스퍼스의 하이데거 평가는 엄밀히 말하면 공정함을 끝까지 지탱하지 못한 결과라고 보아야 할 것이다.

　물론 야스퍼스의 처지에서 보면 하이데거 비판을 이해하지 못할 이유는 없다. 야스퍼스는 하이데거가 나치 체제 초기에 나치에 협력한 것에 대해 공개적으로 자기비판을 하고 새로 출발하기를 바랐다. 그러나 하이데거는 자신이 나치 체제에 피해를 본 사실만 강조했지 나치 체제에 일시적으로나마 협력한 데 대해 통렬한 반성을 하지 않았다. 하이데거는 이 문제에서 오히려 침묵하는 쪽을 택했다. 야스퍼스에게는 하이데거의 그런 침묵이 더 문제로 보였고 그래서 실망감을 평가서에 표출했을 가능성이 있다. 하지만 전체 사정을 따져보면 하이데거의 침묵을 단순한 회피나 부정으로 보는 것은 성급해 보인다. 전후에 많은 나치 협력자들이 떠들썩하게 반성문을 제출하고 과거와 결별했지만 하이데거는 자신이 그런 부류와는 다르다고 생각했다.

나치 집권기 야스퍼스의 시련

하이데거와 야스퍼스가 마지막으로 편지 교환을 한 것은 1936년이었다. 이듬해 1937년 야스퍼스는 아내가 유대인이라는 이유로 교직에서 쫓겨났고 강의·출판 금지 조처를 당했다. 하지만 하이데거는 이 문제와 관련해 야스퍼스에게 한마디의 위로도 건네지 않았다. 이후 전쟁이 끝날 때까지 야스퍼스의 아내 게르트루트 야스퍼스(Gertrud Jaspers, 1879~1974)는 언제든 압송될 수 있는 처지에 놓여 있었다. 야스퍼스 부부는 그런 상황에 대비해 독약 캡슐을 몸에 지니고 다녔다.[9] 1948년 3월 1일 하이데거에게 쓴, 하지만 부치지 않은 편지에서 야스퍼스는 자신이 나치 치하에서 충분히 솔직하지 못했다고 자책하면서 이렇게 말했다. "1933년 이래로 나는 당신을 생각하면 고통스러웠습니다. 하지만 시대의 사건들이 벌어지다 보면 흔히 그렇듯, 이미 1930년대에 이 고통은 훨씬 더 끔찍한 일들의 무게에 눌려 사라져버렸습니다. 그저 희미한 기억만이 남았고 때때로 상처가 생생히 되살아날 뿐이지요." 1948년 3월 1일 편지

그러나 분명한 것은 1933년 하이데거가 총장에 선출된 직후엔 야스퍼스도 대학 안에 지도자 원리를 도입해야 한다고 생각했고 이 문제에서 하이데거와 견해가 크게 다르지 않았다는 사실이다. 전체를 보면 야스퍼스도 하이데거와 마찬가지로 나치 체제 초기에 일말의 기대를 품었다가 점차 그 기대가 실망과 반감으로 바뀌었음이 분명해 보인다. 특히 1937년 자신이 대학에서 축출되고 아내가 상시적

위협 아래 놓이게 된 뒤로 나치 체제에 극도의 저항감을 느꼈으리라고 추정할 수 있다. 이 시기에 하이데거는 나치 체제와 불화하고 나치 당국의 감시를 받기는 했지만 야스퍼스의 경우만큼 직접적인 탄압을 받지는 않았다. 하이데거와 야스퍼스 사이에는 이런 경험의 차이가 있었다. 극심한 탄압을 겪은 야스퍼스는 하이데거가 통렬하게 공개 사죄를 함으로써 친구의 '배신'으로 인한 자신의 괴로운 마음이 풀리기를 기대했던 것인지도 모른다.

야스퍼스가 쓴 평가서는 하이데거를 정면으로 타격했다. 하이데거는 1946년 프라이부르크대학 총장에게 보낸 편지에서 이렇게 말했다.

"1936년 이래 나는 일련의 니체 강의와 강연을 통해 더욱 분명하게 나치와 대결했으며 나치에 정신적으로 저항했습니다. 물론 니체는 나치와 동일시되어서는 안 됩니다. 근본적인 것을 도외시할 경우, 니체가 일단 반유대주의에 대해서 비판적인 입장을 취하고 러시아를 긍정적으로 보고 있다는 점에서 나치와 니체는 결코 동일시될 수는 없습니다. 그러나 더 높은 수준에서 볼 때 니체의 형이상학에 대한 나의 대결은 니힐리즘과의 대결이자 파시즘과의 대결이었습니다. 그리고 파시즘은 니힐리즘의 정치적 현상이라는 것이 갈수록 명확하게 드러났습니다."[10]

하이데거의 이런 자기변도 사태를 뒤바꾸지 못했다. 1946년 1월 19일 프라이부르크대학 평의회는 하이데거의 교수직을 박탈하고 연금도 축소하라는 제안서를 프랑스군정 당국에 보낸다. 프라이부르크대학 평의회의 제안서를 받은 프랑스군정 당국은 1947년 3월 하이데거의 교수직을 무기한 박탈했고 대학 강의도 금지했다. 이어 1949년 7월 프랑스군정 당국은 나치에 대한 하이데거의 관계를 '당에 복종하지 않는 형태로 동참했다'고 결론지었다.[11] 이 몇 년의 시기는 하이데거에게는 견디기 어려운 고통의 시간이었다. 하이데거는 신경쇠약에 걸렸고 육체적·정신적 소진으로 한 달 가까이 요양소에서 지내야 했다. 하이데거와 연루되기를 원치 않은 사람들은 발길을 끊었다. 하이데거는 1951년에야 다시 대학으로 돌아올 수 있었다. 하지만 더는 대학에 머물고 싶지 않았기에 정식으로 은퇴하여 명예교수로 남았다.

궁핍한 시대에 무엇을 위한 시인인가

1946년 12월 시인 라이너 마리아 릴케(Rainer Maria Rilke, 1875~1926) 20돌에 맞춰 열린 작은 모임에서 하이데거는 '무엇을 위한 시인인가?'라는 제목의 강연을 했다. 이 강연문은 나치 참여 문제로 재조사를 받고 대학 강의를 금지당한 이 시기 하이데거 마음을 들여다보게 해준다. 강연은 횔덜린이 「빵과 포도주」라는 시에서 물었던 물음, "그리고 궁핍한 시대에 무엇을 위한 시인인가?"라는 말로 시작됐다. 하이데거는 자신이 속한 이 시대를 '세계의 밤의 시대'라고 불렀다.

"세계의 밤의 시대는 신의 부재를 통해, 즉 '신의 결여'를 통해서 규정된다. 그렇지만 횔덜린이 경험한 신의 결여는 개인이나 교회에서 그리스도교 신과의 관계가 지속되는 것을 부인하는 것도 아니고 이런 신과의 관계를 경시하는 것도 아니다. 신의 결여란 어떤 신도 더는 분명하게 그리고 일의적으로 사람들이나 사물들을 자기 자신에게 모아들이지 못하고 있다는 것을 의미한다. 그러나 신의 결여에서는 한층 더 불쾌한 일들이 나타나고 있다. 신들과 신이 멀리 물러나게 될 뿐만 아니라, 신성의 빛이 세계사에서 사라지고 있는 것이다. 세계의 밤의 시대는 궁핍한 시대다. 왜냐하면 그 시대는 더욱더 궁핍해지고 있기 때문이다. 그 시대는 너무도 궁핍해져서, 이제 더는 신의 결여를 결여로서 감지할 수조차 없게 돼버린 것이다.”「무엇을 위한 시인인가?」『숲길』395~396쪽

'궁핍한 시대'는 하이데거가 처한 고립과 굴욕의 시기를 떠올리게 한다. 하이데거는 이 말에 자신의 처지를 투영했을 것이다. 그러나 동시에 이 말에는 하이데거의 근본적인 시대 진단이 담겨 있는 것도 사실이다. '세계의 밤의 시대'가 너무도 궁핍해서 신의 결여를 결여로 느낄 수도 없다는 말에는 하이데거가 이전 강의에서 '존재 망각의 망각'이라고 부른 것, 또 '존재의 밖에 머물러 있음'이라고 부른 것이 그대로 되울려 온다. 하이데거는 제2차 세계대전이라는 미증유의 재난도 인간을 존재 망각에서 깨어나지 못하게 했다고 생각했다. 바로 이런 상태야말로 진정한 위험이다. 하이데거는 이 위험이 널리 퍼져 있는 시대를 몰락의 시대로 이해했지만 그 몰락은 부활과 구원을 예비하는 것이기도 했다. 그래서 하이데거는 곧잘 "위험이 있는 곳에 구원도 자란다"라는 횔덜린의 시구를 인용했다. 그러나 구원이 자라려면 위험이 극에 달해야 한다. 니힐리즘이 극한에 이르러서야 니힐리즘을 극복할 수 있다.

하이데거의 침묵

하이데거는 이 '궁핍한 시기' 내내 나치 시대의 자신의 활동과 관련해 침묵으로 대응했다. 하이데거의 긴 침묵에 철학자 헤르베르트 마르쿠제가 이의를 제기했다. 젊은 날 하이데거에게 배웠던 마르쿠제는 1947년 8월 28일 쓴 편지에서 옛 스승에게 '변모와 변화를 공개적으로 인정하기'를 요구했다.[12] 마르쿠제는 이렇게 따졌다. "선생님은 그것들을 한번도 분명하게 취소한 적이 없습니다. 1945년 이

후에도 말입니다."[13] 하이데거는 이듬해 1월 마르쿠제에게 보낸 답장에서 '나치 참여 당시 했던 연설들 가운데 일부를 탈선으로 간주한다'고 인정한 뒤 다음과 같이 자신의 심경을 밝혔다.

"1945년 이후 (나치 참여에 대해) 고백한다는 것은 나에게는 불가능했습니다. 나치 추종자들은 극히 역겹기 짝이 없는 방식으로 전향 신고를 했지만 나는 그들과 아무런 공통점도 없기 때문입니다."[14]

하이데거는 자신의 변화에 대한 고백이 이미 나치 지배 기간에 강의를 통해 공적으로 이루어졌기에 1945년이 됐다고 해서 예전의 확신을 새삼스럽게 취소할 수는 없는 노릇이라고 답했다.[15] 이 편지에서 하이데거는 자신에게 죄가 있다면 그 죄는 야스퍼스가 말한 '형이상학적인 죄', 곧 나치에 반대한 사람들이든 아니든 독일인이면 누구나 져야 할 죄라고 말했다. 유대인이 끌려갈 때 나치에 저항하지 않았기 때문에 아직 목숨을 지키고 있다는 것 자체가 죄라는 것이었다.[16]

그렇다면 유대인 학살에 대한 하이데거의 근본 관점은 어떤 것이었을까? 앞에서 살펴본 대로 이 끔찍한 범죄에 대해 하이데거가 자신의 생각을 밝힌 적이 한 번 있었다. 1949년 브레멘 강연에서 하이데거는 이렇게 말했다. '지금 농업은 자동화된 식품 산업이다. 이는 가스실과 수용소에서 시체를 만들어내는 일과 본질적으로 다르지 않다. 그것은 지역 봉쇄와 아사, 수소폭탄 생산과 동일하다.'[17] 이 발언은 나중에 많은 논란을 불러일으켰다. 나치 정권이 강제수용소에서 유대인을 계획적으로 학살한 미증유의 사건을 농촌의 기계화나 동유럽과 중국에서 일어난 아사, 그리고 수소폭탄 생산과 동일한 것으로 보는 것이 과연 타당하냐는 물음이다. 하이데거에게는 현대 기술문명이 형이상학적 시초에서부터 준비된 씨앗이 발아하여 극한에 이른 것이기 때문에, 가스실의 조직적 학살이나 수소폭탄 제조, 나아가 농촌의 기계화까지 모두 형이상학적 운명 속에서 벌어진 일이 된다.

그러나 이런 이해는 나치의 범죄를 상대화하고 그것을 존재의 운명 탓으로 돌려버리는 잘못이라는 비판을 받을 소지가 있다. 지나치게 거시적이고 지나치게 본질적으로 사태를 봄으로써 개별 사태의 잔악성을 직시하지 못한다는 지적을 피하기 어렵다. 하이데거는 이 강연문을 책으로 펴낼 때 문제가 된 그 구절을 생략했지만, 이 발언을 통해 하이데거 사유의 어떤 맹점이 드러났음은 분명해 보인다. 앞에서 본 대로 최근에야 출간된 비밀 노트에서 하이데거가 유대인 학살을 유대인의 '자기 말살'로 이해했음이 밝혀져 소동이 벌어지기도 했다. 근대 기술문명이 서양 형이상학을 통해 준비됐지만 그것을 마지막에 폭주 기관차처럼 몰아간 사람들이 유대인이라는 진단이 바탕에 깔려 있었기에 이런 진술이 나왔을 것이다. 하이데거는 인종적 반유대주의자는 아니었다. 하지만 하이데거에게 문화적 반유대주의 요소가 있었던 것은 확실해 보인다. 그런 점에서 하이데거와 니체 사이에 유사성이 있다고도 할 수 있다. 니체는 인종적 반유대주의자들을 극렬히 비판하면서도 동시에 문화적 반유대주의라고 할 태도를 여기저기서 내보였다.

유대인 학살을 보는 하이데거의 관점

유대인 학살 문제에 대한 하이데거의 태도를 들여다보면 정치 · 문명 · 형이상학의 삼중적 차원이 겹쳐 있다고도 할 수 있다. 먼저 정치적 차원에서 하이데거는 유대인 학살을 나치 정권의 잔악한 범죄로 인식했다. 그러나 문명사적 차원에서는 유대인이 촉진한 근대 기술문명이 유대인 자신을 자기 멸절의 구렁텅이로 몰고간 것으로 보았다. 마지막으로 형이상학적 차원에서 하이데거는 유대인 학살이라는 재앙을 플라톤 이후 준비되고 근대의 개막과 함께 발전해온 기술 문명 속에서 나타난 '존재의 역사적 운명'으로 해석했다. 이런 삼중적 차원의 사태 파악이 철학적 사유에 한정된 것이라면 이해할 만한 면이 없는 것은 아니다. 하지만 그런 점을 감안하더라도 문화적 반유대주의에 기울어져 실상을 균형감 있게 보지 못한 것은 하이데거 사유 방식의 결함 탓이라는 지적을 받을 수밖에 없어 보인다.

동시에 여기서 확인할 수 있는 것은 아무리 뛰어난 철학자도 사상적으로 완전할 수 없을 뿐만 아니라 도덕적으로도 완전할 수 없다는 사실이다. 더 나아가 근본을 물어 들어가는 독창적인 사상일수록 원만한 상식적 사고 수준을 뛰어넘어 때로는 불편하고 불쾌한 영역으로까지 질주한다는 사실이다. 그런 사유의 대표자 가운데 한 사람이 니체다. 니체야말로 거의 악마적이라고 할 정도의 광적인 열정으로 시대의 상식을 거역하고 팽개쳤다. 하이데거의 사유에서도 니체보다 극단성은 덜하지만 그런 열정의 흔적을 발견할 수 있다. 하지만 그렇게 불온하고 불쾌하다고 해서 니체의 사상을 묻어버릴 수 없듯이 하이데거 사상도 걷어치워버릴 수 없다. 회피나 비방은 해결책이 아니다. 악으로 오염되지 않은 순수하고 결백한 사상만 받아들이겠다는 태도는 실상 아무것도 받아들이지 않겠다는 태도와 다르지 않다. 헤겔이 말한 대로 아름답기만 한 사상은 무력한 사상이다. 하이데거 비판의 역사 전체를 보면 역편향이라고 부를 만한 흐름이 보이는 것을 부정할 수 없다. 하이데거의 행적을 빌미로 삼아 사상 자체를 공격하고 부정하는 경우가 많았고 부분적 과오를 전면적 과오로 확대함으로써 하이데거 사유의 성과마저 묻어버리는 일이 적지 않았다. 그런 비판의 과잉은 플라톤이나 헤겔의 사상을 전체주의를 기획하고 정당화한 악의 사상이라고 주장하는 것과 그리 다르지 않다.

야스퍼스의 하이데거 복권 운동

다시 전후의 프라이부르크로 돌아가면, 프랑스 군정 당국의 하이데거 교수직 박탈 처분은 반대 여론도 불러일으켰다. 흥미로운 것은 하이데거의 처벌에 가장 직접적인 영향을 준 야스퍼스가 하이데거 복권 운동을 벌였다는 사실이다. 전후에 야스퍼스는 나치 시대에 배척당했다는 이유로 갑자기 민족의 양심으로 추앙받는 사람이 됐다. 야스퍼스는 이런 사회적 반향이 터무니없는 기대이자 위선적인 태도라고 여겼고 갑작스런 명성을 '허구적인 것'이라고 느꼈다.[18] 그래서 1948년 스위스 바젤대학이 초빙 제의를 보내오자 곧바로 이 제의를 받아들였다. 야스퍼스는 1948년에 하이데거에게 쓴, 하지만 부치지 않은 편지에서 하이데거를 비판하는 평가서를 쓴 이유를 다음과 같이 해명했다.

"그 냉정한 표현에서 당신은 내 마음에 담긴 것을 감지할 수 없습니다. 내 편지는 불가피한 것은 실현되도록 놓아두고, 위태로운 상황에 처한 당신에게는 가능한 한 좋은 일이 일어나게 하려는 의도로 집필됐습니다. 당신이 당신의 일을 계속할 수 있도록 돕는 게 내 의도였던 것입니다."1948년 3월 1일 편지

하이데거는 어차피 지탄받을 수밖에 없으니 그런 역경에 처해 공개적인 반성을 하고 새 출발 하기를 기대했다는 뜻이다. 아니면 뒤늦게 야스퍼스는 자신의 평가서가 너무 적대적으로 작성됐다는 것을 깨달았던 것인지도 모른다. 그래서였던 걸까. 하이데거의 강의 금지 처분이 확정되자 야스퍼스는 이 처분을 취소시키려고 애를 썼다. 1949년 야스퍼스는 프라이부르크대학 총장 게르트 텔렌바흐에게 편지를 보내 강의 금지 처분이 옳지 않다고 주장했다.

"마르틴 하이데거는 그 철학적 업적으로 인해 오늘날 전 세계에서

젊은 날 하이데거와 가까웠던 카를 야스퍼스.
1946년 1월, 프라이부르크대학 평의회가 하이데거의 교수직을
박탈한 데는 야스퍼스의 부정적 평가서가 큰 영향을 주었다.

가장 중요한 철학자 중 한 사람으로 인정받고 있습니다. 독일에서 그보다 더 뛰어난 사람은 없습니다. 그의 거의 은닉된 철학하기, 지극히 심오한 물음에 닿아 있지만 저작에서는 직접 인식되지 않는 그의 철학하기가 아마도 오늘날 철학적으로 빈곤한 세계에서 그를 유일무이한 인물로 만들고 있는 듯합니다."[19]

야스퍼스의 복권 운동이 영향을 끼쳤는지는 확실하지 않지만, 1949년 3월 하이데거의 심의가 종결된 뒤 프라이부르크대학에서 강의 금지 취소를 둘러싼 협의가 시작됐다. 1949년 평의회 투표에서 하이데거의 강의 금지 취소 안건에 대한 찬성표가 과반에 이르자 평의회는 하이데거를 복권시키고 강의 금지 처분도 취소해줄 것을 주 정부에 제안했다. 이런 노력의 결과로 하이데거는 1951년에 다시 대학으로 돌아올 수 있었다. 그런 분위기 속에서 야스퍼스는 1949년 2월 6일 하이데거에게 전후 처음으로 편지를 써서 관계를 재개할 수 있을지 조심스럽게 타진했다. 이 편지는 하이데거에게 곧바로 전해지지 않았지만, 그해 6월 야스퍼스가 편지를 썼다는 얘기를 들은 하이데거가 급히 짤막한 편지를 보냈다.

"그 모든 방황과 혼란 그리고 일시적인 불화에도 불구하고 1920년대에 구축된 당신과의 관계는 내게 불가침의 것으로 남아 있습니다."1949년 6월 22일 편지

이로써 두 사람의 교류가 다시 시작됐다. 그러나 교류가 다시 시작됐다고는 해도 두 사람의 관계가 저 젊은 날 같지는 않았다. 야스퍼스는 하이데거의 '존재 사유'에 대해 의혹의 시선을 거두지 않았고 거리감을 끝내 좁히지 못했다. 그 무렵 한나 아렌트에게 쓴 편지가 이때의 야스퍼스 마음을 보여준다. 야스퍼스는 아렌트와 막 연락이 닿은 터였다. "하이데거는 존재에 관한 사변에 빠져 있네. 그는 '존재'(Seyn)라고 쓰지. 25년 전에는 '실존'이라고 타자를 쳐서 사태를

근본적으로 뒤집더니 이제는 훨씬 더 본질적으로 타자를 친다네. … 그가 또 다시 뒤집지 않기를 바랄 뿐이네. 하지만 분명 내 바람대로 되지는 않겠지. 영혼이 순수하지 못한데도 … 정직하지 못한데도, 가장 순수한 것을 볼 수 있는 것일까?"[20] 이 구절들에 야스퍼스의 가시지 않는 의혹이 거의 직접적으로 드러나 있다. 그러나 이어 야스퍼스는 다음과 같이 덧붙였다.

"오늘날의 인간은 거의 간파하지 못하는 무언가를 그가 잘 안다는 사실, 그리고 아주 인상 깊은 예감의 능력을 보여준다는 사실이 참으로 기이하게 여겨진다네."[21]

이 편지에서 '오늘날의 인간'에 야스퍼스 자신이 포함된다는 것을 짐작하기는 어렵지 않다. 야스퍼스는 하이데거의 사상을 근본적으로 이해하지 못했지만, 하이데거 사유의 마성이 끌어당기는 힘에 어쩔 수 없이 빨려들었다. 1950년 3월 야스퍼스에게 보낸 편지에서 하이데거는 자신이 나치 시대에 야스퍼스를 방문하지 않은 것은 부끄러움 때문이었다고 말했다. "내가 1933년 이래 당신을 방문하지 않은 것은 부인이 유대인이었기 때문이 아니라 단지 부끄러웠기 때문입니다. 그때 이래로 나는 당신의 집뿐만 아니라 하이델베르크도 방문하지 않았습니다. 하이델베르크가 특별히 소중했던 것은 당신과의 우정 때문이었습니다."1950년 3월 7일 편지 야스퍼스는 이 편지를 받고 다음과 같이 답장했다. "당신이 부끄러움을 느낀다는 그 발언은 내게 참 많은 것을 의미합니다. 그런 고백과 함께 당신은 (나치에 제대로 저항하지 못했기 때문에) 서로 부끄럽게 느낄 수밖에 없는 우리 모두의 공동체에 다시 속하게 됐습니다."1950년 3월 19일 편지

하이데거에게 거듭 매혹당한 야스퍼스

두 사람의 '편지 우정'은 몇 년 더 이어졌다. 하지만 야스퍼스와 하이데거 사이의 근원적인 생각의 차이, 그리고 하이데거 사상을 감당하지 못하는 야스퍼스의 한계 탓에 두 사람의 관계는 점차 다시 엷어졌다. 그러나 이렇게 관계가 약해진 뒤에도 야스퍼스는 하이데거에 대한 철학적 관심을 놓지 않았다. 하이데거 철학이 지닌 카리스마에 야스퍼스는 거듭 매혹당했다. 야스퍼스는 죽을 때까지 '마르틴 하이데거에 대한 비망록'을 작성했고 야스퍼스가 죽은 뒤에야 이 비망록은 책으로 출간됐다.

그 비망록에 자주 야스퍼스는 "하이데거의 생각을 이해하지 못하겠다"는 메모를 적어 놓았다. 1950년대에는 카를 뢰비트의 다음 문장을 옮겨 적으며 찬동을 표했다. "하이데거가 말하는 존재, 이 비밀이 대체 무엇인지 학문적으로 이해했다고 주장할 수 있는 사람은 사실 전혀 없다."[22] 많은 철학자들과 마찬가지로 야스퍼스도 끝내 하이데거의 사유의 그 깊은 곳까지 들어가지 못했다. 그렇게 뿌리까지 들어가지 못한 채로 하이데거 사유의 막강한 힘에 끌려들고 멀어지기를 되풀이했다. 야스퍼스는 하이데거에 관한 마지막 메모에서 이렇게 말했다.

"그래도 나는 영원한 사변 속을 헤매면서 그 사변을 중요하게 여길 만한 누군가를 찾아본 것 같고, 단 한 사람이나마 만난 것 같다. 하지만 이 사람은 나의 공손한 적이었다. 우리가 각기 봉사한 힘들은 서로 화합할 수 없는 것이었기 때문이다. 머지않아 우리는 서로 대화조차 할 수 없게 된 듯하다. 즐거움이 고통으로 변했다. 위안할 길 없는 고통으로. 마치 손에 잡힐 듯 가까웠던 기회를 놓치기라도 한 듯. 그것이 나와 하이데거의 관계였다."[23]

2 사르트르와
실존주의

사르트르의 『존재와 무』는 『존재와 시간』라는
자궁에서 태어난 자식인 것은 분명했지만, 하이데거가
보기에 그 자식은 아비의 결함을 극복하기는커녕 결함을
더 키운 자식이었다. 하지만 대중의 반응은 달랐다.
독자들은 사르트르의 『존재와 무』가 전해주는 실존철학에
열광했고, 1944년 8월 파리가 해방된 뒤 사르트르의
실존주의는 전쟁이 남긴 폐허 위에서
시대의 대유행이 됐다.

> **"**
>
> 일체의 파벌과 유행하는 조류와 학파를
> 뛰어넘어, 존재의 풍요함이 본질적인 무 안에
> 심연처럼 숨어 있음을 결정적으로 경험하는
> 깨어남이 있어야 하는 것입니다.
>
> **"**

프라이부르크대학 나치정화위원회가 하이데거의 나치 시기 행적을 조사하던 1945년 가을 하이데거는 프랑스에서 온 방문객을 맞았다. 프랑스군 라인 사단에서 문화담당관 직무를 맡고 있던 프레데리크 드 토와르니키(Frédéric de Towarnicki, 1920~2008)와 뒤에 영화감독으로 명성을 얻게 되는 알랭 레네(Alain Resnais, 1922~2014)였다. 토와르니키는 하이데거의 1929년 프라이부르크대학 교수 취임 강연 「형이상학이란 무엇인가」를 읽고 감명을 받은 터였다. 하이데거를 만난 토와르니키는 사르트르와 하이데거의 만남을 주선하겠다는 대담한 계획을 세웠다.[24] 사르트르와 하이데거 모두 이 만남에 관심을 보였다. 하이데거는 프랑스 지식인들이 찾아오는 것이 자신의 행적을 둘러싼 조사에 긍정적인 영향을 주리라고 기대했다. 하지만 이 계획은 하이데거 반대자들을 자극했고 판정에 오히려 악영향을 주었다. 사르트르의 방문도 무산되고 말았다. 종전 직후라 여행 허가증이 나오지 않았고 기차표를 구하기도 어려웠다.[25] 토와르니키가 주선한 만남은 무산됐지만, 이 일은 사르트르 철학과 하이데거 철학 사이의 내적 관계를 드러내 보여주는 상징적인 사건이 됐다. 이 시기에 사르트르의 명성은 독일까지 퍼졌고 하이데거의 사상도 프랑스 지식계를 깊숙이 물들이고 있었다.

사르트르의 하이데거 경험

하이데거 이름이 프랑스에 알려진 것은 1930년대 초였다. 1931년 하이데거의 강연 「근거의 본질에 관하여」와 「형이상학이란 무엇인가」가 프랑스 철학 잡지에 번역돼 실렸다. 하이데거 저술이 처음 프랑스에 알려진 순간이었다. 그러나 하이데거보다 먼저 알려진 것은 하이데거의 스승 후설의 현상학이었다. 후설의 현상학에 대한 관심이 폭발하는 데 기폭제가 된 것은 후설이 1929년 파리 소르본대학에서 행한 강연이다. 후설의 강연은 1931년 『데카르트적 성찰』이라는 이름으로 프랑스어로 출판됐다. 현상학적 방법은 프랑스 철학계에 새로운 바람을 몰고 왔다. 젊은 사르트르도 현상학의 사도가 됐다.

사르트르에게 후설을 알려준 사람은 친구 레몽 아롱(Raymond Aron, 1905~83)이었다. 독일에 유학해 현상학을 배운 아롱은 1930년대 초에 사르트르에게 자신의 현상학적 '경험들'에 관해 알려주었고 이때 사르트르는 감전이라도 된 듯한 충격을 경험했다.[26] 사르트르는 이 현상학적 경험을 뒤에 첫 소설 『구토』(1938)에서 문학적 언어로 표현했다. 이 시기에 사르트르는 프라이부르크를 거쳐 파리에 온 일본인으로부터 하이데거의 『존재와 시간』을 빌려 읽었다.[27] 하지만 당시에는 하이데거 언어의 난마를 뚫지 못했다.

아롱에게서 형상학적 경험을 배운 사르트르는 1933년 베를린으로 건너가 이듬해까지 거기에 머물며 후설의 현상학에 깊이 빠져들었다. 이 시기는 나치당이 권력을 장악하고 하이데거가 프라이부르크대학 총장으로 재직하던 시기였지만 사르트르는 현상학에 열중하느라 히틀러의 정치나 나치의 활동에는 거의 관심을 보이지 않았다. 뒷날 사르트르는 현상학에 관해 이렇게 말했다. "수세기 이래로 철학에서 그처럼 현실적인 조류가 감지된 적은 없었다. 현상학은 인간을 다시금 세계 안에 잠기게 해주었다. 그것은 인간의 두려움과 고통 그리고 인간의 의미에 그 모든 무게를 되돌려주었다."[28] 하지만 이때까지도 사르트르의 하이데거 철학 이해는 표면에 머물렀다.

사르트르가 하이데거 철학과 가까워지는 데 중개자 구실을 한 사람이 러시아 망명객 알렉상드르 코제브(Alexandre Kojève, 1902~68)였다. 코제브는 1917년 러시아에서 10월 혁명이 일어나자 독일로 망명해 하이델베르크대학에서 야스퍼스의 지도 아래 박사학위를 받았다. 1930년대 초에 파리로 간 코제브는 헤겔 강독을 해달라는 고등연구원의 부탁을 받았다. 그렇게 해서 시작된 것이 코제브를 프랑스 철학계의 총아로 들어올린 '헤겔 강의'였다. 1934년부터 1938년까지 이어진 이 강의에서 코제브는 그때까지 알려진 헤겔과는 아주 다른 헤겔을 그려냈다. 한마디로 줄이면 코제브의 헤겔은 '하이데거의 옷을 입은 헤겔'이었다. 강의 중에 코제브는 이렇게 말했다.

"인간이 없다면 존재는 침묵할 것이다. 존재는 있겠지만, 그것이 곧 '참된 것'은 아닐 것이다."[29]

하이데거 철학의 분위기가 그대로 드러나는 말이다. 코제브 강의에 이어 1938년 하이데거 저작 선집이 처음으로 프랑스어로 번역돼 출간됐다. 이 선집에는 『존재와 시간』 중 '염려'와 '죽음'에 관한 장, 『칸트와 형이상학의 문제』의 마지막 제4장('형이상학의 정초 작업의 회복') 그리고 논문 「횔덜린과 시의 본질」이 수록됐다. 이로써 사르트르가 하이데거 사상에 가까이 다가갈 통로가 마련됐다.

'존재와 시간'이라는 자궁에서 태어난 '존재와 무'

1939년 9월 제2차 세계대전이 터지자 사르트르는 기상관측병으로 징집됐다가 1940년 6월 독일군의 포로가 됐다. 포로 생활을 하던

프랑스의 실존철학자 장 폴 사르트르(1961).
사르트르의 대표작『존재와 무』는 하이데거의『존재와 시간』에
영향을 받아 쓴 것이다. 그러나 사르트르는 하이데거가 목표로 삼은
'일반 존재론 구축'에는 관심이 없었다.

중 하이데거의『존재와 시간』을 구해 꼼꼼히 읽고 생각을 수첩에 기록했다. 포로수용소에서 사르트르는 '후천적 사시 장애'를 '부분적 시각 장애'로 속여 이듬해 3월 민간인들과 함께 풀려났다. 파리로 돌아온 사르트르는 철학 작품 집필에 몰두해 1943년 독일군 점령 아래서 책으로 출간했다. 그 책이 바로 사르트르 철학의 주저가 된『존재와 무』다.

『존재와 무』는 사르트르의 시각으로 쓴『존재와 시간』의 대중 판본이자 후속 작업이라고 할 만한 작품이다. 이 저작에서 사르트르는 하이데거가『존재와 시간』에서 해명한 '현존재'를 헤겔 강의에서 코제브가 사용한 용어인 '대자'(pour-soi)로 재해석했다. 대자는 사물 자체 곧 '즉자'(en-soi)를 마주보는 인간의 '의식'을 가리킨다. 이 대자의 존재 방식이 바로 '초월'이다. 초월이란 '자기 초월'이다. 대자 곧 인간은 언제나 자기를 초월해 미래를 향해 자기를 기투하는 자다. 그것을 두고 사르트르는 '나는 내가 존재하는 것으로는 존재하지 않으며, 내가 존재하지 않는 것으로 존재한다'고 표현한다.[30] 인간은 과거를 통해 형성된 '지금 존재하는 나'로 존재하는 것이 아니라 '아직 존재하지 않는 미래의 나'로 존재한다는 얘기다.『존재와 무』는 후설의 현상학을 바탕에 두고 헤겔의 '즉자'와 '대자' 개념을 끌어들여 하이데거의『존재와 시간』을 다시 서술한 것이라고 해도 좋을 저작이다.『존재와 무』에서 사르트르는 특유의 실존적 현상학을 구성해냈다.[31]

그러나 더 엄밀히 말하면『존재와 무』는『존재와 시간』의 '절반'을 특화한 것이라고 해야 한다. 하이데거는『존재와 시간』에서 현존재의 실존론적 분석을 통해 '존재 일반의 의미'를 해명하는 것을 목표로 삼았고, 그런 이유로 자신의 현존재 분석론을 '기초존재론'이라고 불렀다. 하지만 사르트르는 하이데거가 목표로 삼은 일반 존재론 구축에는 큰 관심이 없었다. 그래서 하이데거의 실존론적 분석을 '기초존재론'의 차원에서 이해하지도 않았다. 사르트르의 『존재와 무』는 하이데거의 실존론적 분석을 중심에 두고 그것을 자기 나름의 방식으로 더 밀고 나간 저작이었다. 하이데거는 현존재를 '세계-내-존재'의 관점에서 보았지만 사르트르는 현존재를 '에고'(나)로 이해했다. 이 에고는 데카르트의 '코기토 에르고 숨'(cogito ergo sum, 나는 생각한다, 그러므로 나는 존재한다)의 그 '코기토'(생각하는 나)와 다르지 않았다. 그리하여 사르트르의 에고는 데카르트로부터 시작해 칸트를 거쳐 후설에서 정점에 이른 주체주의(주관주의)의 인간 고찰에 머물렀다. 요컨대 사르트르의 『존재와 무』는 하이데거가 비판하는 '철학적 인간학'의 변형이었다.

사르트르가 인간학적 해석에 머문 것은 우선은 『존재와 시간』을 편향되게 읽은 사르트르의 협소한 시각 탓이 컸지만, 하이데거의 저작 자체가 지닌 내적인 불완전성에도 원인이 있었다. 하이데거는 『존재와 시간』에서 분명히 '일반 존재론 정립'을 최종 목표로 삼았고, 그런 목표에 따라 실존 분석은 그 일반 존재론의 기초를 이루는 '기초존재론' 정립에 복무한다는 성격을 띠었다. 그러나 하이데거의 작업은 실존 분석을 마무리하는 지점에서 멈추었고, 일반 존재론 구축이라는 더 본질적인 작업은 시작도 하지 못했다. 이런 텍스트의 불완전성이 사르트르에게 이어져 『존재와 무』라는 인간 실존 해명을 특화하는 작품으로 귀결한 것이다. 『존재와 무』는 『존재와 시간』이라는 자궁에서 태어난 자식임이 분명했지만, 하이데거가 보기에 그 자식은 아비의 결함을 극복하기는커녕 결함을 더 키운 자식이었다. 하지만 대중의 반응은 달랐다. 독자들은 사르트르의 『존재와 무』가 전해주는 실존철학에 열광했고, 1944년 8월 파리가 해방된 뒤 사르트르의 실존주의는 전쟁이 남긴 폐허 위에서 시대의 대유행이 됐다.

'실존주의는 휴머니즘이다' 사르트르 대유행

이런 유행의 물결을 타고 지식계의 신성으로 떠오른 사르트르는 이듬해 10월 29일 파리 '살 데 상트로'에서 역사적인 강연을 했다. 밀려드는 인파로 강연장은 숨 쉴 공간도 없을 정도였다. 사르트르는 인파를 헤치고 연단에 오르는 데 15분이나 걸렸다. "강연회는 전례 없는 대성공을 거두었다. 사람들은 떼밀렸고 주먹질이 오갔고 의자가 부서졌고 여자들은 실신했다. 입장권을 판매하는 현관의 창구는 산산조각이 나 … 복구할 수 없을 정도로 파손되고 말았다. 그래서 입장권을 팔 수도 없었다. … 10월의 불타는 듯한 대낮에 모여들어 신경이 달뜨고 흥분한 군중은 아무도 못 들어오게 하면서 난폭하게 발을 굴렀다."[32] 사르트르는 이 소란을 뚫고 들어선 청중을 앞에 두고 준비한 강연을 차분히 마쳤다.

이 강연이 1946년 소책자로 출간됐는데 그것이 바로 『실존주의는 휴머니즘이다』였다. 이 책은 『존재와 무』의 핵심 주장을 대중적인 언어로 풀어쓴, 그 책의 요약본이라고 할 만했다. 사르트르는 강연에서 마르크스주의자들의 비난에 맞서 실존주의를 옹호하고 실존주의는 휴머니즘이라고 역설했다. 나아가 사르트르는 실존주의를 '기독교적 실존주의'와 '무신론적 실존주의'로 나누고, '기독교적 실존주의'에 독일 철학자 카를 야스퍼스와 가브리엘 마르셀(Gabriel Marcel, 1889~1973)을 놓고 '무신론적 실존주의'에 사르트르 자신과 하이데거를 놓았다.[33] 이런 분류는 자의적인 것이라는 비난을 부를 소지가 있었고 뒤에 하이데거의 단호한 반박을 낳았다. 이 강연에서 사르트르는 자신의 실존철학의 핵심 명제로 '실존은 본질에 앞선다'와 '인간은 자유라는 형벌을 선고받았다'를 제시했다.

'실존은 본질에 앞선다'라는 사르트르 실존철학의 첫 번째 명제는

'무신론적 실존주의'의 필연적 귀결이라고 할 수 있다. 만약에 세계를 창조하고 모든 것을 주재하는 신, 기독교적인 의미의 절대적 신이 있다면, 인간의 본질(essentia)은 미리 정해져 있을 것이다. 신이 본질을 미리 창조하고 그 본질에 따라 인간을 만들어낼 터이니 말이다. 그러나 그런 절대적 창조자가 없다면 인간의 본질은 정해지지 않을 것이다. 탄생과 함께 인간에게 주어지는 것은 '실존'(existentia, 현존)뿐일 것이다. 그렇게 실존이 있고 난 뒤에야 본질도 있게 될 것이다. 인간이 삶을 살아가면서 점차로 자신의 본질을 형성해갈 것이기 때문이다. 이것이 '실존은 본질에 앞선다'는 명제의 의미다. 인간은 '던져진 존재'로서 실존을 부여받고서 그 다음에 스스로 노력해서, 다시 말해 미래를 향해 자신의 가능성을 기투해 자신의 본질을 형성해 가야 한다.

이렇게 본질이 주어져 있지 않은 상태에서 인간이 온전히 자신의 힘으로 자신의 본질을 만들어가야 한다는 점에서 '인간은 자유라는 형벌을 선고받았다'고 할 수 있다. 인간은 본질 없이 태어났으므로 자유롭지 않을 수 없는 것이다. 그것이 왜 형벌인가? 인간 자신의 행동을 정당화해줄 어떤 선험적인 가치도 질서도 없는 상태에 던져져 있기 때문이다. 신이 없으므로 우리는 원초적으로 기댈 것이 없다. "우리는 변명 또는 핑계를 우리의 앞에도 우리의 뒤에도 가치의 밝은 영역 속에도 두고 있지 않다. 우리는 그 어떤 핑계도 배제된 채 홀로 있는 것이다."[34] 인간이 자유라는 형벌을 선고받았다는 것은 동시에 인간이 자신이 하는 모든 것에 대해 책임이 있다는 뜻이기도 하다. 그 자유가 어떤 것인지를 사르트르는 독일 점령기에 겪은 일을 통해 설명하기도 했다.

"독일 점령 하에서보다 더 자유로웠던 적은 결코 없었다. 우리는 모든 권리를 잃었다. 맨 먼저 말할 권리를 잃었다. 그들은 매일 우리의 면상에 대고 우리를 모욕했다. 우리는 입을 다물어야 했다. 벽에서, 신문지상에서, 화면에서, 도처에서 우리는 압제자들이 우리 자신에게 과시하고자 했던 그 추악한 얼굴을 다시 만나곤 했다. 그 모든 것 때문에 차라리 우리는 자유로웠다. 나치의 독기가 우리의 사유 속까지 스며들어왔기 때문에 사유 하나하나가 쟁취였다. 전지전능한 경찰이 우리를 침묵하도록 강요하고자 했기 때문에 말 한마디가 무슨 원칙의 선언처럼 소중해졌다. 우리는 쫓기고 있었기 때문에 우리의 모든 몸짓은 참여의 무게를 지니게 됐다."[35]

감시와 탄압 한가운데서 매순간이 선택이었기에 그만큼 선택은 실존의 무게를 지니고 있었다는 얘기다. 그렇게 제약 속에서 어떻게 살지 선택할 수 있음이 사르트르가 말하는 자유다. 그런 자유로써 인간은 자신의 본질을 창조한다. 그래서 자유는 저주이자 축복이다.

이렇게 자유로운 상태에 던져져 세계를 만들어나갈 때 인간은 언제나 자신의 현재 조건을 초월하여 가능성을 향해 앞으로 나아간다. 이렇게 자기를 초월하여 앞으로 나아가는 것이 바로 초월이며 이 초월의 행위 주체가 인간이다. 인간은 주체로서 초월해가는 자이다. 이렇게 자신을 만들어나가는 주체라는 이유로 인간은 돌이나 탁자 같은 사물보다 훨씬 더 큰 존엄성을 지녔다. 실존주의는 인간이 주체로서 존엄성을 지녔다는 것을 원칙으로 삼기 때문에 휴머니즘이다. 이때의 휴머니즘이 정확히 가리키는 것은 무엇인가? 인간에게는 각자 자기 자신 말고는 다른 입법자가 없다는 것, 자기 홀로 남겨진 상태에서 자기 자신이 무엇이 될 것인지 스스로 결정한다는 것이 사르트르의 휴머니즘이 말하려는 것이다.[36] 신이 아니라 인간이 모든 것을 결정하기에 실존주의는 휴머니즘이다. 그러므로 휴머니즘은 신중심주의에 맞서는 인간 중심주의다. 신이 중심에 있던 중세 철학에서는 본질이 실존에 앞섰다. 신 안에 인간의 본질이 있고 그 본질이 있고 난 뒤에야 인간이 신에게서 그 본질을 받아 실존하게 되는 것이다. 사르트르는 본질과 실존의 관계를 뒤집음으로써 신의 자리에 인간을 놓았다.

그러나 바로 여기가 사르트르 철학의 약점이 있는 곳이기도 하다. 전통 철학의 '본질'(essentia)과 '실존'(existentia)이라는 이분법을 출발점으로 삼음으로써 전통 철학의 구도에서 여전히 벗어나지 못했다는 비판이 성립하게 되는 것이다. 하이데거의 철학이 전통 철학을 해체하려 했다는 사실을 상기하면, 여기서 왜 사르트르의 철학이 하이데거를 닮지 않은 하이데거의 자식인지 드러난다. 부모를 닮지 않은 자식이 부모의 이름이 널리 퍼져나가는 데 전도사 구실을 했다는 사실은 아이러니다. 전후에 미국에 먼저 알려진 것은 사르트르의 『존재와 무』였다. 그리고 『존재와 무』가 기대고 있는 것이 하이데거의 『존재와 시간』이라는 사실이 알려진 뒤에야 『존재와 시간』이 영어권에 전해졌고 영어로 번역됐다. 그러나 미국과 영국의 초기 하이데거 독자들은 사르트르 철학에 물들어 있었다. 다수가 사르트르의 눈을 통해 하이데거를 읽었다.[37] 한참 뒤에야 영어권 독자들은 사르트르의 시각에서 벗어나 하이데거를 하이데거 자체로 읽기 시작했다. 사르트르라는 자식을 거쳐 하이데거라는 아비로 올라간 것이다.

사르트르와 하이데거 만남 무산

1945년 가을 하이데거는 사르트르와 만나기를 기대했다. 그러나 계획된 만남은 성사되지 못했다. 하이데거는 1945년 당시 토와르니키로부터 받은 사르트르의 『존재와 무』원본을 읽기 시작했다. 만남이 무산되자 하이데거는 1945년 10월 28일 사르트르에게 편지를 썼다. "내가 사유를 시작한 영역을 근본으로부터 경험한 사상가와 여기서 나는 처음으로 만나고 있습니다. 당신의 저작은 지금껏 내가 어디에서도 마주한 적이 없을 만큼 직접적으로 내 철학을 이해하고 있음을 보여줍니다."[38] 이 문장은 하이데거의 진심을 담은 문장일 것이다. 수많은 독일인들이 하이데거의 『존재와 시간』을 읽었지만 사르트르의 『존재와 무』처럼 하이데거의 사상을 직접적으로 이어받음과 동시에 독창적으로 재해석한 후속 저작은 없었기 때문이다. 그래서 하이데거는 『존재와 무』를 읽고 있던 1945년 10월 5일 사르트르의 저작에 경탄하는 개인 메모를 남겼다. 이 메모는 나중에 『칸트와 형이상학의 문제』에 부록으로 실렸다.

"사르트르에게 끼친 영향은 결정적이다. (그의 철학은) 『존재와 시간』에 입각해야 비로소 이해된다." 『칸트와 형이상학의 문제』 335쪽

하이데거는 사르트르에게 "당신과 함께 사유 자체가 역사적 근본 사건으로 경험될 수 있는 지점으로 다시 사유를 옮겨놓고 오늘날의 인간을 존재와의 근원적 연관 속으로 데려가고" 싶다는 소망을 표현했다.[39] 이어 만남이 무산된 것이 애석하다고 말하고는 다시 한번 만남을 제안했다. "겨울 중에 당신이 이곳으로 올 수 있다면 좋을 텐데요. 조그만 스키 움막에서 함께 철학적인 대화를 나누고 또 거기서 출발해 스키 여행을 할 수도 있습니다."[40] 하이데거는 존재 사유의 두 측면을 놓고 한 사람은 '무의 측면'에서 사태를 논하고 다른 한 사람은 '존재의 측면'에서 사태를 논해보자는 제안으로 편지를 마무리했다.

"지극히 진지한 마음으로 세계 순간을 포착해 이를 언어화해야 마땅합니다. 일체의 파벌과 유행하는 조류와 학파를 뛰어넘어, 존재의 풍요함이 본질적인 무 안에 심연처럼 숨어 있음을 결정적으로 경험하는 깨어남이 있어야 하는 것입니다."[41]

사르트르 저작의 구성으로 보건대 하이데거의 이 말은 사르트르에

게 하이데거가 기대하는 만큼 이해되지는 않았을 것이다. 사르트르의 무는 존재의 부정일 뿐이어서 하이데거의 후기 사유에서처럼 심원한 의미를 지니지 않기 때문이다. 반면에 이 문장은 하이데거가 무를 통해서 이야기하려는 본질적인 것을 내비친다. 존재 자체는 존재자가 아니므로 무와 같다. 그러나 그 무는 존재의 풍요로움을 숨기고 있는 무다. 무의 심연은 그 헤아릴 수 없는 깊이만큼이나 아득히 큰 존재의 풍요로움을 감추고 있는 것이다. 존재자를 통해서 드러나는 존재는 그 풍요로운 무의 심연에서 일어나는 표면의 포말과 같은 것일 뿐이다. 하이데거는 사르트르라는 영민한 철학자를 그 심연의 깊은 곳으로 안내하고 싶어 했던 것이다. 그러나 사르트르의 사유 성격상 사르트르가 설령 그 무의 심연을 직감했다고 하더라도 그 깊은 곳으로 들어가 풍요로움 속에 잠길 생각을 하지는 않았을 것이다. 사르트르가 진실로 관심을 둔 것은 무가 아니라 우리를 둘러싼 이 현실의 세계였다.

하이데거는 상당한 기대를 품고 사르트르에게 철학적 토론을 제안했지만 이 제안은 실현되지 않았다. 사르트르는 1952년에야 프라이부르크를 방문해 하이데거를 만났다. 하지만 이 만남에서 두 사람의 대화는 겉돌았다. 사르트르는 자존심이 상한 채 되돌아왔고 그 뒤로 하이데거에 관해 말하기를 중단했다.[42] 그도 그럴 것이 그때의 하이데거는 사르트르의 저작을 읽고 사르트르의 근본적인 한계를 공개 비판한 뒤였다.

프랑스 해방 기대 능가한 보프레의 하이데거 체험

이런 공개 비판의 계기를 마련해준 사람이 프랑스 철학자 장 보프레(JeanBeaufret, 1907~82)였다. 보프레는 공교롭게도 연합군이 노르

하이데거와 프랑스 철학자 장 보프레.
보프레는 전후 프랑스 철학계에 하이데거 철학을 전한 사도였다.

망디에 상륙한 날인 1944년 6월 6일 처음으로 '하이데거 체험'을 했다. 다시 말해 하이데거의 철학 언어가 만들어낸 세계가 보프레의 가슴속으로 들어왔다. 보프레에게 그 체험은 너무나 행복한 것이어서 프랑스 해방에 대한 기대감을 능가할 정도였다. 이날 이후 보프레는 전후 프랑스 철학계에 하이데거 철학을 전하는 가장 중요한 사도가 됐다.[43] 프랑스군이 프라이부르크에 진주하자 보프레는 아는 장교를 통해 하이데거에게 열렬한 찬양의 말이 담긴 편지를 보냈다. "그렇습니다. 단호히 일체의 상투성에서 벗어나고 그 존엄의 본질성을 지닌 철학은 당신과 함께 존재합니다."[44] 하이데거의 초대를 받은 보프레는 1946년 9월 하이데거를 방문했다. 이로써 평생 지속될 두 사람의 우정이 시작됐다.

슈바르츠발트의 숨은 철학자의 전도사가 된 보프레는 하이데거에게 다음과 같은 질문을 담은 편지를 보냈다. "어떤 방식으로 휴머니즘이란 낱말이 의미를 되찾을 수 있겠습니까?"[45] 이 물음은 이 시기에 열병처럼 퍼져나가던 사르트르의 실존주의 테제 곧 '실존주의는 휴머니즘이다'의 울림을 담고 있었다. 사르트르의 강연이 일으킨 파도는 독일까지 덮친 상태였다. 1년 전 사르트르에게 경탄했던 하이데거는 보프레의 물음에 답하는 형식으로 공개편지를 써 사르트르가 말하는 휴머니즘과 실존철학에 본질적인 비판을 가했다. 그것이 바로「휴머니즘 편지」다. 하이데거의 이 저술은 분량이 많지 않았지만, 하이데거 자신의 후기 '존재 사유'의 거의 모든 주요한 주제를 포괄한 사유의 모판과도 같은 작품이었다. 이 저술에서 하이데거는 사유의 '전회'(Kehre)를 처음으로 분명하게 밝혔다. 또 이 저술에 담긴 사유의 씨앗들은 이후 여러 저술로 퍼져나가 무성하게 자라났다.

3 휴머니즘
편지

◇◇◇

휴머니즘은 인간 중심주의다. 그러나 하이데거는
인간을 현–존재 곧 존재가 드러나는 곳이라고 규정함으로써
휴머니즘의 인간 중심주의를 거부하고 존재를 중심으로 삼는다.
말하자면 하이데거의 후기 사유는 '인간 중심주의'에 맞선
'존재 중심주의'라고 할 수 있다.
인간은 그 존재의 거처로서 제 구실을 할 때
가장 인간다울 수 있다. 이때 존재는 우주 만물을 포함한
존재자 전체를 존재하게 하는 존재다.

"

인간의 인간다움을 존재와의 가까움으로
사유하는 것이 바로 휴머니즘이다.

우리는 앞날에도 존재의 이웃으로 나아가는
길 위에 나그네로 머물 것이다.

"

'실존주의는 휴머니즘이다' 반박

하이데거의 「휴머니즘 편지」(Brief über den 'Humanismus')는 사르트르의 『실존주의는 휴머니즘이다』를 염두에 두고, 자신의 '존재 사상'이 사르트르의 '실존주의'와 어떻게 다른지 명확히 밝히려는 목적으로 집필됐다. 그래서 이 글은 사르트르의 철학적 주장을 논파하거나 사르트르의 오해를 바로잡는 방식으로 자신의 존재 사상의 핵심 테제를 제시해나간다. 그 핵심 테제를 가리키는 낱말이 글의 머리에 제시된 세 낱말 곧 '존재'와 '사유'와 '언어'다. 사유(das Denken)와 언어(die Sprache)를 통해 존재(das Sein)를 이야기하겠다고 먼저 천명하고 논의를 시작하는 것이다.

'존재'는 '모든 것에 앞서 참으로 있는 것'이다. 그렇다면 사유는 무엇인가? 하이데거는 프랑스 독자들을 염두에 두고, 사유란 다른 것이 아니라 "존재에 의한 그리고 존재에 대한 앙가주망(engagement, 참여·관여)"이라고 사르트르의 용어를 빌려 규정한다.「휴머니즘 서간」『이정표2』 124쪽 '사유'를 좀 더 간략하게 규정하면 다음과 같다. "사유는 존재의 사유다."「휴머니즘 서간」『이정표2』 127쪽 이때 '존재의 사유'라는 말은 이중적인 의미를 띤다고 하이데거는 강조한다. 첫째로 '사유가 존재로부터 일어나 존재에 귀속한다'는 점에서 보면 '존재가 (스스로) 사유함'을 뜻한다. 둘째로, '사유가 존재에 귀속하면서 존재에 귀를 기울인다'는 점에서 보면 '(인간이) 존재를 사유함'을 뜻한다.

이 이중의 의미를 정확히 이해하려면, 우리의 머릿속에 존재와 사유의 관계를 보여주는 그림이 그려져야 한다. 하이데거가 여기서 말하는 '존재'는 모든 존재자를 포괄하면서 존재자 전체를 존재하게 하는 것이다. 존재에 존재자 전체가 포괄된다면 인간이라는 존재자도 그 존재에 포괄될 것이고 마찬가지로 인간의 사유도 그 존재에 포괄될 것이다.

이제 그 '사유'를 인간 쪽에서 보면 '인간이 능동적으로 사유함'이 될 것이다. 동시에 그 사유를 존재 쪽에서 보면 '인간을 통해서 존재가 스스로 사유함'이 될 것이다. 그러므로 사유함이란 '인간이 존재를 사유함'임과 동시에 '존재가 인간을 통해 스스로 사유함'이다. 이것이 하이데거가 '존재 사유'라는 말을 할 때 상정하는 가장 근본적인 구도다. 이런 구도는 정신이라는 절대자가 인간의 정신을 통해서 자신을 실현한다는 헤겔의 구도와 유사하며, '자연이라는 절대자가 인간 안에서 눈을 뜨고 자신의 존재를 알아차린다'는 셸링의 생각과도 유사하다.[46] 그러므로 하이데거의 존재 사유는 셸링과 헤겔로 대표되는 독일 관념 철학을 역사적 배경으로 삼아 형성된 것이라고도 할 수 있다.

또 이 독일 관념철학은 앞 시대 철학자 바뤼흐 스피노자(Baruch Spinoza, 1632~77)의 '범신론' 철학을 변용한 것이라고도 할 수 있다. 스피노자는 존재자 전체를 '자연 즉 신'이라고 부르고, 이 자연이 '연장'(물질)과 '사유'(정신)라는 속성으로 이루어져 있다고 보았다. 자연의 사물적 측면이 '연장'이라면, 자연의 정신적 측면이 '사유'다. 이것을 하이데거의 용어로 풀어보자면, 연장은 자연의 '존재자 측면'을 가리키고 사유는 자연의 '존재 측면'을 가리킨다. 이 사유는 간단히 말하면 인간의 사유다. 자연이 인간의 사유를 통해서 자연 자신을 사유하는 것이다. 달리 말하면, '자연 곧 신'이 인간의 사유를 통해 신 자신을 사유하는 것이다. 스피노자의 이 구도가 변용돼 셸링과 헤겔을 거쳐서 하이데거로까지 이어진다고 할 수 있다. 다만 스피노자나 관념 철학에서는 '존재의 풍요로운 무'의 차원이 숙고되지 않았고 '존재와 존재자의 근원적 차이'가 깊이 사유되지 않았다는 점에서 하이데거의 존재 사유와 구분된다.

"언어는 존재의 집이다"

그렇다면 '언어'란 무엇을 말하는가? 언어는 '사유의 언어'다. 사유가 존재를 사유할 때 언어로써 사유하는 것이다. 그런데 사유는 존재의 사유, 곧 존재가 하는 사유이기도 하다. 그러므로 존재가 사유를 통해 자기 자신을 사유할 때 쓰는 것이 언어라고 할 수 있다. 언어는 '존재의 언어'다. 인간은 바로 이 언어 안에서 사유한다. 그러므로 존재의 언어가 먼저 있고 인간 사유의 언어는 이 존재의 언어를 뒤따른다고 해야 할 것이다. 하이데거는 이 사태를 "언어는 존재의 집이다"(Die Sprache ist das Haus des Seins)라는 명제로 제시한다.「휴머니즘서간」「이정표2」124쪽

언어는 존재가 다가와 머무는 집이다. 존재는 다른 곳에 머무는 것이 아니라 바로 이 언어라는 집에 머무른다. 이 존재의 집 곧 언어 안에서 인간은 사유하므로 인간은 언어라는 거처(Behausung) 안에 거주하는 자가 된다. 이 거처 안에 거주하며 이 거처를 지키는 사람으로 하이데거는 '사유하는 사람들'(Die Denkenden)과 '시 짓는 사람들'(Die Dichtenden)을 지목한다. 사상가와 시인이야말로 언어라는 거처를 지키는 파수꾼이다. 인간의 거처를 지킴으로써 존재의 언어

를 돌보는 사람이 바로 사상가와 시인이다.

언어를 이런 차원에서 이해한다면, 우리 인간이 일상생활에서 쓰는 언어는 '존재의 언어'의 세속적 형태일 것이다. 그러나 우리 인간은 언어의 이 존재 차원을 알지 못한 채 언어를 '의사소통을 매개하는 수단'으로만 여긴다. 언어가 의사소통의 단순한 도구로 전락할 때 언어는 황폐해진다. 이런 사태를 하이데거는 다음과 같이 표현한다.

"언어는 존재 진리의 집이다. 그런데도 언어는 우리에게 아직도 자신의 본질을 (보여주기를) 거절하고 있다. 오히려 언어는 존재자를 지배하는 도구로서 우리의 한갓된 욕구와 경영에 이바지한다."「휴머니즘 서간」『이정표2』 130쪽

이렇게 인간이 언어를 도구로 삼아 존재자를 지배하는 데만 골몰해 있는 상황에서는 존재가 언어를 떠날 수밖에 없다. 존재는 언어를 떠났고 인간도 거처를 잃었다. 그래서 하이데거는 다음과 같이 요청한다.

"인간이 스스로 말하기 전에 먼저 존재가 인간 자신에게 다시 말을 걸도록 해야 한다."「휴머니즘 서간」『이정표2』 130쪽

이렇게 할 때에만 존재가 다시 언어라는 집에 깃들 수 있으며, 인간에게는 사유의 거처, 다시 말해 '존재의 진리 안에 거주할 거처'가 선사된다.

휴머니즘의 역사적 발생

여기서 하이데거는 사르트르가 실존주의를 휴머니즘이라고 규정하는 것을 염두에 두고 '휴머니즘'이라는 것이 무엇을 의미하는지 살핀다. 휴머니즘(Humanismus)은 인간(homo)의 인간다움(humanitas)을 사려하고 염려하는 것을 뜻한다. 그렇다면 인간의 인

간다움은 어디에서 성립하는가? 하이데거는 인간의 인간다움이 '인간의 본질'에서 유래한다고 말한다. 이때 본질이라는 말로 하이데거가 가리키는 것이 '현-존재'(Da-sein)다. 하이데거는 『존재와 시간』에서 '현존재'(Dasein)라고 썼던 것을 바꾸어 '현-존재'라고 분철해서 쓴다. 현-존재란 '존재(Sein)의 진리가 자기를 개방하는 장소(Da)'를 의미한다. 인간 현-존재는 존재 안에서 존재의 진리가 드러나는 장소다.

그렇다면 인간을 현-존재라고 규정함으로써 이미 휴머니즘의 의미가 달라진다. 휴머니즘은 인간의 인간다움을 옹호하는 이념이자 인간을 존재자 전체의 중심에 놓는 이념이다. 휴머니즘은 인간 중심주의다. 그러나 하이데거는 인간을 현-존재 곧 존재가 드러나는 곳이라고 규정함으로써 휴머니즘의 인간 중심주의를 거부하고 존재를 중심으로 삼는다. 말하자면 하이데거의 후기 사유는 '인간 중심주의'에 맞선 '존재 중심주의'라고 할 수 있다. 인간은 그 존재의 거처로서 제 구실을 할 때 가장 인간다울 수 있다. 이때 존재는 우주 만물을 포함한 존재자 전체를 존재하게 하는 존재다.

이 대목에서 하이데거는 휴머니즘의 역사적 발생으로 눈을 돌린다. 인간의 인간다움이 처음으로 깊이 숙고된 때로 거슬러 올라가는 것이다.

"인간다움이 인간다움이라는 명칭 아래 처음 명백히 숙고되고 추구된 것은 로마 공화정 시대다. 인간다운 인간은 야만적인 인간에 대립한다. 여기에서 인간다운 인간이란 그리스인들로부터 물려받은 교양(파이데이아, $\pi\alpha\iota\delta\varepsilon\iota\alpha$)을 체득함으로써 로마의 덕을 고양하고 순화한 로마인을 의미한다. 여기서 그리스인들이란 철학자의 학원에서 교양을 쌓았던 후기 그리스 문명 시대의 그리스인들이다. 교양이란 훌륭한 특성들을 갖춘 박식과 관습에 관계가 있다. 그렇게 이해된

로마의 정치가이자 철학자 키케로.
하이데거는 로마에서 최초의 휴머니즘을 만날 수 있다고 했다.
하이데거가 보기엔 휴머니즘도 형이상학의 산물이다.

교양이 인간다움(humanitas)으로 번역된다. 로마인의 본래적인 로마적 성격은 이런 인간다움 안에서 성립한다. 로마에서 우리는 최초의 휴머니즘을 만난다."「휴머니즘 서간」, 『이정표2』 131쪽

　이런 로마인의 대표자로 로마 공화정 최후의 정치가이자 철학자인 키케로(Marcus Tullius Cicero, 기원전 106~43)를 떠올려볼 수 있다. 키케로는 그리스 문헌을 로마인의 언어 곧 라틴어로 열심히 번역했다. 그런데 이때 번역된 것은 후기 그리스 사상이다. 그리스 초기의 시원적인 사유가 플라톤과 아리스토텔레스를 거쳐 '형이상학'으로 변화한 때의 사상이다. 그러므로 휴머니즘은 처음부터 '형이상학'이라는 사유의 지반 위에서 형성된 것이었다. 휴머니즘은 형이상학의 산물이다. 이 휴머니즘이 되살아난 것이 14~15세기에 이탈리아에서 일어난 르네상스다. 이 르네상스가 부활시킨 것이 로마 정신이었고 그 정신을 키운 그리스적 교양이었다. "그러나 그리스 문명은 항상 그것의 후기 형태로만 파악되며 이 후기 형태조차 로마적으로 파악된다."「휴머니즘 서간」, 『이정표2』 132쪽 르네상스 시대에 이탈리아를 휩쓸었던 '키케로 열풍'을 떠올리면 이해하기 쉽다.

　이때 부활시키려고 한 것이 그리스 후기 문명이므로 그때의 휴머니즘도 그리스 형이상학에 기반을 둔 휴머니즘이었다. 이런 양상은 18세기 독일에서 빙켈만·괴테·실러가 주도한 휴머니즘 운동에서도 그대로 반복된다. 하이데거는 이런 휴머니즘의 물결에서 횔덜린은 제외된다고 강조한다. "횔덜린은 인간 본질의 역사적 운명을 이런 휴머니즘이 사유할 수 있는 것보다 더 시원적으로 사유하기 때문이다."「휴머니즘 서간」, 『이정표2』 132쪽 횔덜린은 그리스 문명을 모범으로 삼았지만, 횔덜린이 귀의한 것은 그리스 후기의 형이상학이 아니라 초기의 피시스(φύσις) 사유였다는 것이 하이데거의 생각이다.

휴머니즘, 형이상학 위에 세워진 사상

그런데 휴머니즘이라는 것을 가장 넓은 의미에서 "인간이 자신의 인간다움을 향해 자유로워지며 그 안에서 자신의 존엄성을 발견하려는 노력"으로 이해할 수 있다면, 인간의 자유와 본성을 어떻게 파악하느냐에 따라 휴머니즘의 의미는 달라지고 휴머니즘을 실현할 방법도 달라진다.「휴머니즘 서간」,「이정표2」, 132쪽 여기서 하이데거는 현대 휴머니즘을 대표하는 것으로 마르크스의 휴머니즘과 사르트르의 휴머니즘을 지목한다. 그러나 이 두 휴머니즘은 모두 고대로 귀환하지 않는다. 다시 말해 그리스 초기의 시원적 사유로 돌아가지 않는다. 마르크스든 사르트르든 모두 그리스 후기의 형이상학에 기반을 둔 휴머니즘의 계승자일 뿐이다. 하이데거는 여기에 '기독교 휴머니즘'도 추가한다. 기독교가 인간의 영혼 구원을 목표로 하는 한 기독교도 넓은 의미에서 휴머니즘이라고 할 수 있다는 것이다. "이 모든 종류의 휴머니즘은 … 존재자 전체에 대한 기존 해석을 고려하여 규정된다는 점에서 일치한다."「휴머니즘 서간」,「이정표2」, 132~133쪽 다시 말해 마르크스·사르트르·기독교 모두 전통 형이상학 위에 세워진 휴머니즘일 뿐이다.

그렇다면 왜 형이상학이 문제인가? 도대체 무엇 때문에 형이상학이 문제라는 것인가? 하이데거는 이렇게 답한다. '형이상학이 휴머니즘을 근본적인 물음 바깥으로 밀어내기 때문이다.' 다시 말해 휴머니즘은 인간의 인간다움을 규정할 때 '인간 본질과 존재 자체의 연관'을 묻지 않는다. 왜 휴머니즘은 이런 연관을 묻지 않는가? 휴머니즘이 유래한 형이상학이 이런 물음을 전혀 이해하지 못하기 때문이다. 형이상학은 '존재와 인간의 연관'을 전혀 사유하지 않는다. 형이상학은 '존재자란 무엇인가'라는 물음에 빠져 있어서 그 존재자를 존재하게 하는 '존재 자체란 무엇인가'라는 물음은 묻지 않는다. 그러니 존재 자체와 인간 본질의 관계도 당연히 묻지 않는다. 그렇기 때문에 그 형이상학에 기반을 둔 휴머니즘도 이 연관을 물어보지도 않은 채 '인간의 인간다움'을 규정하는 것이다. 바로 여기에 형이상학과 휴머니즘이 문제가 되는 이유가 있다. 그러므로 지금 오히려 필요한 것은 '형이상학이란 무엇인가'라고 물음으로써 형이상학의 감추어진 지반을 드러내는 일이다. 이렇게 바탕과 뿌리를 향해 물어 들어감으로써 형이상학이 망각한 '존재의 진리'에 다가갈 수 있기 때문이다.

하이데거는 로마에서 발원한 최초의 휴머니즘 이래 모든 휴머니즘이 '인간에 대한 가장 보편적인 본질'을 자명한 것으로 간주한다고 말한다. 그때의 보편적 본질이란 '이성적 동물'(animal rationale)이라는 규정을 뜻한다. 이 규정은 그리스어 '조온 로곤 에콘'(ζῶον λόγον ἔχον, 로고스를 소유한 생명체)의 라틴어 번역이다. 그러나 이 번역은 단순한 번역이 아니라 형이상학적으로 해석된 번역이며, 그러므로 형이상학적으로 제약된 번역이다. 이때의 형이상학은 '존재자란 무엇인가'라는 물음을 통해 '존재자의 존재'를 사유하기는 한다.

"그러나 형이상학은 존재 그 자체를 사유하지 않으며 또 존재자와 존재의 차이를 사유하지 않는다." 「휴머니즘 서간」, 「이정표2」 134쪽

형이상학은 존재자를 해명하는 데만 관심이 있기 때문에 존재자만을 탐구하며 그렇게 탐구하는 방식으로 존재자의 존재(본질)를 규명한다. 그러나 더 중요한 것은 그 존재자의 본질을 주는 존재 자체로 눈을 돌리는 것이다. 이렇게 존재 자체로 눈을 돌리려면 '존재자와 존재의 근원적인 차이'를 물어야 한다. 어떻게 존재 자체가 존재자를 특정한 본질을 지닌 것으로 존재하게 하면서도 존재 그 자체는 자신을 숨기는지를 물어야 한다. 형이상학은 이런 근원적인 물음을 알지

못한다. "형이상학은 존재의 진리 자체에 관해 묻지 않는다." 그러므로 "형이상학은 어떤 방식으로 인간의 본질이 존재의 진리에 속하는지도 묻지 않는다." 「휴머니즘 서간」, 『이정표2』 134쪽 이런 물음을 형이상학은 한 번도 물은 적이 없으며 형이상학이 형이상학 안에 머물러서는 이런 물음을 물을 수도 없다고 하이데거는 단언한다.

존재의 진리, 존재의 비은폐성

여기서 하이데거가 말하는 '존재의 진리'란 '존재의 비은폐성(알레테이아, $\alpha\lambda\eta\theta\epsilon\iota\alpha$)'을 말한다. 존재 자체가 비은폐됨으로써 그 비은폐된 밝은 빛 아래서 존재자가 존재자로 드러난다. 그러므로 존재 자체의 비은폐성이 바뀐다면, 다시 말해 존재 자체가 달리 드러난다면 존재자의 본질도 달라진다. 그런데 형이상학은 존재자의 특정한 본질에 고착돼 있기 때문에, 존재 자체의 비은폐성이 달라짐으로써 존재자의 본질이 달라진다는 것을 전혀 생각하지 못하는 것이다. 인간의 본질을 '이성적 동물'이라고 규정하는 일이 어떤 진리의 빛 속에서 일어나는지 형이상학은 묻지 않는 것이다. 진리의 빛이 달라진다면 인간의 본질 규정도 달라질 테지만, 형이상학은 이런 본질의 변화를 전혀 떠올리지 못하는 것이다. 다시 말해 인간을 '이성적 동물'이라고 규정하는 것이 과연 적합한 것인지 물어보지도 않은 채 그 본질 규정에 매달려 있는 것이다.

이 '이성적 동물'이라는 형이상학의 본질 규정 속에서 '이성'의 측면이 부각되면서 근대에 이르러 인간이 '주체'라든가 '인격'이라든가 '정신'이라든가 하는 본질로 규정됐다. 그러나 근본적으로 이런 규정의 바탕에는 '동물성'이라는 본질 규정이 깔려 있다고 하이데거는 말한다. 그래서 그 바탕의 차원에서 보면 "형이상학은 인간을 동물성에 입각해 사유할 뿐이고 인간의 인간다움을 향해서는 사유하지 않는다."「휴머니즘 서간」, 『이정표2』 135쪽 휴머니즘이 아무리 인간의 인간다움을 향해서 나아간다고 하더라도 원천적으로 '이성적 동물'이라는 형이상학의 본질 규정 위에 서 있는 한, 휴머니즘은 인간의 동물성이라는 차원을 벗어나지 못한다는 얘기다. 인간의 '이성'을 아무리 강조하더라도 인간은 근본적으로 '동물성'이라는 본질에 머물러 있다는 것이다.

그렇다면 이런 형이상학의 인간 본질 규정에 맞서 어떤 본질이 제시될 수 있는가. 하이데거가 제시하는 것이 바로 현-존재, 곧 존재 진리의 터전이라는 본질 규정이다. 형이상학은 이런 본질 규정을 알지 못한다.

"인간은 존재가 말을 걸어오는 한에서만 자신의 본질로 현성하지만 형이상학은 이런 단순한 본질적 실상을 가려버린다."「휴머니즘 서간」 『이정표2』 135쪽

존재가 이렇게 말을 걸어온다는 사실에 근거해 인간은 언어를 거처로 삼는다. 거기에 인간의 본질이 있다. 인간이란 존재의 언어를 거처로 삼는 자다. 이것이 하이데거가 그리스의 인간 규정 '조온 로곤 에콘' 다시 말해 '로고스(말)를 소유한 생명체'라는 규정을 이해하는 방식이다. 로고스는 존재의 언어이고 인간은 그 언어를 거처로 삼는다. 인간은 로고스 안에 깃든 존재자다.

현-존재, 존재의 리히퉁에 나가 서 있음

그런데 존재가 인간에게 말을 건네며 다가온다는 것은 인간 쪽에서 보면 인간이 존재를 향해 나아간다는 뜻이다. 인간이 존재의 환한 빛을 향해 나가 서 있음을 하이데거는 탈-존(Ek-sistenz)이라고 표

현한다. "존재의 '밝음'(Lichtung) 안에 서 있음"이 탈-존이다.「휴머니즘 서간」,『이정표2』135쪽 이 말을 하이데거가 뜻하는 대로 이해하려면 여기서 '밝음'이라고 번역된 '리히퉁'(Lichtung)이라는 말과 탈-존이라고 번역된 '에크-시스텐츠'(Ek-sistenz)의 의미에 주목해야 한다.

앞에서 상술한 대로 리히퉁은 본디 '숲속의 빈터'를 가리키는 말이다. 빽빽한 숲의 나무를 쳐내 환하게 빛이 들어오는 열린 터가 리히퉁이다. 그러므로 리히퉁은 트인 곳이고 열린 곳이며 그 트인 곳의 트임, 열린 곳의 열림, 훤히 밝혀진 곳의 밝음을 뜻한다. 그것은 존재의 비은폐성 곧 존재의 진리와 다른 말이 아니다. 비은폐성(Unverborgenheit)은 숨겨져 있지 않음, 은닉에서 벗어나 드러나 있음을 뜻한다. 존재 자체는 시대마다 자신을 다르게 드러낸다. 그렇게 존재 자체가 시대마다 다르게 드러나 열려 있고 환히 밝혀져 있는 것이 바로 리히퉁이 가리키는 것이다.

인간의 본질 곧 현-존재는 바로 이 존재의 리히퉁에 나가 서 있음이다. 이렇게 나가 서 있음을 가리키는 말이 탈-존이다. 탈-존이라는 말은 말뜻 그대로 '나가 서 있음'이다. 존재의 진리, 존재의 밝은 터 안으로 나가 서 있음이 탈-존이다. 그런데 탈-존은 인간의 의식이 인간 밖으로 나가 사물들을 만난다는 그런 의미의 나가 서 있음이 아니다. 탈-존은 분명히 나가-서 있음이지만 그때 나가 서는 곳은 인간 안의 현-존재다. 왜냐하면 존재의 진리는 인간 현-존재를 터전으로 삼기 때문이다. 탈-존이란 인간 안에 깃든 존재의 진리로 나가 서 있음을 뜻한다. 인간 안에서 인간 안으로 나가 서 있음이 탈-존인 것이다.

인간의 본질은 탈-존에 있음

마치 뫼비우스 띠처럼 꼬인 이 말을 간명하게 이해할 길이 없을까? 하이데거는 탈-존을 이야기할 때 '탈자적인 것'(das Ekstatische)이 라는 표현을 쓴다. 다시 말해 어떤 '망아적인 상태'를 암시한다. 망아 적인 상태에서 인간은 자신을 벗어나 더 큰 어떤 것과 만난다. 그런 데 이렇게 자신을 벗어난다고 해서 자신을 완전히 떠나는 것이 아니 다. 인간은 자신으로 있는 상태에서 자신을 벗어나 자신 안에서 어떤 큰 것을 만난다. 이것을 존재와 관련해 이야기하면, 인간은 망아적인 상태에서 존재를 영접한다. 그것이 바로 탈-존이다. 인간은 자신을 벗어나 자신 안에서 존재를 만나고 존재의 빛 안에 서는 것이다.

하이데거가 여기서 쓰는 이 탈-존이라는 말은 『존재와 시간』에서 사용한 '실존'(Existenz)이라는 말을 분철하여 변형한 것이다. 『존재 와 시간』에서 쓴 '실존'이라는 말이 인간의 주체성을 떠올리게 함으 로써 인간과 존재의 관계를 제대로 드러내지 못했다는 판단에 따라 이 말을 변형해 탈-존이라고 쓰는 것이다. 이 탈-존이라는 말에서는 인간이 주체이기 이전에 존재의 진리 안에 들어선 자, 존재의 진리를 자기 안에 모신 자라는 뜻이 두드러진다. 그럼으로써 인간이 존재를 지배하는 자가 아니라 존재를 받아들여 따르는 자임을 강조하는 것 이다. 『존재와 시간』에서 하이데거는 "인간의 '본질'은 실존에 있다" 고 썼는데, 이 문장을 탈-존과 관련해 다시 쓰자면 "인간의 본질은 탈-존에 있다"가 되는 것이다.

이 탈-존이라는 근원적인 인간 본질 규정 위에서 이제 '이성'이라 는 것도 다르게 이해할 수 있다. 존재자를 장악하고 지배하는 사유 능력으로서 이성이 아니라 존재를 숙고하고 존재를 따르는 사유 능 력으로서 이성이 되는 것이다. 하이데거는 탈-존이라는 인간의 본질은 오직 인간에게만 속할 뿐이고 다른 종류의 생물들에게는 속하지 않는다고 강조한다. 동물이든 식물이든 존재를 알지 못하므로, 존재의 진리를 향해 나가 서 있음이라는 의미의 탈-존이 성립할 수 없는 것이다.

"여하튼 생물은 그것이 있는 그대로 있을 뿐이다. 즉 생물은 자신의 존재 자체에서 벗어나 존재의 진리 안에 서 있는 가운데 자신의 존재의 현성하는 본질을 보존하는 따위의 역할을 하지 못한다."「휴머니즘 서간」『이정표2』 137~138쪽

존재의 진리, 곧 존재의 밝음(리히퉁)은 시대마다 바뀐다. 그러므로 인간을 '이성적 동물'이라고 규정하는 것도 이 탈-존의 역사적 운명에서 보자면, 특정한 형이상학적 인간 본질 규정에 지나지 않는다. 따라서 '동물성'이라는 인간 규정도 역시 탈-존의 본질에 근거하는 이차적인 것에 지나지 않는다. 그러므로 "인간의 육체는 동물의 유기체와는 본질적으로 다르다."「휴머니즘 서간」『이정표2』 136쪽

이 대목에서 하이데거는 사르트르의 인간 이해를 겨냥한다.

"사람들이 인간의 육체에 영혼을, 영혼에 정신을, 정신에 '실존적인 것'을 덧붙여 확장하고 이제까지보다 더 큰 소리로 정신을 찬양함으로써 모든 것을 삶의 체험으로 되돌린다고 하더라도 생물학주의의 과실은 극복되지 않는다."「휴머니즘 서간」『이정표2』 136쪽

사르트르는 하이데거의 『존재와 시간』의 실존 규정에서 자극받아 "실존은 본질에 앞선다"고 주장했다. 이런 명제는 마치 동물적 본성조차 부정하는 것처럼 들린다. 그러나 『실존주의는 휴머니즘이다』에서 사르트르는 '인간의 조건'이라는 말로 이런 본성들을 긍정할 여지를 남긴다. 다시 말해 '인간이 스스로 선택하지 않은, 인간의 존재에 제한을 가하는 조건'에 동물적 본성이나 사회적 제약 조건을 다시 불러들임으로써 자신의 주장을 보완한다.[47] 그러므로 사르트르도

동물적 본성을 전제하고 있다고 보아야 할 것이다. 그러나 형이상학에 입각한 인간의 동물성 긍정을 하이데거는 단호히 배격한다.

"오히려 나는 그런 식의 사유는 자신의 경직된 개념들을 통해 삶의 흐름을 파괴할 것이며 그런 식의 존재 사유는 실존을 불구로 만들 것이라고 엄중히 경고한다."「휴머니즘 서간」『이정표2』 136쪽

하이데거가 이렇게 '경고'라는 단어를 써가며 직설적인 목소리를 내는 것은 극히 이례적인 일이다. 사르트르의 실존주의와 자신의 존재 사상이 근본적으로 다른 것임을 강조할 필요성을 이 시기에 아주 강하게 느꼈음을 알려주는 대목이라고 할 것이다.

'실존은 본질에 앞선다' 비판

이 대목에서부터 하이데거는 사르트르 비판을 본격화한다.

"인간의 본질은 인간의 탈-존(Ek-sistenz)에서 비롯한다. 그러나 이런 식으로 사유된 탈-존은 현존(existentia, 실존)이라는 전승된 개념과 동일하지 않다."「휴머니즘 서간」『이정표2』 137쪽

하이데거가 여기서 '현존'이라는 말을 탈-존과 대립시키는 것은 사르트르가 사용한 실존(existence, Existenz)이 바로 이 '현존' 개념에서 나왔기 때문이다. 현존은 전통적인 철학, 특히 중세 스콜라 철학에서 본질(essentia)에 맞서는 개념이다. 존재자는 어떤 가능성을 지닌 '본질'로서 '현존'한다. 존재자는 현존하면서 그 본질을 실현해가는 자다. 사르트르가 "실존은 본질에 앞선다"라는 말을 한 것은 하이데거가 『존재와 시간』에서 "현존재(Dasein)의 '본질'은 자신의 실존(Existenz)에 있다"고 한 것을 자기 나름대로 해석해 이어받은 것이다. 그러나 하이데거 자신은 『존재와 시간』의 그 명제에서 현존과 본질의 대립을 주장한 게 아니었다고 강조한다. 하이데거가 말하려

고 한 것은 현존재가 '실존'으로 있다는 사실이었다. 그 '실존'이라는 말이 가리킨 것이 결국 '탈-존'이었음을 하이데거는 다음과 같은 말로 이야기한다.

"인간은 현(Da)으로, 다시 말해 존재의 밝음(die Lichtung des Seins)으로 있는 그런 방식으로 현성한다."「휴머니즘 서간」『이정표2』 137쪽

인간은 현-존재(Da-sein)인데, 그것은 존재(Sein)가 드러나는 장소(Da)라는 이야기며, 이때 존재란 더 정확히 말하면 '존재의 밝음' 곧 '존재의 환히 열린 터(리히퉁)', 다시 말해 존재의 진리(비은폐성)를 가리킨다. 인간은 현-존재로서 존재의 진리가 드러나는 장소다. 바로 이렇게 인간이 현-존재로서 존재의 진리라는 열린 터에 들어서 있음을 가리키는 말이 탈-존이다. 그래서 하이데거는 다음과 같이 말한다.

"이런 '현'의 존재가, 아니 오직 이것만이 탈-존이라는, 다시 말해 '존재의 진리 안에 탈자적으로 서 있음'이라는 근본 특징을 지닌다." 「휴머니즘 서간」『이정표2』 137쪽

이렇게 '자기에게서 벗어나 존재의 진리 안에 들어 서 있다'는 이 인간의 본질은 탈-존에서 비롯하는 것이며, 이 탈-존은 형이상학적으로 사유되는 '현존'(실존)과는 일치하지 않는다. 한 번 더 강조하면 "탈-존은 존재의 진리 안으로 나가 서 있음을 의미한다."「휴머니즘 서간」 『이정표2』 138쪽 이와 달리 '현존', 곧 실존은 그저 현실적으로 존재함, 눈앞에 존재함을 뜻할 뿐이며, 그러므로 '인간 현-존재와 존재 자체의 내적 관련'을 드러내지 못한다.

던져져 있음, 존재가 인간을 진리 안으로 던짐

이렇게 『존재와 시간』의 개념을 재해석하는 하이데거는 이제 '던

져져 있음'(Geworfenheit)라는 용어도 재해석한다. 『존재와 시간』에서 '던져져 있음'은 인간이 자신의 뜻과는 상관없이 놓여 있는 '현사실적 상황과 운명'을 가리키는 말이었다. 그런데 여기서 하이데거는 이 말의 의미를 존재에 대한 관련 속에서 풀이한다.

"현존재는 자신을 인간에게 보내는 역운적인 것인 존재가 (인간을 자신의 진리 안으로) 던지는 가운데 현성한다." 「휴머니즘 서간」, 「이정표2」 139쪽

인간의 '던져져 있음'은 그냥 주어진 상황이 아니라 존재가 인간을 존재의 진리 안으로 던짐으로써 일어난다는 것이다. 그렇다면 인간이 존재의 진리 안으로 들어가 서 있음은 순전히 인간의 능동적인 행위가 아니라 오히려 존재가 인간을 진리 안으로 던져 넣은 것이 된다. 곧 인간이 존재의 열린 터(Lichtung) 안으로 던져져 있는 것이다. 인간의 던져져 있음이라는 상황은 이렇게 '존재의 진리 안에 들어서 있음'이라는 매우 역사적이고 거시적인 의미를 지니게 되는 것이다. 왜냐하면 존재의 진리는 시시각각으로 바뀌는 것이 아니라 긴 역사적 시대를 거치며 바뀌는 것이기 때문이다.

그리하여 이제 『존재와 시간』에 등장한 '기투'(Entwurf, 기획하여 던짐)라는 개념도 이 존재의 '던짐'에 맞게 재해석된다. 『존재와 시간』에서 기투는 인간이 자신을 장래의 가능성을 향해 던지는 능동적인 결단적 행위를 가리키는 말이었다. 그런 결단의 기투를 통해서 인간은 세인의 지배에서 벗어나 본래적인 자기를 회복한다. 그러나 이제 주동적인 것이 존재 자체이고 모든 것이 존재의 '던짐'(Wurf)에서 비롯하는 이상, 인간의 기투 곧 '기획하여 던짐'(Ent-wurf)은 존재의 던짐에 상응하는 던짐 곧 마주던짐이 된다. 다시 말해 존재가 자신의 진리를 인간에게 보내오기 때문에, 여기에 상응해 인간이 존재의 진리 안에 들어서 있음이 되는 것이다. 그러므로 인간의 기투는 주체의 능동적인 행위로 해석돼서는 안 되는 것이다.

이것은 정확히 사르트르가『실존주의는 휴머니즘이다』에서 강조한 '기투'를 겨냥하는 말이다. 사르트르는 기투를 주체의 능동적인 기획 활동으로 설명한다. "인간은 우선 미래를 향해서 자신을 던지는 존재요, 미래 속에 자신을 기투하는 일을 의식하는 존재다."[48] 사르트르의 이런 기투 해석은 하이데거의『존재와 시간』을 비교적 충실하게 따른 것이라고 할 수 있지만, 근원적으로 보면 사르트르의 이런 해석에서 존재와 현존재의 관련은 사유되지 않고 있다고 해야 할 것이다. 사정이 그렇게 된 것은 사르트르의 오해 탓도 있지만『존재와 시간』이 '존재 사유'로서는 그만큼 불완전했던 탓이 크다고 할 수 있다. 그런 점에서 하이데거의 이 글은『존재와 시간』의 '주관주의적 편향'을 그 후에 성숙한 '존재 사유'를 통해 바로잡는 작업이라고 보아도 될 것이다. 바로 그런 이유로 하이데거는 이 글에서『존재와 시간』의 불완전성을 고백한다.

"주관성을 포기하는 사유를 충분히 뒤따라 수행하고 더불어 수행하는 작업이 확실히 한층 더 어렵게 됐던 까닭은『존재와 시간』을 발간할 당시 제1부의 제3편인 '시간과 존재'가 보류된 데 있다. 여기(제3편)에서 전체가 방향을 바꾼다. 문제의 제3편이 보류됐던 것은 사유가 이런 전회(Kehre)를 충분히 말하기에는 턱없이 쓸모가 없었고 그로써 형이상학의 언어의 도움으로는 이런 과제를 꾸려 나갈 수 없었기 때문이다."「휴머니즘 서간」,『이정표2』 140쪽

형이상학의 틀 안에 갇힌 '존재와 시간'

『존재와 시간』의 언어, 이를테면 '실존'이나 '기투'라는 언어가 형이상학의 틀 안에 갇혀 있었고, 그래서『존재와 시간』의 목표, 곧 현존재 분석을 통해서 존재 일반의 의미를 해명한다는 목표에 이르지

못했다는 것이다. 그 목표에 도달하려면 예정됐던 제3편 '시간과 존재'를 통해서 사유가 현존재에서 존재로 전환됐어야 하는데, 제3편을 포기함으로써 그런 전회가 이루어지지 못했다는 것이다. 형이상학의 언어에 갇혀서는 애초에 그런 전회는 불가능한 것이었다는 고백이다.

그렇다면 이제 하이데거가 이 글에서 하는 작업은 그 '전회'에 해당하는 것이고, 현존재 사유가 아닌 존재 사유를 그 자체로 감행하는 일이라고 할 수 있을 것이다. 그렇게 전회를 감행하여 존재에서부터 사태를 물어 들어갈 때 현존재는 '현-존재'로, '실존'은 '탈-존'으로, '기투'는 '존재의 던짐에 상응하는 마주던짐'으로 드러나게 된다. 이 대목에서 하이데거는 1930년 「진리의 본질에 관하여」라는 강연에서 '존재와 시간'으로부터 '시간과 존재'로 전향하는 사유를 확실히 통찰했다고 말한다.「휴머니즘 서간」,「이정표2」140쪽 이 글 「휴머니즘 편지」에서 사유의 전회가 비로소 처음 시작된 것은 아니라는 얘기다. 그러나 이렇게 말함과 동시에 하이데거는 그런 전회가 "『존재와 시간』의 입각점의 변화"를 뜻하는 것은 아니라고 분명하게 강조한다.

"오히려 전회에 이르러서야 비로소 『존재와 시간』에서 시도됐던 사유는 『존재와 시간』이 경험됐던 차원, 더 정확히 말하자면 『존재와 시간』이 존재 망각이라는 근본 경험 안에서 경험됐던 그런 차원의 장소에 도달한다."「휴머니즘 서간」,「이정표2」140쪽

『존재와 시간』을 쓸 당시에도 하이데거 자신은 존재 자체의 차원을 분명히 경험한 상태였다는 얘기다. 다만 그 경험을 『존재와 시간』의 언어로 풀어내지 못했던 것이다.

이렇게 자신의 생각을 명확히 밝힌 상태에서 하이데거는 사르트르 실존주의의 근본 명제 곧 "실존이 본질에 앞선다"라는 명제를 직접

거론하며 그 한계를 다시 한번 비판한다. 이 명제에서 사르트르는 현존(실존)과 본질을 '본질이 현존에 선행한다'는 전통 형이상학의 의미에서 수용하고 있다. 서양 전통 형이상학은 존재자의 존재를 '본질'과 '현존'으로 나눈 뒤 본질이 먼저 있고 그 본질이 현존 속에서 자신을 구현한다고 생각한다. 요컨대 '본질이 현존에 앞선다'고 생각한다. 그렇게 보면 사르트르의 명제는 형이상학 명제에서 주어와 술어를 뒤바꾸어놓은 것에 지나지 않는다. 그러므로 사르트르의 명제는 여전히 형이상학적 명제로 머물러 있다. 하이데거는 사르트르의 명제가 형이상학적 명제인 한 '존재 진리의 망각'에서 벗어나지 못한다고 지적한다.

이때 하이데거가 '존재 진리의 망각'이라는 말로 가리키는 것은 '존재 진리의 역사적 운명의 망각'이다. 존재 자체는 역사적 시기마다 다르게 비은폐되는데, 다시 말해 존재의 진리는 역사적으로 바뀌는데, 형이상학은 이런 존재 진리의 역사적 변화를 알지 못하는 것이다. '실존과 본질'이라는 사르트르의 형이상학적 개념은 그러므로 '존재 진리'를 망각한 데서 나온 개념인 것이다. 인간이 존재의 진리가 임재하는 현-존재로 파악될 때에만 우리는 '존재의 진리를 망각함'에서 벗어날 수 있다. 그러므로 "실존주의의 주요 명제는 앞서 언급한『존재와 시간』의 저 명제와는 조금도 공통점이 없다."「휴머니즘 서간」, 『이정표2』, 141쪽 사르트르의『존재와 무』는『존재와 시간』이라는 태반에서 태어난 자식인 것은 맞지만 이 자식이 부모와는 본질적으로 다르다고 분명하고 냉정하게 선을 긋는 것이다.

탈-존, 존재의 진리 안에 들어서 있음

하이데거는 다시 '존재의 진리' 문제로 돌아가, 존재의 진리라는 차원에 도달해 그 진리를 숙고하려면 다음 물음을 해명해야 한다고 말한다.

"즉 어떻게 존재는 인간에게 다가오고 또 어떻게 존재는 인간을 요청하는가?"「휴머니즘 서간」, 『이정표2』 142쪽

이 물음이 겨냥하는 것을 파악하려면 먼저 '인간은 탈-존함으로써 비로소 인간이 된다'는 사태를 명확히 이해해야 한다. 탈-존이란 '존재의 진리 안에 탈자적으로 들어서 있음'을 뜻한다. 이 탈-존이 인간의 본질이다. 형이상학에 갇혀 있는 한 휴머니즘은 바로 이런 차원을 사유하지 못한다. 바로 그렇기 때문에 휴머니즘이 인간의 존엄을 아무리 드높이려고 해도 '인간의 본래적 존엄성'에는 도달하지 못한다. 이런 말을 할 때 하이데거의 심중에는 인간이 존재의 열린 터에 들어서는 것, 인간이 존재 진리의 터전이 되는 것이야말로 인간의 존엄성을 가장 높이는 것이라는 생각이 확고하게 자리 잡고 있다. 인간은 존재의 진리가 드러나는 장으로 있을 때 가장 존엄해지는 것이다. 휴머니즘은 이런 존엄성을 알지 못한다. 그래서 『존재와 시간』의 사유는 휴머니즘에 반대한다.

"그러나 이렇게 휴머니즘에 반대한다고 해서 『존재와 시간』의 사유가 인간적인 것의 반대쪽 편을 들어 비인간적인 것을 변호하거나, 비인간성을 옹호하여 인간의 존엄성을 깎아내리는 것은 아니다. 휴머니즘에 반대하는 것은 휴머니즘이 인간의 인간다움을 충분히 드높게 평가하지 못하기 때문이다."「휴머니즘 서간」, 『이정표2』 143쪽

휴머니즘 곧 '인간을 중심에 놓는 사고방식'으로는 인간의 본래적 존엄성을 드러낼 수 없는 것이다. 인간이 존재의 진리가 열리는 장이 될 때에야 인간의 존엄성이 가장 높은 수준에서 드러나는 것이다. 왜 존재와 관계할 때에만 인간의 존엄성이 최고로 높여지는가? 존재와 관계하는 한에서 인간이 바로 우주 만물의 모든 진리가 드러나는

터전이 되기 때문이다. 인간이 없다면 존재가 드러날 곳도 머물 곳도 없다. 인간이 있을 때에만 존재는 자신의 진리를 드러낸다.

사르트르가 말하는 '주체'는 결코 인간을 최상으로 드높이지 못한다.

"인간의 본질적 고귀함은 인간이 존재자의 주체라는 점에, 즉 존재자의 실체라는 점에 있지 않다."「휴머니즘 서간」, 『이정표2』 143쪽

인간은 존재자의 주체, 다른 말로 하면 존재자의 주인이 아니다. 주체에게는 모든 것이 대상과 객체로 나타난다. 인간이 주체인 한 존재자의 존재는 그 주체의 대상으로 나타날 수밖에 없다. 이 대상으로서 객체를 인간 주체는 장악하고 소유할 수 있다. 그러나 이것은 존재를 한갓 인간이 마음대로 주무를 수 있는 것으로 떨어뜨릴 뿐이다. 존재가 그렇게 낮추어지면 존재의 터전인 인간 자체도 같이 낮추어질 수밖에 없다. 인간은 주체가 아니라 존재를 따르고 지키는 자다.

"인간은 존재 자체에 의해 존재의 진리 안으로 던져져 있다. 인간은 그렇게 탈-존하면서 존재의 진리를 수호하는데, 이로써 존재의 빛 안에서 존재자는 본연의 존재자로서 나타나는 것이다."「휴머니즘 서간」, 『이정표2』 143쪽

인간은 존재 진리의 터전이고 그런 터전으로서 존재 진리의 빛 안에 있다. 그렇게 진리의 빛 안에서 그 빛을 통해 존재자가 본래의 존재자로 나타날 수 있다. 우리가 진리의 빛 안에 있음으로써 세상 모든 존재자가 그 본래의 존재자로 빛나도록 해주는 것이다. 그렇게 진리의 터전, 존재의 터전이 될 때 인간은 휴머니즘이 말하는 주체와는 비교할 수 없을 정도로 높은 존엄성을 갖추게 되는 것이다.

인간이 결정할 수 없는 존재의 역사적 운명

그러나 여기서 하이데거는 인간이 존재의 빛 안에 있다고 하더라도 존재자, 곧 신과 역사와 자연이 그 빛 속에서 나타날 것인지 말 것인지, 나타난다면 어떤 방식으로 나타날 것인지를 인간 자신이 결정할 수는 없다고 강조한다. 왜냐하면 "존재자의 도래는 존재의 역사적 운명에 기인하기" 때문이다. 존재의 그 '역사적 운명' 곧 역운(Geschick)은 인간이 마음대로 좌우할 수 있는 것이 아니고 존재가 스스로 운명 속에서 결정하는 것이다.

이것이 후기 하이데거 존재 사유의 근본 주장이다. 존재가 결정하는 것이지 인간이 결정하는 것이 아니다. 이런 말을 쉽게 이해하려면 '역사의 법칙'이나 '역사의 흐름'을 생각해보는 것이 좋다. 인간은 역사의 흐름을 바꾸려고 분투한다. 그러나 인간이 아무리 노력해도 역사는 의연히 제 길을 가는 것처럼 보인다. 때로는 흐름이 멈추어 있기도 하고 때로는 거꾸로 가기도 하며 때로는 급류처럼 미친 듯이 내달려 인간을 휩쓸어버리기도 한다. 인간은 역사의 보이지 않는 큰 흐름을 존중하면서 그 흐름 속에서 최선을 다해 역사를 만들어가는 수밖에 없다. 하이데거는 한때 나치즘에 몸을 담그고 능동적으로 민족의 운명을 개척해보려고 했다. 그러나 그런 노력은 거대한 원심력에 튕겨 나가는 공처럼 무력하게 튕겨 나갔다. 역사의 흐름을 마음대로 바꿀 수는 없는 것이다. 존재의 역운이라는 말로 하이데거가 이야기하려는 것이 이것이다.

인간은 존재의 역사적 운명에 따라 존재의 진리를 수호해야만 한다. 바로 그런 의미에서 하이데거는 인간을 "존재의 목자"(der Hirt des Seins)라고 부른다. 이때 목자라는 것은 양떼를 이끌고 가듯이 존재를 이끌어 가는 사람이라는 뜻이 아니라, 존재를 따르면서 존재를 지키고 돌보는 자, 다시 말해 존재 진리의 파수꾼이라는 뜻이다.

존재는 신이 아니고 세계의 근거도 아니다

그렇다면 '존재'란 도대체 무엇인가? 하이데거는 이렇게 묻고 다음과 같이 답한다. "그것은 그것 자체다."「휴머니즘 서간」『이정표2』144쪽 하이데거는 왜 이렇게 말하는가? 존재는 그것 자체라고 말하는 것 말고는 달리 말할 길이 없기 때문이다. 어떤 것이 이러이러하다, 어떤 것이 이렇게 저렇게 있다고 규정하면 그것은 존재자가 돼버리고 만다. 존재는 존재자가 아니다. 그러므로 존재를 존재자처럼 규정할 수는 없다. 그렇다고 해서 존재가 단적으로 '무'인 것도 아니다. 존재는 존재자를 존재자로서 드러나게 하지만 그 존재는 존재자가 아니다. 우리가 '존재는 이러이러한 것이다'라고 존재자처럼 규정하는 것은 잠정적이고 방편적일 뿐이다. 존재는 규정할 수 없다. 그러나 그렇게 규정할 수 없는 그 존재를 경험하고 말하는 것을 사유는 배워야 한다고 하이데거는 강조한다.

"존재, 그것은 신도 아니고 세계의 근거도 아니다." 왜 존재는 신도 아니고 세계의 근거도 아닌가? 존재는 존재자가 아니기 때문이다. 우리가 신이라고 명명하는 것은 존재하는 것 곧 존재자다. 그러므로 존재는 신이 아니다. 존재는 차라리 신이 신으로서 드러날 수 있는 어떤 바탕이라고 해야 할 것이다. 그러나 그 바탕은 근거라는 의미의 바탕은 아니다. 우리가 아는 신은 세계의 창조주이다. 신은 세계 창조의 원인 혹은 근거다. 그러나 존재는 그런 의미의 신이라고 할 수 없다. 존재는 존재자가 아니기 때문이다. 존재가 존재자를 존재하게 한다는 것은 존재가 존재자를 존재자로서 드러낸다는 뜻이지 존재가 창조주처럼 존재자를 창조한다는 뜻이 아니다.

마찬가지로 존재는 세계의 근거도 아니다. 존재는 존재자를 존재하게 하지만 근거로서, 원인으로서 존재하게 하는 것은 아니다. 독일 신비주의 시인 앙겔루스 실레시우스(Angelus Silesius, 1624~77)의 시구를 빌리면, "장미는 이유 없이 핀다. 장미는 피기 때문에 핀다."『근거율』 93쪽 존재는 장미라는 존재자가 존재하게 해준다. 그러나 근거로서, 원인으로서 존재하게 해주는 것은 아니다. '장미는 피기 때문에 핀다'는 실레시우스의 말처럼 그렇게 그냥 피어나도록 해주는 것이 존재다. 말하자면 존재는 근거 없는 근거, 탈-근거(Ab-grund)이고 심연(Abgrund)이다. 그러므로 존재는 세계의 근거가 아니다. 분명히 존재는 세계를 존재하게 하지만 그것은 새가 알을 낳듯, 신이 세상을 창조하듯 그렇게 존재하게 하는 것이 아니다. 존재는 존재자가 존재자로서 드러나게 한다. 마치 빛 속에서 사물이 사물로서 드러나듯이 존재는 존재자를 드러나게 한다. 그러나 그 빛이 사물의 원인이나 근거는 아니다. 바로 그렇게 존재는 존재자를 존재하게 한다.

하이데거는 그 '존재'가 인간에게서 멀리 떨어져 있음과 동시에 가장 가까이 있다고 말한다.

"존재는 본질적으로 모든 존재자보다 더 멀리 떨어져 있는데, 그런데도 인간에게는 그 어느 존재자보다 즉 바위, 동물, 예술 작품, 기계, 천사나 신보다 더 가까이 있다."「휴머니즘 서간」, 『이정표2』 144쪽

존재는 존재자가 아니므로 보이지도 않고 잡히지도 않으며 마음속에 그림으로 그려지지도 않는다. 그러므로 존재는 모든 존재자보다 더 멀리 떨어져 있다. 그러나 동시에 존재는 모든 존재자보다 가까이 있다. 왜냐하면 인간이야말로 그 존재가 자신을 드러내는 장이기 때문이다. 인간은 현-존재로서 존재의 열린 터에 나가 섬으로써 존재 진리의 터전이 된다. 인간은 현-존재로서 존재의 진리를 자기 안에 두고 있다. 그러므로 존재의 진리는 그 어떤 존재자보다, 심지어

인간 자신보다 인간에게 가까이 있다고 할 수 있다. 존재가 신보다도 인간에게 가까운 것도 우리 인간이 신을 존재자로서 숭배하기 때문이다. 그렇게 존재는 인간에게 가장 가까이 있다.

동시에 그런 존재가 인간에게서 가장 멀리 떨어져 있다고 하이데거는 말한다. 왜 그런가? 인간은 언제나 항상 존재자만을 고집하기 때문이다. 사유는 존재자 자체만을 사유할 뿐이고 존재 그 자체는 사유하지 않는다.「휴머니즘 서간」『이정표2』144쪽 인간이 존재의 터전임을 알지 못하기 때문에 존재는 망각돼 있고 인간을 떠나 있다. 전통 형이상학이 '존재자란 무엇인가'라고 물음으로써 그 존재자의 존재를 사유한 것은 사실이다. 그러나 그런 형이상학의 존재 물음은 존재 자체에 관한 물음은 아니다. 실상을 더 따져보면 형이상학은 존재의 빛 안에서 그렇게 묻고 있다. 다만 형이상학은 자신이 그렇게 존재의 빛 안에 서 있음을 깨닫지 못할 뿐이다. 형이상학의 배후에 '존재의 진리'가 은닉돼 있는 것이다. '존재의 진리'란 진리 곧 밝음(Lichtung)으로서 자신을 드러낸 '존재 자체'다.

존재의 진리를 망각하는 것, 퇴락

그렇다면 존재는 탈-존과 어떤 관계에 있는가? 하이데거는 다음과 같이 답한다. 탈-존으로서 인간이 존재 진리의 장소인 한에서 "존재 자체는 관계(Verhältnis)다."「휴머니즘 서간」『이정표2』145쪽 여기서 '관계'를 '존재의 자기 관계'로 받아들인다면 이 문장은 이해하기 쉬워진다. 존재가 탈-존을 통해서 자신을 드러내므로, 다시 말해 탈-존이 존재가 자신을 드러내는 방식이므로, 존재와 탈-존의 관계는 '존재의 자기 관계'라고 할 수 있는 것이다. 탈-존이란 '인간이 존재의 밝음(리히퉁) 안에 나가 서 있음'을 뜻하지만, 그 탈-존을 존재 쪽에서 이해하면 '존재가 인간을 통해서 자신의 밝음(리히퉁)을 드러냄'을 뜻한다. 인간은 존재 진리(리히퉁)의 터전으로서 탈-존의 방식으로 존재를 떠맡는 것이고, 존재는 탈-존을 통해서 자신의 진리를 드러내는 것이다.

그런데도 인간은 '가장 가까운 것' 곧 존재를 오인하고, '그 다음으로 가까운 것' 곧 인간 자신을 가장 가까운 것이라고 생각하고 고집한다. 이렇게 존재의 진리를 망각하는 것이 바로 『존재와 시간』에서 '퇴락'(Verfall)이라고 부른 사태라고 하이데거는 말한다. 퇴락이란 '존재자에 몰입해 존재를 망각하고 있음'이다. 그러므로 존재 망각이야말로 인간의 퇴락인 것이다. 그렇다면 『존재와 시간』에서 '본래성'이나 '비본래성'이라는 말로 가리킨 것도 이제 다른 의미를 띨 것이다. 『존재와 시간』은 실존이 세인에게 장악돼 있을 때를 '비본래성'으로, 실존이 자기 자신을 획득했을 때를 '본래성'으로 설명했다. 그러나 이제 하이데거는 그 의미를 다음과 같이 바꾸어 쓴다.

"본래성과 비본래성이라는 명칭도 도덕적·실존적 차이나 인간학적 차이를 의미하는 것이 아니라 … 가장 먼저 사유해야 할 '존재의 진리에 대한 인간 본질의 탈자적 관련'을 의미한다." 「휴머니즘 서간」 『이정표2』 146쪽

다시 말해 존재의 진리 안에 인간이 탈-존해 있음을 자각하는 것이 본래성이라면, 그것을 자각하지 못한 채 존재 진리를 망각하고 있는 상태가 비본래성인 것이다.

이렇게 존재 자체는 인간에게 가까이 있다. 그래서 하이데거는 존재를 '가까움'(Nähe)이라고 부른다. 이 존재의 가까움은 '언어'로 나타난다. 그러나 그 언어는 소리와 선율과 의미의 통일성이라는 뜻의 언어, 다시 말해 우리가 일상적으로 대화할 때 주고받는 그런 언어가 아니라고 하이데거는 말한다. 존재사적 본질에 따라서 보자면,

언어는 '존재의 집'이다. 이런 언어는 인간 본질 곧 탈-존에게는 '거처'다. 그러므로 존재의 언어가 있고 그 언어가 인간에게 인간 본질의 언어로 나타나는 것이다. 그러므로 인간은 '언어를 소유한 생물' 곧 '조온 로곤 에콘'($\zeta\tilde{\omega}ov\ \lambda\acute{o}\gamma ov\ \check{\epsilon}\chi ov$)에 지나지 않는 것이 아니다. 오히려 "언어는 존재의 집이며 인간은 그 안에서 거주하면서 탈존한다. 왜냐하면 인간은 존재의 진리를 수호하면서 그 진리에 속해 있기 때문이다."「휴머니즘 서간」『이정표2』147쪽 그러므로 언어의 차원에서 보더라도 인간은 존재의 언어 안에 거주하며 그 언어를 사용하는 자라고 할 수 있다.

존재를 이렇게 앞세우고, 그 존재의 열린 터에 들어서 있음 곧 탈-존을 인간의 본질로 사유한다면, 결국 인간의 인간다움에서 본질적인 것은 인간이 아니라 존재라는 것이 드러난다. 바로 그런 점에서 사르트르가 『실존주의는 휴머니즘이다』에서 한 발언 곧 "정확히 우리는 인간만이 있는 국면 안에 있다"라는 발언은 하이데거의 생각과는 정반대되는 것이라고 할 수 있다. 사르트르는 어떤 경우에도 '존재 자체'를 상정하지 않는다. 사르트르에게 존재 자체란 있을 수 없으며, 세계의 중심이 되는 것은 오직 인간이다. 그러나 하이데거는 사르트르의 문장을 정면으로 거부하고 이렇게 말한다.

"정확히 우리는 원칙적으로 존재가 있는 국면 안에 있다."「휴머니즘 서간」『이정표2』148쪽

사르트르의 실존주의는 존재를 인간으로 해소하려고 한다. 그래서 '우리는 인간만이 있는 국면에 있다'고 말한다. 그러나 사르트르의 주장에 대응해서 말한다면, 하이데거는 인간을 존재로 해소하려고 한다. 물론 인간 현-존재가 없다면 존재는 열릴 수도 없고 드러날 수도 없을 것이다. 그러므로 현-존재가 있는 한에서만 존재도 자신을 드러낼 수 있다. 그러나 그렇다고 해서 현-존재가 주동적일 수는

없다. 하이데거는 인간이 존재를 산출하는 것이 아니라 존재가 인간을 필요로 한다고 생각한다. 그러므로 하이데거의 이런 생각을 따른다면, 사르트르와는 다르게 '우리는 존재가 있는 국면에 있다'고 말해야 한다.

"그것이 존재를 준다"

여기서 하이데거는 『존재와 시간』의 또 다른 명제 "그것이 존재를 준다"(Es gibt das Sein)라는 말을 세심하게 재해석한다. 'Es gibt das Sein'이라는 말은 '존재가 주어져 있다'는 뜻이다. 존재는 존재자가 아니므로 엄밀히 말하면 '존재한다'고 할 수 없다. 그래서 '존재한다'(ist)라는 동사 대신에 '주어져 있다'(es gibt)라는 표현을 쓰는 것이다. 그런데 여기서 하이데거는 'Es gibt das Sein'을 문자 그대로 '그것이 존재를 준다'고 재해석한다. 그럴 때 존재를 주는 '그것' (Es)은 무엇인가? 다른 것이 아니라 바로 '존재 자체'라고 하이데거는 말한다. 따라서 존재 자체가 존재를 주는 것이다. 존재 자체가 존재의 '열려 있는 장'(das Offene) 곧 밝음(Lichtung)을 주는 것이다.

"열려 있는 장 자체를 주면서 이와 함께 열려 있는 장 안으로 자신을 주는 것이 존재 자체다."「휴머니즘 서간」『이정표2』 148쪽

존재 자체가 자신을 탈은폐한 것이 바로 밝음(리히퉁)이고 진리다. 그리고 그렇게 드러난 진리가 곧 '비은폐된 존재'다. 존재 자체가 진리로서 자신을 드러내는 것이다. 그런 사태가 '그것이 존재를 준다'는 말에 담겨 있다고 하이데거는 말하는 것이다.

그런데 '그것이 존재를 준다'는 것은 '존재의 역사적 운명'으로 전개된다.「휴머니즘 서간」『이정표2』 149쪽 '그것이 존재를 준다'는 다른 말로 표현하면 '존재 자체가 존재의 진리를 준다'가 된다. 존재 자체가 존재

의 진리를 보내주는 것이다. 그 존재의 진리는 역사적인 국면마다 다르게 나타난다. '존재 자체가 자신을 다르게 드러내 보임'이 곧 역사적 국면마다 달라지는 존재의 진리인 것이다. 그런 의미의 '존재의 역사'는 "본질적인 사상가의 낱말 안에서 언어에 도달한다"고 하이데거는 말한다. 「휴머니즘 서간」, 「이정표2」 149쪽 존재 자체가 자신의 진리를 역사적 국면마다 사상가의 낱말을 통해서 드러낸다는 얘기다.

결국 사상가가 제출한 낱말들에 존재의 진리가 담겨 있는 셈이다. 그래서 그리스 초기 사상가들이 제시한 피시스(φύσις)나 로고스(λόγος), 플라톤의 이데아(ἰδέα), 아리스토텔레스의 우시아(οὐσία), 헤겔의 정신, 니체의 권력의지 같은 낱말을 통해서 존재의 진리가 시대마다 다르게 자신을 드러내는 것이다. 그러므로 "존재는 역사적 운명에 속한다. 그것은 존재가 자신을 주기 때문이다." 「휴머니즘 서간」, 「이정표2」 149쪽 그렇다고 해서 존재가 언제나 자신을 있는 그대로 주는 것은 아니라고 하이데거는 말한다.

"그것은 자신을 주는 동시에 자신을 거부한다." 「휴머니즘 서간」, 「이정표2」 149쪽

이것이 존재 자체가 자신을 주는 방식이다. 존재 자체는 자신을 주면서도 동시에 거부하는 방식으로 준다. 이를테면 그것이 바로 형이상학에서 벌어진 사태다. 형이상학은 존재 자체를 사유하지 못하는 존재 망각의 사유방식이다. 플라톤 이래로 2천여 년 동안 형이상학은 존재 망각의 방식으로 서구 사유를 지배해왔다. 그래서 겉으로만 보면 이 형이상학은 존재 자체와는 아무런 관련도 없는 것처럼 보인다. 그러나 하이데거는 형이상학도 존재 진리의 역사에 속한다고 단언한다. 존재가 자신을 형이상학의 방식으로 드러낸 것이다.

그런데 형이상학은 존재를 망각하는 사유이므로, 존재가 형이상학을 통해 자신을 드러내기를 거부했다고도 말할 수 있다. 이렇게 자

신을 드러내기를 거부하는 것도 바로 존재 진리의 역사에 속하는 것이다. 그러므로 헤겔이나 마르크스나 니체의 형이상학도 존재가 자신을 거부하는 방식으로 자신을 드러낸 것이라고 볼 수 있다. 형이상학은 존재를 망각하는 방식으로 존재의 진리를 드러낸다. 이 역설적인 진술을 통해 하이데거는 존재의 역사적 운명을 이야기한다. 존재 자체는 그 자신의 운명 속에서 긴 세월 동안 자신을 감추기도 하고 마침내 하이데거의 사유에 이르러 자신을 다시 드러내기도 하는 것이다.

현존재가 있는 한에서만 존재는 있다

그렇다면 "현존재가 있는 한에서만 존재는 주어져 있다"라는 『존재와 시간』의 말은 어떻게 이해해야 할까? '존재는 주어져 있다'라는 말은 앞에서 본 대로 '그것이 존재를 준다', 다시 말해 '존재 자체가 존재를 준다'는 뜻이다. 그렇다면 '현존재가 있는 한에서만 존재 자체가 존재를 준다'는 건 무엇을 뜻하는가? "존재의 밝음(Lichtung)이 생기하는 한에서만, 존재는 자신을 인간에게 넘겨준다"는 뜻이다.「휴머니즘 서간」『이정표2』 150쪽 인간 현-존재의 현(Da)이 바로 존재의 밝음(Lichtung) 곧 존재의 열린 터이고, 이 존재의 열린 터로서 현(Da)을 존재가 준다는 얘기다. 존재가 자신을 주기 때문에 인간의 현(Da)이 존재의 열린 터로 드러날 수 있는 것이다. 그러므로 '현존재가 있는 한에서만 존재는 주어져 있다'는 문장을 현존재가 존재를 창조한다는 뜻으로 해석해서는 안 된다. 이 존재가 현존재를 통해서 자신을 드러내므로 현존재를 현존재로 존재하게 하는 것도 실은 존재 자체이기 때문이다. 현존재라는 '존재 진리의 열린 터'가 없다면 존재는 드러날 곳이 없는 것이다. 그러므로 현존재가 있는 한에서만 존재는 존재로 드러날 수 있는 것이다.

이 사태를 하이데거는 '기투'라는 말을 다시 끌어들여 설명한다. "기투는 본질적으로 던져져 있는 기투다."「휴머니즘 서간」『이정표2』 152쪽 인간 현존재의 기투 행위는 인간의 능동적인 행위가 아니라, '던져져 있는 기투' 다시 말해 존재의 던짐 안에 있는 기투(마주던짐)인 것이다.

"기투 안에서 던지고 있는 자는 인간이 아니라 오히려 존재 자체다."「휴머니즘 서간」『이정표2』 152쪽

어떤 사상가가 사상을 기투한다고 해보자. 가령 니체가 '권력의지'라는 사상을 구상해서 내놓는다고 해보자. 그것을 두고 통상적인 이해 방식에서는 니체가 '권력의지'라는 사상을 창안했다고 말한다. 그러나 하이데거는 니체의 이런 기투 행위 곧 권력의지라는 사상의 구상이 실은 '기투라는 방식으로 존재가 던진 것'이라고 말하는 것이다. 다시 말해 존재가 자신을 권력의지라는 사상으로 던졌기 때문에 니체가 그 던짐을 받아 권력의지 사상을 마주 던졌다는 것이다. 이것은 니체가 자신의 자서전 『이 사람을 보라』에서 '영감'에 대해 한 말을 떠올려보면 이해하기 어렵지 않다. 니체는 자신에게 영감이 내리꽂혔고 자신은 그 영감의 도구가 된 것 같았다고 거기에 썼다. 바로 그 사태가 '기투 안에서 존재가 자신을 던진다'는 말이 뜻하는 것이다. 존재 자체가 자신을 '권력의지'로 드러내 던졌고, 니체는 그 존재의 던짐을 받아 그 권력의지 사상을 궁구한 것이다.

이것이 모든 사상가들이 사상을 창출할 때 나타나는 사태이고 그런 사상가들을 통해서 존재 자체가 자신의 역사적 운명을 전개한다고 하이데거는 보는 것이다. 그러므로 니체의 권력의지든 헤겔의 정신이든 플라톤의 이데아든 그 모든 형이상학적 사상들이 존재 자체가 자신을 사상가들의 사유를 통해서 전개하고 드러내는 방식인 것

이다. 그렇다면 하이데거의 '존재 사유'도 존재가 자신을 보내는, 다시 말해 자신을 던지는 한 양상일 것이다. 하이데거의 사유를 통해서 존재가 자신을 드러내고 있는 것이다. 다만 기존의 모든 형이상학에서 존재가 자신을 거부하고 감추는 방식으로 던지는 것과 다르게, 하이데거의 사유에서는 존재가 자신을 존재 자체로서 드러낸다고 할수 있다. 바로 그런 의미에서 인간 현-존재는 존재가 자신의 진리를 드러내는 장인 것이다.

존재 망각과 고향 상실

인간은 이렇게 존재의 진리가 드러나는 장이고 그런 장으로서 존재의 가까운 곳에 거주하고 있다. "현존재의 현(Da)이 바로 존재의 가까움(Nähe)이다."「휴머니즘 서간」, 『이정표2』 152쪽 현존재는 존재가 드러나는 장이다. 그것을 하이데거는 '존재의 가까움'이라고 표현한다. 이때 '가까움'은 현존재 쪽에서 보면 '존재에 가까이 있음'을 뜻하고, 존재 쪽에서 보면 '존재가 가까이 임재함'을 뜻한다. 현존재가 존재에 가까이 다가가 있으며 존재는 현존재에 가까이 임재해 있다는 사태를 하이데거는 '존재의 가까움'이라는 말로 암시하는 것이다. 그 가까움(가까운 곳)을 하이데거는 횔덜린의 시 「귀향」의 시어를 빌려 '고향'이라고 명명한다. 고향이란 다른 것이 아니라 존재에 가까이 다가가 있음이고 존재가 인간에게 가까이 임재해 있음을 가리킨다.

그런데 오늘의 인간은 이 존재 가까이 거주하고 있음을 고유하게 경험할 능력이 없다고 하이데거는 말한다. 인간 현-존재야말로 존재가 임재하는 곳임을 알지 못하는 것이다. 그 알지 못함이 바로 '존재 망각'(Seinsvergessenheit)이며 이것을 다른 말로 하면 '고향 상실' (Heimatlosigkeit)이다. 존재가 가까이 임재해 있음을 망각함으로써 그 존재의 가까움으로서 고향을 잃어버린 것이다. 더 쉽게 말하면 고향이란 존재의 품 안이다. 기독교 신화를 빌려 말하면 그 고향이란 '에덴동산'일 것이다. 그 에덴동산은 다른 데 있는 것이 아니라 현-존재로서 인간 안에 있다. 그런데 인간은 그 존재를 망각했고 고향을 상실했다. 그렇다면 그 상실된 고향을 회복하고 망각된 존재를 상기하는 것이 이제 인간의 과제가 될 터다. 그리고 그 과제를 완수하려면 현-존재로서 인간 자신이야말로 존재의 터전임을 자각해야 할 것이다. 하이데거가 지금 이야기하려고 하는 것이 바로 그런 사태다.

여기서 하이데거는 이 고향이라는 낱말이 "애국적이거나 국수적으로가 아니라 존재사적으로 사유되고 있다"고 말한다.「휴머니즘 서간」『이정표2』152쪽 하이데거는 나치 운동에 참여하던 시절만 해도 민족주의적 태도가 매우 강했다. 그러나 독일이 패전한 상황에서 이제 하이데거는 고향을 그런 민족의 좁은 울타리에서 사유하기를 거부한다. 고향 상실은 여기서 세계의 운명으로 이야기된다. 고향 상실이 민족사의 문제가 아니라 세계사의 문제인 것이다. 하이데거는 이런 고향 상실을 마지막으로 경험했던 이로 니체를 거론한다. 니체는 1884년 가을「고독」이라는 시를 썼다.

"까마귀 떼가 울부짖으며
어지러운 날개 소리를 내면서 거리로 날아간다.
머지않아 눈도 내리리라.
행복하구나, 아직도 고향이 있는 자들은!
그대는 멈춰 서서 움직이지 않은 채 뒤돌아본다.
아아, 벌써 얼마나 먼 과거가 됐는가!
이 무슨 바보짓이란 말인가.
겨울을 앞두고 세상으로 도망쳐 들어오다니.

세상은 말 없고 냉랭한 사막으로
통하는 대문인데,
그대는 잃고 또 잃으면서
어디에도 머물 줄 모른다.

이제 그대는 창백하게 서 있다
겨울에 정처 없이 방랑하도록 저주받아,
차가워져만 가는 하늘을
찾아가는 연기와 같이.

날아라, 새여, 울부짖으라,
사막에서 우는 새의 노래를!
감추라, 어리석은 자 그대여,
피를 뿜는 마음을 얼음과 비웃음 속에!

까마귀들은 마냥 울면서
어지러운 날개 소리를 내면서 거리로 날아간다.
머지않아 눈이 오리라.
슬프다, 고향이 없는 자들은!"[49]

　시의 표면적인 의미를 추적하면, 이 시는 실스마리아에서 고독한 '영원회귀' 사유 작업을 하던 니체가 가을이 되자 다시 도시로 돌아와 느끼는 우울한 감정을 노래한 것이라고 할 수 있다. 그러나 이 시에서 강렬하게 드러나는 것은 '고향 상실'의 감정이다. 하이데거는 니체가 근원적인 고향 상실의 감정을 품고 있었다고 이해한다. 형이상학적으로 보면 그 고향 상실은 '신이 죽었다'는 니힐리즘의 경험이다. 니체는 형이상학 안에서 고향 상실에서 벗어날 출구를 찾았지만 결국 찾아낸 것은 '전도된 플라톤 철학'이었다. 그런 전도를 통해서 니체는 고향 상실에서 벗어날 출구를 찾은 것이 아니라 니힐리즘을 완성했을 뿐이다.

반면에 하이데거는 횔덜린이 '귀향'을 시로 지어낼 때 니체의 이런 한계를 넘어섰다고 말한다. 횔덜린은 니체보다 더 미래적인 시인인 것이다. 여기서 하이데거는 횔덜린의 '귀향'도 이제는 민족주의적인 눈으로 보지 않는다. 횔덜린이 귀향을 서구의 역사적 운명의 시야에서 이해했다고 보는 것이다.

"더구나 서구라는 것도 지역적 차원에서 동양과 구별되는 서양으로 사유되는 것이 아니고, 단순히 유럽으로 사유되는 것도 아니며 오히려 '근원에 가까움'에 입각해 세계사적으로 사유된다."「휴머니즘 서간」 『이정표2』 152쪽

이것은 하이데거 자신이 민족주의나 유럽주의를 넘어 세계사적으로 사유하고 있음을 드러내는 문장이다.

존재의 성스러움과 신의 신성

존재 망각과 고향 상실은 횔덜린의 다른 용어로 하면 '세계의 밤'이다. 여기서 하이데거는 '존재의 성스러움'과 '신의 신성'의 관계를 이야기한다.

"정말 그리고 어떻게 신과 신들은 자신을 거부하며 밤은 여전히 지속되는가? 또 정말 그리고 어떻게 성스러운 낮은 동트는가? 또 정말 그리고 어떻게 성스러운 것(성스러움)이 떠오를 때 신과 신들은 새롭게 나타나기 시작할 수 있는가?"「휴머니즘 서간」 『이정표2』 153쪽

이 물음에 존재와 신의 관계에 대한 암시가 들어 있다고 볼 수 있

다. 성스러운 낮은 존재 자체가 자신을 알려오는 때다. 존재 자체가 이렇게 대낮처럼 밝게 떠오를 때 신과 신들이 새롭게 나타나기 시작할 수 있다. 여기서 신은 이제까지 존재했던 '존재자로서 신'이 아니다. 하이데거가 생각하는 신은 최초의 원인도 최종적 근거도 아니다. 신은 존재자가 아니다. 그렇다면 하이데거가 생각하는 신은 존재와 어떤 관련이 있을 것이다. 하이데거는 이렇게 말한다.

"성스러운 것(das Heilige, 성스러움)만이 비로소 신성(Gottheit)이 존재할 본질적 공간이고 신성 자체만이 신들과 신을 위한 차원을 허락하는데, 이 성스러운 것(성스러움)이 밝게 빛나려면 먼저 오랜 준비 끝에 존재 자체가 자신을 비추고 또 자신의 진리 안에서 경험돼야 한다." 「휴머니즘 서간」, 『이정표2』 153쪽

여기서 성스러운 것(성스러움)은 존재 자체를 가리킨다. 존재 자체의 성스러움 속에서 신성 곧 신의 본질이 존재할 공간이 열린다. 그리고 바로 이 공간에 존재하는 신성 속에서 신이 등장할 수 있다. 이때의 신은 이제까지 서구를 지배하다가 물러가버린 신, 존재자적인 신이 아니다. 이 신이 등장하려면 먼저 우리가 존재 자체를 그 자신의 진리 안에서 경험해야 한다. 이렇게 존재 자체를 그 빛남 속에서 경험할 때 성스러운 것(성스러움)이 밝게 빛나게 되고 그 안에 신성이 머물게 되며 그 신성을 통해 참다운 신이 등장할 수 있다는 것이다. 하이데거는 신의 문제를 이 글 후반부에서 더 깊게 다룬다.

하이데거가 지금 주목하고 있는 것은 고향 상실이다. 고향 상실은 존재 망각에서 비롯하는데, 그것을 존재 쪽에서 말하자면 '존재자로부터 존재가 이탈함'이다. 현존재 쪽에서 보면 '존재 망각'이지만, 존재자 쪽에서 보면 '존재 이탈'이다. 존재 이탈이란 존재자에게서 존재가 빠져나갔다는 얘기다. 존재는 성스러움을 가리킨다. 그러므로 존재 이탈이란 모든 존재자에게서 성스러움의 차원이 빠져나가고

말았다는 얘기다. 근대 형이상학이 폭주하면서 모든 존재자들이 인간이 개발하고 이용하고 수탈하고 착취할 수 있는 주체의 대상이 되고 말았다. 바로 그 상태가 존재의 성스러움이 존재자에게서 빠져나간 상태다. 바로 그렇게 존재가 이탈함으로써 세계가 황폐해졌고, 그렇게 황폐해진 곳에서는 성스러움도 고향도 찾을 수 없는 것이다.

그런데도 인간이 존재 망각에 빠져 있기 때문에 '존재의 진리'는 여전히 사유되지 않는다. 존재의 성스러움이 빠져나갔다는 그 사태가 사유되지 않고 있는 것이다. 이 존재 망각이란 다른 말로 하면 "진리를 보내주는 역사적 운명으로서 존재가 여전히 은닉돼 있다"는 것을 뜻한다. 형이상학적인 의미의 존재가 아니라 역사적 운명 곧 역운을 통해서 드러나는 존재 자체가 사유되지 않고 은닉돼 있다는 것, 그것이 존재 망각이다. 그리하여 "고향 상실은 세계의 운명이 된다." 「휴머니즘 서간」 「이정표2」 154쪽 고향 상실이 단지 독일이나 유럽만의 운명이 아니라 세계 전체의 운명이 되는 것이다. 이 말로써 하이데거가 가리키는 것은 서구 형이상학의 역사적 흐름 속에서 탄생한 근대 기술 문명이 폭주하면서 전 세계를 휩쓰는 양상이다. 이런 고향 상실이 세계의 운명이 됐으므로 이런 운명을 존재사적으로 사유하는 것이야말로 지금 우리에게 절실히 요청되는 일이다.

마르크스의 소외와 고향 상실

바로 이 대목에서 하이데거는 마르크스주의를 향해 손을 내민다. 사르트르가 『실존주의는 휴머니즘이다』에서 마르크스주의를 적수로 삼아 논의를 이어갔던 데 반해, 하이데거는 이 글에서 오히려 마르크스주의와 연대할 가능성을 모색한다. 이때 하이데거가 먼저 주목하는 것은 자본주의가 인간을 소외시킨다는 마르크스의 '소외론'

이다.

"마르크스가 헤겔에 입각해 본질적이고도 중요한 의미에서 인간의 소외로 인식했던 것은 그것의 뿌리에서 보자면 근대적 인간의 고향 상실로까지 거슬러 올라간다." 「휴머니즘 서간」, 『이정표2』 154쪽

마르크스가 통찰한 '인간 소외'는 형이상학 속에서 자라난 근대 기술 문명이 낳은 것인데, 그 뿌리는 결국 존재 망각과 고향 상실에 있다는 진단이다.

여기서 살펴볼 것이 마르크스 역사관과 하이데거 역사관의 같음과 다름이다. 마르크스는 정신을 바탕으로 하는 헤겔의 역사철학을 뒤집어 물질을 바탕으로 하는 유물론적 역사관을 세웠다. 이 역사관에 입각해 인간 소외를 자본주의 문명의 불가피한 운명으로 보고 공산주의를 통해서 그 소외가 극복되리라고 예견했다. 하이데거는 플라톤 이후 그리스 철학이 준비하고 데카르트 이래 근대 형이상학 속에서 발흥한 기술 문명이 고향 상실을 야기했으며 이렇게 잃어버린 고향을 존재 망각의 극복을 통해서 회복할 수 있으리라고 전망한다. 마르크스는 인간 소외가 자본주의 기술 문명 속에서 일어난 것이며 사회 전체의 공산주의적 재조직을 통해서 극복될 것이라고 본 데 반해, 하이데거는 고향 상실이 형이상학 차원에서 준비되고 실현된 것이라고 보면서 그 형이상학 차원의 근본적 변혁을 통해서만 고향 상실이 극복될 것이라고 본다.

이런 진단에는 마르크스의 공산주의 혁명만으로는 고향 상실이 근원적으로 극복될 수 없다는 생각이 깔려 있다. 공산주의는 기술 문명 자체를 극복하려고 하지 않기 때문이다. 그러나 공산주의 운동이 인간 소외를 근본 문제로 제기하고 그것을 극복하려 한다는 점에서는 하이데거의 존재 사유와 만나는 지점이 있는 것이 사실이다. 그런 점에서 하이데거는 자신의 철학적 사유 역사에서 처음으로 이 글을 통

해 마르크스주의 사상과 대면하고 그 긍정적인 측면을 주목한다. 이를테면 이런 구절이다.

"고향 상실은 정확히 말하자면 존재의 역사적 운명으로부터 형이상학의 형태로 초래된 것인데, 이 형이상학을 통해서 고착되고 동시에 형이상학으로 인해 은폐된다. 마르크스는 소외를 경험함으로써 역사의 본질적 차원에 다다르기 때문에, 마르크스주의의 역사관은 다른 역사학보다 우월하다."「휴머니즘 서간」『이정표2』154쪽

다른 역사학은 마르크스주의처럼 본질적인 차원에서 소외를 경험하지 못한다는 얘기다. 그런데 이 마르크스주의와 생산적인 대화를 하려면 "유물론에 대한 소박한 표상과 값싼 반박에서 벗어나는 것"이 절실히 필요하다고 하이데거는 말한다.「휴머니즘 서간」『이정표2』154쪽 그렇다면 마르크스주의 유물론을 바르게 사유하는 길은 무엇인가? 하이데거는 이렇게 말한다.

"유물론의 본질은 모든 것이 단지 물질일 뿐이라는 주장 안에 성립하는 것이 아니라, 오히려 모든 존재자는 노동의 재료로서 나타난다는 형이상학적 규정 안에서 성립한다."「휴머니즘 서간」『이정표2』155쪽

모든 것이 노동의 재료로 나타난다는 것, 이것이 마르크스주의 유물론의 핵심이라는 얘기다. 그렇다면 노동은 생산하는 노동이고 그러므로 모든 것은 생산의 재료다. 그리고 생산을 관장하는 것이 바로 기술(Technik)이다. 그러므로 "유물론의 본질은 기술의 본질 안에 은닉돼 있다."「휴머니즘 서간」『이정표2』155쪽 여기서 하이데거는 이 기술의 근원을 고대 그리스의 테크네(τέχνη)로 소급해 사유한다. 기술이라는 것은 단지 근대에 발명되고 발전된 것이 아니라 그리스의 테크네에서 준비된 것이라는 얘기다. 그러므로 기술은 본질적으로는 "망각 속에 잠자고 있는 존재 진리의 존재사적인 운명"에 속한다.「휴머니즘 서간」『이정표2』155쪽

유물론적 역사관을 세운 카를 마르크스.
하이데거는 마르크스가 주장한 '인간 소외'도 그 뿌리로 가면
결국 근대 인간의 고향 상실이라고 보았다.

왜 그런가? 테크네라는 것은 단순히 기술을 뜻하는 것이 아니라 존재자에 대한 인간의 앎, 그러니까 제작이나 생산이나 산출에 필요한 앎을 뜻한다. 이 앎을 통해 존재자가 드러난다. 그러므로 테크네는 단지 앎이 아니라 "존재자를 드러내는 하나의 방식"이다. 존재자가 테크네를 통해서 드러난다는 것은 존재자가 테크네를 통해 비은폐되는 것을 뜻하고 존재자가 진리의 장에 나옴을 뜻한다. 테크네는 이런 의미에서 진리(비은폐성)의 한 형태이고 그래서 형이상학의 역사에 속한다.「휴머니즘 서간」『이정표2』155쪽 형이상학의 역사라는 것은 존재 자체가 자신을 드러내는 역사의 일부다. 그런데 앞에서 본 대로 공산주의는 유물론에 기초를 두고 있고 유물론은 기술의 본질에 기초를 두고 있다. 이 기술의 본질은 테크네로서 형이상학의 역사에 속한다. 여기서 공산주의가 단순히 정치적 당파나 세계관을 넘어 존재의 역사적 운명과 연관돼 있는 것임이 분명해진다.

주목해야 할 것은 공산주의의 바탕에 깔린 '기술의 본질'이 형이상학의 존재 망각에 연루돼 있다는 사실이다. 그러므로 공산주의는 근대 기술 문명의 변형일 뿐이지 진정으로 기술 문명을 극복하는 것이 아니다. 그렇다면 공산주의가 목표로 하는 인간 소외 극복을 진정으로 실현하는 길은 공산주의 운동 자체만으로는 마련될 수 없다는 결론이 나온다. 이런 결론으로 하이데거가 말하고자 하는 것은 분명하다. 하이데거 자신의 존재 사유를 통하지 않고서는 공산주의의 원대한 이상도 파산할 수밖에 없으리라는 것이다. 이런 말로써 하이데거는 자신의 존재 사유와 마르크스주의가 연대할 가능성을 타진했다고 할 수 있을 것이다. 그 뒤에 진행된 역사는 마르크스주의의 반자본주의적 변혁 운동이 하이데거 사상에 깃든 심층 생태학과 만나 생태주의적 반자본주의 운동으로 이어진다는 사실을 알려준다.[50]

국가주의와 국제주의 비판

이 편지에서 하이데거는 이렇게 마르크스주의와 만날 가능성을 열어놓음과 동시에 국가주의(Nationalismus)를 비판하는 모습도 보여준다. 자신이 한때 빠져들었던 나치즘 곧 '국가사회주의'(Nationalsozialismus)에 대한 비판이라고도 할 수 있다.

"모든 국가주의는 형이상학적으로는 인간 중심주의(Anthropologismus)이며 주관주의다."「휴머니즘 서간」, 「이정표2」 156쪽

그렇다면 국가주의는 공산주의 운동처럼 국제주의(Internationalismus)를 통해서 극복할 수 있는가? 그렇지 않다고 하이데거는 단언한다. "국가주의는 단순히 국제주의를 통해서는 극복되지 않고 오히려 단지 확대돼 체계로 고양될 뿐이다."「휴머니즘 서간」, 「이정표2」 156쪽 국제주의는 국가주의의 확대판일 뿐이다. "국가주의는 인간다움에 이르지도 지양되지도 못한다."「휴머니즘 서간」, 「이정표2」 156쪽 나치즘과 같은 국가주의도 공산주의와 같은 국제주의도 진정한 인간다움에는 이르지 못한다는 진단이다.

하이데거는 국가주의와 국제주의의 관계는 '개인주의'와 '무역사적 집단주의'의 관계와 같다고 말한다. 개인주의가 근대 주체성 철학 속에서 탄생해 자라난 것이듯이, '무역사적 집단주의'도 주체성 철학에 뿌리를 두고 있다는 것이다. "무역사적 집단주의는 주관성(주체성)의 무제약적 집단주의를 실현한다."「휴머니즘 서간」, 「이정표2」 156쪽 이 무역사적 집단주의라는 말로 하이데거는 나치즘이나 스탈린주의 같은 '전체주의 체제'를 가리키는 것으로 보인다.

이런 전체주의 체제는 인간을 세계의 주인으로 내세우는 주체성 사상이 총체적으로 구현된 것이어서 근대 형이상학의 존재 망각을 심화할 뿐이다. 그런 탓에 "도처에서 인간은 존재의 진리로부터 추

방당한 채, '이성적 동물'로서 자신의 주변을 스스로 맴돌고 있다." 「휴머니즘 서간」 『이정표2』 156쪽 근대 주체성 이념은 인간을 '이성적 동물'로 보는 유구한 형이상학에서 이끌려 나온 것이다. 인간이라는 주체는 '이성적 동물'의 근대적 판본인 셈이다. 따라서 무역사적 집단주의로는 인간이 이성적 동물이라는 형이상학적 본질에서 벗어날 수 없는 것이다.

그런데 '무역사적 집단주의'라는 말은 하이데거가 모든 형태의 집단주의를 부정하는 것은 아님을 암시한다. 하이데거에게 문제가 되는 것은 '무역사적인', 다시 말해 '역사 없는' 집단주의다. 그러므로 역사적인 집단주의, 존재의 역사를 자각한 집단주의라면 그것은 근대의 고향 상실과 존재 망각을 극복할 힘을 내장하고 있을 것이다. 이런 역사적 집단주의는 어떤 모습일까? 하이데거는 그 모습을 직접 그려 보여주지 않지만 하이데거의 존재 사유를 뒤따라 사유해본다면, 그 집단주의는 주체성을 철저히 내려놓고 존재의 부름에 응답하는 인간들의 집합적인 활동이 될 것이다. 존재의 역운에 상응하는 세계 변혁은 개인의 힘만으로는 되지 않고 인류의 집단행동을 통해서만 일어날 수 있을 것이기 때문이다. 기후 위기에 맞선 전 지구적 대응이 그런 집단행동의 사례가 될 수 있을 것이다.

인간 본질의 수수께끼 같은 사실

하이데거는 여기서 인간의 본질 규정에 관한 "수수께끼 같은 사실"을 다시 한번 강조한다. 그 수수께끼 같은 사실이란 인간이 "던져져 있음(Geworfenheit) 안에 있다"는 사실이다. 이것이 의미하는 바는 다음과 같다.

"인간이 주체성이라는 본질을 극복할수록 이성적 동물을 넘어서

며 '탈-존하면서 존재를 향해 자신을 던지는 자'로 존재한다."「휴머니즘 서간」, 『이정표2』 157쪽

이 문장이 말하는 것은 '이성적 동물로서 주체성'과 '던져져 있음'이 대립한다는 사실이다. 인간은 '던져져 있음' 안에 있다. 존재를 주어로 삼아 말하면, 존재가 인간을 존재의 진리를 향해 던졌으며 그리하여 인간은 존재의 진리 안에 있다. 다른 말로 하면, 존재의 던짐이란 존재가 인간에게 다가와 자신을 밝힘을 뜻하며, '던져져 있음'이란 그렇게 인간에게 다가온 존재의 진리 안에 있음을 뜻한다. 이렇게 존재의 진리 안으로 탈-존해 존재를 향해 자신을 다시 던지는 자가 인간이다. 인간은 존재의 던짐 안에서 이 던짐에 맞춰 자신을 마주 던지는 자다. 더 쉽게 말하면 존재의 부름에 응답하는 자가 인간이다.

그렇게 존재 안에 던져져 있으므로 인간은 존재자의 주인이 아니다. 이렇게 던져져 있는 자임을 깨달음으로써 인간은 "목자의 본질적인 가난"을 얻는다. 이 말은 인간이 주체성으로 마음이 꽉 차 있는 상태에서 벗어나 그 주체성을 비워버림으로써 존재가 들어설 터를 열어놓은 상태에 있음을 가리킬 것이다. 인간은 존재의 목자다.

"목자의 존엄성은 존재 자체에 의해 존재의 진리를 지키도록 소명을 받았다는 점에서 비롯한다."「휴머니즘 서간」, 『이정표2』 157쪽

이런 소명을 받았기에 인간은 "존재의 이웃"이라고 하이데거는 말한다. "인간은 그 존재사적 본질에서 보자면, 존재와의 가까움 안에 거주하기에 인간의 존재가 탈-존으로 성립하는 존재자다. 인간은 존재의 이웃이다."「휴머니즘 서간」, 『이정표2』 157쪽 인간은 탈-존하여 존재의 가까운 곳에 있기에 존재의 이웃이다.

그러므로 인간이 존재의 이웃으로 있을 때 '인간의 인간다움'이 가장 높은 수준에 이를 것이다. 이것이야말로 가장 극단적인 휴머니즘

이 아닌가? 하이데거는 "확실히 그렇다"고 말한다. "인간의 인간다움을 존재와의 가까움으로 사유하는 것이 바로 휴머니즘이다."「휴머니즘 서간」, 『이정표2』 157쪽 사르트르의 휴머니즘과는 전혀 다른 차원의 휴머니즘이다. 그러나 여기서 하이데거는 한 가지 유보 조건을 붙인다. "동시에 휴머니즘에서 문제가 되는 것은 인간이 아니라 진리의 본질에서 유래하는 인간의 역사적 본질이다."「휴머니즘 서간」, 『이정표2』 157~158쪽 하이데거의 이런 사유를 휴머니즘이라고 부를 수 있다고 하더라도, 이 휴머니즘은 사르트르의 실존주의처럼 인간을 중심 곧 주체로 상정하는 휴머니즘이 아니라, 존재의 진리를 중심으로 하는 휴머니즘이다. 그러므로 엄밀히 말하면 휴머니즘이라고 할 수 없다.

마찬가지로 하이데거의 사유는 실존주의라고 할 수도 없다. 왜냐하면 하이데거가 말하는 '실존'은 '탈-존'이기 때문이다. 탈-존이란 "존재와의 가까움 안에 탈자적으로 거주함"이다.「휴머니즘 서간」, 『이정표2』 158쪽 탈-존은 사르트르의 실존(existence)이나 그 실존이 유래한 중세 철학의 현존(existentia)과는 전혀 다른 것이다.

"탈-존은 존재의 파수꾼 역할을 떠맡는 것, 다시 말해 존재에 대한 염려다."「휴머니즘 서간」, 『이정표2』 158쪽

그리하여 '염려'(Sorge)는 『존재와 시간』에서 이야기한 '현존재의 염려'를 넘어 '존재에 대한 염려' 곧 '존재를 염려함'이 된다. 이렇게 존재를 사유하려면, 주체성에 몰두해 있는 사유를 내려놓고 그 사유에서 뒤로 물러섬(Schritt-zurück)이 필요하다고 하이데거는 강조한다. 사유가 뒤로 물러설 때 전체 시야가 확보될 수 있고 그 시야 속에서 인간의 본질이 존재의 밝은 빛 안에 있음이 드러날 수 있는 것이다. 우리는 이미 존재의 진리 안에 있다. 하지만 우리가 그런 사실을 깊이 깨닫지 못하는 한, 우리는 존재의 진리를 향해 나아가는 길 위에 있다. 그래서 하이데거는 이렇게 말한다.

"우리는 앞날에도 존재의 이웃으로 나아가는 길 위에 나그네로 머물 것이다."『휴머니즘 서간』『이정표2』 159~160쪽

휴머니즘을 넘어 충격적 모험 감행해야

하이데거는 장 보프레의 질문을 상기한다. "우리는 휴머니즘이라는 낱말의 의미를 어떻게 회복할 수 있는가?" 이 물음에 휴머니즘이라는 낱말을 고집스레 지키고자 하는 보프레의 마음이 담겨 있을 뿐만 아니라 휴머니즘이라는 말이 이미 그 의미를 상실해버렸다는 것까지 함축돼 있다고 하이데거는 말한다. 존재 사유야말로 휴머니즘이 추구하는 것 곧 '인간의 인간다움'을 가장 높이 끌어올리지만 휴머니즘의 본질이 '형이상학적인' 한, 휴머니즘에 머물 수는 없다. 왜냐하면 "형이상학이 존재의 망각 안에 머물러 있는 한, 형이상학은 존재의 진리에 대한 물음을 제기하지 않을뿐더러 가로막기도 하기" 때문이다. 그래서 하이데거는 단호하게 말한다. "휴머니즘은 이미 자신의 의미를 상실했다."『휴머니즘 서간』『이정표2』 160쪽 우리는 휴머니즘을 넘어 '인간의 본질'을 더 시원적으로 사유해야 한다.

"인간의 본질은 탈-존에 바탕을 두고 있다. 존재가 '탈-존하는 자로서 인간'을 존재의 진리를 파수하도록 존재의 진리 자체로 생기하게 하는 한, 본질적으로 즉 존재 자체로부터 중요한 것은 이런 탈-존이다."『휴머니즘 서간』『이정표2』 160쪽

그러므로 우리가 휴머니즘이라는 말을 쓴다면, 그 말은 이 인간의 본질로부터 다시 사유돼야 한다. 그럴 때 휴머니즘이라는 말은 다음을 의미해야 할 것이다. "인간의 본질은 존재의 진리에 본질적 역할을 한다는 것이며 따라서 오로지 인간 그 자체만이 중요한 것은 아니라는 것이다."『휴머니즘 서간』『이정표2』 161쪽 인간이 존재의 진리에 복무할

때 인간의 인간다움이 진정한 의미를 다시 찾게 되는 것이다.

그러므로 이런 진실을 드러내려면 휴머니즘이라는 말을 살려내려고 버둥거리기보다는 차라리 휴머니즘이라는 말에 공개적으로 저항함으로써 '충격적인 모험'을 감행하는 것이 더 나으리라고 하이데거는 말한다. 그렇게 할 때 "존재 자체에 의해 규정된 인간의 본질이 그 안에 고향처럼 아늑하게 거주하는 저 차원에 대해 사유하는 성찰이 깨어날 수 있을 것"이기 때문이다.「휴머니즘 서간」,「이정표2」161쪽 '인간이 고향처럼 아늑하게 거주하는 저 차원'이란 존재 자체의 차원을 말한다. 우리는 존재의 품 안에서 고향을 찾아야 하는 것이다.

하이데거가 이 글에서 주장한 이런 '반휴머니즘'은 1950년대에 프랑스에서 구조주의 운동이 발흥하는 데 불씨가 됐을 것이다. 구조주의자들은 사르트르의 실존주의에 맞서 연합전선을 펼쳤는데,[51] 사르트르가 말하는 주체성이라는 것이 독자적으로 존재하는 것이 아니라 사회 구조 속에서 나타나는 '구조의 효과'라고 주장했다. 마르크스주의 구조주의자 루이 알튀세르(Louis Althusser, 1918~90)는 이런 구조주의적 사유 속에서 마르크스주의를 반휴머니즘적으로 해석하려고 분투하기도 했다. 하이데거가 '존재의 앞섬'을 강조했듯이 구조주의자들은 '구조의 앞섬'을 강조했다. 이런 연합 투쟁을 거쳐 프랑스 사상계는 실존주의에서 구조주의로 급속히 이동했다.

그러나 주체의 우선성을 거부한다는 점에서는 하이데거와 구조주의자들이 일치하지만, 하이데거의 존재와 구조주의자들의 구조는 그 위상에서 차이가 있다. 하이데거에게 구조에 대한 관심은 존재가 아닌 존재자에 대한 또 다른 몰두로 보일 것이다. 왜냐하면 구조주의자들은 존재자 전체를 넘어선 성스러운 존재 자체의 차원을 사유하지 않기 때문이다.

하이데거는 이 대목에서 한 번 더 휴머니즘 문제를 거론한다. 휴머니즘에 반대하는 것은 비인간적인 것을 옹호하는 것인가? 이런 통상적인 생각은 얼핏 '논리적인 것'으로 보인다. 그러나 이런 논리학은 형이상학 안에 갇혀 있는 논리학, 다시 말해 존재자에 집착해 존재를 망각하는 사유 방식일 뿐이다. 하이데거는 오히려 논리학이 아니라 논리학(Logik)의 근본을 이루는 로고스(logos)의 시원적 본질을 살피는 것이 중요하다고 말한다. 논리학에 반대하여 사유한다는 것은 비논리적인 것을 옹호하는 것이 아니라 서구 사유의 초기에 나타났던 로고스의 본질을 뒤쫓아 사유한다는 것을 뜻한다.「휴머니즘 서간」, 『이정표2』 164쪽 그렇게 로고스를 뒤쫓아 사유해보면 초기의 사상가들이 로고스라는 말로 사유했던 것이 '존재 자체'임이 드러날 것이다. 마찬가지로 '가치'에 반대해 사유하는 것은 문화·예술·학문·인간· 세계·신 따위가 무가치하다는 것을 뜻하는 것이 아니다.

"오히려 우리가 궁극적으로 통찰해야 할 점은 어떤 것을 가치로서 특징지음으로써 도리어 그렇게 가치 매겨진 것이 자신의 존엄성을 잃는다는 점이다."「휴머니즘 서간」, 『이정표2』 164쪽

어떤 것을 가치로서 인정한다는 것은 인간의 평가 대상으로 만든다는 것이고 그럼으로써 그것을 주관화한다는 것을 뜻한다. 인간은 대상을 주관화함으로써 자신에게 종속시킨다. 그러므로 대상에 가치를 매기는 것은 그 대상의 존엄성을 훼손하는 것이 되고 만다. "만약 사람들이 특히 신을 최고의 가치로 선언한다면 그것은 신의 본질을 깎아내리는 것이다."「휴머니즘 서간」, 『이정표2』 165쪽 신에게 가치를 매기는 것은 신을 모독하는 짓이다. "가치에 반대하여 사유하는 것은 존재자의 무가치성과 무성을 위해 북을 두드리는 것이 아니라, 오히려 … 존재자의 주관화에 반대하여 존재 진리의 밝음을 사유 안으로 가져오는 것이다."「휴머니즘 서간」, 『이정표2』 165쪽

유신론과 무신론

바로 이 대목에서 하이데거는 '유신론과 무신론'의 문제를 거론한다. 하이데거가 이 문제를 논의의 대상으로 삼은 것은 앞에서 본 대로 사르트르가 『실존주의는 휴머니즘이다』에서 하이데거를 사르트르 자신과 함께 무신론적 실존주의자로 규정했기 때문이다. 과연 이런 규정은 타당한가? 하이데거가 『존재와 시간』에서 신이라든가 피안이라는 관념을 배제하고 인간의 실존을 사유한 것은 사실이다. 그렇다고 해서 하이데거의 사유를 무신론이라고 단정해도 되는가?

이를테면 하이데거가 『존재와 시간』에서 인간을 '세계-내-존재'라고 규정했다고 해서, 인간이 세계 곧 세속에 갇혀 있으며 차안을 초월한 피안을 부정한다는 것을 뜻하는 것인가? 하이데거는 세계-내-존재라는 인간 규정은 인간이 "차안적 존재자에 불과한지 아니면 피안적 존재자인지에 관해서 어떤 결정도 함축하지 않는다"고 단호하게 말한다. 마찬가지로 이 책(『존재와 시간』)에서는 신이 현존하는지 현존하지 않는지도 결정한 바 없다고 강조한다.「휴머니즘 서간」,「이정표2」, 166쪽 이 세계 안의 존재자와 관련해 인간의 본질을 해석한 것을 무신론이라고 주장하는 것은 성급하고 자의적인 것이라는 반박이다. 동시에 신의 유무에 관해서 판단하지 않는다고 해서 곧바로 신에 대한 '무관심주의'를 뜻하는 것도 아니라고 하이데거는 말한다.

사태의 진상은 그렇게 단순하지가 않다. 하이데거는 전통 형이상학의 신론(Theologie)에서 신이 '초월자'로 상정된다는 점을 상기시킨다.

"초월자란 초감각적 존재자다. 초감각적 존재자는 모든 존재자의 제1원인이란 의미에서 최고의 존재자로 간주된다. 신은 이런 제1원인으로서 사유된다."「휴머니즘 서간」,「이정표2」, 165쪽 그런데 이렇게 제1원인으로 규정된 신이 참으로 신다운 신일까? 하이데거는 바로 이 전통적 신론을 거부하고 있다. 기존의 신론이 모두 형이상학에 입각해 있기 때문이다. 형이상학이 물을 수 있는 것보다 더 시원적으로, 다시 말해 더 근원적으로 물을 때 존재의 진리에 대한 물음이 나올 수 있듯이, 신에 대한 물음도 형이상학적인 물음의 틀을 넘어설 때 더 근원적인 물음이 될 수 있는 것이다.

"존재의 진리에 입각해서만 비로소 성스러운 것(성스러움)의 본질이 사유될 수 있다."「휴머니즘 서간」『이정표2』167쪽

존재자의 차원에 묶여 있어서는 성스러움을 근원적으로 사유할 수 없다. 모든 존재자의 원인인 최고 존재자라는 신의 규정은 진정한 신의 성스러움을 증발시켜버린다. 이어지는 문장은 하이데거가 사유하는 신과 관련해 결정적인 것을 말해준다.

"성스러운 것(성스러움)의 본질에 입각해서만 비로소 신성의 본질은 사유될 수 있다. 신성의 본질의 빛 안에서야 비로소 신이라는 낱말이 무엇을 명명해야 하는지가 사유될 수 있고 말해질 수 있다."「휴머니즘 서간」『이정표2』167쪽

존재는 성스러운 것이다. 그 존재의 본질에 입각해서야 신성이 그 본질에서 사유될 수 있다. 신성이라는 것은 신의 신다움이다. 그 신다움의 본질에 입각해서야 비로소 신이라는 말로 우리가 가리키는 것이 사유될 수 있다. 성스러움의 근저에 신성이 있고 이 신성에 신다운 신이 거주한다는 뜻이다.

하이데거는 왜 신에 관해 이야기할 때 이렇게 모호하게 말하는가? 신은 존재자가 아니기 때문이다. 전통적인 신론이 상정한 신은 모든 존재자의 제1원인으로서 최고 존재자였다. 그러나 이런 신은 진정한 신이 아니다. 거기에는 성스러움이 깃들 수 없고 그러므로 신성이 깃들 수 없다. 참된 신이 있다면 그 신은 존재자여서는 안 된다. 존재자

가 아니므로 신은 무의 차원에 있을 것이고 무로서 존재의 차원에 있을 것이다. 존재는 원인도 근거도 아니다. 존재는 분명히 존재자를 존재자로서 드러나게 하지만 그렇다고 해서 존재자의 직접적인 원인이나 근거인 것은 아니다. 존재자가 아닌 존재의 차원에서 찾을 수 있는 신은 전통적인 신, 존재자로서 신이 아니다. 그러므로 신은 존재한다고도 할 수 없고 존재하지 않는다고도 할 수 없다.

이 존재의 차원, 성스러움의 차원을 외면하고서는 신에 대한 물음을 바르게 물을 수 없다. 이 존재의 차원에 가까이 다가갈 때에야 우리는 비로소 형이상학이 상정한 신이 아닌 성스러운 신에 관해 사유할 수 있을 것이다. 이 존재의 차원이 망각됐다는 사실이야말로 이 시대의 유일무이한 재앙이라고 하이데거는 말한다. 다른 말로 하면 진정한 신을 잃어버린 것이야말로 재앙 중의 재앙인 것이다. 그러나 거듭 말하지만 그런 말로써 가리키는 신은 전통적인 존재자로서 신이 아니다. 존재자가 아니므로 있다고도 할 수 없고 없다고도 할 수 없다. 그러므로 "이런 사유는 무신론적일 수 없듯이 마찬가지로 유신론적일 수도 없다."「휴머니즘 서간」,「이정표2」 168쪽

그러나 이렇게 말한다고 해서 그것이 신에 대한 무관심한 태도인 것은 아니다. 오히려 신에 관해 이렇게 말할 수밖에 없는 것은 '존재의 진리를 통해 사유 자체에 세워져 있는 한계선에 대한 존경심' 때문이다.「휴머니즘 서간」,「이정표2」 168쪽 여기서 말하는 한계선이란 통상의 사유로는 접근할 수 없는 한계선을 가리킨다. 그 한계선은 존재자와 존재 자체 사이에 그어진 한계선일 것이다. 존재자만을 사유하는 사유로는 존재 자체를 사유할 수 없기에 그 사이에 그어지는 한계선일 것이다. 신은 존재자가 아니므로 사유의 한계선 너머에 있다고 할 수밖에 없고, 근원적으로 우리가 접근할 수 없는 차원에 있다고 할 수밖에 없다. 그러므로 존재자적 차원에서 보면 신은 존재한다고도 말할

수 없고 존재하지 않는다고도 말할 수 없다.

이 신의 문제는 존재의 문제와 짝을 이루어 하이데거 사유를 말년까지 이끌어간다. 하이데거가 니체를 두고 '마지막 순간까지 신을 찾은 사람'이었다고 했듯이, 하이데거 자신도 마지막까지 신을 찾은 사람이었다. 최고 존재자로서 신이 죽어버렸다는 것이 니힐리즘이라는 재앙을 불러왔다. 그러나 다른 최고 존재자로서 신으로 대체해서는 이 재앙을 극복할 수 없다. 존재자가 아니면서 우리를 구원해줄 신은 어디에 있는가? 이것이 하이데거가 존재 사유를 통해 최후까지 물어 들어간 물음이라고 할 수 있다.

윤리적인 것, 에토스는 무엇을 뜻하는가

존재의 진리를 사유한다는 것은 '인간다운 인간의 인간다움'을 사유한다는 것을 의미한다. 이때 필요한 것은 "형이상학적 의미의 휴머니즘과는 아무런 관련 없이 존재의 진리에 봉사하는 인간다움"을 찾는 것이다.「휴머니즘 서간」,「이정표2」169쪽 여기서 하이데거는 '윤리학' (Ethik)의 문제를 거론한다. 존재 사유가 그토록 인간다움과 관련 있다면 이 존재 사유가 윤리학을 통해 보완돼야 하지 않느냐는 물음을 문제로 삼는 것이다. 이런 물음을 여러 사람이 하이데거에게 물었고, 하이데거의 존재 사유에는 근원적으로 윤리학이 결여돼 있다는 비판도 나왔다. 그리고 윤리학이 결여돼 있었기 때문에 나치 참여라는 오류를 저지를 수도 있었다는 주장도 불거졌다. 그러나 윤리학을 사유한 많은 철학자들이 나치 운동에 참여한 사실만으로도 이런 주장은 성립할 수 없음이 분명해진다. 그렇다고 하더라도 존재 사유가 윤리학으로 보충될 필요가 있지 않느냐는 물음은 정당하지 않은가? 하이데거는 이런 요구 혹은 물음을 단호하게 물리친다.

윤리학이라는 것은 고대 그리스의 플라톤 학파에서 처음 등장했다. 사유가 철학이 되고 철학이 학문이 되어가는 과정에서 논리학과 자연학과 윤리학이 나타난 것이다. 그러나 윤리학이 등장했다고 해서 인간이 더 윤리적으로 된 것은 아니다.

"이런 시대 이전의 사상가들은 논리학도 몰랐고 윤리학도 몰랐으며 자연학도 몰랐다. 그렇지만 사상가들의 사유는 비논리적이지도 않았고 비도덕적이지도 않았다. 오히려 그들은 모든 후대의 자연학이 결코 도달할 수 없었던 심오한 깊이와 광범위한 폭 안에서 피시스(φύσις)를 사유했다. 소포클레스의 비극들은 만일 이런 비교가 허용된다면, 아리스토텔레스의 윤리학 강의보다 에토스(ἦθος)를 더 시원적으로 자신의 말함 안에 간직하고 있다." 「휴머니즘 서간」 「이정표2」 170쪽

그러므로 윤리학이라는 학문이 서 있느냐 그렇지 않느냐는 본질적인 것이 아니다. 가장 본질적인 차원에서부터 사유함으로써 윤리적인 것을 포괄하느냐가 결정적이다. 그렇다면 과연 '윤리적인 것' 곧 '에토스'는 무엇을 말하는가?

헤라클레이토스 "여기에도 신들이 현존한다"

이 대목에서 하이데거는 소크라테스 이전 사상가 헤라클레이토스의 일화를 이야기한다. 아리스토텔레스가 「동물부분론」에서 소개한 일화다.

"헤라클레이토스를 방문하고자 했던 외국 손님들에게 헤라클레이토스가 해준 말이 사람들 사이에서 회자되고 있다. 외국 손님들은 헤라클레이토스에게 가까이 다가가 그가 화덕 곁에서 불을 쪼이는 모습을 보았다. 그들은 소스라치게 놀라 제자리에 멈추어 섰는데, 헤라클레이토스가 머뭇거리는 그들을 격려했고 '여기에도 신들이 현존

한다'고 말하면서 그들을 안으로 들어오게 했기 때문이다."「휴머니즘 서간」, 『이정표2』 172쪽

헤라클레이토스는 숲속 오두막에 은거해 살았다고 전해진다. 헤라클레이토스의 명성을 듣고 찾아온 외국 방문자들은 무언가 대단하고 특별한 것을 기대했을 것이다. 그러나 그 사유의 대가는 오두막의 화덕 곁에 앉아 불을 쬐고 있었다. 궁핍한 생활이 날것 그대로 드러나는, 너무도 일상적이고 하찮은 모습이다. 실망한 방문자들에게 헤라클레이토스는 화덕이라는 이 친숙하고 평범한 공간에도 신들이 임재한다고 말한다. 하이데거는 윤리학의 어원인 '에토스'가 본디 '인간의 체류지'를 뜻한다고 알려주면서, 그 친숙하고 일상적인 삶의 터전을 숙고하는 것이 바로 윤리학이 근원적으로 가리키는 사태라고 말한다.

윤리학은 윤리적 삶을 이야기한다. 그런데 헤라클레이토스의 일화는 신 가까이 거주하는 것, 그것이 윤리적인 삶임을 암시한다. 이 '신의 현존'을 '존재의 진리'로 바꾸어보면, 존재의 진리를 인간의 시원적인 삶의 터전으로 사유하는 것, 존재의 진리 가까이에 거주하는 것이야말로 근원적인 윤리학이다. 존재 사유는 윤리학을 이미 포함하고 있는 셈이다. 윤리적 삶이라는 것은 존재의 진리를 사유하는 삶인 것이다.

그러므로 중요한 것은 존재를 사유하는 일이다. 그런 사유는 존재의 집을 짓는 데 종사한다.「휴머니즘 서간」, 『이정표2』 175쪽 그렇다고 해서 사유가 존재의 집을 창조하는 것은 아니다. 사유는 인간의 역사적 실존을 구원(Heilen)이 발현하는 영역으로 안내할 뿐이다.「휴머니즘 서간」, 『이정표2』 175쪽 사유가 인간의 실존을 치유하고 구원하는 존재의 진리로 이끈다는 얘기다. 그런데 존재의 진리, 곧 존재의 열린 터에서는 구원만 나타나는 것이 아니라 악(Böse)도 나타난다고 하이데거는 말

한다.

"악의 본질은 인간 행동의 단순한 불량성 안에서 성립하는 것이 아니다. 오히려 그것은 분노의 악의성 안에서 비롯한다."「휴머니즘 서간」,『이정표2』175쪽

분노의 악의성이 정확히 무엇을 뜻하는지는 분명하지 않다. 분명한 것은 하이데거가 존재를 사유할 때 존재가 인간을 치유하고 구원한다는 것만을 생각하는 것이 아니라는 사실이다. 존재의 진리에는 악도 있는 것이다. 그러므로 우리가 존재에 귀속한다고 해서 모든 것이 자동적으로 해결되는 것은 아니다. 존재의 진리 안에서 악을 누르고 구원(치유의 힘)이 승리하도록 인간은 투쟁해야 할 의무가 있다.

"이 두 가지, 즉 구원의 성격을 지닌 것과 분노의 성격을 지닌 것은 존재 자신이 투쟁적 성격을 지닌 한에서만 존재 안에서 현성할 수 있다."「휴머니즘 서간」,『이정표2』175~176쪽

존재의 진리 안에 구원과 악의 성격이 함께 있고 그 둘이 투쟁하므로, 존재에 귀속하는 인간도 그 투쟁에 함께해야 할 것이다. 존재가 오직 선으로만 이루어져 있다는 생각은 존재의 진리에 대한 참된 사유가 아니다. 존재는 플라톤의 '선의 이데아'와는 다르다. 존재의 진리 안에는 악도 자란다.

존재와 무의 관계

이 투쟁은 '존재와 무'의 관계를 암시한다. 존재는 언제나 존재만을 뜻하는 것이 아니다. 존재에는 무도 포함돼 있다. "존재 안에는 무화(Nichten)의 본질 유래가 은닉돼 있다."「휴머니즘 서간」,『이정표2』176쪽 무화란 존재가 무가 된다는 뜻이다. 그 무화를 통해서 존재의 진리 안에 나타나는 악이 사라질 수도 있을 것이다. 인간 쪽에서 보면, 무화

란 무언가를 부정하는 것이고 그래서 무로 돌리는 것이다. 그러나 부정함은 인간이 '아니오' 하고 말함에서 발원하지 않는다.「휴머니즘 서간」『이정표2』176쪽 마치 사람들이 주관적인 태도로 객관 세계의 존재자를 부정하듯이 부정함으로써 무화가 일어나는 것은 아니라는 얘기다.

"무화는 존재 자체 안에서 현성하지 결코 인간의 현존재 안에서 현성하지 않는다."「휴머니즘 서간」『이정표2』177쪽

근원적으로 존재자를 부정하여 그 존재를 무로 돌리는 것은 존재 자체 차원에서 일어나는 일이지 인간 현존재 차원에서 일어나는 일이 아니라는 얘기다. 다시 말해 인간이 주체로서 세계를 개조하려고 기존의 세계를 부정하고 거부하는 것으로 무화를 이해해서는 안 된다. 이렇게 형이상학적으로 이해된 인간 현존재는 존재 자체와는 무관한 것일 뿐이다. 그러나 이 인간 현존재가 '인간이 존재의 진리로 탈-존해 있다'는 의미의 현-존재를 뜻한다면 그때는 사태가 달라진다. 그런 의미의 현-존재라면 무화를 수행할 수 있다는 것이다.

왜 그런가? 현-존재란 존재의 진리가 드러나는 터전으로서 인간을 뜻한다. 인간은 존재의 진리가 임재하는 현-존재다. 그렇다면 그때 인간이 행위한다는 것은 더 정확히 말하면 존재가 인간을 통해서 행위하는 것이 된다. 그럴 때 인간 현-존재의 무화하는 행위는 존재 자신의 무화하는 행위이게 된다. 바로 그런 차원에서라면 인간 현-존재가 존재와 더불어 무화를 수행한다고 할 수 있다. 그러므로 결정적인 것은 인간이 존재에 귀속해 있느냐 아니면 존재와 무관하게 주체성을 고집하느냐 하는 것이다.

하이데거가 이야기하려는 것은 인간이 스스로 모든 것을 결정하고 지배한다는 주체성의 관념에 사로잡혀 있어서는 존재의 무화를 참되게 수행할 수 없다는 얘기다. 존재는 현-존재를 통해서 무화를 수행한다. 그렇게 무화를 수행할 때 존재는 무가 될 것이다. 그것은 존

재 자체가 총체적으로 사라짐을 뜻하는 것이 아니라 존재 안에서 존재의 열린 터, 존재의 진리가 무로 가라앉는다는 것을 뜻한다. 존재 자체는 무의 심연을 배후에 은닉하고 있다. 그래서 존재는 스스로 물러나 무로 가라앉을 수 있다. 그렇게 무로 물러남을 가리키는 말이 무화다.

이 사태를 더 쉽게 이해하려면, 헤겔의 절대적 관념론에서 '부정'이 행하는 것을 떠올려보면 된다. 정신의 운동을 이끌어가는 것은 '부정'이다. 존재를 부정함으로써 정신은 전진한다. 그 부정이란 것은 인간적인 언어로 표현하면, '이것은 아니야!' '이것은 틀렸어!' '이것은 나빠!' '이것은 용납할 수 없어!' 따위의 온갖 거부와 반대가 될 것이다. 이 거부와 반대를 통해서 인간은 세계를 파괴하고 더 나은 세계를 건설하려고 한다. 통상 우리는 이런 세계 부정과 세계 건설을 인간이 주체로서 능동적으로 그렇게 한다고 생각한다. 하지만 만약 인간이 존재 안에서 존재의 부름을 받아 그런 부정을 행한다면, 그것은 근원적으로는 존재가 스스로 행하는 것이 될 것이다. 인간은 기껏해야 존재의 그런 행위가 드러나는 장소가 될 것이다. 존재는 존재의 빛 속에서 존재자가 드러나게도 하지만 무의 심연 속으로 그 존재의 빛을 가라앉혀 버리기도 한다. 우리가 새로운 세계를 건설하고자 한다면, 존재가 그 일을 하도록 우리 자신이 존재의 터전이 되게 해야 한다.

이런 사태와 함께 여기서 생각해볼 것은 하이데거의 설명 속에서 존재가 마치 인격이 있는 것처럼 의욕하고 투쟁하는 것으로 그려진다는 사실이다. 언뜻 이것은 존재를 의인화하는 신화적인 혹은 환상적인 설명으로 여겨진다. 그러나 존재가 근원적으로 인간 현-존재를 통해서 활동한다는 것을 생각하면, 다시 말해 인간 현-존재를 통해서 사유하고 기투하고 투쟁한다는 것을 생각한다면, 그런 의인화가 아주 터무니없는 것만은 아니다. 존재는 결국 현-존재를 통해서 드러나고 활동하므로, 존재가 현-존재처럼 의욕하고 기투한다고 할 수 있는 것이다. 그러므로 다음과 같은 말이 이제 이해된다.

"인간이 존재의 진리를 향해 탈-존하면서 존재에 귀속하는 한에서만, 인간을 위해 마땅히 법칙과 규칙이 돼야 할 그런 지침들이 존재 자체에 입각해 인간에게 할당될 수 있다."「휴머니즘 서간」, 『이정표2』 178쪽

존재 자체가 인간에게 규칙과 법칙을 주는 것이다.

언어는 존재의 집, 인간 본질의 거처

이제 결말에 이르러 하이데거는 '존재와 언어'의 관계를 다시 한번 고찰한다.

"언어는 존재의 집인 동시에 인간 본질의 거처다."「휴머니즘 서간」, 『이정표2』 178쪽

이 말이 무엇을 뜻하는지 한 번 더 생각해보자. 존재의 언어와 인간의 언어는 공속 관계에 있다. 인간 현-존재가 존재의 전체성에 속할 뿐만 아니라 존재를 사유하고 존재를 드러내는 터전이므로, 존재는 인간의 사유를 통해서 사유할 것이다. 또 존재는 인간의 말함을 통해서 말할 것이다. 그러므로 인간의 말함은 존재의 언어의 인간적 발설이라고 할 수 있다. 다시 말해 인간의 말함은 존재의 언어에 대한 조응이며 응답이다. 존재의 언어는 그 자체로 드러나지 않고 언제나 인간의 말함을 통해서만 드러난다.

그러나 인간의 말함이 언제나 존재의 언어와 일치하는 것은 아니다. 거기에는 어떤 틈, 어떤 간격이 있을 수밖에 없다. 왜냐하면 인간 현-존재가 존재 자체는 아니기 때문이다. 인간 현-존재는 존재에 속하지만 그렇다고 해서 현-존재가 존재 자체는 아니다. 따라서 인간

의 말함도 존재의 언어에 속하지만 그렇다고 해서 인간의 말함이 존재의 언어와 언제나 일치할 수는 없다. 그렇기 때문에 인간은 존재의 언어에서 벗어날 수도 있고, 존재의 언어를 심지어 망각할 수도 있다. 인간은 존재의 언어를 왜곡하고 부정하고 무시할 수도 있다. 그것이 존재 망각이다. 인간은 이 망각에서 깨어나 존재의 언어, 존재의 소리, 존재의 부름을 들을 수 있어야 한다.

그렇게 존재의 소리를 들을 때 인간은 인간이 '존재의 집'에 머무는 자임을 깨닫게 되고, 자신들의 말이 존재의 언어 안에서 울리는 것임을 알게 된다. 인간은 근원적으로는 존재의 언어 안에 있지만, 현실적으로는 존재의 언어에서 벗어나 있을 수 있는 것이다. 이 벗어남에서 벗어나 다시 존재를 향해 나아가는 것, 이것이 하이데거가 말하는 존재 사유다. 존재 사유는 존재의 언어를 사유함이다. 존재는 침묵 속에서 말하기 때문에 존재의 언어는 비밀로 가득 차 있다.

인간은 존재의 그 침묵하는 말을 언어로 가져온다. 그것을 존재 쪽에서 말하면 존재가 자신을 밝히면서 언어로 다가온다고 할 수 있다. 그러므로 "존재는 항상 언어에 이르는 도상에 있다."「휴머니즘 서간」, 『이정표2』 179쪽 이 말을 다시 인간 쪽에서 보자면, 인간은 항상 존재의 언어로 가는 도상에 있다. 존재와 인간은 만나야 한다. 존재가 언어에 이르는 도상에 있다면, 이 말은 존재가 '도래하는 것'임을 뜻한다. 인간의 사유는 바로 이 도래하는 것, 다가오는 것인 존재에 대한 사유다.

"이렇게 항존하는 가운데 인간을 기다리는 존재의 도래를 그때그때마다 언어로 가져오는 것이 사유의 유일한 사태다."「휴머니즘 서간」, 『이정표2』 181쪽

존재의 부름에 응답하는 것이 인간의 사유

존재는 언제나 도래하며 인간의 응답을 기다린다. 그렇게 도래하는 존재의 부름에 응답하는 것이 인간의 사유다. "이 때문에 본질적인 사상가들은 항상 동일한 것(das Selbe)을 말한다."「휴머니즘 서간」, 『이정표2』, 181쪽 그런데 '동일한 것'은 본질적으로 동일한 것이어서, '똑같은 것'(das Gleiche)과 같지 않다. 다시 말해 동일한 것을 말한다고 해서 똑같은 말을 되풀이하는 것은 아니라는 얘기다. "동일한 것을 말하기 위해 불화를 향해 뛰어드는 모험을 감행하는 것이 위험이다."「휴머니즘 서간」, 『이정표2』, 181쪽 이 말의 뜻은 이렇게 이해할 수 있다. 위대한 사상가들은 동일한 것을 말하지만 앞 시대 사상가들이 말한 것을 똑같이 따라서 말하는 것이 아니다. 똑같이 말하는 것은 도피하는 것과 다르지 않다. 동일한 것을 말하려면 불화를 감내해야 한다. 앞 시대 사상가들이 한 말을 똑같이 반복하지 않고 그 사상가들과 불화하는 것을 감수해야 한다. 이것이 사유의 모험이며 그렇게 모험을 감행하는 것이야말로 위험이다.

그런데 앞 시대의 사상가들은 존재의 역사적 운명에 매여 있었기 때문에, 형이상학적인 언어로 말할 수밖에 없었다. 이 사상가들은 자신의 사유를 '철학'이라고 불렀다. 그런데 철학이란 곧 형이상학이며 형이상학은 존재의 진리를 그 자체로 보지 못하는 사유다. 그래서 하이데거는 다음과 같이 힘주어 말한다.

"이제는 철학을 과대평가해서 철학에 과도한 요구를 하던 습관을 끊어버릴 때다. 지금의 세계적 곤경에 봉착해 필요한 것은 철학이라기보다는 오히려 사유의 주의 깊음이며 또 문학이라기보다는 오히려 문자를 돌봄이다. 미래의 사유는 더는 철학이 아니다. 미래의 사유는 철학과 똑같은 이름인 형이상학보다 더 근원적으로 사유하기

때문이다."「휴머니즘 서간」, 『이정표2』 181~182쪽

　이렇게 선언함으로써 이제 하이데거는 자신의 사유를 철학이나 형이상학이라고 부르지 않게 된다. 형이상학을 넘어서 존재 자체를 사유하는 사유는 '철학'이 아니라 '사유'라고 불려야 한다. 이때의 사유는 헤겔이 말했던 '절대적 앎'의 형태가 될 수 없다.「휴머니즘 서간」, 『이정표2』 182쪽 왜냐하면 존재 자체는 무한한 무의 심연을 감춘 것이기에 인간의 사유로는 그 깊이를 헤아릴 수 없기 때문이다. 사유는 겸손해져야 하고 단순하고도 소박한 존재로 향해야 한다. 하이데거의 후기 사유는 바로 이 존재를 향해 나아가는 사유다. 그 사유를 통해 존재는 인간에게로 다가올 것이다.

4 마르틴과 한나 Ⅱ

하이데거와 다시 만나 오해를 씻은 아렌트는
미국으로 돌아가 하이데거 사상을 알리는 헌신적인
중개자가 됐다. 1년 전까지만 해도 하이데거 저서를
미국에서 출판하는 데 격하게 반대했지만,
이제는 상황이 정반대로 바뀌었다. 아렌트는 출판사를
물색하고 계약을 협상하고 최고의 번역자들을
선별하는 일에까지 스스로 나섰다.

> 아무도 당신이 했던 것처럼 강의할 수 없어요.
> 당신 이전에도 그런 사람은 없었어요.
>
> 나와 단둘이 있게 되자마자 … 다른 모든 일은
> 잊어버리는 그 완전한 몰두, 그 진정한 무력감과
> 무방비를 나는 확인할 수 있었어.

하이데거와 아렌트의 재회

제2차 세계대전이 끝나고 5년이 지난 뒤에야 하이데거와 아렌트
는 다시 만났다. 만남이 늦어진 것은 하이데거의 나치 참여라는 장애
물이 두 사람 사이를 가로막은 탓이 컸다. 아렌트는 많은 망설임 끝
에 하이데거에게 연락하기로 결심했다. 하이데거와 재회하기에 앞
서 아렌트와 먼저 연결된 사람은 하이델베르크대학 스승 야스퍼스
였다. 1938년 이후 두 사람은 소식을 주고받지 못했다. 험악한 세월
을 거쳤으므로 야스퍼스는 아렌트가 살아 있으리라는 기대를 거의
접은 상태였다. 유대인이 당한 환란 중에 아렌트도 목숨을 잃었을 가
능성이 크다고 생각했다. 1933년 프랑스로 탈출한 아렌트는 1937년
프랑스에서 만난 하인리히 블뤼허와 결혼한 뒤 1940년 전남편 귄터
슈테른의 도움으로 미국으로 망명해 목숨을 건졌다.

전쟁이 끝나자 야스퍼스는 수소문 끝에 뉴욕에 살고 있는 아렌트
와 다시 연락이 닿았다. 1945년 늦가을부터 두 사람은 편지를 주고
받았다. 두 사람 사이 주요한 화제는 하이데거였다. 하이데거가 없는
상태에서 하이데거에 관한 많은 이야기가 오갔다. 하이데거는 야스
퍼스의 옛 친구였고 아렌트의 옛 연인이었다. 하이데거의 나치 참여
와 관련된 나쁜 소문이 아렌트의 귀에도 들어왔다. 아렌트는 1946년
초 미국에서 발행되는 잡지 『파르티잔 리뷰』에 「실존철학이란 무엇

인가?」라는 글을 실었다. 그 겨울에 사르트르의 실존주의가 유행의 바람을 타고 미국까지 들어왔고 아렌트는 미국에 온 사르트르를 만나기도 했다.

아렌트가 「실존철학이란 무엇인가?」를 쓴 이유는 프랑스 실존주의를 핑계로 삼아 자신의 스승이었던 야스퍼스와 하이데거의 실존철학을 비교하려는 데 있었다. 이 글에서 아렌트는 야스퍼스가 1919년 펴낸 『세계관의 심리학』이 실존철학이라는 새로운 학파의 탄생을 알린 첫 책이라고 소개하고 야스퍼스의 철학이 하이데거의 철학보다 더 높은 경지에 올랐다고 평가했다.

"하이데거는 칸트에 반대하고 칸트를 무시하면서 존재론을 재확립하려고 시도함으로써 전통적인 철학 용어의 변화를 광범위하게 이끌었다. 이런 이유로 하이데거는 항상 언뜻 보면 야스퍼스보다 더 혁명적인 것으로 보인다."[52]

그러나 겉모습에서만 그럴 뿐이며 야스퍼스 철학이 훨씬 더 현대적이라고 아렌트는 썼다. 더 나아가 아렌트는 하이데거가 말하는 실존을 '고립된 자아'라고 비판했다.

"실존 자체는 본성상 결코 고립되지 않는다. 그것은 소통 쪽에서만 존재하고 타자의 실존에 대한 인식 속에서만 존재한다, 우리의 동료들은 하이데거에서처럼 (단순히) 실존의 요소가 아니다."[53]

야스퍼스야말로 이 실존의 고립을 넘어섰다고 아렌트는 주장했다.

"실존은 인간들 모두에게 공통으로 주어진 세계에 거주하는 그들의 공유된 삶 속에서만 발전할 수 있다. 비록 완전히 발전된 것은 아닐지라도 소통을 인간 실존을 위한 전제로 가정하는 접근에서 새로운 인류 개념이 소통 개념 속에 있다. 인간은 어쨌든 '포괄적인' 존재 안에서 살며 서로 함께 행위한다."[54]

하이데거가 『존재와 시간』에서 현존재의 '더불어 있음'(공동존재)

을 반복해서 강조한다는 점을 상기하면 아렌트의 이런 평가가 정당하다고 보기는 어렵다. 어쨌든 하이데거와 야스퍼스에 대한 이런 평가는 인간과 세계를 보는 아렌트의 기본 관점이 투영된 것이었다. 아렌트에게 중요한 것은 고립을 넘어 함께 모여 사는 인간들의 구체적인 삶의 현실성이었다. 아렌트가 하이데거를 지나칠 정도로 비판한 것은 하이데거에 대한 불신이 강하게 남아 있던 탓이 컸다.

하이데거에 관한 잘못된 소문

아렌트는 그 글을 야스퍼스에게 보내고는 '어린아이 같은 두려움'을 품은 채 옛 스승의 반응을 기다렸다. 야스퍼스는 이 원고를 읽고 감격했다. 다만 아렌트가 글의 각주에서 언급한 하이데거에 관한 소문은 부인했다. 아렌트가 단 각주는 이런 내용이었다.

"잘 알려진 바와 같이 그(하이데거)는 1933년에 매우 감각적인 방식으로 나치당에 입당했다. (그것은) 동일한 재간을 가진 동료들 가운데서 그 자신을 매우 눈에 띄게 만든 행위였다. 게다가 프라이부르크대학의 총장 자격으로 그는 자신의 스승이자 동료인 에드문트 후설의 출입을 금지했다. 후설은 유대인이었다."[55]

야스퍼스는 1946년 6월 9일 보낸 편지에서 "하이데거에 관한 그 언급은 사실 정확하지가 않다"며 하이데거가 다른 대학 총장들이 그랬듯이 정부의 명령에 따라 해고된 교수들에게 보내는 복무 규정에 서명을 한 것뿐이었을 거라고 해명했다. 그러나 이 해명조차 사실과는 다른 것이었다. 하이데거는 후설의 출입을 금지한 적이 없었다. 아렌트는 야스퍼스의 해명을 읽고도 그런 복무 규정에 서명을 하느니 차라리 총장직을 사임했어야 한다고 답장했다. 그런 복무 규정과 하이데거의 서명이 후설을 죽인 것이나 다를 바 없고 그러므로 아렌

한나 아렌트(1950년대).
1950년 2월 하이데거와 재회하기 전까지, 아렌트는 옛 연인을
지나치게 비판했고 불신했다.

트 자신은 하이데거를 "잠재적 살인자로 간주할 수밖에 없다"고 답했다.[56] 야스퍼스는 아렌트의 주장에 "하이데거에 대한 그대의 판정에 전적으로 동의한다"고 답했다.[57]

1949년 야스퍼스가 하이데거의 강의 금지를 취소시키려고 노력하던 중에 두 사람의 편지 왕래가 재개됐다. 야스퍼스가 이해 2월에 먼저 편지를 보냈다. 야스퍼스의 편지는 하이데거에게 닿지 못했지만 야스퍼스가 편지를 보냈다는 소식을 전해들은 하이데거는 6월 22일 야스퍼스에게 편지를 보냈다. 그렇게 편지 왕래가 재개됐지만 야스퍼스의 마음이 예전으로 완전히 돌아간 것은 아니었다. 야스퍼스는 1949년 9월 1일 아렌트에게 보낸 편지에서 하이데거와 편지를 나누게 됐다는 소식을 알리면서 하이데거를 "영혼이 순수하지 못한 사람"이라고 불렀다. 그러면서 "오늘날 사람들은 거의 간파하지 못하는 것을 그가 잘 안다는 사실, 그리고 아주 인상 깊은 예감의 능력을 보여준다는 사실이 참으로 기이하게 여겨진다"고 덧붙였다. 하이데거를 향한 야스퍼스의 마음은 그 뒤로도 계속 흔들렸다.

편지를 받은 아렌트는 먼저 왕래 재개에 기쁨을 표했다. "처음부터 끝까지 변하지 않는 사람은 없죠. 저도 마찬가지예요. 저는 기쁩니다." 하지만 하이데거를 두고서는 아렌트도 야스퍼스와 마찬가지로 동요하는 모습을 보였다. "선생님이 순수하지 못함이라고 부른 것을 저는 인격의 결여라고 부르겠어요. 하지만 문자 그대로 아무 인격도 없다는 의미, 특히 사악한 인격조차 없다는 의미예요. 그런데 그는 우리가 쉽게 잊을 수 없는 심오함과 열정 속에 살고 있지요."[58] 이 편지를 쓸 무렵 아렌트는 하이데거가 보프레에게 쓴 「휴머니즘 편지」의 출간본을 읽은 터였다. 아렌트는 그 글에 대해서도 이중적인 태도를 보였다. "왜곡은 참을 수 없을 정도입니다. 마치 『존재와 시간』을 어떻게 해석하느냐에 따라 모든 왜곡이 정당화되기라도 하듯, 이제 그가 모든 것에 그럴듯한 덧칠을 하고 있다는 사실만 봐도 그렇습니다. 내가 읽은 것은 휴머니즘에 거슬리는 글이었습니다. 게다가 아주 미심쩍고 여러모로 모호하지요. 하지만 다시금 옛 수준을 회복한 첫 번째 글이기도 합니다."[59]

전 생애를 다시 확인한 만남

야스퍼스와 이런 편지를 주고받고 있을 때 아렌트는 자신의 첫 번째 주요 저작이 될 『전체주의의 기원』의 출간을 앞두고 있었다. 이해 늦가을에 아렌트는 넉 달 일정으로 독일 방문에 나섰다. 1933년 8월 나치를 피해 독일을 탈출한 지 17년 만이었다. 먼저 파리에 들른 아렌트는 그해 12월 바젤에 있는 야스퍼스 부부의 집을 방문했다. 야스퍼스를 아버지처럼 존경했던 아렌트는 이때 야스퍼스에게 하이데거와 연인 사이였다는 사실을 처음으로 고백했다. "오! 정말 흥미진진한 일이군!" 야스퍼스가 도덕적인 비판을 하거나 질투 어린 반응을 보일까 봐 걱정했던 아렌트는 야스퍼스의 반응에 마음이 놓였다.[60] 두 사람은 하이데거에 관해 많은 이야기를 나누었다. 야스퍼스에게 비밀을 고백한 아렌트는 하이데거를 다시 만날 생각도 했다. 하지만 결정을 내리기가 쉽지 않았다. 1950년 1월 3일 아렌트는 남편 하인리히 블뤼허에게 편지를 썼다. "하이데거를 만나야 할지 모르겠어. … 모든 것을 우연에 맡기려고 해."[61] 블뤼허는 열렬한 하이데거 숭배자였던 터라 아렌트가 하이데거와 다시 만나는 것을 인정하고 격려했다.

아렌트는 독일 국경을 넘자마자 하이데거에게 편지를 보냈다. 프라이부르크에 잠시 머무를 예정이라며 자신이 묵을 호텔 주소를 알려주었다. 2월 7일 하이데거는 호텔로 달려와 미리 써온 편지를 호텔

접수대에 건넸다. 그 편지에서 하이데거는 아렌트를 집으로 초대하고 싶다고 말했고, 아내 엘프리데가 아렌트와 자신의 관계를 알고 있다는 말도 덧붙였다. 하이데거는 편지를 맡기면서 객실 급사를 통해 자신이 찾아왔음을 아렌트에게 알렸다. 아렌트는 편지를 읽어보지도 않은 채 로비로 뛰어 내려왔다. 두 사람은 재회했다. 아내가 집을 비운 터여서 하이데거는 아렌트를 집으로 데려갔다. 아렌트를 앞에 두고 하이데거는 두 사람이 만나지 못한 사이에 벌어진 불행과 비극을 이야기했다. 하이데거는 눈물을 흘렸고 부끄러워했다. 아렌트의 마음에 오래 쌓였던 의심과 오해가 풀렸다. 이틀 뒤 하이데거와 헤어지고 나서 아렌트는 재회한 연인에게 편지를 써 못 다한 말을 했다.

"그날 밤 그리고 다음날 아침에 저는 전 생애를 확인했어요. 사실은 제가 한 번도 기대하지 못했던 확인이었어요. … 급사가 당신 이름을 알려주었을 때 갑자기 시간이 멈춰버린 것 같았어요. 그리고 한순간에 깨달았어요. 나 자신에게도 당신에게도 그 누구에게도 이런 고백을 한 적이 없지만, 프리드리히가 당신의 주소를 내게 준 이후 나의 충동의 힘 덕분에 다행히도, 충절을 저버리는 용서받지 못할 일을 저지르고 내 삶을 그르치는 일을 피할 수 있었다는 것을."[62]

아렌트 자신이 충동의 명령에 따라 연락함으로써 하이데거를 다시 만나게 됐고 오해도 풀렸으니 더할 나위 없이 잘된 일이라는 얘기였다. 아렌트는 이 편지에서 1926년 마르부르크의 하이데거를 떠나 하이델베르크로 간 이유도 뒤늦게 고백했다. "제가 침묵했던 건 물론 신중했기 때문이 아니라 자존심 때문이었다고 덧붙일 수 있어요. 그리고 당신에 대한 사랑 때문이기도 했어요. 이미 어려운 상황을 더 어렵게 만들고 싶지 않았어요. 제가 마르부르크를 떠난 건 순전히 당신 때문이었어요."[63] 오랫동안 덮어두었던 사랑의 불꽃이 시간의 재를 뚫고 다시 피어올랐다.

아렌트-하이데거-엘프리데의 삼각동맹

첫 재회에서 하이데거는 아렌트를 다시 만날 용기를 준 건 아내 엘프리데라고 이야기했다. 아렌트가 두 번째로 하이데거의 집을 방문한 날에는 엘프리데도 집에 있었다. 하이데거는 아렌트와 엘프리데까지 함께하는, 삼각동맹이라고 부를 만한 일을 준비해놓았다. 2월 9일 하이데거에게 보낸 편지에서 아렌트는 그날의 상황에 관해 이렇게 말했다. "나는 (엘프리데가) 솔직하고 집요하게 다가서는 태도에 무척 당황했고 그 감정은 지금도 사라지지 않고 있어요." 그러면서 아렌트는 "갑작스런 연대의 감정"에 사로잡혔다고 말했다.[64] 하지만 남편 블뤼허에게 보낸 편지에서는 다르게 이야기했다. "오늘 아침 엘프리데와 논쟁을 벌였어. 엘프리데는 지난 25년 동안 혹은 어떤 식으로든 나에 관한 일을 하이데거에게서 알아낸 후부터 그의 삶을 지옥으로 만든 것 같아. 그리고 … 우리 세 사람의 기이한 대화에서 느낀 바로는, 하이데거는 내가 자기 삶의 열정이었음을 지난 25년 동안 한 번도 부인하지 않은 것 같아. 그 여자는 내가 이 세상에 살아 있는 한 모든 유대인을 익사시키고 싶어 할 거야. 유감스럽게도 그 여자는 정말이지 놀랄 만큼 어리석어."[65]

하이데거는 호텔 급사에게 맡겼던 편지에서 아내에게 아렌트가 "내 삶의 열정"이었음을 고백했다고 밝혔다. 하이데거는 두 사람이 헤어질 때 포옹하는 모습을 보고 감동을 느꼈지만, 엘프리데의 반감이 가라앉은 것은 아니었다. 이 삼각동맹 모임 이틀 뒤 아렌트는 엘프리데에게도 처음으로 편지를 보냈다. "당신은 서먹함을 없애주었고 그 점에 대해 진심으로 감사드립니다." 아렌트는 그러면서도 다른 한편으로 지난날의 비밀 때문에 죄책감을 느끼지는 않으며 그때의 사랑으로 인해 충분히 어려움을 겪었다고 썼다. "마르부르크를

야스퍼스 부부와 함께한 아렌트(스위스 생-모리츠, 1952).
아렌트는 아버지처럼 존경했던 야스퍼스에게
하이데거의 연인이었다는 사실을 고백하기도 했다.

떠날 때 나는 두 번 다시 남자를 사랑하지 않겠다고 단단히 결심했어요. 그 다음에는 사랑도 없이 그저 아무 남자나 만나 결혼했어요." 첫 번째 남편 귄터 슈테른을 말하는 것이었다. "당신은 자신의 마음을 전혀 숨기지 않고 털어놓았어요. … 당신의 마음가짐은 대화를 거의 불가능하게 만들었어요. 상대방이 어떤 말을 하든 (미안한 이야기지만) 모든 게 미리부터 규정돼 있고 범주화돼 있으니까요. 유대적·독일적·중국적이라고 정해져 있는 것이지요."[66]

2년 뒤 1952년 5월 아렌트가 다시 하이데거 부부를 방문했을 때 '삼각동맹의 화목함'은 온데간데없이 사라지고 없었다. 아렌트는 그때의 상황도 블뤼허에게 편지로 알렸다. "그 여자는 질투심 때문에 반쯤 미쳐 있어. 하이데거가 나를 말끔히 잊어주기를 바라면서 보낸 세월 동안 그녀의 질투심은 더 강렬해졌겠지. 그가 없는 자리에서 그 여자는 내게 반유대주의에 가까운 말을 내뱉었어. 아무튼 이 여자의 정치적 신념은 … 지금까지 한 모든 경험에도 수그러들지 않은 채, 둔하고 악의적이며 원한에 사무친 어리석음과 결합됐어. 그러니 그가 어떤 일을 당하며 살지는 충분히 짐작할 수 있겠더군."[67] 아렌트는 엘프리데에게 모든 잘못이 있다고 확신했다. 아렌트와 야스퍼스가 편지를 나누며 하이데거의 '순수하지 못함'이라고 부른 것이 엘프리데 탓이라고 생각한 것이다.[68]

그러나 이것은 사실이 아니었다. 또 설령 이것이 사실이라고 해도 아렌트가 다른 사람에게 보내는 편지에서 엘프리데를 그렇게 신랄하게 비난한 것이 윤리적으로 용인될 만한 것인지도 따져볼 일이다. 엘프리데의 처지에서는 자기보다 열세 살이나 어린 여성에게 질투심을 느끼는 것이 자연스러운 일이었을 수도 있기 때문이다.

이 사태가 보여주는 것은 사사로운 영역에 들어가면 어떤 '위인'도 '영웅'도 없다는 사실이다. 삼각동맹이라는 하이데거의 몽상도, 아렌트에 대한 엘프리데의 인종주의적 편견도, 하이데거 부인에 대한 아렌트의 차가운 비웃음도 그들의 공적인 처세와는 어울리지 않는 일이었다. 특히나 하이데거는 이미 당대에 가장 위대한 철학자로 인정받았고 아렌트도 20세기의 가장 뛰어난 정치철학자로 꼽혔다. 그러나 사적인 영역으로 들어가면 아무리 탁월한 철학자나 사상가도 범속성을 뛰어넘지 못한다는 것을 이 내밀한 편지들은 알려준다. 그러므로 지극히 사적인 사건과 발언에 근거해서 당사자의 사상을 판단하는 것은 정작 중요한 것을 놓쳐버릴 위험이 따른다. 사람의 정신과 인격은 몇몇 사적인 발언과 행위로 해소될 정도로 그렇게 단순하지 않기 때문이다. 사적인 편지들은 특별한 사정이 없는 한 사적인 영역에 놓아두어야 한다.

실제로 아렌트의 악담에 가까운 평가와 달리, 당대의 기준에 비추어볼 때 엘프리데는 하이데거에게 좋은 아내이자 충실한 반려였다. 토트나우베르크 오두막을 지어준 사람도 엘프리데였다. 엘프리데가 하이데거보다 먼저 국가사회주의자가 된 것은 사실이지만, 그것은 비인간적 권력에 도취된 탓이 아니라 여성 권리 신장에 대한 관심 때문이었다. 엘프리데는 나치 혁명이 여성의 사회 진출과 권리 증진을 가져오리라 기대했다.[69] 엘프리데가 하이데거보다 오랫동안 국가사회주의를 신봉한 것도 사실이고 나치의 반유대주의를 받아들인 것도 사실이다. 동시에 엘프리데는 철학에 대한 하이데거의 열정을 이해하고 아내로서 힘닿는 데까지 지지하고 지원했다. 하이데거가 삶의 중심에 있었기 때문에 엘프리데는 아렌트에 대한 질투심을 가라앉힐 수 없었고 질투심에 사로잡혀 반유대주의적 편견을 드러내는 일조차 마다하지 않았다. 아렌트에게 그런 엘프리데와 하이데거의 결혼생활은 자신이 『전체주의의 기원』에서 '폭민과 엘리트의 동맹'이라고 했던 것을 떠올리게 해주는 사례였다.[70]

하이데거 사상의 헌신적 중개자

하이데거와 다시 만나 오해를 씻은 아렌트는 미국으로 돌아가 하이데거 사상을 알리는 헌신적인 중개자가 됐다. 1년 전까지만 해도 하이데거 저서를 미국에서 출판하는 데 격하게 반대했지만, 이제는 상황이 정반대로 바뀌었다. 아렌트는 출판사를 물색하고 계약을 협상하고 최고의 번역자들을 선별하는 일에까지 스스로 나섰다.[71) 한참 뒤의 일이지만, 하이데거의 『존재와 시간』을 번역한 존 매쿼리는 다음과 같은 일화를 전한다. "나는 『존재와 시간』을 번역할 때 아렌트를 알게 됐다. 하이데거 자신이 영어를 잘 알지 못했기 때문에 하이데거는 (공역자인) 로빈슨과 나에게 우리가 어떤 특별한 어려움에 부딪히면 아렌트에게 도움을 요청하기를 제안했다."[72) 번역된 『존재와 시간』은 독자 수요가 많아 재판이 출간됐다. 매쿼리는 1973년 5월 19일 아렌트를 마지막으로 만났을 때 이렇게 말했다. "하이데거는 번역으로 많은 돈을 벌게 됩니다." 이 말을 들은 아렌트가 대답했다. "아니요. 그는 사업가가 아닙니다. 많은 돈은 출판사에 갈 것입니다."[73) 아렌트의 관심은 하이데거 철학에 있었다.

1951년 3월 야스퍼스에게 보낸 편지에서 아렌트는 전쟁 기간 동안 하이데거가 했던 행동을 정당화하려고 애썼고 하이데거를 비난했던 일에 사과하는 태도로 말했다. "아시겠죠. 저는 양심에 부끄러움을 느껴요."[74) 그 뒤로도 여러 차례 아렌트는 하이데거에 대한 야스퍼스의 마음을 돌려놓으려고 노력했다. 1951년 3월 예일대학교 강연에서는 하이데거를 "한 명의 철학자를 가르친 철학자"라고 표현하기도 했다.[75) 아렌트라는 철학자를 가르친 철학자가 하이데거였다는 얘기다. 1954년 5월 8일 하이데거에게 보낸 편지에서 아렌트는 "젊은 시절에 당신에게 배운 바가 없었더라면" 자신의 생각이 지금처럼 진전되지 못했을 거라고 말했다.[76] 아렌트는 하이데거의 사유를 자극하는 뮤즈였고, 하이데거는 아렌트의 정신에 철학적 영감을 불어넣는 사람이었다. 만년에 하이데거에게 보낸 편지에서 아렌트는 이렇게 말했다. "아무도 당신이 했던 것처럼 강의할 수 없어요. 당신 이전에도 그런 사람은 없었어요."1974년 7월 26일[77]

첫 재회 이후 2년 뒤인 1952년 아렌트는 다시 독일을 방문했고 하이데거 부부를 찾았다. 강의 금지가 풀린 하이데거는 1951년 겨울학기와 1952년 여름학기에 프라이부르크대학에서 '사유란 무엇인가'라는 제목으로 강의했다. 아렌트가 다시 하이데거의 집에 들렀을 때두 사람은 '사유란 무엇인가' 강의록 몇 구절을 읽고 몇 시간 동안 토론을 벌였다. 그리고 그 순간에 아렌트는 하이데거의 사유 세계에 다시 빠져들었다. 블뤼허에게 보낸 편지에 아렌트는 이렇게 썼다.

"근본적인 선함. 매번 나를 감동시키는 신뢰성(다른 표현은 떠오르지 않아). 나와 단 둘이 있게 되자마자 … 다른 모든 일은 잊어버리는그 완전한 몰두, 그 진정한 무력감과 무방비를 나는 확인할 수 있었어. 생산성이 유지되는 한 위험은 없어. 다만 그가 주기적으로 겪는우울증이 걱정스러워. 그가 우울증을 막아낼 수 있는 방법을 시험해보려 해."[78]

블뤼허도 하이데거가 사유를 계속할 수 있도록 아렌트가 도움을주기를 바랐다. 1952년의 이 두 번째 만남 이후 하이데거에 대한 아렌트의 믿음은 거의 완전한 상태로 복구됐다. 1952년 8월 23일 아렌트는 유대계 가톨릭 성직자 존 외스터라이히(John Österreich)에게 "하이데거에 대한 진술을 수정하기 위해" 편지를 썼다. "이 진술과이와 비슷한 수많은 공격은 소문에 근거를 두고 있어요. 이런 소문은수년 동안 일관되게 지속되고 있어서 마치 믿을 만한 정보처럼 여겨지고 있습니다." "후설과 하이데거의 관계는 1933년 이전에 매우 악화돼 있었어요. 그러므로 1933년의 사건들 때문에 하이데거가 후설과 절연했다고 할 수는 없습니다."[79]

아렌트는 악의적인 소문으로 일그러진 하이데거의 이미지를 원상 태로 복구하고 하이데거 저작을 더 널리 알리는 데 힘썼다. 또 그렇게 힘닿는 데까지 도움으로써 하이데거가 마음 놓고 사유를 진전시켜 나갈 수 있기를 바랐다. 하지만 엘프리데는 아렌트가 하이데거의 수호천사 노릇을 하는 것을 받아들일 수 없었다. 엘프리데는 아렌트에게서 오는 모든 편지를 검열했고 하이데거와 아렌트가 만나는 것도 막았다. 1952년 두 번째 방문 이후 두 사람은 오래 만나지 못했다. 엘프리데의 질투심이 누그러지기까지는 긴 시간이 걸렸고 1967년에야 하이데거와 아렌트는 다시 만날 수 있었다.

1955년 『전체주의의 기원』이 독일어로 번역돼 출간됐다. 그해 아렌트는 명망 높은 정치철학자로서 세 번째로 독일을 방문했다. 하지만 이번에는 하이데거를 찾아가지 않았다. 아렌트는 블뤼허에게 보낸 편지에서 이렇게 썼다. "내가 찾아가지 않은 것이 하이데거와 나 사이의 암묵적 동의인 것처럼 생각됐어."[80] 이 독일 방문은 아렌트에게는 개선 행진과 같았다. 자신을 박해했던 나라에 돌아와 기나긴 망명의 원인이 된 '20세기 전체주의'를 탄핵했다. 이어 3년 뒤 아렌트의 정치철학 주저인 『인간의 조건』이 미국에서 출간됐다.

1961년 아렌트는 잡지 「뉴요커」 특파원 자격으로 유대인 학살 실행자 아돌프 아이히만(Adolf Eichmann, 1906~62) 재판을 참관했다. 『예루살렘의 아이히만』은 그 재판 참관기였다. 이 책은 미국에서 큰 논란을 일으켰다. 유대인을 강제수용소에 수송하는 데 유대인 조직이 협력했다는 사실을 폭로한 것이 논란의 발화점 구실을 했다. 그해에 『인간의 조건』이 독일어로 번역됐다. 아렌트는 이 책의 번역·출간을 계기로 삼아 다시 독일을 방문했고 독일어판을 하이데거에게 보낸 뒤 프라이부르크에 잠시 들렀다. 아렌트는 야스퍼스에게 보낸 편지에서 그때의 일에 관해 썼다. "저는 하이데거에게 편지를 보냈어요. 제가 어디 어디에 있을 테니 언제든 연락을 하라고요. 그에게선 아무 연락도 없었습니다. 저는 그다지 의아하게 생각하지 않았어요. 그가 도시에 있는지 없는지조차 알지 못했으니까요."[81] 석 달 뒤 다시 야스퍼스에게 쓴 편지에서 아렌트는 하이데거가 자신의 명성을 못마땅하게 여겨 자신을 만나지 않은 것이 틀림없다고 추측했다. "저도 압니다. 제 이름이 공공연히 언급되고, 제가 책 쓰는 일 따위가 그에겐 참을 수 없는 일이라는 것을요. 평생 동안 저는 이를테면 그에게 악의 없는 거짓말을 했습니다. 늘 이런 모든 일이 일어나지 않을 것처럼, 말하자면 제가 셋까지도 셀 수 없는 바보인 것처럼 행동했어요."1961년 11월 1일 편지[82]

그런데 하이데거가 아렌트를 만나지 않은 것이 아렌트가 훌륭한 책을 쓰고 명성을 얻은 것이 못마땅해서인지는 확실하지 않다. 하이데거와 아렌트의 관계를 소설 형식으로 충실히 재현한 카트린 클레망(Catherine Clément, 1939~)은 하이데거와 아렌트가 오랫동안 만나지 못한 것을 엘프리데의 질투어린 개입 때문이었다고 해석했다. "그리하여 본처와 숨겨둔 애인 사이에는 이야기 한 가지가 성립됐다. 옛 제자에게 쏟아지는 영광에 자존심이 상한 마르틴이 한나의 책들이 출간되는 것을 달가워하지 않았고 그 때문에 12년간의 침묵이 생겨난 것이라는."[83] 전후 맥락을 보면 클레망의 설명이 더 자연스러워 보인다. 실제로 두 사람이 직접 만나지 않은 그 기간 동안에도 하이데거에 대한 아렌트의 태도에는 큰 변화가 없었다.

1956년 아렌트와 야스퍼스는 하이데거 문제를 놓고 '총괄 토론'을 벌이기도 했다. 아렌트는 기회가 날 때마다 야스퍼스에게 하이데거와 화해할 것을 요청했지만, 야스퍼스는 예전의 관계로 되돌아갈 마음이 없었다. 오히려 야스퍼스가 이 토론에서 아렌트에게 하이데거와 절연하라고 요구했다. 아렌트는 블뤼허에게 보낸 편지에서 야스퍼스가 "거의 최후통첩 같은 말"을 했다고 썼다. "그 말에 나는 화를 냈고 어떤 최후통첩도 받아들일 용의가 없다고 분명히 말했어."[84] 야스퍼스는 하이데거 철학을 깊이 이해하지 못했고 결정적인 자극을 받지도 못했지만, 아렌트는 하이데거 철학과 계속 씨름했고 거기서 많은 통찰을 얻었다. 이런 차이가 두 사람의 태도를 가른 원인이기도 했다.

아렌트 '정신의 삶', 하이데거 사유와의 긴 대화

물론 아렌트가 하이데거 저술의 모든 내용을 속속들이 이해한 것은 아니었다. 또 하이데거의 사유 내용과 사유 방식에 전폭적으로 동의한 것도 아니었다. "아렌트는 … 많은 사람들과 달리 하이데거의 철학적 용어에 이의를 제기하지 않았다. 그러나 하이데거의 언어나 형식이 너무 뒤얽히고 너무 자기의식적이고 자기준거적일 때 아렌트는 이의를 제기했다."[85] 아렌트는 하이데거의 사유를 활용할 때 그 복잡하고 난해한 문장을 더 단순하고 직선적인 산문으로 바꾸었다. "아렌트는 하이데거의 난해함에 대한 자신의 분노를 단지 사적으로만 표현했다."[86] 다시 말해 지인들에게 보내는 편지에서만 그 문제를 지적했다. 이를테면 이런 편지였다.

"나는 어제 하이데거의 책에서 동일성과 차이에 관한 마지막 부분을 읽고 있었는데, 이것은 상당히 관심을 끄는 부분이었어요. 그는 마치 성서를 집필하기라도 한 듯이 자기 자신을 인용하고 자기 자신을 해석했답니다. 나는 그것이 단지 비위에 거슬린다는 것을 알고 있어요. 그리고 그는 실제로 천재이지 단순히 높은 교양을 갖춘 사람은 아니지요. 그는 왜 기술하기 어려울 정도로 괴로운 이런 타성을 필요로 하는 걸까요?"1957년 12월 16일 블루멘펠트에게 보낸 편지[87]

아렌트는 난해한 언어를 쓰는 것을 '특이한 인물'이 되려는 데 대한 집착이라고 해석했다.[88] 그러나 이런 생각이 아렌트의 하이데거 연구를 가로막지는 않았다. 특히 1960년대 이후에 아렌트는 하이데거 사유를 한층 더 체계적으로 탐구했다. 미완성으로 남은 3부작『정신의 삶』은 하이데거 사유와 나눈 길고도 깊은 대화라고 해도 좋을 작품이다. 이 저작에서 아렌트는 끊임없이 하이데거 사유를 불러내 토론하고 숙고한다. 이를테면 하이데거가 1961년에 출간한 두 권짜리 대작『니체』를 읽고는 하이데거의 니체 해석이 중간에 달라졌음을 지적하기도 했다. '예술로서 권력의지'. '동일한 것의 영원회귀', '인식으로서 권력의지'를 수록한『니체 I』과 '유럽의 허무주의'를 포함하는『니체 II』사이에 '전회'가 있었다고 본 것이다.

"우리가 이 두 권을 읽는 과정에서 … 하이데거의 후기의 재해석을 무시한다면, 우리는 '전회'의 시기를 제1권과 제2권 사이의 자서전적 사건으로 기록하고자 할 것이다. 좀 직설적으로 표현하자면 제1권은 니체에 동의함으로써 니체를 설명하지만, 제2권은 억제됐지만 분명히 논쟁적인 분위기로 쓰였기 때문이다."[89]

물론 아렌트의 이런 해석에도 이의를 제기할 수 있다. 이미『니체 I』의 '인식으로서 권력의지'에서 니체 비판이 본격화하고 있기 때문이다.[90] 어쨌든 아렌트가 마지막 순간까지 하이데거 사상과 대화를 계속했다는 사실은 하이데거야말로 '한 명의 철학자를 가르친 철학자'였다는 아렌트 고백의 무게를 실감하게 한다. 또 마지막 시기에 이르러 하이데거도 아렌트만큼 자신의 생각을 이해한 사람은 없다고 인정했다.[91] 아렌트야말로 하이데거의 가장 친밀한 제자이자 가장 뛰어난 제자였다.

제6부

◇

숲속의 은자

1 숲길과
사물

이 '사유의 마법사'는 아주 작고 하찮은 것에서
거대한 것을 끄집어내는 능력이 있었다. 하이데거는 너무나
흔해서 아무런 주의도 끌지 못할 것만 같은 것, 포도주를 담는
'단지'에서 이야기를 시작했다. 단지는 사물 가운데 하나다.
하이데거는 사람들이 사물에 대해 수없이 다양한 방식으로
고찰해왔지만 "일찍이 단 한 번도 사물을 사물로서
사색한 적이 없다"고 단언한다. 그렇다면 사물이란,
단지란 도대체 무엇인가.

> 사유는 아마도 쉽게 다룰 수 없지만
> 회피할 수도 없는 하나의 길일 것입니다.
> 이 길은 구원의 길로 존재하기를 원하지 않으며
> 어떤 새로운 지혜도 가져오지 않습니다.
> 그 길은 기껏해야 하나의 들길입니다.

숲길, 존재 안에서 존재를 찾아가는 길

후기 하이데거는 자신의 사유를 자주 '길'(der Weg)에 비유했다. 1930년대와 1940년대에 쓴 주요한 논문을 모아 전후에 처음으로 펴낸 책의 이름도 '숲길'(Holzwege)이었다. 길이란 존재 사유의 길, 존재를 향해 난 길이었다. 훗날 하이데거는 평생 존재를 향해 난 한 길을 걸었다고 고백했다. 그러나 그 길은 일직선으로 뻗은 길이 아니었다. 하이데거의 길이 어떤 모습의 길인지를 『숲길』 서두에 쓴 '제사'를 통해 엿볼 수 있다.

"수풀(Holz)은 숲(Wald)을 지칭하던 옛 이름이다. 숲에는 대개 풀이 무성히 자라나 더는 걸어갈 수 없는 곳에서 갑자기 끝나 버리는 길들이 있다. 그런 길들을 숲길(Holzwege)이라고 부른다. 길들은 저마다 뿔뿔이 흩어져 있지만 같은 숲속에 있다. 종종 어떤 길은 다른 길과 같은 것처럼 보인다. 그러나 그렇게 보일 뿐이다. 나무꾼과 산지기는 그 길들을 잘 알고 있다. 그들은 숲길을 걷는다는 것이 무엇을 뜻하는지 알고 있다."『숲길』 13쪽

'숲길'은 숲속에 난 길이다. 그러면 숲이란 무엇일까? 하이데거 사유 전체를 보면, 숲은 존재 자체를 가리키는 은유임이 분명하다. 그러므로 숲길은 존재 안에서 존재를 찾아가는 길이라고 할 수 있을 것이다. 숲길은 하나만 있는 것이 아니고 여러 갈래로 뿔뿔이 흩어져

있다. 존재를 향해 가는 길은 크게 보면 하나이지만 국면 국면을 관찰하면 여러 갈래로 나뉘어 있다는 얘기다. 하이데거는 나무꾼과 산지기가 그 길들을 잘 알고 있으며 숲길을 걷는다는 것이 무엇을 뜻하는지 알고 있다고 하는데, 이 말에서 하이데거 자신이 나무꾼이고 산지기임을 짐작할 수 있다. 숲에 길을 내고 그 길을 따라 걸으며 그 숲을 지키는 자가 바로 하이데거 자신이라는 말이다.

그런데 그 길 중에는 '풀이 무성히 자라나 더 걸어갈 수 없는 곳에서 갑자기 끝나버리는 길들'이 있다고 하이데거는 말한다. 이 말은 무엇을 뜻하는 걸까? 하이데거 자신이 존재 사유의 길을 가는 도중에 더 나아갈 수 없는 막다른 길에 부닥친 적이 있다는 얘기일 것이다. 하이데거는 1932년 9월 18일 엘리자베트 블로흐만에게 쓴 편지에서 『존재와 시간』이 어느새 자신에게서 멀어졌고 당시 들어선 길이 이제는 수풀만 '무성해져' 더는 걸어갈 수 없을 것 같다고 토로했다.[1] 또 이보다 조금 앞서 야스퍼스에게 쓴 편지에서는 "나 자신의 실존적 힘이 미치는 곳 너머까지 너무 멀리 나가버려서 실질적으로 내가 물을 수 있는 좁은 한계를 명확히 볼 수 없게 됐다"고 고백하기도 했다.1931년 12월 20일

이 고백을 『숲길』의 제사와 연결해보면 사태는 조금 더 분명해진다. 하이데거는 『존재와 시간』 작업을 통해 존재 자체로 나아가는 길을 열 수 있으리라고 생각했다. 그러나 그 길은 갑자기 끊어지고 말았다. 더 갈 수 없는 길 앞에서 하이데거는 결국 다른 길을 찾지 않을 수 없었다. 하이데거는 『숲길』이 출간된 즈음인 1949년 8월 26일에 발행된 일간신문 「디 벨트」에 기고한 짧은 글에서 다음과 같이 썼다. "길들은 미로 속을 헤맨다. 그러나 길을 잃어버리지 않는다."「숲길('장래의 인간에게…')」 『사유의 경험으로부터』 133~134쪽 하이데거는 거의 모든 글에서 확고한 목소리로 자신의 생각을 폈지만, 내심으로는 길을 잘못 든

것은 아닌지 불안해했다. 그러나 그런 불안 중에도 자신이 길을 아주 잃어버리지는 않을 것이라는 믿음이 있었다. 자신이 숲 안에 있으며 숲으로 난 길을 걷고 있다는 믿음이었다. 하이데거는 이런 사정을 1953년경에 일본인 학자와 나눈 대화에서 이렇게 밝히기도 했다.

"나는 언제나 단지 불분명한 길의 흔적만을 따랐을 뿐이다. 그러나 나는 어쨌든 그 길의 흔적을 따랐다. 그 흔적은 거의 알아들을 수 없는 약속과 같은 것으로서 자유로운 장(Das Freie)으로의 해방을 고지하고 있었다. 그러나 그것은 어떤 때는 어둡고 혼란스러웠다가 어떤 때는 번갯불처럼 갑작스럽게 자신을 드러냈다. 그러고 나서는 오랫동안 그것을 말하려는 모든 시도에 대해 다시 자신을 감추고는 했다."「언어에 관한 대화로부터」,『언어로의 도상에서』184쪽

또 이 대화의 다른 곳에서는 해석학과 관련해 이런 말도 했다.

"'해석학'이라는 명칭은 내가 신학을 공부하던 시절에 흔히 접하던 것이었다. 그 당시 나는 특히 성경의 말과 신학적-사변적 사유 사이의 관계에 대한 물음에 사로잡혀 있었다. 당신이 원한다면, 그것은 동일한 관계, 즉 언어와 존재 사유의 관계와 동일한 것이라고 생각해도 된다. 그러나 그것은 나에게는 접근될 수 없을 정도로 감추어져 있었기에, 나는 많은 에움길과 샛길을 통해 그 실마리를 찾고자 했지만 헛된 수고에 그치고 말았다."「언어에 관한 대화로부터」,『언어로의 도상에서』129쪽

길이 보이지 않을 때 하이데거는 우울한 어둠에 휩싸였을 것이고, 번갯불이 내리쳐 길이 밝아졌을 때에는 환한 기쁨을 느꼈을 것이다. 전체로 보아 존재 사유의 길을 걷는 것이 하이데거에게 그리 순탄한 일이 아니었음이 분명하다. 그런 사정을 말년의『슈피겔』인터뷰에서 하이데거는 이렇게 내비쳤다. "오늘날의 우리들에게 사유돼야 할 것의 크기는 너무 큽니다. 우리는 아마 그런 사태로 이끄는 … 오솔

길 위의 하이데거.
하이데거가 평생 걸었던 길이 들길이고 숲길이었다.
다른 말로 하면 존재 사유의 길이었다.

길이라도 내려고 노력할 수 있을 것입니다."[2] 1950년 「사물」 강연에 뒤이어 쓴 편지에서는 이렇게 말했다. "사유는 아마도 쉽게 다룰 수 없지만 회피할 수도 없는 하나의 길일 것입니다. 이 길은 구원의 길로 존재하기를 원하지 않으며 어떤 새로운 지혜도 가져오지 않습니다. 그 길은 기껏해야 하나의 들길입니다."「보탬말: 젊은 학생에게 보내는 편지」 『강연과 논문』 240쪽 하이데거가 평생 걸은 길이 들길이었고 숲길이었다. 다른 말로 하면 존재 사유의 길이었다.

사물이란 무엇인가

전후에 하이데거는 프랑스군정 당국의 제재로 몇 년 동안 대학 강단에 설 수 없었다. '슈바르츠발트의 헤라클레이토스'가 된 하이데거를 비자발적 은둔에서 이끌어낸 것은 독일 북서부 도시 브레멘이었다. 1949년 12월 1일 하이데거는 '존재하는 것에 대한 통찰'이라는 큰 제목 아래 '사물' '게슈텔(몰아세움)' '위험' '전회'로 이어지는 연속 강연을 시작했다. 첫 번째로 강연한 '사물'은 이듬해 6월 6일 뮌헨의 바이에른예술아카데미에서 다시 발표됐다. 브레멘 시청 홀에 들어 찬 청중을 앞에 두고 하이데거는 다음과 같은 말로 강연을 시작했다. "저는 15년 전에도 여기서 강연을 한 적이 있습니다. 당시 제가 말한 것들은 지금에야 서서히 이해되고 효력을 발하기 시작했습니다. 당시에 저는 뭔가를 감행했습니다. 그리고 오늘도 다시 뭔가를 감행하려 합니다."[3] 이 말대로 하이데거는 이 첫 강연에서 무언가를 감행했다. 다시 말해 지금껏 들어본 적 없던, 그러나 시대의 분위기를 환기시키는 생각을 청중에게 던졌다.

이 '사유의 마법사'는 아주 작고 하찮은 것에서 거대한 것을 끄집어내는 능력이 있었다. 하이데거는 너무나 흔해서 아무런 주의도 끌지 못할 것만 같은 것, 포도주를 담는 '단지'(Krug)에서 이야기를 시작했다. 단지는 사물(Ding) 가운데 하나다. 하이데거는 사람들이 사물에 대해 수없이 다양한 방식으로 고찰해왔지만 "일찍이 단 한 번도 사물을 사물로서 사색한 적이 없다"고 단언한다. 그렇다면 사물이란, 단지란 도대체 무엇인가?

하이데거는 먼저 '자립성'과 '대상성'을 대립시킨다. 단지는 그 자체로 서 있는 것으로서 '자립적인 것'(das Selbstständige)이다. 자립적인 것으로서 단지의 '자립'(Selbststand)은 '대상'(Gegenstand)과 구별된다. 대상이란 인간이라는 주체의 표상 활동에 나타난 것을 말한다. 단지는 주체의 표상 활동에서 대상으로 나타난 것이기 이전에 스스로 서 있는 자립적인 것이다. 하이데거가 '자립적인 것'과 '대상적인 것'을 대립시키는 것은 사물이 대상이 되어서는 사물의 사물다움(das Dinghafte)이 드러나지 않는다고 보기 때문이다.

"사물의 사물다움은 그것이 표상의 대상이 된다는 사실에서 성립하는 것이 아니다. 그것은 도대체 대상의 대상성으로부터는 규정될 수 없다."「사물」『강연과 논문』 214쪽

단지는 우리가 그것을 표상하든 표상하지 않든 단지로서 놓여 있다. 그러나 단지가 처음부터 단지였던 것은 아니다. 단지는 도공의 제작 활동(Herstellen, 이끌어내 세움), 다시 말해 흙으로 단지를 빚어내는 그 빚음을 통해서 단지로 선다. 그런데 여기서 한번 물어보자. 도공의 이 빚어내는 활동이 단지를 단지로 만들어주는 것일까? 다시 말해 단지의 고유함이 도공의 제작에서 비롯하는 것일까? 오히려 플라톤이 생각하듯 단지의 이데아가 먼저 있어서 그 이데아 곧 '마음 속에 떠올린 모양'에 따라 도공이 비로소 단지를 빚어내는 것이 아닐까? 플라톤주의자라면 그렇게 말하겠지만, 하이데거는 이데아라는 것을 통해서는 단지의 단지다움이 근본적으로 경험될 수도 없고 사

유될 수도 없다고 말한다. 플라톤의 이데아를 통해서 단지라는 그릇을 만들어낼 수는 있지만, 그것이 단지의 단지다움을 보장해주는 것은 아니라는 것이다.

플라톤 이래 모든 플라톤주의적 사고는 단지의 단지다움, 단지의 고유한 본질을 합당하게 사유하지 못했다고 하이데거는 말한다. 플라톤은 제작자의 관점에 서서 제작자가 물건을 제작할 때 떠올리는 '상'(모양)을 이데아로 규정했던 것이다. 플라톤에게 사물은 제작된 것 곧 제작물(Herstand)이었다. 플라톤의 이데아도 도공의 빚어냄 자체도 단지의 단지다움을 보장해주지 못한다. 마찬가지로 우리의 표상에 나타난 대상물(Gegenstand)도 단지의 단지다움을 보장해주지 못한다. 그렇다면 단지의 단지다움, 단지의 고유한 본질은 어디에서 성립하는 걸까?

단지를 단지로 만들어주는 것 '텅 빔'

하이데거는 아주 단순한 사실을 이야기한다. 단지의 단지다움, 단지의 사물다움은 그것이 무언가를 담는 그릇으로 존재한다는 데 있다. 단지는 포도주를 담을 때 단지의 단지다움을 드러낸다. 포도주를 담으려면 단지는 내부가 비어 있어야 한다. 단지를 단지로 만들어주는 것은 바로 이 '텅 빔'이다. 여기서 이 시기에 하이데거가 숙고하던 노자 『도덕경』의 한 구절을 떠올려볼 수 있다. 『도덕경』 11장에는 "찰흙을 빚어 그릇을 만들지만 그 속이 비었기에 그릇으로서 쓸모가 있다"(埏埴以爲器 當其無 有器之用)는 말이 나온다. 그릇의 비어 있음이야말로 그릇을 그릇으로 만들어준다는 얘기다.

"단지의 텅 빔이 제작의 모든 공정을 규정하고 있다. 그릇의 사물다움은 결코 그것이 만들어지는 재료에 있는 것이 아니라 그것이 담

아 잡는 텅 빔 안에 깃들어 있다."「사물」,『강연과 논문』 217쪽

그런데 여기서 한번 '과학적으로' 생각해보자. 단지는 정말로 텅 비어 있는가? "물리학은 단지가 공기 또는 공기의 혼합물을 이루는 그 모든 것으로 채워져 있다고 우리를 확인시킨다. … 우리가 실제의 단지를 과학적으로 그것의 실제성에 입각해 탐구하고자 시도하자마자 우리에게는 뜻밖에 다른 사태가 나타나게 된다. 우리가 단지에 포도주를 부을 때, 단지를 이미 채우고 있는 공기가 그저 단순히 밀려나가고 그것이 액체로 대체될 뿐이다. 단지를 채운다는 것은 과학적으로 보았을 때, 하나의 채움을 다른 채움으로 교체함을 뜻한다."「사물」,『강연과 논문』 218쪽 하이데거는 여기서 '과학'을 긍정하려고 이런 말을 하는 것인가? 과연 이런 과학적 인식은 얼마나 타당한가? 공기가 액체로 대체된 것이라는 이런 물리학적 사실 인식이 옳다는 것은 분명하다. 그러나 그런 인식이 단지의 단지다움을 보장해주는가? 오히려 우리는 이렇게 반문해야 한다. 그런 과학주의적 인식이 우리 삶의 실상을 가리는 것은 아닌가?

"과학이 사물을 절멸시켰다"

과학이 지배하는 세계에서 우리는 과학주의의 세례를 흠뻑 받아 모든 것을 과학의 관점에서 보려고 한다. 단지가 텅 빈 것이 아니라 실은 기체로 꽉 차 있다는 생각은 과학의 도움을 받은 것이다. 그러나 우리는 과학 자체를 사는 것이 아니라 우리의 삶 속에서 과학을 부분적으로 활용하고 있을 뿐이다. 삶이 먼저고 과학은 이차적인 것이다. 우리의 생활세계 감각으로 보면 단지는 텅 빈 것이지 기체로 꽉 차 있는 것이 아니다. 우리 삶의 진실을 알아가려면 우리는 과학이 아니라 삶 자체에서 출발해야 한다. 그럴 때 단지는 포도주를 담

을 수 있는 텅 빈 것으로 드러난다.

문제는 갈수록 과학주의가 우리 삶을 더 강하게 지배해간다는 사실이다. 그렇다면 여기서 물어보아야 한다. 이렇게 과학적으로 이해된 단지가 진정한 단지인가? 하이데거는 단호하게 부정한다.

"아니다. 과학은 언제나 단지 자신의 표상의 양식이 처음부터 과학을 위해 가능한 대상으로 허용한 것만을 만날 뿐이다."「사물」,「강연과 논문」218쪽

왜 그런가? 과학은 모든 것을 해명해주는 것이 아니기 때문이다. 과학은 자신이 설정한 틀에 맞추어 실재하는 것으로 표상한 것만을 대상으로 떠올린다. 그러므로 자신이 설정한 틀에 들어오지 않는 것은 존재하지 않는 것, 허구적인 것이 되고 만다. 과학의 진리는 부분적 진리에 지나지 않는다. 과학의 이름으로 우리 삶에서 진정으로 소중한 것은 뭉개져버릴 수도 있다. 그러나 과학은 사뭇 명쾌한 인과적 설명으로 우리를 제압하고 복속시킨다. 과학은 압도적인 강제력으로 진군한다. 그리하여 과학은 단지-사물을 포도주를 채울 수 있는 텅 빈 것으로서가 아니라 기체로 가득 차 있는 것으로 이해시킴으로써 "단지-사물을 아무것도 아닌 무와 같은 것"으로 만들어버린다.

왜 단지라는 사물이 무가 되고 마는가? 과학주의의 표상의 틀에서는 단지는 '기체가 액체로 대체될 수 있는 용기' 이상의 것이 아니기 때문이다. 과학은 사물을 과학적 표상의 대상으로 만들어내고 있다. 그런데 우리는 정말로 단지를 대할 때 '기체가 액체로 대체되는 삼차원의 움푹 파인 용기'를 대하는 것인가? 그렇지 않다. 우리는 단지를 단지로서 만난다. 그러나 과학주의는 이런 우리의 삶의 감각을 '과학적으로 볼 때 아무짝에도 쓸모없는 것'으로, 다시 말해 '무'로 돌려버린다. 단지는 무가 되고 만다. 그래서 하이데거는 다음과 같이 말한다.

"자신의 구역, 즉 대상의 구역 안으로 강제하고 있는 과학적 지식은 원자폭탄이 폭발하기 훨씬 이전에 이미 사물을 사물로서 절멸시켜버렸다."「사물」,「강연과 논문」218~219쪽

하이데거는 이렇게 단지라는 작은 사물에서 시작해 근대 기술 문명의 흉측한 결과를 끄집어내는 문명 비판으로 나아간다. 단지-사물을 무로 돌려버리는 과학주의의 쇄도야말로 원자폭탄의 가공할 위험을 낳은 근본 바탕이라는 것이다.

"원자폭탄의 폭발은 이미 오래 전부터 일어나고 있었던 사물의 절멸, 즉 사물이 사물로서는 아무것도 아닌 것으로 남아 있게 된다는 그런 사실에 대한 모든 조잡한 확증 중에서도 가장 조잡한 확증일 뿐이다."「사물」,「강연과 논문」219쪽

과학적 표상의 틀에서는 모든 것이 대상으로 나타나며, 그것도 오직 과학의 틀이 요구하고 허락하는 대상으로만 나타난다. 그런 대상화 속에서 사물의 사물다움은 말라 죽어버린다. 다시 말해 사물의 참다운 존재는 버려지고 망각된다.

"사물의 사물다움은 은닉된 채로, 망각된 채로 남겨져 있다. 사물의 본질은 결코 전면에 나타나지 않는다. 다시 말해 언어에 이르지 못한다."「사물」,「강연과 논문」219쪽

이것이 사물이 사물로서 절멸했다는 말이 뜻하는 것이라고 하이데거는 말한다. 다른 말로 하면, 사물이 절멸했다는 것은 사물이 사물로서 허용되고 있지 않을 뿐만 아니라 사물로서 인간의 사유에 나타나지 않는다는 것을 뜻한다.

그런데 여기서 하이데거는 묻는다. "사물이 사물로서 나타나지 못한다는 것은 어디에 기인하는가? 단지 인간이 사물을 사물로서 표상하는 것을 소홀히 하였을 따름인가?"「사물」,「강연과 논문」219쪽 바로 이 물음이 하이데거의 존재사적 사유가 드러나는 대목이다. 사물이 사물

로서 나타나지 못한 것은 인간이 무언가를 소홀히 하였기 때문이 아니다. 무언가가 이미 드러나 있을 때에만 그것을 소홀히 할 수 있는 것이지, 드러나 있지 않은 것을 소홀히 할 수는 없다는 말이다. 사물이 사물로 나타나지 않았기에 인간이 사물을 사물로 받아들이지 못한 것이지, 인간이 사물의 사물다움을 없애버린 것이 아니라는 얘기다.

결론을 앞당겨서 미리 말하자면, 사물의 죽음, 사물의 망각은 인간 자신의 오류나 악행 탓이 아니다. 존재 자체의 '역운'(Geschick) 곧 '역사적 운명'이 과학주의와 실증주의 방식으로 존재 자체를 감추었기에 인간은 그 존재의 역운 속에서 사태를 과학주의적으로 이해한 것이다. 사물이 사물로 나타나지 않은 것은 존재 자체의 역운에 따른 존재 이탈과 존재 망각의 결과이지 인간이 능동적으로 존재를 저버린 결과는 아니라는 얘기다. 인간은 스스로 밝은 빛 속에서 나타나는 것만을 표상할 수 있는 것이다. 사물이 사물로서 자신의 본질을 드러내지 않은 이상, 인간이 사물을 사물로 알아볼 수는 없었다는 얘기다.

단지의 본질에 땅과 하늘이 머문다

그렇다면 그 사물, 곧 아직까지 본질을 드러내지 못한 그 사물이란 무엇인가? 하이데거는 이렇게 묻고서, 다시 단지로 돌아가 단지의 그 '텅 빔'에 주목한다. 단지의 텅 빔 속에 포도주는 부어지고 단지는 그 텅 빔에 포도주를 담는다. 다시 말해 포도주를 받아들여 간직한다. 단지의 처지에서 보면, 포도주를 부어줌은 포도주를 선사함이다.

"단지의 단지다움은 부어진 것의 선사(Geschenk, 선물) 안에 본질적으로 존재한다."「사물」『강연과 논문』221쪽 단지 안에 어떤 것이 부어지기에, 즉 선사되기에 단지가 단지로 존재하는 것이다. 선사를 통해서 마실 물이 담기고 포도주가 담긴다. 여기서 하이데거가 '선사(선물)'의 주어를 굳이 쓰지 않는 것은 인간이라든가 특정한 존재자가 선사하는 것이 아니기 때문이다. 말하자면, 선물은 존재 관계 전체 안에서 선사된다. 물이 선사되고 포도주가 선사된다. 그런 사태를 하이데거는 이렇게 표현한다.

"선사된 물 속에는 샘이 머물고 있다. 샘에는 암석이 머물고 있다. 암석에는 하늘의 비와 이슬을 받은 땅의 어두운 선잠이 머물고 있다. 샘의 물에는 하늘과 땅의 결혼식이 머물고 있다. 하늘과 땅의 결혼식은 포도주에도 머물고 있다. 포도주는 땅의 양분과 하늘의 태양이 서로 믿는 가운데 열린 포도나무 열매가 준 것이다. 물의 선사에는, 포도주의 선사에는 그때마다 하늘과 땅이 머물고 있다. 바로 그 부음의 선사가 단지의 단지다움이다. 단지의 본질에 땅과 하늘이 머문다."「사물」「강연과 논문」222쪽

하이데거는 선사(선물)라는 말을 고리로 삼아 단지를 하늘과 땅에 연결시킨다. 하늘이 비를 내리고 땅이 포도를 키워 거기에서 나온 포도주가 단지에 담긴다. 단지는 그 포도주를 담음으로서 단지가 된다. 단지에는 땅과 하늘의 결혼식이 머물러 있다. 오직 이렇게 단지가 땅과 하늘 사이의 그 연결 지점으로 있을 때에만 단지다움을 드러낸다고 하이데거는 말한다. 하늘과 땅의 그 존재 연관 속에서 비로소 단지는 단지의 본질을 드러낼 수 있는 것이다.

그런데 단지의 본질에는 하늘과 땅만 있는 것이 아니다. 거기에는 인간과 신들도 참여한다. 하이데거는 인간을 '죽을 자들'(die Sterblichen)이라고 부른다.

"부음(Guss)의 선물은 죽을 자들을 위한 음료다. 음료는 그들의 갈증을 풀어준다. 음료는 그들의 여가를 흥겹게 돋우어준다. 음료는 그

들의 교제를 유쾌하게 만든다. 그러나 단지의 선물은 때로는 축성을 위해서도 부어진다. 부음이 축성을 위한 것일 때 그것은 갈증을 풀어 주려는 것이 아니다. 그 부음은 축제의 경축을 한껏 고조한다. 이제 부음의 선물은 술집에서 선사되는 것도 아니고 또 그 선물이 죽을 자들에게 주는 음료도 아니다. 그 부음은 이제 불멸의 신들에게 바쳐진 헌주다. 헌주로서 부어진 선물이 본래적인 선물이다."「사물」『강연과 논문』 222쪽

하이데거는 신들을 '신적인 것들'(die Göttlichen)이라고 부르기도 한다.

"음료로서 부음(부어진 것)의 선사 안에는 죽을 자들이 그 나름의 방식으로 머물고 있다. 헌주로서 부음의 선사 안에는 선사함의 선사를 봉헌의 선사로서 되돌려 받는 신적인 것들이 그 나름의 방식으로 머물고 있다. 부음의 선사 안에는 그때마다 다르게 죽을 자들과 신적인 것들이 머물고 있다."「사물」『강연과 논문』 223쪽

단지에 담기는 포도주라는 선물에는 땅과 하늘만 머무르고 있는 것이 아니라, 죽을 자들 곧 인간과 신성한 존재자들 곧 신들도 머무르고 있다. 인간은 단지에 담긴 음료를 마시고 목을 축이고, 단지에 담긴 포도주는 헌주로서 신들에게 바쳐지기 때문이다. 그러므로 단지에 담긴 선물에는 땅과 하늘, 인간과 신들이 동시에 머무르고 있다.

"이 넷은 그 자체로부터 하나로 어우러져 함께 속해 있다. 이 넷은 모든 현존하는 것들에 앞서 도래하면서 유일한 사방(Geviert) 안으로 포개져 하나가 된다."「사물」『강연과 논문』 223쪽

여기서 하이데거의 사유가 빛을 발한다. 하이데거는 땅과 하늘, 인간과 신들이 네 방역에 놓임과 동시에 서로 연결돼 '사방'을 형성하고 그 안에서 하나로 포개진다고 말한다. 땅과 하늘은 따로 떨어져

있지만 동시에 가까이 연결돼 있고, 인간과 신들도 서로 떨어져 있지만 동시에 친밀하게 결속돼 있다. 각각이 자신들의 방역을 차지하되 함께 어우러져 사방으로서 하나가 되는 것이다. 그 넷을 이어주는 것이 바로 단지이며 단지에 담긴 포도주다. 단지라는 사물이 사방의 넷을 하나로 끌어 모으는 것이다. 하이데거는 이런 사방의 사유를 1930년대 이래 깊이 숙고한 횔덜린의 시 세계에서 가져왔다. 횔덜린의 신화적인 세계 경험이 하이데거의 사유 속에서 사물의 존재 방식으로 맺힌 것이다.

사방을 하나로 모아 머무르게 하는 사물

단지는 사물(Ding)로서 '땅과 하늘과 인간과 신들'이라는 사방(Geviert)을 하나로 모아 머무르게 한다. 그렇게 단지가 사방을 하나로 모아 머무르게 함을 하이데거는 '사물이 사물화한다'고 표현한다.

"단지는 사물로서 본질적으로 존재한다. 단지는 사물로서 단지다. 그렇다면 사물은 어떻게 현성하는가? 사물은 사물화한다."「사물」, 「강연과 논문」224쪽

단지가 사물로서 사방 세계를 하나로 모아들여 머무르게 함이 바로 '사물의 사물화함'이다. 바로 그렇게 사방 세계를 모아들여 머무르게 하는 방식으로 존재할 때 단지는 사물이 되는 것이다.

하이데거는 사물(Ding)의 고어인 'thing'(팅)이라는 말의 본디 의미를 추적함으로써 이 사태를 설명한다. 고대 고지독일어인 'thing'은 소집(Versammlung, 모음)을 뜻했다. 특히 논란이 되는 사건 곧 소송 사건을 처리하려고 사람들을 소집함을 뜻했다. 그것은 고대 로마인들이 논란이 되는 것을 '레스'(res, 일·사건·사태)라고 부른 것

과 연관된다. 이 레스라는 말에서 '레스 푸블리카'(res publica)가 나왔다. '레스 푸블리카'는 국가를 뜻하기 전에 먼저 '국민 전체의 관심을 하나로 모으는 것', '공적으로 논의되는 것'을 뜻했다. 나중에 그 의미가 넓어져 국가를 의미하게 된 것이다. 어원을 찾아 들어가보면 레스는 "인간에게 어떤 식으로든 다가와 관련되기 시작하는 그런 것"을 가리킨다.「사물」『강연과 논문』226쪽 다만 로마인들은 레스라는 낱말과 관련해 그렇게 경험한 것을 그 본질에까지 파고들어 사유하지 못했다고 하이데거는 지적한다. 어쨌든 이 레스의 의미에서도 어느 정도 짐작할 수 있듯이, thing에서 유래한 사물(Ding)이라는 말에는 이미 모아들임, 하나로 모음이라는 의미가 깃들어 있는 것이다.

그런데 여기서 하이데거는 자신이 어원학에 기대어 단어의 의미를 너무 편하게 또는 자의적으로 해석하는 것이 아니라는 점을 강조한다. 어원학이 가리키는 낱말의 표면적인 의미는 진정한 사유에는 아무것도 가르쳐주는 것이 없다는 것이다.

"우리의 사유가 어원학에 의존하여 살고 있는 것이 아니라, 오히려 어원학이 먼저 단어들이 말로서 암암리에 명명하고 있는 그것의 본질 사태를 숙고하기를 촉구받고 있는 것이다."「사물」『강연과 논문』225쪽

지금껏 사유되지 않은 것을 사유하는 것이 중요하다는 주장이다. 하이데거가 사유라는 말을 할 때, 그 사유는 거의 언제나 '존재의 사유'를 뜻한다. 어원학은 '존재의 사유'에 관해서는 침묵하고 있으며, 그러므로 어원을 확인하는 것만으로는 그 말이 가리키는 진정한 존재 사태에 가 닿을 수 없고, 그 사태에 다다르려면 특별한 숙고의 과정을 거쳐야 한다는 얘기다.

"사물은 사물화한다"

다시 단지라는 사물로 돌아가 하이데거는 '가까움'(Nähe)의 본질에 대해 숙고한다.

"사물은 사물화한다. 사물화하면서 사물은 땅과 하늘, 신적인 것들과 죽을 자들을 머물게 한다. 머물게 하면서 사물은 그 넷을 그것들의 멂 안에서 서로에게 가까이 데려온다."「사물」, 「강연과 논문」, 229쪽

사물은 사물화하면서 사방을 모아들인다. 모아들인다는 것은 가까이 함께 있게 한다는 것을 뜻한다. 이때 가깝게 함은 멂을 지워버리는 방식으로 가깝게 함이 아니라, 멂을 멂 자체로 둔 채로 가깝게 함이다. 물리학적으로는 성립할 수 없지만, 사방의 가까움은 이렇게밖에 설명할 수 없다. 땅은 땅으로, 하늘은 하늘로 있으면서 그 둘이 사물에 깃드는 방식으로 가까워지는 것이다. 그래서 하이데거는 이렇게 말한다.

"가까움은 먼 것을 가깝게 하는데, 그것도 먼 것으로서 가깝게 한다. 가까움은 멂을 참답게 보존한다. 가까움은 멂을 참답게 보존하면서 그것을 가깝게 하는 가운데 현성한다. 가까움은 이런 방식으로 가깝게 하면서 자기 자신을 숨기며 그 나름의 방식으로 가장 가까이에 머무른다."「사물」, 「강연과 논문」, 229쪽

인간과 신의 관계를 생각해보자. 신은 인간으로부터 멀리 떨어져 있지만 동시에 인간에게 가장 가까이 있다. 신이 멀다는 것은 인간에게 보이지 않고 잡히지 않는다는 뜻이다. 그러면서도 신은 인간에게 가장 가까이 있다. 다른 말로 하면 신은 인간과 하나로 포개져 있다. 땅과 하늘도 마찬가지다. 그래서 하이데거는 이렇게 말한다.

"사물은 사물화하면서 하나로 어우러지는 넷을, 즉 땅과 하늘, 신적인 것들과 죽을 자들을, 그것들이 그 자체에서부터 서로 어우러지

는 그런 사방의 '하나로 포개짐'(Einfalt) 안에 머물게 한다."「사물」『강연과 논문』 229쪽

하이데거는 사물 가운데 모여들어 하나로 포개지는 그 넷이 무엇을 뜻하는지 하나씩 이야기한다.

"땅은 하천과 암석, 식물과 동물을 보살피면서 건립하고 떠받치는 것, 길러주며 결실을 맺어주는 것이다. 땅을 말할 때 우리는 넷의 하나로 포개짐에 입각해 이미 다른 셋을 함께 사유한다."「사물」『강연과 논문』 230쪽

땅은 대지다. 대지는 하천을 흐르게 하고 바위를 떠받치며 식물과 동물 같은 생명체를 보살피고 길러낸다. 그런데 하이데거는 우리가 대지를 말할 때 사방을 이루는 다른 셋을 함께 사유해야 한다고, 그럴 때만 대지가 대지로서 참답게 드러난다고 생각한다. 그렇다면 하늘은 어떤 것인가?

"하늘은 태양의 운행, 달의 뜨고 짐, 별들의 광채, 한 해의 계절들, 낮의 빛과 여명이며 밤의 어둠과 밝음이며 날씨의 은혜와 궂음이며 흘러가는 구름과 에테르의 푸른 깊이다. 하늘을 말할 때 우리는 넷의 하나로 포개짐에 입각해 이미 다른 셋을 함께 사유한다."「사물」『강연과 논문』 230쪽

하늘은 천체의 운행, 기상의 변동, 세월과 계절, 그리고 하늘의 푸름 자체를 가리킨다. 횔덜린의 시에서 묘사된, 고대 그리스인들이 보았던 그런 하늘이다. 인간이 근대 과학의 세례를 받기 이전의 원초적인 삶의 세계에서 드러났던 하늘이 하이데거가 말하는 하늘이다.

신적인 것들, 신성을 눈짓하는 사자

이 대목에서 눈여겨 볼 것이 있다. 1935년에 발표한 「예술 작품의

근원」에서는 지금 여기서 하이데거가 땅(대지)과 하늘로 나누어 이야기하는 것들이 '대지'(Erde)라는 용어에 응축돼 있었다는 사실이다.「예술 작품의 근원」에서는 대지가 땅과 하늘을 모두 아울렀다. 그 대지는 '스스로 그러한' 자연 혹은 피시스를 가리켰다. 그 10여 년 사이에 횔덜린 시 세계를 깊숙이 관통한 하이데거는 이제 대지를 땅과 하늘로 나누어 서로 대립하면서도 친밀하게 어우러지는 것으로 이해한다. 더구나「예술 작품의 근원」에서는 '신적인 것들'과 '죽을 자들'은 따로 숙고되지도 않았다. 그러나 이제 '사방에 대한 사유'에서는 '신적인 것들'과 '죽을 자들'이 사방을 구성하는 두 축으로 참여한다. '신적인 것들'을 하이데거는 이렇게 묘사한다.

"신적인 것들은 신성을 눈짓하는 사자들이다. 이 신성의 은닉된 전개에서부터 신이 자신의 본질 속에 나타난다. 이 본질 속에서 신은 현존하는 것과의 그 어떤 비교에서도 스스로 물러선다. 신적인 것들을 말할 때 우리는 넷의 '하나로 포개짐'에 입각해 이미 다른 셋을 함께 사유한다."「사물」「강연과 논문」230쪽

신적인 것들은 신성을 눈짓하는 사자들이다. 앞에서 '신적인 것들'을 '신들'이라고 단순화해서 이야기했지만, 더 정확히 말하면 '신적인 것들'은 신들의 신성함을 내보여주는 것들이다. 그래서 신성을 눈짓하는 사자들이다. 횔덜린의 시에서 그것은 구름 속에서 울리는 천둥과 구름을 뚫고 내리치는 번개 같은 하늘의 현상을 가리켰다. 자연 현상 가운데 신의 현현으로 다가오는 것들이 바로 '신적인 것들'이다. 신적인 것들은 신들이 존재함을 눈짓으로 가리켜 보인다. 구름을 뚫고 내리치는 번개가 제우스를 가리켜 보이는 것과 같다. 그 신적인 것들을 신이라고 이야기할 수도 있지만, 더 엄밀히 말하면 그것은 신의 신성을 눈짓하고 가리키는 표지 같은 것이다.

하이데거에게 신은 결코 신으로서 그 자체로 나타나지 않는다. 신

은 우리가 볼 수 있거나 느낄 수 있는 존재자가 아니기 때문이다. 참다운 신은 눈에 보이는 것들과는 비교할 수 없는 것, 그래서 눈에 보이는 모든 것 뒤로 스스로 물러나는 것이다. 우리는 신 자체를 볼 수 없고 그 신을 넌지시 눈짓으로 가리켜 보이는 신성의 표지들, 신적인 것들만을 볼 수 있을 뿐이다. 그러나 옛 그리스인들의 마음으로 돌아가 그 신적인 표지들을 신들이라고 부른다고 하더라도 아주 잘못된 일은 아닐 것이다.

인간의 죽음, 무의 관

마지막으로 하이데거는 '죽을 자들'에 대해 말한다.

"죽을 자들은 인간이다. 인간은 죽을 수 있기 때문에 죽을 자들이라고 불린다. 죽는다는 것은 죽음을 죽음으로서 받아들일 수 있음을 말한다. 오직 인간만이 죽는다(sterben). 동물은 끝날(verenden) 뿐이다. 동물은 죽음을 죽음으로서 대면하지도 못하고 받아들이지도 못한다. 죽음은 '무의 관'이다. 즉 어떤 관점에서도 결코 단순히 존재하는 것이 결코 아니지만, 그런데도 본질적으로 존재하고 있는, 그것도 존재 자체의 비밀로서 존재하고 있는 '무의 관'이다." 「사물」 「강연과 논문」
230쪽

여기서 인간과 죽음, 인간과 존재의 관계에 대한 하이데거의 사유가 펼쳐진다. 인간은 죽을 수 있기 때문에 죽을 자들이다. 독일어에서는 인간의 죽음(Sterben)과 동물의 죽음(Verenden)을 가리키는 낱말이 구분돼 있다. 동물은 인간처럼 죽지 않고 그저 생명이 다해 끝날 뿐이다. 인간만이 죽을 수 있다. 그렇다면 죽을 수 있다는 것은 무엇을 뜻하는가? 그것은 삶 속에서 죽음을 의식하며 산다는 것을 뜻한다. 『존재와 시간』의 용어를 사용하면, 죽음을 향해 앞질러 달려가

보며 산다는 것을 뜻한다. 그래서 우리 인간은 살아 있는 동안 끊임없이 죽음을 생각하고 그런 의미에서 매순간 죽는다.

죽음은 우리의 존재가 무로 떨어진다는 것을 뜻한다. 죽음은 즉각 존재의 소멸을 떠올리게 한다. 그래서 죽음은 '무의 관', 무로 가득 차 있는 관이다. 그러나 하이데거에게 무는 아무것도 아님을 뜻하지 않는다. 죽음은 존재를 환기시키고 존재가 존재로서 드러나게 하는 바탕이다. 쉽게 말해서 우리는 죽을 수 있기 때문에 그만큼 더 강렬하게 존재를 경험할 수 있다. 그래서 '죽음으로서 무'는 존재하는 것이 아니지만, 역설적으로 '존재의 비밀'을 간직하고 있다. 우리가 죽지 않는다면, 무로 떨어지지 않는다면 우리는 존재 자체를 경험할 수 없을 것이다. 죽음이라는 피할 수 없는 한계에 부닥쳐서야 우리의 삶과 세계의 존재를 확연하게 느끼고 경험할 수 있기 때문이다.

하이데거는 이렇게 존재를 환기시키는 죽음을 '존재의 은닉처(Gebirg)'라고도 표현한다.

"죽음은 무의 관으로서 존재의 본질적인 것을 자신 안에 감싸 간직하고 있다. 죽음은 무의 관으로서 존재의 은닉처(집수처)다."「사물」『강연과 논문』 230쪽

죽음에 맞부딪쳐 우리는 존재 전체를 사유할 수밖에 없다. 그러므로 죽음이야말로 존재 전체가 간직돼 있는 은닉처(Gebirg, 집수처)다. 여기서 '게비르크'(Gebirg)는 산이 겹겹이 중첩된 산맥을 가리킨다. 또 이 말은 암석이 겹겹이 쌓인 암석층을 가리키기도 한다. 그러므로 존재의 게비르크란 존재가 모여 간직된 곳을 뜻한다. 죽음은 무의 관이자 존재의 은닉처다. 우리 인간은 죽을 수 있기 때문에 바로 그 이유로 존재를 존재로서 경험할 수 있다. 죽음이 없다면 존재를 경험할 길이 없을 것이다. 영원히 사는 자에게는 자신의 존재가 사라진다는 것을 뼈저리게 느낄 기회가 없을 것이기 때문이다. 이렇게 죽음을 죽

음으로 받아들인다는 것이야말로 인간의 고유한 특성이다.

"죽을 자들을 우리가 이제 죽을 자들이라고 부르는 것은 지상에서 그들의 삶이 끝나기 때문이 아니라 그들이 죽음을 죽음으로서 받아들일 수 있기 때문이다. 죽을 자들은 존재의 은닉처 안에 본질적으로 존재하면서 그들 자신으로 존재한다."「사물」『강연과 논문』 231쪽

이렇게 죽음을 통해서 비로소 존재를 알기에 인간은 '죽을 자'라고 불리는 것이다. 그렇다면 죽음에서 가장 본질적인 것은 '인간과 존재의 관계'일 것이다. 인간은 죽을 자로서 존재 자체와 본질적으로 관계하며 있는 것이다. 동물은 존재 자체와 이런 내적인 관계를 맺을 수 없다.

사방의 거울―놀이

이제 다시 사방을 이루는 넷의 관계를 보자.

"땅과 하늘, 신적인 것들과 죽을 자들은 그 자체에서부터 서로서로 합일돼, 합일된 사방의 하나로 포개짐으로부터 함께 속한다. 그 넷의 각각은 각자 나름의 방식으로 다른 셋의 본질을 다시 비춘다. 각각은 이때 각자 나름의 방식으로 넷의 하나로 포개짐 안에서 자신의 고유함으로 되비추어진다."「사물」『강연과 논문』 231쪽

넷은 하나로 포개짐으로써 함께 속한다. 각자는 멂을 유지한 채로 서로 가까이 머문다. 더구나 이 포개짐은 각자의 고유함을 잃는 것이 아니라 그 고유함을 각자 간직한 상태에서 포개짐이며, 이 포개짐에서 각자의 고유함이 빛난다. 땅과 하늘과 인간과 신들은 하나로 포개지면서 각자의 고유함을 빛내는 것이다. 그래서 하이데거는 이렇게 말한다.

"이런 비춤은 모사물의 제시가 아니다. 비춤은 넷의 각각을 환히

밝히면서 생기한다. 이때 그들의 고유한 본질은 하나로 포개진 고유화(Vereignung) 속으로 서로서로 합일된다."「사물」「강연과 논문」 231쪽

비춘다는 것은 모사물을 제시한다는 것이 아니라 넷이 그 자체로 자신의 고유함을 유지한 채로 서로 합일돼 다시 공통의 고유함을 이룬다는 것을 뜻한다.

"이렇게 생기하며 환히 밝히는 방식에 따라 비추면서 넷 각각은 다른 셋 각각에게 자신을 건네며 놀이한다."「사물」「강연과 논문」 231쪽

넷 가운데 하나가 다른 셋에게 자신을 건네고 나머지 셋도 또 각각 자신을 다른 셋에게 건넨다. 이렇게 서로서로 자신을 건네며 비추는 것을 두고 하이데거는 '사방의 거울-놀이(Spiegel-Spiel)'라고 부른다. 이것은 불교에서 이야기하는 인드라망이나 라이프니츠가 말하는 모나드를 떠올리면 이해하기 쉽다. 각자는 자신의 고유함을 간직한 채로 나머지 셋에게 자신을 비추어 커다란 고유화의 전체를 이루는 것이다. 하이데거는 이것을 '거울-놀이'라고 표현했지만, 거울처럼 모상을 반사하는 것이 아니라 서로에게 자신의 본질을 내준다는 점을 생각하면 정확한 표현이라고 하기는 어려울 것이다. 이런 사태를 어떻게 하면 분명하게 이해할 수 있을까? '쌀 한 톨 속에도 우주가 깃들어 있다'는 말을 떠올려보면 어떨까? 쌀 한 톨은 미미한 것이지만, 그 쌀 한 톨이 영글기까지는 우주가 힘을 모아야 하는 것이다. 쌀 한 톨에 우주가 모여 있다면, 그 쌀 한 톨은 우주와 본질적으로 결속돼 있는 것이다. 땅과 하늘과 인간과 신들은 그렇게 결속해 있고 그렇게 서로를 반영하고 있는 것이다. 이 각각의 고유한 넷은 하나로 포개져 하나의 커다란 고유함의 전체를 이룬다.

하늘과 땅, 인간과 신의 합일, 세계

이렇게 합일돼 서로를 비추는 전체를 하이데거는 '세계'라고 부른다.

"우리는 땅과 하늘, 신적인 것들과 죽을 자들의 하나로 포개짐이 생기하는 거울-놀이를 세계라고 부른다. 세계는 세계화하면서 현성한다." 「사물」 『강연과 논문』 232쪽

이 넷의 거울-놀이 속에서 세계가 세계로서 펼쳐지는 것이다. 하이데거는 넷, 곧 땅과 하늘과 인간과 신들이 서로 손잡고 빙빙 돌며 춤을 추는 윤무를 그려 보인다.

"사방의 통일은 넷의 합일(Vierung)이다. … 넷의 합일은 서로가 서로를 신뢰하는 가운데 일어나는 거울-놀이로서 현성한다. 넷의 합일은 세계의 세계화로서 현성한다. 세계의 거울-놀이는 생기함(Ereignen)의 윤무다." 「사물」 『강연과 논문』 232~233쪽

그러나 그 윤무는 무언가를 가운데 놓고 그것을 둘러싼 테와 같은 것은 아니라고 하이데거는 말한다. 오히려 윤무는 서로가 서로를 비추며 둥글게 펼쳐지는 광장 같은 것이다. 넷은 서로를 비추고 서로 결속하여 드넓은 둥근 터전으로 펼쳐진다. 그것이 바로 세계의 세계화다. 그리고 그렇게 세계가 펼쳐지는 가운데 거기에서 일어나는 것이 바로 사물의 사물화다. 넷이 합일하여 세계로 펼쳐지고 그렇게 펼쳐진 넓고 둥근 터전에서 사물이 사물로서 일어나 빛을 발한다는 얘기다. 사물은 사방을 모아들여 사방을 사방으로 머물러 있게 한다. 동시에 사방이 모여들어 이룬 세계에서 사물은 사물로서 빛을 발한다. 세계의 세계화와 사물의 사물화는 서로에게 속한 채로 함께 일어나는 것이다.

이렇게 묘사되는 '세계'는 『존재와 시간』에서 이야기하던 '세계'

와는 아주 다르다. 『존재와 시간』에서 세계는 인간 현존재를 중심에
둔 세계였다. 인간은 분명히 '세계-내-존재'이지만 그 세계는 인간
현존재를 통해서 펼쳐진 세계였다. 인간이 사용하는 도구들의 도구
관계의 연쇄 혹은 인간의 궁극 목적에서부터 연역되는 관계망이 세
계를 이루었다. 『존재와 시간』에서 인간은 세계를 펼치면서 세계 가
운데 있었다. 그러나 「사물」 강연에 이르러 세계는 땅과 하늘, 인간
과 신들이라는 사방의 어울림으로 설명된다. 인간은 세계를 펼치는
단일한 주역이 아니라 사방의 한 축일 뿐이다. 그리고 한 축으로서
인간은 다른 세 축의 제약을 받는다. 그래서 하이데거는 이렇게 말
한다.

"우리는 낱말의 엄밀한 의미에서, 사물에 제약된 자들(das
Bedingten)이다. 우리는 무제약자의 오만함을 뒤로 하였다." 「사물」 「강연
과 논문」 234쪽

사물 가운데서 사방이 모여들고 그렇게 모여든 사방이 세계를 펼
치며 그 안에서 우리 인간이 거주하는 한, 우리가 세계의 주인이고
사물의 주인이며 어떤 것도 우리보다 우위에 있을 수 없다는 그런 오
만은 통할 수 없다는 얘기다. 이 말로써 하이데거는 근대인들의 인간
중심주의를 통렬하게 비판하고 있다.

사물의 절멸, 존재의 떠남

그 근대의 인간 중심주의 속에서 사물은 인간 주체의 대상이 됐다.
또 그 대상을 과학기술을 통해 장악함으로써 인간은 '멂'을 없애고
'가까움'을 실현했다. 다시 말해 비행기를 띄워 먼 거리를 축소시키
고 라디오의 음파와 텔레비전의 영상을 통해 아주 먼 곳에서 일어난
일을 곧바로 접할 수 있게 됐다. 그렇게 멂을 지워버리고 모든 것을

가깝게 만들었다. 그러나 그런 가까움은 진정한 가까움이 아니라고 하이데거는 말한다. 참된 가까움은 사방의 가까움이며, 그 가까움은 멂을 멂으로써 보존하는 가까움이다.

"사물화는 세계를 가깝게 함이다. 가깝게 함은 가까움의 본질이다. 우리가 사물을 사물로서 소중히 보살피고 있는 한, 우리는 가까움 안에 거주하는 것이다. 가까움의 가깝게 함은 세계의 거울-놀이의 본래적이고도 유일한 차원이다." 「사물」, 『강연과 논문』, 234쪽

그리하여 하이데거는 단호한 어조로 말한다.

"온갖 멂을 제거하는데도 가까움이 부재하기 때문에 무간격이 지배하게 됐다. 가까움의 부재 속에 사물은 사물로서는 절멸한 채로 있다." 「사물」, 『강연과 논문』, 234쪽

그렇다면 절멸한 사물들은 언제 어떻게 되살아나 사물들로서 도래하는가? 하이데거는 이렇게 묻고 다음과 같이 답한다.

"사물들은 인간의 작위를 통해 도래하지는 않는다. 그러나 사물들은 또한 죽을 자들의 깨어 있음(Wachsamkeit) 없이는 도래하지 못한다." 「사물」, 『강연과 논문』, 234쪽

인간은 사물을 억지로 데려올 수는 없지만, 그렇다고 해서 인간 없이도 사물이 도래하는 것은 아니다. 인간이 깨어 있을 때에만 사물은 사물로서 도래할 수 있다. 사물이란 결국은 사물에 모인 사방 전체의 존재 관계로서 존재 자체를 말한다. 사물이 절멸했다는 것은 존재 자체가 떠나버렸다는 것이고 인간이 존재를 아득히 망각했다는 뜻이다. 그러므로 인간이 깨어나야만, 곧 존재 망각에서 깨어나야만 사물은 사물로서 도래할 수 있는 것이다.

그렇다면 깨어 있음에 우리는 어떻게 이를 수 있을까?

"그런 깨어 있음에 이르는 첫 발걸음은 그저 표상하기만 하는, 다시 말해 설명하기만 하는 사유에서부터 회상하는 사유로 물러서는

것이다."「사물」「강연과 논문」 234쪽

　표상하고 설명하는 사유는 과학적 사유다. 사물을 분석하여 인과관계에 따라 설명하는 사유다. 그런 과학적인 표상과 설명에서는 사물이 사물로서 드러날 수 없다. 그저 인간이 장악하고 지배해야 할 대상으로 나타날 뿐이다. 인간은 이런 표상하고 설명하려는 태도를 버리고 뒤로 물러나야 한다. 그렇게 물러난 자리에서 사물을 '회상해야' 한다. 회상함(Andenken)이란 잃어버린 사물을 기억함이며 더 본질적으로는 사물을 향해 가까이 다가가(An-) 사유함(-denken)이다. 사물을 향해 다가가 사유함이란 사방의 모임이라는 '세계의 본질'의 부름을 귀 기울여 듣고 그 부름에 응답함을 뜻한다. 더 쉽게 말하면 존재의 부름에 응답함이 회상함이다. 하이데거는 사물이 사물로 다가오는 것은, 다시 말해 존재가 부르는 소리가 들리는 것은 빛이 번쩍 빛나는 것과 같은 사건일 것이라고 말한다.

　"사물이 되는 것은 세계의 거울-놀이의 어울림(das Gering)에서 사건으로 일어난다. 아마도 갑자기 세계가 세계화할 때 비로소 땅과 하늘, 신적인 것들과 죽을 자들의 어울림이 그것의 하나로 포개짐의 쉬움 안으로 풀려나는 그런 둥근 원(der Ring)이 번쩍 빛날 것이다."
「사물」「강연과 논문」 235쪽

　사물이 그저 단순히 눈앞에 놓여 있는 대상이 아니라 사방을 모아들여 머금은 사물로서 드러나는 것, 다시 말해 우리가 사물을 사물로서 깨닫는 것은 번개가 번쩍이듯이 돌연한 순간일 것이라는 얘기다. 일상 속에서 아무런 의미도 없이 무수히 스쳐 지나가기만 하던 것들이 어느 순간에 강렬한 감흥을 불러일으키며 환한 빛 속에서 의미로 가득 찬 것으로 살아나는 것이다. 그렇게 깨어나는 순간에 단지와 의자, 오솔길과 쟁기, 나무와 연못, 실개천과 산이 우주를 머금은 사물로서 빛난다. 하이데거는 이 사물들에 "수오리와 산노루, 말과 황소",

토트나우베르크 산장 앞 우물가에서 물을 긷는 하이데거.
하이데거는 조용한 이곳에서 우주를 머금은 빛나는 사물들에 눈떴을 것이다.

"거울과 죔쇠, 책과 그림, 화환과 십자가"를 포함시킨다. 아마도 토트나우베르크 산기슭의 오두막 안과 밖에서 늘 보았던 것들일 것이다. 그렇다면 이 사물에는 하이데거가 시적으로 묘사한 '들길'도 포함될 것이다. 하이데거가 거닐었던 들길이야말로 땅과 하늘, 인간과 신들을 모아들이는 사물 아니겠는가. 그러나 여기서 하이데거는 사물다운 사물이 극히 적음을 이야기한다.

"어디에서나 똑같이 통용되는 대상들의 부지기수에 비해볼 때, 또 생명체로서 인간이라는 무리의 무수함에 비교해볼 때, 사물들은 숫자상 미미하고 근소하다."「사물」『강연과 논문』236쪽

공장에서 기계가 찍어내는 상품들은 사물로서 존엄함을 지니고 있지 못하다는 것이다. 이 기술 문명의 쇄도 속에서 사물다운 사물은 극히 적으며 사물을 사물로 알아보는 인간도 극히 적다는 이야기다.

주체의 오만을 비워낸 '빈 중심'

그러나 사물을 사물로서 알아보는 인간이 적다고 해도, 결국 사물은 인간을 통해서만 사물로 드러난다. 그래서 하이데거는 강연의 마지막을 이렇게 맺는다.

"죽을 자들로서 인간들만이 비로소 세계를 세계로서 열어 밝히며 거주한다. 오직 세계로부터 어우러진 것만이 언젠가 사물이 된다."「사물」『강연과 논문』236쪽

세계를 세계로 열어 밝히고 그 세계 안에 사물이 사물로서 다가오게 하는 자는 인간이다. 같은 이야기를 앞에서 하이데거는 '죽을 자들의 깨어 있음이 없다면 사물은 사물로서 도래하지 못한다'고 표현한다. 분명히 인간은 사방의 넷 가운데 하나로서 나머지 셋에 제약된 자다. 그런 의미에서 인간은 모든 것을 지배하는 주인이 아니다. 그

러나 동시에 인간이 없다면 세계는 세계로서 펼쳐지지 못하고 사물은 사물로서 나타나지 못한다. 그런 점에서 보면 인간은 단순히 사방의 한 축에 지나지 않는 것이 아니라 사방을 사방으로서 드러내는 어떤 중심이라고 해야 할 것이다. 그러나 그 중심은 주체라는 의미의 중심, 주인이라는 의미의 중심이 아니다. 말하자면 인간은 '텅 빈 중심'이다. 인간은 중심이지만 주체성을 비워낼 때, 세계의 주인이라는 오만함을 비워낼 때 진정한 중심이 된다. 그때의 인간은 현-존재로서 존재가 자신을 드러내는 터전이 될 것이다. 인간은 주체의 오만을 비워낸 '빈 중심'이 될 때 존재의 터전으로서 세계를 세계로서 펼치고 사물을 사물로서 도래하게 할 것이다. 그럴 때 인간에게 요구되는 것은 오만함이 아니라 겸허함이다. 그 겸허함이란 사물에 깃든 우주 만물의 존재 앞에서 자신을 낮추고 감사함을 뜻한다.

하이데거는 이 강연문에 덧붙인 글 「보탬말―젊은 학생에게 보내는 편지」에서 '존재를 사유한다'는 것의 의미에 대해 이야기한다.

" '존재'를 사유한다는 것은 곧 그것의 본질의 부름(Anspruch)에 응답한다는 것을 뜻한다." 「보탬말」 『강연과 논문』 238쪽

그런데 존재는 현실의 사물처럼 그렇게 눈에 보이는 것이 아니다.

" '존재'는 결코 현실성과 동일하지 않으며 또한 곧바로 확인되는 현실적인 것과 동일하지도 않다. 존재는 또한 결코 '더는 존재하지 않음'(das Nicht-mehr-sein) 그리고 '아직은 존재하지 않음'(das Noch-nicht-sein)과 대립하는 것도 아니다. 이 두 가지는 그 자체가 존재의 본질에 속해 있다." 「보탬말」 『강연과 논문』 238쪽

존재는 현실의 어디에서도 보이지 않을 뿐만 아니라, 우리가 흔히 '존재하지 않음'이라고 생각하는 이미 지나간 것이나 아직 오지 않은 것조차 포함한다. 그렇기 때문에 존재의 소리를 잘못 들을 가능성은 언제나 있다. 존재 사유는 잘못된 길로 빠질 수 있다. 왜냐하면 존

재의 소리를 듣고 응답하는 '존재 사유'는 수학적 사유처럼 증명될 수 있는 것이 아니기 때문이다. 그렇다고 해서 존재의 사유가 자의적인 것도 아니다. 왜냐하면 존재 사유는 "존재의 본질적인 역사적 운명과 결속해" 있기 때문이다. 하이데거는 여기서 깨어 있음을 다시한번 강조한다.

"존재의 파수는 눈앞에 있는 것을 응시하지 않는다. 이런 것 자체에서는 존재의 부름을 전혀 발견할 수 없다. 파수는 오랜 심사숙고와 언제나 새로워지는 심사숙고를 통해서 예전부터 있어 왔고 지금도 다가오고 있는 존재의 역사적 운명에 깨어 있음이다. 이런 심사숙고는 존재의 부름을 가리키는 것에 늘 주목한다."「보탬말」, 『강연과 논문』 239쪽

이 깨어 있음의 상태에서 존재의 소리를 들으려는 심사숙고가 하이데거의 후기 사유를 지탱한다.

2 기술 문명의
 폭주

현대의 기술에 편재하는 탈은폐는 '닦달'이라고
하이데거는 말한다. 닦달은 '억지로 잡아 밖으로 끄집어냄'을
뜻하며 '밖으로 이끌어내 앞에 놓음'과 대립한다.
과거의 테크네의 탈은폐 곧 포이에시스는 닦달하여
억지로 끄집어냄이 아니라 자연스럽게 나오도록 이끎이었다.
반면에 현대 기술의 탈은폐는 '무언가를 내놓으라고
무지막지하게 강요함'이다. 석탄이든 우라늄이든
에너지 자원을 내놓으라고 자연을 닦달하는 것이
현대 기술의 탈은폐 방식이다.

66

그런데 바로 이런 위험에 처해 있는 인간이
지구의 주인이라고 거드름을 피우고 있다.

기술을 도구로 생각하는 한, 우리는 그것을
마음대로 다루려는 의지에 매달려 있는 것이다.
우리는 기술의 본질을 지나쳐버리는 것이다.

99

기술에 대한 물음

1949년 12월 브레멘에서 연속 강연의 하나로 '게슈텔(몰아세움)'이라는 제목의 글을 발표한 하이데거는 이 글을 손질해 1953년 바이에른예술아카데미에서 '기술에 대한 물음'이라는 제목으로 다시 발표했다. 이 강연 이후 '게슈텔'(Ge-stell)이라는 하이데거의 용어는 기술 시대를 지칭하는 말로 널리 퍼졌다.

하이데거는 이 강연을 제목 그대로 '기술에 대한 물음'으로 시작한다. 기술에 대한 물음이란 '기술이란 무엇인가'라는 기술의 본질에 대한 물음이다. 이 물음에 대한 가장 일반적인 대답은 '기술이란 인간이 이용할 수 있는 도구적인 것, 그래서 중립적인 것'이라는 대답이다. 이런 대답은 야스퍼스가 내놓은 대답이기도 했다. 야스퍼스는 『역사의 기원과 목표』라는 책에서 기술에 관해 이렇게 말했다. "어떻든 분명한 것은 기술이란 수단일 뿐이지 그 자체는 선도 아니고 악도 아니라는 사실이다. 중요한 것은 인간이 기술에서 어떤 것을 끄집어내는가이며 기술이 인간에게 어떻게 봉사하고 인간이 기술을 어떤 조건 아래 놓는가이다."[4] 하이데거는 이런 기술 중립주의를 정면으로 받아치는 것으로 논의에 불을 붙인다.

"기술의 본질은 결코 기술적인 것이 아니다. 우리가 기술적인 것만을 생각하고 그것을 이용하는 데만 급급하여 그것에 매몰되거나 그것을 회피하는 한, 기술의 본질에 우리가 어떻게 관련 맺고 있는지 결코 알 수 없는 것도 그 때문이다. 우리가 기술을 열정적으로 긍정하건 부정하건 관계없이 우리는 어디서나 부자유스럽게 기술에 붙들려 있는 셈이다. 그러나 최악의 경우는 기술을 중립적인 것으로 고찰할 때이며, 이 경우 우리는 무방비 상태로 기술에 내맡겨진다."「기술에 대한 물음」, 『강연과 논문』, 10쪽

하이데거에게 기술은 단순히 도구인 것도 아니고 우리가 어떻게 사용하느냐에 따라 선과 악이 결정되는 중립적인 것도 아니다. 하이데거가 이런 말을 하던 1950년대는 기술에 대한 이중의 태도가 널리 퍼져 있던 때였다. 한편으로 현대 기술은 핵무기를 탄생시켜 인류를 절멸의 위험으로 내몰았다. 동서 냉전 격화는 이런 위험을 더욱 증폭시켰다. 미국과 소련이 앞 다투어 핵무기를 제조하고 수소탄을 만들었다. 다른 한편으로 인류는 현대 기술의 발전이 인류를 가난과 고통에서 해방하고 인류에게 더욱 풍요로운 미래를 안겨주리라는 기대를 품었다. 불안의 그림자와 희망의 빛이 동시에 기술을 감싸고 있었다. 그런 이중적 태도는 오늘날 한편으로 기술의 무서운 질주가 가져온 인간 삶의 총체적 위기에 두려움을 느끼면서 다른 한편으로 첨단 기술의 발전이 전례 없이 새로운 미래를 낳으리라는 희망에 판돈을 거는 것과 비슷하다. 이런 이중적인 태도가 만연한 상황에서는 '기술을 선용할 것인가 악용할 것인가'라는 물음이 시대의 과제를 잘 보여주는 물음인 듯이 여겨지게 된다. 하이데거는 이런 통상의 물음이 머무는 표층을 뚫고 더 깊은 층위로 들어가 현대 기술이 지닌 본질적인 문제를 드러내 보이려고 한다.

일반적으로 기술은 제작 또는 산출과 관련된다. 없던 것을 새로 만들어내는 데 기술이 쓰인다. 하이데거는 기술의 시원을 찾아 고대 그리스로 거슬러 올라가 플라톤의 『향연』의 다음 구절에 주목한다. "어

떤 것을 그 자리에 없던 상태에서 그 자리에 있음으로 넘어가게 만드는 것을 야기하는 모든 것은 포이에시스, 즉 '밖으로 이끌어내 앞에 놓음'이다."(205b) 하이데거는 '포이에시스'(ποίησις)를 '밖으로 이끌어내 앞에 놓음'(Hervorbringen)이라고 번역한다.

"밖으로 이끌어내 앞에 놓음, 즉 포이에시스는 수공업적인 제작만을 뜻하는 것도 아니고, 예술적·시적 표현과 묘사만을 뜻하는 것도 아니다. 피시스, 즉 '스스로 안에서부터 솟아남' 역시 밖으로 이끌어내 앞에 놓음, 즉 포이에시스다."「기술에 대한 물음」,「강연과 논문」 17쪽

포이에시스는 '포이에인'(ποιέιν)이라는 동사에서 나온 명사다. 포이에인은 '행하다, 만들다, 세우다, 일으키다' 따위를 뜻한다. 하이데거가 이야기하는 대로 포이에시스는 장인이 물건을 만들어내고 시인이 시를 지어내는 것을 뜻할 뿐만 아니라 피시스 곧 자연이 스스로 피어나는 것, 스스로 자기를 산출하는 것도 포함한다. 짐승이 새끼를 낳고 씨앗이 싹을 틔우고 나무가 열매를 맺는 것이 다 포이에시스다. 이런 의미를 두루 포괄하는 독일어가 'Hervorbringen'(밖으로 이끌어내 앞에 놓음)이다. 요컨대 포이에시스는 '없던 것이 생겨나게 함', '있음으로 나오게 함'을 뜻한다.

그러므로 포이에시스는 은닉성(감추어져 있음)에서 비은폐성(감추어져 있지 않음)으로 이끌어냄이다. 자리에 없음에서 자리에 있음으로 이끌어냄이 바로 포이에시스인 것이다. 이렇게 없음에서 있음으로 이끌어냄을 다른 말로 '탈은폐'라고 부른다. 그리스인들은 이 탈은폐를 '알레테이아'(ἀλήθεια)라는 낱말로 표현했다. 알레테이아는 진리(Wahrheit)를 뜻한다. 포이에시스는 탈은폐이며, 다른 말로 하면 '비은폐성의 일어남', '비은폐성의 사건'이다. 이렇게 해서 기술의 본질에 탈은폐 곧 알레테이아가 속해 있음이 분명하게 드러난다.

"따라서 기술은 그저 수단만은 아니다. 기술은 탈은폐의 한 방식이

다."「기술에 대한 물음」,「강연과 논문」, 18쪽

이 사실을 유념한다면 기술의 본질이 지닌 전혀 다른 영역, 곧 탈은폐의 영역, 다시 말해 알레테이아(진리)의 영역이 우리에게 열린다. 기술은 진리가 일어나는 방식이다.

현대 기술의 탈은폐, 닦달

우리가 이미 아는 대로 기술(Technik)이라는 말은 그리스어 테크네($\tau\acute{\epsilon}\chi\nu\eta$)에 기원을 두고 있다. 테크네는 두 가지 의미를 지니고 있다. 첫째, 테크네는 장인의 제작과 기술 그리고 이보다 더 차원이 높은 예술과 미술을 두루 가리킨다. 테크네는 제작하고 산출하고 지어내는 행위와 그 능력을 뜻한다. 둘째로 테크네는 '에피스테메'($\epsilon\pi\iota\sigma\tau\acute{\eta}\mu\eta$) 곧 넓은 의미의 '인식'과 같은 의미로 쓰인다. 인식이란 '어떤 것에 통달해 있다, 정통해 있다'는 뜻이다. 인식에는 해명하고 열어젖히는 힘이 있다. 테크네는 '열어젖히는 인식'이기에 일종의 탈은폐다.

"따라서 테크네에서 결정적인 것은 결코 만드는 행위나 조작하는 행위 또는 수단의 사용에 있는 것이 아니고 위에서 말한 탈은폐에 있다."「기술에 대한 물음」,「강연과 논문」, 19쪽

테크네는 이렇게 열어젖히는 인식으로서 탈은폐이자 무언가를 '밖으로 이끌어내 앞에 놓음' 곧 포이에시스로서 탈은폐다. 테크네는 '인식하여 열어젖힘'이라는 의미에서도 탈은폐이며 그런 인식 속에서 '무언가를 만들어냄' 곧 포이에시스라는 의미에서도 탈은폐다. 테크네가 곧 기술이므로 기술은 탈은폐의 방식이 된다. 또 탈은폐가 곧 알레테이아이므로 기술에서 알레테이아 곧 진리가 일어난다. 탈은폐는 기술의 본질에 속한다. 기술은 그저 기술이기만 한 것이 아니

라 탈은폐의 일어남, 진리의 일어남인 것이다.

그런데 고대 그리스 시대에 테크네 곧 기술이란 수공업적 기술이었다. 그런 소박한 기술과 근대 정밀과학에 근거를 둔 현대 기술은 전혀 차원이 다른 것이 아닌가? 당연히 그런 물음이 나올 수 있다. 하이데거는 여기에 두 가지로 답한다. 먼저 현대의 기술도 일종의 탈은폐라는 점에서는 고대의 테크네와 다르지 않다. 다시 말해 진리가 일어나는 장이라는 점에서는 고대의 기술과 현대의 기술이 동일하다. 동시에 둘 사이에는 본질적으로 다른 점이 있다.

"현대의 기술이 완전히 제압하고 있는 탈은폐는 이제 더는 포이에시스라는 의미의 '밖으로 이끌어내 앞에 놓음'이라는 방식으로 전개되지 않는다." 「기술에 대한 물음」, 『강연과 논문』, 21쪽

근대 이전 기술의 탈은폐 방식, 다시 말해 존재자를 드러내는 방식은 포이에시스였고 '밖으로 이끌어내 앞에 놓음'(Hervorbringen)이었다. 그러나 현대의 기술에 편재하는 탈은폐는 '닦달'(Herausfordern)이라고 하이데거는 말한다. 닦달은 '억지로 잡아 밖으로 끄집어냄'을 뜻하며 '밖으로 이끌어내 앞에 놓음'과 대립한다. 과거의 테크네의 탈은폐 곧 포이에시스는 닦달하여 억지로 끄집어냄이 아니라 자연스럽게 나오도록 이끎이었다. 반면에 현대 기술의 탈은폐는 '무언가를 내놓으라고 무지막지하게 강요함'이다. 석탄이든 우라늄이든 에너지 자원을 내놓으라고 자연을 닦달하는 것이 현대 기술의 탈은폐 방식이다.

이런 자원 이용 방식은 과거의 풍차에도 적용되는 것이 아닐까? 하이데거는 '그렇지 않다'고 단호하게 말한다.

"풍차의 날개는 바람의 힘으로 돌아가며 바람에 전적으로 자신을 내맡긴다. 풍차는 기류의 에너지를 저장하려고 개발한 것이 아니다. 이와 달리 우리는 석탄과 광석을 캐내기 위해 어느 한 지역을 도발적

으로 굴착한다."「기술에 대한 물음」『강연과 논문』 21쪽

과거의 기술이 자연의 힘을 따르면서 이용하는 것이었다면 현대 기술은 자연을 향한 도발이고 강요다. 현대 기술의 그런 탈은폐 방식이 가져온 결과를 하이데거는 묵시록적으로 묘사한다.

"지구는 이제 한낱 채탄장으로서, 대지는 한낱 저장고로서 탈은폐될 뿐이다. 농부들이 예전에 경작하던 밭은 그렇지 않았다. 그때의 경작은 키우고 돌보는 것이었다. 농부의 일이란 농토에 무엇을 내놓으라고 강요하는 것이 아니라 씨앗을 뿌려 싹이 돋아나는 것을 그 생장력에 내맡기고 그것이 잘 자라도록 보호하는 것이었다. … 경작은 이제 기계화된 식품공업일 뿐이다. 공기는 이제 질소 공급을 강요당하고 대지는 광석을, 광석은 우라늄을, 우라늄은 파괴를 위해서든 평화적 이용을 위해서든 원자력 공급을 강요당하고 있다."「기술에 대한 물음」『강연과 논문』 21쪽

이 사태를 하이데거는 라인강을 사례로 들어 다시 이야기한다.

"수력발전소가 라인강에 세워졌다. 이 수력발전소는 라인강의 수압을 이용하며 이 수압으로 터빈을 돌리게 돼 있다. 이 터빈의 회전으로 기계가 돌며 이 기계의 모터가 전류를 산출해내고, 이 전류를 송출하기 위해 육지의 변전소와 전선망이 세워져 있다. 이처럼 전력 공급을 위해 얽히고설킨 맥락에서는 라인강 역시 무언가를 공급하려고 거기에 있는 것처럼 나타날 뿐이다."「기술에 대한 물음」『강연과 논문』 22쪽

하이데거는 횔덜린의 송가 「라인강」과 수력발전소를 비교함으로써 라인강의 근본적인 변화를 선명하게 드러낸다.

"여기서 일어나고 있는 엄청난 사건을 멀리서나마 어림잡기 위해 잠시 아래의 두 명칭이 말하고 있는 바를 주의 깊게 대비해 그 의미를 살펴보자. 하나는 발전소(Kraftwerk)로 변조돼버린 '라인강'이고 다른 하나는 횔덜린이 같은 이름의 송가인 예술 작품(kunstwerk)에

라인강에 건설된 수력발전소.
하이데거는 현대 기술에 편재하는 탈은폐를 '닦달'이라고 표현했다.
이를테면 자원을 내놓으라고 끊임없이 자연을 몰아대는 것이다.

서 노래하고 있는 '라인강'이다."「기술에 대한 물음」, 『강연과 논문』 22쪽

게슈텔, 모든 것을 부품으로 만드는 기술 지배 체계

현대 기술을 철저히 지배하고 있는 '탈은폐' 곧 존재자를 드러내는 방식은 '닦달'이다.

"이 닦달은 자연에 숨겨져 있는 에너지를 채굴하고 캐낸 것을 변형하고 변형된 것을 저장하고 저장된 것을 다시 분배하고 분배된 것을 다시 한번 전환해 사용함으로써 이루어진다. 채굴하다, 변형하다, 저장하다, 분배하다, 전환하다 따위는 탈은폐의 방식들이다."「기술에 대한 물음」, 『강연과 논문』 23쪽

이 닦달의 체계 안에서 모든 것이 '부품'(Bestand)이 된다고 하이데거는 말한다. 현실의 모든 것이 닦달 체계의 요구 아래 닦달 체계에 맞춰지는 요소가 되는 것이다. 카를 마르크스가 자본주의 생산-유통 체계 안에서 모든 것이 '상품'이 되고 만다고 했듯이, 하이데거는 현대 기술이 만들어놓은 닦달 체계가 모든 것을 부품으로 만들어 버린다고 말한다. 부품은 닦달 체계에 맞춰지기 때문에 부품이며 언제라도 다른 것으로 대체될 수 있기에 부품이다. 이런 체계 안에서는 부품으로 나타나지 못하는 것은 아예 존재하지 않는 것으로 취급받는다.

모든 것이 부품이 된다는 것은 이제 사물이 '대상'(Gegenstand)의 성격마저 잃었다는 것을 의미한다. 근대의 개시와 함께 인간이 주체가 됨으로써 인간이 마주보고 있는 것은 모두 대상이 됐고, 그럼으로써 인간 주체가 지배하고 장악할 수 있는 것이 됐다. 그러나 그렇게 대상이 된 뒤에도 사물이 자립성을 모두 잃지는 않았다. 인간의 장악과 지배에 미약하게나마 저항하는 힘을 지니고 있었던 것이다. 그러

나 대상이 부품이 된 기술 시대에는 사물에게 남아 있던 마지막 자립성마저 모조리 박탈당한다. 모든 것이 대상이 되는 세계에서는 사물이 대상화되듯이 인간도 대상화된다. 대상화된다는 것은 인간이 주체성을 잃어버린다는 뜻이다. 대상화의 세계에서 인간은 주체성을 잃지 않으려고 분투한다.

그러나 기술의 지배가 전면화한 시대에는 인간은 대상화되는 수준에 머무르지 않고 다른 사물들과 마찬가지로 부품의 지위로까지 떨어진다. 모든 것이 부품으로 처리되는 닦달 체계에서 인간은 인간으로서 마지막 품격까지 박탈당하고 한낱 체계의 부품이 되고 마는 것이다. '인력 자원'이라는 말이 이런 사태를 가리켜 보여준다고 하이데거는 말한다. 인간은 언제라도 부품처럼 요구받고 교체된다. 하이데거의 이런 지적은 자본주의 체제에서 인간이 노동력이라는 상품이 되고 만다는 마르크스의 진단과 다르지 않을 뿐만 아니라 어떤 면에서는 더 근본적이다.

이런 기술의 탈은폐 체계는 누가 만들었는가? 물론 인간이 만들었다. 하지만 이 말은 인간이 주체로서 능동적으로 만들었다는 뜻은 아니라고 하이데거는 강조한다.

"인간은 분명 이러저러한 것을 이렇게 또는 저렇게 생각해서 만들어내고 사용할 수 있다. 그러나 현실적인 것이 나름대로 그때마다 그 안에서 자신을 내보이기도 하고 숨기기도 하는 바로 그 비은폐성만큼은 인간이 자기 마음대로 할 수 없다."「기술에 대한 물음」,「강연과 논문」, 25쪽

이것은 무슨 말인가? 모든 것이 부품이 되는 기술 시대의 탈은폐 체계는 존재 자체가 자신을 드러내는 비은폐성의 터전 위에서 펼쳐진다는 얘기다. 존재자들이 부품으로 드러나려면 먼저 그렇게 드러날 비은폐성의 터전, 존재 자체의 터전이 열려 있어야 한다. 그런 경우에야 모든 것이 부품이 되는 일이 벌어질 수 있는 것이다. 바로 그

런 존재 자체의 비은폐성은 인간의 능동적인 활동의 소산이 아니라 존재 자체의 역사적 운명, 곧 역운에서 비롯한다고 하이데거는 이야 기하는 것이다. 이런 사정을 하이데거는 플라톤의 경우를 예로 들어 설명한다.

"플라톤 이래로 현실적인 것은 이데아의 빛 속에서 자신을 내보이 고 있는데, 그것은 플라톤이 해놓은 것이 아니다. 사상가란 그저 자 신에게 말을 걸어오는 그 어떤 것에 응답할 뿐이다."「기술에 대한 물음」,「강 연과 논문」 25쪽

존재 자체의 부름에 응답하는 방식으로만 인간은 사상을 산출할 수도 있고 현실에 대응할 수도 있다는 얘기다. 이미 존재 자체가 역 사적 운명 속에서 기술 시대의 비은폐성을 열어놓았기 때문에 인간 은 그 비은폐성의 열린 장에서 사물들을 부품으로 탈은폐한다는 말 이다. 인간은 존재의 역운 아래서 그렇게 하지 않을 수 없다. 그래서 인간 자신이 부품이 되는 것도 막을 수 없다. 이런 생각은 자본주의 체제의 필연성 속에서 인간을 포함한 모든 것이 상품이 될 수밖에 없 다는 마르크스의 진단을 떠올리면 분명하게 이해될 수 있다. 그러나 이런 시대 진단을 통해 마르크스가 인간들에게 체념을 가르치려 한 것이 아니듯이, 하이데거도 모든 것을 숙명으로 받아들이고 그저 체 념하라고 얘기하는 것은 아니다.

중요한 것은 기술의 탈은폐 방식이 존재의 역사적 운명에 따른 것 이라는 사실이다. 하이데거는 기술 시대가 열어놓은 이 도발하고 강 요하고 닦달하는 탈은폐 체계, 모든 것을 부품으로 만들어버리는 이 체계를 '게슈텔'(Ge-stell, 몰아세움)이라고 부른다. 게슈텔이라는 말 은 하이데거가 '기술 시대의 비은폐성'을 가리키려고 만들어낸 말이 다. 게슈텔(Gestell) 자체는 독일어에서 책장이나 받침대, 선반이나 뼈대를 뜻한다. 무언가를 얹어놓으려고 짜맞추어놓은 틀이 게슈텔

이다. 하지만 하이데거는 이 말을 'Ge'와 'stell'의 합성어로 이해한다. 'Ge-'는 독일어에서 '모음이나 집약'을 뜻하는 접두사다. 산들이 모인 것을 산맥(Gebirg)라고 부르고 이런저런 마음의 느낌이 모인 것을 심정(Gemut)이라고 부르는 데서 'Ge'의 의미를 짐작할 수 있다. 또 'stell'은 'stellen' 곧 세움, 배치함을 뜻한다. 모든 것을 부품으로 탈은폐하도록 인간과 사물을 모아 배치해놓은 것이 '게슈텔' (몰아세움)이다. 그리하여 모든 것이 부품으로 산출되고 주문되고 비치되고 유통되는 것이다. 이 순환의 틀이 바로 게슈텔이다. 게슈텔의 체계 속에서 자연과 인간이 닦달당하고 강탈당한다. 그런 의미에서 하이데거의 게슈텔에는 독일어의 본디 의미인 '무언가를 떠받치는 틀'이라는 말이 울리고 있다.

게슈텔의 의미를 좀 더 분명히 파악하는 방편으로 그리스 신화 속 프로크루스테스의 침대를 떠올려볼 수도 있을 것이다. 프로크루스테스는 자신의 여관에 들어온 손님을 쇠로 만든 침대에 묶어 몸이 침대보다 길면 긴 만큼 톱으로 잘라내고 침대보다 짧으면 짧은 만큼 몸을 잡아 늘여 죽였다. 기술 시대에 모든 사물들이 프로크루스테스에게 잡힌 손님들처럼 미리 짜놓은 틀에 '끼워 맞춤'을 당하고 있음을 게슈텔이라는 말에서 읽어낼 수 있다. 사물과 인간이 본래 있는 그대로 존중받는 것이 아니라 어떤 틀에 억지로 끼워져 잘려나가거나 뽑혀나가는 고통을 받는 것이다. 그렇게 부품이 되도록 강요하고 닦달하는 그런 강탈의 체계가 바로 게슈텔이다. 게슈텔에 매인 기술 시대의 자연은 고대 그리스인들이 경탄하며 바라보았던, 스스로 자라나고 피어나는 피시스와는 극단적으로 대립하는 자연이다. 게슈텔의 체계에서는 자연의 모든 것이 피시스의 고유성을 잃고 부품이 되며 인간도 자연과 마찬가지로 부품이 된다.

그러나 고대의 피시스를 향수에 젖어 바라본다고 해서 오늘의 자연이 곧바로 피시스가 될 수 없듯이, 현대의 게슈텔이 아무리 가혹하고 폭력적이라고 하더라도 그것을 곧바로 극복하거나 걷어낼 수는 없다고 하이데거는 생각한다. 게슈텔은 존재 자체가 마련한 기술 시대의 운명이므로 그 게슈텔의 극복도 존재 자체의 차원에서 일어나야 한다. 이 존재의 역사적 운명 속에서 보면, 모든 것을 부품으로 탈은폐하는 게슈텔은 근대의 자연과학에서 준비됐다고 하이데거는 말한다. 이 말은 근대 자연과학이 기술을 낳았다는 뜻이 아니라 기술적 관심이 근대 자연과학을 이끌었다는 뜻이다.

17세기 자연과학 곧 물리학은 자연을 '계산해낼 수 있는 힘들의 연관'으로 파악했다. 수학적 계산을 통해 예측할 수 있는 힘들의 연관 체계를 자연으로 이해한 것이다. 이런 자연과학의 관점은 순수한 학문적 탐구 끝에 나온 것이 아니라 이미 자연을 기술적으로 통제하고 지배할 방안을 찾으려는 관심 속에서 형성된 것이다. 그러므로 과학이 기술을 낳은 것이 아니라 오히려 기술적 관심이 근대 과학을 이끌었다고 보아야 한다. 여기서 알 수 있는 것이 기술이 도구에 대한 인간의 관심을 넘어 훨씬 더 근원적인 역사적 운명 속에 놓인 것이라는 사실이다. 기술을 존재 자체의 역운 속에서 이해해야 하는 것이다. 그래서 하이데거는 우리의 통념을 거슬러 기술이 과학에 앞섬을 강조한다.

"역사학적인 시대 구분에서 근대 자연과학의 시작은 17세기의 일이다. 반면에 발전기 기술은 18세기 말엽에야 비로소 발전하기 시작했다. 그러나 역사학적 확인에서 나중의 것인 현대 기술이 그 안에서 전개되는 본질을 고려해볼 때 역사 사건으로서는 더 이른 것이다."「기술에 대한 물음」, 『강연과 논문』 31쪽

그런 사정을 보여주는 사례를 17세기에 데카르트가 인간이 자연을 이용하고 개발할 수 있다고 언명한 『방법서설』의 그 구절을 들 수

있을 것이다. 핵심은 기술의 본질을 지배하는 게슈텔이다.

"현대 기술의 본질이 게슈텔에 기인하고 있기 때문에 현대 기술은 정밀 자연과학을 사용할 수밖에 없다. 그리하여 마치 현대 기술이 자연과학의 응용인 것 같은 기만적인 허상이 생긴다."「기술에 대한 물음」『강연과 논문』 31~32쪽

그러므로 현대 기술의 본질이 충분히 드러나지 않는 한, 이런 허상은 사라지지 않을 것이다.

존재의 역운에 따른 게슈텔

현대 기술의 본질은 게슈텔에서 드러난다. 게슈텔이란 무엇인가? 게슈텔은 단순히 기술적인 것, 기계적인 것이 아니라 우리를 둘러싼 모든 것들이 '부품'으로 탈은폐되는 그 방식이다.

"게슈텔은 현대 기술의 본질 속에 깃들어 있는 탈은폐의 방식을 가리키는 것이지, 그 자체는 결코 기술적인 것이 아니다."「기술에 대한 물음」『강연과 논문』 32쪽

그렇다면 탈은폐는 어디서 일어나는가?

"이 탈은폐는 인간의 모든 행위를 넘어서 저편 어디에선가 일어나고 있는 것인가? 아니다. 그렇다고 해서 오직 인간 안에서만 일어나는 것도 아니고, 결정적으로 인간을 통해서만 일어나는 것도 아니다."「기술에 대한 물음」『강연과 논문』 32쪽

이 말의 의미는 존재 자체를 생각하면 분명해진다. 기술의 탈은폐는 분명히 인간과 내적인 관련 속에서 일어난다. 쉽게 말해서 인간이 자연 사물을 부품으로 드러낸다. 그러나 그것이 인간만의 일인 것은 아니다. 다시 말해 인간이 모든 것의 주인으로서, 주체로서 그런 일을 벌이는 것은 아니다. 인간의 탈은폐 행위는 존재 자체의 비은폐

성 속에서 그 비은폐성의 제약 가운데서 일어나는 일이기 때문이다. 그런데 존재 자체의 비은폐성, 다시 말해 존재 자체가 자신을 드러내는 진리의 터전은 시대마다 달라진다. 그렇게 존재 자체의 비은폐성이 시대마다 달라지는 것을 두고 하이데거는 '역사적 운명'(역운, Geschick)이라고 부른다. 역운이란 역사를 통해 나타나는 존재 자체의 섭리다.

"그 역운으로부터 모든 역사적 본질이 규정된다."「기술에 대한 물음」『강연과 논문』35쪽

다시 말해 존재 자체가 역사적으로 섭리하기에 기술의 본질이 시대마다 달리 나타나는 것이다. 그리하여 현대에 기술의 본질이 게슈텔로 나타나는 것도 존재의 역운, 존재의 섭리에 따른 것이다. 마찬가지로 고대 그리스에서 테크네가 포이에시스로 나타난 것도 존재의 역운에 따른 것이었다. 이 존재의 역운은 인간 현-존재를 터전으로 삼아 자신을 드러낸다. 그러므로 인간은 존재의 역운이 드러나는 데 참여하고 있는 것이다.

하이데거는 '역운'이 인간을 언제나 완전히 장악하고 있다고 말한다. 인간은 존재의 역운 가운데서 그 역운을 드러내는 자로서 역운의 지배 아래 있는 것이다. 그러나 그렇다고 해서 역운이 '강제적인 숙명'은 결코 아니라고 하이데거는 강조한다. 분명히 인간은 역운의 지배 아래 있다. 그러나 동시에 역운은 강제적인 숙명은 아니다. 언뜻 모순적인 것으로 들리는 이 두 명제를 함께 제출하면서 하이데거는 우리에게 이 사태를 사유하도록 촉구한다. 우리가 역운에 장악돼 있다면 우리는 필연성의 노예가 되는 수밖에 없는 것이 아닐까? 하이데거는 그렇지 않다고 말한다. 왜 그렇지 않은가?

"그것은 인간이 역운의 영역에 속하며 그 역운을 듣는 자가 될 때, … 비로소 그는 자유로워지기 때문이다. 자유의 본질은 본래 근원적

으로 의지나 인간적 소망의 인과율에만 예속돼 있는 것은 아니다."「기
술에 대한 물음」「강연과 논문」 34쪽

이 말의 의미를 찬찬히 생각해보자. 존재의 역운이란 존재 자체가
역사적으로 자신을 보내줌이다. 그것은 존재 자체의 비은폐성(진리)
으로 나타난다. 존재 자체가 시대마다 자신의 진리를 각기 다르게 드
러내는 것이다. 존재의 비은폐성이란 다른 말로 하면, 존재의 열린
터전이다. 인간이 역운을 듣는 자가 된다는 것은 그 열린 터전에 나
가 선다는 것, 나아가 그렇게 서서 존재의 소리를 듣는다는 것을 뜻
한다. 바로 그렇게 존재의 열린 터에 나가 서서 존재의 소리를 들을
때 인간은 자유로워진다. 인간의 자유는 아무런 제약 없는 임의적인
선택에 있는 것이 아니다. 인간이 의욕하거나 소망하는 것이 모두 실
현되는 것을 뜻하지도 않는다.

오히려 인간의 역사적 자유라는 것은 헤겔이 말한 자유와 필연의
관계 속에서 뚜렷하게 통찰할 수 있다. 헤겔의 역사철학적 사유에서
보면 역사에는 어떤 필연성이 주재한다. 이 필연성을 인식하고 따르
는 것이야말로 인간의 자유다. 마찬가지로 존재 자체에는 역운이 있
고 그 역운에 따라 시대마다 존재가 자신을 다른 방식으로 드러낸다.
그런 존재의 역운을 따를 때 인간은 자유롭다고 할 수 있다. 자유는
결코 무제약적으로 아무렇게나 행동할 수 있음을 뜻하지 않는다. 역
사적 제약 속에서 그렇게 제약된 역사와 대화할 때 바로 거기에 인간
의 자유가 있다.

비밀의 심연을 간직한 진리

그러므로 여기서 하이데거가 자유를 이야기할 때 그것은 먼저 존
재의 자유를 가리킨다고 보아야 한다. 존재의 역운이야말로 존재의

자유다. 이 자유의 부름에 순종함으로써 인간은 자유로워진다. 그래서 하이데거는 이렇게 말한다. "자유는 밝혀져 있는 것, 다시 말해 탈은폐돼 있는 것이라는 의미의 자유로움을 관장한다."「기술에 대한 물음」 『강연과 논문』 34쪽 존재의 '비은폐성' 곧 '훤히 트인 터'에 들어섬이 바로 인간의 자유로움이다. 그래서 "탈은폐의 사건, 즉 진리의 사건은 자유와 가장 가깝고 가장 밀접한 관계에 놓여 있다."「기술에 대한 물음」 『강연과 논문』 34쪽 그런데 여기서 하이데거는 "모든 탈은폐는 '간직하다'와 '숨기다'와 관련이 있다"며 이렇게 말한다.

"자유롭게 해주는 것은 숨겨져 있으며 언제나 자신을 숨기기에 비밀인 것이다."「기술에 대한 물음」 『강연과 논문』 34쪽

탈은폐에서 모든 것이 다 드러나는 것이 아니라 탈은폐되지 않은 채로 간직되고 숨겨진 것이 있다는 얘기다. 자유롭게 해주는 것, 곧 존재가 자신을 시대마다 진리로서 탈은폐할 때 거기에는 비밀로 남아 있는 것이 있다는 얘기다. 더 정확히 말하면 시대마다 존재는 거대한 비밀을 간직한 채로 진리를 드러낸다. 그렇게 드러난 진리가 시대를 관장하는 존재의 진리다. 그 진리 뒤에는 혹은 밑에는 헤아릴 길 없는 비밀이 숨겨져 있다. 존재는 결코 이 비밀을 다 보여주지 않는다. 진리는 '드러나 있음', '비은폐성'이다. 그렇다면 비밀이란 비-진리일 것이다. 왜냐하면 비밀이란 '숨겨져 있음'이고 그것은 '드러나 있지 않음' 다시 말해 '비은폐돼 있지 않음'이기 때문이다. '비은폐성이 아님'이 바로 비-진리다. 그러므로 진리는 언제나 자신의 배후에 또는 수면 아래에 거대한 비-진리, 거대한 어둠을 숨기고 있다. 존재 자체는 시대마다 비-진리의 거대한 어둠을 배후에 둔 채로 비은폐성으로, 진리로 드러난다. 그런데 이 진리의 역사적 변화가 바로 존재의 역운이다. 존재의 역운이야말로 근원적인 차원의 자유다. 이 자유 안에 설 때 인간은 자유롭다고 하이데거는 생각한다. 그래서 하

이데거는 이렇게 말한다.

"자유란 밝히면서 숨기는 것이며 그것의 밝힘 속에는 모든 진리의 본질적인 존재 상태를 가리는 베일이 너풀거리며, 자유는 그 베일을 자신을 가리는 베일로서 나타나도록 한다." 「기술에 대한 물음」 「강연과 논문」 34쪽

여기서 말하는 '자유'란 존재 자체다. 존재 자체는 밝힘과 동시에 숨긴다. 다시 말해 자신을 비은폐성 곧 진리로 드러냄과 동시에 자신을 비밀로서 숨긴다. 진리는 그러므로 언제나 거대한 비밀의 심연을 간직하고 있다. 우리는 어떤 경우에도 존재의 진리를 다 들여다볼 수 없다. 그렇게 거대한 비밀의 심연을 가리는 것이 바로 존재의 밝힘 곧 존재의 진리다. 드러난 비은폐성이 베일처럼 존재의 비밀을 가리고 있는 것이다. 그렇기 때문에 우리 인간은 시대마다 드러나는 비은폐성만이 전부인 것으로 착각하는 것이다. 인간이 오류를 범하는 이유도 바로 여기에 있다. 하이데거는 마지막으로 강조한다.

"자유란 그때그때마다 하나의 탈은폐를 그 탈은폐의 길로 보내는 역운의 영역이다." 「기술에 대한 물음」 「강연과 논문」 34쪽

시대마다 진리를 다르게 탈은폐하는 존재의 역사적 운명이 바로 자유라는 것이다. 그 역운의 영역 안에 설 때, 다시 말해 존재의 운명과 섭리 안에 설 때 인간은 자유롭다고 할 수 있는 것이다. 이런 말로써 하이데거는 인간이 시대의 운명을 마음대로 조종할 수도 없고 거역할 수도 없음을 강조한다. 오히려 그 운명의 소리를 듣고 그 소리를 따를 때에 거기에서 인간이 할 수 있는 일, 해야 할 일이 열릴 것이다. 그런 열림이 바로 인간의 자유라고 할 수 있을 것이다.

이런 자유의 관점을 염두에 두고 하이데거는 말한다.

"현대 기술의 본질은 게슈텔 안에 자리 잡고 있다. 게슈텔은 탈은폐의 역운에 속한다." 「기술에 대한 물음」 「강연과 논문」 34쪽

고대 그리스에서 기술이 포이에시스로 나타났듯이, 현대 기술에서는 '닦달'로 나타난다. 닦달이라는 현대 기술의 본질은 게슈텔 안에 자리 잡고 있다. 게슈텔은 존재의 역운에 속한다. 그러므로 게슈텔은 기술 시대의 진리다. 그러나 게슈텔이 역운에 속한다고 해서 그것을 흔히 '기술은 우리 시대의 운명이다'라고 사람들이 말할 때의 그 운명, 다시 말해 "변경될 수 없는 사건의 진행에서 피할 수 없는 것"과 같은 것으로 보아서는 안 된다고 하이데거는 말한다.

"우리가 기술의 본질을 곰곰이 생각해본다면, 우리는 게슈텔을 탈은폐의 한 영역으로 경험하게 될 것이다. 그때 우리는 역운의 자유로움 안에 체류하고 있는 것이다." 「기술에 대한 물음」, 『강연과 논문』, 35쪽

하이데거의 이런 설명은 분명히 불명확함과 모호함을 남긴다. 그러나 전체를 보면 하이데거가 이야기하려는 것이 아주 혼란스럽지는 않다. 존재의 역운은 분명히 어떤 섭리이지만 피할 수 없는 사건의 진행이라는 의미의 운명, 다시 말해 일직선으로 내달리는 필연의 폭주는 아니다. 역운은 흐름이고 그 흐름은 인간과 함께 인간을 통해서 흐른다. 인간은 옴짝달싹하지 못한 채 그 흐름에 실려 떠내려가기만 하는 것은 아니다. 오히려 그 흐름의 섭리 안에 들어서서 그 섭리의 소리를 들을 때 인간은 자유로워질 수 있다. 그때 인간은 기술을 무조건 긍정하지도 않고 그렇다고 해서 무조건 거부하지도 않을 것이다. 그래서 하이데거는 이렇게 말한다.

"이때의 역운은 기술을 맹목적으로 활용하라는 (육중한 강압), 또 결국은 같은 이야기지만 기술에 무기력하게 반항하여 기술을 악마의 작품이라고 단죄해버리는 육중한 강압 속에 우리를 결코 가두어 두지 않는다." 「기술에 대한 물음」, 『강연과 논문』, 35쪽

기술이 존재의 역운으로 우리를 제약한다고 해서 기술을 맹목적으로 활용하라는 명령으로 받아들여서도 안 되며, 그런 태도와는 정반

대로 기술을 악마의 작품이라고 단죄하며 기술에 무조건 반항만 해서도 안 된다는 얘기다. 그런 무조건적 반항이야말로 무기력을 보여주는 일이다.

이런 하이데거의 생각은 19세기 러다이트 운동에 대한 마르크스의 비판을 떠올릴 수 있다. 마르크스는 기술이 만들어낸 자본주의 산업 체제의 비인간성, 인간을 갈아 넣는 거대한 맷돌의 끔찍한 비인간성에 치를 떨면서도 산업화의 필연성을 보았고 그 필연성 속에서 자본주의 체제를 넘어설 가능성을 찾았다. 그래서 기계의 도입으로 몰락 위기에 처한 수공업자들, 숙련 기술을 보유한 사람들의 기계 파괴 운동을 역사의 진행을 거역하는 반동적인 것 곧 승리할 수 없는 것으로 간주했다. 하이데거의 태도는 마르크스의 관점과 유사하다. 물론 전체를 보았을 때 하이데거의 기술관이 마르크스의 기술관보다 훨씬 더 부정적인 것은 사실이다. 하지만 기술을 역사적 운명으로 보면서 그 운명의 제약 속에서 어떻게 인간이 그것을 넘어설 수 있을지 숙고한다는 점에서는 일치하는 지점이 있다.

기술에 대한 맹종과 거부 모두 부정

하이데거는 기술을 맹목적으로 따르거나 기술을 무조건 거부하는 두 가지 태도를 모두 부정한다. 인간이 기술을 맹종하거나 기술을 거부하기만 하는 것은 존재의 비은폐성을 잘못 해석한 데 따른 것이기 때문이다.

"어떤 방식으로 탈은폐의 역운이 전개되든 존재하는 모든 것에 제각기 그때마다 자신을 내보이는 그 비은폐성은 인간이 비은폐된 것을 잘못 보고 잘못 해석할 수 있는 그런 위험을 내포하고 있다."「기술에 대한 물음」, 『강연과 논문』 35~36쪽

베틀 기계를 다루는 산업혁명기 영국의 노동자들.
하이데거는 기술의 본질을 게슈텔(몰아세움)이라고 보았다.
인간마저도 한낱 부품이 되고 마는 것이다.

인간은 존재의 비은폐성 안에서 '비은폐된 것' 곧 '사태의 진상'을 잘못 해석할 수 있는데 바로 거기에 위험이 있다. 더 나아가 하이데 거는 시대의 진리로 나타나는 비은폐성 안에는 언제나 위험이 깃들 어 있다고 말한다. 이를테면 모든 존재하는 것을 원인-결과라는 진 리의 빛 안에서 해석하는 곳에서는 신마저도 원인-결과의 빛 안에서 해석돼 성스러움과 신비스러움을 잃어버릴 수 있다. 신이 하나의 원 인, 다시 말해 모든 결과를 야기하는 최고의 원인이 된다는 것은 언 뜻 보면 신을 가장 지고한 자로 높이는 일 같지만, 실은 신을 한갓 물 리적 작용을 일으키는 자 수준으로 떨어뜨리는 일이다.

이런 신을 하이데거는 '철학자의 신'이라고 부른다. 원인-결과라 는 진리의 빛이 관장하는 곳에서는 신학마저도 그런 빛 속에 놓이게 돼 '철학자의 신'을 참된 신으로 섬기게 된다. 그렇게 신을 최고의 원 인으로 간주하는 신학에서는 신의 신다움 곧 지고한 성스러움이 깃 들 수 없다. 신이라는 원인이 직접적으로 이 세계라는 결과를 낳는다 는 그런 신학적 발상과 함께 신을 신답게 하는 '간격의 신비스러움' 이 사라지고 마는 것이다.「기술에 대한 물음」『강연과 논문』36쪽 마찬가지로 근 대에 이르러서는 자연을 계산할 수 있는 힘들의 작용 연관으로 보는 관점이 진리로 등극해 지배하게 되는데, 그런 진리의 빛, 비은폐성의 빛 속에서 자연이 본래의 참다운 모습을 잃어버리고 순전히 에너지 저장고가 될 위험이 자란다.

그리하여 하이데거는 말한다. "탈은폐의 역운은 그 자체가 위험의 한 형태가 아니라 위험 그 자체다."「기술에 대한 물음」『강연과 논문』36쪽 존재 의 역운에 따라 탈은폐된 진리는 진리로서 세상을 밝히기만 하는 것 이 아니라 인간을 오도하기 때문에 그 자체로 위험이라는 것이다. 그 런데 존재의 역운이 게슈텔의 방식으로 전개되는 오늘날에 이 역운 이 '최고의 위험'이 된다고 하이데거는 말한다. 이 게슈텔이 진리로서 지배하는 곳에서 이 최고의 위험은 인간의 추락으로 나타난다. 모든 것이 부품이 되는 곳에서는 인간마저도 한낱 부품의 되고 마는 것이다. 자연만 에너지 저장고가 되는 것이 아니라 인간도 에너지 저장고로 간주되는 것이다. 이것이야말로 최고의 위험이다.

"그런데 바로 이런 위험에 처해 있는 인간이 지구의 주인이라고 거드름을 피우고 있다." 「기술에 대한 물음」 『강연과 논문』 36쪽

기술 시대의 인간에 대한 통렬한 비판이다. 이 기술 시대의 인간은 자신이 기술을 사용해 모든 것을 만들어낸다고 생각한다. "이런 생각은 최후의 기만적인 가상을 영글게 한다." 「기술에 대한 물음」 『강연과 논문』 36쪽 인간을 둘러싼 모든 것을 인간이 만들어냈으니, 인간은 어디서나 자기 자신만을 만난다는 가상이다. 인간 자신의 주관적 기획이 객관화된 것만을 만나므로 결국 어디서나 자기 자신만을 만난다고 생각하는 것이다.

"그러나 실제로는 그 반대로 인간은 오늘날 그 어느 곳에서든 더는 자기 자신을, 다시 말해 자신의 본질을 대면하지 못하고 있다." 「기술에 대한 물음」 『강연과 논문』 37쪽

인간이 부품화하고 에너지 저장고가 되고 만 터에 인간의 참된 본질을 만나는 것은 불가능한 일이 되는 것이다. 인간은 자기의 본질 상실과 대면할 뿐이다.

"인간은 결정적으로 게슈텔의 닦달의 귀결에 파묻혀 이 게슈텔을 하나의 부름으로 알아듣지 못하며, 그 자신이 (존재의) 말 건넴을 받고 있는 자라는 것도 간과하고 있다." 「기술에 대한 물음」 『강연과 논문』 37쪽

게슈텔이라는 기술의 본질 속에서 존재가 인간에게 말을 걸어오고 있음도 깨닫지 못할 뿐만 아니라, 인간이란 존재의 부름에 응답함으로써 참된 인간으로 존재할 수 있는 현-존재라는 것도 깨닫지 못하고 있는 것이다.

"위험이 있는 곳에 구원의 힘도 자라네"

그런데 이 게슈텔(몰아세움)이 단지 인간만을 위태롭게 하는 것은 아니라고 하이데거는 말한다. 게슈텔의 지배 아래 모든 것이 부품으로 탈은폐되는 곳에서 다른 모든 탈은폐 가능성이 축출되기 때문이다. 다시 말해 자연이 성스러운 피시스로 탈은폐될 수도 없고 인간이 존재의 터전인 현-존재로 탈은폐될 수도 없는 것이다. 게슈텔이 제작함과 산출함을 지배하는 한 포이에시스는 드러날 길이 없는 것이다. 자연을 존중하고 자연과 공존하는 방식으로 사물을 탈은폐하는 길이 막혀버리는 것이다. 이런 상황에서는 인간도 존재의 터전이라는 자신의 본질을 상실할 수밖에 없다. 그리하여 게슈텔의 지배로 나타나는 역운은 '극단의 위험'이 된다.

"우리가 게슈텔을 역운과 위험의 의미로 사유한다면, '게슈텔'이라는 낱말의 변형된 의미가 이제는 어느 정도 우리에게 친숙해졌을 것이다."「기술에 대한 물음」, 『강연과 논문』, 38쪽

기술적 강탈의 체계로서 게슈텔은 존재가 보내온 것이자 최고의 위험이다. "게슈텔의 지배는 '인간이 어떤 탈은폐로 귀의하여 더 원초적인 진리의 부름을 경험할 기회'를 놓쳐버릴 수 있다는 그런 가능성으로 위협해오고 있다."「기술에 대한 물음」, 『강연과 논문』, 38쪽 게슈텔의 지배 아래서 인간은 존재 자체를 완전히 망각 속에 묻어버리며 그래서 존재가 다른 방식으로 탈은폐될 가능성, 다시 말해 인간이 마음대로 조종할 수 없는 성스러운 존재로 탈은폐될 가능성을 보지 못한다. "그래서 게슈텔이 지배하고 있는 곳에서는 최고의 위험이 도사리고 있다."「기술에 대한 물음」, 『강연과 논문』, 38쪽 그러나 바로 이 자리에서 하이데거의 사유는 역전을 감행한다. 가장 극단적인 위험에서 구원의 길을 발견하는 것이다. 그 길을 하이데거는 횔덜린의 시 「파트모스」에 나오

는 한 구절로 묘사한다.

"위험이 있는 곳에는 그러나 구원의 힘도 자라네." 「기술에 대한 물음」 「강연과 논문」 38쪽

하이데거는 여기서 '구원하다'(retten)라는 것이 무엇을 뜻하는지 다음과 같이 풀이한다. "'구원하다'는 본질로 되돌려주어 그 본질이 이제야 비로소 본래적으로 나타나도록 해준다는 것을 의미한다." 「기술에 대한 물음」 「강연과 논문」 39쪽 여기서 말하는 '본질'은 첫째로, 기술의 원초적 본질 곧 포이에시스를 말한다. 게슈텔의 지배는 기술이라는 것을 닦달하는 것으로만 탈은폐할 뿐이며 포이에시스라는 본래의 탈은폐는 망각하게 한다. 구원이라는 것은 그 원초적 본질을 기술에 되돌려주는 것, 그럼으로써 자연을 무지막지하게 파괴하는 방식으로 닦달하는 것이 아니라 자연을 존중하고 보호하는 방식으로 탈은폐하는 것을 뜻한다. 그런 탈은폐 속에서 자연은 에너지의 저장고가 아니라 성스러움을 간직한 피시스로 드러날 것이다.

둘째로 '본질'은 인간의 본질을 가리킨다. 구원이란 게슈텔의 지배 아래서 파괴된 인간의 본질을 인간에게 되돌려주는 것이다. 인간이 한갓 부품에서 벗어나 현-존재 곧 존재의 열린 터전으로, 진리의 터전으로 돌아가는 것이다. 위험이 있는 곳에서 구원의 힘은 자란다. 그 말은 기술의 본질 그 자체가 구원의 성장을 자체 안에 간직하고 있다는 뜻이다. 그러나 하이데거는 우리가 아무런 준비도 없이 구원의 힘을 움켜잡을 수는 없다고 말한다.

"그렇기 때문에 우리는 이제 먼저 어느 정도로 게슈텔의 전개 속에 구원의 힘이 깊숙이 뿌리를 내리고 있고 그 전개에서부터 번창하는지 깊이 사색해보아야 한다." 「기술에 대한 물음」 「강연과 논문」 39쪽

분명히 게슈텔은 탈은폐의 한 역운적 방식이다. 그런데 이 근대 기술의 탈은폐 방식은 근대 이전의 탈은폐 방식인 포이에시스에서 유

래했다. 다만 게슈텔은 포이에시스라는 기원을 보지 못하게 막아버린다.

본질은 '본질로 현성함'

그런데 게슈텔이 '기술의 본질'이라고 할 때, 여기서 '본질'이라는 것이 무엇을 뜻하는지 좀 더 생각해볼 필요가 있다. 하이데거는 '본질'(Wesen)을 동사로 이해한다. 본질은 보통 사물을 그 사물로 만들어주는 것이라는 의미에서 '이미 확정된 것'이자 '확정된 것으로서 존속하는 것'을 뜻한다. 나무의 본질은 나무를 나무로 만들어주는 공통의 특성이며 그런 특성으로서, 나무가 나무인 한 존속하는 것이다. 본질이라는 말은 이렇게 통상 명사적으로 이해된다. 그러나 하이데거는 본질을 '존속하면서 현성함'이라는 의미의 동사적인 것으로 이해한다. 본질은 존속하되 시대마다 다르게 현성한다. 존재의 비은폐성이 달라짐에 따라 그 본질이 다르게 드러나는 것이다. 그러므로 기술의 본질은 근대 이전에는 포이에시스였지만 현대 기술 사회에서는 게슈텔로 나타나는 것이다.

그러나 그러는 중에도 기술의 본질은 원초적 본질을 보존하고 있다고 하이데거는 말한다. 다만 그 원초적 본질 곧 포이에시스라는 본질이 덮여 있을 뿐이다. 그러므로 구원의 힘이 자란다는 것은 바로 이 원초적 본질이 덮여 있는 상태에서 자라난다는 이야기다. 이렇게 구원의 힘은 가장 극단적인 위험 속에서 자라난다.

"그렇기 때문에 만사는 우리가 이 (구원의) 출현을 깊이 생각하며 기억하여 지키는 데 달려 있다. 이것은 어떻게 일어나는가? 기술적인 것만을 뚫어지게 바라보지 않고 기술에서 현성하는 것을 알아봄으로써 가능하다. 우리가 기술을 도구로 생각하는 한, 우리는 그것을 마음대로 다루려는 의지에 매달려 있는 것이다. 우리는 기술의 본질을 지나쳐버리는 것이다."「기술에 대한 물음」「강연과 논문」44쪽

기술의 본질이 새로이 탈은폐되려면, 다시 말해 구원의 힘이 충분히 자라나라면 우리는 기술의 극단적 위험을 알아보고 그 본질을 통찰함으로써 구원의 힘이 자라도록 돌봐야 한다. 인간이 기술의 이 위험을 쫓아낼 수는 없지만 그 위험 속에서 자라는 구원의 힘을 돌볼 수는 있다는 것이 하이데거가 말하려는 것의 요지다.

여기서 하이데거는 위험 한가운데서 자라는 구원의 힘을 그 자체로 드러나게 하고 열어 보이는 길이 없는지 탐색한다. 그것이 바로 예술이다. 하이데거는 「예술 작품의 근원」에서 논의했던 예술, 곧 진리를 새롭게 드러내 빛나게 하는 예술이 구원의 힘을 탈은폐할 수 있으리라고 말한다.

"서양 역운의 시작인 그리스에서 예술은 그 자체에 보존된 탈은폐의 최고도의 경지에까지 이르렀다. 이 예술은 (신전을 세움으로써) 신들의 현존을 이끌어냈으며 신적인 역운과 인간의 역운 사이의 상호 대화를 빛나게 해주었다. 그리고 이 예술은 테크네라고 일컬어졌다."
「기술에 대한 물음」「강연과 논문」47쪽

그리스 시대에 예술은 왜 테크네라고 불렸던 것일까? "그것은 예술이 '밖으로 이끌어내 앞에 놓는' 탈은폐였고 그래서 '포이에시스'에 속하는 것이었기 때문이다."「기술에 대한 물음」「강연과 논문」47쪽 이렇게 포이에시스는 모든 예술에 두루 통용되는 것이었으나, 나중에는 '시'가 그 모든 예술을 관장함으로써 포이에시스의 의미를 홀로 간직하게 됐다고 말한다. 즉 포이에시스가 순전히 시와 시 짓기를 뜻하게 된 것이다. 그러므로 시의 본질은 포이에시스에 있다고 해야 할 것이다. 이 대목에서 하이데거는 횔덜린의 다른 시구를 불러들인다.

"인간은 이 땅 위에서 시적으로 거주한다."「기술에 대한 물음」「강연과 논문」

그렇다면 여기서 '시적으로 거주한다'는 것은 무엇을 뜻하겠는가? 그것은 결국 '포이에시스의 방식으로 진리를 드러내면서 거주한다'는 뜻이 될 것이다. 예술이란 포이에시스이며 그것은 근원적인 진리를 드러냄이다. "과연 예술이 극단의 위험 한가운데서 자신의 본질에 함축돼 있는 이런 최고의 가능성을 보존하고 있는지는 아무도 알 수 없다."「기술에 대한 물음」, 『강연과 논문』, 48쪽 이렇게 말하면서도 하이데거는 예술이 그런 역할을 맡을 수 있기를 기대한다. 예술은 포이에시스로서 기술의 근원적 본질로 통한다. 다시 말해 예술과 기술은 본질을 공유하고 있다. 그렇기 때문에 하이데거는 예술이 현대 기술의 폭력적 지배 아래 덮여 있는 포이에시스라는 본래의 본질을 환히 드러내 보임으로써 위험 속에서 구원의 힘이 자라도록 해줄 수 있으리라 기대하는 것이다.

이때 예술을 대표하는 것은 시일 것이다. 또 모든 진정한 예술에는 '시적인 것'이 깃들어 있을 것이다. 다시 말해 진리를 밝히는 힘이 들어 있을 것이다. 그러나 예술이 구원의 힘이 자라도록 해주는 역할을 하려면 기술의 본질에 대해 묻기를 중단해서는 안 된다. 이 물음을 계속 물어 들어가는 것, 그것이 사유가 감당해야 할 몫이라고 하이데거는 생각한다. 그래서 강연의 마지막에 이르러 하이데거는 다음과 같이 말한다.

"위험이 더욱더 가까워질수록 구원자에 이르는 길은 더욱더 밝게 빛나기 시작하고, 우리는 더욱더 물음을 묻게 된다. 왜냐하면 물음은 사유의 경건함이기 때문이다."「기술에 대한 물음」, 『강연과 논문』, 49쪽

존재를 사유하는 '경건한 사유'가 기술의 본질을 드러내고 기술의 광란을 넘어 우리를 구원에 이르게 하리라는 얘기다.

과학은 사유하지 않는다

하이데거는 이 강연을 하던 시기에 '과학과 사유'의 관계에 대해서도 깊이 숙고했다. 그런 숙고가 잘 나타나 있는 대표적인 문헌이 1951년 겨울학기와 1952년 여름학기에 프라이부르크대학에서 한 강의 '사유란 무엇인가'다. 이 강의에서 하이데거는 뒤에 널리 알려질 명제, 곧 '과학은 사유하지 않는다'라는 명제를 제출했다.

"과학은 사유하지 않는다. 이것은 불쾌한 문장이다. 그런데도 우리가 과학이란 늘 자신의 특수한 방식으로 사유와 관계하고 있다는 말을 즉각 덧붙일지언정, 우리는 그 문장에 그것의 불쾌한 성격을 그대로 방치해 두고자 한다." 『사유란 무엇인가』 57쪽

이 말이 과학(Wissenschaft)을 전문으로 연구하는 학자들에게 불쾌감을 안길 것을 뻔히 알면서도 하이데거는 도발하듯 일부러 그렇게 말한 것이다. 이 강의에서 하이데거는 '과학은 사유하지 않는다'는 말의 의미를 다음과 같이 설명했다.

"예를 들어서 역사과학은 한 시대를 모든 가능한 관점들에 따라서 철저히 연구할 수는 있을지언정, 역사가 무엇인지는 탐구하지 못한다. 역사과학은 그것을 과학적으로 결코 탐구할 수 없다. 역사학적인 방법으로는 어떤 사람도 역사가 무엇인지 찾아낼 도리가 없다. 이것은 여태까지 수학자가 수학적인 것이 무엇인지 수학적인 방법으로는, 즉 수학이라는 과학을 통해서는, 결국 수학적인 공식으로는 밝힐 수 없는 것과 마찬가지다. 역사·예술·시작·언어·자연·인간·신 따위 영역들의 본질은 과학으로서는 접근 불가능한 것으로 남는다. 그렇지만 과학들이 이런 영역들 내부에서 움직이지 않는다면, 과학들은 모두 끊임없이 허공 속에서 공전하고 말 것이다. 상술된 영역들의 본질은 사유의 사태다. 과학이 과학으로서 이런 사태로 접근해 가지

못하는 한, 과학은 사유하지 않는다고 말해야 할 것이다"『사유란 무엇인가』 141쪽

　과학이란 존재자들의 개별 영역을 연구하는 학문을 말한다. 이 개별 영역들을 연구할 때 과학은 이 개별 영역의 본질을 전제한 채 연구에 임한다. 역사학은 역사의 본질이 무엇인지를 전제하고, 물리학은 물리학의 본질이 무엇인지를 전제한다. 그러나 과학 자체는 이 본질을 탐구하지 않는다. 생물학이 생명의 영역을 탐구할 때 생명의 본질을 전제하지만, 그 본질 자체를 탐구하지는 않는 것이다. 개별 과학이 이 본질을 탐구하려면 과학의 지반을 떠나 본질에 대한 물음으로 도약해야 한다. 이 본질 자체에 대한 물음, 곧 존재에 대한 물음이 바로 하이데거가 '사유'(Denken)라고 부르는 것이다. 과학은 사유하지 않는다는 말은 과학자들이 아무 생각 없이 실험에나 몰두하고 있는 기계와 같은 이들이라는 말이 아니라, 바로 이 존재의 사유를 감행하지 않는 이들이라는 이야기다. 그러나 이런 의미의 사유를 하지 않을 때 과학은 전제된 본질에 안주해 그 본질의 영역 안에서 사물과 사태를 연구할 뿐이다. 뒷날 하이데거는 이 논란이 된 말을 다음과 같이 해명했다.

　"'과학은 사유하지 않는다'는 말은 내가 프라이부르크 강의에서 말해서 주목을 끌게 된 것인데 다음과 같은 것을 뜻합니다. 즉 과학은 철학의 차원에서 움직이지 않습니다. 그러나 과학이 알지 못하고 있는 것은 그것이 이 철학의 차원에 의존하고 있다는 것입니다. 예를 들어 물리학은 시간과 공간 그리고 운동에서 움직이고 있습니다. 그러나 운동이 무엇인지, 공간이 무엇인지, 시간이 무엇인지 과학 자체는 결정할 수 없습니다. 과학은 사유하지 않기 때문입니다. 그들의 방법으로는 이 의미를 사유할 수 없습니다. 나는 예를 들어 물리학이 무엇인지 물리학적인 방법으로 말할 수 없습니다. 물리학이 무엇인

지 나는 철학적으로 묻는 방식으로만 사유할 수 있습니다. '과학은 사유하지 않는다'는 명제는 어떤 비난이 아니라 과학의 내적 구조에 대한 확정입니다. 이는 과학이 '자신의 본질에 속하지만 다른 한편으로 철학이 사유하는 것'에 의존해 있다는 사실을 말합니다. 즉 사유해야 할 것을 망각하고 관심을 두지 않는다는 사실을 말합니다."[5]

사유함은 감사함

철학적 사유는 과학의 본질을 본질로 드러내는 존재 자체의 비은폐성의 역사적 운명을 사유한다. 과학은 그런 사유를 알지 못하는 것이다. 과학이 그런 사유를 하려면 '과학하기에서 사유하기로 도약해야 한다'고 하이데거는 강조한다. 결국 사유함이란 '존재를 사유함'이다. 이 사유함을 하이데거는 감사함과 같은 것으로 이해한다. 사유함(Denken)은 감사함(Danken)이다. 왜냐하면 사유함이란 존재의 베풀어줌에 대해 사유함이기 때문이다. 그래서 하이데거는 이렇게 말한다.

"우리 자신이 우선 선물로 대접받고 그저 받은 선물을 선물로 보답하는 데 감사의 본래성이 있는 것은 결코 아니다. 오히려 순수한 감사는 우리가 오로지 사유한다는 것, 요컨대 본래적으로 유일하게 사유해야 할 것을 사유한다는 것이다."『사유란 무엇인가』 201쪽

그러므로 사유하지 않음, 무사유(Gedankenlosigkeit)야말로 존재의 베풀어줌에 대한 가장 큰 배은망덕(Undank)이 된다고 하이데거는 말한다. 1952년 방문 때 하이데거와 함께 이 강의록을 읽었던 한나 아렌트는 아마도 여기에 나오는 무사유에서 영감을 받아 후에 『예루살렘의 아이히만』을 쓸 때 이 말을 적용했을 것이다. 재판정의 아돌프 아이히만에게서 발견된 '악의 평범성'의 바탕에 '무사유'가 깔려 있음을 알아본 것이다.

3 내맡김과 초연함

◇ ◇ ◇

존재의 비밀 앞에서 자신을 열어놓는
이 태도가 바로 하이데거가 앞에서 말한 '내맡김'의 태도다.
사물의 본질을 탈취하듯 파헤치는 과학적 태도가 아니라
인간 자신을 내맡긴 채 존재의 소리를 듣는 겸허한
태도가 바로 내맡김의 태도다.
이렇게 자신을 내맡길 때 인간은 세계 안에서 초연해질 수 있다.
그것이 바로 초연함이다. 이때 초연함은 세상만사를 내려다보듯
오만한 태도로 일관함을 뜻하지 않고 존재가 하는 말을
잘 들으려는 경청의 마음가짐이다.

"

우리들 모두가 너무나 자주 아무런
생각도 없이 살아간다. 바로 이런 무사유가
오늘날 세계 도처에 출몰하여 돌아다니는 불청객이다.

"

무사유, 세계 도처에 출몰하는 불청객

1955년 10월 30일 하이데거는 고향 메스키르히의 초청을 받아 이 지역 출신 작곡가 콘라딘 크로이처(Conradin Kreutzer, 1780~1849)의 탄생 175돌을 기념하는 축하행사에 참석했다. 여기서 하이데거는 길지 않은 글 한 편을 발표했다. 하이데거의 후기 사유를 떠받치는 주요한 개념 가운데 하나인 '내맡김'(Gelassenheit)을 주제로 한 글이었다. 본론에 들어가기에 앞서 하이데거는 1951년 겨울학기 프라이부르크대학 강의 『사유란 무엇인가』에서 논의한 바 있는 '무사유'를 이야기의 실마리로 끄집어냈다.

"직업상 마치 사유하는 체하며 거들먹대는 그런 이들을 포함하여 우리들 모두가 너무도 생각이 모자란다. 우리들 모두가 너무나 자주 아무런 생각도 없이 살아간다. 바로 이런 무사유(Gedankenlosigkeit, 생각 없음)가 오늘날 세계 도처에 출몰하여 돌아다니는 불청객이다."
「초연한 내맡김」 「동일성과 차이」 121쪽

『사유란 무엇인가』에서 무사유를 주로 과학자들의 연구에 연관시켰던 하이데거는 여기서 그 폭을 넓혀 현대인 대다수가 무사유에 빠져 있다고 지적했다. "사람들이 오늘날 가장 신속하고도 가장 값싼 방식으로 이러저러한 모든 것을 알고자 하고 또 그렇게 알자마자 바로 그 순간에 자기가 안 것을 재빨리 잊어버리는 것"이야말로 무사유의 전형적인 모습이다. 젊은 날 『존재와 시간』에서 묘사했던 '세인'의 삶이 바로 무사유의 삶인 셈이다. 그런 무사유는 축제의 장에서도 나타난다. "행사도 마치 사냥이라도 하듯 하나의 행사가 막을 내리면 곧바로 다른 행사가 이어지고 이런 일은 계속된다. 그리하여 기념 축제들은 언제나 갈수록 생각이 빈약해진다. 기념 축제와 무사유는 단짝을 이루고 있다."「초연한 내맡김」「동일성과 차이」 121쪽

그런데 무사유, 곧 '생각하지 않음'은 '생각함'이 있기에 벌어질 수 있는 일이다. 작물이 자라는 경작지이기에 휴경지가 될 수도 있는 것과 마찬가지다.

"우리가 들을 수 있기 때문에만 우리의 귀가 먹어 버릴 수 있듯이, 또 우리가 젊었던 적이 있었기 때문에만 우리가 늙어 갈 수 있듯이, 인간은 본질적인 근본 바탕에 사유할 능력, 즉 '정신이나 오성'을 지니고 있어서 사유하도록 규정돼 있기 때문에만 우리는 생각이 빈약해지거나 아예 아무런 생각도 없이 지낼 수 있는 것이다. 우리는 우리가 알고 있든 모르고 있든 우리가 소유한 것만을 상실할 수 있다."

「초연한 내맡김」「동일성과 차이」 122쪽

우리 인간에게 본래 구비돼 있는 '사유할 수 있는 능력'을 우리가 잃어버렸기에 무사유로 떨어졌다는 것이다. 하이데거는 나날이 거세지는 무사유가 "현대인의 가장 깊숙한 내면까지 침식하여 파먹어 버리는 어떤 앞선 사건"에서 비롯했다고 말한다. "현대인은 사유 앞에서 달아나며 도피하고 있다."「초연한 내맡김」「동일성과 차이」 122쪽 사유 앞에서 달아남이 바로 무사유를 야기한 것이라는 얘기다. 하지만 현대인이야말로 그 어느 시대의 인간보다 열정적으로 탐구에 몰두하고 있지 않은가?

계산하는 사유, 숙고하는 사유

여기서 하이데거는 생각을 두 가지로 구분한다. '계산하는 사유' (das rechnende Denken)와 '숙고하는 사유'(das besinnliche Denken) 가 그것이다. '계산하는 사유'는 앞에 놓여 있는 것과 주위를 둘러싸고 있는 것을 늘 따져보고 계산한다.

"계산하는 사유는 이 기회에서 저 기회로 시시때때로 옮겨 다닌다. 계산하는 사유는 결코 조용히 멈춰 서는 적이 없으며 따라서 숙고 (Besinnung)에 이르지 못한다. 계산하는 사유는 결코 숙고하는 사유 즉 존재하는 모든 것에 편재하는 그 의미(Sinn)를 뒤따라-사유하는 (nachdenken, 깊이 생각해보는) 그런 사유가 아니다."「초연한 내맡김」「동일성과 차이」 123쪽

'계산하는 사유'와 대립하는 '숙고하는 사유'는 존재하는 모든 것의 의미를 깊이 생각하는 사유다. '존재의 의미' 곧 '존재의 진리'가 가리키는 바를 뒤따라 찬찬히 생각하는 사유가 숙고하는 사유다. 자연과 사물을 어떻게 하면 잘 개발해 이용할 것인가를 생각하는 사유가 계산하는 사유라면, 그 자연과 사물의 존재를 깊이 생각하고 그 존재에 감사하는 사유가 하이데거가 말하는 숙고하는 사유다. 존재의 의미, 존재의 진리를 사유하는 사유는 즉발적이지 않고 서두르지 않는다고 하이데거는 강조한다. 가장 중요한 것은 '기다림'(warten) 의 자세다.

"싹이 피어나 잘 여물어 결실을 거둘 때까지 기다리는 농부처럼 사유는 그렇게 기다릴 수밖에 없다."「초연한 내맡김」「동일성과 차이」 124쪽

숙고하는 사유는 때로 강도 높은 집중을 요구하며 그런 사유에 이르려면 오랜 연습이 필요하다. 하지만 생각을 재촉하고 억지로 생각을 짜낸다고 해서 숙고하는 사유에 이르는 것은 아니다. 존재를 숙고

하는 사유는 존재가 우리에게 다가와 우리를 깨어나게 할 때에만 우리 안에서 일어난다.

여기서 하이데거는 고향 메스키르히가 속한 독일 남서부 슈바벤 지방 출신의 옛 시인 요한 페터 헤벨(Johann Peter Hebel, 1760~1826)이 쓴 글 한 토막을 떠올린다. "우리는 식물이라네. 우리가 기꺼이 인정하고 싶든 그렇지 않든 우리는 에테르(하늘)에 꽃을 피우고 결실을 맺기 위해, 흙에 뿌리를 내려 그 흙에서 자라나야 하는 식물이라네." 「초연한 내맡김」『동일성과 차이』 125쪽 우리가 식물이라면 우리는 정신의 꽃을 피우기에 앞서 먼저 흙에, 땅에 뿌리를 내려야 한다. 그 땅이 가리키는 것이 우리를 에워싸고 있는 존재다. 존재를 숙고할 때에야 우리는 정신의 꽃을 피울 수 있다. 이 흙과 땅은 그대로 '향토'를 가리키며, 다른 말로 하면 '고향'이다. 하이데거는 식물이 뿌리를 내릴 그 토양, 곧 고향을 우리 인간이 잃어버렸다고 말한다. "수많은 독일인들이 고향을 상실했으며 촌락과 도시를 떠날 수밖에 없었고, 그리하여 그들은 고향 땅에서 밀려난 유랑자들이다." 「초연한 내맡김」『동일성과 차이』 126쪽 그렇다면 향토에 머물러 있는 사람들은 어떨까? 그들은 고향을 지키는 사람들이 아닐까? 하이데거가 보기에 고향에 남아 있는 이들도 고향을 잃어버리기는 마찬가지다.

"그들은 옛 고향에서 멀리 떨어진 채 살아간다. 그런데도 그들이 과연 고향에 깃들어 사는 사람들이라고 말할 수 있을까? 여러모로 보았을 때 그들은 고향을 떠난 유랑자들보다 더 고향을 잃어버린 이들이다. 그들은 매일 매시간 라디오와 텔레비전에 사로잡혀 산다. … 현대의 기술적인 신문과 방송이 사람들을 시시각각으로 매혹하고 엄습하면서 이리저리 휘몰아대는 그 모든 것들은 자신의 농가 주위에 이것저것 심어놓은 밭보다도 요즘 사람들에게는 훨씬 가깝게 느껴지며, 땅 위에 있는 하늘보다 더 가깝게 느껴진다." 「초연한 내맡김」『동일

　하이데거는 이런 고향 상실을 개별 인간 탓으로 돌리지 않는다. "향토애의 상실은 우리 모두가 몸담고 있는 이 시대의 정신에서 나온다."「초연한 내맡김」「동일성과 차이」 127쪽 이 시대의 정신이란 「기술에 대한 물음」에서 상세히 이야기한 '기술의 지배', 기술 문명의 폭주를 뜻한다.

　이 기술 문명의 폭주를 가리키는 말이 '원자력 시대'(Atomzeitalter, 핵 시대)라는 말이다. 원자력 시대를 대표하는 것이 바로 원자폭탄(핵폭탄)이다. 동서 냉전의 격화 속에 핵무기 경쟁이 가속화해 인류의 삶을 위협하고 있음을 상기시키는 대목이다. 그런데도 사람들은 다른 한편으로 희망을 이야기한다. 원자력이 평화로운 목적에 유용하게 쓰일 수 있으리라는 기대다.

　"그래서 오늘날 원자물리학과 이 이론을 담당하는 기술자들은 아주 광대한 계획을 세우고 그 계획에 따라 원자력의 평화로운 사용을 실현하려고 도처에서 애쓰고 있다. 영국을 정점으로 한 선진국들의 대규모 산업체 연합은 원자력이 미래의 거대한 산업이 될 수 있다는 전망을 잇달아 내놓고 있다."「초연한 내맡김」「동일성과 차이」 127~128쪽

　하이데거는 노벨상 수상자가 "학문, 다시 말해 현대의 자연과학은 인간의 행복한 삶의 증진에 이르는 길"이라고 한 말을 인용한 뒤 "이런 주장이 단 한 번이라도 원자력 시대의 의미에 대해 깊이 생각해본 적이 있을까?" 하고 되묻는다. 이 과학자의 발언이야말로 "과학은 사유하지 않는다"는 하이데거의 주장을 입증하는 말이다. 그러나 이 발언에 나타난 '사유하지 않음'을 과학자 개인의 문제로 돌려서는 안 된다. 과학기술의 이런 폭주는 수세기에 걸쳐 근대 철학에서 준비됐기 때문이다. 근대 철학 속 세계관의 거대한 변화와 함께 '계산하는 사유'가 세계에 거침없는 공격을 가했고 세계는 그런 공

격을 받는 '대상'이 됐다. 그리하여 자연은 거대한 주유소, 현대의 기술과 산업을 위한 에너지원이 됐다. 근대 철학과 함께 자연이 '대상'(Gegenstand)이 되더니 마침내 오늘에 이르러 '부품'이 되고 만 것이다.

유럽에서 일어나 지구를 지배하는 기술 문명

하이데거는 이런 사태가 유럽에서 일어난 현상임을 강조한다.

"세계 전체와 맺고 있는 인간의 이런 근본적인 기술적 관계는 17세기 무렵 유럽에서 처음으로 나타났으며, 그것도 오직 유럽에서만 그렇게 나타났다. 나머지 지구촌에는 이런 관계가 오랜 세월 동안 전혀 알려지지 않은 채로 남아 있었다. 또 그것은 근대 이전의 세대와 민족의 숙명에는 아주 낯선 것이었다."「초연한 내맡김」『동일성과 차이』128~129쪽

기술 시대의 개막을 가져온 이런 세계관의 대전환은 17세기 유럽에서만 일어난 사건이라는 것이다. 하이데거는 이 사건이 유럽을 지배한 서양 형이상학에 내장돼 있던 본질이 드러난 것이라고 이해한다. 그러므로 서양 형이상학이 영향을 끼치지 못한 다른 지역에서는 인간과 세계의 이런 특이한 관계가 나타날 수 없었다. 이것이 서양 형이상학을 보는 하이데거의 고유한 관점이다.

서양 형이상학이 현대 기술 문명을 낳았으므로 기술 문명의 극복도 서양 형이상학의 극복을 통해서만 가능하다. 1966년 『슈피겔』인터뷰에서도 하이데거는 이런 생각을 내보였다. "내가 확신하는 것은 현대 기술 세계가 발생했던 동일한 장소로부터만 어떤 전환이 준비될 수 있다는 것, 그러므로 그 전환은 선불교나 그 밖의 다른 동양의 세계 경험을 수용하는 것을 통해서는 일어날 수 없다는 것입니다. 사

유를 바꾸려면 유럽의 전통과 그 전통을 새롭게 우리의 것으로 하는 것이 필요합니다. 사유는 동일한 유래와 규정을 가지고 있는 사유를 통해서만 변화합니다."⁶⁾ 유럽의 사유가 낳은 재앙이니 유럽 사유의 변혁을 통해서만 바꿀 수 있다는 진단이다.

서양 형이상학이 일으킨 이 대변화는 이제 지구 전체를 장악함으로써 아무도 그 손아귀에서 빠져나갈 수 없는 지경이 됐다. 현대 기술 속에 은닉돼 있는 힘이 지구 전체를 지배하고 있는 것이다. 이 대목에서 하이데거는 거의 예언자적인 문명 비판의 안목으로 기술 시대가 가져올 가공할 위험을 전망한다.

"인간은 요즘 지구를 벗어나 우주로 진입하기 시작했다. 그러나 원자력이 이처럼 거대한 동력원으로 알려지기 시작한 것은 20년 정도밖에 되지 않았고, 가까운 미래에 모든 종류의 에너지에 대한 세계의 수요는 곧 그 한계에 이를 것이다. … 가까운 미래에 지구 곳곳에는 원자력 발전소가 설치될 것이다. … 결정적인 물음은 다음과 같다. 즉 과연 어떤 식으로 우리는 이렇듯 상상할 수도 없을 만큼 거대한 원자력을 통제하면서 가동할 것이며 또 이처럼 거대한 에너지가 갑자기, 다시 말해 전쟁이 일어나지 않더라도, 특정한 지역에서 폭발하거나 그 지역에 삽시간에 퍼져버림으로써 모든 것을 모조리 없앨지도 모를 그런 위험으로부터 우리는 과연 어떻게 인류를 안전하게 구할 수 있는가 하는 물음이다."「초연한 내맡김」, 「동일성과 차이」 129쪽

옛 소련의 체르노빌 원전 폭발 사고나 일본의 후쿠시마 원전 방사능 누출 사고를 예견한 듯한 발언이다. 하이데거의 음울한 진단은 이어진다.

"어떤 엄청난 변화가 다가올지 아무도 알 수 없다. 기술의 발전은 그새에도 언제나 점점 더 빨리 진행돼 그 어디에도 멈춰설 줄 모른다. 기술화된 자동 설비와 자동 기계의 힘으로 말미암아 현존하는 모

든 영역에서 인간이 설 땅은 언제나 그만큼 더 좁아지고 그런 것들로 대체되고 있다."「초연한 내맡김」,『동일성과 차이』, 130쪽

여기서 하이데거는 '언제 어디서나 인간을 요구하고 구속하고 잡아당기며 짓누르는 기술의 힘'을 이야기하는데, 이 힘이야말로 「기술에 관한 물음」에서 상술한 바 있는 기술 사회의 강탈 구조 곧 '게슈텔'(Ge-stell, 몰아세움)의 힘이다. 이 기술의 힘은 인간이 만들어낸 것이 아니기 때문에 인간의 의지와 결단을 넘어서 있다.

묵시록적인 기술의 힘을 찬양하는 목소리

그런데도 이런 묵시록적인 기술의 힘을 찬양하는 목소리는 더욱 높아지고 있다. 하이데거는 이 글을 발표하기 얼마 전에 열린 노벨상 수상자들의 국제 회의에서 미국 화학자가 자랑스럽게 한 말을 인용한다. "생명체를 임의로 소멸시키기도 하고 만들어내기도 하고 변형하기도 하는 화학자의 손아귀에 생명이 장악될 날이 가까이 다가오고 있다."「초연한 내맡김」,『동일성과 차이』, 130쪽 사람들은 과학 탐구의 그런 대담성에 놀라지만 그때 사람들은 아무것도 사유하지 않는다고 하이데거는 말한다.

"그들은 여기서 수소폭탄의 폭발과는 거의 비교도 안 될 정도로 생명과 인간의 본질을 파괴하는 그런 공격이 기술을 매개로 하여 준비되고 있다는 사실을 사색하지 못한다."「초연한 내맡김」,『동일성과 차이』, 131쪽

생명공학이 인간의 본질을 파괴하는 것이야말로 가장 섬뜩한 사태라는 진단이다. 하이데거가 이 말을 할 때 소포클레스의 「안티고네」에 등장하는 합창을 떠올리고 있음이 분명하다. 인간이야말로 '무시무시한 것'(das Unheimliche) 가운데 가장 무시무시한 것이라는 그 인간 규정이다. 여기서 '무시무시한 것'은 '불길한 것', '섬뜩한 것'

을 동시에 뜻한다. 원자력 시대, 생명공학 시대가 불러올 디스토피아를 향해 인간은 섬뜩한 데몬적 힘으로 질주하고 있는 것이다. 하이데거는 말을 잇는다.

"하지만 여기서 본래 무시무시한 것(불길한 것, 섬뜩한 것)은 세계가 철저히 기술화한다는 사실이 아니다. 더욱더 무시무시한 것은 인간이 이런 세계의 변화에 대해 아무런 준비도 하지 않고 있다는 데 있으며, 또 우리는 이런 사태에서 본래적으로 일어나고 있는 것을 숙고하여 사태에 알맞게 논의하고 해명하는 장소에 도달할 능력이 없다는 데 있다. 실은 아무도, 다시 말해 개인이나 단체도, 저명한 공직자와 과학자 그리고 기술자가 결성한 위원회도, 심지어 학계와 산업체의 지도적 인사의 회담조차도 원자력 시대의 역사적인 진행 과정에 제동을 걸거나 그 과정을 조정할 수 없다. 인간의 조건만으로는 결코 이 시대를 제압할 수 없다." 「초연한 내맡김」 「동일성과 차이」 131쪽

인간이 이 기술 세계의 변화에 아무런 준비도 안 돼 있고 이 변화를 숙고할 능력도 없다는 것이야말로 섬뜩한 일이다. 그러나 더 결정적으로 섬뜩한 것은 인간의 힘으로는 이 진행 과정에 제동을 걸고 시대를 제압할 수 없다는 사실이다. 여기서 하이데거가 이 시대를 존재사적 운명의 시선으로, 다시 말해 존재 역운의 눈으로 보고 있음이 드러난다. 원자력과 생명공학이 아무리 무시무시한 것이라고 해도 인간이 제멋대로 불러들인 것이 아니라 존재의 역사적 운명 속에서 들이닥친 것이며, 따라서 인간이 마음먹은 대로 제어하거나 다스릴 수 없다는 것, 그러므로 이 시대를 극복하려면 존재의 역사적 운명에 어떤 근본적인 전환이 있어야 한다는 진단이다. 이런 진단 위에서 하이데거는 기술의 폭주라는 문명사적 사태를 앞에 두고 존재 역사의 대전환, 하이데거 자신이 '다른 시원'(andere Anfang)이라고 부르는 인류사의 대전환이 도래할 가능성을 숙고한다.

내맡김, 기술 시대를 긍정하면서 부정하는 태도

하이데거가 이렇게 말한다고 해서 인간이 아무런 대응도 하지 않고 사태를 방치해도 좋다는 뜻이 아님은 두말할 필요가 없다. 다만 인간이 기술 시대의 진군에 환호하거나 거기에 저항하기에 앞서 기술 시대를 낳은 존재의 역사적 운명을 숙고하고 그 운명 안으로 들어설 준비를 하는 것이 필요하다는 뜻이다. 지금 해야 할 일은 존재의 운명을 깊이 생각하는 사유다. 인간이 "계산하는 사유에 맞서 숙고하는 사유를 결정적인 사유의 장으로 이끌어 오기를 포기하는 한" 인간은 쇄도하는 기술의 힘에 무방비로 떠밀릴 수밖에 없기 때문이다.「초연한 내맡김」,『동일성과 차이』131쪽

여기서 하이데거는 숙고하는 사유, 다시 말해 '뒤따라 사유하는' 사유가 따라야 할 길이 어떤 성격의 길인지를 역설적인 언어로 이야기한다. "그것은 그렇게 가까이에 있어서 우리는 너무도 쉽게 간과한다. 왜냐하면 가까움에 이르는 길은 우리들 인간에게는 언제나 가장 먼 길이고 따라서 가장 힘든 길이기 때문이다"「초연한 내맡김」,『동일성과 차이』132쪽 가까움은 바로 존재의 가까움이다. 존재는 언제나 현-존재의 열린 터에 깃들어 있으므로 가장 가까운 것일 수밖에 없다. 그러나 그 존재를 깨닫는 것은 가장 힘든 일이어서 존재에 이르는 길은 가장 먼 길이 되는 것이다. 뒤따라-사유함은 바로 이 존재를 뒤따라 사유함이다. 그 사유는 형이상학적인 표상의 사유, 다시 말해 세계와 사물을 대상으로 표상하는 사유를 포기하는 사유다. 이 대상화하는 사유가 근대 기술 문명을 낳았고 오늘의 섬뜩한 기술 재앙 위기를 낳았기 때문이다. 이 숙고하는 사유는 단순히 기술을 거부하고 부정하는 사유가 아님을 하이데거는 강조한다. 기술을 악마의 작품으로 보고 저주만 할 일은 아니다.

1986년 체르노빌 원전 폭발사고 현장.
하이데거는 일찍이 예언자적인 문명 비판의 안목으로
기술 시대가 가져올 가공할 위험을 예견했다.

"우리는 기술적인 대상들의 불가결한 이용을 '긍정'할 수도 있으며, 동시에 그런 대상들이 우리에게 결정적으로 요구하면서 우리의 본질을 비틀고 혼란스럽게 하고 마침내 황폐하게 하는 것을 우리가 단호히 거절하는 한 우리는 '부정'할 수도 있다."「초연한 내맡김」, 「동일성과 차이」 133쪽

기술의 불가결한 이용을 긍정하되 그 기술이 인간 본질을 위협하고 파괴하려 할 때 그 공격을 단호히 거부하는 이중적인 태도가 필요하다는 이야기다. 이런 이중적인 태도를 하이데거는 '내맡김'(Gelassenheit, 초연한 내맡김)이라고 부른다.

"나는 기술 시대를 긍정하면서도 동시에 부정하는 이런 태도를 옛말로 '사물들에 이르는 초연한 내맡김'(die Gelassenheit zu den Dingen)이라고 부르고 싶다."「초연한 내맡김」, 「동일성과 차이」 134쪽

여기서 '사물'이란 하이데거가 「사물」 강연에서 이야기한 그 사물, 곧 땅과 하늘, 인간과 신들을 모아들여 어우러지게 하는 그 사물이다.

이런 내맡김의 태도는 우리가 알지 못하는 것 앞에서 우리의 오만을 내려놓는 겸허함과 연결돼 있다.

"우리는 섬뜩한 것 속으로 날로 치닫는 원자력 기술의 지배가 어떤 의미를 지니는지 알지 못한다. 기술 세계의 의미는 자기를 숨기고 있다. 그러나 우리가 이제 기술 세계에서는 어떤 숨겨진 의미가 우리를 어디에서나 휘젓고 있다는 사실을 언제나 제대로 주목하고 있다면, 그런 경우에 우리는 우리에게 다가오면서도 우리에게서 자기를 숨기고 있는 그것의 영역 속에 서 있는 것이다."「초연한 내맡김」, 「동일성과 차이」 134쪽

이 말의 뜻은 다소 모호하다. 그러나 「기술에 대한 물음」에서 하이데거가 펼친 논의를 가져와서 보면 사태는 비교적 분명하다. 기술 시

대에 존재의 진리는 역사적 운명 속에서 자신을 게슈텔로, 다시 말해 인간과 자연을 지배하는 강탈의 구조로 드러낸다. 그러면서 동시에 존재 자체는 뒤로 물러난다(sich entziehen). 존재는 자신을 게슈텔로 드러내면서(sich zeigen) 동시에 스스로 물러선다. 게슈텔이라는 기술의 본질이 아무리 섬뜩한 것이라고 해도 그것은 존재의 역운 속에서 존재가 드러난 것이다.

그러나 그렇게 드러난 것이 존재 자체는 아니다. 존재는 게슈텔로 자신을 드러냄과 동시에 스스로 물러나는 것이다. 게슈텔은 존재 자체가 특정한 시대(에포케)에 자신을 드러내는 양상일 뿐이지 존재 자체의 양상은 아니다. 이 사태가 무엇을 의미하는지 우리는 충분히 알아볼 수 없다. 그래서 하이데거는 다음과 같이 말한다.

"그런 식으로 자기를 내보이면서도(sich zeigen) 동시에 자기를 뒤로 빼는(sich entziehen) 그것은 우리가 비밀(Geheimnis)이라고 부르는 것의 근본 특성이다."「초연한 내맡김」, 『동일성과 차이』 134쪽

존재 자체는 자신을 드러냄과 동시에 자신의 본질을 감춘다. 자신의 본질을 감추기에 존재는 '비밀'이라고 불린다. 존재란 드러난 것만이 전부가 아니라 배후에 거대한 비밀을 감추고 있다. 그러므로 우리는 존재의 표면만 보고 모든 것을 다 알았다는 듯이 거들먹거려서는 안 된다. 하이데거는 기술 세계의 숨겨진 의미를 사색하는 데 필요한 태도를 '비밀을 향해 열려 있음(Offenheit)'이라고 부른다. 자신의 오만을 떨쳐버리고 존재의 비밀을 향해 자신을 열어놓고 숙고하는 것이 필요하다는 이야기다.

존재의 비밀 앞에서 자신을 열어놓는 이 태도가 바로 하이데거가 앞에서 말한 '내맡김'의 태도다. 사물의 본질을 탈취하듯 파헤치는 과학적 태도가 아니라 인간 자신을 내맡긴 채 존재의 소리를 듣는 겸허한 태도가 바로 내맡김의 태도다. 이렇게 자신을 내맡길 때 인간은

세계 안에서 초연해질 수 있다. 그것이 바로 초연함이다. 이때 초연함은 세상만사를 내려다보듯 오만한 태도로 일관함을 뜻하지 않고 존재가 하는 말을 잘 들으려는 경청의 마음가짐이다.

비밀을 향해 열려 있음과 공속하는 내맡김

내맡김의 태도는 비밀을 향해 열려 있음과 공속한다. 그런 태도는 지금까지 살아온 삶의 방식과는 아주 다른 방식으로 세계 안에 머무를 가능성을 우리에게 보증해준다고 하이데거는 말한다. 그것은 "우리가 기술 세계로 인해 아무런 위협을 받지 않은 채 그 세계 안에 서 있을 수 있는 그런 새로운 터전과 토양을 우리에게 약속해준다."「초연한 내맡김」「동일성과 차이」 135쪽 그러나 우리가 존재의 비밀 앞에서 우리 자신을 여는 내맡김의 태도로 있더라도 위험 자체가 사라지는 것은 아닐 것이라고 하이데거는 말한다. 위험이 더 심해져서 제3차 세계대전이 일어날 수도 있다. 그러나 그런 가능성조차 진정한 위험은 아니다.

"이제 막 나타나기 시작한 원자력 시대에는, 제3차 세계대전의 위험이 완전히 사라지는 바로 그때에 좀더 확산된 커다란 위험이 우리를 위협하게 될 것이다."「초연한 내맡김」「동일성과 차이」 135쪽

어쩌면 하이데거는 냉전 체제가 붕괴하고 제3차 세계대전의 위험이 사라진 다음에 지구 전체를 강타한 기후 위기를 예견한 것인지도 모른다. 계산하는 사유가 유일한 사유가 되고 그리하여 기술 혁명이 인간의 마음을 사로잡고 눈을 부시게 하여 마침내 눈이 멀어버리는 날이 올 수도 있으리라는 예견이다. 그때 계산하는 사유는 완전한 무사유와 하나로 결합할 것인데, 그런 상태야말로 최고의 위험이 될 것이다. 다시 말해 인간의 존재 망각은 극단에 이를 것이다. 이 극단의

위험 앞에서 인간은 무엇을 해야 할까?

"중요한 것은 인간의 본질 존재를 구해내는 일이며 또 뒤따라-사유하는 숙고를 늘 깨어 있도록 하는 일이다."「초연한 내맡김」「동일성과 차이」 136쪽

이렇게 늘 깨어 있음이 바로 존재의 비밀을 향해 자기를 여는 내맡김이다.

"사물들에 이르는 내맡김과 비밀을 향한 개방성이 우리 안에서 자라나올 때, 우리는 새로운 터전과 토양으로 우리를 인도하는 그런 길에 도달할 수 있을 것이다."「초연한 내맡김」「동일성과 차이」 136쪽

마이스터 에크하르트 "너 자신을 놓아버려라"

하이데거는 이 글을 1959년 『내맡김』이라는 제목의 책자로 만들어 출간하면서 거기에 탐구자(Forscher), 학자(Gelehrter), 스승(Lehrer) 세 사람이 나눈 대화를 기록한 글 「내맡김의 해명: 사유에 관해 들길에서 나눈 대화로부터」를 덧붙였다. 이 대화 내용은 1944년부터 1945년 사이에 기록한 것인데, 이 세 사람이 실존 인물인지 아니면 하이데거가 홀로 사색하는 가운데 상상으로 그려낸 가공인물인지는 불분명하다. 어쨌든 이 대화를 통해 하이데거가 「내맡김」에서 처음 내비친 '내맡김'이 어떤 성격인지 좀더 분명하게 알 수 있다. 특히 이 '들길-대화'는 내맡김이라는 용어가 중세 신비주의 사상가 마이스터 에크하르트에게서 빌려온 것임을 알려준다.

대화의 서두에서 스승(하이데거)은 내맡김의 태도와 관련해 에크하르트에게서 "배울 점이 많다"고 인정한다. 주목할 것은 에크하르트의 사유와 하이데거 사유의 구조적인 공통성이다. 하이데거는 내맡김의 본질적 구성 요소로서 '의욕하지 않음'(Nicht-Wollen)을 강

조하는데, '의욕하지 않음'이란 인간의 의지 전체를 모두 포기하는 것이 아니라 근대적 사유에 내장된 형이상학적 의지를 떠나 이 의지와 결별함을 가리키며, 이런 무의욕을 관철함으로써 사유의 시원적 본질 속으로 들어가 그 본질에 관여함(sich-einlassen)을 뜻한다.[7] 이 이중의 태도 곧 결별함과 관여함이 내맡김을 경험하는 데 결정적으로 중요하다. 그런데 이 내맡김의 태도는 마이스터 에크하르트가 종교적 삶의 수행 방식으로 강조한 태도와 흡사하다. 에크하르트가 제시하는 그 태도가 바로 내맡김(Gelassenheit, 그냥 맡겨두고 있음) 혹은 떠나감(Abgeschiedenheit, 버리고 떠나 있음)이다. 내맡김 혹은 떠나감의 태도야말로 신을 만나러 가는 길에 필요한 최상의 덕목이다.[8] 에크하르트는 이 태도를 「독일어 설교와 논고」에서 반복하여 강조한다. 이를테면 이런 구절이다.

"그대에게 장애가 되는 것은 사물들 가운데 있는 그대 자신이다. 왜냐하면 그대가 사물들과의 관계에서 잘못 행동하고 있기 때문이다. 따라서 먼저 그대 자신으로부터 시작해 자기를 놓아버려라! 실로 그대가 그대 자신으로부터 도망치지 않으면 그대가 어디로 도망가든 장애와 불만이 따를 것이다. 장소든 방식이든 사람이든 일이든, 혹은 고독이든 가난이든 비천함이든 그 어떤 근사한 것일지라도, 혹은 기타 어떤 것이라도 외부 사물에서 평화를 찾으려는 사람들에게는 아무것도 아니고 평화를 줄 수 없다. 그렇게 찾는 사람은 완전히 잘못 찾고 있는 것이다. 멀리 찾아 헤매면 헤맬수록 찾고 있는 바를 찾지 못할 것이다. 그들은 길을 잃은 사람 같아서 가면 갈수록 더 잘못될 것이다. 그러면 어떻게 해야 하는가? 그는 먼저 자기 자신을 놓아버려야 한다. 그러면 그는 모든 것을 놓아버린 것이다. 실로 어떤 사람이 왕국이나 온 세계를 놓아버렸다 해도, 자기 자신을 붙잡고 있다면 그는 아무것도 놓아버린 것이 아니다. 그러나 그가 자기 자신을

◇◇◇◇

4 동일성과
　　차이

파르메니데스의 말을 하이데거는
다음과 같이 이해한다. "동일한 것은 사유이기도 하고
또 존재이기도 하다." 이 말은 '존재와 사유는 동일한 것이다'라는
말과는 뉘앙스가 다르다. 하이데거의 해석을 그대로 따르면,
'동일한 것'이 한편으로는 사유이고 다른 한편으로는
존재라는 것이다. 동일한 것이 사유로도 나타나고
존재로도 나타난다는 것, 이것이 하이데거가 해석한
파르메니데스 명제가 가리키는 사태다.

"

이 심연과도 같은 바탕은 텅 빈 무 혹은
어두운 혼란이 아니라 생기다.

그러므로 신-없는 사유가 어쩌면 신다운 신에게
더 가까이 있을지도 모른다.

"

1957년 6월 27일 모교 프라이부르크대학 설립 500돌 기념행사에서 하이데거는 '동일률'이라는 제목으로 강연을 했다. 이 강연문은 그 직전 겨울학기의 '헤겔의 『논리학』에 관한 세미나 연습'에서 결론으로 발표한 글 「형이상학의 존재-신-론적 구조」와 함께 묶여 그해 『동일성과 차이』라는 제목으로 출간됐다. 강연문 「동일률」에는 '생기'(Ereignis)라는 사태에 대한 논의가 처음으로 등장한다. 생기는 후기 하이데거 사유의 핵심을 관통하는 개념이다. 그래서 하이데거 후기 사유를 '생기 사유'라고도 부른다. 하이데거는 1936~1938년 사이에 이 생기의 사태를 깊이 숙고했지만, 그 숙고를 기록한 비밀 노트는 하이데거 사후에야 『철학에의 기여』라는 이름으로 출간됐다. 하이데거 사유를 구성하는 어휘 가운데 가장 이해하기 힘든 어휘로 꼽히는 것이 이 생기라는 말이다.* 이 생기를 처음으로 상세히 이야기하고 있다는 점에서 「동일률」은 후기 하이데거 사유의 가장 근원적인 세계로 들어가는 문과도 같은 글이다.

---

* 생기(Ereignis)는 그 용어가 가리키는 사태의 난해함 때문에 하이데거 연구자들마다 각기 다르게 번역한다. 생기 말고도 사건, 존재사건, 발현, 성기, 생생한 고유화 따위가 Ereignis의 번역어로 쓰인다. 번역어마다 각각 장점과 단점을 안고 있다. 이 책에서는 『동일성과 차이』의 한국어 역자 신상희의 뜻을 존중해 일단 생기로 쓰지만, 경우에 따라 사건이나 존재사건 따위로도 옮긴다.

동일률, 동일성에 관한 명제

'동일률'(Satz der Identität)은 '동일성에 관한 명제'를 뜻한다. 논리학에서 가장 중요한 사유 법칙으로 간주하는 것이 동일률이다. 이 법칙은 통상 'A=A'라는 형식으로 표현된다. A는 A와 같다는 뜻이다. 그러나 이것만으로는 동일성이 무엇인지 명확히 드러나지 않는다. 하이데거는 '동일한 것'(das Identische)과 '똑같은 것'(das Gleiche)을 비교함으로써 동일성이 무엇을 뜻하는지 가리켜 보인다. 간단히 말해서 '똑같은 것'이란 두 개의 서로 다른 것이 똑같이 생겼다는 것을 뜻한다. 쌍둥이 형제가 똑같이 생겼다고 할 때의 그 똑같음이다. 반면에 '동일한 것'이란 어떤 것이 자기 자신과 같음, 그래서 자기 자신임을 뜻한다. 어떤 사람이 그 자신과 같음이 '동일성'이라면, 그 사람이 쌍둥이 형제와 똑같이 생겼다고 할 때 그 같음이 '똑같음'이다. 동일성이란 그러므로 더 명확히 말하면 '자기 동일성'이다.

서양 사유에서는 일찍부터 이 동일성 사유가 발달했다. 하이데거는 플라톤의 『소피스트』 한 구절(254d)에서 이 동일성 사유의 사례를 발견한다. 거기서 플라톤은 스타시스(στάσις, 정지)와 키네시스(κίνησις, 운동)에 관해 다음과 같이 말한다. "하지만 이제 그것들 가운데서 (즉 존재·정지·운동 중에서) 각각은 이 둘과는 다른 것이지만 그 각각은 자기 자신과는 동일한 것이다."「동일률」,「동일성과 차이」 12쪽 다시 말해 존재는 정지나 운동과는 다른 것이지만 존재 자신과는 동일한 것(τò αὐτο, das Selbe)이라는 얘기다. 이런 사고방식은 우리에게는 익숙하지 않은 것이지만, 서양에서는 이 동일성 사유를 바탕으로 삼아 형이상학이 고도로 발달했다. 특히 동일성 사유는 독일 관념론 철학에 이르러 피히테·셸링·헤겔의 철학을 통해 만발했다.

그렇다면 이 동일성 명제는 우리에게 어떤 정보를 제공해주는가?

"이 명제는 존재자의 존재에 관해 말하고 있다."「동일률」, 「동일성과 차이」 14쪽 모든 존재자에는 동일성이 속한다는 것, 다시 말해 모든 존재자에는 자기 자신과 하나임이 속한다는 것을 이 명제는 말해준다. 이 동일성 명제에 담긴 사태야말로 '서양 사유 전체가 사유하고 있는 바로 그것'이라고 하이데거는 말한다. 그 동일성에 관한 최초의 발언은 플라톤 이전의 사상가 파르메니데스가 남긴 명제에서 찾아볼 수 있다. 파르메니데스의 명제는 다음과 같다. "동일한 것은 사유이기도 하고 또 존재이기도 하다."(τὸ γὰρ αὐτὸ νοεῖν ἐστίν τε καὶ εἶναι) 이 유명한 명제는 흔히 "사유와 존재는 동일한 것이다"라고 번역된다. 여기서는 서로 다른 것 곧 사유(노에인, νοεῖν)와 존재(에이나이, εἶναι)가 '동일한 것'으로 사유되고 있다. 이 명제에서 파르메니데스가 말하는 '동일성'은 무엇을 뜻하는가? 이 물음에 대해 하이데거는 이렇게 말한다.

"파르메니데스는 이런 물음에 대해 아무런 대답도 주지 않는다. 그는 우리가 피해서는 안 될 수수께끼를 우리에게 던지고 있다."「동일률」, 「동일성과 차이」 16쪽

그러므로 이 수수께끼를 풀어야 한다. 분명한 것은 이것이다. "사유의 초창기에 동일성 자체가 말하고 있으며 그것도 잠언 속에서 말하고 있다는 사실이다." 이 잠언이 말하는 것을 하이데거는 다음과 같이 풀이한다.

"사유와 존재는 동일한 것에 함께 속해 있으며 또 이 동일한 것으로부터 함께 속해 있다는 것이다."「동일률」, 「동일성과 차이」 16쪽

하이데거는 이 명제가 우리에게 어떤 '눈짓'을 주고 있다고 말한다. 다시 말해 '사유와 존재'가 함께 속한다는 것은 '인간과 존재'가 함께 속한다는 것을 암시한다.

인간과 존재는 함께 속한다

인간과 존재가 '함께 속한다'(공속한다)는 것을 무엇을 뜻하는가? 분명히 인간은 존재 전체 안에 속해 있다. 그러나 이렇게 존재 전체 안에 속해 있음은 돌이나 나무나 독수리도 마찬가지다. 그렇다면 이런 존재자들과 인간의 다른 점은 어디에 있는가?

"인간의 탁월성은 인간이 사유하는 본질 존재로서 존재에 개방된 채 존재 앞에 세워지고, 그리하여 존재와 관련된 채로 머물면서 존재에 응답한다는 점에 깃들어 있다."「동일률」, 『동일성과 차이』 20쪽

쉽게 말해서 인간만이 존재 전체를 사유할 수 있고 그 존재 전체에 열려 있으며 그리하여 그 존재 전체와 관련을 맺고 그 존재 전체에 대응할 수 있다는 얘기다. 다른 어떤 존재자도 인간이 존재 전체를 사유하듯이 그렇게 존재 전체를 사유하지 못한다. 인간은 존재 전체와 연관돼 존재 전체를 사유로써 아우를 수 있다. 바로 그런 점에서 인간과 존재, 사유와 존재는 공속한다. 존재 전체는 인간의 사유 속에 들어와 있으며 인간은 사유를 통해 존재 전체와 관련을 맺는다. 더 과감하게 말하면 존재는 인간의 사유를 통해서 자신의 전체를 드러낸다. 인간은 존재 전체를 사유하고 존재는 자신의 전체를 인간의 사유를 통해서 드러내는 것이다. 존재는 인간의 사유를 통하지 않고서는 자신을 드러낼 길이 없다. 인간의 사유가 있는 곳에서만 존재는 자신을 전체로서 드러낼 수 있다. 바로 그런 점에서 사유와 존재는 공속한다고 말할 수 있다.

그런데 이 사유와 존재의 '함께 속해 있음'(공속함)을 제대로 이해하려면 근대 형이상학의 표상 행위에서 벗어나지 않으면 안 된다고 하이데거는 강조한다. 우리가 머릿속에서 대상을 '앞에 세우는'(vorstellen, 표상하는) 방식으로 존재를 떠올려서는 존재와 사유의 공

속성의 참된 실상에 이르지 못한다는 것이다. 그래서 이 공속성 안에 들어가 머무르려면 어떤 '도약'(Sprung, 뜀)이 필요하다고 하이데거는 말한다. 이때 도약이란 전통적인 '표상하는 사유'에서 뛰어내림 (abspringen, 뛰어내려 벗어남)을 뜻한다.

따라서 뛰어내림은 첫째, 인간을 '이성적 동물'로 표상하는 그런 전통적인 표상 개념에서 뛰어내림을 가리킨다. 근대 형이상학에 이르러 '이성적 동물'이라는 인간의 개념은 '객체에 대립하는 주체'를 의미하게 됐다. 주체라는 인간 개념 속에서 모든 존재하는 것들은 주체에 대립하는 객체라는 의미만을 띠게 된다. 이렇게 해서는 존재 자체를 경험할 수 없다. 우리가 존재 자체를 경험하려면 주체-객체라는 근대 형이상학의 사유의 틀을 벗어나야 한다. 인간에 관한 이런 개념에서 벗어나는 것이 뛰어내림이다.

둘째로 뛰어내림은 존재에 대한 전통적 이해에서 벗어남을 뜻한다. 서양 전통 형이상학에서 존재란 모든 존재자를 존재자로서 근거 짓는 근거로 해석돼 왔다. 존재하는 것 전체의 근거가 되는 제일 원인 또는 최고 존재자를 '존재'라고 불렀던 것이다. 이런 전통적인 존재 해석에서 뛰어내려야 한다. 그러므로 뛰어내림은 '근거'(Grund)를 벗어난다는 의미에서 '근거'로부터 뛰어내림을 뜻한다.

심-연을 향해 뛰어듦

여기서 하이데거는 묻는다.

"그런 뛰어내림은 어디로 뛰어 들어가는가? 그것은 어떤 심연 (Abgrund) 속으로 뛰어 들어가는가?"「동일률」,「동일성과 차이」 22쪽

우리가 형이상학적 사유의 시야 영역에서 그런 도약을 떠올리는 한, 이 뛰어내림은 바닥 없는 심연으로 뛰어내림을 뜻하게 된다고 하

이데거는 말한다. 이것은 무슨 말인가? 형이상학은 어떤 것을 사유할 때 항상 그 '근거'에서부터 사유한다. 형이상학의 사유라는 것은 근거에 입각한 사유다. 그런데 우리가 이 형이상학적 사유와 결별하고 그래서 근거를 떠나 뛰어든다면, 형이상학적 사유의 처지에서는 오직 근거 없는, 바탕 없는 심연 속으로 뛰어드는 것만을 떠올리게 된다. 그러나 우리가 형이상학적 사유의 시야 영역을 떠나 더 자유로운 시야 영역에서 보면 사태는 달라진다.

결론을 미리 앞당겨서 말하자면, 그때 근거로부터 도약해 뛰어드는 곳은 근거가 없다는 의미의 심연이 아니라, 더 시원적인 근거, 존재의 본질이 은닉된 '심연과도 같은 근거'(Ab-grund, 심-연)다. 형이상학적인 표상의 시야에서는 아무런 근거가 없기 때문에 순전히 '바닥 없는 심연'으로만 나타나지만, 그 형이상학을 떠나 다른 시야에서 보면 그것은 근거 아닌 근거, 그래서 '심연과도 같은 근거'로 나타난다. 우리의 사유가 '근거'를 떠나 도약해 들어가는 곳은 존재의 본질이 은닉된 심연과도 같은 바탕 곧 존재 자체의 영역이다. 존재 자체는 존재자가 아니기에 근거 없는 근거, 심-연인 것이다.

그런데 존재와 인간의 공속성에서 알 수 있듯이, 존재 자체는 우리 인간에게 속해 있다.

"왜냐하면 존재는 오직 우리에게서만 존재로서 현성할 수 있기 때문이다." 「동일률」 「동일성과 차이」 22쪽

그러니까 우리가 형이상학적 사유의 근거를 떠나 도약해 들어가는 곳은 존재의 열린 장인 우리 자신의 사유인 셈이다. 우리는 형이상학적 사유를 떠나 다른 사유로 도약한다. 그래서 하이데거는 이렇게 말한다.

"참으로 묘한 도약이다." 「동일률」 「동일성과 차이」 23쪽

그렇게 도약함으로써 우리는 '인간과 존재가 함께 속해 있음'을

고유하게 경험할 수 있는 영역, 인간과 존재가 서로에게 내맡겨져 둘의 충만한 관계 속에서 서로 고유해지는 그 영역으로 들어갈 수 있다. 그 영역 안에서 인간과 존재의 공속으로 이루어진 어떤 형세(Konstellation)가 우리에게 처음으로 주어진다고 하이데거는 말한다. 형세란 별들이 모여 이룬 별자리를 뜻한다. 그러므로 존재와 인간의 형세란 존재와 인간이 역사적으로 함께 속해 이루는 공속의 관계를 가리킨다. 그러나 그 공속의 관계를 주는 것은 존재 자체다. 형세란 각각의 역사적 시대(에포케)를 각인하는 존재 역운의 형세다. 그 존재 역운의 형세를 처음으로 내어주는 곳이 우리의 사유가 도약해 들어가는 '심연과도 같은 바탕'이다.

이 대목에서 하이데거는 오늘의 우리를 향해 묻는다.

"우리는 어디에 있는가? 존재와 인간의 어떤 형세 속에 우리는 머무르고 있는가?"「동일률」「동일성과 차이」 23쪽

오늘의 우리는 기술 시대의 '게슈텔'(Ge-stell, 몰아세움) 안에 머물러 있다. 그러나 인간이 원자력시대의 기술 세계 전체를 인간이 만든 것으로 여기고 있는 한, 기술 세계 안에서 존재와 인간이 처한 형세를 결코 밝힐 수 없다고 하이데거는 말한다. 기술을 인간이 기투하여 만들어낸 것으로 간주하는 한, 인간은 자신이 만들어낸 기술의 노예로 전락할 것인가 아니면 주인으로 남아 있을 것인가라는 결단 앞으로 내몰리기 때문이다. 기술 세계 전체를 이렇게 이해할 때 사람들은 모든 것을 인간 탓으로 돌리면서 기껏해야 기술 세계의 윤리를 촉구하는 수준에 머물 뿐이다. 기술을 인간의 문제로만 여기는 한, 사람들은 기술의 본질 안에서 울려 나오는 존재의 말을 들을 수 없다.

"우리는 이제 기술적인 것을 단지 기술적으로, 다시 말해 인간과 기계에 입각해 표상하려는 태도를 버려야 한다."「동일률」「동일성과 차이」 24쪽

오히려 기술 시대에 인간을 포함한 모든 존재자를 향해 존재가 건네는 말에 주목해야 한다. 인간과 자연을 닦달하면서 모든 것을 부품(Bestand)으로 세우는 게슈텔이라는 구조 전체를 존재의 역운에 따른 형세로, 다시 말해 존재의 역운이 보내준 현대인의 삶의 형세로 보아야 한다. 존재 자체가 바로 이 게슈텔의 방식으로 우리에게 말을 걸고 있는 것이다. 우리가 그렇게 게슈텔을 게슈텔로서 알아보려면, 형이상학적 사유의 근거를 떠나 '심연의 근거'로, 존재 생기의 영역으로 뛰어들어야 한다.

분명한 것은 존재의 역운에 따라 기술시대를 지배하는 게슈텔 안에서 인간과 존재가 공속한 채로 기술 시대의 문명을 이끌어가고 있다는 사실이다. 이때 중요한 것은 그 시대를 통해 존재가 우리에게 건네는 말을 듣는 일이다. 이 존재의 말을 주의 깊게 경청할 때 우리는 게슈텔이 최종적인 것이 아니라는 것을 깨닫게 된다. 다시 말해 게슈텔이라는 시대의 각인을 통해서 우리에게 말을 걸고 있는 존재의 역운, 다시 말해 게슈텔로 자신을 드러낸 존재 자체를 알아볼 수 있게 된다.

생기, 존재 진리의 시원적인 일어남

인간과 존재의 함께 속해 있음(공속함) 안에서 인간은 존재에 귀속함으로써 고유해지고(vereignen), 존재는 인간 본질에 다가와 고유해진다(zueignen). 이때 '고유해진다'는 말은 '시대의 각인을 받는다'는 뜻으로 이해해야 한다. 기술 시대에 인간은 존재에 귀속돼 그 존재 역운의 시대적 각인을 받고 존재는 인간에게 다가와 시대의 각인을 받는다. 이렇게 서로를 고유하게 각인하는 '존재 역운의 일어남'을 가리키는 말이 바로 '생기'(Ereignis)다. 생기란 '존재 자체의 역사적이고 역운적인 일어남'이다. 이 역사적이고 역운적인 일어남을 통해서 인간은 존재에 귀속해 그 시대에 맞게 고유해지고 존재는 인간에게 다가와 그 시대에 맞게 고유해진다. 그것이 바로 '생기'다. 간단히 말해 '존재 진리의 고유한 일어남'이 생기다.

기술 시대에 인간과 존재가 경험하는 '생기'는 그 살풍경 같은 모습으로 볼 때, 차라리 탈-생기(Ent-eignis)라고 부르는 것이 낫다. 왜냐하면 생기가 존재 진리의 고유한 일어남이라면, 탈-생기는 존재 자체가 그 참다운 모습을 드러내지 못하고 자신을 감추는 것을 뜻하기 때문이다. 기술 시대에 존재의 생기는 인간을 부품으로 만드는 황량한 모습으로 자신을 드러내면서 자신의 본질을 감춘다. 그러므로 기술 시대의 존재 생기는 탈-생기다. 진정한 고유함(Eignis)을 박탈하는(ent-) 생기이니 탈-생기라고 부르는 것이다.

그러나 탈-생기도 생기의 일종이다. 탈-생기가 아무리 부정적인 생기라고 하더라도 존재 자체의 역사적인 일어남 곧 생기의 한 양상인 것은 다르지 않기 때문이다. 생기는 역사적 운명 속에서 시대를 각인하는 존재의 발현을 가리킨다. 그 생기 속에서 인간과 존재가 시대의 각인 속에 규정된다. 기술 시대에 존재는 게슈텔로, 인간은 부품으로 규정되는 것이다.

하이데거는 생기라는 낱말의 중요성을 이렇게 강조한다.

"생기라는 낱말은 올바른 사태로부터 사유해볼 때, 우리의 사유 행위를 이끌어가는 중심 단어(Leitwort, 주제어)로 간주돼야 한다." 「동일률」 『동일성과 차이』 26쪽

하이데거는 생기라는 낱말이 다른 언어로 번역되기 어려움도 강조한다.

"이렇게 사유된 중심 단어로서 생기는 그리스 시대의 중심 단어인 '로고스'(logos, λόγος), 그리고 중국 문화의 중심 단어인 '도'(道)가

그렇듯이 거의 번역될 수 없다." 「동일률」, 「동일성과 차이」 26~27쪽

그러면서 하이데거는 생기(Ereignis)라는 낱말이 사전상 일차로 '사건'을 뜻하는 것을 염두에 두고, 이 단어를 '일어난 사건'(Geschehnis)이나 '뜻밖의 사건'(Vorkommnis)이 가리키는 것을 의미하지 않는다고 주의를 준다.

생기는 우리가 현실에서 겪는 사건을 뜻하는 것이 아니라, 존재론적 사건 다시 말해 존재의 운명 속에서 존재 자체가 일으키는 사건 또는 그 사건의 일어남을 뜻한다. 생기는 우선 '존재의 진리가 고유하게 일어남', 특히 존재 자체의 역사적 운명 속에서 시대를 각인하면서 존재의 진리가 일어남을 뜻한다. 존재의 진리는 '열린 장'에서 일어난다. 존재의 진리가 열린 장에서 일어날 때 인간은 사유를 통해서 그 일어남을 경험하면서 시대에 맞게 고유해지고, 존재도 그 열린 장에서 시대에 맞게 고유해진다. 그렇게 인간과 존재가 서로 함께 고유해지는 사태가 바로 생기라는 낱말이 가리키는 사태다.

기억할 것은 생기가 '존재 진리의 고유한 일어남'이라고 해서 반드시 긍정적인 의미만을 띠는 것이 아니라는 사실이다. 존재의 진리는 존재의 탈은폐를 뜻하고 그 탈은폐는 존재 자체가 '밖에 머무르는'(부재하는, ausbleiben) 방식으로 이루어질 수도 있기 때문이다. 그렇게 존재 자체가 자신을 숨기면서 탈은폐하는 경우가 바로 기술 시대의 인간과 세계의 지배 구조인 게슈텔이다. 그러므로 이때의 생기는 탈-생기라고 부를 수 있다. 기술 시대에 생기는 탈-생기의 방식으로 생기한다.

그러나 생기는 탈-생기에 머무르지 않는다. 오히려 탈-생기는 생기 곧 '존재의 진리의 시원적인 일어남'이라는 의미의 생기를 예고한다. 그래서 하이데거는 이런 탈-생기를 생기의 전주곡(Vorspiel)이라고 부른다. 생기의 영역으로 들어가기에 앞서 우리가 거치지 않으

면 안 되는 것이 탈-생기로서 게슈텔인 것이다. 그리하여 존재 진리의 고유한 일어남인 생기는 그 전주곡인 탈-생기에 머무르지 않고 "생기로부터 생기로" 나아가며 게슈텔을 이겨낸다.『동일률』『동일성과 차이』 27쪽

그렇게 게슈텔을 이겨내며 생기 자체로 나아갈 때 열리는 것이 '다른 시원' 곧 제2의 시원이라고 하이데거는 말한다. 인간을 비인간화하고 자연을 파괴하는 이 게슈텔의 지배를 뚫고 우리 인류가 새로운 시작, 제2의 시원을 열어젖히리라는 전망이고 기대다. 우리 문화 속의 언어로 하면 '후천개벽'이라고 부를 만한 사건이 바로 다른 시원, 제2의 시원이다. 그때 기술은 지배하는 지위에서 벗어나 봉사하는 지위로 내려앉을 것이다. 그러나 이런 시대의 도래는 결코 인간 자신의 노력이나 힘만으로는 이루어질 수 없다고 하이데거는 강조한다. 기술의 지배 자체가 존재의 역운 곧 생기를 통해서 나타난 것인 이상, 기술 시대의 종식도 존재의 역운과 함께할 수밖에 없다는 얘기다.

그러나 존재의 그런 역운이 열리려면 동시에 인간의 사유가 생기속으로 진입해야 한다. 이때 생기라는 말은 다른 말로 '가까운 것 중에서도 가장 가까운 것'이라고 부를 수 있으며 인간은 이미 그 안에 머물러 있다. 이 가장 가까운 것이란 '존재 자체'를 가리킨다. 생기가 결국 가리키는 것은 존재 자체다. 존재 자체가 자신을 일으켜 역사적으로 진리로서 드러내므로 '생기', 곧 '존재의 고유한 일어남'이라고 불리는 것이다. 존재 자체가 인간 안에 머물고 인간을 통해서 드러나듯이, 생기도 인간 안에 머물고 인간을 통해 드러난다. 그래서 하이데거는 이렇게 반문한다. "생기 자체보다 우리에게 무엇이 더 가까울 수 있을까?"『동일률』『동일성과 차이』 28쪽

성당 종소리의 울림, 생기의 생기함

하이데거는 생기와 인간의 관계를 다음과 같이 표현하기도 한다.

"생기는 그 자체 진동하며 용솟음치는(in sich swingen) 영역이며, 이 영역에 의해서 인간과 존재는 서로 자신의 본질에 도달하게 된다."「동일률」, 『동일성과 차이』 28쪽

이 말의 의미를 어떻게 이해할 수 있을까? 하이데거가 어렸을 적에 타종했던 성당의 종을 떠올려보면 어떨까? 존재 자체의 울려옴이 바로 생기다. 그런데 그 생기가 울려올 때 스스로 울리는 것이 아니라 인간의 사유를 통해서 울려온다. 인간의 관여 속에서 생기가 울려오는 것이다. 그것은 인간이 손으로 종을 침으로써 그 종이 진동하면서 종소리를 울려 퍼지게 하는 것과 같다. 물론 인간이 스스로 알아서 먼저 종을 치는 것이 아니라, 인간보다 먼저 종 곧 존재가 인간을 불러낸다. 인간이 종을 친다는 것은 그 존재의 부름에 응답한다는 뜻이다. 그렇게 종을 침으로써 울려 퍼지는 종소리가 존재 진리의 모습이며 인간은 그 종소리의 울림 속에서 자신의 본질에 도달하게 된다. 종소리가 생겨나 울려 퍼지는 것이 생기이며, 그 생기는 인간이 종을 침으로써 생기로서 일어난다. 그리고 그렇게 일어난 생기, 곧 종소리의 울려 퍼짐 안에서 인간은 인간으로서 본질에 이른다. 하이데거는 이 사태를 다음과 같이 표현하기도 한다.

"생기를 생-기로서 사유함은 곧 그 자체 진동하며 용솟음치는 영역의 얽힌 구조(Bau) 속에서 집을 짓는 일(bauen)이다."「동일률」, 『동일성과 차이』 28쪽

생기를 사유함으로써 생기의 종소리가 울려 퍼져 생기의 구조물을 이루게 하는 것이 인간의 사유인 것이다. 이때 생기의 집을 짓는 도구를 인간의 사유는 언어로부터 받아들인다고 하이데거는 말한다.

인간이 언어를 사유함으로써 생기가 생기하도록 한다는 얘기다. 존재의 부름에 인간이 언어를 사유하는 방식으로 응답함으로써 생기가 퍼져나가는 것이다. 이것은 아마도 인간이 언어로 시를 지음으로써 생기의 생기함 곧 존재 진리의 일어남을 시 안에 깃들게 하는 것을 말하는 것이리라.

"우리의 본질이 언어에 귀속하면서 그 안에서 고유해지는 한, 우리는 생기 안에 거주하고 있는 것이다"「동일률」, 「동일성과 차이」 28쪽

「휴머니즘 편지」에서 이야기한 대로 언어야말로 존재의 집, 존재가 깃드는 집이다. 우리의 본질 곧 존재의 열린 터로서 현-존재가 언어에 귀속해 그 집에 거주하는 것은 존재 자체 곧 생기 안에 거주하는 것과 같다. 이때 생기는 게슈텔로 나타나는 탈-생기가 아니라 제2의 시원을 열어 밝히는 존재의 근원적인 일어남을 가리킬 것이다.

그렇다면 '동일성'과 '생기'는 어떤 관계에 있을까? 이 글에서 동일성은 존재와 인간의 공속성(함께 속해 있음)으로 드러났다. 그 동일성과 생기는 어떻게 관련을 맺는가? 이 물음에 대답하려면 우리가 걸어온 길에서 몇 걸음 뒤로 물러서야 한다고 하이데거는 말한다. 존재자에 몰입해 있던 상태에서 뒤로 물러서서 생기 자체를 보아야 한다는 말이다.

여기서 파르메니데스의 명제를 다시 떠올려볼 필요가 있다. 파르메니데스의 말을 하이데거는 다음과 같이 이해한다. "동일한 것은 사유이기도 하고 또 존재이기도 하다." 이 말은 '존재와 사유는 동일한 것이다'라는 말과는 뉘앙스가 다르다. 하이데거의 해석을 그대로 따르면, '동일한 것'이 한편으로는 사유이고 다른 한편으로는 존재라는 것이다. 동일한 것이 사유로도 나타나고 존재로도 나타난다는 것, 이것이 하이데거가 해석한 파르메니데스 명제가 가리키는 사태다. 그러므로 '동일한 것은 사유이기도 하고 존재이기도 하다'는

명제는 '동일한 것이 사유를 주고 존재를 준다'는 뜻으로도 새길 수 있다.

그 '동일한 것'이 바로 하이데거가 여기서 말하는 '생기'다. 생기가 동일한 것으로서 사유를 주고 존재를 주는 것이다. 생기 곧 존재 자체의 일어남은 한편으로는 사유로도 나타나고 다른 한편으로는 존재로도 나타난다. 그리고 이 사유와 존재는 동일한 것으로서 공속한다. 여기서 하이데거는 그렇게 존재와 사유를 주는 생기를 '심연과도 같은 바탕'(das abgründige Grund)이라고 부른다. 여기서 'abgründig'라는 형용사는 '심연을 이루는, 깊이를 알 수 없는, 신비스러운, 수수께끼 같은'이라는 뜻이다. 그러므로 'abgründige Grund'는 그 끝을 알 수 없는 신비스럽고 수수께끼 같은 깊은 바탕을 뜻한다. '바탕 없는 바탕'이고 간략히 표현하면 '심-연'(Ab-grund)이다. 생기가 생기하는 그 존재 자체의 바탕이 바로 그런 삼-연이라는 얘기다.

파르메니데스의 동일성 명제를 이해하려면 바로 이 심연과도 같은 바탕으로 뛰어들어야 한다.

"이 심연과도 같은 바탕은 텅 빈 무(das leere Nichts) 혹은 어두운 혼란이 아니라 생기다."「동일률」, 『동일성과 차이』 30쪽

존재 자체의 근원적인 바탕에서 일어나는 것이 바로 생기인 것이다. 그 생기 자체를 사유하려면 바로 이 심연의 바탕을 향해 뛰어듦, 곧 도약이 필요하다. 그 심연의 차원에서 생기의 일어남을 하이데거는 또 '탈생기함'(Enteignen)이라고 부른다. 이때의 탈생기함은 존재 역운에서 생기의 비본래적인 생기함을 가리키는 탈-생기가 아니라 근원적인 차원에서 본래적으로 일어나는 생기의 생기함을 가리킨다. 파르메니데스의 동일성 명제가 가리키는 '동일한 것'이란 결국 존재와 사유를 주는 바로 이 생기다.

하이데거는 동일성 속의 이 관계 곧 존재와 사유의 관계를 고유하게 파악하는 데 2천 년이 걸렸다고 말한다. 하이데거 자신의 사유에 이르러서야 존재와 사유를 함께 일어나게 하는 것이 바로 생기임이 밝혀졌다는 말이다. 그렇다면 "동일성의 본질 유래 속으로 진입해 들어가는 사유가 활성화되리라고 우리는 생각해도 좋은가?"「동일률」 「동일성과 차이」 32쪽 하이데거는 이런 진입이 어떤 도약을 요구하기 때문에 그런 진입에는 '사유의 시간'이 필요하다고 말한다. 이때 사유의 시간이란 '계산하는 사유'의 시간이 아니라 '숙고하는 사유'의 시간이다. 다시 말해 존재 자체를 숙고하는 사유의 시간이 필요하다는 얘기다.

형이상학의 존재-신-론 구조

하이데거는 이 「동일률」 강연에서 이렇게 처음으로 생기의 윤곽을 그려 보였다. 그러나 생기를 규명하기에 이런 간략하고도 압축적인 설명은 충분하지 않다. 생기의 발생 구조에 관한 더 상세한 논의는 하이데거가 이 「동일률」 강연을 책으로 펴내면서 함께 묶은 「형이상학의 존재-신-론적 구조」에서 찾아볼 수 있다. 이 글은 헤겔의 존재론을 '존재-신-론'으로 이해하고 그 내용을 비판하는 가운데 생기의 발생 구조를 '존재론적 차이'라는 개념을 통해 해명한다. 「동일률」에서 이야기한 '생기'는 이 글에서 '존재와 존재자의 차이'를 열어젖히는 것으로 드러난다.

그런데 여기서 하이데거가 헤겔과 비판적 대화를 시도하는 것은 두 사람의 사유가 그만큼 유사한 면이 있기 때문이다. 하이데거가 존재와 진리를 역운 곧 역사적 운명 속에서 사유하는 것처럼, 헤겔도 존재와 진리를 역사적 과정으로서 사유한다. 그러나 본질적인 차원에서 보면 헤겔의 사유는 형이상학의 틀을 벗어나지 않는 데 반해 하이데거의 사유는 이 형이상학의 틀을 넘어서 나아간다. 특히 헤겔의 사유는 절대자-신이 사유 안에서 사유를 통해 자기를 실현해나간다는 '존재-신-론'의 구조를 지니고 있다. 하이데거는 헤겔과 대결하는 가운데 형이상학의 이 존재-신-론적 구조를 드러내고, 자신의 존재 사유가 이 틀을 벗어나 있음을 입증해나간다.

하이데거는 헤겔에게서도 '사유해야 할 사태'는 '존재'라고 말한다. 이때의 존재는 '자기 자신을 사유하는 사유'를 가리킨다. 헤겔에게 존재는 곧 사유, 다시 말해 절대자의 자기 사유다. 이 사유는 사유의 사변적 전개를 통해서 자기 자신에 도달하게 된다. 헤겔은 이렇게 존재를 사유의 역사로 이해한다. 마찬가지로 하이데거의 사유도 헤겔의 사유와 동일한 사태를 동일한 방식으로 말한다. 다시 말해 역사적으로 말한다.

"헤겔은 존재자의 존재를 사변적-역사적으로 사유하고 있다. … 우리는 헤겔이 사유한 존재를 헤겔과 동일한 방식으로, 즉 역사적으로 사유하고자 시도한다."「형이상학의 존재-신-론적 구성틀」,「동일성과 차이」 37~38쪽

그런데 '동일한 것'(das Selbe)은 '똑같은 것'(das Gleiche)이 아니다. 똑같은 것에서는 다름이 발생하지 않지만 동일한 것에서는 다름이 나타난다. "동일한 사태가 동일한 방식으로 사유에 다가와 결정적으로 관계를 맺게 되면 될수록 다름은 더욱더 긴박하게 나타난다."「형이상학의 존재-신-론적 구성틀」,「동일성과 차이」 37쪽 요컨대 헤겔이 사유한 것과 동일한 사태를 동일한 방식으로 사유하지만 그 사유 속에서 다름을 한층 더 본질적으로 드러내 보이겠다는 것이 하이데거의 각오다.

헤겔 사유와 하이데거 사유의 결정적인 다름

그렇다면 이때 드러나는 다름, 다시 말해 헤겔의 사유와 하이데거의 사유 사이의 결정적인 다름은 무엇인가? 먼저, 사유의 사태 곧 사유해야 할 것으로서 존재를 이해하는 데서 나타나는 다름이다. 헤겔에게서 사유의 사태 곧 존재는 절대자의 사유 안에서 사유된 존재다. 하이데거에게서 사유의 사태는 헤겔과 동일한 것 곧 존재이지만 이 존재는 '존재자와의 차이에 입각한 존재', 더 분명하게 말하면 '차이 자체'다. 「형이상학의 존재-신-론적 구성틀」 『동일성과 차이』 39쪽 헤겔은 모든 존재자를 아울러 존재라고 부른다. 존재자는 존재에 속한다. 반면에 하이데거에게는 '존재자와 존재의 차이'를 보는 것이 중요하다.

둘째로 주목할 것은 '역사와 대화하는 방식'에서 헤겔과 하이데거가 보이는 차이다. 헤겔은 사유의 힘을 이미 사유된 것 안에서 찾는다. 반면에 하이데거는 아직 사유되지 않은 것 속에서 사유의 힘을 찾는다. 다시 말해 헤겔은 과거의 사유 가운데 이미 사유된 것을 자신의 사유를 전개하는 발판으로 삼는 데 반해, 하이데거는 과거의 사유가 사유하지 않은 것을 사유의 토대로 삼는다. 그리하여 하이데거의 경우엔 '아직 사유되지 않은 것'이 본질 공간을 열어 '이미 사유된 것'을 그 공간에 배치해주고, '이미 사유된 것'은 '아직 사유되지 않은 것'을 비로소 준비한다. 「형이상학의 존재-신-론적 구성틀」 『동일성과 차이』 40쪽

이 말을 명확하게 이해하려면 하이데거가 '이미 사유된 것'과 '아직 사유되지 않은 것'이라는 말로 무엇을 뜻하는지 알아야 한다. '이미 사유된 것'이란 그리스 초창기 사유에서부터 오늘에 이르기까지 전개된 첫 번째 시원의 역사 속에서 나타난 존재의 에포케(시대), 다시 말해 그 각각의 시대(에포케)를 각인한 '형이상학적인 존재의 진

독일 철학자 프리드리히 헤겔.
하이데거가 역사적 차원에서 존재와 진리를 사유한 것은
헤겔과 닮았다. 하지만 헤겔이 과거에서부터 사유했다면,
하이데거는 미래로부터 사유한다.

리'를 말한다. '아직 사유되지 않은 것'은 이 첫 번째 시원을 뛰어넘어 장차 열리게 될 '다른 시원', 제2의 시원에서 드러나는 '존재 자체로서 생기'를 가리킨다.

헤겔의 사유는 이미 알려진 형이상학적인 존재 진리를 변증법적으로 축적해 존재 자체, 곧 존재의 충만한 전체에 다가가려고 한다. 이렇게 헤겔은 과거에서부터 사유를 전개한다. 반대로 하이데거는 장래에서부터, 다시 말해 '아직 사유되지 않은' 존재 자체의 생기에서부터 사유한다. 그리하여 과거의 역운 속에서 드러난 형이상학적인 존재 진리를 본질 공간에 배치하려고 한다. 과거의 형이상학적 존재 이해를 미래의 사유로부터 재사유하는 것이다.

그러므로 헤겔이 철학사와 대화하는 성격은 '지양'(Aufhebung, 거두어 들여 끌어올림)의 성격을 지닌다. 다시 말해 지양의 방식으로 앞으로 나아감의 성격을 지닌다. 반대로 하이데거가 사유의 역사와 대화하는 방식은 '뒤로 물러섬'(der Schritt zurück)이다. 이렇게 뒤로 물러설 때 그동안 숨겨져 보이지 않았던 존재 자체, 사유되지 않은 사유의 사태가 보이게 된다. 이렇게 뒤로 물러서서 확보한 시야를 통해서 사유는 역사 전체를 통관하게 된다. 그렇게 해서 존재의 역운 전체를 통찰하게 되고, 그럼으로써 전통의 형이상학적 사유가 머무는 장소 곧 '존재의 시대'(에포케)를 마련해준다.

뒤로 물러서는 사유, 존재 자체의 생기를 사유함

이렇게 뒤로 물러서는 사유를 통해서 드러나는 것이 바로 '존재와 존재자의 차이'라고 하이데거는 말한다.

"뒤로 물러섬은 사유되지 않은 것으로부터 즉 차이 자체로부터, 사유해야 할 것 속으로 파고들어간다."「형이상학의 존재-신-론적 구성틀」,「동일성과 전통 형이상학이 사유하지 않은 것이 바로 차이 자체, 다시 말해 '존재와 존재자의 근원적인 차이'였다. 그러므로 형이상학은 차이를 망각했다. 하이데거의 뒤로 물러서는 사유는 바로 이 망각된 차이 자체를 드러내는 사유다. 그래서 하이데거는 이렇게 말한다.

"여기서 사유해야 할 그 망각은 레테(lethe, 은닉)로부터 사유된 차이 그 자체의 감춤(Verhüllung)인데, 이런 감춤은 실은 감춤 자체의 입장에서 보면 시원적으로 스스로 빠져나가고 있었던(sich-entziehen) 것이다."「형이상학의 존재-신-론적 구성틀」,「동일성과 차이」42쪽

이것은 무슨 말인가? 하이데거의 '뒤로 물러서는 사유'가 사유하는 것은 차이 자체의 망각이다. 이 망각은 그리스어로는 '레테'(Λήθη)라고 부른다. 레테는 그리스어 '알레테이아'(ἀλήθεια)에 속하는 그 '레테'다. 알레테이아는 은닉(레테)으로부터 벗어남, 다시 말해 비은폐성 혹은 탈은폐를 뜻한다. 차이 자체가 형이상학적 사유 속에서 스스로 빠져나감으로써 은닉됐고 망각됐다는 얘기다. 이 사태를 존재 쪽에서 보면 존재 자체가 빠져나감으로써 차이를 은닉했다는 뜻이고, 인간 쪽에서 보면 그렇게 차이가 은닉됨으로써 그 차이를 인간이 망각했다는 뜻이다.

하이데거의 '뒤로 물러서는 사유', 존재 자체의 생기를 사유하는 그 사유는 바로 이 망각과 은닉을 극복함으로써 감춰졌던 차이 자체를 드러내는 사유다. 그러므로 우리가 흔히 '존재 망각'이라고 부르는 것은 더 명확히 말하면 '존재와 존재자의 차이의 망각'이다. 서양 형이상학의 역사란 바로 이 차이 망각의 역사라고 할 수 있다.

"따라서 뒤로 물러섬은 형이상학으로부터 형이상학의 본질 속으로 들어가는 그런 운동이다."「형이상학의 존재-신-론적 구성틀」,「동일성과 차이」42쪽

뒤로 물러서는 사유는 존재 망각 위에 형성된 형이상학으로부터 형이상학의 본질 속으로, 다시 말해 존재와 존재자의 차이라는 그 근원적인 사태 속으로 들어가는 사유의 운동이다. 그러므로 '뒤로 물러섬'은 존재와 존재자의 차이를 낳는 '생기'의 시원적인 영역 자체로 나아감이 된다. 그러니까 뒤로 물러섬은 서양 철학이 탄생한 최초의 시기로 단순히 역행한다는 뜻이 아니라, 그 본질 차원에서 볼 때 생기의 시원적인 영역 자체로 나아감을 뜻한다. 이 생기의 시원적인 영역에서 생기가 일어남으로써 존재와 존재자의 차이가 발생하는 것이다. 전통 형이상학은 바로 이 영역을 보지 못했기 때문에 차이의 망각에 머물렀다.

여기서 하이데거는 서양 형이상학이 그리스에서 탄생한 이래로 존재론(Ontologie)이자 신론(Theologie, 신학)임을 강조한다. 어째서 서양 형이상학은 존재론이자 신론인가? 형이상학은 존재자 자체(das Seiende als solches)에 대해 묻는 동시에 존재자 전체(das Seiende im Ganzen)에 대해 묻는다. 존재자 자체가 무엇이냐는 물음은 존재자 일반의 본질을 묻는 물음이다. 이 물음에 대해 서양 형이상학은 '이데아'를 비롯해 여러 개념으로 답해왔다. 또 '존재자 전체'가 무엇이냐는 물음은 존재자 전체를 존재하게 하는 '근거'가 무엇이냐는 물음을 뜻한다. 서양 형이상학은 그 근거로 '최고 존재자' 곧 신을 상정했다. 존재자 자체가 무엇이냐는 물음이 바로 존재론을 구성한다면, 그 존재자 전체의 근거를 최고 존재자 곧 신으로 상정하는 것이 신론이다. 이 신이 존재자 전체를 존재하게 할 뿐만 아니라 존재자 일반의 본질을 준다. 그러므로 서양 형이상학은 처음부터 존재론이자 신론, 곧 '존재-신-론'이었다. 존재자 전체의 근거로서 신을 빼놓고는 서양 형이상학은 구성될 수 없었던 것이다. 따라서 서양 형이상학의 존재론은 신론을 포함하는 '존재-신-론'이 될 수밖에 없다.

그런데 존재자 전체의 근거 곧 존재가 '최고 존재자'로서 신이라면, 이 사태에서 명확해지는 것은 근거 곧 존재가 다름 아닌 '존재자'라는 사실이다. 근거가 되는 신이 존재자이므로, 신이라는 존재자가 모든 것의 근거가 되는 존재로 해석되는 것이다. 따라서 이런 형이상학적 존재-신-론에서는 존재와 존재자의 근원적인 차이가 떠오를 수 없다.

서양 형이상학은 존재론이자 신론

존재-신-론이라는 사태를 다시 한번 전체로서 규명해보자. 형이상학은 존재자 전체가 무엇이냐고 묻고 그 물음을 통해서 존재자 전체를 근거 지어주는 근거를 사유한다. 그 경우에 존재자의 존재는 '근거 짓는 근거', 다시 말해 '근거를 제공해주는 근거'로 이해된다. "따라서 모든 형이상학은 근본적으로 철두철미 근거에 관하여 설명하고 근거를 알려주면서 궁극적으로는 근거의 해명을 추궁하는 근거 지음(Gründen)이다."「형이상학의 존재-신-론적 구성틀」『동일성과 차이』 50쪽

그런데 그 존재자 전체의 근거가 신으로 상정된 이상, 형이상학은 신론과 불가분의 관계에 있게 된다. 형이상학은 존재자 전체의 근거 곧 존재를 캐물어 들어가는 것이기에 '존재론'이자 그 근거를 최고 존재자로서 신으로 상정하기에 '신론'이다. 더구나 형이상학은 그 근거(로고스)를 따지고 파헤치는 것이기에 바로 그런 의미에서 로고스에 관한 학문 곧 '논리학'이 된다. 그래서 형이상학은 사태에 맞게 사유할 경우에 존재-신-론(Onto-Theo-Logik)으로서 드러난다. "형이상학은 근본 특성에서 존재-신-론이다."「형이상학의 존재-신-론적 구성틀」『동일성과 차이』 51쪽

그런데 존재자 전체의 근거가 되는 것이 최고 존재자 곧 신이라면

이제 신은 다른 근거를 지니지 않은 '자기 원인'(causa sui) 다시 말해 자기 스스로 자기의 원인이 되는 그런 근원적 원인으로 해석된다. "자기 원인이라는 말은 신에 관한 형이상학적 개념이다."「형이상학의 존재-신-론적 구성틀」『동일성과 차이』 52쪽 형이상학이 존재자 전체의 근거를 파헤쳐 들어가는 한, 그 원초적 근거를 신 곧 '자기 원인'에서 찾지 않을 수 없다. 그리하여 "형이상학은 그것이 존재-론이기 때문에 신-론으로 존재하며, 신-론이기 때문에 존재-론으로 존재한다."「형이상학의 존재-신-론적 구성틀」『동일성과 차이』 52쪽 신-론과 존재-론의 통일 속에서만 형이상학은 제대로 설명될 수 있다는 말이다.

그런데 서양의 형이상학에서 사유해야 할 사태는 '존재'라는 이름으로 전승돼 왔다. 이때 존재란 '존재자의 존재'이며, 마찬가지로 존재자란 '존재의 존재자'다. '존재자의 존재'란 '존재자가 어떻게 존재하며 무엇으로 존재하는가' 하는 물음에 대한 대답 속에 존재하는 그 존재다. 또 '존재의 존재자'란 '존재를 통해 존재하게 되는 존재자'라는 뜻이다. 다시 말해 '존재자를 존재하게 하는 것, 존재자에게 존재를 주는 것이 바로 존재'라는 의미다.

그렇다면 존재와 존재자는 어떻게 다른가? 존재와 존재자는 어떻게 구별되고 차이 나는가? 이 물음이 결정적인 물음이다. 존재와 존재자 사이의 이 차이에 주목해야 한다. "우리가 존재를 존재자와의 차이 속에서 사유하고, 존재자를 존재와의 차이 속에서 사유할 때에만 우리는 존재를 사태에 맞게 사유하는 것이다."「형이상학의 존재-신-론적 구성틀」『동일성과 차이』 54쪽 이렇게 해서 마침내 '차이'가 우리의 시야 안으로 들어오게 된다. 그렇다면 그 '차이'는 도대체 어떻게 이해해야 하는가?

토끼와 고슴도치의 경주, 존재와 존재자의 차이

존재자란 말은 '존재하는 것'이라는 뜻이다. 그러므로 존재자라는 말을 떠올릴 때 우리는 이미 존재 곧 존재함을 함께 떠올릴 수밖에 없다. 존재와 존재자를 가르려고 해도 갈라지지 않는다. 존재자를 떠올릴 때 이미 존재가 함께 떠오르기 때문이다. 그래서 이번에는 존재를 존재자와 구별된 것으로 떠올려보려고 하는데, 그렇게 하자마자 즉 존재를 존재자에 덧붙여지는 어떤 것으로 떠올리자마자 그 존재는 존재자와 독립된 '어떤 것' 곧 또 다른 존재자가 되고 만다.

여기서 하이데거는 '토끼와 고슴도치의 그림 동화'를 예로 든다. 토끼가 고슴도치에게 경주를 하자고 제안했다. 고슴도치가 느리기 때문에 얼마든지 이길 수 있다고 생각했는데 결과는 매번 토끼의 패배였다. 고슴도치 부부가 출발점과 도착점에 각각 있다가 토끼가 출발할 때 남편이 함께 출발하고 도착할 때 아내가 먼저 나타남으로써 토끼를 패배시키는 것이다. 이렇게 우리가 존재자와 구별되는 존재를 떠올리려고 하면 그 존재는 즉각 또 다른 존재자가 되고 만다. 우리의 통상적인 사유 곧 표상하는 사유는 언제나 이런 식으로 존재를 또 다른 존재자로 상정함으로써 존재자와 존재의 근원적인 차이를 망각한다.

그렇다면 그 차이, 다시 말해 존재자와 존재를 나누는 그 '사이'(Zwischen)를 어떻게 생각해야 하는가? 이 물음과 관련해 하이데거는 이렇게 말한다.

"우리는 우리 자신을 차이 속으로 이끌어 들어가 이런 차이와 대면하지 않으면 안 된다. 차이와 마주하는 이런 대면은 우리가 뒤로 물러섬을 수행할 때 우리에게 개시된다."「형이상학의 존재—신—론적 구성틀」, 「동일성과 차이」 55∼56쪽 뒤로 물러서는 사유를 행하는 것이 여기서는 결정적으로 중요하다.

"왜냐하면 뒤로 물러섬으로써 초래되는 멂의-사라짐(Ent-fernung)을 통해서 처음으로 '가까운 것 자체'가 자기를 증여하면서 가까움(Nähe)이 밝혀지게 되기 때문이다."「형이상학의 존재-신-론적 구성틀」『동일성과 차이』 56쪽

여기서 '멂의 사라짐'이란 형이상학적 사유에서 망각된 존재 자체의 망각이 사라짐을 말한다. 뒤로 물러서는 사유를 통해서 존재 자체가 망각의 멂에서 벗어남으로써 존재가 가장 가까운 것으로서 드러나고 존재의 가까움이 경험되는 것이다. 이런 경험은 형이상학의 '표상하는 사유', 사물을 대상으로 눈앞에 세우는 그런 사유로는 이루어질 수 없고, 존재 자체를 경험하는 사유를 통해서만 이루어질 수 있다. 이런 경험 속에서 존재 자체가 스스로 환히 밝아지면서 드러난다.

존재와 존재자는 사이-나눔에서 현성함

분명한 것은 존재자와 존재는 다르다는 사실이다. 우리는 존재를 마치 사물을 떠올리듯이 그렇게 눈앞에 그려낼 수 없지만, 존재가 존재자와 다르다는 것은 분명히 알 수 있다. 우리 자신의 존재를 떠올려보자. 우리 자신은 존재자로서 지금 여기서 살아간다. 우리는 존재자로서 존재한다. 그런데 그런 존재자로서 우리 자신은 태어나기 전에는 존재하지 않았으며 죽은 이후에는 존재하지 않게 된다. 분명히 존재자는 존재와 다르다. 존재는 존재자를 통해서만 자신을 드러내며 존재자는 존재함이 있는 동안에만 존재한다.

존재자 전체의 존재도 마찬가지다. 존재자 전체는 존재를 통해서

존재하며 존재는 존재자 전체를 통해서 자신을 드러낸다. 이런 사태를 하이데거는 다음과 같이 표현한다. '존재는 존재자에게로 밝히면서 건너오고, 존재자는 그런 존재의 건너옴(Überkommnis)을 통해서 비로소 비은폐된 것으로서 도착한다(ankommen).'「형이상학의 존재–신–론적 구성틀」,「동일성과 차이」 56쪽 존재는 존재자를 밝히면서(탈은폐하면서) 존재자로 넘어오고 존재자는 존재의 건너옴을 통해서 존재자로 비은폐되면서 도착한다.

존재를 '밝은 빛'으로 생각해보면 이 말은 조금 더 쉽게 이해된다. 존재 곧 밝은 빛이 존재자를 밝힐 때 존재자는 존재자로서 존재하게 된다. 그렇게 존재자가 존재하게 됨이 바로 '존재가 존재자로 건너옴'이다. 반대로 존재자는 존재의 밝은 빛을 통해서 어둠 속에서 나와 존재자로 드러나고 존재자로서 머문다. 그렇게 존재와 존재자는 구분된다.

그런데 여기서 하이데거는 이 존재와 존재자가 "동일한 것으로부터 즉 사이-나눔(Unter-schied)으로부터 현성한다"고 말한다. "이런 사이-나눔은 건너옴과 도래함이 서로에게 기대 있는, 다시 말해 서로가 서로를 나누면서도 서로가 서로를 지탱해주는 식으로 머물러 있는 그런 장소로서 저 사이(das Zwischen)를 비로소 수여하고 열어놓는다."「형이상학의 존재–신–론적 구성틀」,「동일성과 차이」 57쪽

이 말 전체를 이해하려면 '사이-나눔'이 무엇을 뜻하는지 명확히 보아야 한다. '사이-나눔'이라는 말은 '차이·구별·다름'을 뜻하는 독일어 낱말 'Unterschied'(운터시트)를 분철한 말이다. '사이-나눔'이라는 말은 그 표면적인 뜻만 보면 존재와 존재자의 차이와 구별을 뜻한다. 그런데 존재와 존재자의 차이는 '동일한 것'으로부터 현성한다. 이때 동일한 것이란 심연의 바탕으로서 존재 자체를 가리킨다. 심연의 바탕으로서 존재 자체에서 존재와 존재자가 나뉘어 생기하

는 것이다. 즉 어떤 에포케 곧 존재의 특정한 시대에 존재 자체가 존재와 존재자로 나뉘어 일어나 서로를 지탱해주는 것이다. 존재 자체는 한편으로는 존재로, 다른 한편으로는 존재자로 나뉘어 서로가 서로를 지탱해주는데, 이렇게 존재와 존재자로 나누어주는 것이 바로 존재 자체의 생기다. 이 생기의 사태를 가리키는 말이 '사이-나눔'이다. 「사물」 강연의 단지를 떠올려보면, '단지'라는 존재자에게 '사방-세계'라는 존재가 깃들고 펼쳐진다. 또 사방-세계라는 존재가 단지라는 존재자를 사물로서 드러낸다. 이 사방과 사물이 서로 나뉘고 서로 지탱하는 것이 바로 사이-나눔이다.

사이-나눔과 서로-나름

이 '사이-나눔'이 가리키는 사태를 명확하게 보려면 하이데거가 '서로-나름'(Austrag)라고 부르는 것을 함께 이해해야 한다. 서로-나름이란 존재와 존재자가 '서로에게서 서로를 향해 날라주고 받쳐줌'을 뜻한다. '서로에게서부터 서로에게로 날라주고 받쳐줌' (auseinander-zueinander tragen)을 축약한 말이 '서로-나름'이다. 존재가 존재자를 내어주고 존재자는 존재를 간직하는 그 상호 관계를 가리키는 말이 서로-나름이다.

이때 서로-나름은 존재의 역사에서 각각의 시대에 존재와 존재자가 배정되는 방식을 가리킨다. 형이상학의 시대마다 존재가 각기 다르게 드러나고 그래서 존재가 그렇게 다르게 드러남에 따라 존재자도 각기 다르게 드러남을 가리키는 말이 '서로-나름'이다.

그렇다면 사이-나눔이 공시적 차원에서 존재와 존재자의 존재론적 차이를 가리킨다면, 서로-나름은 통시적 차원에서 존재와 존재자의 존재론적 차이가 시대마다 배정되는 방식을 가리킨다고 할 것이다. 존재 자체의 생기가 사이-나눔으로 나타나고 이 사이-나눔이 역사적 공간에서 각 시대마다 서로-나름의 방식으로 드러나는 것이다. 생기로서 존재 자체가 '동일한 것'이며 이 동일한 것에서 '차이' 곧 사이-나눔과 서로-나름이 일어나는 것이다. 이렇게 동일한 것에서 차이가 생성되는 사태를 사유하는 것이 바로 하이데거 후기 존재 사유에서 가장 핵심이 되는 과제다.

이런 사태를 사유할 때 항상 염두에 두어야 할 것이 바로 '그것(Es) 곧 존재 자체가 자기 자신을 준다'는 말이 가리키는 사태라고 하이데거는 말한다. 존재 자체가 존재를 시대마다 각기 다르게 주는 것이다. 존재는 역사의 시기마다 다르게 드러난다. 그런 사태를 하이데거는 다음과 같이 말한다.

"존재는 그때그때마다 이러저러한 역운적인(geschicklich, 숙명적인) 각인을 통해서 피시스로서, 로고스로서, 일자로서, 이데아로서, 에네르게이아로서, 실체성으로서, 객체성으로서, 주체성으로서, 의지로서, 권력의지로서, 또 '의지를 향한 의지'로서 주어지게 된다. 그러나 그 역운적인 것은 사과나 배 혹은 복숭아가 판매대에 진열돼 있듯이 그렇게 역사학적인 표상의 공간 위에 나열돼 있는 것은 아니다." 「형이상학의 존재-신-론적 구성틀」「동일성과 차이」 59쪽

이 피시스·로고스·일자·이데아·에네르게이아·실체성·객체성·주체성·권력의지 따위가 바로 각각의 존재사적 시대마다 다르게 나타나는 존재의 모습이다. 그런 존재는 개별 존재자에게서는 확인할 수 없다. 그러나 존재가 시대마다 다르게 나타나 각각의 시대를 규정한다는 것 또한 분명하다. 존재는 시대마다 그 자신을 스스로 밝히는 방식으로 그때그때 규정된다. 그러나 존재는 동시에 그렇게 존재자를 드러내면서도 존재 자신은 뒤로 빠져나간다. 그래서 존재자는 비은폐되지만 존재는 은닉 속에 묻히게 된다. 우리는 존재자는 볼

수 있어도 그 존재자를 존재자로 존재하게 하는 존재는 보지 못하는 것이다.

형이상학의 신에게 무릎 꿇을 수 없고 기도할 수 없음

이렇게 존재와 존재자의 차이를 '서로-나름'으로 이해한다면, 형이상학의 존재-신-론적 구조가 본질적으로 '서로-나름'에서 유래한다는 것을 파악할 수 있게 된다. 그러나 형이상학은 존재와 존재자가 동일한 것에서 생기하는 '서로-나름'이라는 것을 보지 못한다. 서로-나름, 곧 존재론적 차이는 망각된다.

형이상학은 망각된 존재를 다른 방식으로 표상한다. 존재자 전체를 근거 짓는 존재 곧 존재자 전체의 근거가 최고 존재자 혹은 최고의 원인으로서 신으로 표상되는 것이다. 그리하여 신이 존재자 전체를 정초하고 존재자 전체는 신을 근거로 삼아 정초된다. 형이상학이 존재론이자 신론이 되는 것이다.

그러나 이때에도 형이상학은 이 서로-나름을 망각함으로써 이 존재론적 차이의 유래를 사유하지 못한다. 그렇게 차이의 유래를 사유하지 못한 채 형이상학은 신을 존재자 전체의 근거로, 곧 최고의 원인으로 상정한다. 이 최고의 원인은 그 이상의 원인이 없기에 '자기 원인'(causa sui)으로 불린다. "이것이 철학에서 문제가 되는 신에 대한 합당한 명칭이다."「형이상학의 존재-신-론적 구성틀」, 『동일성과 차이』, 65쪽 형이상학에서 상정하는 신은 자기 원인이자 최고의 원인이다. 그런데 여기서 하이데거는 의미심장한 발언을 한다.

"이런 신에게 인간은 기도할 수 없고 제물을 바칠 수 없다. 자기 원인 앞에서 인간은 경외하는 마음으로 무릎을 꿇을 수도 없고 또 이런 신 앞에서 음악을 연주하거나 춤을 출 수도 없다."「형이상학의 존재-신-론적

　형이상학이 존재 망각의 상태에서 논리적으로 도출한 최고 원인으로서 신, 곧 자기 원인으로서 신에게는 아무런 성스러움이 없다. 이런 신 앞에서 인간은 기도할 수도 없고 제물을 바칠 수도 없다. 춤을 출 수도 없고 음악을 연주할 수도 없다. 이런 신은 신의 신다움, 신의 신성함을 배반한 신이다. 이런 발언을 통해서 하이데거는 기존의 형이상학적인 신을 넘어선 어떤 신을 마음에 품고 있음을 내비친다.

　"그러므로 신-없는(gott-los, 신을 떠난) 사유가 어쩌면 신다운 신 (der göttliche Gott)에게 더 가까이 있을지도 모른다."「형이상학의 존재-신-론적 구성틀」「동일성과 차이」 65쪽

　신을 떠난 사유가 형이상학적인 신을 사유하는 것보다 훨씬 더 참된 신에게 가까울 것이라는 이야기다. 하이데거의 사유는 분명히 신 없는 사유이지만 그렇다고 해서 무신론적 사유는 아니다. 하이데거에게 신 없는 사유는 오히려 신 자체에 더 가까이 다가가려는 사유라고도 할 수 있다. 그렇다면 하이데거가 생각하는 신은 어떤 신일까?

　그것은 에크하르트가 말했던 '신 위의 신', '신을 넘어선 신'과 유사하다고 할 수 있을지 모른다. 에크하르트는 기독교에서 흔히 신이라고 부른 신(Gott)과 그 신을 넘어선 신성(Gottheit)을 구분하고, 신 너머의 신성이야말로 진정한 신이라고 생각했다. 그래서 에크하르트는 '신을 떠나게 해달라고 신에게 기도한다'고 고백하기도 했다. 이때 떠나야 할 신은 기독교에서 '성부'라고 부르는 그 신이고, 에크하르트가 기도하는 신은 그 성부 너머의 신성을 가리킨다. 우리가 아는 신의 근저를 돌파해서 이르는 것이 바로 그 신성이다.

　하이데거에게 참된 신은 바로 이 신성 차원의 신이라고 할 수 있다. 그 신을 하이데거는 『철학에의 기여』에서 '마지막 신'(der letzte Gott)이라고 부르기도 했다. 그 궁극의 신은 '결코 길어낼 수 없는 심

연(Ab-grund)', '그 자체로 존재하는 가장 깊은 시원', '존재로서 시원'(Anfang als Seyn)이다.[15] 그것은 생기가 생기하는 존재 자체의 '심연과도 같은 바탕'이다. 그 심연의 바탕이야말로 신다운 신 곧 신성이 머물러 있는 곳이다.

우리가 아는 신, 최고의 원인으로서 신은 그 존재의 심연에서 생기됐지만 그 근원을 망각한 형이상학적 사유 속의 신일 것이다. 그런 형이상학적 신을 하이데거는 참다운 신이 아니라고 보는 것이다. 그렇게 볼 때 하이데거는 형이상학의 신을 거부한다는 점에서는 무신론적인 사상가이지만, 그 신을 넘어 신성을 향해 다가간다는 점에서는 유신론적인 사상가라고 할 수 있을 것이다. 그 신다운 신에게 다가가려면 형이상학의 표상하는 사유와 결별하고 존재 자체를 향한 사유로 도약해야 한다.

5 언어에 이르는 길

◇◇◇◇◇

죽을 자로서 인간은 존재의 언어를 듣고 따르는 자다.
바로 이렇게 존재의 울림에 응답하는 말함을 숙고하는 것이야말로
우리 시대의 회피할 수 없는 과제가 됐다고 하이데거는 말한다.
'언어가 말한다'는 것은 존재가 말한다는 것을 뜻함과 동시에
인간이 존재의 언어에 응답하는 방식으로 말한다는 것을 뜻한다.
인간은 바로 이런 응답함을 배워야 한다.

> 모든 것은 언어의 말함 안에
> 거주하는 법을 배우는 데 달려 있다.
>
> 사유는 인식을 위한 수단이 아니다.
> 사유한다는 것은 존재의 밭에서
> 고랑을 가는 것이다.

1950년대에 하이데거는 한편으로는 기술 시대의 본질을 열어 밝히는 글을 발표하고 다른 한편으로 존재와 언어의 관계를 탐사하는 글을 발표했다. 하이데거의 언어 사유는 초기에 『존재와 시간』에서 '말'(Rede)이라는 용어로 시도됐지만 사유의 본령까지 나아가지는 못했다. 언어 사유가 길을 뚫어 존재의 심층으로까지 들어간 것은 전후의 일이다. 1946년 언어를 '존재의 집'으로 묘사한 「휴머니즘 편지」에서 시작한 하이데거의 '언어 사유' 모험은 1950년대 내내 계속됐다.

그 사유가 집결된 책이 1959년에 펴낸 『언어로의 도상에서』(*Unterwegs zur Sprache*)이다. 이 책에는 모두 여섯 편의 강연과 대화가 실려 있는데, 존재와 언어의 관계에 대한 발본적인 사유가 책의 시작과 끝을 관통하고 있다. 여기서 하이데거가 말하는 '언어'는 일차로 존재 자체의 언어인데, 이 언어는 시인의 시 지음(Dichten)을 통해서 드러난다. 시인은 존재가 보내는 전령으로서 존재의 언어를 시로써 전달한다. 동시에 '언어'는 인간의 사유함(Denken) 속에서 드러나는 언어인데, 인간은 이 언어를 통해 존재 자체를 향해 나아간다. 존재의 언어가 인간을 향해 길을 내면서 다가오고, 인간의 사유는 그 길을 따라 존재의 언어를 향해 다가간다. 인간과 존재는 모두 언어에 이르는 길 위에 있다. 존재와 언어의 관계에 관한 이런 사유를 통해서 존재 자체의 근원적인 구조 곧 생기(Ereignis)의 구조가 드러난다.

게오르크 트라클 '어느 겨울 저녁'

이 책의 맨 앞에 실린 「언어」(die Sprache)는 1950년 10월에 발표한 강연문인데, 이 글에서 하이데거는 요절한 오스트리아 표현주의 시인 게오르크 트라클(Georg Trakl, 1887~1914)의 시 「어느 겨울 저녁」을 해명하는 가운데 '언어가 말한다'(Die Sprache spricht)라는 것이 무엇을 뜻하는지 숙고한다. 이 글은 '인간이 말한다'(Der Mensch spricht)라는 사태에 대한 묘사로 이야기의 문을 연다.

"인간은 말한다. 우리는 깨어 있을 때도 말하고 꿈속에서도 말한다. 우리는 언제나 말한다. 우리가 아무 말도 소리 내어 하지 않고 경청하거나 읽을 때에도 우리는 말하며, 심지어 특별히 경청하거나 읽는 것이 없다고 하더라도, 어떤 일에 몰두하거나 한가로이 여가를 즐길 때에도 우리는 말한다. 우리는 어떤 식으로든 끊임없이 말한다."

「언어」, 『언어로의 도상에서』 15쪽

인간은 말을 떠나서 존재할 수 없다. 말이 있기에 인간은 인간다워진다. 그래서 그리스인들은 인간을 '언어 능력을 소유한 생명체'(ζῷον λόγον ἔχον)라고 불렀다. 인간은 말하는 자로서 인간으로 존재한다. 그런데 인간이 이렇게 끝없이 말로 표출하는 '언어'란 도대체 무엇인가? "언어는 언어로서 어떻게 현성하는가(wesen)?" 「언어」, 『언어로의 도상에서』 18쪽

하이데거는 언어의 수수께끼 같은 성격을 이야기하는 사례로 독일 철학자 요한 게오르크 하만(Johann Georg Hamann, 1730~88)이 1784년 요한 고트프리트 헤르더(Johann Gottfried von Herder, 1744~1803)에게 보낸 편지를 인용한다. 이 편지에서 하만은 다음과 같이 탄식한다. "내가 데모스테네스처럼 달변이었더라면, 나는 '이성이란 언어 즉 로고스다'라는 말을 세 번이나 반복하지는 않았을 것

이네. 이 골수와도 같은 말 때문에 나는 정말 괴로워 죽을 지경이라네. 아직도 나는 이 심연 위에서 언제나 어둠에 싸여 머무르고 있다네. 나는 아직도 그 심연으로 들어가는 열쇠를 가져다 줄 신령한 천사를 기다리고 있네."「언어」「언어로의 도상에서」 20쪽 하만은 이성을 탐구하려다 언어에 부닥쳐 심연으로 떨어지고 말았다. 언어는 심연을 가리키고 있다. 이성의 근거(Grund)를 찾아 근거로 나아가려고 하지만 근거가 결여된 곳, 심연(Abgrund)만을 보는 것이다. 그러나 하이데거는 하만과는 달리, 심연이 아무것도 없는 공허를 뜻하지는 않는다고 암시한다.

"이 명제가 명명하는 심연 속으로 떨어지더라도 우리는 공허 속으로 추락하는 것이 아니다. 우리는 높은 곳으로 떨어진다. 이 높은 곳의 높이가 깊이를 열어준다."「언어」「언어로의 도상에서」 20쪽

하이데거에게 심연은 단순히 끝없이 추락하는 공허가 아니라 '심연과도 같은 바탕'(Ab-grund)을 의미한다. 언어의 근거를 탐구해 들어갈 때 우리는 '높은 곳'으로 떨어지는데, 그 바탕이 존재자 전체를 환히 열어 밝히는 바탕이기 때문이다. 그래서 '높이'는 그렇게 환히 열어 밝히는 바탕으로서 존재 자체를 암시하며, '깊이'는 그 존재 자체가 언제나 끝모를 비밀을 간직하고 있다는 것을 암시한다. 언어에 대한 물음은 우리를 존재 자체의 환히 열린 장소로 이끌어 감과 동시에 그렇게 열린 존재 자체의 끝 모를 깊이를 들여다보게 해준다.

존재 자체로부터 언어가 온다

그 존재 자체로부터 언어가 온다. 그래서 하이데거는 '인간이 말한다'라는 명제를 '언어가 말한다'라는 명제로 바꾼다. 인간이 말하기 전에 언어가 말한다. 왜 인간이 말하기 전에 언어가 말하는가? '언어

가 말한다'라는 명제는 하이데거의 다른 명제, 그러니까 '세계가 세계화한다', '시간이 시간화한다', '사물이 사물화한다'라는 말을 떠올리게 한다. 이 말들은 존재의 자기 전개 양상을 가리킨다. 세계와 시간과 사물이 스스로 펼쳐지는 방식으로 존재가 자기를 전개하는 것이다. 그렇다면 '언어가 말한다'는 것은 언어가 언어로서 스스로 말하는 방식으로 존재가 자기를 전개한다는 뜻일 것이다. 그러므로 '언어가 말한다'고 할 때의 '언어'는 일차로 '존재의 언어'를 가리킨다. 인간은 존재의 언어 안에서 그 언어에 응답하는 방식으로 언어를 말한다.

이런 사태를 생생하게 경험할 길이 없을까? 각 시대를 규정하는 언어, 이를테면 '고대 그리스 세계'와 '고대 로마 세계'를 규정하는 언어를 떠올려보자. 두 세계에서 언어는 아주 다른 양상으로 인간을 지배했다. 그리스 세계라는 말이 가리키는 그리스적 삶의 문법은 그리스어의 규정을 받았다. 마찬가지로 로마 세계의 삶의 문법은 라틴어의 규정을 받았다. 언어가 인간의 삶과 사유를 근원적으로 규정했다. 그런데 이 언어들은 그 시대 인간들이 직접 만들어낸 것이 아니라 역사의 시원에서부터 형성돼 당대로 이어져온 것이다. 인간들은 언어의 구조적 문법과 전승된 의미 안에서 말을 할 수밖에 없다. 그래서 그리스 사유를 간직한 그리스어가 라틴어로 번역됐을 때 그 사유에 심대한 변화가 일어났던 것이다.

언어의 다름이 사유의 다름으로 이어지는 이런 사태는 동시대의 '독일 세계'와 '프랑스 세계'에서도 확인할 수 있다. 언어라는 보이지 않은 구조적 질서가 독일 세계에 독일적 특성을 주고 프랑스 세계에 프랑스적 특성을 주는 것이다. 독일인과 프랑스인은 그 언어의 구조 안에서 사유하고 말한다. "그래서 하이데거가 보기에 현상의 구조는 언어의 구조에 지배된다. 언어는 세계에 그 모습을 준다. 특정한 한 시기의 세계의 모습은 언제나 언어적이다. 그것은 특정한 종류의 언어적 현성체 내부에서 생겨난다. 그리스 세계와 라틴 세계, 프랑스 세계와 독일 세계는 글자 그대로 이런 언어들이 형성한 세계다."16)

이런 사례에서 '인간이 말을 하기 전에 언어가 말한다'라는 명제의 의미가 뚜렷해진다. 그러나 하이데거에게서 '언어가 말한다'라는 명제는 이런 차원에 머무르지 않는다. 사태는 더 근원적이다. 하이데거는 '언어가 말한다'는 것이 가리키는 이 차원을 해명하려고 게오르크 트라클의 시 「어느 겨울 저녁」을 끌어들인다. 트라클의 시어들은 하이데거의 해명을 거쳐 본질적인 의미를 지닌 것으로 드러난다. 트라클의 시 전문이다.

창가에 눈이 내리고,
저녁 종소리 오래 울려 퍼지면,
많은 이들에게 식탁이 차려져 있고
집은 잘 정리돼 있다.

더러 방랑길에 오른 이들은
어두운 오솔길을 따라 문가로 다가온다.
대지의 차가운 수액을 머금은
은총의 나무는 금빛으로 빛난다.

길손은 조용히 안으로 들어선다.
아픔으로 인해 문지방은 단단히 굳어졌다.
그때 순수한 밝음 속에서
식탁 위의 빵과 포도주가 빛난다.

위대한 시인, 존재의 소리를 시로 짓는 시인

하이데거가 사유의 대상으로 시를 선택할 때 나름의 엄격한 기준이 있다. 그 기준이 어떤 것인지를 이 책에 실린 다른 강연문 「시 안의 언어」에서 찾아볼 수 있다. 거기서 하이데거는 이렇게 말한다.

"위대한 시인은 모두 오로지 유일무이한 시로부터만 시를 짓는다. 자신의 시 짓는 말함을 (유일무이한 시 안에서) 유지할 수 있을 만큼 그렇게 유일무이한 것에 시인이 얼마나 친숙해져 있는가, 바로 그것으로만 위대함은 측정된다."「시 안의 언어」「언어로의 도상에서」 56쪽

여기서 유일무이한 시는 '존재 자체의 시' 곧 존재 자체의 근원적인 언어를 가리킨다. 위대한 시인은 바로 존재 자체의 근원적인 시를 시로 짓는 사람이다. 그 시의 위대함을 측정하는 기준은 시인이 유일무이한 존재 자체에 얼마나 친숙해져 있는가에 있다. 시인이 존재에 가까이 다가가 머무르며 그 존재의 소리를 시로 지어냈을 때만 위대한 시인이 되며 위대한 시가 된다고 보는 것이다. 그때 시인의 시는 '존재의 시라는 바다' 위에서 일렁이는 물결과도 같은 것이어서, 그 물결을 통해서 우리는 존재의 바다의 깊이를 가늠해볼 수 있다. 하이데거가 트라클의 「어느 겨울 저녁」이라는 시를 채택했다는 것은 트라클이 바로 그런 의미의 위대한 시인이며 이 시가 그런 위대성을 품은 시라는 것을 뜻한다. 그러나 하이데거는 시의 위대성을 특정한 시인이 개성과 재능으로 성취한 것이라기보다는 시인에게 다가온 어떤 위대성이 발현된 것으로 이해한다.

"엄청난 지복 속에 성취된 다른 모든 시의 경우와 마찬가지로, 여기서도 그가 시인이라는 것은 중요하지 않다. 시가 엄청난 지복 속에 성취됐을 경우에 시인의 개성과 이름은 하찮은 것일 수도 있다."「언어」「언어로의 도상에서」 26쪽

요절한 오스트리아 표현주의 시인 게오르크 트라클.
하이데거는 트라클의 시 「어느 겨울 저녁」을 통해
'언어가 말한다'는 것의 의미를 해명한다.

위대성이 시인의 개성을 통과해 발현된 것이 트라클의 이 시다. 그래서 하이데거는 이 시의 구조와 단어 하나하나를 '유일무이한 것' 곧 존재 자체와 깊이 연관된 것으로 해석한다.

시의 말함 속에서 사물이 사물로서 펼쳐짐

세 연으로 이루어진 이 시는 어느 겨울 저녁의 풍경을 묘사하고 있다. 빵과 포도주가 차려져 있고 저녁 종소리가 내리는 눈 사이로 울려 퍼지고 은총의 나무가 빛나는 것으로 보아 아마도 성탄절 즈음인 듯하다. 시는 집 밖의 풍경과 함께 식탁이 차려진 환하고 포근한 집 안을 먼저 보여준 뒤, 오랜 방랑길을 지나온 길손의 힘겨운 발걸음을 묘사하고 나서 그 길손이 문을 열고 집 안으로 들어와 식탁으로 향하는 것으로 끝을 맺는다.

하이데거는 이 시를 '언어가 말한다'라는 것의 한 사례로 이해한다. 언어가 이 시를 통해서 말하고 있는 것이다. 그러면 이 시 안에서 언어는 어떻게 말하고 있는가? 시는 첫 연에서 '창가에 눈이 내리고,/ 저녁 종소리 오래 울려 퍼지면'이라고 말한다. "이런 말함 (Sprechen)은 날이 저물어 저녁 종소리가 울려 퍼지는 동안에 소리 없이 창가에 떨어지는 눈을 호명하고 있다."「언어」, 「언어로의 도상에서」, 30쪽 호명한다(Nennen)는 것은 부른다(Rufen)는 의미이다. 시의 말함은 부름이다. 무엇을 부르는가? 사물들을 부른다고 하이데거는 말한다.

"눈 내림은 인간을 밤의 어둠 속으로 저물어가는 하늘 아래로 데려온다. 저녁 종소리의 울림은 그들을 죽을 자들로서 신적인 것 앞으로 데려온다. 집과 식탁은 죽을 자들을 땅에 결속시킨다. 호명된 사물들은 그렇게 부름을 받은 채 하늘과 땅, 죽을 자들과 신적인 것들을 자신에게로 모아들인다. 이 넷이 근원적으로 하나로 어우러져 화합하는 것이다. 사물들은 이 넷의 사방(das Geviert)을 자기 곁에 머물게 한다.”「언어」『언어로의 도상에서』 32쪽

이것은 「사물」 강연에서 하이데거가 펼쳐 보인 '넷을 모아들여 사방을 펼치는 사물'을 떠올리게 한다. 시의 말함은 바로 이 사물들을 '넷을 모아들이는 사물들'로 존재하게 한다. 다시 말해 시의 말함을 통해서 사물들이 사물화한다. 사물들이 사물화함과 동시에 사방이 사방으로 펼쳐진다.

“우리는 사물들의 사물화 속에서 하나로 어우러져 머무르는 하늘과 땅, 죽을 자들과 신적인 것들의 사방을 세계라고 명명한다.”「언어」『언어로의 도상에서』 32쪽

말함 속에서 존재하는 것들이 사물로서 사물화하고, 그렇게 사물이 사물화하면서 사방의 넷을 모아들여 어우러지며 펼쳐지게 한다. 그렇게 어우러져 펼쳐진 사방이 바로 '세계'다. 사물들이 사물화하는 가운데 그 사물들이 세계를 내어준다. 내어줌(Austragen)은 품어줌이고 잉태함이고 건네줌이다. 그래서 이렇게 말할 수 있다.

“사물들은 사물화하면서 세계를 낳는다.”「언어」『언어로의 도상에서』 33쪽

이 시의 첫째 연을 통해서 이렇게 사물들이 사물화하고 세계가 세계로서 펼쳐진다. 이것이 바로 시의 말함, 다시 말해 언어의 말함이 하는 일이다. 시어가 사물을 명명함으로써 그 사물이 세계를 펼쳐내는(ent-falten) 것이다. 시 안에서 하나의 세계가 그렇게 펼쳐지는 것이다. 이 세계는 동시에 사물을 사물로서 베풀어준다. 세계는 존재 관계의 전체로서 존재의 열린 장을 뜻한다. 사물이란 그 존재 관계 전체를 여는 존재자를 가리키는 말이다. '단지'가 넷을 모아들여 사방을 세계로서 펼치고, 세계는 단지를 단순히 물 담는 용기가 아니라 성스러움이 깃든 단지로 베풀어주는 것과 같다. 이 시의 첫째 연은 이렇게 사물을 호명함으로써 사물이 다가오게 함과 동시에 세계를

불러내 세계로 펼친다.

둘째 연에 등장하는 '더러 방랑길에 오른 이들'을 하이데거는 존재의 부름을 받은 이들로 해석한다.

"죽을 자들이 모두 부름받는 것은 아니며 또 많은 이들이 부름받는 것도 아니고 '더러 몇몇 사람'만이 부름받는 것이다. 그들은 어두운 오솔길을 따라 방랑하는 이들이다. 이 죽을 자들은 죽음을 향한 방랑으로써 철저히 죽음을 떠맡는다. 죽음 속에는 존재의 가장 지고한 은닉성이 집결돼 있다."「언어」『언어로의 도상에서』34쪽

방랑자들은 이유 없이 집을 떠난 자들이 아니고 아무런 목적 없이 헤매는 자들이 아니다. 어쩌면 방랑자는 존재의 진리를 찾아 먼 길을 떠난 하이데거 자신을 가리킬 것이다. 하이데거는 방랑하는 자들을 집 안에 머무는 자들과 마주 세운다. 방랑하는 자들은 어두운 오솔길을 지나 오랜 방랑을 거쳐 집으로 돌아오는 자들이므로 처음부터 집에 머물러 있는 이들과는 달리 무언가를 이미 겪은 자들이다. 아마도 존재의 성스러움 아니면 존재가 은닉된 죽음의 어둠을 경험했을 것이다.

하늘과 땅을 모으는 은총의 나무

이 두 번째 연에서 하이데거의 특별한 주목을 받는 것이 '대지의 차가운 수액을 머금은/ 은총의 나무는 금빛으로 빛난다'라는 구절이다. 하이데거는 이 구절을 다음과 같이 해석한다.

"나무는 견실하게 땅 속에 뿌리를 내리고 있다. 그렇게 환히 빛나는 상태로 나무는 하늘의 축복에 자신을 열어 놓는다. 우뚝 솟은 나무가 부름을 받고 있다. 우뚝 솟은 그 모습은 특히 황홀하게 환히 빛나는 아름다움과 양분을 제공하는 수액의 싱그러움을 철저히 관통

하고 있다."「언어」『언어로의 도상에서』 35쪽

    하이데거는 이렇게 나무가 땅에 뿌리를 내린 채 하늘을 향해 솟아 있다고 해석한다. 하지만 시 자체의 흐름을 따라가면, 오랜 방랑에 지친 나그네가 문 앞에 이르러 창문을 통해서 집 안 식탁 옆에 '은총의 나무'가 서 있음을 본다고 읽는 것이 사태에 더 맞는 듯하다. 그러니까 '은총의 나무'는 아마도 숲에서 베어 온 크리스마스트리일 것이다. 그 나무가 금빛으로 빛난다는 것은 크리스마스트리에 이런저런 금빛 장식을 해놓았다는 이야기일 것이다. 그 나무는 숲에서 베어낸 지 얼마 되지 않았기 때문에 '대지의 차가운 수액을 머금은' 채로 서 있는 것이리라.

    시가 묘사하는 풍경을 이렇게 이해하는 것이 더 자연스러워 보이지만, 하이데거는 이 나무를 문 앞 가까운 곳에 뿌리를 내리고 우뚝 솟아 있는 나무로 해석한다. 마치 「예술 작품의 근원」에서 고흐의 '신발'을 농촌 여인이 밭일할 때 신는 신으로 해석했던 것처럼 여기서도 '은총의 나무'를 자신의 틀에 맞춰 해석한다는 느낌을 준다. 어쨌든 하이데거의 해석을 존중해 계속 따라가보자.

    하이데거는 금빛으로 빛나는 나무가 땅과 하늘을 모은다고 말한다. "땅의 침착한 성장과 하늘의 증여는 서로에게(zueinander) 속해 있다."「언어」『언어로의 도상에서』 35쪽 나무는 사물로서 사방을 펼친다.

    "나무의 견실한 빛남은 아무런 수고도 없이 과분하게 주어진 결실, 즉 죽을 자들에게 소중한 자비로운 구원의 정성스러움을 은밀히 간직하고 있다. 금빛으로 빛나는 나무 안에는 땅과 하늘, 신적인 것들과 죽을 자들이 주재하고 있다. 그것들이 하나로 어우러진 사방이 세계다."「언어」『언어로의 도상에서』 35쪽

    첫 번째 연에서 시의 말함이 사물들을 불러내 세계를 펼치듯이, 둘째 연에서도 금빛의 나무를 호명해 넷이 하나로 어우러지는 사방-세

계(das Welt-Geviert)가 도래하게 하는 것이다. 시어가 사물을 호명함으로써 세계를 부른다. 이렇게 사물과 세계를 호명하는 부름을 하이데거는 '말함'(Sagen)이라고 표현한다.

"말함은 세계를 사물들에게 맡기는 동시에 사물들을 세계의 광채속으로 비호하고 감싸준다. 세계는 사물들에게 자신의 본질을 베풀어준다. 사물들은 세계를 낳는다. 세계는 사물들을 허락하고 베풀어준다."「언어」『언어로의 도상에서』 36쪽

시의 말함을 통해서 사물이 사물화하고 세계가 세계화하는 것이다. 다시 말해 존재자에 성스러움이 깃들고 그 존재자를 통해서 성스러운 존재가 펼쳐지는 것이다. 그렇게 사물을 사물화하고 세계를 세계화하는 것이 바로 '말함'이다. 이때의 말함은 존재 자체의 말함이다.

하이데거는 이 사물과 세계가 나란히 병렬해 있는 것이 아니라 '한가운데'(Mitte, 중앙)를 통과한다고 말한다. 이 말은 무얼 뜻하는가? 한가운데는 사물과 세계가 공속하는 친밀성의 영역, 존재의 진리가 생기하는 바탕을 가리킨다. 그래서 하이데거는 이렇게 말한다.

"이 한가운데에서 이 둘은 하나로 어우러져 일치한다. 이렇게 하나로 어우러져 일치하는 것으로서 이 둘은 친밀하게 존재한다. 이 둘의 한가운데가 친밀성(Innigkeit)이다. 이 둘의 한가운데를 우리의 언어는 '사이'(Zwischen)라고 부른다."「언어」『언어로의 도상에서』 36~37쪽

이 '사이'는 라틴어로 말하면 '인테르'(inter)다. 또 이 '인테르'에 해당하는 독일어가 '운터'(unter, 사이)다. 왜 이 '사이'가 친밀성이라는 것인가? 그 사태를 이해하려면 '사이-나눔'(Unter-Schied)을 떠올려보아야 한다. 하이데거는 말한다.

"세계와 사물의 친밀성은 사이(Unter)의 나눔(Schied)에서 현성한다. 다시 말해 사이-나눔 안에서 현성한다."「언어」『언어로의 도상에서』 37쪽

이 사이-나눔의 사전적 의미는 구별·구분·차이를 뜻한다. 그러나 그런 통상의 의미에서는 '친밀성'이 깃들 곳을 찾을 수 없다. 이 낱 말을 '사이의 나눔'으로 이해할 때에야 친밀성이 깃드는 그 '사이'를 찾아볼 수 있다. '사이'는 사물과 세계가 공속하는 친밀성의 공간이다. 하이데거는 사이-나눔을 이렇게도 설명한다.

"사이-나눔은 세계를 그것의 세계화 속으로 내어주고, 사물들을 그것들의 사물화 속으로 내어준다. 이렇게 세계와 사물들을 내어주면서 사이-나눔은 그것들을 서로에게 실어 나른다(einander zutragen)" 「언어」 『언어로의 도상에서』 37~38쪽

사이-나눔이 세계를 세계화하고 사물을 사물화하는데, 이때 세계와 사물은 서로를 서로에게 실어 나른다. 바로 이 사태, 사물이 자신을 세계로 나르고 세계가 자신을 사물로 나르는 것이 바로 '서로-나름'(Austrag, 내어줌)이다. 서로-나름이란 세계가 세계로 펼쳐지면서 사물을 내어주고 사물이 사물로 펼쳐지면서 세계를 내어주는 그 공속과 분화의 사태를 가리킨다. 사이-나눔은 서로-나름으로 펼쳐진다. 다시 말해 친밀성의 영역에서 사물과 세계가 일어나 사물이 세계를 내어주고 세계가 사물을 내어준다.

사이-나눔은 존재와 존재자 사이의 나눔

이 사이-나눔과 서로-나름의 사태를 좀더 명료하게 이해하는 길이 없을까? 사이-나눔이란 세계와 사물의 '사이-나눔'이다. 세계와 사물은 하이데거의 사유에서 다른 말로 하면 존재와 존재자다. 다시 말해서 '사이-나눔'은 존재와 존재자의 존재론적 차이를 가리킨다. 그렇다면 어떻게 '사이-나눔'이 존재론적 차이를 뜻하는가? 사이-나눔은 '사이 영역'과 '나눔 영역'으로 나누어볼 수 있다.

'사이'는 세계와 사물이 나뉘기 이전의 어떤 공속성을 뜻한다. 이 공속성에서 세계와 사물의 나뉨이 일어난다. '사이'에 해당하는 독일어 '운터'(Unter)는 '아래' '하부'라는 다른 의미도 품고 있다. 그러므로 '사이'는 사물과 세계를 가르는 중간을 뜻함과 동시에 사물과 세계의 가름이 일어나는 '하층', '바탕'을 뜻한다고 볼 수도 있다. 다시 말해 '사이'는 심연의 바탕으로서 존재 자체를 가리킨다. 세계와 사물은 심연의 바탕으로서 존재 자체에 함께 속해 있다. 이 공속의 바탕으로부터 '나눔'이 일어나 세계와 사물로 나뉜다. 그러므로 사이-나눔이란 사이의 영역 곧 심연의 바탕으로서 존재 자체의 영역에서부터 나눔이 자라 올라 세계와 사물로 나뉘는 그 사태를 가리킨다.

그렇다면 '서로-나름'이란 무엇을 뜻하는가? 서로-나름은 세계와 사물이 나뉘어 서로를 내어줌이다. 다시 말해 사물이 사물화하면서 세계를 내어주고, 세계는 세계화하면서 사물을 사물로서 내어준다. 그래서 서로-나름을 통해서 사물이 사물로 펼쳐지고 세계가 세계로 펼쳐지는 것이다.

그런데 '세계'는 고정돼 불변하는 것이 아니라 시대마다 그 형세가 달라진다. 마찬가지로 사물도 시대마다 그 본질이 달라진다. 어떤 때는 '대상'이 되고 어떤 때는 '부품'이 된다. 따라서 서로-나름은 역사적인 차원에서 존재(세계)와 존재자(사물)의 상호 관계 양상을 가리킨다고 할 수 있다. 사이-나눔을 일으키는 그 사이 곧 바탕, 다시 말해 존재 자체는 형이상학의 시대에는 서로-나름을 내어주면서 그 자신은 자기 안으로 은닉한다. 그래서 존재 자체는 밖에 머무른다 (ausbleiben). 다시 말해 부재한다. 이를테면 기술 지배 시대에 존재가 '게슈텔'로 펼쳐질 때, 그 게슈텔을 준 것은 존재 자체지만 동시에 존재 자체는 게슈텔 밖으로 빠져나가 스스로 심연 속으로 숨어버린다. 반대로 사물이 성스러운 사물로서 사물화하고 세계가 성스러운 세계로서 세계화하는 다른 시대라면 존재 자체는 자신을 바로 그 사물과 세계로서 내보일 것이다. 그때가 바로 새로운 시원이 펼쳐지는 시대, 제2의 시원이다.

우리 시대는 기술 지배가 극단화한 시대다. 그래서 하이데거는 그 기술 지배 시대의 존재 은닉을 게슈텔이라는 이름으로 묘사한다. 동시에 하이데거는 그 기술 시대를 넘어서 도래할 제2의 시원을 사물과 세계의 성스러운 관계를 통해서 묘사하려고 한다. 이 제2의 시원과 함께 존재 자체는 자신을 성스러운 사물과 세계로 드러낼 것이다. 그때 인간은 존재 망각에서 깨어날 것이고 존재 자체는 그 은닉과 부재에서 돌아올 것이다. 그러나 그때에도 존재 자체의 심연과도 같은 비밀과 신비는 고유하게 간직될 것이다. 존재는 어떤 경우에도 자신의 전모를 내보이지 않기 때문이다. 어쨌든 이런 존재와 존재자의 차이, 세계와 사물의 '공속과 분화'를 가리켜 보여주는 것이 바로 사이-나눔과 서로-나름이다. 하이데거가 트라클의 시에서 펼쳐 보이는 세계와 사물의 '사이-나눔'과 '서로-나름'은 제2의 시원과 함께 펼쳐질 세상을 그려 보여주는 것이라고 할 수 있다.

그러므로 사이-나눔이라는 말은 그 본래 의미를 따져 들어가면 단순히 차이를 뜻하는 것이 아님이 분명해진다. 하이데거는 사이-나눔이 오직 '하나'로만 존재한다고 말한다. "그것은 유일무이하다."「언어」「언어로의 도상에서」 37쪽 사이-나눔은 존재 자체와 관련된 사태다. 존재 자체는 유일무이하다. 우리가 우주 만물을 포함한 존재자 전체의 그 전체를 떠올려볼 때, 그 전체 존재가 바로 존재 자체다. 그 전체로서 존재 자체는 '하나'일 수밖에 없다. 무한히 큰 하나가 존재자 전체의 그 전체다. 존재 자체는 바로 이 하나이며, 이 하나에서 존재자들이 존재자들로서 펼쳐지는 것이다. 유일무이한 하나로서 존재 자체에서 사이-나눔을 통해 세계와 사물들이 나뉘고 그것들이 '서로-나름'을 통해 서로가 서로를 내어줌으로써 마치 화엄 세계와도 같은 성스럽게 빛나는 세상이 펼쳐지는 것이다. 하이데거가 이야기하려는 것이 바로 이런 사태다.

사이-나눔은 존재와 존재자 사이의 나눔이다. 하이데거가 강조하는 것은 이 사이-나눔이 '대상들' 사이의 구별이 아니라는 사실이다. 우리는 사이-나눔을 생각할 때 우리 인식의 한계 때문에 어쩔 수 없이 대상들을 눈앞에 떠올리고 그 대상들을 구별하는 방식으로 존재와 존재자, 세계와 사물을 나누어 보려고 한다. 그러나 존재는 존재자가 아니므로 대상들처럼 구체적인 형상으로 나타날 수 없다. 그래서 하이데거는 이렇게 말한다.

"사이-나눔은 구별도 아니요 관계도 아니다. 사이-나눔은 최상의 경우에 세계와 사물을 위한 차원이다."「언어」,『언어로의 도상에서』 38쪽

사이-나눔이 최상으로 나타날 경우에 세계와 사물의 나뉨을 준다. 사이-나눔은 처음으로 세계와 사물의 서로 나뉨과 서로 향함을 열어놓는다. 트라클의 시는 바로 이 사이-나눔의 사건을 말한다. 시의 첫째 연은 세계를 낳는 사물들이 다가오도록 명하고, 둘째 연은 사물들을 베풀어주는 세계가 다가오도록 명하며, 셋째 연은 세계와 사물을 위한 '한가운데'가 다가오도록 명한다.「언어」,『언어로의 도상에서』 39쪽

시대의 운명을 견디는 강인함

하이데거는 특히 셋째 연에서 '문지방'을 사이에 두고 집 안과 집 밖이 나뉨을 사이-나눔이 일어나는 상황으로 해석한다. '길손은 조용히 안으로 들어선다. / 아픔으로 인해 문지방은 단단히 굳어졌다.' 눈여겨볼 것은 '아픔'이라는 낱말이다. 문지방이 아픔으로 인해 돌

처럼 단단히 굳어졌다고 이 시는 말한다. 그 사태를 하이데거는 다음과 같이 풀이한다.

"문지방은 문 전체를 지탱해주는 주춧돌이다. 그것은 안과 밖이라는 이 두 가지가 서로 통과하고 지나가는 한가운데를 유지하고 있다. 문지방은 이런 사이를 지탱해주고 있다. 사이 속에서 안으로 들어오고 밖으로 나가는 것은 이런 사이의 신뢰성에 의지하고 있다. 한가운데의 신뢰성은 어떤 방향으로도 기울어지지 않는다. 사이의 내어줌(Austrag, 서로-나름)은 끈기를 필요로 하며 이런 의미에서 강인함을 필요로 한다."「언어」『언어로의 도상에서』 40쪽

문지방이 안과 밖을 연결해주는 '사이'다. 그런데 이 사이가 사이로서 구실을 하려면 끈기가 필요하며 강인함이 필요하다고 하이데거는 이야기한다. 왜 그럴까? 문지방 곧 사이가 서로-나름(Austrag)이 일어나는 장이기 때문이다. '아우스트라크'(Austrag)의 동사형인 '아우스트라겐'(austragen)에는 '만삭이 될 때까지 품고 있다'는 뜻이 있다. 서로-나름, 곧 사물과 세계의 서로-나름은 아무 어려움 없이 그냥 이루어지는 일이 아니다. 서로-나름은 시간을 요하고 견딤을 요하며 출산할 때까지 끈기 있게 품는 그런 강인함을 요하는 일이다.

이것은 아마도 존재의 역사에서 새로운 시원이 열릴 때까지, 다시말해 존재자 전체가 성스러운 세계 속에 성스러운 사물로서 드러날 때까지 많은 시간이 걸릴 것이고 많은 고통이 따르리라는 이야기일 것이다. 그 '때'가 오기 전까지 인간은 많은 시간을 견디며 기다려야 한다. 그러나 그 때가 언제 올지는 아무도 단정해서 말할 수 없다. 사도 바울이 '해산할 여자에게 닥치는 진통과 같이 그때를 알 수 없다'(「데살로니카인들에게 보내는 첫째 편지」 5장 3절)고 했던 것처럼 '밤중의 도둑같이' 그 때가 닥칠 수 있다. 그러나 그 때가 오기까지는 강인

함으로 시대의 운명을 견뎌야 한다.

하이데거는 이 아픔에 관해 다음과 같이 말한다.

"아픔으로 인해 문지방은 단단히 굳어졌기에, 문지방은 사이의 내어줌(서로-나름)으로서 강인한 것이다. 그러나 이미 돌처럼 굳어져 버린 아픔은 문지방 속에서 경직될 정도로 그렇게 문지방 속으로 스스로 석화하고 있는 것이 아니다. 아픔은 문지방 속에서 줄곧 참아내면서 아픔으로서 현성하고 있다." 「언어」 「언어로의 도상에서」 40쪽

이 아픔은 사이-나눔을 통해서 세계와 사물이 현성할 때까지 계속된다.

"문지방은 사이, 즉 자기 안에서 둘로 나뉜 것의 한가운데를 견뎌낸다. 아픔은 사이-나눔의 찢음을 이어준다. 아픔은 사이-나눔 자체다." 「언어」 「언어로의 도상에서」 41쪽

이 아픔은 인간이 견뎌야 할 아픔이지만, 이어지는 하이데거의 설명은 이 아픔이 존재 자체가 사이-나눔으로서 견뎌야 할 아픔이기도 함을 짐작하게 해준다. 사이-나눔이 세계와 사물로 일어날 때까지, 다시 말해 사물이 세계를 낳고 세계가 사물을 베풀어줄 때까지 존재 자체도 아픔을 견뎌야 하는 것이다. 이 사태를 하이데거는 이렇게 표현한다. "세계와 사물을 위한 사이-나눔의 친밀성이 아픔이란 말인가? 물론 그렇다." 「언어」 「언어로의 도상에서」 41쪽

식탁 위의 빵과 포도주, 세계의 성스러움

이어지는 시구는 아픔을 견디고 난 다음의 상황을 보여준다. '그때 순수한 밝음 속에서/ 식탁 위의 빵과 포도주가 빛난다.' 식탁 위의 빵과 포도주는 세계를 낳는 사물들을 뜻한다. 빵과 포도주는 성스러운 제의의 음식이 된다. 빵과 포도주라는 사물이 성스러운 제의의 음식

으로 사물화하는 것이다. 그리고 사물이 이렇게 사물화할 때 '순수한 밝음'으로 세계가 세계화한다. 세계가 성스러운 세계로 펼쳐지는 것이다. 이렇게 펼쳐지는 세계는 또한 동시에 빵과 포도주에 성스러움을 베풀어준다. 이 상황을 하이데거는 이렇게 묘사한다.

"금빛의 광채 속에서 세계가 청명해짐으로써 동시에 빵과 포도주도 환한 빛남 속에 이르게 된다. 위대하게 호명된 사물들은 사물화하는 자신의 소박함(Einfalt, 하나로 포개짐) 속에서 빛난다." 「언어」 『언어로의 도상에서』 42쪽

빵과 포도주는 땅과 하늘, 인간과 신들을 모아들인다.

"빵과 포도주는 신적인 것들이 죽을 자들에게 선사하는 하늘과 땅의 결실이다. 빵과 포도주는 단순하고 소박한 넷의 어울림으로부터 이 넷을 자기 안에 모은다." 「언어」 『언어로의 도상에서』 42쪽

이렇게 사물은 세계를 낳고 세계는 사물에게 은혜를 베푼다.

"세계의 순수한 밝음과 사물들의 단순하고 소박한 빛남이 이 둘의 사이를, 즉 사이-나눔을 철저히 관통하면서 가늠하고 있다." 「언어」 『언어로의 도상에서』 43쪽

하이데거는 트라클의 시를 통해서 존재 자체의 사이-나눔이 '사물의 사물화와 세계의 세계화'를 낳는 과정을 선명하게 보여준다.

시인의 말함은 사물과 세계를 불러냄이다. 그런데 시인의 부름은 결국 사이-나눔으로서 존재 자체의 부름에 순응하는 방식으로 불러낼 때 본래적인 부름이 된다. 다시 말해 시인의 말함은 존재의 말함에 상응할 때 참된 말함이 된다. 하이데거는 이 말함이 바로 존재의 말함이고 그것이 바로 '언어의 말함'이라고 말한다. "언어는 말한다" (Die Sprache spricht). 하이데거는 이 언어가 "사물-세계와 세계-사물을 사이-나눔의 사이 속으로 다가오도록 명하는 가운데 말한다"고 이야기한다. 「언어」 『언어로의 도상에서』 44쪽 '사이'란 존재 자체를 가리킨

다. 그러므로 언어, 곧 존재의 언어가 사물-세계와 세계-사물을 존재 자체로 오도록 명한다는 얘기다. 존재 자체가 사이-나눔으로서 사물-세계와 세계-사물을 내어줌과 동시에 다시 존재 언어의 부름을 통해 사물-세계와 세계-사물이 사이로, 존재 자체로 오도록 하는 것이다. 이 쌍방향의 과정을 거쳐 언어의 말함이 언어의 본질 장소로 깊어져 간다. 언어의 말함은 한편으로는 시인의 언어의 말함이고 다른 한편으로는 존재의 언어의 말함이다. 시인의 언어의 말함이 깊어질수록 그것은 언어의 본질 장소 곧 존재 자체에 가까워지게 되는 것이다.

존재의 명령을 뒤따르는 시인의 말함

분명한 것은 시인의 말함이 존재의 명령을 뒤따른다는 사실이다. 시인은 아무렇게나 홀로 말하는 것이 아니라, 다시 말해 자신이 만든 상상력의 공간에서 자기 좋을 대로 시를 쓰는 것이 아니라, 존재의 부름과 명령에 응답하는 방식으로 시를 쓰는 것이다. 이렇게 하여 존재의 언어는 시인의 시어로 나타나고, 그렇게 나타난 존재의 언어는 사이-나눔의 명령을 수행한다.

"사이-나눔은 사물의 사물화를 세계의 세계화 안에 고요히 머무르게 한다. 사이-나눔은 사물을 사방의 고요(Ruhe) 속으로 고유하게 탈생기함한다. 이런 탈생기함(Enteignen)은 사물에게서 아무것도 빼앗지 않는다." 「언어」 『언어로의 도상에서』 44쪽

존재 자체의 사이-나눔은 사물을 사물화하고 세계를 세계화한다. 그런데 여기서 하이데거는 존재 자체의 사이-나눔이 사물을 사방의 고요 속으로 탈생기함한다고 말한다. 여기서 '탈생기함'은 사물이 본래의 사물로 사물화하도록 함과 동시에 존재 자체가 자신을 스스

로 감추는 사태를 가리킨다. 이 말은 무엇을 뜻하는가? 사물이 사물화할 때 사물은 사방을 머금은 사물로서 빛난다. 그러나 이때 사물의 모든 것이 탈은폐되는 것은 아니다. 사물은 사물로서 빛나지만 동시에 그 사물은 어떤 심연의 깊이를 간직하고 있다. 사물은 자신의 전모를 드러내 보이지 않는다. 존재 자체가 뒤로 물러나 자기를 감추기 때문이다. 분명히 존재 자체는 사이-나눔을 통해서 사물을 사물로서 빛나게 한다. 그러나 동시에 존재 자체는 자신을 심연 깊숙이 감춘다. 그래서 사물은 신비스러운 깊이를 지닌 사물로서 성스러움을 머금게 되는 것이다. 이 신비스러운 깊이를 인간의 이성적인 해부의 칼날이 아무리 파헤쳐 들어가더라도 그 깊이를 다 드러낼 수 없다. 그아득한 깊이 속에서 성스러움이 피어나는 것이다. 사물이 단순한 물건이나 부품이 아니라 그 자체로 성스러움을 간직한 사물로 드러나는 것은 바로 이 헤아릴 길 없는 깊이 때문이다. 존재 자체가 자신을 감춤으로써 그런 심연의 깊이를 사물에 증여하는 것이다.

그러므로 여기서 '탈생기함'이라는 것은 존재 자체의 생기함의 본래 모습을 가리키는 것이지, 존재 역운에 따라 형이상학적인 존재로, 이를테면 '게슈텔'로 자신을 드러냄과 동시에 자신을 감추는 그런 '탈-생기' 곧 존재의 '밖에 머무름'을 가리키는 것이 아니다. '존재의 본래적인 생기로서 탈생기'는 '존재의 밖에 머무름으로서 탈-생기'와 용어는 같지만 차원은 전혀 다르다. 존재 자체가 본래적 차원에서 자신을 사물과 세계로 드러내더라도 그 존재 자체는 여전히 자신을 심연의 어둠 속에 감추는 것이다.

사이-나눔, 존재 자체의 본래적인 생기

그렇다면 존재 자체의 이 본래적인 생기는 사이-나눔을 가리킨다고 해야 할 것이다. 존재 자체의 생기란 사이-나눔의 방식으로 사물을 사물화하고 세계를 세계화하는 바로 그 사태를 가리키는 말인 것이다. 생기(Ereignis)란 '고유하게(-eignis) 일어나 열림(Er-)'을 뜻한다. 그러므로 생기란 존재 자체가 고유하게 일어나 존재와 존재자를 주는 '사이-나눔'의 사건이다.

그러나 여기서 잊지 말아야 할 것은 존재 자체가 존재와 존재자를 준다고 해서, 존재 자체가 아무것도 없는 '무'에서 존재자를 탄생시킨다는 것을 뜻하지 않는다는 사실이다. 존재자라고 부를 수 있는 어떤 것은 있다. 그러나 그 어떤 것은 존재의 규정을 받을 때에만 존재자가 된다. 존재 자체가 존재자를 준다는 것은 무에서 유를 탄생시킨다는 것이 아니라 이렇게 존재를 증여함으로써 존재자가 존재자로서 존재하게 한다는 것을 뜻한다. '단지'는 무언가를 담는 것으로 있다. 특정한 국면에서 사물화할 때 단지는 사물이 된다. 단지를 사물로서 사물화하는 것이 바로 존재 자체의 사이-나눔인 것이다. 사이-나눔이 존재자를 준다는 것은 바로 그런 의미다. 요컨대 사이-나눔은 사물을 사물화하고 세계를 세계화함으로써 이 둘이 화동하여 머무르게 한다. 동시에 사이-나눔은 사물과 세계를 그 고유함 속에 머물게 하면서 세계와 사물을 이 둘의 친밀성의 한가운데로 부른다.

존재의 언어는 인간의 언어와 달리 '정적의 울림'(Das Geläute des Stille)이다. 존재의 언어는 종탑에서 울리는 종소리처럼 울려 나오지만, 그 울림의 소리는 우리의 귀에 들리지 않는다. 우리의 청각이나 시각은 오직 존재자만을 잡을 수 있기 때문이다. 그러므로 존재 언어의 울림을 알아들으려면 우리 인간이 존재를 향해 깨어나야 한다. 이렇게 깨어난 자가 바로 존재의 언어를 시어로 가져오는 시인일 것이다.

존재의 언어는 그 언어를 알아듣는 인간을 필요로 한다. 존재가 자신을 드러낼 터전은 인간 현-존재가 아닌 다른 어떤 곳일 수 없다. 마찬가지로 존재의 언어는 인간을 통해서 인간의 언어를 통해서 울려나올 수밖에 없다. 인간의 언어 가운데 가장 순수한 언어가 바로 시어다. 시어를 통해서 존재의 언어는 울려나오는 것이다. 하이데거는 시야말로 가장 본래적인 언어라고 말한다. 왜냐하면 바로 그 시를 통해서 존재의 언어가 울려나오기 때문이다. 시어가 가장 본래적인 언어라면 우리의 일상 언어는 어떤 것인가?

"본래적인 시는 결코 일상 언어의 한 차원 높은 방식(Melos, μέλος, 노래·가락)이 아니다. 오히려 거꾸로 일상적 담론은, 망각돼버릴 정도로 지나치게 남용돼서 이제는 아무런 부름도 거의 울리지 않는 그런 시일 것이다."「언어」『언어로의 도상에서』 49쪽

우리의 상식은 시라는 것이 일상 언어를 순화한 것, 일상 언어보다 한 차원 높은 것이라고 여기지만 하이데거는 반대로 말한다. 일상 언어란 시가 퇴락한 것, 그래서 아무것도 불러내지 못하게 된 시라는 것이다. 시어는 바로 존재 자체를 불러내고 그리하여 존재 자체가 사물-세계와 세계-사물로서 빛나게 한다. 바로 그렇게 불러내 진리로 빛나게 하는 힘을 상실해버린 것이 바로 일상 언어다. 그러므로 시와 산문을 대립시키는 것도 옳지 않다고 하이데거는 말한다. 순수한 산문은 시적인 것이어서 불러내는 힘이 있다. 다시 말해 존재의 진리를 불러내는 힘이 있다. 이때 '순수한 산문'이라는 것은 바로 이 존재의 진리를 불러내는 힘을 지닌 산문 곧 사유를 담은 산문을 가리킨다.

일상의 빈말, 진리를 불러 모으지 못하는 퇴락한 말

하이데거는 여기서 인간의 말함을 존재의 언어와 관련해 다시 한 번 강조한다. 사람들은 흔히 언어의 본질이 '주체로서 인간이 사물

과 사태를 불러내는 말함'에 있다고 생각한다. 그러나 인간의 말함은 자립적으로 존재하지 않는다. 인간의 말함은 죽을 자들의 말함이다. 죽을 자들의 말함은 언어가 말하는 그런 말함과의 관계 속에 존립한다.「언어」『언어로의 도상에서』 49쪽 인간의 말함은 결코 인간의 주체적 의지 아래 단독으로 있는 것이 아니다. 인간이 말하기 전에 먼저 존재가, 존재의 언어가 말한다. 인간의 말함은 존재의 언어의 말함 안에서 그 말함에 대한 대응인 것이다.

물론 인간의 모든 말함이 다 존재의 언어에 대한 응답인 것은 아니다. 인간의 말은 분주한 일상 속에서 대개 존재를 돌보지 않는 빈말, 그래서 아무런 진리도 불러 모으지 못하는 퇴락한 말이다. 그러나 그때에도 인간의 말함은 존재의 언어를 외면하는 방식으로 존재의 언어 안에 있다고 해야 할 것이다. 인간이 본래적으로 말한다는 것은 외면했던 존재를 향해 귀를 기울여 그 정적의 소리를 듣고 거기에 응답하는 방식으로 말한다는 것을 뜻한다.

"죽을 자들은 귀를 기울이는 한에서 말한다. 비록 그들이 부름을 알아듣지 못한다고 하더라도, 그들은 사이-나눔의 정적이 명하는 부름에 주의를 기울인다."「언어」『언어로의 도상에서』 50쪽

죽을 자로서 인간은 존재의 언어를 듣고 따르는 자다. 바로 이렇게 존재의 울림에 응답하는 말함을 숙고하는 것이야말로 우리 시대의 회피할 수 없는 과제가 됐다고 하이데거는 말한다. '언어가 말한다'는 것은 존재가 말한다는 것을 뜻함과 동시에 인간이 존재의 언어에 응답하는 방식으로 말한다는 것을 뜻한다. 인간은 바로 이런 응답함을 배워야 한다. 그러므로 "모든 것은 언어의 말함 안에 거주하는 법을 배우는 데 달려 있다."「언어」『언어로의 도상에서』 52쪽

슈테판 게오르게의 시 '말'

하이데거의 언어 사유가 집결된 『언어로의 도상에서』에는 게오르크 트라클의 시 「어느 겨울 저녁」과 함께 독일 서정시인 슈테판 게오르게(Stefan George, 1868~1933)의 시 「말」이 사유의 거점으로 등장한다. 이 시를 존재 사유의 빛 속에서 해명한 것이 「언어의 본질」이라는 제목의 글이다. 「언어의 본질」은 1957~1958년 프라이부르크 대학 일반교양 강좌에서 한 세 차례 연속 강연을 엮은 것이다. 이 강연에서 하이데거는 특히 '말이 부서진 곳에서는 어떤 사물도 존재하지 않으리라'라는 게오르게 시의 마지막 행에 주목한다. 하이데거의 해명은 '언어의 본질'로 육박해 들어간다. 이 해명을 통해 '언어의 본질'이 '본질의 언어'로서 사물에게 사물의 고유한 존재를 주고 있음이 드러난다.

하이데거는 '인간의 경험'이라는 것이 무엇을 뜻하는지 이야기하는 데서 논의의 문을 연다. 우리는 보통 '경험한다'(erfahren)는 것을 인간이 능동적으로 어떤 사태를 통과하여 그 체험을 내 것으로 만든다는 뜻으로 받아들인다. 그러나 하이데거는 경험의 사태를 전혀 다르게 이해한다.

"어떤 것과 더불어 경험을 한다는 것은 곧 그것이 우리를 향해 거슬러 온다는 것, 즉 우리를 덮치고 우리를 사로잡고 우리를 동요시키고 변화시킨다는 것을 뜻한다."「언어의 본질」 『언어로의 도상에서』 209쪽

경험한다는 것은 우리가 주체적으로 사태를 가로지르는 것이 아니라 오히려 사태가 우리에게 다가와 우리를 흔들어버리는 것, 그래서 우리 쪽에서 보면 '당함 혹은 겪음'(widerfahren)이 되는 것을 말한다. 어떤 사태가 스스로 자기를 보내 우리를 그 사태에 따르게 하는 것이 바로 경험이다. 이런 의미의 경험을 하이데거는 언어에 대

한 우리의 경험에 적용한다. 언어와 더불어 경험한다는 것은 "우리가 언어의 부름(Anspruch, 요청)에 관여해 들어가 그것에 순응함(sich fügen)"을 뜻한다.『언어의 본질』『언어로의 도상에서』 210쪽 그렇게 언어의 부름에 순응하는 인간을 하이데거는 '현-존재'(Da-sein)라고 부른다. 현-존재란 인간이 존재의 진리의 열린 터전으로 있음을 가리킨다. 그런데 하이데거는 여기서 현-존재를 언어와 관련시킨다.

"인간은 현-존재로서 본래적으로 머무를 거처를 언어 안에 두고 있다."『언어의 본질』『언어로의 도상에서』 210쪽

언어야말로 존재 진리가 고유하게 일어나는 터전 곧 '존재의 집'이라는 얘기다. 인간은 언어 곧 존재의 집 안에 거처를 두기에 현-존재 곧 존재 진리의 열린 터전이 되는 것이다. 우리가 언어와 함께 경험한다는 것은 현-존재로서 언어 곧 존재의 집 안에서 언어의 사태를 겪는다는 것을 뜻한다. 그 언어의 사태 안에 언어가 우리에게 다가와 우리를 뒤흔들고 변화시키는 그런 경험의 가능성이 놓여 있다.

그러나 이런 설명과 함께 우리는 언어와 우리의 관계에 대한 해명의 길에 이제 막 들어섰을 뿐이다. 언어와 더불어 경험한다는 것은 언어에 관한 지식을 쌓는 것과는 다르다. 중요한 것은 언어를 언어 자체로 경험하는 것이다. 그런데 언어 자체를 경험할 기회를 얻기는 쉽지 않다고 하이데거는 말한다. 왜 그런가? 우리가 언어를 언어로서 경험하려면, 다시 말해 언어의 본질 자체를 경험하려면 언어가 먼저 자기를 내주어야 하기 때문이다. 인간이 언어의 본질을 경험할 수 있도록 언어가 인간에게 언어에 다가갈 기회를 주어야 하는 것이다. 언어의 본질을 경험하고 싶다고 해서 인간이 마음 내키는 대로 그런 경험을 할 수 있는 것은 아니다. 언어가 허락해줄 때에만 그런 경험에 다가갈 수 있다. 그러므로 언어의 본질을 경험할 기회는 드물 수밖에 없다. 우리는 언제 어디서나 말을 하고 살지만 그렇게 말을 한

다고 해서 언어의 본질을 경험하는 데 이를 수 있는 것은 아니다. 경험의 대상이 되는 것이 먼저 우리에게 닥쳐와야 한다. 언어가 자신을 언어로, 낱말(Wort)로 보내줄 때에만 우리는 언어의 본질을 경험할 수 있다.

그런데 우리의 일상적인 언어생활을 보면 우리는 우리가 관심을 품은 사태에 관해서만 말할 뿐이지 그 말함을 허용해주는 언어 자체를 사유하지는 않는다. 우리가 언어를 사유하지 않는다는 것은 "언어 자체가 자기를 언어로 데려오지 않고 자기를 삼가면서 자기 안에 머무르고 있다"는 것을 뜻한다.「언어의 본질」『언어로의 도상에서』 213쪽 언어 자체가 자기 안에 머무르고 있기 때문에 우리는 언어를 사유할 수 없고 경험할 수 없다. 그러나 동시에 언어 자체가 자신을 그렇게 숨기고 있기 때문에 우리는 언어를 망각한 채로 일상의 사태에 몰두해 말을 쏟아낼 수도 있다. 마치 우리가 존재를 망각하기에 존재자에 몰두할 수 있듯이, 언어를 망각하기에 우리는 일상의 말에 몰입할 수 있는 것이다.

그렇다면 언제 어디서 언어 자체는 낱말로 오는 것일까? 다시 말해 우리는 언제 어디서 언어의 본질을 경험할 수 있을까? 하이데거는 '무언가가 우리에게 다가와 우리를 사로잡고 낚아채고 자극하는데 바로 그것을 가리켜 부를 적당한 낱말을 발견하지 못할 때, 바로 거기에서 기이하게도 언어 자체가 낱말로 온다'고 말한다.「언어의 본질」『언어로의 도상에서』 214쪽 다시 말해 언어가 막다른 골목에 부닥쳐 부서질 때 바로 그때 언어가 우리에게 온다는 것이다.

하이데거의 이런 설명은 「형이상학이란 무엇인가」에서 무를 통해서 존재를 설명하는 방식과 유사하다. 우리가 느끼는 격심한 불안 속에서 모든 존재자가 무로 꺼져버릴 때 바로 그 무 속에서 존재가 드러나는 것처럼, 언어가 막다른 골목에 부닥쳐 무로 흩어져버릴 때 바로 그 순간에 기이하게도 언어가 낱말로 다가온다는 얘기다. 이렇게 말로 표현할 수 없는 사태를 맞아 그 사태를 말로 데려오려고 하는 사람들이 바로 시인이다. 또 시인은 그런 사태 자체를 시로 지어내기도 한다. 바로 그런 경우를 슈테판 게오르게의 시 「말(Das Wort)」이 보여준다고 하이데거는 말한다. 하이데거는 게오르게의 시를 통해 이 언어의 역설적인 사태로 다가간다. 하이데거가 해명하는 게오르게의 「말」 전문은 다음과 같다.

아득히 먼 기적이나 꿈을
나는 내 나라의 가장자리로 가져왔네.

그래서 늙은 운명의 여신이 그녀의 샘에서
그 이름을 찾을 때까지 간절히 기다렸다네–

그러자 나는 그것을 단단히 붙잡을 수 있었다네
이제 그것은 꽃피어나 방방곡곡에서 빛나고 있네…

언젠가 나는 쾌적한 여행 끝에
풍요롭고 다정한 보석 하나를 가져왔다네.

여신은 오래 찾다가 내게 알려주었지:
'여기 깊은 바닥엔 아무것도 잠들어 있지 않아'

그러자 보석은 내 손에서 빠져나갔고
두 번 다시 나의 나라는 그 보물을 얻지 못했다네…

그렇게 나는 슬프게도 체념을 배우노니:
말이 부서진 곳에서는 어떤 사물도 존재하지 않으리라.

　표면의 의미만 따라가면 이 시는 시 짓기의 황홀과 고통을 이야기하는, 그러니까 시에 대한 시라고 할 수 있다. 첫째 연부터 셋째 연까지는 시 짓기에 성공한 경험을 이야기하고 있다. 시인은 '아득히 먼 기적 혹은 꿈'의 이미지를 가져와 운명의 여신에게 보여준다. 그러자 여신은 그 이미지에 적합한 말을 샘 깊은 곳에서 찾아내 시인에게 준다. 시인은 어떤 꿈과 같은 이미지를 운명의 여신에게서 받은 시어로 표현함으로써 시로 빚어냈고 그래서 그 시는 꽃처럼 피어나 빛을 뿜는다. 넷째 연에서 일곱째 연까지는 전혀 다른 경험을 이야기한다. 이번에 시인은 여행에서 보석을, 다시 말해 또 다른 놀라운 시적 이미지를 발견해 그것을 시어로 표현하려고 분투한다. 그런데 샘의 저 깊은 바닥을 아무리 샅샅이 뒤져도 적당한 말이 나오지 않는다. 보석과도 같은 시적 이미지를 표현할 시어를 찾아내지 못하는 것이다. 그 보석 같은 이미지는 시의 나라에 들어서지 못하고 흩어져버린다. 이미지를 잃어버린 시인은 마지막 연에서 슬픔 속에 말한다. '말이 부서진 곳에서는 어떤 사물도 존재하지 않으리라.' 시적 이미지가 말을 얻지 못하면 사물은 사물로서 드러나지 못하고 사라져버릴 것이라는 탄식이다.

　이렇게 시의 표면을 따라가면, 이 시는 분명히 시의 실패 또는 시인의 실패를 노래하는 시로 다가온다. 그러나 하이데거는 이 시를 이런 표면적인 의미에서 떨어져 아주 다른 방식으로 해석한다. 특히 마지막 행의 '말이 부서진 곳에서는 어떤 사물도 존재하지 않으리라'를 자신의 언어 사유에 입각해 표면의 의미와는 거의 정반대로 풀이한다. 이제 하이데거가 이 시를 이해하는 방식을 뒤따라 가보자.

독일의 서정시인 슈테판 게오르게.
하이데거는 언어의 본질과 관련해 게오르게의 시 「말」의 마지막 행에 주목했다.
"말이 부서진 곳에서는 어떤 사물도 존재하지 않으리라."

말이 부서진 곳에는 어떤 사물도 존재하지 않으리라

하이데거는 먼저 시의 마지막 행 곧 '말이 부서진 곳에서는 어떤 사물도 존재하지 않으리라'에 주목한다. 이 시구가 말하는 것은 "사물을 지칭할 말이 발견되는 곳에서 비로소 사물이 사물로 존재한다"는 것이다.「언어의 본질」『언어로의 도상에서』 217쪽 말이 있고서야 비로소 사물이 존재한다는 것이다. 이것이 '참된 사태 관계'라고 하이데거는 말한다. 그러나 사람들은 거꾸로 생각한다. 사물이 있고서야 그 사물에 적합한 말이 생겨난다고 생각하는 것이다. 우주선이 먼저 존재하고 나서야 우주선이라는 말이 거기에 붙고, 원자폭탄이 먼저 생겨난 뒤에야 원자폭탄이라는 말이 붙는다. 사물이 말보다 먼저 존재하고 말은 사물에 뒤따른다고 생각하는 것이다. 그러나 과연 그런가? 오히려 반대로 생각하는 것이 맞지 않을까? 다시 말해 '적합한 말이 어떤 것을 존재하는 것으로 명명하고 그것을 존재자로 수립하는 곳에서만 그것은 존재한다'고 할 수 있는 것이 아닐까? 시의 마지막 구절이 바로 그런 사태를 이야기하고 있는 것이 아닐까? 분명히 그렇다.

그러나 사유는 여기서 그치지 않는다. 하이데거는 조금 더 들어가 사태가 간직한 미묘한 뉘앙스에 주목한다. 다시 말해 시인이 마지막 행에서 '사물은 존재하지 않는다(ist)'고 말하지 않고 '존재하지 않으리라(sei)'라고 말한다는 데 생각을 집중한다. 그럴 때 이 구절을 '말이 부서진 곳에서는 사물이 존재하지 않는다'는 사실을 확정해 그 사실을 인정하는 것으로 해석하고 끝내서는 안 된다. 하이데거가 보기에 상황은 좀 다르다. 다시 말해 이 마지막 시구는 '말이 부서진 곳에서는 사물이 존재하지 않는다'는 사실을 그저 진술하는 것이 아니라, 오히려 다음과 같은 명령을 표현하고 있다.

"말이 부서진 곳에 사물이 존재한다고 앞으로는 결코 인정하지 말

라."「언어의 본질」『언어로의 도상에서』 222쪽

이 문장은 다음과 같이 이해할 수도 있다. '말이 부서진 곳에는 어떤 사물도 존재하지 않는다는 것을 지금부터 분명히 받아들여라.' 하이데거는 시인이 마지막 문장을 그렇게 명령문으로 이해하고 그 명령을 승인하고 있다고 말한다. 이런 명령의 수용과 함께 시인은 '어떤 것을 지칭할 낱말이 없을 경우에도 어떤 것은 이미 있다'고 여기던 사고의 관성을 완전히 떨쳐버리게 된다.「언어의 본질」『언어로의 도상에서』 223쪽 그리하여 시인은 이 체념 혹은 단념과 함께 '말이 사물을 현존하게 한다'는 것을 비로소 분명하게 경험한다.

"이제 비로소 말이 사물을, 그것이 존재하는 바의 그런 사물로서 나타나게 하고, 따라서 현존하게 한다는 것을 시인은 경험한 것이다."「언어의 본질」『언어로의 도상에서』 224쪽

이 경험이야말로 말의 품격을 가장 높이 들어 올리는 경험이자 말이 지고한 곳에서 사물을 주재하고 있음을 깨닫는 경험이다. 시인은 이 경험을 통해서 말이라는 재보(財寶)가 비범한 방식으로 자신에게 맡겨졌음을 알게 됐다. 그러므로 시인의 체념은 결코 낙심이 아니라고 하이데거는 강조한다. 그렇다면 이 시는 시의 실패에 관한 단순한 보고가 아니라 실패를 통해서 깨닫게 된 진리에 관한 묘사가 되는 셈이다. 그러므로 실패에 대한 묘사는 더 높은 차원의 성공에 대한 묘사로 드러난다. 그런 점에서 이 시는 실패가 성공이 되는 역설을 품고 있다고 해야 할 것이다.

이제 하이데거는 사태를 종합하여 시인이 알게 된 것이 무엇인지 이야기한다. "시인이 다다른 것은 무엇인가? 그것은 한갓된 지식이 아니다. 시인은 사물에 대한 말의 관계 속으로 도달하고 있다."「언어의 본질」『언어로의 도상에서』 225쪽 그러나 이 관계는 사물과 말의 외적 관계가 아니다. 다시 말해 한쪽에 사물이 놓여 있고 다른 한쪽에 말이 놓여

있는 상태에서 말과 사물이 추후에 만나는 그런 관계가 아니다.

"말 자체는 사물이 사물로 존재하도록 그렇게 그때마다 매번 자기 안에 사물을 보유하고 있는 그런 관계다."「언어의 본질」『언어로의 도상에서』 225쪽

말이 사물을 사물로 존재하게 해주는 방식으로 그렇게 사물을 자기 안에 포함하고 있는 것이다. 말을 이렇게 이해하려면 사물 바깥에서 사물을 가리키는 그런 말이 아니라 사물을 감싸면서 사물을 사물로 탄생시키는 그런 차원의 말을 생각해야 한다. 하이데거가 여기서 이야기하려는 말이 바로 그 차원의 말이다. 이 말 곧 언어는 비밀로 충만한 영역에 속해 있다고 하이데거는 말한다.

이 대목에서 하이데거는 횔덜린의 시 「회상」에 등장하는 마지막 시구를 떠올린다. "상주하는 것을 그러나 시인은 수립하노라."「언어의 본질」『언어로의 도상에서』, 228쪽 상주하는 것은 존재 자체를 가리킨다. 시인은 존재 자체가 존재하도록 그 존재 자체를 수립한다. 여기서 하이데거는 묻는다. 게오르게의 시 「말」은 이런 시인의 사명을 수행하는 데 충분한 역할을 하고 있는가? 시의 표면만 보면 시인은 여행길에서 얻은 '보석'에 이름을 붙여주지 못했으니 상주하는 것을 수립하지 못했다고 해야 할 것이다. 그러나 그 실패의 경험은 체념을 배울 기회를 시인에게 주었고, 시인은 그 경험을 통해서 말과 사물의 본래적 관계를 깨달음으로써 역설적으로 '상주하는 것'을 수립한다고 보아야 할 것이다. 말이 부서진 곳에는 어떤 사물도 존재할 수 없다는 사실에 도달함으로써 말이 사물을 주재하고 있음을 깨닫게 되고, 바로 그런 깨달음을 시어로 드러냄으로써 상주하는 것을 수립한다고 보아야 하는 것이다.

급진적인 사유, 뿌리를 캐 들어가는 사유

그런데 바로 여기서 하이데거는 어떤 '위험'(Gefahr)을 거론한다. "우리가 이 시를 너무 과도하게 이해하려고 노력하는 것은 아닌지, 다시 말해 너무 지나치게 생각하여 시적인 것을 통한 접근을 우리에게 가로막아 버리는 것은 아닌지" 하는 의문 속에 깃든 위험이다. 통상 우리는 이렇게 생각한다. 시는 시로 접근해야 하고 시로 느껴야 하는 것이지 억지로 생각을 들이밀면 시적 정취가 깨지고 만다. 하이데거는 시와 사유를 대립시키는 이런 생각이 위험을 낳고 있으며 이 위험이 오늘날 점점 커져가고 있다고 말한다.

"그 위험은 우리가 거의 사유하지 않는다는 데서 자라나온다."「언어의 본질」『언어로의 도상에서』 230쪽

"모든 위대한 시를 짓는 지고한 행위는 언제나 사유 속에서 움직이기에, 언어와 더불어 하는 본래적인 경험은 오로지 사유하는 경험일 뿐"이라고 하이데거는 단언한다. 위험은 바로 이런 생각에 저항하는 데서 자라난다. "언어와 더불어 사유하는 경험에 모든 것이 달려 있다."「언어의 본질」『언어로의 도상에서』 230쪽 그렇다면 시적인 경험은 오직 사유하는 경험을 통해서만 자신의 진면목을 드러낼 수 있을 것이다. 그래서 하이데거는 사유함(Denken)과 시 지음(Dichten)이 '이웃 관계'(Nachbarschaft)에 있으며 그 이웃 관계로서 자신들의 길을 내어 간다고 강조한다

"이 둘 즉 시 지음과 사유함은 가장 멀리 떨어진 곳에서 그때마다 저 나름의 방식으로 둘의 이웃 관계 속에서 서로를 필요로 한다."「언어의 본질」『언어로의 도상에서』 230쪽

사유가 없다면 시는 시 자체를 해명할 기회를 얻지 못할 것이다. 마찬가지로 시가 없다면 사유는 자신을 펼쳐낼 바탕을 찾을 수 없을

것이다. 그렇게 사유함과 시 지음은 서로를 요구한다. 이때 사유한다는 것은 이성을 사용해 계산하고 헤아린다는 뜻이 아니다. 시와 이웃 관계인 사유를 하이데거는 시적으로 묘사한다.

"사유는 인식을 위한 수단이 아니다. 사유한다는 것은 존재의 밭에서 고랑을 가는 것이다." 『언어의 본질』 『언어로의 도상에서』 231쪽

하이데거가 말하는 사유는 존재자를 계산하고 따지는 그런 사유가 아니라 '존재의 밭에서 고랑을 가는 사유'다. 고랑을 내면 양쪽으로 작은 두둑이 생길 것이다. 그것이 바로 사이-나눔 속에서 나뉘는 존재와 존재자일 것이다. 사유란 바로 사이-나눔을 사유하는 것이며, 사이-나눔의 시적 표현인 시를 사유함으로써 그 사이-나눔을 사유하는 것이다. 시는 사이-나눔을 시로 짓고 사유는 그렇게 지어진 시를 통해서 사이-나눔을 사유하는 것이다.

이렇게 사이-나눔을 사유하는 사유에 관해 하이데거는 "사유가 급진적으로 몸짓하면 몸짓할수록, 즉 사유가 존재하는 모든 것의 뿌리에 다가가면 다가갈수록, 사유는 그만큼 더 사유다워진다"고 말한다. 『언어의 본질』 『언어로의 도상에서』 233~234쪽 '급진적'(radikal)이라는 말은 어원상 뿌리(radix)를 캐 들어간다는 뜻이다. 사유가 급진적이라는 것은 단순히 과격하다는 뜻이 아니라 바로 그 뿌리를 향해 다가간다는 것을 가리킨다. 여기서 뿌리란 곧 '정적의 말없는 소리로서 자기를 건네주는 존재의 근원', 다시 말해 사이-나눔의 바탕으로서 존재 자체를 가리킨다. 그렇게 뿌리까지, 존재 자체까지 다가가는 사유야말로 참된 사유라고 할 수 있다. 그렇게 뿌리를 찾아 들어간다는 것은 결국 본질을 찾는 것이고 최후의 근거를 찾는 것이다.

사유가 이렇게 뿌리를 향해 나아간다고 해서 사유가 거칠고 폭력적이냐 하면 그렇지는 않다. 하이데거는 「기술에 대한 물음」 강연 마지막에 자신이 했던 말을 상기시킨다. "왜냐하면 물음은 사유의 경

건함(Frömmigkeit)이기 때문이다."「언어의 본질」『언어로의 도상에서』234쪽 뿌리를 향해 사유가 나아간다는 것은 본질적인 물음, 근거를 찾는 물음을 물어나간다는 것인데, 그런 물음은 폭력적이기는커녕 경건한 행위인 것이다. 이때의 경건함은 '존재의 진리에 순종함'이라고 하이데거는 부연한다. 하이데거에게 사유는 모든 존재하는 것의 근거를 향해 경건하게 나아가며 그 근거에 순종하는 사유다.

사유는 뿌리 곧 '본질'을 향해 나아가는 사유다. 여기서 하이데거가 말하는 본질이란 최후의 근거를 말한다. 그렇다면 '언어의 본질'은 무엇인가? 하이데거는 언어의 본질을 '본질의 언어'라고 규정한다.

"언어의 본질은 본질의 언어다."「언어의 본질」『언어로의 도상에서』235쪽

이것은 앞말을 그저 거꾸로 뒤집어놓은 데 지나지 않은 것처럼 보인다. 그러나 이 사태야말로 하이데거가 이 강연에서 규명하고자 하는 본질적인 사태 가운데 하나다. 왜 언어의 본질은 본질의 언어인가? 주어로 쓰인 '언어의 본질'이란 '언어를 언어로 만들어주는 바로 그것'을 가리킨다. 나무의 본질, 책상의 본질을 이야기할 때의 그 본질이다. 그 언어의 본질이 바로 '본질의 언어'라고 하이데거는 말한다.

그렇다면 '본질의 언어'란 무엇인가? 이때의 '본질'(Wesen)을 하이데거는 동사적인 것으로 이해한다. 다시 말해 여기서 '본질'은 '본질로서 현성함' '본질로서 현성하여 지속함'을 뜻한다. 존재 역사의 차원에서 보면 모든 본질은 '현성하여 머무르는 것'이다. 본질은 변하지 않고 처음부터 끝까지 하나의 본질로 머물러 있는 것이 아니다. 본질은 존재의 역사적 시대마다 변화한다. 자연은 고대에 '피시스'로 현성했다가 중세에 '신의 피조물'로 현성하고 근대에 들어와서는 '주체의 대상'으로 현성한다. 그런데 그런 본질을 주는 것이 바

로 존재 자체다. 존재 자체가 본질로 현성하는 것이다. 그러므로 '본질의 언어'에서 '본질'이 가리키는 것은 바로 본질로 현성하는 존재 자체다. '본질의 언어'란 바로 그렇게 현성하는 존재 자체의 언어다. '언어의 본질은 본질의 언어다'라는 명제가 가리키는 것은 그러므로 '언어란 다른 것이 아니라 바로 존재 자체의 언어'라는 것이다. 존재 자체의 언어가 언어의 본질인 것이다.

언어의 본질, 본질의 언어

언어는 존재의 언어로서 우리에게 다가오고 그 존재의 언어 안에서 우리는 언어를 말하는 것이다. 이 사태를 하이데거는 다음과 같은 말로 묘사한다.

"우리는 말하고 언어에 대해 말한다. 우리가 말하는 그것, 즉 언어가 언제나 이미 먼저 우리에게 말한다. 우리는 언제나 언어를 뒤따라 말한다."「언어의 본질」,「언어로의 도상에서」, 239쪽

우리에게 이미 먼저 말하는 언어가 바로 존재의 언어다. 그러나 그렇게 우리에게 다가와 속삭이고 있는 언어를 우리는 사유하지 않는다.「언어의 본질」,「언어로의 도상에서」, 241쪽 언어가 말을 건네기에 우리는 그 언어 안에서 말을 할 수 있고, 그래서 우리는 언어가 건네는 말을 언제나 듣고 있지만, 그것을 알아보지도 못하고 숙고하지도 않는다. 언어는 분명히 우리에게 다가온다. 언어가 우리에게 다가오면서 알리는 것이 바로 이것 곧 '언어의 본질은 본질의 언어다'라는 명제라고 하이데거는 말한다.「언어의 본질」,「언어로의 도상에서」, 241쪽

그러나 언어가 우리에게 다가오되 우리는 언어의 본질을 사유하지 않는다. 우리가 사유하지 않는다는 것은 근원적인 차원에서 보면, 언어의 본질이 언어로 오기를 거부하고 있음을 가리킨다. 이때 거부

(Verweigerung)란 언어가 자기 안에 머물러 있다는 뜻이다. 우리가 일상생활 속에서 주고받는 잡담과 빈말에 드러나기를 거부하고 자기를 숨기고 있다는 뜻이다. 언어의 본질이 가장 고유한 방식으로 자기를 언어로 데려오지만, 동시에 우리가 경건히 듣기를 거부하기 때문에 언어는 자기 안에 머물러 있는 것이다.

여기서 하이데거는 다시 게오르게의 시로 돌아가 시 지음과 사유함의 이웃 관계에 관해 숙고한다. 시 지음과 사유함은 이웃관계에 있다. 그러나 이 이웃관계는 서로 독립돼 있던 둘이 만나 이웃이 된다는 것을 뜻하지 않는다. "추정컨대 그런 이웃 관계는 시 지음과 사유함이 서로 마주하도록 서로를 끌어들임으로써 비로소 획득된 한갓 된 결과가 아닐 것이다."「언어의 본질」『언어로의 도상에서』252쪽 시 지음과 사유함은 처음부터 서로 떼어낼 수 없는 긴밀한 공속 관계에 있는 것이다. 이런 공속 관계를 하이데거는 '서로-마주하고-있음'라고 표현한다. 시 지음과 사유함은 바로 그렇게 처음부터 서로 마주하고 있다.

그렇다면 이 둘은 어디에서 공속해 있는가? '말함'(Sagen)에서 공속해 있다고 하이데거는 말한다. 그러므로 "말함은 시 지음과 사유함을 위한 동일한 기본 요소다."「언어의 본질」『언어로의 도상에서』253쪽 하이데거가 말하는 말함은 존재의 성스러운 말함을 뜻한다. 존재 언어의 말함 속에 시 지음과 사유함은 공속해 있는 것이다. 이 말함이 사유함과 시 지음을 지탱해줄 뿐만 아니라 이 둘을 가로지르는 구역을 제공해준다.「언어의 본질」『언어로의 도상에서』253쪽 우리는 존재의 언어 안에서 존재의 언어가 우리에게 말하도록 해주기 때문에 말하는 것이다.

말은 존재를 준다

이 대목에서 하이데거는 게오르게 시의 마지막 연을 다시 상기시킨다. '그렇게 나는 슬프게도 체념을 배우노니:/ 말이 부서진 곳에서는 어떤 사물도 존재하지 않으리라.' 여기서 하이데거는 시인이 여행길에서 찾아낸 '풍요롭고 다정한 보석'이 다름 아닌 '말 자체'는 아닐지 묻는다. 그렇다면 게오르게는 그 보석을 지칭하기 위한, 다시 말해 말을 지칭하기 위한 말을 달라고 여신에게 간청한 것이리라. 그러나 운명의 여신은 이렇게 알려준다. '여기 깊은 바닥에는 아무것도 잠들어 있지 않아.'

"존재자를 명명하고 수립하는 언어를 운명이 선사해주는 그곳 어디에도 말을 지칭하기 위한 말은 발견될 수 없다."「언어의 본질」, 『언어로의 도상에서』 257쪽

왜 말을 지칭하기 위한 말은 찾을 수 없는가? 물론 낱말들은 존재한다. 사전을 뒤져만보아도 거기서 수많은 낱말들을 찾을 수 있다. 거기에 낱말들은 일종의 사물로 놓여 있다. 그러나 지금 시인이 찾는 말은 사전에서 찾을 수 있는 그런 말이 아니다. "거기에 소리 나는 낱말들은 가득하되 유일무이한 말은 없다."「언어의 본질」, 『언어로의 도상에서』 257쪽 유일무이한 말이란 곧 존재 자체의 말이다. 운명의 여신이 내줄 수 있는 말은 존재자를 명명하고 수립해주는 말, 다시 말해 사물을 가리키는 말이다. 그런데 시인이 여행길에 발견한 '보석'은 사물이 아니라 말 자체였다. 이 말 자체 곧 유일무이한 말은 존재자를 가리키는 말이 아니기에, 다시 말해 존재 자체의 말이기에 여신은 그런 것에 적합한 말을 찾을 수 없는 것이다. 그런 말, 곧 존재자가 아닌 존재의 말을 사전은 붙잡을 수도 없고 간직할 수도 없다.

이 유일무이한 말은 존재자를 넘어 존재 차원에 속하는 말이다. 그

래서 하이데거는 단적으로 말한다.

"말은 사물이 아니고, 존재자가 아니다."「언어의 본질」「언어로의 도상에서」 257쪽

그러나 바로 그 말이 없다면 존재자도 존재할 수 없다. 사물에 존재를 주는 말이 있을 때에만 사물은 존재자로서 존재할 수 있다. 말이 사물을 존재하게 하는 것이다. 그렇다면 그 말은 존재자를 존재하게 하는 바로 그 존재를 가리킬 것이다. 그러나 존재 곧 존재함이라는 것을 우리는 사물처럼 볼 수도 만질 수도 없다.

"우리는 '존재한다'는 것을 그 어디에서도 하나의 사물 곁에 놓여 있는 하나의 사물로서 발견하지 못한다. 말이 그렇듯 '존재한다'는 것도 같은 상태에 놓여 있다. 말이 그렇듯 '존재한다'는 것도 존재하는 사물에 속해 있지 않다."「언어의 본질」「언어로의 도상에서」 258쪽

다른 모든 경우에서처럼 이 대목에서도 하이데거가 하는 말을 분명히 알아들으려면, 존재와 존재자를 엄격히 구분해야만 한다. 존재는 존재자와 구분되고, 말은 그렇게 구분된 '존재'에 속하는 것이다. 말은 존재자가 아니라 존재다. 말이 존재이기 때문에 우리는 말 안에 있을 때 존재자를 존재자로서 가리킬 수 있고 이름을 지어 부를 수 있는 것이다.

이 사태에서 하이데거는 '사유할 만한 것'을 발견한다. 존재는 존재자가 아니므로 '존재가 존재한다'라고 말할 수 없고, '그것이 존재를 준다(Es gibt das Sein, 존재가 주어져 있다)'고 말할 수밖에 없다. 그것이 존재를 준다. 그러므로 말(das Wort)이 존재에 속한다면, 그것이 존재를 주듯이 그것이 말도 줄 것이다. 말과 존재는 공속한다. 그러므로 사물을 존재하게 하는 것이 존재라면, 결국 사물을 존재하게 하는 것은 말일 것이다. 말이 사물을 존재하게 하는 것이다. 다르게 말하자면 말이 사물에게 존재를 주는 것이다. 그래서 하이데거는 다

음과 같이 말한다.

"말은 존재를 준다."「언어의 본질」, 『언어로의 도상에서』, 259쪽

그런데 이 말은 존재 자체의 말이다. 존재 자체가 말을 통해서 존재를 주는 것이다. 그러므로 말이 없다면 사물은 존재할 수 없다. 그래서 시인은 말이 부서진 곳에서는 사물이 존재하지 않으리라고 말하는 것이다.

그러나 여기서 하이데거는 한 발 더 나아가 이 사태를 다음과 같이 해석한다. 말이 부서진다는 것은 말이 거부되고 있다는 것이고, 말이 거부되고 있다는 것은 말이 자신을 유보한다는 것을 뜻한다. 말이 자신을 유보한다는 것은 말이 완전히 사라져버린다는 것이 아니라 '비밀로 충만한 경이로움' 속으로 스스로 물러난다는 것을 뜻한다.「언어의 본질」, 『언어로의 도상에서』, 262쪽 그러므로 이 마지막 행은 시인이 말을 포기한다는 것을 뜻하지 않는다.

하이데거가 이 시의 마지막 행에서 발견하는 것은 말 곧 존재가 자신의 비밀(das Geheimnis) 속으로 물러나 그곳에 은닉해 있다는 그런 사태다. 그러므로 '말이 부서지는 곳'은 바로 사물을 명명하는 말이 닿지 못하는 곳, 곧 '존재 자체의 영역'이다. 존재 자체의 영역은 사물의 영역이 아니므로, '말이 부서지는 곳에는 어떤 사물도 존재하지 않게' 되는 것이다. 말이 부서지는 곳은 우리의 말이 가 닿지 못하는 곳, 우리의 말이 끊어지는 곳이다. 그곳이 바로 존재 자체의 영역이다. 우리가 말로 가 닿을 수 없기에 그 존재 자체의 영역은 '비밀로 충만한 경이로움'의 영역이다. 게오르게는 말이 부서지는 사태를 경험함으로써, 다시 말해 말의 실패를 경험함으로써, 바로 그 존재 자체의 영역을 들여다본 것이다.

여기서 이 말의 사태를 인간의 언어 쪽에서 생각해보면 다음과 같이 풀이할 수도 있다. '말은 존재를 준다.' 여기서 말이라는 것은 존

재의 말이지만, 이 존재의 말을 받아 말을 하는 이는 결국 인간이다. 그러므로 '말은 존재를 준다'는 명제를 인간 쪽에서 이해해보면, 인간이 말로써 사물을 명명하는 방식으로 사물에 존재를 준다는 뜻이 된다.

예를 들어 다음과 같은 말을 떠올려보자. '하늘이 높다, 하늘이 푸르고 깊다, 푸른 하늘에 놀이 진다, 하늘의 놀이 성스럽게 붉게 물든다.' 이런 말로써 우리는 하늘이라는 사물이 높고 푸르고 깊고 성스럽다고 명명하고 있다. 이 말과 함께 하늘은 높고 푸르고 깊고 성스러운 하늘로 드러난다. 이런 사태가 가리키는 것은 바로 사물이 사물로서 존재하게 되는 데 인간이 참여하고 있다는 것이다. 존재가 사물을 사물로서 존재하게 하듯이, 인간이 사물을 명명함으로써 사물을 존재하게 하는 것이다.

이 사태를 다르게 표현하면 이렇다. '존재 자체가 인간의 말을 통해서 사물을 존재하게 한다.' 존재 자체가 사물을 사물로서 존재하게 하는 데 인간을 사용하고 있는 것이다. 이런 사태를 두고 하이데거는 '존재의 언어가 인간에게 다가오고, 그렇게 다가오는 언어가 언어를 말하도록 인간을 사용하는 한에서 인간은 인간으로 존재한다'고 말한다.「언어의 본질」『언어로의 도상에서』266쪽

시 지음과 사유함의 관계

이 강연의 세 번째 시간에 하이데거는 '시 지음'과 '사유함'을 '길 사유'와 연결해 숙고한다. 시 지음과 사유함은 이웃 관계로 존재한다. 시 지음과 사유함은 서로 분리돼 있지 않고 서로를 향해 마주서 있는 방식으로 '회역'(die Gegend)에서 만난다. 이렇게 만나면서 길을 내는 것을 하이데거는 움직임(Bewegung, 운동)이라는 말로 표현

하는데, 이 단어를 분철하여 '길을 내는 움직임'(Be-wegung)으로 이해한다. 시 지음과 사유함이 길을 내면서 나아가는 것이다.

그런데 하이데거의 설명을 따라가보면, 시 지음은 존재 쪽에서 길을 내면서 인간에게 다가옴을 가리키고 사유함은 인간 쪽에서 길을 내며 존재 쪽으로 다가감을 뜻하는 것으로 볼 수 있다. 그렇게 두 움직임이 만나는 곳이 회역이며 이 회역은 다른 말로 하면 '환히 트인 터'(die freigebende Lichtung)이다. 이 회역에서 존재 자체가 자신을 환히 밝히는 것이다. 길이란 존재 자체가 우리에게 다가오는 길이자 우리가 존재 자체를 향해 다가가는 길이다. 시 지음이 존재 자체가 우리에게 다가오는 길을 알려주는 것이라면, 사유함이란 인간이 존재 자체를 향해 나아가는 길을 찾는 것이라고 할 수 있다. 시인은 존재의 전령으로서 시 지음으로써 존재의 길을 열어 보여주고 인간은 사유함을 통해서 존재 자체로 가는 길을 내는 것이다.

그런데 이 길들은 어떤 다른 곳에 존재하는 것이 아니라 회역 안에서 회역으로 난 길이다. 회역이란 존재의 환히 열린 터로서 천지만물이 모여들어 하나로 어우러지는 곳이다. 회역이란 존재로부터 오는 길과 인간으로부터 가는 길이 만나 열리는 장이라고 할 수 있다. 이 길의 이미지를 노자에게서 빌려 왔음을 하이데거는 다음과 같이 고백한다.

"아마도 '길'이라는 낱말은 사색하는 인간에게 스스로 말 걸어오는 언어의 태곳적 낱말(Urwort, 근원어)일지도 모른다. 노자의 시짓는 사유(das dichtende Denken)에서 주도하는 말은 '도'라고 불리는데, 이것은 본래 길을 의미한다." 「언어의 본질」, 『언어로의 도상에서』 271쪽

하이데거가 여기서 노자의 사유를 '시 짓는 사유'라고 한 것은 노자가 사유하는 길이 존재 쪽에서 다가오는 길이자 인간 쪽에서 다가가는 길이라는 것을 암시한다.

이 길은 우리에게 다가옴으로써 우리를 존재의 말의 영역에 도달하게 하는데, 이 영역에 우리는 이미 체류하고 있다고 하이데거는 말한다. "그렇다면 어째서 이제 비로소 그곳으로 향하는 그런 길인지 누군가는 묻고 싶을 것이다."「언어의 본질」,『언어로의 도상에서』, 272쪽 이런 의문에 대해 하이데거는 우리가 이미 존재의 언어 안에 체류하고 있지만, 우리가 거기에 체류하고 있다는 사실을 깨닫지 못한 채 존재하고 있기 때문이라고 답한다. 다시 말해 우리가 존재해야 할 곳에 우리는 이미 존재하고 있으나 우리는 그곳이 우리가 존재해야 할 곳임을 알지 못하고 있는 것이다. 그것은 우리가 존재 안에서 비본래적으로 존재하고 있다는 것을 뜻한다.

그렇다면 우리는 우리가 존재 안에 있음을 깨달음으로써 본래성을 획득해야 할 것이다. 존재가 자신을 우리를 향해 던지는 데 응하여 우리 자신을 마주 던질 때에만 우리는 본래성을 획득할 수 있을 것이다. 다른 말로 하면 우리가 존재의 진리를 깨달을 때에만 우리는 본래적으로 존재할 수 있게 되는 것이다.『존재와 시간』에서 하이데거는 본래성을 향한 현존재의 능동적인 결단을 강조했지만, 후기의 존재 사유에 와서는 존재의 던짐에 상응하는 현-존재의 마주던짐을 통해서 본래성을 얻는다고 이야기한다. 존재의 주동성을 앞세우는 것이다.

우리는 존재하는 곳에서 존재하지 않고 있다

우리는 존재하는 곳에서 존재하지 않고 있다. 그러므로 우리는 우리가 이미 존재하는 그곳을 향해 나아가야 한다. 하이데거는 우리가 도달해야 할 길은 어떤 안내를 필요로 한다고 말한다.「언어의 본질」,『언어로의 도상에서』, 273쪽 다시 말해 존재 쪽에서 우리에게 다가오며 내는 그 길을 따라서 우리가 존재 쪽으로 길을 내면서 나아간다는 이야기다. 이런 사태를 표현하는 말이 하이데거가 앞에서 내놓은 명제 곧 '언어의 본질은 본질의 언어다'라는 말이다. 언어의 본질은 본질의 언어가된다. 여기서 '본질'은 명사가 아니라 동사로 쓰이고 있다고 하이데거는 거듭 강조한다. 그렇다면 '본질'은 현성함을 뜻하는데 그때 현성함은 단순히 현존한다는 것을 뜻할 뿐만 아니라 "그것이 우리에게다가와 관계를 맺는다, 그것이 길을-내면서-움직인다, 그것이 우리의 마음을 사로잡아 우리와 관계한다"는 것을 의미한다.「언어의 본질」「언어로의 도상에서」 276쪽

본질의 언어란 길을 내면서 우리에게 다가와 우리의 마음을 사로잡는 존재의 언어를 가리키는 것이다. 그렇다면 '언어의 본질은 본질의 언어가 된다'는 말은 우리의 언어가 본질의 언어 곧 존재 자체의 언어가 되는 것, 그리하여 존재가 이미 내준 길을 따라 우리가 길을 내며 존재를 향해 나아간다는 것을 뜻한다. 그렇게 존재의 언어가길을 내면서 우리에게 다가오고 우리의 언어가 그 존재의 길을 따라길을 내면서 존재에 다가가 만나는 지점이 바로 회역, 곧 존재 자체의 환히 열린 터일 것이다.

그리고 그 회역은 사방-세계(Welt-Geviert)로서 땅과 하늘, 인간과신들이 모여들어 어울리는 곳이다. 그곳이 우리가 머물 곳이다. 그곳은 현대 기술 문명을 넘어선 곳, 다시 말해 모든 것을 '빠름' 속으로빨아들이면서 거리상으로는 가깝게 하지만 본질적으로는 더욱 멀어지게 하는 그런 기술 문명을 넘어서 열리는 곳이다. 우리가 시 지음과사유함을 통해서 길을 내어 나아감이란 사방의 멂을 멂 자체로 둔 채로 가까움 안으로 모아들이는 그 길을 엶을 뜻한다. 그러므로 우리의삶이 '도 닦는 삶'이라면 그 말이 가리키는 것은 결국 사방-세계로서존재의 진리를 향해 길을 내면서 나아가는 삶일 것이다.

6 시간과 존재

◇◇◇◇◇◇◇

시간은 사물처럼 우리가 확인할 수 있는 것이 아니다.
우리는 사물을 발견하듯이 시간을 발견할 수는 없다.
그러므로 존재가 존재자가 아니듯이 시간도 존재자가 아니다.
이렇게 존재자가 아니기에 하이데거는 존재와 시간을
'사태'라고 부른다. 존재와 시간이야말로
사유가 사유해야 할 진정한 사태다.

> **"**
>
> 존재를 존재자 없이 사유하는 시도가 필요하다.
>
> 존재는 시간적인 것이라고 말할 수도 없고
> 시간은 존재하는 것이라고 말할 수도 없다.
>
> **"**

'존재와 시간' 35년 후 '시간과 존재'

1962년 1월 31일 하이데거는 프라이부르크대학 일반교양 강좌 (Studium Generale)에서 「시간과 존재」라는 제목의 중요한 강연을 했다. '시간과 존재'라는 제목에는 '시간이란 무엇인가'라는 물음과 '존재란 무엇인가'라는 물음이 겨냥하는 사태를 동시에 해명하겠다는 뜻이 담겨 있었다. 이 제목은 35년 전 『존재와 시간』을 펴낼 때 완성되지 못한 제1부 제3편 '시간과 존재'를 떠올리게 했다. 이 강연을 엮어 생전에 마지막으로 펴낸 책 『사유의 사태로』에서 하이데거는 「시간과 존재」 강연이 『존재와 시간』의 그 미완성 부분을 뒤늦게 완성하는 작업임을 다음과 같이 고백했다.

"저자(하이데거)는 그 당시에 '시간과 존재'라는 제목에서 언급된 주제들을 충분히 논의하여 해명할 만큼 성숙하지 않았다." 『사유의 사태로』 195쪽

『존재와 시간』의 궁극 목적은 제목이 암시하는 대로 '존재와 시간'의 관계를 해명하는 것이었다. 다시 말해 존재 일반의 의미를 시간을 통해서 밝혀 보이는 것이 그 저작의 궁극 목적이었다. 그러나 『존재와 시간』은 인간 현존재의 존재 구조를 밝히는 기초존재론을 수립하는 데서 끝나고 말았다. 현존재에서 출발해 현존재의 존재를 '근원적 시간'을 통해 파악하기는 했지만, 이 현존재의 시간성을 토대로

삼아 존재 일반의 의미를 해명하는 작업이 장벽에 부닥치고 만 것이다. 현존재에서 출발하는 기초존재론에 입각해서는 시간의 근본 특성이 밝혀질 수 없었던 것이다. 하이데거가 1930년대에 사유의 전회를 감행한 것은 바로 이런 한계를 자각한 결과였다. 난관을 돌파하려면 현존재가 아니라 존재 자체에서 출발하지 않으면 안 된다는 자각이었다. 그 자각 이후 30여 년이 경과한 뒤에야 하이데거는 마침내 이 강연에서 '시간과 존재'를 근원적으로 해명하는 글을 내놓았다. 그러나 하이데거가 스스로 밝히고 있듯이 "35년이라는 세월이 흐른 뒤 이제 편찬된 이 강연(「시간과 존재」)의 텍스트가 『존재와 시간』의 텍스트와 직접 연결될 수는 없다"는 것은 강연 내용을 보면 분명해진다.「사유의 사태로」 196쪽

「시간과 존재」는 현존재에서 출발하는 『존재와 시간』의 물음 구조와는 아주 다른 구조의 텍스트, 그러니까 존재 자체에서 출발해 '시간과 존재'를 해명하는 텍스트다. 하이데거는 이 글을 통해 '시간과 존재의 관계'를 근원적으로 밝혀냄으로써 『존재와 시간』이 애초 겨냥했던 목표에 마침내 도달했다. 더 주목할 것은 이 글이 『존재와 시간』의 목표에 도달하는 데 머물지 않고 『존재와 시간』 집필 때는 생각하지 못한 '생기'(Ereignis) 개념을 길잡이로 삼아 그 목표에 이르렀다는 사실이다. '생기'야말로 후기 하이데거 존재 사유의 중심 개념이다. 이 강연에서 '생기'는 '존재와 시간'을 주는 가장 근원적인 것, 사유가 가 닿을 수 있는 극한의 사태로 드러난다. 이 생기에 다다름으로써 하이데거가 걸은 사유의 길은 더 나아갈 수 없는 마지막 지점에 이르렀다. 생기 사유가 하이데거의 존재 사유의 종국을 이루는 것이다.

존재를 존재자 없이 사유함이 필요하다

강연을 시작하는 지점에서 하이데거는 다음과 같이 선언하듯 말한다.

"존재를 존재자 없이 사유하는 시도가 필요하다." 「시간과 존재」 「사유의 사태로」 23쪽

존재를 존재자 없이 사유한다는 것은 우주 만물을 포함한 존재자 전체를 존재하게 하는 존재를 그 존재자 전체와 구분해서 사유한다는 뜻이다. 그런데 이런 사유 시도는 존재 자체를 또 하나의 존재자로 실체화할 위험이 있다. 하이데거에게 존재는 어떤 경우에도 존재자와 따로 분리돼 있는 실체가 아니다. 그래서 하이데거는 존재를 존재자와 구분하되 존재자로부터 독립돼 있는 듯이 여겨지는 표현을 삼가려고 주의를 기울였다.

이를테면 1929년 프라이부르크대학 교수 취임 강연 「형이상학이란 무엇인가」의 1943년 제4판에 덧붙인 '후기'에서 하이데거는 "존재는 존재자 없이도 현성한다(west)"고 썼다가, 1949년 제5판에서 다시 "존재는 존재자 없이는 현성하지 않는다"고 바꾸었다. 「형이상학이란 무엇인가?」 「'이정표1」 179쪽 이런 변화는 하이데거가 '존재와 존재자의 관계'에 대해 어떻게 기술할지를 놓고 고심했음을 암시한다. 그 '후기'와 이 강연의 주장을 연결해서 보면, 분명히 존재는 존재자 없이 따로 존재하지 않지만 동시에 '존재를 존재자 없이 사유하는 것'은 필요하다는 것이 하이데거의 생각임을 읽을 수 있다.

그러나 앞에서 본 대로 '존재를 존재자 없이 사유하는 것'은 존재를 실체화할 위험이 있다. 그런 위험을 무릅쓰고 존재를 존재자 없이 사유하는 것이 필요한 이유는 무엇일까? 존재를 존재자의 존재로 사유할 경우 그 존재는 종래의 형이상학에서 사유했던 '존재자의 본질

이나 근거'로 오해될 가능성이 있기 때문이다. 하이데거가 생각하는 존재는 존재자의 존재 근거가 되는 최초 원인 곧 신학적인 의미의 최고 존재자가 아니라, 존재자 전체를 존재자로서 현존하게 해주는 존재를 말한다. 하이데거는 이런 의미의 존재를 존재자 없이 사유해야 할 이유를 다음과 같이 제시한다.

"왜냐하면 그렇게 하지 않고서는 오늘날 지구를 둘러싸고 있는 것의 존재를 고유하게 시야로 이끌어올 어떤 가능성도 더는 존립하지 않는 것처럼 보이기 때문이다. 또 지금까지 '존재'(Sein)라고 불러왔던 것과 인간의 관계를 충분히 규정할 가능성도 더는 존립하지 않는 것처럼 보이기 때문이다."「시간과 존재」,「사유의 사태로」23~24쪽

존재자와 구분되는 존재 자체를 사유할 때 우리 시대를 지배하는 '존재'를 시야로 끌어올 수 있고 또 그것이 인간과 어떤 관계를 맺고 있는지도 규명할 수 있다는 것이다. 존재는 존재자 없이 현성하지 않지만 동시에 존재자 없이 존재를 사유하는 것은 불가피하다는 것이 존재를 대하는 하이데거의 근본 관점이다.

존재와 시간은 서로가 서로를 규정한다

그렇다면 우리가 해명해야 할 과제인 '존재와 시간'에 접근하는 길은 어디에서 찾을 수 있을까? 하이데거는 '현존'(Anwesen 또는 Anwesenheit)이라는 말을 먼저 주목한다. 현존이라는 낱말에서 존재와 시간이 동시에 발견될 수 있기 때문이다. 먼저 존재는 서양 사유의 초창기 이래로 오늘에 이르기까지 '현존'을 의미한다. 그런데 현존(Anwesenheit)이라는 말에서는 이미 현재(Gegenwart)라는 말이 울려나온다. 왜 그런가? 현존(Anwesenheit)이라는 말의 사전상의 의미는 '출석·임재·현존·현재'를 포괄한다. 또 현재(Gegenwart)

라는 말에는 '지금·현재·현대'라는 의미만이 아니라 '출석·임재·현존'이라는 의미가 포함돼 있다. 현존(Anwesenheit)이라는 말에 '현존'이라는 의미와 함께 '현재'라는 의미가 포함돼 있듯이 현재(Gegenwart)라는 말에는 '현재'라는 의미와 함께 '현존'이라는 의미가 포함돼 있다.

독일어의 이런 의미 양상은 한국어의 경우와는 사뭇 다르다. 한국어에서 '현존'과 '현재'는 꽤 명확하게 구분된다. 한국어의 '현존'은 '현재 살아서 존재함'을 뜻하는 것이어서, 그 말에 '현재'라는 시점이 들어 있기는 하지만 강조점은 어디까지나 '존재함'에 찍혀 있다. '현재'라는 말은 더 분명하다. 지금이라는 시점만 도드라질 뿐이지 '존재함'이라는 의미는 드러나지 않는다. 그러나 독일어에서는 '현존'에 이미 '현재'의 의미가 담겨 있고 그 반대도 마찬가지다. 현재라는 시간을 떠나 현존이라는 존재를 이야기할 수 없는 것이다.

현존과 현재의 이런 의미 관계를 염두에 둘 때 하이데거가 왜 '현존'을 앞세우는지 분명하게 이해할 수 있다. 서양 철학에서 존재는 현존을 의미한다. 존재함은 현존함 곧 현재 존재하고 있음이다. 이렇게 현존함에는 이미 현재라는 시간이 담겨 있다. 그래서 하이데거는 이렇게 말한다.

"존재는 현존으로서 시간을 통해 규정된다." 「시간과 존재」 『사유의 사태로』 25쪽

현존이 현재를 동시에 의미한다는 것을 떠올리면, 이 말이 뜻하는 것이 막연하게나마 잡힌다. 우리가 존재를 생각할 때 시간이 함께 상정되고, 시간을 생각할 때 이미 존재가 함께 상정되는 것이다.

하이데거는 존재와 시간이 서로 얽혀 있는 이 사태를 두고 "존재와 시간은 서로가 서로를 규정한다"고 말한다. 그러면서 동시에 "존재는 시간적인 것이라고 말할 수도 없고 시간은 존재하는 것이라고 말

할 수도 없다"고 강조한다.「시간과 존재」『사유의 사태로』 27쪽 존재는 분명히 존재자가 아니다. 그러므로 존재는 사물처럼 존재하지 않는다. 그런데 독일어에서 '시간적인 것'이란 자신의 시간 속에서 머물다 사라지는 이 세상의 것들, 곧 존재자들을 뜻한다. 그러므로 존재는 '시간적인 것'이라고 할 수 없다.

또 시간은 '존재하는 것', 다시 말해 존재자가 아니다. 시간은 사물처럼 우리가 확인할 수 있는 것이 아니다. 시계의 초침이 시간은 아니다. 시계의 부속품을 아무리 뜯어봐도 시간을 찾을 수는 없다. 분명히 시간은 있지만 존재자가 존재하듯이 그렇게 존재하지 않는다. 우리는 사물을 발견하듯이 시간을 발견할 수는 없다. 그러므로 존재가 존재자가 아니듯이 시간도 존재자가 아니다. 이렇게 존재자가 아니기에 하이데거는 존재와 시간을 '사태'(Sache)라고 부른다. 존재와 시간이야말로 사유가 사유해야 할 진정한 사태다. 존재와 시간, 시간과 존재는 두 사태의 관계(Verhältnis) 곧 사태 관계(Sachverhalt, 사태 실상)를 가리켜 보인다. 존재와 시간의 관계는 서로가 서로를 받쳐주고 서로가 서로의 관계를 지탱해주는 사태 관계다.「시간과 존재」『사유의 사태로』 29쪽

그것이 존재와 시간을 준다

우리는 존재자에 대해 '그것이 있다'(Es ist)고 말한다. 그런데 존재는 '존재하는 것'이 아니고 시간은 '시간적인 것'(시간 속에 존재하는 것)이 아니다. 존재도 시간도 존재자가 아니다. 그렇기 때문에 존재자를 이야기하듯이 '존재가 있다, 시간이 있다'고 말할 수 없다. 왜냐하면 존재하는 것 곧 존재자만이 '있다'고 말할 수 있기 때문이다. 존재 자체와 시간 자체는 그런 의미에서 '있다(존재한다)'고 말할 수

없다. 그래서 어쩔 수 없이 존재와 시간을 이야기할 때는 '(무언가가) 주어져 있다'(Es gibt)라는 표현을 쓸 수밖에 없다.

그 표현을 가져다 쓰면 '존재가 주어져 있다'(Es gibt Sein), '시간이 주어져 있다'(Es gibt Zeit)가 된다. 그런데 이 두 말을 독일어 표현 그대로 직역하면 '그것이 존재를 준다', '그것이 시간을 준다'가 된다. '어떤 것이 주어져 있다'는 말은 곧이곧대로 해석하면, 흔히 비인칭 주어라고 부르는 '그것'(Es)이 그 어떤 것을 준다는 뜻이다. 존재와 시간을 이야기할 때는 '그것이 존재와 시간을 준다'는 식으로 말할 수밖에 없다. 이렇게 사태를 확정해놓고 하이데거는 이제 '그것이 존재를 준다'가 무엇을 의미하는지 먼저 탐문해 들어간다. 존재를 먼저 묻는 것은 존재를 해명함으로써 그것을 발판으로 삼아 시간을 해명할 수 있다고 보기 때문이다.

앞에서 이야기한 대로 '존재'는 '현존'을 뜻한다. 그런데 여기서 하이데거는 "현존자와 관련해 사유해볼 경우에 현존은 '현존하게 함'(Anwesenlassen)으로 나타난다"고 말한다.「시간과 존재」『사유의 사태로』 31쪽 '존재'(Sein)는 존재자를 뜻하는 것이 아니라 '존재함'을 의미한다. 그런데 하이데거에게 '존재함'은 자동사라기보다는 타동사에 가깝다. 존재한다는 것은 '존재자가 존재한다'는 것을 뜻하지만, 더 엄밀히 말하면 '존재자를 존재하게 한다'는 것을 뜻한다. 따라서 존재가 현존을 뜻한다면 그때의 현존은 '현존하게 함'을 뜻한다. '존재자가 존재한다는 것'은 '존재자를 존재하게 한다'는 것을 뜻하고 따라서 '존재자를 현존하게 한다'는 것을 뜻한다.

그런데 '현존하게 한다'는 것은 존재자가 '현존하도록 허용한다'는 것을 가리킨다. 또 '현존하도록 허용한다'는 것은 '현존을 비은폐된 장 곧 열린 장으로 데려온다'는 것을 뜻한다. '열린 장으로 데려옴'은 다른 말로 하면 '탈은폐함'이다. 그러므로 '현존하게 함'은 '열린 장으로 데려옴' 곧 '탈은폐함'을 의미한다. 그러므로 '그것이 존재를 준다'는 것은 '그것이 탈은폐를 준다'는 뜻이다. 그런데 이 모든 사태는 '그것이 존재를 준다'에서 일어난다. 그것이 주는 것은 존재다. 따라서 존재는 '주어지는 것'(Gabe, 주어지는 선물)이다. 그것이 선물로서 존재를 준다. '그것이 준다'의 줌(Geben)을 통해 존재가 선물로 주어지는 것이다. '그것이 존재를 준다'는 것은 '그것이 존재를 선물로 준다'는 것을 뜻한다.

역사적 시기마다 다르게 드러나는 존재

하이데거는 이 대목에서 이렇게 주어지는 것(선물)으로서 존재를 역사적으로 살핀다. 존재는 역사적 시기마다 매번 다르게 탈은폐된다. 하이데거는 서양 사유에서 나타난 존재의 이름들을 다음과 같이 나열한다.

"현존이 헨(ἕν) 즉 통합하는 유일한 일자(하나)로서, 그리고 로고스(λόγος) 즉 모든 것을 참답게 간직하는 모아들임으로서, 또 이데아(ἰδέα), 우시아(οὐσία), 에네르게이아(ἐνέργεια), 실체(substantia), 현실태(actualitas), 표상(perceptio), 단자(Monad)로서, 그리고 대상성(Gegenständlichkeit)으로서, 또 이성의 의지, 사랑의 의지, 정신의 의지, 힘의 의지라는 의미에서 자기 정립의 정립성(Gesetzheit)으로서, 그리고 동일한 것의 영원한 회귀 속에서 나타나는 의지를 향한 의지(Willen zum Willen)로서 스스로 나타내 보였다는 것을 지적할 수 있다." 「시간과 존재」 「사유의 사태로」 35쪽

'그것이 존재를 준다'는 말은 존재가 역사적으로 이렇게 다양한 모습으로 탈은폐 된다는 것을 뜻한다. 그러나 이렇게 서양 사유의 초기에서부터 19세기의 니체에 이르기까지 존재가 다양하게 탈은폐됐

는데도, 그 형이상학의 역사 속에서 '그것이 존재를 준다'는 사태는 사유되지 않았다고 하이데거는 지적한다. 다양한 모습으로 탈은폐된 존재를 매번 '존재자를 근거 짓는 존재'로 사유하기는 했지만, 그렇게 변화하는 존재를 주는 '그것'은 한 번도 사유되지 않았다는 것이다.

이런 사태를 두고 하이데거는 '그것'(Es)이 자신이 주는 것(곧 주어지는 것)을 위해 스스로 물러서고 있다(sich entziehen)고 표현한다. 그것이 존재를 내주면서도 그 자신은 스스로 뒤로 물러서고 있다는 것이다. 이렇게 뒤로 물러나 우리의 시야에서 빠져나가기에 그것 자체는 드러나지 않고, '주어진 것' 곧 다양한 모습의 존재만 나타나는 것이다. 이렇게 자신은 스스로 뒤로 물러선 채로 '주어지는 것'을 주는 그 줌을 하이데거는 '보내줌'(Schicken)이라고 부른다. 그러므로 시대마다 다르게 주어지는 존재는 '보내진 것'(Geschickte)이라고 부를 수 있다. 다시 말해 '그것'이 시대마다 다른 모습으로 존재를 주는 줌을 보내줌이라고 하고 그런 보내줌을 통해서 보내진 존재를 '보내진 것'이라고 한다.

그런데 바로 이 '보내줌'에서 '존재의 역사적 운명' 곧 '역운'(Geschick)이 드러난다. 역운이란 '보내진 것의 연속된 모음'을 뜻한다. 역사적으로 보내진 존재의 모음이 바로 역운이다. 존재의 역사적 운명이란 다른 것이 아니라 시대마다 다르게 보내진 존재를 가리키는 말이다. 그런데 이 역운이라는 말은 운명 혹은 섭리를 뜻한다. 존재는 인간이 자의로 선택해서 제시할 수 있는 것이 아니라 어떤 섭리 속에서 운명으로 주어지는 것, 쉽게 말해서 섭리가 보낸 것인 셈이다.

존재가 자신을 드러내기를 삼감, 에포케

존재의 역사란 존재의 역운(역사적 운명)을 뜻한다. 그런데 하이데거는 이 역사적 운명 속에서 존재를 보내주는 '그것'이 보내줌들 속에서 자신을 드러내기를 스스로 삼간다고 말한다. 보내줌 속에서 보내진 존재는 시대마다 여러 모습으로 드러나지만, 그렇게 존재를 보내주는 그것 자체는 드러나기를 스스로 삼가는 것이다. 이 '스스로 삼감'(An sich Halten)을 그리스어로는 '에포케'(Epoche)라고 부른다. 그런데 에포케에는 '시대'라는 다른 의미가 들어 있다. 따라서 존재를 보내주는 그것 자체가 자신을 드러내기를 '삼감'(억제함)으로써 존재의 역사적 '시대'가 형성되는 것이다. 다시 말해 '그것'이 시대마다 다른 모습으로 존재를 보내줌과 동시에 그 자신을 드러내지 않고 억제함으로써 존재의 역사적 시대, 형이상학의 시대가 연속해서 형성되는 것이다. 존재를 보내주는 '그것'이 드러나지 않음으로써, 다양한 모습의 존재들만 나타나는 것이다.

이 존재 역운의 에포케(시대)는 존재의 역사에서 크게 보아 그리스적 에포케, 중세적 에포케, 근대적 에포케라는 3단계로 나타나며, 각각의 단계는 또 한층 더 세부적으로 구분될 수 있다.[17] 하이데거는 이런 에포케의 연속적인 진행이 우연적인 것도 필연적인 것도 아니라고 말한다. 왜 우연도 필연도 아닌가. 에포케들의 진행은 앞엣것이 뒤엣것을 결정하는 인과적 필연성을 따르지 않기 때문이다. 동시에 에포케들은 어떤 섭리 속에서 일어나는 것이지 우발적으로 아무렇게나 일어나는 것이 아니기 때문이다. 그런 의미에서 에포케의 진행은 우연적인 것도 필연적인 것도 아니다.

그런데 각각의 에포케는 자기를 덮어 가면서 연속적으로 진행되며 그래서 존재를 보내주는 원초적인 보내줌의 사건은 점점 더 가려지게 된다고 하이데거는 말한다. 에포케들은 역사의 진행 속에서 이어져 나가지만, 다르게 보면 에포케들이 역사적 시대를 거치면서 층층이 쌓인다고도 말할 수 있다. 마치 고고학적 지층이 쌓이듯이 그렇게 에포케들이 쌓임으로써 에포케를 규정해주는 그 원초적인 보내줌은 점점 더 망각 속에 파묻히게 된다는 뜻이다. 이렇게 층층이 쌓인 에포케들을 헐어내는 것(abbauen)이 바로 하이데거가 말하는 해체(Destruktion)다. 해체란 파괴를 뜻하는 것이 아니라 고고학자가 역사의 지층을 걷어내가며 시대를 거슬러 올라가듯이, 에포케들의 지층을 걷어내는 작업을 말한다. 그렇게 함으로써 그 에포케들로 나타난 존재의 역운을 통찰할 수 있게 되는 것이다. 이렇게 존재 역운을 통찰하는 것은 다른 말로 하면, 존재자의 존재에 관한 존재론적 학설을 해체하는 작업이라고도 할 수 있다.

"플라톤이 존재를 이데아와 이데아들의 코이노니아(κοινωνία, 공동체)로서 표상했고, 아리스토텔레스는 에네르게이아(ἐνέργεια, 현실성)로서, 칸트는 정립(Position)으로서, 헤겔은 개념으로서, 그리고 니체는 권력의지로서 표상했다면 이런 것은 그저 우연히 전개된 이론들이 아니다."「시간과 존재」「사유의 사태로」 40~41쪽

플라톤부터 니체까지 존재론적인 사유는 존재 역운 속에서 보내진 것들에 대한 사상가들의 응답으로 보아야 한다는 이야기다. 그래서 하이데거는 그런 존재론적 용어들에 관해 이렇게 말한다.

"자기 자신을 은닉하는(verbergen) 보내줌 속에서, 즉 '그것이 존재를 준다'는 말 속에서 말하고 있는 어떤 부름에 대한 대답들(Antworten)로서 존재의 낱말들이다."「시간과 존재」「사유의 사태로」 41쪽

플라톤에서부터 니체에 이르기까지 본질적인 존재 개념들은 그 철학자들이 스스로 창안한 것이 아니라 존재의 부름에 응답하는 말들로 이해해야 한다는 것이다. 그렇게 존재를 보내주면서, 보내주는 그

것은 자기를 숨기는 것이다. 하이데거의 관심은 이 형이상학의 역사를 해체함으로써 이 역사의 배후에서 형이상학의 역사를 보내준 '그것'을 통찰하는 데 있다. 이 통찰로 형이상학의 배후에 머물러 있는 것이 사유를 통해 드러나게 된다. 하이데거가 말하고자 하는 것은 인간이 존재를 역사적으로 규정하는 것이 아니라 존재가 자신을 역사적으로 규정한다는 사실이다.

시간이란 무엇인가

그렇다면 존재를 주는 '그것'을 어떻게 사유해야 할까? '그것'을 사유하려면 시간을 숙고해야 한다고 하이데거는 말한다. 앞에서 말한 대로 존재를 현존으로 사유할 경우 이 현존에는 이미 현재라는 의미의 시간이 포함돼 있다. 그런데 시간이란 무엇인가? 우리는 통상 시간을 '과거에서 현재를 거쳐 미래로 이어지는 지금(Jetzt)의 연속'으로 이해한다. 이것이 매번 시계를 보면서 확인하는 시간, 통상적인 '시계 시간'이다. 그러나 이런 시계 시간은 '본래적인 시간'이 아니다.

본래적인 시간을 알려면 '현존'(An-wesen)에 주의를 기울여야 한다. 이때 현존은 '우리 인간을 향해 다가오면서 머무르고 있음'을 뜻한다. 그런데 앞에서 본 대로 현존이라는 말에는 현재라는 의미의 시간과 함께 현존이라는 의미의 존재도 함께 들어 있다. 그러므로 '우리 인간을 향해 다가오면서 머무르고 있음'이란 '존재가 우리 인간을 향해 다가오면서 머무르고 있음'을 뜻한다. '존재가 다가와 머무르고 있음'이 바로 현존이다. 그런데 현존에는 눈앞에 실제로 있다는 의미의 '현재'(Gegenwart)만이 아니라 '부재'(Abwesenheit)도 포함된다고 하이데거는 말한다. 그때 부재가 가리키는 것이 '더는 현존하지 않음'(Nicht-mehr-Anwesenheit, 더는 현재가 아님)과 '아직 현존하지 않음'(Noch-nich-Anwesenheit, 아직 현재가 아님), 다른 말로 하면 기재(Gewesenheit)와 미래(Zukunft)다. 우리에게 다가와 머무르는 현존에는 현재만이 아니라 지나간 것의 기재(지나옴)와 다가올 것의 미래(다가옴)도 포함되는 것이다.

주목할 것은 그 현존이 인간에게 다가온다는 사실이다. "인간은 현존(Anwesenheit)의 다가옴 안에 서 있다."「시간과 존재」「사유의 사태로」47쪽 현존이 인간에게 다가오지 않는다면 현존으로서 존재는 '밖에 머무름'(Ausbleiben, 부재) 안에서 은닉된다. 또 이때 인간은 당연히 존재의 도달 범위에서 벗어나 있게 된다.

그런데 이렇게 인간에게 다가오는 현존에는 앞에서 말한 대로 '지금 눈앞에 마주하고 있음'이라는 의미의 '현재'뿐만 아니라 이중의 부재 곧 기재와 미래도 포함된다. 이 사태를 어떻게 이해할 수 있을까? 우리가 지금 마주하고 있는 것은 분명히 현재뿐이다. 그러나 우리는 이 현재 안에만 머물러 있는 것이 아니다. 우리는 '현재가 아닌 시간'에도 머물러 있다. 다시 말해 우리는 이미 지나간 과거에도 머물러 있고 아직 오지 않은 미래에도 머물러 있다. 그래서 우리의 현존에는 단순히 좁은 의미의 현재만이 아니라 지나간 시간(기재)와 다가올 시간(미래)도 포함되는 것이다.

하이데거의 이런 시간 사유는 아우구스티누스가『고백록』(제11권 18~20장)에서 펼쳐 놓은 '시간 탐구'에서 큰 자극을 받은 것으로 보인다. 아우구스티누스는 현존(praesens, 현재)의 세 가지 방식에 대해 다음과 같이 말한다.

"시간은 과거·현재·미래 이 세 가지로 존재하는 것이 아니라, 지나간 것의 현재(현존), 현재적인 것의 현재(현존), 그리고 다가올 것의 현재(현존) 이 세 가지로 존재한다. 이런 세 가지 현존 방식으로서 시간은 영혼 속에 존재하며 그 이외 어디에서도 나는 그것을 보지 못한다. 즉 지나간 것의 현재(현존)는 기억 속에 존재하며, 현재적인 것의 현재(현존)는 직관 속에 존재하고, 다가올 것의 현재(현존)는 기대 속에 존재한다."[18]

이렇게 기대되는 미래는 앞으로 일어날 사건을 기대하는 자에게 '지금 현존하는 미래'로서 존재하고, 기억되는 과거는 지나간 일을 기억하는 자에게 '지금 현존하는 과거'로서 존재하며, 직관되는 현재는 현재적인 것을 직관하는 자에게 '지금 현존하는 현재'로서 존재한다.[19] '현존'이라는 말에서는 현재적인 현존뿐만 아니라 기재의 현존과 미래의 현존도 함께 사유되고 있는 것이다.

이렇게 현재와 기재와 미래에서 현존의 줌을 하이데거는 '건네줌' (das Reichen)이라고 표현한다. '그것이 존재를 준다'고 할 때의 그 존재의 줌을 '보내줌'이라고 하듯이, '그것이 시간을 준다'고 할 때의 그 줌을 '건네줌'이라고 부르는 것이다. '그것'이 존재를 현존으로 보내주고 시간을 현존으로 건네주는 것이다. 이 건네줌이라는 말은 동시에 '도달함'(다다름, 미침)이라는 의미도 품고 있다. 하이데거의 용어들이 대개 중의적인 의미를 품고 있듯이 이 건네줌이라는 말도 중의적으로 쓰인다. 그래서 시간을 현존으로 건네주는 것은 동시에 시간이 인간에게 현존으로서 도달함이 되는 것이다.

미래가 기재를 가져오고 기재는 미래로 뻗어나감

그런데 여기서 하이데거는 미래가 기재를 가져오고 기재는 미래로 뻗어나간다고 이야기한다.

"'아직은 현재가 아닌 것'으로서 도래함(Ankommen)이 도달하면서 이런 도래함은 동시에 '더는 현재가 아닌 것'으로서 기재를 가져

책상 앞에 앉아 있는 하이데거.
하이데거가 말하는 '현존'에는 눈앞에 실제로 있다는 의미의
현재만이 아니라 부재, 즉 기재와 미래도 포함된다.

온다. 그리고 거꾸로 기재는 스스로 미래로 뻗어나간다.˝「시간과 존재」『사유의 사태로』 50쪽

이 말은『존재와 시간』에서 현존재가 미래를 향해 앞질러 달려감으로써 기재를 반복한다는 그 구절을 떠올리게 한다. 우리는 미래를 향해 우리의 가능성을 기투하며 산다. 이렇게 미래를 향해 가능성을 던짐으로써 우리는 미래를 현재화하고 그렇게 현재화하면서 기재를, 지나간 것을 반복하여 회복함으로써 내 것으로 다시 획득한다. 그리고 기재, 곧 지나간 것을 다시 회복함으로써 현재를 열어 밝히고 미래를 향해 나아간다. 이렇게 우리의 현존 속에서 미래와 기재는 현재를 구성한다. 그리하여 하이데거는 이렇게 말한다. ˝이 둘(미래와 기재)의 상호 연관이 서로에게 서로를 건네주면서 동시에 현재를 가져온다.˝「시간과 존재」『사유의 사태로』 50쪽 이렇게 미래와 기재와 현재는 현존으로서 통일된다.

그러나 시간 자체는 존재자처럼 존재하는 것이 아니다. 그래서 미래와 기재와 현재가 사물처럼 '동시에' 눈앞에 있다고 말해서는 안 된다. 그렇지만 이 셋의 '서로에게 스스로 뻗어나감'은 공속한다. 미래와 기재와 현재는 서로에게 자신을 건네주어 현존을 연다. 이 현존과 더불어 '시간-공간'(Zeit-Raum)이라고 부르는 것이 훤히 밝혀진다고 하이데거는 말한다. '시간 공간'(Zeitraum)은 통상 두 시점 사이의 시간 간격 곧 '시간대'를 가리킨다. 이를테면 '1900년대'라는 말에 담긴 100년의 시간대가 그런 것이다. 그러나 하이데거가 말하는 '시간-공간'은 그런 시간대를 뜻하는 것이 아니라 시간을 통해서 밝혀지는 장을 가리킨다.

˝시간-공간은 도래·기재·현재가 서로에게 자신을 건네주는 가운데 환히 밝혀지는 열린 장(das Offene)을 뜻한다.˝「시간과 존재」『사유의 사태로』 52쪽

말하자면 미래와 기재가 현재에서 만나 열린 '시간-공간'은 '존재의 열린 장'과 다르지 않다. 이 시간의 열린 장에 존재자가 들어서서 존재자로 드러나는 것이다.

"이런 건네줌으로서 도래는 기재를 가져오고 기재는 도래를 가져오면서 이 둘의 상호 연관이 열린 장의 환히 트인 터(Lichtung)를 가져온다."「시간과 존재」,「사유의 사태로」 53쪽

세 가지 시간이 통일되는 그 열린 장이 바로 존재자를 존재자로서 드러내는 '존재의 트인 터'가 되는 것이다. 따라서 본래적 시간은 미래·기재·현재의 3중적인 통일이다. 시간의 3차원적 통일 속에서 현존의 장이 열리는 것이다. 바로 이 3차원의 통일을 주는 근원적인 건네줌을 가리켜 하이데거는 '네 번째 차원' 또는 '최고의 차원'이라고 부른다. 네 번째 차원이야말로 '3차원적 시간의 모든 것을 규정하는 건네줌'이다. '그것이 시간을 준다'고 할 때의 '그것'의 근원적인 건네줌이 바로 최고의 차원으로서 시간의 네 번째 차원인 것이다.

이 네 번째 차원의 시간이 본래적 시간이다. 이 본래적 시간의 차원이 '도래와 기재와 현재에게 고유한 현존을 가져오고 이 세 차원들을 환히 밝히면서도 서로 나누고 서로 가까이에 머무르게 한다.'「시간과 존재」,「사유의 사태로」 54쪽 하이데거는 '본래적인 시간의 통일성이 깃들어 있는 저 최초의 시원적인 건네줌'을 '가깝게 하는 가까움'(die nähernde Nähe), 곧 '진정한 가까움'(die Nahheit)이라고 부른다. 하이데거에게 '가까움'이란 존재 자체를 가리키는 말인데, 존재 자체야말로 우리 인간에게 가장 가까이 있기 때문이다. 존재 자체가 시원적인 건네줌의 차원으로서 시간의 세 차원을 가까이 모아 머무르게 해준다는 이야기다.

현재의 거부와 현재의 유보

그런데 도래(미래)와 기재와 현재는 서로 가까이 머무르기만 하는 것은 아니다.

"가깝게 하는 가까움은 도래·기재·현재를 서로 떨어뜨림으로써 그것들을 서로에게 가깝게 한다."「시간과 존재」「사유의 사태로」 55쪽

본래적 시간을 주는 건네줌은 시간의 세 차원을 서로 가깝게 하는데, 동시에 이 셋을 떨어뜨려 놓는 방식으로 가깝게 한다. 다시 말해 기재는 기재로 머무르고 미래는 미래로 머무르는 방식으로 가깝게 하는 것이다. 이 사태를 하이데거는 다음과 같이 표현한다.

"그 가까움은 기재의 도래인 현재를 거부함(verweigerung)으로써 기재를 열어둔다. 가까움의 이런 가깝게 함은 다가옴에서 현재를 유보함(vorenthalten)으로써 '미래로부터 도래함'을 열어둔다. 가깝게 하는 가까움은 거부와 유보의 성격을 지닌다."「시간과 존재」「사유의 사태로」 55쪽

이 말은 언뜻 이해하기 쉽지 않다. 하이데거는 이 강연의 후반부에서 같은 사태를 좀더 평이한 말로 이야기한다.

"본래적 시간과 이런 시간의 시간-공간에서 기재의 건네줌, 즉 '더는 현재가 아님'의 건네줌은 이런 현재의 거부로서 나타났다. 미래의 건네줌 즉 '아직 현재가 아님'의 건네줌은 이런 현재의 유보로서 나타났다."「시간과 존재」「사유의 사태로」 71쪽

기재는 '더는 현재가 아닌 시간'이다. 그러므로 기재는 현재의 차원에서만 보면 현재로 나타날 수 없도록 거부돼 있다고 할 수 있다. 또 미래는 '아직 현재가 아닌 시간'이다. 그러므로 미래는 현재의 차원에서 보면 아직 현재가 되지 못한 채 유보돼 있다고 할 수 있다. 그래서 본래적 시간은 거부와 유보의 성격을 자기 안에 지니는 것이다.

이 사태를 우리 인간의 차원에서 이해해보면 이렇다. 우리는 단순히 현재만을 사는 것이 아니라 미래와 기재를 함께 산다. 미래의 가능성을 생각하면서 현재를 살고 동시에 지나간 것을 기억하고 회고하고 상기하는 방식으로 현재에 끌어당겨 산다. 그래서 우리의 현존에는 현재만 있는 것이 아니라 미래와 기재도 있는 것이다. 그러나 그렇게 미래와 기재를 가까이 끌어와 살더라도 기재와 미래 자체는 우리에게서 떨어져 있을 수밖에 없다. 기재는 이미 현재가 아니기 때문에 현재 자체에서 보면 거부돼 있고, 미래는 아직 현재가 아니기 때문에 현재의 차원에서 보면 유보돼 있다. 현재에서 보면 기재는 거부돼 있고 미래는 유보돼 있다. 그러나 동시에 그렇게 거부되고 유보되는 방식으로 기재와 미래는 현존으로서 가까이 모여 통일돼 있다. 하이데거가 이야기하려는 것이 바로 이런 사태다.

"시간을 주는 줌은 거부하면서-유보하는 가까움으로부터 규정된다. 그런 가까움이 시간-공간의 열린 장을 증여해주고 기재에서 거부되고 도래에서 유보된 채 머무르고 있는 그것(현재)를 지켜준다."
「시간과 존재」 『사유의 사태로』 55쪽

더 쉽게 표현하면 기재는 아득히 멀어서 우리가 다 기억할 수 없는 과거로 머물러 있고, 미래는 올지 안 올지 알 수 없는 불확정적인 미래로 머물러 있다. 그런 기재와 미래가 우리의 현재를 구성한다. 본래적 시간은 이렇게 주어진다.

그리하여 하이데거는 "본래적 시간을 주는 그 줌을 밝히면서-은닉하는 건네줌(das lichtend-verbergende Reichen)"이라고 부른다. 여기서 명확히 이해해야 할 것이 '밝히면서-은닉하는 건네줌'이라는 말이다. 시간은 미래·기재·현재의 통일성으로서 환히 열린 터를 개방한다. 그것이 바로 '리히퉁'(Lichtung, 밝힘, 열림, 환히 열린 터)이다.

그렇다면 '은닉'은 무엇을 가리키는가? 이 말은 앞에서 '기재의 거부'와 '미래의 유보'를 가리킨다. 지나간 것은 현재로서 거부돼 있기에 우리는 기재를 눈앞에서 직접 확인할 수 없다. 다가오는 것도 현재로서는 유보돼 있기에 우리는 미래를 예측하거나 기대할 수 있을 뿐이지 현재에서 직접 확인할 수 없다. 기재는 과거로 아득히 뻗어나가고 미래도 앞을 향해 아득히 뻗어나간다. 그렇게 우리의 현재에서 벗어나 아득히 멀어지기 때문에 그 사태는 은닉을 함축한다. 우리는 아득히 먼 과거를 추측할 수 있을 뿐이고 아득히 먼 미래를 겨우 예측할 수 있을 뿐이다. 시간이란 그 전체를 아우르는 것이기에 우리에게 알려지지 않고 감추어져 있다고 할 수 있는 것이다. 그리고 미리 말하면 그 '시간의 열린 공간'이 다름 아닌 '현존'이기에 존재 자체는 그 아득함 속에 감추어져 있다고 할 수 있는 것이다. 요컨대 '은닉함'이란 시간을 주는 '그것'이 '스스로 은닉함'을 뜻한다. 그렇게 시간을 주는 '그것'은 스스로 밝히면서 동시에 자신을 은닉한다. 이것이 '밝히면서-은닉하는 건네줌'이라는 말이 가리키는 사태다.

앞에서 본 대로 하이데거가 시간을 해명할 때 원칙으로 삼는 명제는 이것이다. '그것이 시간을 준다.' 이 말을 바꿔서 표현하면 '시간이 주어져 있다'가 된다. 그렇다면 시간 곧 시간-공간은 어디에 주어져 있는가? 여기서 하이데거는 "철학이 시작된 이래로 철학은 시간을 숙고할 경우에 언제나 시간이 어디에 속하는지 물어보았다"는 점을 상기시킨다.「시간과 존재」「사유의 사태로」 56쪽 아리스토텔레스가 그렇게 시간이 어디에 있는지를 가장 분명하게 물어본 최초의 철학자였다.

하이데거는 그런 철학의 역사를 염두에 둔 채 '시간이란 인간의 영혼·의식·정신이 없다면 주어지지 않는다'고 말한다. 요컨대 "인간이 없다면 시간은 주어져 있지 않다."「시간과 존재」「사유의 사태로」 57쪽 인간이 시간을 헤아리기에 시간이란 게 있는 것이지 달리 객관적으로 시간이 있는 것이 아니라는 얘기다. 그렇게 인간이 있기에 시간이 있는 것이라면 "인간은 시간을 주는 자인가, 아니면 시간을 받아들이는 자인가" 하는 물음이 나올 수밖에 없다. 하이데거가 보기에 인간은 시간을 받아들이는 자이지 시간을 만들어내는 자는 아니다. '그것'이 시간을 주고, 그 시간은 인간에게 주어진다.

시간과 존재를 주는 근원, 보내줌과 건네줌

바로 이 대목에서 하이데거는 이제 다시 시간과 존재를 동시에 아울러 그 '시간과 존재'를 주는 근원을 살펴 들어간다. 분명히 시간은 존재하는 것이 아니다. 따라서 '그것이 시간을 준다'고 해야 한다. 마찬가지로 존재는 존재하는 것이 아니다. 그러므로 '그것이 존재를 준다'고 해야 한다. 이때 존재를 주는 그 줌을 '보내줌'(Schicken)이라고 부르고, 시간을 주는 그 줌을 '건네줌'(Reichen)이라고 부른다. 보내줌은 존재를 현존으로서 인간에게 주는 줌이고, 건네줌은 시간을 환히 밝혀진 열린 장으로서 주는 줌이다. 그렇다면 이렇게 존재를 주고 시간을 주는 '그것'은 무엇인가? 혹시 언어의 문법적 구조상 '그것'(Es)이 주어로 나오기 때문에 우리가 '그것'을 능동적 주체로 잘못 생각하고 있는 것은 아닌지 하이데거는 묻는다.

문법에서는 이런 '그것'(Es)을 비인칭 주어라고 부른다. 다른 인도-유럽어나 그리스어·라틴어에서는 이런 비인칭 주어가 결여돼 있다. 이를테면 라틴어 '플뤼트'(pluit)는 '비가 온다'(Es regnet)를 뜻하고, 그리스어 '크레'(χρή)는 '그것이 필요하다'(Es tut not)를 뜻한다. 이렇게 비인칭 주어가 없지만 그 라틴어·그리스어 문장에서는 '그것(Es) 안에서 생각되는 것이 함께 사유되고 있다'고 하이데거는 말한다. '그것(Es)이 문법상 도드라지든 그렇지 않든 인도-유럽어에서는 그것(Es)이 사유되고 있다는 얘기다.

"하지만 이런 '그것'(Es)은 무엇을 의미하는가?"「시간과 존재」「사유의 사
태로」60쪽

도대체 이 문법적 주어 '그것'(Es)은 무엇을 의미하는 것일까? 이
런 '그것'을 하이데거 이전에 먼저 학문적으로 숙고한 사람이 정신
분석학 창시자 지크문트 프로이트다. 프로이트는 인간의 의식과 자
아를 움직이는, 알 수 없는 무의식적인 힘을 '그것'(Es)이라고 불렀
다. '그것'(Es, Id)이라는 원초적인 힘이 무의식의 저층에서 우리의
의식을 자극하고 자아를 압박한다고 본 것이다. 프로이트는 이 '그
것'을 우리 정신에 한정된 존재자로 보았다. 하지만 하이데거가 여기
서 이야기하는 '그것'은 존재자가 아니며 프로이트의 '그것'보다 훨
씬 더 근원적이고 광대하게 우리 삶을 규정하는 어떤 사태다.

존재와 시간을 주는 그것, 생기

그러면 '그것'이란 무엇인가? 하이데거는 존재와 시간을 주는 이
'그것'을 '생기'(das Ereignis)라고 부른다. '생기'가 시간과 존재를
주는 그것, 다시 말해 시간과 존재를 양자의 공속 속에서 각각 고유
하게 일어나도록 해주는 '그것'이다. 여기서 시간과 존재의 공속이
란 시간과 존재가 떼어낼 수 없이 서로 겹쳐 있다는 뜻이다. 다시 말
해 시간이 3차원의 통일로서 현존으로 펼쳐지고 그렇게 펼쳐진 현존
이 바로 존재라는 뜻이다. 그리하여 시간은 존재를 통해 규정되고 존
재는 시간을 통해 규정된다. 이렇게 시간과 존재를 함께 속하게 해주
는 '그것'이 바로 생기 자체다.

그런데 하이데거는 1946년에 쓴 「휴머니즘 편지」에서는 '그것이
존재를 준다'(Es gibt das Sein)라는 『존재와 시간』의 구절을 인용하
면서 거기서 말하는 '그것'을 '존재 자체'라고 규정한다.「휴머니즘 서간」

『이정표2』 148쪽 하이데거는 이 「시간과 존재」 강연에 이은 '시간과 존재 세미나'에서 '존재 자체'가 바로 생기를 지칭한다고 말한다.「강연 '시간과 존재'에 대한 세미나 기록」, 『사유의 사태로』 113쪽 이로써 이 강연에서 '생기'라고 부르는 것이 하이데거가 통상 '존재 자체'라고 불렀던 것임이 분명해진다.

그래서 하이데거는 "이 강연의 유일한 의도는 존재 자체를 생기로서 통찰하도록 이끌어주는 데 있다"고도 말한다.「시간과 존재」, 『사유의 사태로』 68쪽 존재 자체란 다른 것이 아니라 시간과 존재를 주는 '생기'인 것이다. 생기라는 말이 '생기하다'(ereignen)에서 나온 명사임을 염두에 두면, '존재 자체'란 어떤 심연에 숨어 있는 존재자가 아니라 시간과 존재를 주면서 일어나는 그 일어남 자체임을 알 수 있다. 존재 자체는 그러므로 명사적인 사태라기보다는 동사적인 사태라고 할 수 있다.

'생기'에 관한 하이데거의 해명을 더 들어보자. 존재도 하나의 사태이고 시간도 하나의 사태다. 생기란 이 두 사태를 저마다 고유함 속으로 가져올 뿐만 아니라 두 사태가 서로 함께 속하도록 지켜주면서 이 공속을 지탱해주는 것을 뜻한다. 그러므로 생기란 두 사태의 실상(Verhalt, 관계) 즉 '사태-실상'(Sach-Verhalt, 사태-관계)를 가리킨다.「시간과 존재」, 『사유의 사태로』 63~64쪽 이 사태-실상은 존재와 시간에 나중에 덧붙여지는 것이 아니다. 존재와 시간이 각각 따로 있고 나중에 이 둘이 관계를 맺는 것이 아니라는 얘기다. 시간과 존재는 언제나 이미 공속적인 것으로서 함께 나타난다. 시간이 현존으로 펼쳐짐이 곧 존재이기 때문이다. 이렇게 존재와 시간이 공속하여 일어남이 바로 생기함(das Ereignen)이다. '그것' 곧 생기의 처지에서 말하면, 존재와 시간을 공속함 속에서 고유하게 일어나게 해줌이 바로 생기, 곧 타동사로서 '생기시킴'이다.

그렇다면 존재와 시간 가운데 무엇이 더 선차적일까? 하이데거는 "존재는 시간으로부터 규정돼야 한다"고 말함으로써 시간이 존재에 앞선다고 암시한다.

"존재의 보내줌은 다양하게 펼쳐지는 현존을 시간-공간이라는 열린 영역으로 건네주는, 환히 밝히면서 은닉하는 그런 건네줌에서 비롯한다(beruhen)." 「시간과 존재」, 『사유의 사태로』 66쪽

이 문장은 분명히 시간의 건네줌에서 존재의 보내줌이 비롯한다는 것, 그래서 시간이 존재보다 앞선다는 것을 알려준다. 여기서 '비롯한다'는 것은 '원인으로서 결과를 야기한다'는 뜻이 아니라 사태의 선차성을 뜻할 뿐이다. 사태를 보면 생기가 시간을 줌으로써 시간이 현존으로서 시간-공간으로 열리고, 그렇게 열린 공간의 현존이 바로 존재임이 분명하다. 그러므로 시간-공간이 건네짐으로써 존재가 현존으로 드러난다고 할 수 있을 것이다. 시간의 통일적인 열림이 현존이고 이 현존이 바로 존재다.

여기서 하이데거는 '생기'를 사전에 등록된 통상적인 의미로 이해해서는 안 된다고 거듭 강조한다. 생기는 '돌발적인 사건'(Vorkommis)이나 '일어난 일'(Geschehnis)을 뜻하지 않는다. 생기란 존재자의 발생이 아니라 존재 차원의 일어남이다. 다시 말해 "환히 밝히면서 참답게 간직하는 건네줌과 보내줌"의 차원에서 생기를 이해해야 한다. 「시간과 존재」, 『사유의 사태로』 67쪽 생기란 존재 자체의 근원적인 일어남이다.

그러므로 생기의 시원적인 장소는 '스스로 밝히면서 자기를 은닉하는' 그런 은닉의 장소다. 우리의 통상적인 이성의 날카로움으로는 도저히 헤집고 들어갈 수 없는 '바탕 없는 바탕'으로서 심연(Ab-grund)이 바로 생기가 은닉되는 장소다. 이 장소는 논리적으로 인과관계를 따지는 우리의 지성으로는 결코 접근할 수 없는 정적(Stille)

의 장소다. 생기는 모든 존재가 태동하여 피어나는 원천이다. 물론 이렇게 묘사한다고 해서 생기를 존재자 전체의 배후에 있는 또 다른 존재자, 이를테면 초월적인 절대자로 생각해서는 안 된다. 생기는 존재 자체로서 사물처럼 존재하는 것이 아니기 때문이다.

하이데거가 생각하는 생기의 고유한 특성에는 '스스로 삼감'이라는 것도 있다. "보내줌으로서의 줌 속에는 스스로 드러내기를 삼감이 속해 있다."「시간과 존재」『사유의 사태로』 70쪽 생기의 줌은 분명히 시간을 건네줌이고 존재를 보내줌이다. 시간을 건네주고 존재를 보내줌으로써 생기는 자신을 드러낸다. 그러나 동시에 생기는 드러내기를 삼가면서 자신을 감춘다고 하이데거는 말한다. 이런 현상을 알아볼 수 있는 사태가 바로 "기재와 도래의 건네줌에서 현재의 거부와 현재의 유보가 행해진다는 사실"이다.「시간과 존재」『사유의 사태로』 70쪽

생기는 시간을 건네주지만 전면적으로 건네주는 것이 아니고 기재를 거부하고 미래를 유보하는 방식으로 건네준다. 바로 여기에 생기의 '스스로 삼감'이 있다고 하이데거는 말하는 것이다. 이 사태를 조금 더 명확하게 이해해보자. 생기가 스스로 드러나기를 삼간다는 것은 '스스로 물러남'(Sichentziehen)을 뜻한다. 짧게 말하면 '물러섬'(Entzug)을 뜻한다. 생기는 탈은폐로부터 스스로 물러선다. 생기가 자신을 전면적으로 탈은폐하지 않고 스스로 물러서는 현상은 앞에서 본 대로 '기재의 거부와 미래의 유보'에서 분명하게 드러난다. 기재란 무한히 축적된 역사의 영역이고 미래란 무한히 뻗어 있는 가능성의 영역이다. 이렇게 양쪽으로 무한히 뻗어 있는 그 시간의 영역이 현재로 드러나지 못한 채, 다시 말해 탈은폐되지 못한 채 물러서 머물러 있는 것, 이것이 바로 '생기의 스스로 삼감'이라는 말이 가리키는 사태다.

인간 쪽에서 이 사태를 이해해보면, 인간은 어떤 경우에도 과거를

향해 무한히 뻗어 있는 역사를 다 알 수 없고 미래를 향해 무한히 뻗어 있는 가능성을 다 알 수 없다. 그렇게 인간이 전체를 알지 못하는 것은 생기 자체가 자신을 무제한적으로 탈은폐하지 않고 스스로 삼가며 물러서 있기 때문이다. 이렇게 생기가 자신을 무제한으로 탈은폐하지 않고 자신의 고유한 본령으로 물러나 머물러 있음을 가리키는 말이 '탈생기'(Enteignis)다.

"생기함은 자기 자신에게서 스스로 탈생기한다(sichenteignen). 생기 그 자체에는 탈생기가 속해 있다."「시간과 존재」「사유의 사태로」 72쪽

탈생기라는 말은 마치 생기에서 이탈한다는 부정적인 사태를 뜻하는 것 같지만, 여기서 말하는 탈생기는 오히려 긍정적인 사태다. 생기가 자신을 시간과 존재로 내주되 무제한적으로 내주는 것이 아니라, 그렇게 내주면서 동시에 자신을 억제하여 자신의 가장 고유한 본령에 머물러 있는 것을 가리키는 것이 탈생기다. 그러므로 생기는 생기함과 동시에 탈생기함으로서 자신의 고유함의 본령을 간직한다. 이렇게 생기가 자신의 고유함의 본령을 간직한다는 것은 생기가 생기의 심연을 간직한다는 것과 다르지 않다. 생기는 자신을 존재와 시간으로 다 드러내는 것이 아니라 고유함의 본령을 심연 속에 간직한다.

이것은 존재의 진리가 비밀과 심연을 간직한 진리라는 것을 암시한다. 생기가 존재를 보내주고 존재는 존재로서 탈은폐된다. 그렇게 탈은폐된 존재가 존재의 비은폐성(알레테이아)으로서 존재의 진리다. 그런데 생기는 존재를 보내주면서 동시에 자신의 고유함의 본령을 심연에 간직한다. 즉 스스로 은닉한다. 존재의 진리는 언제나 비-진리 곧 은닉성을 내장하고 있다.

거듭 말하지만 생기의 심연이란 생기의 비밀을 뜻한다. 생기는 이 비밀 가운데 깊숙이 자신을 은닉한다. 그러므로 존재의 진리는 언제

나 비-진리 곧 비밀과 심연을 간직한 진리다. 만약 이 비밀과 심연으로서 비-진리가 없다면 존재 자체는 신비스러움을 잃고 말 것이다. 존재의 진리는 인간의 이성으로는 헤아릴 수 없고 침투할 수 없는 비밀과 심연을 간직한 진리다. 그런 진리는 인과관계를 따지는 이성으로는 헤아릴 수 없고 오직 표상하는 사유를 넘어선 꿰뚫어봄을 통해서만 접근할 수 있다.

이미 본 대로 탈생기는 생기가 자기 자신의 가장 고유한 특성을 간직해 나간다는 것을 뜻한다. 그런데 하이데거는 탈생기라는 말을 비본래적인 의미로도 사용한다. 이 경우에 탈-생기함은 존재 이탈과 존재 망각 속에서 생기가 자신의 고유함을 드러내지 못한 채 감추어지거나 왜곡되는 방식으로 현성함을 가리킨다. 형이상학의 시대에 존재가 탈은폐되는 것이 바로 이런 비본래적인 탈-생기함의 방식이다. 이를테면 존재가 게슈텔(Ge-stell, 몰아세움)로 탈은폐됨으로써 존재 자체가 왜곡되고 감추어지는 기술 시대의 생기가 바로 비본래적인 탈생기함의 방식이다. 이런 '비본래적인 탈생기'는 '본래적인 탈생기'와는 엄연히 구분된다. 본래적인 탈생기는 생기가 생기 자체로서 탈은폐되는 시대에도 여전히 생기는 헤아릴 길 없는 심연과 비밀을 간직한 채로 자신을 숨긴다는 그런 사태를 가리킨다.

생기, 존재 자체의 궁극적인 모습

하이데거는 생기의 고유한 특성을 사유하는 가운데 인간과 생기의 관계도 숙고한다. 생기가 고유하게 생기함으로써 존재가 보내질 때, 그렇게 보내진 존재는 어디로 다가가는가? 바로 인간에게 다가간다. 인간은 존재의 다가옴을 인지하고 인수한다. 그런데 이런 인지함과 인수함은 4차원의 시간이 우리에게 당도하는 그런 건네줌의 영역 안에 우리가 서 있는 한에서 이루어진다고 하이데거는 말한다. 다시 말해 인간이 본래적인 시간 안에 서 있음으로써 존재를 인지하는 한에서 생기함은 인간을 인간 자신의 고유함으로 데려간다. "이렇게 고유하게 된 채로 인간은 이런 생기에 속하게 된다." 「시간과 존재」 『사유의 사태로』 73쪽

인간이 인간으로서 본래성을 얻는다는 것은 이런 생기하는 시간 안에 서 있으면서 존재의 다가옴을 인지하고 인수한다는 데 있다. 인간이 존재의 주인이 아니라 오히려 존재가 인간을 고유함으로 세워주는 것이다. 인간이 본래적 시간 안에 서 있다는 것은 인간이 존재의 열린 장 안에 탈존으로서 들어서 있다는 것을 뜻한다. 이렇게 인간이 탈존으로서 열린 장 안에 들어서 존재와 시간을 참답게 이해하는 한, 인간은 인간으로서 고유해지는 것이다. 쉽게 말해서 우리 삶의 시간이 우리 마음대로 늘이고 줄일 수 있는 것이 아니고 섭리 속에서 주어진 것임을 자각할 때, 우리는 우리 존재에 충실해질 수 있고 우리에게 주어진 시간을 충실하게 살 수 있는 것이다.

잊지 말아야 할 것은 생기의 생기함, 곧 '존재와 시간의 고유한 일어남'은 형이상학의 시대를 극복한 경지에서만 열린다는 사실이다. 형이상학적인 존재 망각이 극한에 이른 우리 시대를 넘어설 때에만 생기의 생기함에 대한 사유가 고유하게 일어날 수 있고 인간도 탈존으로서 이 생기의 생기함의 영역 안에 들어설 수 있다. 인간은 생기함 안에 있을 때에만 비로소 인간으로서 고유함을 얻을 수 있는 것이다. 생기(Ereignis)란 바로 이런 고유함(eignis)의 일어남(Er-)이다. 존재 자체가 고유하게 시간으로 펼쳐짐으로써 우리를 둘러싼 모든 존재자가 그 고유한 빛으로 빛나게 되는 것이야말로 생기가 가리키는 사태다. 바로 그렇게 모든 존재자가 고유한 빛으로 빛나게 될 때 인간도 인간으로서 고유해지면서 자신의 고유함 안에서 빛나게 된

다. 인간이 생기의 진리 안에 들어섬으로써 세계 전체가 화엄의 빛으로 빛나게 되는 것이다.

이렇게 생기를 사유해나갈 때 거듭 주의해야 할 것은 생기는 어떤 경우에도 존재자가 아니며 생기 이전에 다른 어떤 것이 있는 것도 아니라는 사실이다. 그래서 하이데거는 "생기는 '존재하지도'(ist) 않으며 '주어져 있지도'(es gibt) 않다"고 말한다.「시간과 존재」『사유의 사태로』74쪽 "그렇다면 남는 말은 무엇일까? 그것은 오직 '생기가 생기한다'(Das Ereignis ereignen)라는 말뿐이다."「시간과 존재」『사유의 사태로』74쪽 생기에 관해서는 이렇게밖에 말할 수 없다는 것이다. 생기는 존재하는 것 곧 존재자가 아니다. 또 생기를 주는 다른 어떤 것이 있는 것도 아니다. 그러므로 생기는 주어질 수 없다. 그러므로 '생기는 생기한다'라고 밖에 말할 수 없다. 존재 자체로서 생기는 생기한다.

"이로써 우리는 동일한 것(das Selbe)으로부터 동일한 것을 거쳐 동일한 것으로 다가가면서 말하고 있다."「시간과 존재」『사유의 사태로』74쪽

이 말을 풀어 쓰면 다음과 같다. '우리는 생기라는 사태에 맞닥뜨려 생기로부터 부름받은 채 생기를 향해 나아가면서 생기의 고유한 본질 연관 속으로 귀속해 들어가는 방식으로 생기를 사유하고 말한다.'[20] 우리는 생기 너머를 사유할 수 없다. 생기가 우리를 부르고 우리는 생기에 응답한다. 그렇게 응답하면서 그 생기로 나아간다. 이렇게 존재 자체를 생기로 규정함으로써 하이데거 사유는 어떤 궁극의 영역에 다다른다. 왜냐하면 모든 것의 근원을 파고들어가 결국 만나는 것이 생기이고 이 생기 너머를 우리는 사유할 수 없기 때문이다. 생기 곧 '고유함을 주는 일어남'이라는 이 사태가 존재 자체의 궁극적인 모습이다.

그런데 이런 궁극적 차원은 앞에서 말한 대로 '생기의 물러섬' 곧 생기의 자기 은닉과 함께 있다. 다시 말해 생기는 자신을 무제한으

로 탈은폐하지 않고 심연의 고유한 본령으로 물러나 머문다. 존재 자체, 곧 생기는 자신을 탈은폐하면서도 언제나 동시에 자신을 심연 깊숙이 은닉하고 있는 것이다. 바로 이런 점에서 하이데거의 생기 사유는 헤겔의 존재 사유와 확연히 구분된다.[21] 헤겔에게 존재 자체는 절대정신의 절대적 앎 속에서 절대적으로 드러난다. 절대정신이 자기를 구현한 곳에서는 어떤 은닉도 남아 있지 않고 모든 어둠은 완전히 사라진다. 역사에는 더는 비밀이 남아 있지 않다. 이것이 하이데거가 말하는 '무제한적인 탈은폐'다.

그러나 하이데거에게 생기 자체, 존재 자체는 결코 자신의 전모를 드러내지 않는다. 진리는 비밀을 간직하고 있으며 역사는 미래로든 과거로든 자신의 전체를 결코 보여주지 않는다. 생기는 심연의 본령 속에 자신을 감추는 것이다. 그런데 이런 생기의 자기 은닉이 있기 때문에 '생기하는 탈은폐함'도 일어날 수 있을 것이다. 생기의 은닉된 고유함의 본령이 없다면 생기는 자신의 고유함을 잃어버리고 말 것이고 무언가를 더 드러낼 일도 없을 것이다. 신을 비유로 삼아 말하자면, 비밀이 없는 신은 더는 신이 아닐 것이다.

진술 명제로 표현할 수 없는 생기 사유

1962년의 「시간과 존재」 강연은 하이데거 전기 사유를 응집한 『존재와 시간』이 남겨 둔 과제를 완수함과 동시에 후기의 존재 사유를 생기 사유로써 총괄했다. 그러나 이 강연은 하이데거의 사유 가운데 가장 다가가기 어려운 경지를 그려낸 것이어서 그 사유의 높이에 이르기까지 독자의 끈질긴 숙고를 요구했다. 그해 9월 슈바르츠발트의 토트나우베르크에서 이 강연 원고를 놓고 하이데거 주재 아래 여섯 차례 세미나가 열렸다. 하이데거 사유에 다가가려는 독자의 숙고를 돕는 작업이었다. 세미나 내용은 「강연 '시간과 존재'에 대한 세미나 기록」이라는 제목으로 「시간과 존재」와 함께 『사유의 사태로』에 묶였다.

하이데거 사유가 어려워진 것은 근본적으로 진술 명제로 표현할 수 없는 것을 진술 명제로 표현하려는 시도와 관련이 있다. 하이데거는 「시간과 존재」에서 '존재자 없이 존재를 사유한다'는 원칙을 밝혔다. 존재자 없이 존재를 사유한다는 것은 "형이상학을 고려하지 않고 존재를 사유한다는 것"을 말한다.「시간과 존재」「사유의 사태로」 75쪽 하지만 진술 명제로 존재를 이야기하는 한, 존재가 실체화할 위험에 부닥치는 것은 거의 불가피한 일이 된다. 그래서 하이데거는 강연을 마치면서 이렇게 이야기했다.

"생기에 관해 강연의 방식으로 말하는 것도 역시 이런 종류에 해당하는 장애물이다. 왜냐하면 강연은 단지 진술 명제들로만 말하기 때문이다."「시간과 존재」「사유의 사태로」 76쪽

'존재는 존재자가 아니다'라고 아무리 확언하더라도 존재의 사태를 진술 명제로 이야기하는 한, 존재가 존재자로 인식될 위험을 피하기 어렵다. 결국 이런 위험을 이겨내려면 하이데거가 이야기하려는 그 근원적인 사태로 들어가 그 사태를 경험해보는 수밖에 없다. 그 사태에 대한 경험이 전제되지 않으면, 강연의 내용 안으로 깊숙이 들어가는 길을 찾는 것은 요원한 일이 되고 만다. 이때 경험해야 할 그 사태란 존재와 시간을 주는 '그것', 다시 말해 '존재 자체로서 생기'다. 이 생기에 대한 경험, 생기의 생기함을 그 자체로 통찰하는 경험이 있을 때에만 강연의 내용은 하이데거가 의도한 대로 이해될 수 있는 것이다. 이런 경험에 이르는 길을 찾기가 쉽지 않았기 때문에 이 여섯 차례의 세미나까지 따로 열렸던 것이다.

서재의 하이데거.
하이데거는「시간과 존재」에서 '존재자 없이 존재를 사유한다'는 원칙을 밝혔다.
그것은 "형이상학을 고려하지 않고 존재를 사유한다는 것"을 뜻한다.

생기 사유에 이르러 존재의 역사가 종말에 이름

그런데 이 세미나에서 주목할 것은 하이데거 생기 사유에 대한 포괄적인 이해의 시야, 특히 역사적 시야도 함께 논의됐다는 사실이다. 그런 논의 가운데 하나가 '존재사의 종말', 다시 말해 '사유가 생기에 이르러 존재의 역사가 종말에 이른다'는 문제다. 이 세미나는 그 문제를 다음과 같이 정리하고 있다.

"만일 생기가 존재에 대한 새로운 존재사적 각인이 아니라면, … '역운에 기인하는 존재'가 이제 더는 고유하게 사유해야 할 궁극적인 사태가 아닌 이상, 존재의 역사는 종말에 이른다." 「강연 '시간과 존재'에 대한 세미나 기록」, 『사유의 사태로』 107~108쪽

이 말은 생기 사유와 함께 존재의 역사, 다시 말해 형이상학의 역사가 종말에 이른다는 이야기다. 형이상학의 역사에서 존재는 각각의 시대(에포케)마다 이데아·에네르게이아·악투알리타스·대상성 따위로 드러났다. 그런데 그런 존재를 보내주는 것이 바로 생기임이 생기 사유를 통해 드러남으로써 존재의 역사는 비로소 끝이 나게 됐다는 것이다. 생기는 각각의 시대마다 그 시대에 각인된 존재의 형태들을 보내준다. 그러나 그 생기 자체는 존재의 역사, 존재의 역운 밖에 머물러 있다.

"생기는 비역사적이다. 더 좋은 표현으로는 무역운적(geschicklos)이다." 「강연 '시간과 존재'에 대한 세미나 기록」, 『사유의 사태로』 108쪽

존재는 역운으로서 시대마다 다른 모습으로 각인되지만 그 존재를 주는 생기 자체는 그 자체의 고유한 본령 안에 머물러 있는 것이다.

이해를 돕는 차원에서 생기를 신 자체라고 간주한다면, 신은 역사적 시대마다 존재를 역운으로 보내주지만, 다시 말해 존재는 역사적 시대마다 다양한 모습으로 출현하지만 그 신 자체는 우주 만물을 포

용한 채로 자신의 본령 안에 머물러 있는 것이다. 그 비역사적이고 무역운적인 생기 자체에 사유가 이르게 되면 결국 존재의 역사, 존재의 역운은 종말을 고한다고 하이데거는 보는 것이다. 존재는 인간의 사유, 다시 말해 인간의 형이상학적 사유를 통해서 역사를 펼쳐나가는데, 이 인간의 사유가 생기 자체에 이르러 형이상학을 극복했으므로 더는 존재 변화의 역사를 써가지 않는다는 얘기다.

그것은 절대정신이 자기를 실현함으로써 역사가 종말에 이른다는 헤겔의 사유와 유사한 발상이다. 그러나 앞에서 이야기한 대로 하이데거의 생기 사유는 헤겔의 존재 사유와는 그 전개 양상이 다르다. 또 하이데거의 생기 사유는 니체의 '초인 사상'과도 구조적 유사성을 띤다. 니체가 초인의 도래와 함께 허무주의의 역사가 끝난다고 본 것처럼, 하이데거도 생기 사유와 함께 형이상학의 역사가 끝난다고 보는 것이다. 그러나 하이데거가 니체의 초인 사상을 형이상학의 극복이 아닌 형이상학의 완성이라고 본다는 점에서 니체의 초인 사상과 하이데거의 생기 사유에는 근원적인 차이가 있다.

형이상학은 존재 각인의 역사, 다시 말해 시대마다 각각 다른 존재로 각인돼 나타남의 역사다. 이 형이상학의 역사에서 존재를 주는 '그것' 곧 생기는 존재를 보내줌과 동시에 그 자신은 스스로 물러선다. 이렇게 생기 곧 '존재 자체'가 물러서는 것이 바로 존재 이탈이고 존재 망각이다. 그래서 형이상학의 역사는 존재 망각의 역사이며, 존재를 주는 '그것'의 자기 은닉과 물러섬의 역사다. 그런데 사유가 생기 안으로 진입한다는 것은 그렇게 물러서 망각 속에 머물러 있던 생기를 깨달아 나아간다는 것을 뜻한다.

"그래서 사유가 생기 안으로 귀환한다는 것은 이런 물러섬의 역사에 종말을 고한다는 것과 의미가 같다." 「강연 '시간과 존재'에 대한 세미나 기록」 「사유의 사태로」 109쪽 이로써 존재 망각은 극복된다. 존재사의 종말이란 바로 이것을 뜻한다. 그러나 이렇게 인간의 사유가 생기 안으로 진입한다고 해서 생기 자체가 백일하에 통째로 드러난다는 뜻은 아니다.

"사유가 생기 안으로 귀환함과 더불어 비로소 생기에게 고유한 은닉의 방식이 다가온다."「강연 '시간과 존재'에 대한 세미나 기록」「사유의 사태로」109쪽

바로 이 사태를 가리키는 낱말이 하이데거가 강연에서 이야기한 '탈생기'(Enteignis)다. 인간의 사유가 생기 안으로 귀환해 들어감으로써 생기가 드러나지만 동시에 생기 자체는 자신을 그 드러냄으로부터 빠져 나와 물러나는 것이다. 그래서 생기는 결코 자신을 전부 탈은폐하는 것이 아니게 된다. 하이데거는 이 탈생기라는 낱말에 은닉을 의미하는 그리스어 '레테'(λήθη)가 생기와 관련된 방식으로 수용돼 있다고 말한다.「강연 '시간과 존재'에 대한 세미나 기록」「사유의 사태로」109쪽

이 말은 '레테'가 포함된 그리스어 '알레테이아'(ἀλήθεια)를 떠올려보아야 이해된다. 알레테이아는 비은폐성, 곧 진리를 뜻한다. 진리란 은폐(은닉)돼 있지 않음이다. 이런 의미의 진리는 생기에서도 그대로 나타난다. 인간의 사유가 생기로 진입함으로써 생기는 생기로서 탈은폐된다. 다시 말해 생기의 진리가 드러난다. 그러나 동시에 생기는 탈생기로서 '레테'(은닉) 속에 자신을 감춘다. 그러므로 생기의 진리는 '알-레테이아' 곧 은닉을 내장한 진리가 되는 것이다. 진리는 언제나 비밀과 심연을 간직한 진리인 것이다.

은닉의 심연을 품고 있는 생기

그렇게 생기는 탈생기 곧 은닉의 심연을 품고 있다. 따라서 생기가 역운에서 벗어나 있다고 하더라도 생기에게 '운동성'이 결여돼 있는 것은 아니라고 하이데거는 말한다. 오히려 생기가 역운에서 벗어나

있음, 곧 생기의 무역운성(Geschicklosigkeit)은 "생기에게 가장 고유한 운동성의 사유에게는 사유해야 할 것으로서 나타나고 있다"는 것을 의미한다.「강연 '시간과 존재'에 대한 세미나 기록」,『사유의 사태로』 110쪽 형이상학의 역사로서 존재의 역사는 종말에 이르더라도 생기가 비밀과 심연 속에 스스로 머물러 있는 한, 인간의 역사는 계속될 것이라는 이야기다. 헤겔처럼 절대정신의 자기 완성과 함께 모든 어둠이 걷히고 역사자체가 종말에 이르는 것이 아니라는 얘기다. 이 문제와 관련해 세미나 기록은 이렇게 말한다.

"어떤 경우에도 하이데거의 의미에서 존재사의 종말은 헤겔과는 다른 것이다. 물론 생기는 사유가 결정할 수 없는 탈은폐 가능성을 간직하고 있다. 이런 의미에서 사유가 생기 안으로 귀환함으로써 (존재의 다양한) 보내줌들(Schickungen)이 '중지될' 것이라고는 물론 말할 수 없다."「강연 '시간과 존재'에 대한 세미나 기록」,『사유의 사태로』 126쪽

우리의 사유가 생기 안으로 진입한다고 하더라도 사유가 생기를 좌지우지하는 것이 아닌 이상, 생기는 그 뒤로도 계속 다른 방식으로 자신을 탈은폐할 수 있을 것이다. 그러므로 형이상학의 역사로서 존재 역운의 역사는 종말을 고한다고 하더라도 생기의 탈은폐로서 역사는 계속될 것이라고 보아야 할 것이다.

이 세미나에서는 기술 시대가 일종의 '전환의 시기'라는 것도 분명하게 알려준다. 하이데거의 사유에서 우리 시대는 기술의 광적인 지배가 관철되는 게슈텔(Ge-stell, 몰아세움)의 시대다. "이 게슈텔은 마치 중간 지점(Zwischen-station)과 같은 것이어서 이중적인 모습을 제공하는데, 그래서 사람들은 그것을 야누스의 얼굴과 같은 것이라고 말할지도 모른다." 고삐 풀린 광적인 지배 의지가 존재자 전체를 장악하려 하는 게슈텔의 시대는 형이상학적인 존재 역운이 극한에 이른 시대인 동시에 생기 자체가 탈은폐되는 '다른 시원' 곧 제2의

시원을 예고하는 전환의 시대다. 고대 그리스에서 시작된 첫 번째 시원이 종말에 이르고 형이상학을 극복한 생기의 시대로서 제2의 시원으로 넘어가는 중간 지점이 바로 기술이 극단적으로 지배하는 우리 시대다.

그렇다면 게슈텔이 지배하는 우리 시대는 바로 니체가 말한 '최후의 인간'(der letzte Mensch, 종말인)이 지배하는 시대일 것이다. 앞에서 본 대로 하이데거의 사유 구도 혹은 시대 진단 구도는 니체의 구도와 유사한 데가 있다. 그러나 구도는 유사하지만 그 내용은 전혀 다르다. 니체는 '최후의 인간'의 시대를 끝장내고 허무주의를 극복할 주체로 초인을 불러들인다. 하지만 하이데거는 니체의 초인 사상을 허무주의의 극복이 아니라 허무주의의 극단화로 규정한다. 초인이야말로 게슈텔을 극한으로 밀어붙이는 권력의지의 구현자인 것이다.

게슈텔의 시대는 니체가 말하는 권력의지의 지배가 끝을 향해 치닫는 시대다. 이 극단적인 기술 지배 시대가 첫 번째 시원에서 제2의 시원으로 넘어가는 이행기·전환기라는 것이 하이데거의 진단이다. 어둠이 가장 깊을 때가 아침이 오기 직전이고, 궁핍이 극에 달한 극단적 위험의 시대가 바로 구원이 자라는 시대인 것이다. 이 시대를 '야누스의 시대'라고도 부를 수 있는데, 뒤를 돌아보면 형이상학의 역사와 맞닿아 있고 앞을 향해 보면 생기가 탈은폐되는 제2의 시원과 맞닿은 시대이기 때문이다. 이 생기의 시대는 존재 자체와 인간의 사유가 만날 수 있는 시대이며, 인간이 존재자 전체와 어우러지는 가운데 생기의 고유한 본령에 자신을 내맡기는 시대다. 그런 점에서 제2의 시원은 새로운 개벽의 시대라고 해야 할 것이다.

7 철학의 종말,
사유의 과제

존재자를 장악하려는 합리적 사유가 아니라
존재자가 본래대로 존재하도록 해주는 존재 자체를
사유하는 사유야말로 철학의 종말에 이른 이 시대에
우리에게 맡겨진 사유의 과제일 것이다.
그리고 이 사유를 하이데거의 권고와 달리 '철학'이라는
전통적인 용어로 부를 수 있다면, 형이상학이 종말을
고한 뒤에도 철학은 여전히 사유의 과제를 안고
앞으로 나아갈 수 있을 것이다.

"

그러나 그대는 모든 것을 경험해야 하리라.

아주 둥글게 펼쳐진 비은폐성(알레테이아)의 흔들리지 않는

핵심과 비은폐된 것(알레테스)을 신뢰하지 못하는

죽을 자들의 견해를.

"

'존재와 시간'의 물음 방향에 대한 자기 비판

하이데거는 75세가 되던 1964년 4월 유네스코가 주관한 콜로퀴엄에서 「철학의 종말과 사유의 과제」라는 제목의 강연을 했다. 이 강연문은 제목이 암시하는 대로 하이데거가 생전에 논문 형식으로 발표한 글로는 거의 마지막을 이루는 글이다. 이 글에서 하이데거는 50년에 이르는 존재 사유의 길을 회고하고 그 길 앞에 놓인 과제를 전망한다. 글의 첫머리에 '물음'과 '대답'과 '길'이 등장한다.

"물음들은 대답에 이르는 길들이다. 대답이 언젠가 주어지게 될 경우, 그 대답은 사태 실상에 대한 진술 속에 존립하는 것이 아니라 사유의 어떤 변화 속에 존립할 것이다." 「철학의 종말과 사유의 과제」 「사유의 사태로」 141쪽

물음은 대답에 이르는 길이다. 하이데거는 평생에 걸쳐 존재에 대한 물음을 물었다. 그 물음은 존재를 향해 길을 내는 일이었다. 하이데거가 목적지로 삼은 것은 존재 그 하나였지만, 그 목적지에 이르는 길은 하나가 아니었다. 어떤 길은 중도에 끊어졌고 어떤 길은 여러 갈래로 나뉘기도 했다. 존재로 가는 길을 찾지 못해 헤매기도 했음을 하이데거 스스로 밝힌 바도 있다. 하이데거는 그 물음에 대한 대답이 '사유의 어떤 변화' 속에 있을 것이라고 말한다. 존재 물음을 물어가는 도중에 사유의 커다란 변화를 겪었는데 그 변화한 사유에 답이 있

으리라는 얘기다.

그러면서 하이데거는 '좀 더 큰 맥락', 다시 말해『존재와 시간』의 물음이 변곡점을 그리며 바뀌어가는 그런 큰 맥락을 가리켜 보인다.

"『존재와 시간』에서 제기한 물음을 더욱 시원적으로 형성하려는 시도는 1930년 이래로 언제나 거듭해서 이루어졌다."「철학의 종말과 사유의 과제」『사유의 사태로』141쪽

아마도 1930년 강연 「진리의 본질에 관하여」에서부터『존재와 시간』의 물음 방향을 바꾸려고 했던 것을 이야기하는 것이리라. 다시 말해 현존재의 실존에서 출발했던『존재와 시간』의 존재 물음이 존재 자체에서 출발하는 존재 물음으로 변화하기 시작한 것이「진리의 본질에 관하여」강연이었다는 얘기다. 이런 방향 전환은『존재와 시간』의 물음 방향에 대한 자기비판이기도 하다. 그래서 하이데거는 이렇게 고백한다.

"이것은『존재와 시간』에서 제기한 물음의 단초가 내재적으로 비판받아야 한다는 것을 의미한다."「철학의 종말과 사유의 과제」『사유의 사태로』141쪽

하이데거가 여기서 '내재적'이라는 말을 쓴 것은 존재의 해명이라는 애초의 목적지는 바뀌지 않았지만 그 목적지를 향해가는 길 곧 방법이 바뀌었기 때문이다. 현존재에서 출발해 존재를 향해가는 것이 아니라 존재 자체에서 출발해 존재로 가는 것으로 길을 바꾸었다는 얘기다. 이 전회의 출발점이 된「진리의 본질에 관하여」라는 강연의 제목이 알려주는 대로 '존재 물음'의 근원적인 방향 전환은 '진리 물음'의 근원적인 방향 전환과 함께 간다. 존재 물음 곧 존재의 본질에 관한 물음은 진리 물음 곧 진리의 본질에 관한 물음과 언제나 병행하는 것이다. 하이데거 사유의 최종 국면을 이루는 이 강연(「철학의 종말과 사유의 과제」)은 '존재 물음'이 '진리 물음'과 떨어질 수 없는 불

일불이의 관계임을 거듭 분명히 알려준다.

하이데거는 서두에서 이 강연이 다룰 물음을 두 가지로 제시한다. 첫째, 현시대의 철학은 어느 정도로 자신의 종말에 이르렀는가? 둘째, 철학의 종말에 이른 지금 어떤 과제가 사유의 몫으로 남아 있는가?「철학의 종말과 사유의 과제」,『사유의 사태로』 141쪽 이 두 물음에 대한 대답으로 이 강연의 본문은 채워져 있다. 그래서 강연의 제목이 '철학의 종말과 사유의 과제'다. 하이데거는 먼저 첫 번째 물음에 대한 대답을 철학의 역사 전체를 통괄하여 펼쳐 보인다. 하이데거가 여기서 '철학'이라고 부르는 것은 '형이상학'을 가리킨다.

"철학은 형이상학이다."「철학의 종말과 사유의 과제」,『사유의 사태로』 142쪽

형이상학은 세계와 인간과 신을 포함한 존재자 전체를 존재와 관련하여 묻는다. 다시 말해 형이상학은 '존재자 전체는 무엇인가' 하고 묻고, 더 나아가 '존재자 전체는 왜 존재하는가' 하고 묻는다. '존재자 전체는 무엇인가' 하고 묻는 물음은 존재자 전체의 보편적 본질을 묻는 물음인데 그리스에서 형이상학의 시작과 함께 철학자들은 그 보편적 본질을 '이데아'(플라톤)나 '에네르게이아'(아리스토텔레스)라고 답했다. 또 '도대체 존재자 전체는 왜 존재하는가'라는 물음은 존재자 전체가 존재하는 이유나 원인, 곧 근거에 대한 물음이다. 이 물음에 대한 답으로 제시된 것이 '최초의 원인' 혹은 '최고의 존재자'였다. 최고의 존재자 곧 신이 최초의 원인으로서 이 세상 만물을 낳았다는 얘기다. 이 보편적 본질이나 근원적 근거를 철학자들은 '존재'라고 지칭했다. 그러나 하이데거는 이런 존재를 '존재자성'(Seiendheit)이라고 부르며 참된 존재와 구별한다.

하이데거가 물음을 통해 찾고자 하는 것은 존재자성이 아니라 그런 존재자성을 주는 존재 자체다. 그런 존재 자체는 어떻게 드러나는 것일까? 그것은 존재자 전체를 앞에 두고 그 존재자 전체가 존재한

다는 사태가 일으키는 경이로움을 느낄 때 드러난다. 나를 둘러싼 이 거대한 존재자 전체가 존재한다는 것이야말로 모든 경이 가운데 최고의 경이다. 아무것도 존재하지 않을 수도 있는데 이 모든 것이 존재하다니…, 더구나 그 모든 것을 보고 있는 나 자신이 이렇게 존재하고 있다니! 그런 엄청난 사태 앞에서 말문이 막혀버리는 그런 놀라움. 하이데거는 그리스 초기의 사상가들이 바로 존재자 전체의 존재 앞에서 그런 놀라움을 느꼈다고 말한다. 그리스 초기 사유는 바로 이 놀라움에서 시작됐다.

그러나 플라톤을 비롯한 그리스 철학자들은 앞 시대 사상가들이 느꼈던 그런 놀라움을 알기는 했지만, 존재자 전체가 존재한다는 그 놀라운 사태 자체로 들어가기보다는 '존재자 전체는 무엇이며 왜 존재하는가'라는 형이상학적 물음으로 눈을 돌렸다. 그리하여 철학 곧 형이상학은 그 최초의 놀라움을 잊어 버리고 존재자 전체의 본질과 근거를 캐물어 들어가는 데 몰두했다. 하이데거의 존재 사유는 그 최초의 놀라움으로 돌아가 그 존재자 전체가 존재한다는 경이 속에서 그 전체 존재를 해명하려고 한다. 하이데거가 보기에 하이데거 이전의 어떤 철학자도 하이데거처럼 존재 자체에 관해 묻지 않았고 형이상학은 2천 년 동안 자신의 길을 내달려 마침내 오늘의 기술 시대에 이르렀다. 이 시대야말로 철학이 종말에 이른 시대다.

철학의 종말은 형이상학의 완성을 의미함

그렇다면 철학의 종말이라는 말은 무엇을 뜻하는가?

"철학의 종말이라는 말은 형이상학의 완성(Vollendung)을 의미한다."「철학의 종말과 사유의 과제」『사유의 사태로』143쪽

여기서 완성이란 철학이 최고의 완전성에 도달해다는 뜻이 아니

다. 왜냐하면 철학이란 낮은 수준에서 높은 수준으로 발전해가는 것이 아니기 때문이다. "플라톤의 사유가 파르메니데스의 사유보다 더 완전한 것은 아니다. 헤겔의 철학이 칸트의 철학보다 더 완전한 것은 아니다."「철학의 종말과 사유의 과제」『사유의 사태로』 143쪽 철학의 시대는 각각 나름의 고유한 필연성을 지녔고, 위대한 철학자들은 그 필연성에 맞춰 자신의 시대가 준 과제에 충실한 철학을 제시했다. 그렇다면 철학의 종말이란 무엇을 뜻하는가? 철학의 종말이란 철학이 어떤 끝(Ende)에, 다시 말해 어떤 장소에 이르렀다는 뜻이라고 하이데거는 말한다.

"철학의 종말은 장소, 즉 철학사 전체가 자신의 극단적인 가능성 속으로 집결되는 그런 곳이다."「철학의 종말과 사유의 과제」『사유의 사태로』 144쪽

완성이란 철학사 전체가 이 끝의 장소로 집결함을 뜻한다. 다른 말로 하면 철학 곧 형이상학의 가능성이 남김없이 소진되는 곳이 바로 철학의 종말 지점이다. 철학은 플라톤과 함께 시작됐다. 하이데거가 보기에 플라톤 철학은 단순히 출발 지점일 뿐만 아니라 이후 모든 철학에 척도를 제공해주는 준거 구실을 한다. 그래서 "형이상학은 플라톤주의다."「철학의 종말과 사유의 과제」『사유의 사태로』 144쪽 형이상학이 완성됐다는 것은 바로 이 플라톤주의가 그 가능성을 마지막까지 풀어냈다는 뜻이다.

그 플라톤주의의 종결을 하이데거는 니체 철학과 마르크스 철학에서 본다. 니체는 자신의 철학이 '플라톤주의의 전도'라고 생각했다. 플라톤주의를 뒤집는 방식으로 플라톤주의를 완성한 것이 니체다. 마르크스는 '의식이 존재를 규정하는 것이 아니라 존재가 의식을 규정한다'는 명제로 플라톤주의적 관념 철학을 부정하고 역사유물론을 내놓았다. 그러나 하이데거가 보기에 이런 마르크스의 부정은 니체와 마찬가지로 플라톤주의의 틀 안에서 플라톤주의를 뒤집은 것에 지나지 않는다.

니체와 마르크스 철학에 이르러 형이상학은 완성됐다. 그 완성의 구체적인 양상을 하이데거는 "철학이 열어놓은 시야 영역 내부에서 학문들이 형성되고 있다"는 사실에서 발견한다.「철학의 종말과 사유의 과제」『사유의 사태로』144쪽 학문(과학)이 철학에서 해방돼 자립하는 것이야말로 철학의 완성을 보여준다. 학문의 해방과 자립은 사회과학과 자연과학을 포함해 모든 학문 영역에서 나타나고 있다.

"그런 전개는 철학의 단순한 붕괴처럼 보이지만 사실은 바로 철학의 완성이다."「철학의 종말과 사유의 과제」『사유의 사태로』145쪽

왜 학문의 해방과 자립이 철학의 완성인가? 학문이야말로 철학적 물음에서 태어나 자라난 것이기 때문이다. 존재자의 본질과 근거를 묻는 물음은 철학과 함께 시작됐고, 그 물음을 캐물어가는 과정에서, 특히 근대라는 시대가 막을 올린 뒤로 철학이 각각의 영역에 대한 경험적 탐구로 분화했기 때문이다. 그러므로 개별 학문들은 철학의 분화와 전개라고 해야 할 것이다. 철학이 인간·역사·생명·우주를 비롯한 각각의 영역에서 존재론으로 펼쳤던 것을 학문들이 자신들의 고유한 과제로 떠맡아 펼쳐나가고 있는 것이다. 그러므로 "철학이 자립적 학문들로 … 펼쳐짐은 철학의 합법적인 완성이다. 철학은 현시대에서 끝나가고 있다."「철학의 종말과 사유의 과제」『사유의 사태로』146쪽

하이데거는 이런 학문의 전개가 '인공두뇌학'(Kybernetik, 사이버네틱스)이라고 불리는 새로운 근본 학문의 조종을 받게 될 것이라고 예측한다. 인공지능·정보기술·인간공학 같은 분야가 오늘날 대세를 장악해가는 것을 보면 하이데거의 이 예측은 틀리지 않은 것으로 보인다. 요컨대 학문은 기술(테크놀로지)로 집결하고 있다. 기술에 복무하는 학문이 내지르는 '승리의 함성'이야말로 철학의 종말을 보여준다고 하이데거는 말한다. 이 기술화한 학문이 세계를 장악했다는 점에서 "철학의 종말은 서양적-유럽적 사유 속에 근거를 둔 세계 문

명의 시작을 뜻한다."「철학의 종말과 사유의 과제」「사유의 사태로」 147쪽 학문과 기술이 세계를 장악한 지금이야말로 '세계 문명'이 성립한 때라고 할 수 있는데, 이 세계 문명을 이루어낸 학문의 근원에 서양의 철학이 있다는 얘기다. 학문의 승리, 곧 학문의 세계 문명 통일과 함께 철학은 종말에 이르렀다. 다시 말해 철학이 기술적 학문으로 용해됨으로써 철학은 마지막 가능성을 소진했다.

철학이 출발했던 시점으로 되돌아감

그렇다면 모든 가능성을 끝났으니 이제 철학에는 남은 것이 아무것도 없는가? 여기서 하이데거는 '최초의 가능성'에 관한 물음을 던진다. '최초의 가능성'이란 철학이 출발한 지점, 그러나 철학이 출발하자마자 망각한 지점을 가리킨다.

"철학이 철학으로서 결코 고유하게 경험할 수도 없고 떠맡을 수도 없는 그런 최초의 가능성이 사유에 남아 있는가?"「철학의 종말과 사유의 과제」「사유의 사태로」 147~148쪽

이 말을 이해하려면 서양 철학이 탄생한 그리스로 돌아가야 한다. 앞에서 본 대로 그리스 초기의 사상가들은 존재자 전체가 존재한다는 사실 앞에서 경이로움을 느꼈다. 사상가들은 존재자 전체를 스스로 피어나 펼쳐지는 피시스(φύσις)로 경험했다. 그리스 초기 철학자들은 그 존재자 전체를 놀라움 속에 경험하기는 했지만 존재자 전체가 있다는 그 놀라운 사태 자체를 사유해 들어가지 않고 형이상학으로 건너뛰었다. 그리하여 이 피시스 경험에 깃든 '최초의 가능성', 곧 존재 자체를 사유할 가능성은 사유되지 않은 채로 남겨졌다.

하이데거가 여기서 주목하는 것이 바로 이 최초의 가능성이다. 이 최초의 가능성을 사유하는 것이 사유의 과제로 남아 있으리라는 기

대다. 그리하여 하이데거는 두 번째 물음 곧 '철학의 종말에 이른 지금 어떤 과제가 사유의 몫으로 남아 있는가'를 묻는다. 이때 하이데거가 생각하는 '사유'는 형이상학도 아니고 형이상학이 분화해 자립한 학문(과학)도 아니다. 말하자면 형이상학 이전의 사유다. 이 사유는 "이제 비로소 시작된 세계 문명이 인간의 세계 체류를 위한 유일한 척도가 된 기술적·학문적·산업적 각인을 언젠가 극복할 것이라는 가능성"을 사유한다.「철학의 종말과 사유의 과제」, 『사유의 사태로』, 150쪽 현재의 세계 문명을 극복할 가능성을 향해 인간을 일깨우려는 것이 바로 이 사유다. 그런 미래를 준비하려면 사유는 철학이 처음 출발하던 시점으로 되돌아가야 한다. 미래를 찾아 시원으로 돌아가는 것이야말로 하이데거 사유의 고유한 운동 방식이다.

사유는 무엇을 사유하는가? '사유의 사태'를 사유한다. 그러면 사유의 사태란 말로 하이데거가 가리키는 것은 무엇인가? 바로 알레테이아(ἀλήθεια)다. 그리스어 알레테이아는 '존재자 전체를 드러내는 장' 곧 비은폐성(Unverborgenheit)을 뜻한다. 하이데거가 사유의 과제로 끌어오려고 하는 것이 바로 이 알레테이아라는 말에 담긴 사태다.

여기서 하이데거는 알레테이아 자체를 논의하기에 앞서 존재자 전체를 드러내는 어떤 열린 장(das Offene)에 관해 먼저 이야기한다. 열린 장이란 다른 말로 하면 '막힘 없이 트인 곳'(das Freie, 자유로운 터전)이고 하이데거가 자주 쓰는 용어로 하면 '리히퉁'(Lichtung, 환히 트인 터, 환한 밝힘)이다. 하이데거는 여기서 리히퉁이라는 말에 특별히 주목한다. 리히퉁의 사전적 의미는 '숲속의 트인 곳'(Weltlichtung)다. 리히퉁은 동사 리히텐(lichten)으로 소급되는데, 이 말은 '나무를 베어내어 숲속의 어떤 곳을 탁 트이게 하다'를 의미한다. 이렇게 나무를 쳐내 생기는 '막힘 없이 트인 곳'(das Freie)이 바로 리히퉁이다. 언뜻 보면 리히퉁이 리히트(Licht, 빛)에서 생겨날 것 같지만, 오히려 반대로 리히퉁이 빛이 들어설 장을 마련해준다고 하이데거는 말한다.

"빛은 말하자면 환히 트인 터(Lichtung) 안으로, 즉 환히 트인 터의 열린 장 안으로 들어갈 수 있고, 그 환히 트인 터에서 밝음을 어둠과 놀이하게 할 수 있다. 그러나 빛이 비로소 환히 트인 터를 창조하는 일은 아예 없으며, 오히려 빛이 환히 트인 터를 전제하고 있다."「철학의 종말과 사유의 과제」「사유의 사태로」 159쪽

리히퉁, 존재 자체의 열린 장

리히퉁이란 존재 자체가 드러나 열린 장이다. 이런 열린 장이 열리고서야 비로소 여기에 존재자 전체가 들어선다. 그러므로 리히퉁이 열리지 않는다면 빛과 어둠도 들어설 곳이 없다.

"환히 트인 터는 현존하는 것과 부재하는 모든 것을 위한 열린 장이다."「철학의 종말과 사유의 과제」「사유의 사태로」 159쪽

우리 눈앞에 있는 것도 이 리히퉁 안에서 있는 것이고 우리 눈앞에 없는 것도 리히퉁 안에서 없는 것이다. 존재자 전체 곧 우주만물이 리히퉁의 열린 장 안에 존재한다. 여기서 말하는 우주 만물은 자연 세계뿐만 아니라 인간 역사도 아우르며 인간 정신 안에 존재하는 정신적인 것, 이념적인 것들까지 포함한다. 요컨대 리히퉁이야말로 공간과 시간을 열어놓는 그런 열린 터다.

그런데 여기서 주의해야 할 것은 그런 리히퉁을 우리가 존재자를 눈앞에 그려내듯 '숲속의 빈 터'로 표상해서는 안 된다는 사실이다. 리히퉁이 열리는 곳은 눈앞에 객관적으로 존재하는 특정한 장소가 아니다. 굳이 말하자면 우리 인간의 마음 곧 사유가 리히퉁이 열리는

곳이다. 초기 그리스인들이 존재자 전체를 보고 놀라움을 느끼면서 그 존재자 전체를 피시스로 이해했을 때 그 피시스가 들어선 리히퉁은 인간 마음의 무한히 열린 터였다. 인간이 현-존재(Da-sein)라고 불리는 것은 인간의 마음이 바로 그 리히퉁의 장, 다시 말해 존재자 전체가 드러나는 드넓은 터이기 때문이다. 인간 현-존재와 더불어 리히퉁이 열리고 이렇게 열린 터에 존재자 전체가 들어서는 것이다. 우리는 그 마음의 눈으로 존재자 전체를 본다. 그러므로 인간 현-존재가 없다면 존재 자체가 자신을 드러낼 곳이 없다는 것은 두말할 필요가 없다. 그렇다고 해서 인간이 주관적으로, 다시 말해 각자 마음먹은 대로 리히퉁을 창조해내는 것은 아니다. 존재 자체가 자신을 던지는 데 응하여 현-존재가 자신을 마주 던질 때 리히퉁이 열리기 때문이다. 존재 자체가 자신을 드러낼 장으로 인간 현-존재를 사용한다는 말이 가리키는 것이 바로 이런 사태다.

그런데 철학은 이 리히퉁(환히 트인 터, 환한 밝힘)에 관해서는 전혀 아는 바가 없다고 하이데거는 말한다. 철학 곧 형이상학은 존재자들에 사로잡혀 존재자의 본질이나 근거를 찾는 데 몰두하기 때문에 존재자 전체가 들어서 있는 이 리히퉁 자체를 보지 못하는 것이다. 철학이 '이성의 빛'을 말할 때도 리히퉁(환한 밝힘, 환히 트인 터)이라는 열린 장에 관해서는 주목하지 않는다. 왜냐하면 이성의 빛이란 존재자의 본질과 근거를 캐물어 들어갈 때 우리의 이성이 비추는 빛이기 때문이다.

"열린 장만이 자연의 빛(lumen naturale) 즉 이성의 빛을 밝혀준다."「철학의 종말과 사유의 과제」「사유의 사태로」163쪽

존재의 열린 장이 열려 있기에 그 안에서 이성의 빛이 빛날 수 있는 것이다. 이성의 빛은 리히퉁을 전제 조건으로 요구한다. 더구나 이성의 빛만이 리히퉁을 요구하는 것은 아니다. 심지어 어둠조차도

숲으로 둘러싸인 언덕의 하이데거 산장.
하이데거는 존재자 전체를 드러내는 열린 장을 이야기했다.
그것은 '리히퉁'(Lichtung), 즉 환히 트인 터다.

리히퉁을 필요로 한다. "그렇지 않다면 우리가 어떻게 어둠 속으로 빠져 들어가 어둠 속을 헤맬 수 있겠는가?"「철학의 종말과 사유의 과제」『사유의 사태로』 164쪽 우리가 밝음이니 어둠이니 하는 것을 이야기할 수 있는 것도 존재자 전체가 리히퉁의 열린 장 안에 들어서 있다는 것을 전제로 한 것이다. 그러므로 리히퉁이 없다면, 다시 말해 존재 자체가 열리지 않는다면 밝음도 어둠도 이야기할 수 없는 것이다.

알레테이아의 흔들리지 않는 핵심

그런데 앞에서 본 대로 철학이 시작되던 시기에 철학은 리히퉁 자체 곧 존재의 열린 터에 관해 알고 있었지만 그 리히퉁 자체를 사유하지는 않았다. 존재의 환히 트인 터 곧 리히퉁을 그 시대 그리스인들은 '알레테이아'라고 불렀다. 하이데거는 그리스인들이 리히퉁을 알레테이아로 불렀다는 사실을 알려주는 것으로 파르메니데스의 단편을 거론한다. 파르메니데스는 '존재자의 존재에 관해 고유하게 숙고했던 최초의 사상가'다. 파르메니데스의 잠언은 다음과 같이 노래한다.

"그러나 그대는 모든 것을 경험해야 하리라. 아주 둥글게 펼쳐진 비은폐성(알레테이아)의 흔들리지 않는 핵심과 비은폐된 것(알레테스)을 신뢰하지 못하는 죽을 자들의 견해를."「철학의 종말과 사유의 과제」『사유의 사태로』 165쪽

여기에 하이데거가 주목하는 알레테이아가 등장한다. 하이데거는 알레테이아를 비은폐성이라는 말로 옮긴다. 비은폐성(Unverborgenheit)이란 은닉(은폐)돼 있지 않음, 감추어져 있지 않음, 드러나 있음을 뜻한다. 또 하이데거는 '알레테스' 곧 '비은폐성 안에 드러나 있는 것'을 '비은폐된 것'(Unverborgene)라고 옮긴다.

파르메니데스의 이 잠언에서 먼저 주목할 것은 이 알레테이아가 '둥글게 펼쳐진 것'으로 묘사돼 있다는 사실이다. 파르메니데스는 알레테이아를 평면으로 넓게 펼쳐진 어떤 터로 그리는 것이 아니라, 둥그렇게 상하좌우로 펼쳐진 거대한 공(Sphäre)과 같은 모습으로 그린다.「무엇을 위한 시인인가」, 『숲길』 442쪽 광막한 우주를 아우르는 넓은 공간이 알레테이아의 공간인 것이다. 그 열린 공간 안에 존재자 전체가 들어선다. 우리 마음의 공간이 그토록 광대하다고도 할 수 있다. 그런데 여기서 파르메니데스는 우리가 '알레테이아의 흔들리지 않는 핵심(Herz, 중심·심장)을 경험해야 한다고 말한다. 이 말은 무엇을 의미하는가? 하이데거는 이 말의 의미를 다음과 같이 해석한다.

"그것은 자신의 가장 고유한 영역 속에서 현성하는 비은폐성 자체를 의미하고, 이제 비로소 비은폐성이 허용해주는 것을 자기 안에 모아들이는 정적의 장소(Ort der Stille)를 의미한다."「철학의 종말과 사유의 과제」 『사유의 사태로』 167쪽

비은폐성을 허용해주는 비은폐성 자체가 바로 비은폐성의 핵심이라는 것이다. 비은폐성이 자기 안에 은닉과 숨김을 간직하고 있으며 그 숨김의 차원을 가리키는 말이 핵심(중심·심장)이라는 얘기다. 이 중심이 비은폐성을 허용해주는 정적의 장소다. 바로 이 사태야말로 형이상학이 종말에 이른 때에 우리가 사유해야 할 사태다.

알레테이아 곧 비은폐성은 앞에서 논의한 다른 용어로 하면 리히퉁이다. 그래서 하이데거는 알레테이아를 리히퉁으로 사유해야 한다고 말한다. 이 알레테이아 곧 리히퉁이 "현존성에 이르는 길의 가능성을 허용해주고 이런 현존성 자체의 가능한 현존을 허용해준다." 「철학의 종말과 사유의 과제」 『사유의 사태로』 168쪽 알레테이아의 환히 트인 터에서 비로소 현존자들의 현존이 드러날 수 있다는 얘기다. 이 알레테이아가 발원하는 고요한 핵심이 바로 '정적의 장소'다. 이 정적의 장소

에서 알레테이아가 일어나고 이렇게 일어난 알레테이아가 환히 트인 터로서 열린다.

알레테이아의 환히 열린 터는 엄밀히 말하면, 존재와 사유의 공속 속에서 열린다. 존재가 알레테이아 곧 비은폐성으로 현성하는 것은 동시에 사유가 그 존재의 현성을 받아 탈은폐하기에 가능하다. 존재가 자신을 알레테이아로서 드러내려면 언제나 사유가 필요한 것이다. 마음(사유)의 드넓은 공간에 비은폐성의 장이 펼쳐지는 것이다. 그리고 이렇게 열린 터에서 현존하는 것들이 현존하게 된다.

이 현존하는 것(현존자)들의 현존함은 동시에 사유가 그 현존하는 것들을 인지함으로써 일어난다. 현존자들이 현존한다는 것, 다시 말해 존재자들이 존재한다는 것은 존재의 보내줌과 사유의 인지함이 만난다는 것을 뜻한다. 사유는 언제나 존재에 결속돼 있다. 그것을 가리켜 하이데거는 '사유의 구속성(Verbindlichkeit)'이라고 부른다. 사유는 존재에 묶여 있다. 이 말은 인간의 사유가 제멋대로 현존자를 현존하게 하는 것이 아니라는 뜻이다. 현존자들의 현존은 언제나 존재가 허용하는 것이고 이렇게 존재가 허용하는 것을 받아들이는 방식으로, 다시 말해 인지함의 방식으로 사유는 현존자를 현존하게 하는 것이다. 그리고 이런 현존함과 인지함은 언제나 알레테이아라는 열린 터의 '앞선 열림' 안에서 펼쳐진다.

알레테이아라는 원초적 진리의 망각

그렇다면 하이데거는 왜 알레테이아를 '진리'(Wahrhrheit)라는 통상의 번역어로 옮기지 않고 비은폐성(Unverborgenheit)이라는 낯선 말로 옮기는 것일까? 이 물음에 하이데거는 다음과 같이 답한다.

"내가 알레테이아라는 이름을 굳이 비은폐성으로 번역한다면, 그

때 이것은 어원학에 대한 호감 때문에 그러는 것이 아니라, 존재와 사유라고 불리는 것을 우리가 사태에 상응하여 사유할 경우에 반드시 숙고돼야 하는 사태 때문에 그러는 것이다."「철학의 종말과 사유의 과제」 「사유의 사태로」 169쪽

앞에서 말한 대로 알레테이아는 존재와 사유의 공속 속에서 열리는 장이다. 존재 자체가 그 핵심으로부터 자신을 알레테이아로 보내준다. 그런데 이렇게 보내준 것은 사유의 맞대응이 없다면 알레테이아로서 열리지 않는다. 다시 말해 사유가 그것을 탈은폐함으로써 비로소 비은폐성으로, 알레테이아로 열리는 것이다. 바로 그렇게 사유가 존재가 보내준 것을 탈은폐함으로써 그것이 비은폐된다는 그 이유 때문에 하이데거는 알레테이아를 비은폐성이라는 말로 옮기는 것이다.

이 비은폐성은 철학이 시작될 당시에 알레테이아로 명명됐지만 그 뒤로 철학은 알레테이아를 고유하게 사유하지 않았다.「철학의 종말과 사유의 과제」 「사유의 사태로」 169쪽 알레테이아 자체가 철학의 진전과 함께 망각됐다. 하이데거가 알레테이아를 '진리'로 옮기지 않고 비은폐성으로 옮기는 두 번째 이유가 바로 여기에 있다. 알레테이아가 망각되자 사람들은 알레테이아라는 열린 장 안에서 차후에 성립하는 존재자와 우리 인식의 일치 혹은 존재자에 대한 우리 앎의 확실성을 '진리'라고 불렀다. 알레테이아라는 원초적 진리가 망각되고 그 원초적 진리의 열린 장 안에서 성립하는 이차적 진리에만 주목한 것이다. 바로 이 이차적 진리와 구별하려는 차원에서 하이데거는 알레테이아라는 원초적 진리를 비은폐성이라고 옮기는 것이다.

우주 만물은 알레테이아라는 원초적 진리의 환히 트인 터전 안에 있고, 거기서 철학이 흔히 진리라고 부르는 이차적 진리가 드러나는 것이다. 그러므로 이차적 진리 곧 인식의 명증성이나 앎의 확실성 같

은 이차적 진리는 이 원초적 진리 곧 환히 트인 터(리히퉁)가 없다면 진리로 있을 수 없는 것이다. 형이상학의 역사는 바로 이 원초적 진리를 망각함으로써 이차적 진리에만 관심을 쏟았다. 그러므로 우리가 이차적 진리를 진리라고 부른다면, 원초적 진리인 알레테이아를 진리라고 부르는 것은 우리를 잘못된 길로 이끌 수 있다고 하이데거는 말한다.

"알레테이아에 대한 물음, 즉 비은폐성 그 자체에 대한 물음은 진리에 대한 물음이 아니다. 따라서 환한 밝힘(Lichtung)이라는 의미의 알레테이아를 진리라고 부르는 것은 사태에 맞지 않고 우리를 오도하는 것이다."「철학의 종말과 사유의 과제」『사유의 사태로』 171쪽

하이데거가 거듭 주목하는 것은 리히퉁(환히 트인 터, 환한 밝힘)으로서 알레테이아가 철학의 역사에서 망각됐다는 사실이다. 알레테이아가 허용해주는 것 곧 이차적 진리만이 진리로 경험되고 사유됐을 뿐이다. "알레테이아는 은닉된 채 남아 있다." 바로 여기서 하이데거는 묻는다. "이런 일은 우연히 발생한 것인가? 그것은 단지 인간의 사유가 태만해졌기에 발생한 것인가?"「철학의 종말과 사유의 과제」『사유의 사태로』 174쪽 그렇지 않다고 하이데거는 단언한다. 인간이 지적으로 태만해서 알레테이아를 망각한 것이 아니라 알레테이아가 자기를 은닉했기 때문에 그런 망각이 발생한 것이라는 얘기다. 그래서 하이데거는 자기 은닉 곧 레테(λήθη)가 "알레테이아의 핵심(Herz, 중심·심장)으로서 알-레테이아(ἀ-λήθεια)에 속하기 때문에" 그런 망각이 일어난 것이라고 말한다.「철학의 종말과 사유의 과제」『사유의 사태로』 174쪽

알-레테이아는 '레테'(λήθη) 곧 자기 은닉에서 벗어남(ἀ-)을 뜻한다. 알-레테이아는 레테 곧 자기 은닉을 품고 있다. 바로 그렇게 자기 은닉을 품고 있기 때문에 망각된 것이지 인간이 일부러 망각한 것은 아니라는 얘기다. 알레테이아는 은닉을 심장으로 하는 비은폐

성이다. 이 은닉을 다른 말로 하면 비밀과 심연이다. 그렇다면 알레테이아 곧 원초적 진리는 비밀과 심연을 자기 안에 감춘 진리다.

이 비밀과 심연으로서 은닉을 하이데거는 간직함(Bergen)과 보존함(Verwahren)으로 해석한다. 이때 간직함과 보존함이 가리키는 것은 은닉의 비밀스런 심연에 진리가 간직돼 있고 보존돼 있어 거기에서부터 진리가 솟아난다는 바로 그런 사태다. 마치 존재가 무의 심연을 내장한 존재이듯이, 그 존재의 드러남인 진리도 그저 드러남이기만 한 것이 아니라 은닉의 심연을 내장한 진리인 것이다. 진리는 은닉 곧 '비밀의 심연'을 자기 안에 품은 진리다.

비밀과 심연을 내장한 비은폐성

그런데 하이데거의 이런 사유, 곧 비밀과 심연을 내장한 비은폐성이라는 사유에 다음과 같은 의문이 따라 나올 수 있다.

"그것은 아무런 근거도 없는 신비주의(Mystik) 아닐까? 혹시 아주 나쁜 신화(Mythologie)가 아닐까? 이 모든 경우에 그것은 이성(Ratio)을 부정하는 부패한 비합리주의는 아닐까?"「철학의 종말과 사유의 과제」 「사유의 사태로」 175쪽

이런 의문에 대해 하이데거는 '그렇다면 도대체 이성이라는 것은 무엇을 말하는가?' 하고 되묻는다.

"우리가 알레테이아를 그리스적으로 비은폐성으로 경험하고, 그런 다음에 그리스적인 것을 넘어서 그것을 자기 은닉의 환한 밝힘(리히퉁)으로서 사유해야 하건만 그러지 못한다면, 이런 것(이성)이 그전에 충분히 규정될 수 있을까?"「철학의 종말과 사유의 과제」 「사유의 사태로」 175쪽

우리가 이성이라고 말하는 것은 비은폐성의 열린 장 안에 드러나 있는 존재자들을 합리적으로 규명하는 능력이다. 그러므로 이성

은 그 존재자들을 드러내는 비은폐성 자체는 들여다보지 못한다. 그러므로 이성이라는 것을 고집해서는 비은폐성 자체를 경험할 수 없고 더 나아가 그 비은폐성이 은닉을 심장으로 하는 비은폐성이라는 것도 사유할 수가 없다. 이런 원초적 차원에서 보면 이성이라는 것은 기껏해야 이차적인 능력에 지나지 않는다. 하이데거의 알레테이아 사유에 '신비주의'라는 딱지를 붙이는 것은 바로 그 이차적인 이성을 붙들고 그 이성에 합당한 것만을 이성적인 것, 합리적인 것으로 보고 거기에 부응하지 못하는 것은 비이성적인 것, 비합리적인 것으로 내치는 피상적인 이분법일 뿐이다. 바로 그런 사태를 두고 하이데거는 이렇게 말한다.

"라티오(Ratio, 이성)와 라티오날레(Rationale, 합리적인 것)가 그 자신의 고유함 속에서 여전히 의문스러운 것으로 남아 있는 동안에는 비합리주의라는 말도 역시 토대를 잃고 만다." 「철학의 종말과 사유의 과제」 『사유의 사태로』 176쪽

오히려 그런 합리주의는 '합리적인 것' 자체를 떠받치고 있는 그 바탕 곧 비은폐성에 대해서는 아무런 말도 하지 못한다.

이성이 이성 자신의 잣대로 잴 수 있는 것에만 몰두해서는 우리는 존재 자체에 이르는 길을 스스로 막아버리는 결과를 낼 뿐이다. 더구나 바로 그런 식의 합리주의가 형이상학의 길을 질주한 끝에 도달한 것이 오늘날의 기술적으로 합리화된 세계, 기술이 광란하는 세계 아닌가. 이런 세계를 '합리적인' 세계라고, 이성에 합당한 세계라고 부를 수 있는가?

"추정컨대 바로 이런 진보는 극단적으로 비합리적이다." 「철학의 종말과 사유의 과제」 『사유의 사태로』 176쪽

이성의 진보 속에서 이루어낸 기술 지배 시대의 이 폭주야말로 극단적으로 비합리적인 것이라고 해야 할 텐데, 그런 사태를 이성의 눈

은 비합리적인 것으로 인식하지 못하는 것이다. 그러므로 우리가 기술 시대의 문제를 근원적으로 들여다보려면, 표면만 보는 이성을 떠나 그것을 근저에서 떠받치는 존재 자체로 눈을 돌려야 한다고 하이데거는 강조한다.

"아마도 합리적인 것과 비합리적인 것의 구별을 벗어난 그 바깥에 학문적인 기술보다 더욱 냉철한 어떤 사유가 있을 것이다." 「철학의 종말과 사유의 과제」 『사유의 사태로』 176쪽

바로 그것, 곧 비은폐성을 주는 존재 자체를 사유하는 것이야말로 우리에게 할당된 사유의 과제일 것이다. 다시 말해 존재자를 장악하려는 합리적 사유가 아니라 존재자가 본래대로 존재하도록 해주는 존재 자체를 사유하는 사유야말로 철학의 종말에 이른 이 시대에 우리에게 맡겨진 사유의 과제일 것이다. 그리고 이 사유를 하이데거의 권고와 달리 '철학'이라는 전통적인 용어로 부를 수 있다면, 형이상학이 종말을 고한 뒤에도 철학은 여전히 사유의 과제를 안고 앞으로 나아갈 수 있을 것이다.

8 궁극의 신

◇◇◇◇◇◇◇◇

존재의 진리 곧 존재 자체가 성스러움이다.
바로 이 성스러움이 신성이 존재할 본질 공간이다.
비밀을 간직한 존재의 심연이야말로 성스러운 공간이며
바로 이 성스러운 공간을 채우고 있는 것이 신성이다.
그리고 바로 이 신성이 신을 위한 차원을 허락한다.
다시 말해 이 신성을 가리키는 이름이 우리가 흔히
신이라고 부르는 그런 어떤 성스러운 것이다.

66

정말 그리고 어떻게 신과 신들은
자신을 거부하며 밤은 여전히 지속되는가?
또 정말 그리고 어떻게 성스러운 낮은 동트는가?
또 정말 그리고 어떻게 성스러운 것이
떠오를 때 신과 신들은 새롭게 나타나기
시작할 수 있는가?

99

"오직 하나의 신만이 우리를 구원할 수 있다"

하이데거는 1966년 독일 시사주간지 『슈피겔』과 한 긴 인터뷰에서 "오직 하나의 신만이 우리를 구원할 수 있다"는 말을 했다. 하이데거 사후 『슈피겔』이 인터뷰 내용을 게재할 때 이 발언을 제목으로 삼음으로써 그 말은 하이데거의 유언과도 같은 말이 됐다. 독실한 가톨릭 신자로서 삶을 시작해 아주 먼 사유의 길을 떠났다가 다시 신의 품으로 돌아온 것인가. 기독교인이라면 '탕자의 귀환'이라고 부르고 싶어질지도 모를 이런 삶의 여정을 하이데거 자신이 스스로 발설한 적이 있다. 1953년 일본 학자와 나눈 대화에서 하이데거는 이렇게 말했다.

"신학적 유래가 없었다면 나는 사유의 길에 전혀 도달할 수 없었을 것입니다. 그러나 유래하는 것(Herkunft, 기원)은 언제나 도래하는 것(Zukunft, 미래)으로 머무르고 있습니다."「언어에 관한 대화로부터」『언어로의 도상에서』 129쪽

기원이 미래를 결정하며 미래로서 돌아온다는 얘기일 것이다. 하이데거가 어린 시절에 얼마나 가톨릭교회의 분위기에 젖어 살았는지 이 대화 뒤에 쓴 「종탑의 비밀」(1954)이라는 짧은 글이 알려준다. 어린 하이데거는 성당 종지기였던 아버지를 대신해 자주 종탑에 올라 종을 치며 "이루 말할 수 없는 흥분"을 느꼈다. 그 글에서 하이데

거는 이런 말도 한다.

"혹시라도 종지기가 종을 서툴게 쳐서 종이 '떠나가게' 되면, 종의 추들은 커다란 종들의 완전한 흔들림 속에 '사로잡힌' 채 괴로운 소리를 냈다." 「종탑의 비밀」, 『사유의 경험으로부터』 160쪽

이 문장에서 종소리는 신의 존재를 암시한다. 종지기가 종을 잘못 칠 때 종이 괴로운 소리를 내며 떠나가버리듯이, 인간이 바르게 신을 부르지 않는 한 신은 임재하지 않는 것이다. 종이 있어 때에 맞춰 종을 치지만, 종을 잘못 치면 종은 소리다운 소리를 내지 못하고 물러선다.

형이상학의 신, 하이데거가 거부하는 신

신을 부르고 신과 만나는 길을 안내하는 것이 교회이고 신학이다. 하이데거는 기독교 교회와 신학을 언제 떠났던가? 하이데거가 기독교로부터 멀어지는 과정은 두 차례 갈림길을 거쳤다. 가톨릭 신부가 되고자 처음에는 예수회 수련원, 다음에는 프라이부르크대학 신학부에 들어간 하이데거는 루터파 신자 엘프리데 패트리와 결혼할 무렵 가톨릭 교리 체계에 깊은 회의를 품었다. 결국 결혼식을 주재했던 신부 크렙스에게 1919년 편지를 보내 가톨릭 체계를 받아들일 수 없게 됐다고 고백했다. 가톨릭을 향한 결별 선언이었다. 그러나 그 뒤로도 기독교 신앙은 버리지 않았고 가톨릭 신학자들과도 계속 교류했다. 제1차 세계대전 종결 뒤 하이데거는 프라이부르크대학 사강사로서 사도 바울의 서신과 아우구스티누스의 『고백록』을 실존론적으로 해석하는 종교현상학 강의를 했다. 이 시기에 하이데거가 자신을 "철학자라기보다는 기독교 신학자"로 여겼음을 1921년 제자 카를 뢰비트에게 보낸 편지는 알려준다. 이 편지에서 하이데거는 "나의

철학은 신을 기다리는 것"이라고 밝히기도 했다.

그러나 1922년을 기점으로 하여 하이데거의 학자적 정체성은 신학자에서 철학자로 바뀌기 시작했다. 이 시기의 강의록『아리스토텔레스의 현상학적 해석』에서 하이데거는 "내가 비록 철학자로서 종교적 인간으로 존재할 수 있다고 하더라도 나는 철학함에서 종교적으로 처신하지 않는다"고 '탈-신론적'(a-theologisch)인 태도를 밝혔다. 기독교 신앙을 간직하고는 있지만 사유의 비중이 종교에서 철학으로 옮겨가고 있음을 알려주는 문장이다. 하이데거는 신학자에서 철학자로 변모했지만 여전히 신학과의 교류를 중단하지 않았다. 1923년 마르부르크대학에 임용된 뒤 루돌프 불트만, 파울 틸리히, 루돌프 오토 같은 신학자들과 어울렸고『존재와 시간』의 실존 분석은 불트만의 신학에 심대한 영향을 주었다. 하지만 1927년「현상학과 신학」강연 뒤로 개신교 신학과도 멀어졌고 '신은 죽었다'는 니체의 명제를 받아들였다.

그러면 하이데거는 기독교 신앙을 완전히 포기한 것인가? 그렇게 볼 수는 없다. 하이데거가 거부한 것은 전통 기독교 신학 체계 속의 신이지 신앙의 대상으로서 신 자체는 아니라는 것을 그 뒤의 사유 행보는 분명히 보여준다. 1930년대 후반의 니체 강의에서 하이데거가 니체를 두고 '열렬히 신을 찾은 사람'이라고 한 것은 하이데거 자신을 두고 한 말로 보아도 틀리지 않을 것이다. 전통 기독교 신학 속의 신은 죽었지만 참으로 신다운 신이라고 부를 만한 신은 여전히 살아 있다는 것이 하이데거의 생각이었다. 1930년대 이후로 하이데거의 철학적 사유는 참된 신과 만날 길을 찾는 데서 벗어나지 않았다.

하이데거는 자신이 거부하는 신이 어떤 신인지를 적극적으로 밝힌 적이 있는데, 1957년 강연「형이상학의 존재-신-론적 구조」가 바로 그 자리였다. 이 글에서 하이데거는 서양의 전통 형이상학을 존재-

신-론(Onto-Theo-Logik)라고 규정했다. 왜 형이상학은 '존재-신-론'인가. 형이상학은 존재자 전체를 그 존재에서 캐물어 들어간다. 다시 말해 형이상학은 존재자 전체의 공통 성격이 무엇인지 탐문하는 본질 물음임과 동시에 그 존재자 전체의 근거가 되는 최고 존재자가 무엇인지를 묻는 근거 물음이다. 형이상학은 이중의 물음을 토대로 삼아 구축돼 있다. 존재자 전체의 공통 본질에 대한 물음의 답을 찾아가는 것이 존재론(Ontologie)이다. 또 존재자 전체의 근거가 되는 최고 존재자를 찾아가는 것이 신론(Theologie)이다. 그러므로 형이상학은 존재론과 신론이 결합된 존재-신-론이다 그런데 형이상학을 구성하는 신론의 신은 존재자 전체의 근거가 되는 신, 다시 말해 존재자 전체의 존재 원인이 되는 신이다. 존재자 전체를 존재하게 해주는 최고의 원인을 형이상학에서는 '자기 원인'(causa sui)이라고 부른다. 다른 더 근원적인 원인이 없이 스스로 원인이 되는 원인이라는 뜻이다. 하이데거는 이 자기 원인이라는 형이상학의 신이 기독교 신학의 신에 대한 근본 규정이라고 본다. 전통 형이상학의 신은 최고 존재자이며 만물의 존재 원인이 되는 자기 원인이다. 이 신은 자기 원인이자 최고 존재자로서 자신이 창조한 만물을 초월해 있다.

그런데 하이데거는 이 글 「형이상학의 존재-신-론적 구조」에서 이런 신에 관해 다음과 같이 냉정하게 말한다. "이런 신에게 인간은 기도할 수 없고 제물을 바칠 수 없다. 자기 원인 앞에서 인간은 경외하는 마음으로 무릎을 꿇을 수도 없고 또 이런 신 앞에서 인간은 음악을 연주하거나 춤을 출 수도 없다."「형이상학의 존재-신-론적 구성틀」,「동일성과 차이」 65쪽 하이데거에게 신다운 신은 인간이 기도할 수 있어야 하고 제물을 바칠 수 있어야 하며 그 신을 경배하며 춤을 추고 음악을 연주할 수 있어야 한다. 그러나 전통 신학의 형이상학적 신, 우주 만물의 원인이 되는 초월적인 신은 그런 신이 될 수 없다고 하이데거는 생각한다. "그러므로 철학의 신, 다시 말해 자기 원인으로서 신을 포기하는 신 없는(gott-los, 신을 떠난) 사유가 어쩌면 신다운 신(der göttliche Gott)에게 더 가까이 있을지도 모른다."「형이상학의 존재-신-론적 구성틀」, 『동일성과 차이』, 65쪽 이 강연보다 먼저 1953년 「기술에 대한 물음」 강연에서 하이데거는 이 형이상학의 신에 관해 이렇게 말하기도 했다.

"현존하는 모든 것이 전부 원인-결과의 맥락의 빛 안에서 표현되는 곳에서는 신마저도 … 그 모든 성스러움과 지고함과 그 자신의 간격의 신비스러움을 상실해버릴 것이다."「기술에 대한 물음」, 『강연과 논문』, 36쪽

'니체 강의'에서 하이데거는 형이상학의 신론이 보여주는 논리적으로 아주 정교한 신 존재 증명이 증명해내는 것은 결국 '신 같지 않은 신'이라고 비판하기도 한다. "예를 들면 신의 존재에 대한 증명이 가장 엄밀한 형식 논리의 모든 수단을 동원하여 수행될 수는 있지만 그것은 아무것도 증명하지 못한다. 왜냐하면 그 존재가 증명되지 않으면 안 되는 신은 결국 극히 비신적인 신이며 그것의 존재에 대한 증명은 기껏해야 신성 모독으로 귀착하기 때문이다."『니체 I』356쪽 하이데거는 이런 형이상학의 신이 그리스 철학에서 나타나 기독교 신학으로 이어졌다고 말한다. 다시 말해 기독교의 신은 그리스 철학의 신인 셈이다.

그런데 이 그리스 철학을 사도 바울이 이미 거부했다고 하이데거는 1949년에 쓴 「형이상학이란 무엇인가」의 '들어가는 말'에서 밝혔다. 바울은 「고린토인들에게 보낸 첫째 편지」 1장 20절에서 이렇게 말한다. "하느님께서 이 세상의 지혜가 어리석다는 것을 보여주시지 않았습니까?" 여기서 바울이 말하는 '세상의 지혜'가 바로 그리스 철학, 특히 아리스토텔레스 철학을 가리킨다. 하이데거는 이 그리스 철학의 신을 기독교 교회 신학이 받아들인 것이 기독교 신학에 손해가

됐다고 말한다.「형이상학이란 무엇인가? 들어가는 말」「이정표1」143쪽 그리스 철학이 신다운 신을 찾는 데 오히려 방해가 됐다는 얘기다. 참다운 신을 찾으려면 그리스 철학에서 유래한 형이상학의 신을 떠나는 것이 낫다. 이 형이상학의 신이 니체가 '신은 죽었다'고 했을 때의 그 죽은 신이라고 하이데거는 생각한다. 그렇다면 죽은 신이 아니라 진정으로 살아 있는 신을 어디서 찾을 수 있을까?

횔덜린, 미래를 가리키며 신을 기다리는 시인

이렇게 참다운 신을 찾아가는 길에 하이데거에게 결정적인 전환의 계기를 준 것이 '횔덜린 경험'이다. 횔덜린은 자신이 살아간 시대를 옛 신들은 떠나버리고 새로운 신은 아직 오지 않은 '세계의 밤'이라고 생각했다. 하이데거의 진단과 거의 그대로 맞아떨어지는 시대 인식이다. 횔덜린은 플라톤 이전 고대 그리스를 사상의 고향으로 삼았고 그 시대의 자연 종교에서 시의 영감을 얻었다. 하이데거가 주목한 것은 바로 이 횔덜린의 신들이다. 하이데거는 만년의『슈피겔』인터뷰에서도 "나의 사유는 횔덜린의 시와 불가결한 관계를 맺고 있다"고 고백했다.

"그러나 나는 횔덜린을 문학사가가 그의 작품을 다른 작품들과 나란히 주제로 삼는 그런 시인으로 보지 않습니다. 나에게 횔덜린은 미래를 가리키며 신을 기다리는 시인입니다."[22]

하이데거에게 횔덜린은 '시인 중의 시인'이었다. 횔덜린이 시 자체를 시로 지은 시인이라는 점에서 시인들 중의 시인일 뿐만 아니라 고대 그리스의 신들을 통해서 '성스러움'을 보았다는 점에서도 시인들 중의 시인이었다. 횔덜린의 시대가 '세계의 밤'인 것은 바로 이 성스러움이 사라져버렸기 때문이다. 그 성스러움은 '도래할 신'과 함

튀빙겐 대학 옛 식물원에 있는 휠덜린 기념비(1881).
휠덜린은 하이데거에게 "미래를 가리키며 신을 기다리는 시인"이었다.

께 돌아올 것이다. 신은 성스러움에 깃들어 있다. 이 신이야말로 하이데거에게는 자신이 찾는 '존재'를 가리키는 말이었다. 하이데거는 1941년 겨울학기 강의 「횔덜린의 송가 '회상'」에서 성스러움에 대해 이렇게 말했다.

"이 성스러운 것(성스러움)은 단순히 눈앞에 현존하는 종교, 즉 그리스도교의 신적인 것은 아니다. 성스러운 것은 도무지 '신학적으로는' 결정될 수 없다. 왜냐하면 모든 '신학'은 테오스(Theos) 즉 신을 이미 전제하고 있고 또 그렇게 확실히 전제하고 있기에, 그 결과로 언제나 신학이 출현하는 곳에서는 신은 이미 달아나버린다."「횔덜린의 송가 '회상'」 176쪽

이 '신학의 신'이 앞에서 말한 형이상학의 신이며, 이 신에게는 바로 성스러움이 없는 것이다. 하이데거에게 성스러움이 없는 신은 신이 아니다. 횔덜린은 바로 그 성스러움을 시로 지어낸 사람이었다. 시 「마치 축제일처럼…」에서 횔덜린은 이렇게 노래했다. "하여 내가 본 이것, 이 성스러운 것(성스러움)이 나의 말(Wort)이 되리라."「마치 축제일처럼…」,「횔덜린 시의 해명」 149쪽 그 떠나버린 성스러움을 시로써 불러낸 사람이 바로 횔덜린이었다. 그리하여 "사상가는 존재를 말하고 시인은 성스러움을 부른다."「형이상학이란 무엇인가 나중말」,「이정표1」 186쪽 다시 말해 사상가가 존재라고 부르는 것을 시인은 성스러움이라고 부르는 것이다. 이 성스러움을 알아차리고 성스러움이라고 명명하는 자가 바로 시인이다. 하이데거는 1946년에 발표한 글 「무엇을 위한 시인인가」에서 '온전한 것' 곧 존재 자체가 '성스러움'을 부른다고 말한다.

"온전한 것은 성스러운 것(성스러움)을 부르면서 눈짓한다. 성스러운 것은 신적인 것을 불러들인다. 신적인 것은 신을 가까이 오게 한다."「무엇을 위한 시인인가」,「숲길」 468쪽

이 말의 의미를 명확히 알려면 전후에 쓴 다른 글 「휴머니즘 편지」

를 살펴보아야 한다.

"사상가는 존재를 사유하고 시인은 성스러움을 부른다"

1946년에 쓴 「휴머니즘 편지」에서 하이데거는 사르트르가 하이데거 자신을 '무신론적 실존주의자'라고 규정한 데 맞서 신에 관한 자신의 생각을 비교적 분명히 드러낸다. 그래서 이 글에는 다른 어느 텍스트보다 신 자체에 대한 발언이 많이 들어 있다. 여기서 먼저 하이데거는 "존재, 그것은 신도 아니고 세계의 근거도 아니다"라고 단언한다.「휴머니즘 서간」, 「이정표2」 144쪽 이 문장에서 하이데거가 가리키는 '신'은 형이상학의 신이다. 휴머니즘이 인간을 중심에 놓는 사상이지만 인간의 존엄성을 충분히 드높이지 못하는 것처럼, 형이상학의 신은 그 신이 최고 존재자라고 하더라도 신의 존엄성을 충분히 드높이지 못한다. 신은 존재자가 아니며 그래서 최고 존재자일 수 없고 자기 원인으로서 세계의 근거가 될 수도 없다. 여기서 하이데거는 신다운 신을 성스러움과 연결한다. 그리고 성스러움은 다시 존재와 연결된다. 「휴머니즘 편지」에서 신의 문제와 관련해 핵심이 되는 문장들을 찾아볼 수 있다. 먼저 하이데거는 이렇게 말한다.

"정말 그리고 어떻게 신과 신들은 자신을 거부하며 밤은 여전히 지속되는가? 또 정말 그리고 어떻게 성스러운 낮은 동트는가? 또 정말 그리고 어떻게 성스러운 것(성스러움)이 떠오를 때 신과 신들은 새롭게 나타나기 시작할 수 있는가?"「휴머니즘 서간」, 「이정표2」 153쪽

이렇게 묻고 난 뒤 하이데거는 이제 본질적인 것을 이야기한다.

"성스러운 것(성스러움)만이 비로소 신성(Gottheit)이 존재할 본질적 공간이고 신성 자체만이 신들과 신을 위한 차원을 허락하는데, 이 성스러운 것이 밝게 빛나기 위해서는 그보다 앞서 오랜 준비 끝에 존

재 자체가 자신을 비추고 또 자신의 진리 안에서 경험돼야 한다."「휴머니즘 서간」,『이정표2』153쪽

　이어 하이데거는 이 글의 뒤편에서 이렇게 말한다.

　"존재의 진리에 입각해서만 비로소 성스러운 것(성스러움)의 본질은 사유될 수 있다. 성스러운 것(성스러움)의 본질에 입각해서만 비로소 신성의 본질은 사유될 수 있다. 신성의 본질의 빛 안에서야 비로소 신이라는 낱말이 무엇을 명명해야 하는지가 사유되고 말해질 수 있다.「휴머니즘 서간」,『이정표2』167쪽

　이 두 문단에서 하이데거는 성스러움과 신성과 신을 한편에 두고 존재 자체 혹은 존재의 진리를 다른 한편에 둔다. 성스러움이 신성을 사유할 수 있게 하고 신성이 신을 위한 차원을 허락한다. 그런데 이 성스러움이 밝게 빛나려면 존재 자체가 자신을 비추고 진리 안에서 경험돼야 한다. 다시 말해 성스러움이 성스러움으로 나타나려면 존재 자체가 자신을 드러내고 또 우리 인간에게 경험돼야 하는 것이다. 존재 자체가 자신을 드러냄이란 다른 말로 하면 존재의 비은폐성이다. 이 존재의 비은폐성이 바로 존재의 진리다. 그런데 존재는 자신을 드러내면서 동시에 비밀과 심연 속에 자신을 감춘다. 그러므로 존재의 진리는 엄밀히 말하면 존재의 비-은폐성(ἀ-λήθεια) 곧 은닉의 차원을 내장한 비은폐성이다. 바로 이 존재의 진리가 인간에게 경험되는 것이야말로 존재 자체가 자신을 드러냄이다.

　그런데 인간이 존재의 진리를 경험하려면 오랜 준비가 필요하다고 하이데거는 말한다. 형이상학적 존재 망각이 극한에 이른 우리 시대에 우리가 곧바로 존재의 진리를 경험할 수는 없다는 얘기다. 그렇게 오래 준비한 뒤에야 성스러움이 밝게 빛날 것이다. 그렇다면 성스러움이란 존재 진리의 빛남을 가리키는 말일 것이다. 비밀의 심연을 간직한 존재 자체가 우리에게 드러남이 바로 성스러움의 빛남이다. 이

성스러움을 하이데거는 신성 혹은 신과 연결하여 이야기한다. 다시 말해 존재의 진리가 신성 혹은 신과 관련을 맺을 때 그 존재의 진리를 가리키는 이름이 성스러움이다.

존재의 진리 곧 존재 자체가 성스러움이다. 바로 이 성스러움이 신성이 존재할 본질 공간이다. 비밀을 간직한 존재의 심연이야말로 성스러운 공간이며 바로 이 성스러운 공간을 채우고 있는 것이 신성이다. 그리고 바로 이 신성이 신을 위한 차원을 허락한다. 다시 말해 이 신성을 가리키는 이름이 우리가 흔히 신이라고 부르는 그런 어떤 성스러운 것이다.

앞에서 하이데거가 한 말 곧 "사상가는 존재를 사유하고 시인은 성스러움을 부른다"는 말을 상기해보자. 존재 자체는 사상가, 곧 사유하는 사람에게 드러난다. 그리고 그 존재 자체의 성스러움은 시인에게 드러난다. 사유하는 사람에게 존재 자체로 다가오는 것이 시인에게는 성스러움으로 다가오는 것이다. 그리고 이 성스러움 안에 신성이 깃들고 신성을 인격화하여 부르는 이름이 바로 신이다. 그러므로 존재 자체의 인격화가 신이라고 할 것이다. 인간이 기도하고 제물을 바치고 그 앞에서 춤을 추고 노래하려면 존재 자체라는 막연한 이름이어서는 안 되고 인간과 인격적으로 소통할 수 있는 것이어야 한다. 그것이 바로 하이데거가 말하는 신이다.

하이데거는 이 글에서 이 신을 '신과 신들'이라고 표현하는데, 그런 표현은 하이데거가 전통 형이상학의 신이나 기독교 신학에서 말하는 신을 넘어선 신을 상정하고 있음을 암시한다. 기독교의 전통 신은 존재가 아니라 존재자다. 그런 신을 넘어서야만 하이데거가 말하는 신을 만날 수 있다. 이 신이 우리에게 오기까지 오랜 준비가 필요하다고 하이데거는 「휴머니즘 편지」에서 말한다. 그런 신이 올 때에야 우리는 고향 상실을 극복하고 존재 망각에서 벗어날 수 있을 것이다.

하이데거가 생각하는 신을 인간과 함께 좀더 구체화해서 사유하는 곳이 바로 1953년의 「사물」 강연이다. 이 강연에서 하이데거는 사물이 사물화하면서 하나로 모아들여 어우러지게 하는 세계의 네 방역, 곧 땅과 하늘, 신적인 것들과 죽을 자들을 이야기한다.

"사물은 사물화하면서 하나로 어우러지는 넷을, 즉 땅과 하늘, 신적인 것들과 죽을 자들을, 그것들이 그 자체에서부터 서로 어우러지는 그런 사방의 '하나로 포개짐'(Einfalt) 안에 머무르게 한다." 「사물」 『강연과 논문』 224쪽

이 넷의 어우러짐이 바로 사방 세계다. 여기서 하이데거가 말하는 '신적인 것들'은 무엇을 뜻하는가?

"신적인 것들은 신성을 눈짓하는 사자들이다. 이 신성의 은닉된 주재함으로부터 신이 자신의 본질 속에 나타난다. 이 본질에서 신은 현존하는 것과의 모든 비교에서 스스로 물러선다." 「사물」 『강연과 논문』 230쪽

하이데거는 이 넷의 '하나로 어우러짐'을 거울-놀이라고 부른다.

"넷은 어느 것도 자신의 구별된 특수성을 강력하게 주장하지 않는다. 오히려 넷 각각은 그들의 고유화 안에서 하나의 고유함으로 탈생기한다. 이렇게 탈생기하는 고유화가 사방의 거울-놀이다." 「사물」 『강연과 논문』 232쪽

하이데거는 이 거울-놀이가 바로 세계라고 말한다.

"우리는 땅과 하늘, 신적인 것들과 죽을 자들의 '하나로 포개짐'이 생기하는 거울-놀이를 세계라고 부른다. 세계는 세계화하면서 현성한다." 「사물」 『강연과 논문』 232쪽

이 사방의 어우러짐 가운데 특히 주목할 것이 바로 '죽을 자들' 곧 인간과 '신적인 것들' 사이의 관계다. 도대체 신적인 것들이란 무엇을 말하는가? 하이데거는 신적인 것들을 '신성을 눈짓하는 사자들'

이라고 부른다. 신적인 것들에 대한 하이데거의 생각은 횔덜린에게서 온 것이다. 횔덜린의 시어에서 눈짓은 '신들의 언어'를 가리킨다. 이때 신들의 언어란 '뇌우와 번개'처럼 하늘과 대기의 현상들이다. 구름 속에서 울리는 천둥이나 번쩍이며 내리 꽂히는 벼락이야말로 신들의 눈짓, 신들의 언어다. 이런 신적인 것들이 바로 신성을 눈짓하는 사자들이다. 다시 말해 신적인 것들이란 신성을 가리키는 어떤 지시물인 셈이다. 바로 이 신성의 주재함에서 신이 나타난다. 신적인 것들 곧 벼락이나 뇌우 같은 자연 현상들은 신성을 가리켜 보이고 그 신성에서 신이 나타나는 것이다.

비밀과 심연을 간직한 신, 내재적 초월의 신

그런데 여기서 더 중요한 것은 그 신적인 것들과 거울-관계로 어우러지는 것이 바로 인간이라는 사실이다. 인간이 신적인 것들을 비추고 신적인 것들은 인간을 비추며 서로 어우러진다. 이것은 무엇을 뜻하는가? 인간이 신적인 것들을 신성을 가리키는 것으로 알아듣는다는 얘기다. 인간이 없다면 신적인 것들, 다시 말해 천둥이나 번개는 아무런 의미도 지니지 못할 것이다. 더 정확히 말해, 인간이 '죽을 자'로서 자신을 알지 못한다면 신적인 것은 아무런 의미도 없을 것이다. 죽을 자란 죽음을 '무의 관' 곧 존재의 비밀이 은닉된 것으로 받아들이는 자다. 존재의 비밀, 존재의 심연 앞에서 경건해지는 자가 바로 죽을 자로서 인간이다. 그런 인간이 없다면 하늘의 천둥 번개는 무의미한 자연 현상에 지나지 않을 것이다. 인간이 죽을 자로서 하늘을 보기에 천둥과 번개 같은 자연 현상이 신성을 가리켜 보이게 되는 것이다. 그리고 바로 이 신성이 주재하는 가운데 신이 자신을 드러낸다.

그렇다면 신이란 인간이 신적인 것을 신적인 것으로 알아볼 때에만 신으로 나타날 수 있다. 인간이 죽을 자로서 신적인 것을 신성의 기호로 알아볼 때에야 신이 신으로서 나타나는 것이다. 그러므로 이때의 신은 전통 형이상학이나 기독교 신학에서 이야기하는 절대적 초월자로서 신과는 사뭇 다른 신이다. 이 신은 세계를 이루는 한 방역에 그칠 뿐만 아니라 인간과 거울 관계에 놓여서 인간을 통해서 신으로 나타나는 신이다. 기독교의 초월신은 인간과는 아무런 관계도 없이 스스로 절대자로서 존재한다.

그러나 하이데거가 생각하는 신은 이렇게 세계 안에서 세계를 구성함과 동시에 인간을 통해서 신으로 나타나는 신, 그래서 세계 안에 내재하는 신이다. 그러나 동시에 그 신은 비밀의 심연을 간직한 신이다. 왜냐하면 네 방역의 넷은 각자의 본질을 남김없이 탈은폐하는 것이 아니라 자기를 은닉하면서 각자의 고유한 본질을 보존하기 때문이다.[23] 신이 신으로서 드러나는 신성은 앞의 「휴머니즘 편지」에서 등장한 그 신성과 같다. 그 신성은 존재 자체의 심연에 자리한 신성이다. 심연이란 존재의 비은폐성에서 드러나지 않는 비밀의 어둠이다. 그 비밀의 어둠은 어떤 경우에도 인간이 헤아릴 수 없다. 마치 우리가 죽음 이후의 '무'를 헤아릴 수 없는 것과 같다. 신성의 본질 공간은 바로 이 비밀의 심연에 있다. 그러므로 이 사방 세계에서 드러나는 신도 비밀의 심연을 간직한 신일 것이다.

그렇다면 그 비밀의 심연을 간직하는 신은 인간이 이성의 눈으로는 헤아릴 수 없는, 인간의 이성적 능력을 넘어선 초월적인 신이다. 그러므로 신은 세계 안에 내재함과 동시에 인간을 초월하는 신, '내재적 초월'의 신일 것이다. 그런데 이 「사물」 강연에서 하이데거는 이렇게 말한다.

"사물들은 또한 죽을 자들의 깨어 있음(Wachsamkeit) 없이는 도래

하지 못한다."「사물」「강연과 논문」234쪽

인간이 깨어 있다는 것은 존재의 진리를 깨닫는다는 뜻이다. 바로 그때에야 사물은 사물로서 도래하고 사물이 도래함으로써 사방 세계가 세계로서 펼쳐지며 바로 그렇게 세계가 펼쳐질 때 신적인 것이 인간에게 다가오고 신이 신으로서 나타날 것이다.

"절대자는 본질적으로 무규정적인 것"

하이데거의 신에 관한 사유는 중세 신비주의에서 큰 영감을 받았다. 특히 중세 기독교 신비주의를 대표하는 마이스터 에크하르트의 영향이 하이데거의 발언을 통해서 드러난다. 하이데거는 "내맡김에 대해선 에크하르트에게서는 배울 것이 많다"「초연한 내맡김」「동일성과 차이」145쪽이라고 했는가 하면, 1949년에 쓴 「들길」에서는 "독서와 인생의 옛 거장인 마이스터 에크하르트가 말했듯이, 말해지지 않은 세계의 언어 속에서 신은 비로소 신으로 존재한다"고 언급했다.「들길」「사유의 경험으로부터」129쪽 에크하르트에 대한 하이데거의 관심은 신학생 시절에 이미 시작된 것으로 보이는데, 제1차 세계대전 종결 직후에 쓴 강의록 「중세 신비주의의 철학적 토대」에서 에크하르트의 신비주의를 논의했다. 여기서 하이데거는 "절대자는 아직 규정될 수 없는 것, 아직 규정되지 않은 것이 아니라 본질적으로 무규정적인 것"이라는 에크하르트의 신에 대한 생각을 소개한다.「중세 신비주의의 철학적 토대」「종교적 삶의 현상학」374쪽

이 강의록은 신비주의의 핵심 개념 가운데 하나인 '성스러움'에 대한 논의를 담고 있다. 더 나아가 이 시기에 작성된 '루돌프 오토의 『성스러움』(1917)에 대한 서평 초안'은 하이데거가 '성스러움'이라는 개념에 관심이 깊었음을 알려준다. 오토의 저작 『성스러움』(*Das*

Heilige)은 '누멘적인 것'(das Numinose) 곧 '성스러움'을 '두렵고 압도적이며 매혹적이고 어마어마하고 장엄한 것'으로 묘사한다.[24] 또 1936년 여름학기 강의 「셸링」에서 하이데거는 셸링의 신에 관한 사유를 "마이스터 에크하르트에게서 떠오르고 야코프 뵈메에게서 고유하게 전개된 사유 태도를 완수하는 일"과 결부한다.「셸링」, 180쪽 셸링이 이 작업에서 완수해낸 것을 하이데거는 다음과 같이 말한다. "신적 존재와 존재 자체의 전적인 기투는 인간으로부터 완수된다. 신은 여기서 단지 고양된 인간의 형상이다."「셸링」, 180쪽 더 나아가 하이데거는 이런 말도 한다.

"인간은 … 이성을 부여받은 생명체가 아니라, 스스로 존재의 '가장 깊은 심연'이며 동시에 '가장 높은 하늘'로 존재하는 존재자로 파악돼야 한다."「셸링」, 207쪽

이런 발언에서 인간과 신의 관계에 대해 하이데거가 무엇을 생각하는지 짐작할 수 있다. 인간이 존재의 가장 깊은 심연이자 가장 높은 하늘이라는 것은 인간 안에 존재의 신비, 신의 신성이 있다는 이야기일 것이다.

하이데거의 중세 신비주의에 관한 관심은 1916년의 교수 임용 자격 논문에서도 확인된다. 여기서 하이데거는 이렇게 말한다.

"만약에 사람들이 철학의 더욱 깊은 본질, 곧 세계관으로서 그 본질을 숙고한다면, 동시대의 신비주의와 대립하여 서 있는 스콜라학으로 중세 기독교 철학을 보는 견해가 틀림없이 근본적으로 잘못된 것으로 드러날 것이다. 중세적 세계관에서 스콜라학과 신비주의는 본질적으로 공속한다. 합리주의 대 비합리주의, 스콜라학 대 신비주의라는 두 쌍의 대립자는 서로 일치하지 않는다. 그리고 그것들의 동치가 추구되는 곳에서는 그것이 철학의 극단적인 합리화에 의거한다. 삶에서 '떨어진 합리주의적 구조로서 철학은 무능하다. 비합리주

의적 경험으로서 신비주의는 무목적적이다.”『초기 원고』, 410쪽[25)

이 인용문이 알려주는 것은 젊은 하이데거가 중세의 스콜라학과 신비주의가 서로 대립하는 것이 아니라 공속하는 것이라고 보았다는 사실이다. 이런 견해는 중세 신학에 대한 일반적인 견해와 상반된다. 중세 가톨릭의 정통 신학인 스콜라학은 철저하게 합리주의적인데 반해 신비주의는 비합리주의적이라는 것이 통념이다. 그러나 하이데거는 스콜라학을 합리주의로, 신비주의를 비합리주의로 돌리기를 거부한다. 스콜라학과 신비주의는 공속하기 때문에 두 흐름을 합리주의 대 비합리주의라는 대립쌍으로 이해할 수 없다는 것이다.

하이데거는 극단적 합리화도 반대하고 맹목적 비합리주의도 거부한다. 이런 태도는 '신비주의적 합리주의' 또는 '합리적 신비주의'라고 부를 수 있는 태도로 이어지는데, 이런 경향을 하이데거는 사유의 마지막 국면까지 근본적인 변화 없이 끌고 갔다. 하이데거에게는 엄격한 합리주의자의 면모와 단순한 합리성을 뛰어넘는 신비주의자의 면모가 동시에 나타날 뿐만 아니라 이 두 요소가 거의 일체가 돼 있다. 바로 이런 의미에서 하이데거 연구자 존 매쿼리는 '하이데거는 신비주의자인가?'라는 물음에 '하이데거는 신비주의자들과 친화성이 있다'고 대답한다.[26)

토마스 아퀴나스와 마이스터 에크하르트의 관계

'하이데거와 신비주의는 어떤 관계인가'라는 물음과 관련해 존 카푸토는『마르틴 하이데거와 토마스 아퀴나스』에서 중세 스콜라학의 대표자인 토마스 아퀴나스와 중세 신비주의의 대표자인 마이스터 에크하르트를 비교함으로써 이 물음에 대한 나름의 대답을 내놓는다. 카푸토는 아퀴나스가 삶의 마지막 국면에 조수에게 한 말을 상기시킨다. "레지날도, 나는 더 쓸 수가 없어. 왜냐하면 이제껏 내가 쓴 모든 것이 지푸라기만도 못하게 여겨지기 때문이야."[27] 20년 동안 쉬지 않고 신에 관한 방대한 저작을 쓴 아퀴나스는 미사를 거행하던 중에 '무언가에 얻어맞은 듯' 쓰러지고 난 뒤 깨어나 완전히 딴 사람이 됐다. 아퀴나스는 저술하거나 구술하는 일을 모두 멈추었다.[28] 아리스토텔레스 철학의 합리주의를 바탕에 깔고서 쓴 모든 것들이 지푸라기처럼 하찮게 여겨지는 어떤 신비 체험을 한 것이다.

그런데 이 아퀴나스의 사상 안에서 자라나온 사람이 바로 에크하르트였다. 에크하르트는 아퀴나스가 속한 도미니쿠스회 소속이었고, 아퀴나스 사후 25년 뒤에 아퀴나스가 맡았던 파리대학 도미니쿠스회 강좌직을 이어받았다. 에크하르트는 말년에 이단 혐의로 종교재판에 회부됐을 때 자신은 토마스 아퀴나스의 『신학대전』이 가르친 것만을 말했다고 고소인들에게 응수했다.[29] "에크하르트는 토마스 스콜라학의 무미건조한 글 아래서 요동하는 신비주의를 보았다."[30] 겉으로 보면 전혀 상반되는 듯한 두 사람 사이에 깊은 내적 연속성이 있었던 것이다.

에크하르트는 일찍부터 아퀴나스 말년의 유명한 신비 체험에 관해 알고 있었고 아퀴나스의 삶과 사상에서 영감을 얻었다. 말하자면 에크하르트는 아퀴나스가 신비적 경험을 통해 알고 있었지만 저작을 통해서는 말하지 않은 것을 파고들어 그것을 말로 표현하려고 했던 사람이다. 그 표현할 수 없는 신의 신비를 표현하려고 에크하르트가 창안한 어휘가 바로 심연(Abgrund), 무(Nichts), 내맡김(Gelassenheit) 같은 낱말이었다. 이런 낱말들은 그대로 하이데거의 전문 용어라고 해야 할 것들이다. 나아가 에크하르트는 '존재는 신이다'(esse est deus)라고 말하는데, 이때의 존재는 존재자를 넘어선 '순수 존재'를 가리킨다. 그래서 존재자의 관점에서 보면 '순수 존

중세 독일의 신비주의 사상가 마이스터 에크하르트.
하이데거는 신의 사유와 관련해 에크하르트에게서 큰 영감을 받았다.
에크하르트는 심연, 무, 내맡김 같은 낱말로
신의 신비를 표현했다.

재'로서 신은 '무'이고 '심연'이며 '신비'다.

에크하르트는 "나는 신에게서 벗어나게 해달라고 신에게 기도한다"라고 말했다. 불경에 가까운 이 역설적 기도에서 에크하르트에게 신이 두 차원을 지녔음을 알아볼 수 있다. 그 두 차원을 에크하르트는 '신'과 '신성'이라고 불렀다. '신'이 기독교 신학에서 말하는 삼위일체의 신, 우리에게 알려진 신이라면, '신성'은 '신 너머의 신'(God beyond God)이고 우리에게 알려지지 않은 '숨은 신'이다. 이 신성을 에크하르트는 '신 안의 신성'(deitas in deus, die Gottheit in Gott)이라고 불렀다. 다시 말해 신성은 비은폐성(aletheia) 안의 은닉성(lethe), 드러난 신 안의 은닉된 심연을 가리킨다.

그런 까닭에 에크하르트는 '알려진 신'이 자신에게서 제거됨으로써 '숨은 신'에게 열린 채 머물러 있게 되기를 기도한다.[31] 이 알려진 신이 삼위일체의 신, 창조주, 제일 원인을 가리키며, 그 신 너머의 신성은 이 알려진 신보다 더 앞선, 더 깊은 존재다.[32] 에크하르트는 신의 근저를 돌파하여 이 심연의 신성에 이르고자 한다.[33] 이때 신성의 심연에 이르는 방법이 바로 '내맡김'이다. 이 내맡김을 통해서 삼위일체의 신을 떠나 그 근저의 신성에 이르는 것이다.[34] "에크하르트의 본래적인 신비주의 안에서는 형이상학적 사유의 '객관적인' 태도 전체가 붕괴한다. 영혼은 자기를 신에게 넘겨주고, 신으로 하여금 신이 되게 한다. 영혼이 신으로부터 거리를 두는 게 아니라 자신을 신에게 내맡긴다."[35]

에크하르트의 이런 생각에서 '죽을 자들'이 '신적인 것들'과 거울-놀이를 한다는 「사물」의 하이데거의 생각을 읽어내는 것이 그리 어려운 일은 아니다. 영혼이 참여함으로써 신이 신이 되는 것처럼, 사방 세계에서도 인간은 신적인 것이 신적인 것으로 나타나도록 거울 구실을 한다. 이 짧은 설명만으로도 하이데거가 에크하르트와 중세 신비주의로부터 얼마나 많은 영감을 얻었는지 짐작할 수 있다. 하이데거가 형이상학의 신이라고 말하는 것은 에크하르트의 '알려진 신', 삼위일체의 신이다. 그리고 하이데거가 신적인 신이라고 부르는 것은 에크하르트가 신성이라고 부르는 '은닉된 신'과 같은 층위에 있다고 할 수 있다.

마지막 신과 도래할 자들

하이데거가 신에 관해서 가장 많이 말하는 곳, 그러면서도 가장 모호하게 말하는 곳이 『철학에의 기여』다. 하이데거 사후에야 전집의 한 권으로 출간된 『철학에의 기여』는 1936~1938년 사이에, 그러니까 횔덜린과 니체를 강의하던 시기에 비밀 노트에 남긴 내밀한 기록이다. 니체가 자신의 가장 내밀한 사유를 출간되지 않은 유고에 남겨두었다고 하이데거가 보듯이, 이 비밀 노트에는 하이데거의 내밀한 사유가 메모 형식으로 집적돼 있다. 이 비밀 기록은 하이데거가 후기에 펼친 생기 사유의 원형을 품고 있다. 그래서 이 책의 부제가 '생기로부터'(Vom Ereignis)다. 여기서 하이데거는 존재 진리의 역사적인 생성 곧 생기의 본질 구조를 여섯 단계로 나누어 살핀다. 울려 옴(Anklang), 건네줌(Zuspiel), 도약(Sprung), 근거 지음(Gründung), 도래할 자들(Die Zu-künftigen), 마지막 신(Der letzte Gott)이 하이데거가 차례로 살피는 여섯 단계다.

여기서 하이데거의 신에 관한 사유와 관련해 주목할 곳이 다섯 번째 '도래할 자들'과 여섯 번째 '마지막 신'이다. '도래할 자들'과 '마지막 신'은 「사물」 강연에서 '죽을 자들'과 '신적인 것들'이 조응 관계에 있듯이 서로 조응하는 관계에 있다. 도래할 자들과 마지막 신은 제1시원의 탈-생기 역사를 극복하고 장차 다가올 다른 시원, 제2의 시원을 열어가는 데서 서로 협력하는 이들이라고 할 수 있다. 도래할 자들이란 "단순히 미래의 어느 시점에 지구상에 태어날 막연한 후대인을 가리키는 것이 아니라, 어쩌면 앞으로도 계속될지도 모르는 이 시대의 허무주의의 본질을 꿰뚫어 이를 생-기의 본령에서 극복하려는 자들"이다.[36)

하이데거가 이 글을 쓰던 시점이 니체 강의를 하던 때임을 상기하면, '도래할 자들'은 니체가 말한 '최후의 인간'에 대응하는 인간이라고 할 수 있을 것이다. 니체가 말하는 '최후의 인간'은 아무런 전망도 없이 허무주의 안에서 가축처럼 살아가는 인간이다. 도래할 자들은 바로 이런 최후의 인간을 넘어선 인간이다. 그런 점에서 보면 니체가 말하는 '초인'에 해당한다고 할 수 있다. 그러나 초인이 권력의지로 체현된 무지막지한 의지의 인간인 것과 달리, 도래할 자들은 그런 초인의 의지를 모두 비워버린, 존재 앞에서 스스로 삼가고 존재를 경외할 줄 아는 인간이다. 도래할 자들은 "존재 망각과 존재 이탈에 물들어 고향을 상실한 이 시대의 인간이 아니라 다른 시원의 역사를 개진해 나가는" 인간이다.[37)

바로 이런 인간과 조응하는 신이 하이데거가 생각하는 '마지막 신'이다. 여기서 하이데거가 '마지막'이라고 말하는 것은 단순한 종말이나 끝을 이야기하는 것이 아니라 '그 자체로 존재하는 가장 깊은 시원', '모든 것이 생기는 시원이자 결코 길어낼 수 없는 심연', '온갖 계산적인 사고로도 도저히 다다를 수 없는 아득히 먼 곳'을 뜻한다.[38) 생기가 생기하는 존재 자체의 심연이다. 그러므로 마지막 신은 바로 이 존재 자체의 심연에 깃든 신이다. 에크하르트의 용어로 하면 '신성'의 영역에서 발원하는 신이 '마지막 신'이다.

이 궁극의 신은 자기 은닉의 심연에 머물러 있으므로 어떤 경우에도 인간에게 자신의 전모를 내보이지 않는다. 궁극의 신은 인간에게 말없이 눈짓하며 인간을 스쳐 지나갈 뿐이다. 인간은 이 보이지 않는 신 앞에서 귀를 기울이며 신이 보내는 '정적의 소리'를 듣는다. 이 궁극의 신에 관해 하이데거는 이렇게 말한다. "마지막 신은 생기 자체는 아니지만 그래도 생기를 필요로 한다. 이런 생기에는 '터(Da, 현)를 닦는 자'(Dagründer)가 귀속해 있다."『철학에의 기여』 577쪽 여기서 생기는 존재 자체를 뜻한다.

그러므로 이 문장은 마지막 신과 존재 자체의 관계를 이야기하고 있다. 마지막 신은 존재의 심연에 깃들어 있는 신이지만 그렇다고 해서 존재 자체는 아니라고 하이데거는 말한다. 마지막 신이 스스로 신으로 드러나려면 존재 자체가 필요하다. 마지막 신은 존재 자체를 필요로 한다. 이런 관계는 존재 자체가 인간을 필요로 한다는, 존재와 인간의 관계를 떠올리게 한다. 인간이 존재의 진리가 드러나는 터이듯이, 마지막 신에게는 존재 자체가 자신을 드러내는 터인 셈이다.

여기서 마지막 신과 존재 자체를 야누스의 두 얼굴로 생각해볼 수 있다. 야누스는 하나이지만 앞과 뒤에 각각 얼굴이 있다. 그 야누스처럼 존재는 존재 자체라는 얼굴과 마지막 신이라는 얼굴을 앞뒤로 지녔다고 할 수 있다. 앞에 드러난 얼굴이 마지막 신이라면, 뒤에 가려져 있는 얼굴이 존재 자체다.

존재 자체와 마지막 신의 이중성을 이해하는 방편으로 토끼와 오리를 합쳐놓은 게슈탈트 그림을 떠올려볼 수도 있다. 토끼에 주목하면 오리가 사라져 토끼만 남고, 오리에 주목하면 토끼가 사라져 오리만 남는다. 존재와 신의 관계가 그런 관계라고 할 수 있다. 존재 자체의 인격적 측면에 주목하면 신이 드러나 보이고, 신 자체를 드러내는 근원 바탕의 비인격적 측면에 주목하면 존재 자체가 드러나 보이는 것이다. 다시 말해 신이란 존재 자체의 인격화한 모습이라고 할 수 있다.

그런데 이 존재 자체에 인간 현-존재가 귀속해 있다. 현-존재가 존재 자체에 귀속해 있으면서 존재의 진리를 드러내듯이, 인간은 신에게 귀속해 있으면서 신을 드러내는 자다. 「사물」 강연의 '죽을 자들'과 '신적인 것들'의 거울-놀이를 떠올리면 이 관계가 뚜렷해진다. 그래서 하이데거는 『철학에의 기여』의 다른 곳에서 "생기가 인간을 신에게 바치기 때문에 생기는 신을 인간에게 넘겨준다"고 말한다.『철학에의 기여』 401쪽 인간은 자신을 신에게 바치고 그리하여 신은 인간에게 자신을 넘겨주는 것이다.

이렇게 서로 조응하면서 서로를 비추어 드러나게 하는 '마지막 신과 도래할 자들'이 제2의 시원을 열어간다. 그러므로 하이데거가 『슈피겔』 인터뷰에서 "오직 하나의 신만이 우리를 구원할 수 있다"고 말했을 때의 그 '하나의 신'은 바로 『철학에의 기여』에서 말한 '마지막 신'이라고 할 수 있을 것이다. 인간이 신을 불러내고 싶다고 해서 마음대로 신을 불러낼 수는 없다. 존재의 진리가 밝아오면서 그 변화와 함께 신은 우리에게 자신을 내보일 것이다. 그러므로 그 신이 다가오도록 준비하는 것만이 인간이 할 수 있는 일이다. 인간은 역사를 마음대로 만들고 바꿀 수 없으며 역사의 신이 자신을 드러낼 때에만 그 신의 부름에 따라 역사를 바꿀 수 있는 것이다. 이것이 하이데거의 생각이다.

전통 기독교의 초월자 신과 범재신론의 신

하이데거는 '최고 존재자 신', '초월자 신'을 부정한다. 그렇다면 하이데거의 신은 기독교의 신과는 무관한 신인가? 하이데거의 제자였고 불트만의 조교였던 한스 요나스는 하이데거의 신과 기독교의 신은 양립할 수 없다고 주장한다. 하이데거의 명제 '존재는 스스로 개현한다'와 기독교의 믿음 '세계는 신의 피조물이다'라는 명제가 서로 충돌한다는 것이다.[39] 하이데거가 신을 '존재자'의 자리가 아니라 '존재'의 자리에 놓기 때문에 신을 초월적 존재자로 보는 전통 기독교 신학과 상충하는 것은 사실이다. 전통 기독교 신학에서 볼 때 하이데거의 신은 '무'를 신격화한 것일 뿐이다. 존재자가 아닌 것은 무이기 때문이다.

그러나 문자에 집착하지 않는다면 하이데거의 신과 기독교의 신이 만날 수 있는 길이 없지 않다. 그 길을 보여주는 것이 바로 '범재신론'(Panentheism)이다. 범재신론은 만유재신론이라고도 하는데, 그 뜻을 간략히 보면 다음과 같다. "신은 유신론자들이 주장하는 것과는 달리 우주 위나 그 옆 혹은 그 아래 어디에 독존하고 있는 것이 아니라 우주 중심 깊은 곳에, 즉 인간의 마음속 깊은 곳에 내재하고 있고 인간의 의식 활동과 정신 활동을 통해서 역사한다고 주장하면서도 그런 신을 인간이나 사물과 동일시하는 범신론을 배격하는 신관이 바로 범재신론 또는 만유재신론이다."[40]

범재신론은 범신론(Pantheism)과 구분돼야 한다. 범신론은 세상 만물 곧 존재자 전체가 신이라는 견해다. 그러나 범재신론은 존재자 전체가 신이라는 것이 아니라 존재자 전체에 신이 내재해 있다는 것을 뜻한다. 그렇게 존재자 전체에 내재해 있으므로 범재신론의 신은 인간의 마음속에도 내재해 있다. 아니, 인간의 마음속이야말로 신이 기거하는 곳이라고 해야 할 것이다. 에크하르트의 생각을 빌리면, 초월자로서 존재하는 삼위일체의 신을 넘어 그 신의 근저로 돌파해 들어가 만나는 신성이 바로 범재신론의 신이다. 신의 근저로 돌파해 들어가 신성을 만난다는 것은 우리 마음속의 심연까지 들어가 거기서 신성을 만난다는 뜻이다.

범재신론의 신은 단순한 '초월자 신'을 넘어선 신, 신 위의 신이다.

이런 신관을 옹호한 신학자 가운데 한 사람이 파울 틸리히다. 틸리히에게 신은 "존재자의 근거, 모든 존재자의 가장 깊은 원천이자 토대"다.[41] 틸리히의 범재신론은 "신은 만물 안에 있고 만물은 신 안에 있다고 하는 형이상학적 신학"이다.[42] 틸리히는 그 신을 '신 위에 있는 신'(God above God)이라고 부른다.[43] 그 신을 만나려면 우리는 유신론을 초월해야 한다.[44] 범재신론의 신은 내재적인 신이다. 곧 이 세상 만물 안에 내재해 있는 신이다.

그러나 동시에 이 신은 존재자를 초월해 있는 신이기도 하다. 왜냐하면 이 신은 존재의 심연, 곧 우리의 이성이 꿰뚫고 들어갈 수 없는 비밀의 심연에 거하고 있기 때문이다. 우리의 이성을 초월해 있는 신이 범재신론의 신이다. 그러므로 범재신론의 신은 내재적이며 초월적인 신, 곧 '내재적 초월'의 신이라고 할 수 있다. "범재신론은 초월성(하느님의 타자성 혹은 포월성)과 내재성(하느님의 현존)을 동시에 긍정한다. 하느님은 사물의 총합과 동일시될 수 없다. 오히려 하느님은 모든 곳에 현존한다 하더라도 모든 것 이상이다. 하느님은 우리 주변 도처에 계시고 우리들 안에 계시며 우리는 하느님 안에 있다."[45] 이 내재적 초월의 신이 하이데거가 생각하는 신에 가깝다고 할 수 있을 것이다. 모든 존재자를 거룩함으로 빛나게 하는 존재의 성스러움이야말로 이 신이 드러나는 자리다.

톨스토이의 신, 간디의 신

이렇게 범재신론의 신은 기독교의 전통 유신론과는 엇갈리지만, 현대 기독교 신학의 신과는 만날 수 있다. 동시에 이 범재신론의 신은 기독교를 초월해 모든 종교의 신앙과 만날 공동의 터전도 제공한다. 틸리히는 기독교의 유일신을 넘어서는 '신 너머의 신', 범재신론의 신에 관해 이야기하는 중에 인도의 신비주의와 브라흐만 사상을 거론한다.

"금욕적이고 무아경에 빠진 신비주의자는 유한 세계, 즉 마야(Maya)의 영역에 나타나는 비존재의 모든 요소들을 넘어서서 자신의 본질적인 존재를 긍정한다. 외형적인 유혹을 거부하는 데는 대단한 용기가 필요하다. 그런 용기가 표명하는 존재의 힘은 매우 위대하여 신들조차도 그 용기를 두려워하며 떤다. 신비주의자는 존재의 기반, 즉 어디에나 존재하고 어디에나 스며 있는 브라흐만(Brahman)의 힘에 참여하려고 한다. 그렇게 함으로써 그는 브라흐만의 힘과 동일시된 자신의 본질적 자아를 긍정한다. 반면에 마야의 속박 속에서 자신을 긍정하는 모든 것들은 그것이 동물이거나 사람이거나 신들이거나 간에 자신의 진정한 자아가 아닌 것들을 긍정한다. … 유한 세계의 관점에서 볼 때 자기 부정처럼 보이는 것이 궁극적 존재의 관점에서는 가장 완전한 자아 긍정이며 가장 철저한 용기의 형태다."[46]

여기서 알 수 있듯이 기독교 신학자인 틸리히는 인도의 신비주의와 브라흐만 사상을 긍정한다. 브라흐만이 가리키는 것이야말로 범재신론의 신이라는 것이다. 틸리히는 이 브라흐만을 알아보는 인간 내부의 아트만(atman)을 브라흐만과 하나로 본다. 인간 현-존재의 그 심연이야말로 신이 깃드는 곳이므로 브라흐만은 곧 아트만이다. 존재자 전체를 감싸고 있는 그 성스러운 힘이 브라흐만이고 그 브라흐만이 우리 안에 아트만으로서 살아 있는 것이다. 이렇게 범재신론이 브라흐만을 아우른다면, 하이데거의 신은 기독교를 넘어 성스러움 속에서 신을 보는 모든 보편적인 종교적 신앙 속에서 발견할 수 있는 신이라고 보아도 될 것이다. 이를테면 톨스토이의 신, 마하트마 간디의 신이 바로 하이데거가 말하는 신일 것이다. 톨스토이도 간디도 세계의 모든 보편 종교가 경배하는 성스러운 존재 혹은 신을 근원에서 보면 하나인 신으로 받아들인다.

높은 브라흐만과 낮은 브라흐만

더 나아가 틸리히가 언급하는 브라흐만 사상이 하이데거가 생각하는 존재와 신의 관계를 이해하는 데 도움이 될 수도 있다. 인도 베단타(우파니샤드) 철학의 적통인 샹카라는 브라흐만을 '무속성 브르흐만'(니르구나 브라흐만)과 '유속성 브라흐만'(사구나 브라흐만)으로 구분한다.[47] 무속성 브라흐만은 모든 인격적 속성을 초월하는 '높은 브라흐만'(파라브라흐만)이며, 유속성 브라흐만은 인격적 속성을 지닌 '낮은 브라흐만'(아파라브라흐만)이다. 높은 브라흐만은 이 우주 만물을 감싸며 우주 만물의 근저에 있는 존재이지만, 속성이 없기 때문에 세계를 창출할 때 인격적 속성을 지닌 낮은 브라흐만 곧 인격적 신으로 나타나지 않으면 안 된다. 샹카라는 이 낮은 브라흐만을 이슈와라(주님)라고 부른다. 높은 브라흐만이 모든 속성을 초월해 세계의 근저에 있다면, 낮은 브라흐만은 인격적 속성을 지닌 신으로서 세계를 창조한다. 높은 브라흐만이 신으로서 속성을 갖추지 않은 존재 자체라면 이슈와라는 그 브라흐만이 인격화해 인간과 만나는 신이다. 이 높은 브라흐만과 낮은 브라흐만, 간단히 말해 브라흐만과 이슈와라는 에크하르트가 말한 '신성'과 '신'에 각각 대응한다고 할 수 있다.[48]

그렇다면 이 브라흐만과 이슈와라의 관계를 하이데거의 존재와 신의 관계를 설명하는 데도 적용할 수 있을 것이다. 다시 말해 브라흐만이 인간과 관계를 맺을 때 인격적 신 이슈와라로 나타나듯이, 하이데거의 경우에도 존재 자체가 인간과 인격적인 관계를 맺을 때 신으로서 나타난다고 할 수 있는 것이다. 신과 인간은 서로 조응하는 관계, 서로가 서로를 비추는 관계에 있다. 그러므로 인간이 있을 때에만 신도 있을 수 있다. 마찬가지로 인간이 믿지 않는다면 신은 신으로서 나타나지 않는다. 인간이 신을 믿음으로써 신을 신으로서 불러낸다. 그리스 신전을 세움으로써 그리스 신들이 그 신전 안에 현존하게 되는 것과 같다.「예술 작품의 근원」,「숲길」54쪽 하이데거의 제자 막스 밀러가 전하는 하이데거 일화는 바로 이 사태를 가리켜 보인다. 하이데거는 산행을 하다가 예배당이 나타나면 매번 성수를 손에 찍고 무릎을 꿇었다. 한번은 밀러가 '교회와 거리를 두면서 그런 행동을 하는 것이 모순 아니냐'고 물었다. 그러자 하이데거가 이렇게 답했다. "우리는 역사적으로 사유해야 하네. 그리고 기도를 많이 드리는 곳에는 신적인 것이 아주 특별한 방식으로 가까이 있지."[49] 하이데거가 생각하는 신을 여실히 보여주는 일화다.

이슈와라의 꿈과 존재의 역운

여기서 한번 더 생각을 밀고 나가보자. 브라흐만의 인격화인 이슈와라는 세계를 창조하여 그 모든 것을 자기 안에 품고 있다. 그런데 이 세계, 곧 이 우주 만물이 이슈와라의 꿈 속에서 일어나는 일이라고 상정해보면 어떤 일이 벌어질까. 그렇다면 세계의 천변만화하는 사건과 사태는 이슈와라가 꾸는 꿈 내용일 것이다. 이슈와라가 꿈을 꿈으로써 그 꿈 속에서 세계의 모든 사건과 사태가 벌어지는 것이다. 이 꿈을 꾸는 주체인 이슈와라는 브라흐만의 가현(假現, 가상으로 나타남)이다. 그러므로 이슈와라를 배제하고 생각해보는 것도 가능하다. 그러면 이슈와라는 없고 꿈을 꾸는 행위만 남을 것이다. 꿈을 꾸는 그 행위 속에서 세계가 만들어지고 변화하고 온갖 일이 벌어진다. 그것이 바로 꿈 내용이다. 하이데거의 용어로 하면 꿈 내용이 존재자 전체이고 꿈을 꾸는 그 행위, 곧 꿈 자체가 존재다. 꿈이 없다면 꿈 내용도 있을 수 없다. 존재가 없다면 존재자가 있을 수 없다. 그러나 마찬가지로 꿈 내용이 없다면 꿈은 꿈이랄 것도 없고 꿈이라고 부를 수도 없다. 꿈 내용이 없다면 꿈은 꿈이 아니다. 다시 말해 존재자가 없다면 존재가 깃들 곳이 없다. 존재가 존재자를 배태하여 내보내고 존재자가 존재를 존재로서 지탱하듯이, 꿈이 꿈 내용을 배태하여 내보내고 꿈 내용이 꿈을 꿈으로서 지탱하는 것이다. 마치 존재 자체가 존재의 역운을 이끌어가듯이 꿈 자체가 꿈을 꾸며 꿈 내용을 만들어가는 것이다.

그런데 우리 인간이 꿈 속에서 이 모든 것이 꿈이라는 것을 안다면 우리는 꿈에서 께어날 것이다. 그때 우리의 깨어난 마음이 아트만이다. 꿈에서 깨어난 아트만이 꿈을 넘어 보는 것이 바로 브라흐만이다. 존재 자체를 보는 것이다. 아트만은 브라흐만과 다른 것이 아니다. 우리 안에 존재 자체가 있음을 깨닫는 마음이 아트만이다. 그렇게 우리 마음이 꿈에서 깨어나, 꿈을 만들어내는 가장 깊은 심연의 존재 자체와 만나는 때가 바로 제2의 시원이 열리는 때일 것이다. 우리 인간이 꿈에서 깨어나기까지는 많은 시간이 걸릴 것이다. 스스로 깨어나고 싶다고 해서 아무 때나 깨어날 수 없고, 꿈 속에서 꿈을 깨우는 어떤 소리가 들려올 때에만 인간은 꿈에서 깨어날 수 있을 것이다. 꿈의 과정은 다른 말로 하면 역사의 과정이다. 존재란 이렇게 꿈을 꾸는 행위의 동적인 흐름을 가리킨다. 그리고 그런 흐름 속에서 온갖 존재자들의 생성과 변화가 펼쳐진다. 우리는 존재자에 몰두해 그 존재자를 장악하고 지배하려고 의욕한다. 그러나 그런 의욕이 한갓 꿈 속의 일임을 깨닫고 꿈에서 깨어나는 바로 그 순간이 제2의 시원이 열리는 때다. 우리가 꿈에서 깨어 일어날 때 존재자들에게 존재를 주는 존재 자체를 만날 수 있는 것이다. 베단타 사상의 언어로 말하면, 그 존재 자체가 브라흐만이며 그 브라흐만을 알아보는 우리의 깨어난 마음이 아트만이다.

왜 성스러운 신을 찾는가

그렇다면 왜 하이데거는 그 성스러운 신을 찾는 것일까? 신이 없어도 우리는 잘 지낼 수 있지 않을까? 하이데거는 그렇지 않다고 생각한다. 우리 시대에 '건전한 인식과 판단'의 기준이 된 자연과학을 보자. 인간 이성이 수백 년에 걸쳐 발전시킨 자연과학은 우주 만물의 존재 방식과 존재 원인을 밝혀내가고 있다. 현대 물리학은 만물의 존재 원인을 '자기 원인'이라는 말로 설명한다. 자연이 스스로 자기를 창출하여 전개한다는 것이다. 그러나 자연과학이 아무리 존재자 전체를 파고들어도 '왜 존재자 전체가 존재하는지' 그 근원적인 이유는 규명할 수 없다. 왜 존재자 전체가 없지 않고 있는지 설명할 수 없다. 그냥 있으니까 있는 것이라고밖에 말하지 못한다. 바로 여기서 대답으로 나오는 것이 종교의 신이다. 신이 세상을 창조하고 유지한다는 것이다. 그러나 그 신은 최고 존재자로서 또 하나의 존재자일 뿐이다. 최고 존재자는 존재자이므로 존재자 전체에 속한다. 그러므로 그런 최고 존재자는 어디에서 왔는가, 어떻게 존재하는가 하고 다시 물을 수밖에 없다. 그런 물음 앞에서는 대답할 말이 사라진다.

이 세계를 창조하는 초월적 신은 과학의 시대에는 어울리지 않는 신이다. 그리고 설령 그런 신을 상정할 수 있다고 하더라도 그 신이 존재자인 이상, 신은 만물의 원인이 되는 '최고 원인'으로서 존재자 전체에 속할 수밖에 없다. 그리하여 다시 그 최고 존재자는 어디에서 왔는가 하고 물을 수밖에 없게 되고, 그 물음은 또다시 존재자 전체는 어디에서 왔는가라는 물음과 다르지 않게 된다. 존재자 전체는 어디에서 왔는가라는 물음에 우리는 답할 수 없다. 현대 물리학의 빅뱅 이론은 우리가 속한 우주 전체가 생겨난 물리학적 계기는 설명해줄 수 있을지 몰라도, 존재자 전체가 왜 존재하는지 그 근원적인 이유는 해명해주지 못한다. 물리학은 그 물음에 답하지 못한다. 우리가 답할 수 없는 그것이야말로 신비이고 비밀이다. 과학은 그 비밀을 뚫고 들어갈 수 없다. 그 알 수 없는 비밀 앞에서 인간은 자신의 의욕과 투지를 내려놓고 이 세계의 존재 자체를 사유할 수밖에 없다. 여기서 솟아나는 것이 존재자 전체 안에서 존재자 전체와 함께하고 있는 성스러운 존재의 신이다. 그 신은 비밀의 신이고 신비의 신이어서 인간은 결코 그 어둠 속을 뚫고 들어갈 수 없다.

한 번 더 주목해볼 것은 이 존재자 전체를 규명하겠다는 과학 자체가 존재자 전체를 장악하려는 인간의 형이상학적 의지의 산물이라는 사실이다. 형이상학이 모든 존재자를 손아귀에 쥐어 지배하려는 의지 속에서 자연과학을 발전시켰다. 자연과학은 형이상학의 지배 의지에서 태어나 성장했다. 그러므로 자연과학의 세계관에만 의존한다면 우리는 이 자연 전체, 인간을 둘러싼 존재자 전체와 바르게 만날 수 없다. 자연과학의 시야보다 더 넓은 시야가 열릴 때에만 우리는 자연과학의 한계에서 벗어날 수 있다. 다시 말해 존재자 전체의 존재를 경외감 속에서 경험하고 그 안에서 존재자 전체의 성스러움을 발견할 때에만 우리는 형이상학적 의지의 폭주에서 벗어날 수 있다. 하이데거가 상기시키려고 하는 것이 바로 이 성스러움이다. 그 성스러움을 되찾아야 한다. 존재자 전체에 깃들어 있는 성스러움을 되찾는 것이야말로 우리가 존재자 전체와 참답게 만나는 길이다. 존재자 전체에 성스러움이 깃들어 있다는 것은 존재자 전체가 신의 품 안에 있다는 것과 다르지 않다. 신은 성스러움의 신격화다. 이 신이 지금 우리에게 필요하다고 하이데거는 생각한다. 달리 말하면 신이 우리 인간을 그 신의 소리를 듣고 따르는 자로서 요구한다고 하이데 거는 생각한다. 인류의 공동 터전인 지구가 겪고 있는 미증유의 위기 는 그 신이 우리 인간을 간절히 부르고 있음을 알리는 표지일지 모른 다. 신의 그 부름에 인간이 응답할 수 있느냐 없느냐에 우리의 미래 가 달렸다고 하이데거는 말한다.

무와 죽음
• 에필로그

하이데거의 일생은 칸트의 일생만큼이나 단순했다. 1951년 대학에서 정식으로 은퇴한 뒤의 생활은 더욱 단순했다. 강연하러 떠나는 짧은 여행을 빼면 프라이부르크의 집과 토트나우베르크의 산장을 오가며 책 읽고 글 쓰는 것이 주된 일과였다. 오전과 오후 연구·집필이 끝나면 저녁때 한 시간 남짓 산책을 했다. 매일 산책하는 것도 노년의 칸트와 비슷했다. 쉴 새 없이 불어대는 존재의 바람을 따라 먼 사유의 모험을 떠나는 내면의 삶과는 거의 정반대라고 해야 할 단순한 삶이었다. 조용히 머무를 곳이야말로 하이데거에겐 위험한 것들이 들끓는 먼 땅으로 사유의 여행을 하기에 좋은 곳이었다.

만년의 그리스 여행

하이데거가 여행다운 여행을 한 것은 일흔이 한참 지난 1962년이었다. 이때 처음으로 '사상의 고향' 그리스를 찾았다. 하이데거는 전에도 몇 번 그리스를 여행할 계획을 세웠지만 번번이 마지막에 그만두었다. 처음 그리스 여행을 계획한 것은 1955년이었다. 앞서

1953년 하이데거는「기술에 대한 물음」강연을 했다. 다른 강연에서도 그리스 철학과 사상에 관해 많이 이야기했지만 특히 이 강연에서 하이데거는 그리스의 예술과 기술을 이야기하는 데 많은 시간을 썼다. "서양 역운의 시작인 그리스에서 예술은 그 자체에 보존된 탈은폐의 최고도의 경지에까지 이르렀다. 이 예술은 신들의 현존을 이끌어냈으며 신적인 역운과 인간의 역운 사이의 상호 대화를 빛나게 해주었다. 그리고 이 예술은 테크네라고만 일컬어졌다."「기술에 대한 물음」
「강연과 논문」 47쪽

그 강연을 하고서 하이데거는 작가 에르하르트 캐스트너(Erhard Kästner, 1904~74)와 만나 가까워졌다. 그리스에 관한 뛰어난 산문을 쓴 사람이었다. 캐스트너는 하이데거에게 그리스에 가보자고 권유했고 하이데거는 캐스트너의 권유를 받아들였다. 하지만 1955년 배표와 기차표까지 마련해놓고는 여행을 포기했다. 5년 뒤에도 두 사람이 함께 지도를 들여다보며 여행 경로까지 다 짜놓고는 마지막에 그만두었다. 하이데거는 캐스트너에게 편지를 썼다. "'그리스'를 직접 '보지' 않은 채 그것에 관해 몇 가지를 '사유'해도 괜찮겠다는 생각입니다. 지금 저는 내면의 눈앞에 있는 것을 적절한 말로 붙드는 일에 생각을 집중해야 합니다. 이런 정신의 집중이 가장 훌륭하게 고향의 장소를 제공합니다."1960년 2월 12일 편지[1]

왜 하이데거는 그리스 여행을 그토록 주저한 것일까? 그것은 어쩌면 정신분석 창시자 프로이트가 로마 여행을 두려움 속에 몇 번이나 회피하다가 뒤늦게 용기를 내 로마를 방문한 것과 유사한 심리적 장애 탓일지도 모른다.[2] 프로이트에게 로마는 카르타고의 유대인 한니발 장군처럼 정복해야 할 도시이자 오이디푸스 콤플렉스를 자극하는 도시였지만,[3] 하이데거에게 고대 그리스는 마음의 고향, 사유의 원류, 존재의 시원이었다. 하이데거는 그리스에 자신의 꿈을 투영했고 그 꿈 속에서 그리스에 관한 수많은 글을 썼다. 바로 그런 이유로 현실의 그리스가 자신이 오랫동안 꾸어온 꿈을 배반하지 않을까 하는 두려움을 품었던 것이다.

그렇게 머뭇거리다가 1962년 봄에 드디어 결단하듯 그리스 여행을 떠났다. 하이데거의 그리스 여행은 아내 엘프리데가 준 선물이었고 엘프리데도 하이데거와 여행 길을 함께했다. 뒤에 하이데거는 '체류'라는 제목으로 그리스 여행기를 펴내 일흔 살 생일을 맞은 아내에게 헌정했다. 하이데거 일행은 이탈리아의 항구도시 베네치아에서 아드리아해를 건너 그리스 본토로 들어가는 여행 방식을 택했다. 하지만 베네치아에 들어서기 전에 의혹이 일기 시작했다. "신들이 도망쳐버린 땅에 부여하려 한 것이 한갓 머릿속 생각일 수도 있으리라는, 그러면 사유의 길이 오류의 길로 입증될 수밖에 없으리라는" 의혹이었다.[4]

베네치아를 떠난 하이데거는 이오니아해의 밤바다를 지나 이른 아침에 펠로폰네소스반도 북쪽 코르푸섬에 다다랐다. 하이데거는 호메로스의 『오디세이아』를 읽으며 고대 그리스의 정취를 불러내보려 했지만 아무런 감동도 받지 못했다. 코르푸섬 옆의 조그만 이타카섬, 오디세우스의 고향으로 알려진 그 섬도 하이데거에게 감흥을 일으키지 못했다. 그리스 여행은 결국 실망으로 끝나고 마는 것인가. 그러다가 펠로폰네소스반도에 올라 올림피아에 이르렀을 때 실망감이 가시기 시작했다. 고대 그리스 세계의 올림피아 제전이 열리던 땅에는 무너진 제우스 신전의 기둥 세 개가 남아 있었다. 하이데거는 「체류」에 쓴다. "신들의 도주가 남긴 여운이리라."[5] 신전은 무너지고 신들은 떠나버렸다.

하이데거가 탄 배는 소아시아 지역의 옛 그리스 섬들을 휘돌아 에게해 키클라데스 제도의 한가운데 델로스섬에 이르렀다. 신전과 건축물이 폐허처럼 남아 있는 곳이었다. 그 섬의 킨토스 산에 오르니 주위의 산과 섬, 하늘과 바다가 펼쳐졌다. 옛 그리스의 자연, 피시스가 빛 속에 드러났다. 거기서 하이데거는 자신이 드디어 꿈에 그리던 땅에 도착했음을 깨달았다. 델로스를 떠난 하이데거 일행은 그리스 본토로 들어가 아테네에 이르렀다. 아크로폴리스 언덕에 올라 고대 아테네의 정치와 문화와 사유의 중심을 둘러본 뒤 다시 북쪽으로 길을 돌려 델포이를 들렀다. 예언의 신 아폴론의 신전이 있는 그 델포이였다. 그리스 여행을 마치고 프라이부르크로 돌아온 하이데거는 캐스트너에게 편지를 보냈다. "저는 자주 그 섬에 가 있습니다."1962년 8월 23일 편지[6] 델로스 체험은 하이데거의 심중에 여행의 정점으로 남았다. 마음이 편해진 하이데거는 그 뒤로 몇 차례 더 그리스 여행을 했다.

스위스 정신과 의사들과의 세미나

이 만년의 시기에 하이데거는 정신과 의사들을 지속적으로 만났다. 정신치료를 받으려는 것이 아니라 의사들에게 존재 사유를 안내하려는 것이었다. 그 만남의 장을 마련해준 사람이 스위스의 정신과 의사 메다르트 보스(Medard Boss, 1903~90)였다. 보스는 하이데거의 철학에 기반을 둔 '현존재 분석'(Daseinsanalysis)이라는 정신치료 기법을 개발한 사람이었다.

보스가 처음 하이데거 철학을 알게 된 것은 제2차 세계대전 때였다. 스위스군 산악부대의 군의관으로 복무하던 중 보스는 우연히 신문에서 『존재와 시간』을 소개하는 글을 읽고 흥미를 느꼈다. "나는 이 책으로 달려들었으나 내용을 거의 이해할 수 없었다."「졸리콘 세미나」 9쪽 자연과학 훈련을 받은 의사로서는 도무지 알아들을 수 없는 물음이 이어지는 책이었다. 보스는 겨우 절반쯤 읽고 책을 덮었다. "하지만 그것이 나를 불편하게 했다. 나는 다시 그 책을 끄집어내 새롭게 연구하기 시작했다."『졸리콘 세미나』 10쪽 보스의 『존재와 시간』 읽기는 전쟁이 끝날 때까지 계속됐다. 여러 번 읽고 나서야 보스는 그 책이 "이제까지 들어보지 못한 … 근본적으로 새로운 통찰을 표현했다는 것"을 어렴풋이 느끼기 시작했다.『졸리콘 세미나』 10쪽

1947년 보스는 큰 기대를 하지 않은 채 하이데거에게 도움을 청하는 편지를 보냈다. 놀랍게도 답장이 왔다. 편지에서 하이데거는 가능한 한 보스를 돕겠다고 밝혔다. 그리하여 두 사람 사이에 편지 왕래가 시작됐고, 왕래는 하이데거가 죽을 때까지 계속됐다. 1949년 여름 보스는 토트나우베르크의 산장을 방문해 하이데거를 만났다. 첫눈에 생겨난 공감은 깊은 우정으로 자라났다.『졸리콘 세미나』 12쪽

두 사람의 교류는 편지 왕래에 그치지 않고 1959년부터 하이데거가 스위스 정신과 의사들을 만나 직접 세미나를 주재하는 것으로 커졌다. 세미나는 취리히 인근 졸리콘에 있는 보스의 넓은 집에서 열렸다. 하이데거는 한번 방문할 때마다 두 주 가량 머물면서 매번 정신과 의사와 학생 50~70명을 앞에 두고 세미나를 이끌었다. 세미나는 한 학기마다 두세 차례씩 10여 년이나 계속됐고 1969년에야 하이데거의 체력이 허락하지 않아 끝이 났다. 이 세미나 내용은 하이데거가 세상을 떠난 뒤에 『졸리콘 세미나』라는 이름으로 출간됐다.

하이데거와 정신과 의사들의 첫 만남은 "화성인이 처음으로 지구인들을 방문해 그들에게 자신을 이해시키려 하는" 것과 다를 바 없었다.『졸리콘 세미나』 14쪽 하이데거는 '현존재'란 고립된 주체나 인격이 아니고 '세계에 열려 있음'을 뜻한다는 자신의 명제를 몇 번이고 되풀이해서 설명해야 했다. "자신의 본질 근거 안에서 인간이 실존함은 단지 어디엔가 실재하는 대상이 아니고 또 자기 안에 고립된 대상

이 결코 아니다." 『졸리콘 세미나』 35쪽 보스는 이 세미나를 통해서 하이데 거의 생각을 천천히 습득했다. "세미나가 시작된 지 꽉 찬 4년이 지 나서야 나에게 빛이 피어나, 그 전에는 어디에서도 들을 수 없었던 통찰을 세미나에서 하이데거의 입을 통해 직접 들을 수 있었다." 『졸리 콘 세미나』 13쪽

이 세미나에서 하이데거는 『존재와 시간』의 현존재 분석을 활용해 정신적 장애를 설명하는 일을 처음으로 시도했다. 하이데거는 프로 이트의 정신분석을 비판하기도 했다. 정신분석이 환자가 겪는 고통 의 전사(前史)를 이론적으로 구성하여 '현재를 견뎌냄'을 더욱 어렵 게 한다는 이유였다.[7] '졸리콘 세미나'는 하이데거의 사유가 정신치 료 영역에도 빛을 던져줄 수 있음을 보여주는 분명한 사례라고 할 수 있을 것이다.

'슈피겔' 인터뷰

이 만년의 시기에 하이데거에게 일어난 가장 중요한 사건은 독일 시사주간지 『슈피겔』과 한 인터뷰일 것이다. 인터뷰 계기는 『슈피 겔』에 게재된 글 한 편이 제공했다. 1966년 2월 7일 『하이데거 사유 속의 정치철학』이라는 알렉산더 슈반의 책에 대한 서평이 『슈피겔』 에 실렸다. '하이데거, 세계의 밤의 한밤'이라는 제목의 이 서평에는 나치 집권 시기의 하이데거 행적에 관한 몇 가지 잘못된 주장이 들어 있었다. 하이데거가 후설의 대학 출입을 금지했고 야스퍼스의 아내 가 유대인이라는 이유로 그 집을 방문하지 않았다는 것이었다. 이 기 사를 읽고 화가 난 야스퍼스는 아렌트에게 편지를 썼다. "『슈피겔』은 이런 순간이면 좋지 못한 구습으로 돌아가는군."(1966년 3월 9일) 야 스퍼스의 편지를 받은 아렌트는 철학자 테오도어 비젠그룬트 아도

르노를 배후로 지목하는 답장을 보냈다.

"증명할 수는 없지만, 이 기사의 실질적인 조종자는 프랑크푸르트의 비젠그룬트 아도르노 일파라고 거의 확신해요. 비젠그룬트(유대인의 피가 섞인 인간이며 내가 아는 가장 역겨운 인간들 중의 하나)가 겉으로만 깨끗한 척했다는 게 얼마 전에 드러났기에(학생들이 알아냈죠) 이번 일은 그만큼 더 그로테스크하군요. 독일로 돌아간 아도르노와 호르크하이머는 수년 동안 자기들을 비판하는 사람은 누구나 반유대주의자로 몰았거나 그러겠다고 협박했어요. 정말이지 추악한 무리예요."(1966년 4월 18일)[8]

이 서평의 배후에 관한 한 아렌트의 추측은 잘못된 것이었다. 아도르노는 서평과는 아무런 관련이 없었다. 하지만 아렌트가 그런 추측을 한 것이 아주 난데없는 일은 아니었다. 1949년 미국에서 독일로 돌아와 프랑크푸르트사회연구소를 세운 아도르노는 하이데거를 '민주주의 세계 내부의 국가사회주의자'라고 집요하게 비방했다. 그 얼마 전에는 『본래성의 언어』라는 책자를 써서 하이데거가 즐겨 쓰는 '본래성'이라는 말이 '엘리트의 표지'이자 '파시즘적 심성의 표현'이라고 공격했다. 아도르노의 하이데거 비판은 과도한 예단과 의심으로 뭉쳐진 것이었다.

실상을 보면 아도르노의 날카로운 비난의 언어가 입증하려는 것과는 다르게, 두 사람의 생각은 적대적이기는커녕 오히려 가까웠다. 호르크하이머와 함께 쓴 대표작 『계몽의 변증법』에서 아도르노는 하이데거와 근본적으로 동일한 태도로 근대성을 비판했다. 근대적 인간이 자연에 가한 폭력은 인간의 내적 자연(본성)으로 향한다는 것이 아도르노의 생각이었다. "자연을 파괴하여 자연의 강제력을 분쇄하려는 모든 시도는 한층 더 깊이 자연의 강제력 속으로 함몰하고 만다. 이것이 유럽 문명이 달려온 궤도다."[9]

두 사람의 가까움을 아도르노도 인식하고 있었다. 1949년 하이데거의 『숲길』이 출간되고 난 뒤 아도르노는 호르크하이머에게 쓴 편지에서 "길을 잘못 들긴 했지만 우리와 그렇게 멀리 떨어져 있는 것은 아니다"라고 인정했다.[10] 후년의 아도르노가 주장한 '부정의 변증법'과 '비동일성의 사유'라는 것도 동일성의 폭력을 거부하고 인간의 고유함을 지켜내야 한다는 그 내용으로 보면, 개별 존재의 고유함에 주목하는 하이데거의 존재 사유와 그리 다른 것이 아니었다.[11] 아도르노의 하이데거 공격은 자신의 사상이 적대자의 사상과 가까움을 알아보고 그 차이를 벌려보려 애를 쓰다가 빠져든 근친 증오였을지도 모른다.

이런 상황이었기에 아렌트가 아도르노를 배후로 지목한 것도 있을 수 있는 일이었다. 하이데거와 가까운 사람들은 『슈피겔』의 잘못된 서평에 항의하라고 요구했다. 하이데거를 설득하는 데 가장 열성을 보인 사람이 에르하르트 캐스트너였다. 하이데거가 『슈피겔』에 짤막한 독자 편지를 보내겠다고 하자 캐스트너는 더 강력하게 나가야 한다고 주장했다. 그 무렵 『슈피겔』이 하이데거를 인터뷰하는 데 관심이 있다는 사실이 알려졌다. 캐스트너는 하이데거에게 인터뷰에 응해보라고 권했다. 처음에 하이데거는 거절했지만 캐스트너가 끈질기게 설득하자 마침내 인터뷰를 승낙했다. 하이데거는 자신이 죽은 뒤에 인터뷰를 내보낸다는 조건을 달았다.

인터뷰는 1966년 9월 23일 하이데거의 집에서 진행됐다. 『슈피겔』 쪽 참석자는 잡지의 창간인이자 발행인인 루돌프 아우크슈타인(Rudolph Augstein, 1923~2002)과 잡지 편집인 게오르크 볼프(Georg Wolff, 1914~96)였다. 사진기자도 왔다. 역사학자 하인리히 비간트 페체트(Heinrich Wiegand Petzet, 1909~97)도 동석했다. 발행인 아우크슈타인은 저명한 철학자를 인터뷰하는 일이 주는 압박감에 극도

하이데거와 루돌프 아우크슈타인.
1966년 9월, 『슈피겔』 발행인 아우크슈타인은 기술 문명 비판과
존재 사상을 주제로 삼아 하이데거와 깊이 대화했다.

로 긴장한 상태였다. 대중매체에 나서지 않는 하이데거도 긴장하기는 마찬가지였다. 하이데거의 나치 시기 행적이 인터뷰의 주된 주제가 될 것이 뻔해 보였다. 하지만 실제 인터뷰에서는 나치 시기 행적보다는 기술 문명 비판을 중심으로 한 하이데거의 존재 사상에 관한 대화가 더 큰 비중을 차지했다.

하이데거는 악의 섞인 소문들을 해명하고 나서 왜 그런 소문이 계속 나는지에 관해 말했다. "그런 증상의 원인은 더 깊은 데 있습니다. 총장직을 맡은 것은 짐작건대 (논쟁의) 계기일 뿐이지 결정적인 근거는 아닙니다. 따라서 만약 어떤 계기가 제공되기만 한다면 논쟁은 계속해서 불붙어 오를 것입니다."[12] 하이데거의 사상 자체를 위험한 것으로 보는 사람들이 있는 한, 작은 계기만 생겨도 논란의 불길이 다시 커질 것이라는 얘기였다. 그런 짐작이 틀리지 않다는 것을 입증이라도 하듯, 하이데거 사후 10년 뒤 빅토르 파리아스(Victor Farias, 1940~)가 『하이데거와 나치즘』이라는 책을 펴내 하이데거의 행적과 사상을 혹독하게 비난했다. 하이데거의 말대로 논란의 근원은 다른 데 있었던 셈이다.

"철학은 직접적 변화를 일으킬 수 없다"

인터뷰는 하이데거가 게슈텔(Ge-stell, 몰아세움)이라고 부르는 근대 기술의 본질에 대한 문제로 나아갔다. 하이데거는 소련식 공산주의도 미국식 자유주의도 기술의 본질에 규정돼 있다는 점에서는 다르지 않다고 단언했다. 그렇다면 어떤 정치 체제가 이 기술의 본질에 대항할 수 있을까? "이 물음에 대한 대답을 나는 알지 못합니다. 나는 그것이 민주주의라고는 확신하지 않습니다."[13] 하이데거는 민주주의, 더 정확히 말해 자유민주주의에 대한 불신을 숨기지 않았다.

기술 문명의 위기를 극복하려면 자유민주주의를 뛰어넘는 어떤 정치적 질서가 필요하다는 얘기였다. 하이데거는 인간이 자신의 힘으로 기술을 제어할 수는 없으며 우리가 아직 기술의 본질에 상응하는 길을 가고 있지 못하다는 지론을 거듭 강조했다. 『슈피겔』쪽이 "도대체 무엇이 문제란 말입니까?" 하고 이의를 제기하자 하이데거는 이렇게 말했다.

"모든 것이 잘 기능하고 있습니다. 모든 것이 기능하고 있고 이 기능이 더 광범위한 기능으로 점점 더 확장돼 가고 있으며 기술이 인간을 대지로부터 점점 더 떼어내고 뿌리를 뽑아내고 있다는 것, 바로 이것이 섬뜩한 것입니다. 당신이 경악할지는 모르지만, 달에서 지구를 촬영한 것을 볼 때 어쨌든 나는 경악하게 됩니다. 인간을 뿌리 뽑는 데는 핵폭탄도 필요 없습니다. 인간은 이미 뿌리 뽑혔습니다. 우리는 순전히 기술적인 관계만을 맺고 있을 뿐입니다. 오늘날 인간이 살아갈 대지는 더는 없습니다."[14]

『슈피겔』이 이런 상황에서 벗어나려는 노력에 철학이 영향을 줄 수 있는지 물었다. 하이데거의 대답은 분명했다. "철학은 지금의 세계 상황에 어떤 직접적인 변화도 일으킬 수 없습니다. 이것은 철학만이 아니라 모든 인간의 생각과 노력에도 해당합니다."[15] 그리고 바로 이 대목에 이르러 뒤에 널리 알려질 말이 나왔다.

"오직 하나의 신만이 우리를 구원할 수 있습니다. 나는 유일한 구원의 가능성이 사유와 시작(시 짓기) 속에서 우리가 몰락하면서 신의 출현이나 부재를 위한 준비를 갖추는 데 있다고 봅니다. 우리가 몰락한다는 것은 거칠게 말해서 우리가 '처참하게 죽는다는 것'이 아니라 부재하는 신에 직면해서 몰락한다는 말입니다."[16]

『슈피겔』쪽에서 '사유를 통해 신을 불러올 수 있다고 생각하느냐'고 묻자 하이데거는 이렇게 답했다. "우리는 사유를 통해 신을 불러올 수 없습니다. 우리는 기껏해야 신을 기다리는 준비를 할 수 있을 뿐입니다."[17] '우리가 도움이 될 수 없느냐'는 『슈피겔』의 거듭된 물음에 하이데거는 다시 이렇게 답변했다.

"준비를 갖추는 일이 최초의 도움이 될 수는 있을 것입니다. 인간에 의해서 세계가 지금 있는 그대로일 수는 없지만, 인간 없이도 그대로일 수는 없습니다. 그것은 내 견해로는 다음과 같은 사실과 관련이 있습니다. 오래 전부터 전승돼왔고 다의적이고 이제는 진부해져 버린 '존재'라는 단어로 내가 부르는 것은 인간을 필요로 한다는 그 사실입니다. 존재가 자신을 개시하고 보존하고 형성하는 데 인간이 필요하지 않다면 그것은 존재가 아닙니다."[18]

인간은 존재를 좌우할 수 없지만 인간이 없다면 존재는 드러날 수 없다는 것, 존재는 자신을 드러내고 보존하는 데 인간을 필요로 한다는 것, 그 존재가 도래할 수 있도록 인간은 준비를 해야 한다는 것, 그렇게 준비하는 것이 존재의 도래에 최초의 도움이 될 수 있다는 것이었다. 언제나 앞서는 것은 존재 혹은 신이고, 인간은 그 존재의 앞섬을 겸허히 받아들여야 한다. 하이데거는 사유가 존재의 도래에 영향을 줄 수는 있지만 그 영향은 어디까지 '간접적인' 데 그친다는 것, 그 사유가 영향을 주는 데 3백 년이 걸릴 수도 있다는 것을 강조했다. 그러면서 하이데거는 그 사유라는 것에 철학은 포함돼 있지 않으며 오늘날 철학은 과학(학문)들로 해소됐다고 말했다. 그렇다면 철학이 아닌 사유란 무엇인가? 하이데거는 그것을 '다른 사유'(das andere Denken)라고 불렀다. 다른 사유란 '다른 시원' 다시 말해 니힐리즘의 근대 문명을 넘어선 제2의 시원의 도래를 예비하는 사유다.

"시를 번역할 수 없듯 사유도 번역할 수 없다"

그렇다면 기술의 본질을 극복할 수 있는 '다른 사유'는 서구가 아닌 다른 곳에서 나올 수 있을까? 하이데거는 그럴 가능성을 부정했다.

"내가 확신하는 것은 현대 기술 세계가 발생한 동일한 장소에서만 어떤 전환이 준비될 수 있다는 것, 그러므로 그 전환은 선불교나 그 밖의 다른 동양의 세계 경험을 수용하는 것을 통해서는 일어날 수 없다는 것입니다. 사유를 바꾸려면 유럽의 전통과 그것을 새롭게 우리의 것으로 하는 것이 필요합니다. 사유는 동일한 유래와 규정을 지니고 있는 사유를 통해서만 변화합니다."[19]

말하자면 그것이 바로 '헤겔적인 의미의 지양'이라고 하이데거는 덧붙였다. 기술이 태어난 곳에서 기술이 지양된다는 것, 다시 말해 기술이 단순히 제거되는 것이 아니라 간직된 채로 극복된다는 얘기였다. 하이데거의 기술 비판이 기술이 없던 역사의 초기 시대로 되돌아가자는 것이 아님을 분명히 밝힌 셈이다. 이런 하이데거의 생각을 또 다른 형태의 서구 중심주의라고 볼 수도 있지 않을까. 서양의 형이상학이 기술 문명을 탄생시켰으니 그 기술 문명을 극복하는 것도 서양 형이상학 속에서 자라난 사유를 통해서만 가능하다는 발상은 의도했든 의도하지 않았든 서구 중심주의로 귀착할 수밖에 없기 때문이다.

하이데거가 앞선 강연에서 말한 대로 기술 문명이 세계 문명이 되고 만 상황에서, 그 기술 문명을 극복하는 미래의 사유가 서구가 아닌 곳에서 나오지 말라는 법이 없지 않을까. 이 인터뷰에서 하이데거는 지나가듯이 "그리고 어느 날 러시아나 중국에서 인간이 기술적인 세계와 자유로운 관계를 맺을 수 있도록 도와줄 수 있는 '사유'의 태곳적 전통들이 되살아나지 않으리라고 우리 가운데 누가 장담할 수 있겠습니까?" 하고 말하는 것을 보면,[20] 서구에서만 다른 사유가 가능하다는 하이데거의 생각이 흔들릴 수 없는 확신에 뿌리박은 것이 아닐 수도 있다. 어쩌면 동아시아나 인도의 사유에서 미래를 예비하는 사유가 나올 수 있을지도 모른다.

하지만 하이데거의 믿음은 분명히 유럽에, 더 좁히면 독일에 있다. 그래서 '당신은 독일인들이 이런 전환을 일으킬 수 있는 특별한 자격을 지니고 있다고 생각하느냐?'는 『슈피겔』의 물음에 하이데거는 사뭇 긍정적으로 답한다.

"내가 염두에 두고 있는 것은 독일어와 그리스인들의 언어와 사유가 지닌 특별한 내적인 근친성입니다. 이것을 오늘날 프랑스인들이 나에게 거듭 입증해주고 있습니다. 프랑스인들은 사유하기 시작할 때 독일어로 말합니다. 그들은 자신들의 언어로는 사유할 수 없다는 것을 확언하고 있습니다."[21]

헤겔과 후설과 하이데거의 압도적 영향 속에서 20세기 프랑스 사상이 형성됐다는 사실을 생각하면 하이데거의 주장이 터무니없는 것은 아니다. 그러나 사상의 전통에 나름의 자부심이 있는 프랑스인들이라면 이런 단언에 저항감을 느낄 수밖에 없을 것이다. 그런 사례를 자크 데리다(Jacques Derrida, 1930~2004)에게서 찾아볼 수 있다. 데리다는 20세기 후반의 프랑스 철학계에서 하이데거의 영향을 가장 짙게 받은 사람이지만 하이데거의 이 단언에 다음과 같이 반발했다.

"독일어와 그리스어에 고유한 특권은 사유, 존재 물음, 즉 정신에 대해서 절대적이라는 것, 이것이야말로 하이데거가 도처에서 의미하는 것이다. 그러나 『슈피겔』 인터뷰에서 그는 이에 대해서 태연하게 거만하면서도 아마 약간은 순진하게, 동시에 (논증으로) 무장된 것 같으면서도 어떤 논증도 제시하지 않는 방식으로 말하고 있다. 그리고 우리의 언어(프랑스어)로 말하자면, 하이데거는 별로 에스프리(esprit, 정신·기지) 없이 말하고 있다고 할 수 있을 것이다."22)

하이데거의 주장에 대한 데리다식 독설이다. 하지만 인터뷰에서 하이데거는 물러설 뜻을 보이지 않는다. 독일어를 프랑스어로 옮긴다고 해서 그 언어에 담긴 정신까지 옮겨지는 것은 아니라는 것이 하이데거의 반박이다. "시를 번역할 수 없는 것처럼 사유도 번역할 수 없습니다. 물론 사유를 바꿔 쓸 수는 있습니다. 그러나 문자 그대로 번역하는 순간마저도 모든 것이 변해버립니다."23)

하이데거는 그리스어가 라틴어로 번역된 결과를 증거로 댄다.

"많은 사람들이 이런 불쾌함을 진지하게 받아들이면서, 그리스적 사유가 로마-라틴어로 번역됐을 때 그 결과로 어떤 엄청난 변화가 일어났는지를 숙고하게 된다면 좋을 것입니다. 이런 변화는 오늘날에도 여전히 우리가 그리스적 사유의 근본 단어들을 충분하게 숙고하는 것을 방해하고 있는 사건입니다."24)

하이데거는 그리스어 문헌이 라틴어로 옮겨지는 과정에서 얼마나 많은 본질적 의미가 떨어져나갔는지 여러 차례 말한 바 있다. 그 옮김의 과정은 하이데거에게는 추락과 타락의 과정이었다. 산스크리트어로 쓰인 인도의 수많은 불교 문헌이 한문으로 옮겨지는 과정에서도 그런 변질이 일어났을까? 어떤 이는 실제로 그런 일이 벌어졌다고 생각할 것이고 어떤 이는 변질이 아니라 계승과 변모가 일어났다고 생각할 것이다. 어쨌든 하이데거에게 언어에 담긴 본질적인 것은 번역을 통해 이전될 수 있는 것이 아니었다.

위대한 사상가가 없다는 것, 사유의 가장 큰 곤경

인터뷰 막바지에 이르러 『슈피겔』은 다시 한번 이 위기의 시대에 사유가 할 수 있는 일이 무엇인지를 묻는다. 하이데거는 똑같은 태도로 답변한다.

"제가 아는 한, 한 개인이 사유로부터, 더욱이 사유 자체에 기초를 새롭게 부여해야 하는 과제에 직면해서 실천적인 지침을 줄 수 있을 정도로 세계 전체를 꿰뚫어볼 수는 없습니다. 사유가 위대한 전통에 비추어 자신을 진지하게 여기는 한, 사유가 여기서 지침들을 주어야 한다고 주장한다면 그것은 사유에게 무리한 요구를 하는 것입니다. 무슨 권한으로 이런 일을 할 수 있겠습니까? 사유의 영역에서 권위적인 진술은 없습니다. 사유에 대한 유일한 척도는 사유해야 할 사태 자체로부터 나옵니다. 그리고 이 사태가 다른 모든 것에 앞서서 최고로 물을 가치가 있는 것입니다."25)

사유가 실천적인 지침을 제시해줄 수는 없으며 사유의 과제는 바로 '사유의 사태' 곧 존재 자체라는 것을 거듭 강조한 것이다. 인터뷰를 마무리하며 하이데거는 '위대한 사상가가 없다는 것의 곤경'에 대해 말했다.

"이 사유가 처한 긴급한 상황은 거의 상상할 수 없을 정도입니다. 그러나 내가 알 수 있는 한 사유가 처해 있는 가장 큰 곤경은 오늘날 사유를 직접적으로 그리고 뚜렷한 형태로 사유의 사태 앞으로 가져가서 사유를 궤도에 올려놓을 정도로 위대한 사상가가 없다는 데 있습니다. 오늘날의 우리들에게 사유해야 할 것의 크기는 너무 큽니다. 우리는 아마 그런 사태로 이끄는, 멀리까지 이르지 못하는 좁은 오솔길이라도 내기 위해 노력할 수 있을 것입니다."26)

사유의 과제는 막대하지만 하이데거 자신이 기껏 할 수 있는 것은 사유를 향해 가는 좁은 오솔길을 내는 것뿐이라는 발언으로 역사적인 인터뷰는 끝이 났다.

'죽음의 푸가'의 시인 파울 첼란과 만나다

이듬해에 하이데거는 시인 파울 첼란(Paul Celan, 1920~70)과 가까워졌다. 나치 참여 전력이 있는 철학자와 나치 학살에서 살아남은 유대인 시인의 만남이었기에 두 사람의 어울림은 세간의 관심을 끌었다. 본명이 파울 안첼(Paul Antschel)인 첼란은 1920년 옛 오스트리아 제국의 영토였던 루마니아 땅 체르노비츠에서 독일어를 쓰는 유대인 부모에게서 태어났다. 제2차 세계대전 중 나치가 체르노비츠를 점령한 직후에 첼란은 부모와 함께 강제수용소로 끌려갔다. 첼란의 부모는 강제수용소에서 목숨을 잃었고 첼란 자신은 죽음을 피해 가까스로 살아 돌아왔다.

첼란의 '죽음의 수용소' 체험은 이탈리아 작가 프리모 레비(Primo Levi, 1919~87)의 체험과 다르지 않았다. 몸이 죽음의 수용소에서 빠져나온 뒤에도 첼란의 마음은 수용소를 벗어나지 못했다. 첼란은 전쟁이 끝난 뒤 프랑스 시민권을 얻어 1948년 파리에 정착했다. 하지만 레비가 자살로 생을 마쳤듯이 첼란도 쉰 살에 센강에 몸을 던져 삶을 끝냈다. 첼란은 지울 수 없는 수용소 기억을 핵으로 삼아 수많은 서정시들을 썼는데 그 가운데서도 첫 번째 시집에 실린 「죽음의 푸가」는 최고의 시로 꼽힌다.

생존자의 고통에 시달리던 첼란은 하이데거의 '후기 사유'를 통해 어둠에서 벗어날 길을 발견한 뒤 하이데거의 저작을 탐독했다. 『존재와 시간』에 수많은 상세한 주석을 달았고, 하이데거가 휠덜린과 트라클과 릴케에 관해 쓴 글도 꼼꼼히 읽었다. 하이데거도 일찍이 첼란의 존재를 알았고 1950년대부터 첼란의 작품을 찾아 읽었다.[27] 서로 멀리 떨어진 채로 상대의 작품을 읽으며 마음으로 가까워졌던 셈이다. 그러다가 1967년 여름 프라이부르크대학 초청으로 파울 첼란의 시 낭독회가 열렸다.

독문학자 게르하르트 바우만(Gerhart Baumann, 1920~2006)이 낭독회가 열리기 전에 이 사실을 하이데거에게 알렸다. 하이데거는 바우만에게 답장했다. "저는 오래 전부터 파울 첼란을 만나고 싶었습니다. 첼란은 다른 누구보다도 저만치 앞서 있으면서 다른 누구보다도 삼가는 태도를 지니고 있습니다. 나는 첼란에 관해 모든 것을 알고 있습니다. 첼란이 심대한 위기에서 빠져나왔다는 것, 사람의 힘이 닿는 최대한까지 빠져나왔다는 것도 잘 알고 있습니다."[28] 그해 7월 24일 프라이부르크대학 대강당에서 낭독회가 열렸다. 첼란 생애에 가장 많은 1천 명이 넘는 청중이 모였고 하이데거도 맨 앞줄에 가서 앉았다. 낭독회에 오기 전에 하이데거는 인근 서점들을 돌면서 첼란의 시집을 진열대의 가장 좋은 자리에 놓아달라고 부탁하기도 했다.[29]

낭독회가 끝난 뒤 하이데거는 첼란을 토트나우베르크의 산장으로 초대했다. 하지만 첼란은 초대를 받아들일지를 두고 망설였다. 나치체제에 연루된 철학자와 사적으로 만나는 것은 마음의 하중을 이겨내야 하는 일이었다. 첼란은 하이데거에게 매혹됐지만, 매혹됐다는 사실 때문에 자신을 질책했다.[30] 하이데거와 가까워지고 싶다는 마음이 컸지만 이 마음을 다른 마음이 가로막았다. 망설임 끝에 첼란은 하에데거의 초청을 받아들였고 이튿날 토트나우베르크를 찾았다. 하이데거와 첼란은 오전 시간 내내 산장에 머물렀다. 하이데거는 첼란의 불안한 영혼을 알아보았고 배려하는 마음으로 첼란에게 조심스럽게 다가갔다.

첼란은 방명록에 이렇게 썼다. "산장의 책에. 우물의 별에 눈길을 주며. 심장 속에 오고 있는 말을 위한 희망과 함께."[31] 바우만은 몇 시간 뒤 하이데거와 첼란을 음식점에서 만났다. "정말로 놀랍고 기쁘게도 시인과 사상가는 즐거운 분위기 속에 있었다. 두 사람은 지난 몇 시간 동안 있었던 일을 간략히 얘기해주었다. '오두막'으로 산책을 갔다 왔다는 얘기도 분명 있었다. 첼란에게는 모든 어려움이 사라졌다."[32] 다음날 첼란은 프랑크푸르트로 떠났고, 그해 8월 1일 토트나우베르크 산장의 만남을 추억하며 「토트나우베르크」라는 시를 썼다. "…/ 오두막집 안에서,/ 책에/ 누구의 이름이 들어 있나/ 내 이름 앞에?/ 이 책에 써 넣은 희망에 대한 한 줄, 오늘,/ 어느 생각하는 자의/ 심장 속에/ 오고 있는 말,/…"[33] 이 시를 첼란은 1970년에 출간된 『빛의 압박』이라는 시집에 실었다. 하이데거와 첼란은 그 뒤로 몇 차례 더 만났고 편지도 주고받았다. 하이데거는 1970년 여름이 오면 첼란을 도나우강 상류로 데려가 횔덜린의 시에 나오는 풍경을 보여줄 계획을 세웠다.[34] 하지만 계획은 실현되지 않았다. 1970년 봄 첼란은 센강에 몸을 던졌다.

마르크스 '포이어바흐 테제' 비판

1969년 9월 하이데거는 80세 생일을 맞았다. 하이데거의 80세를 기념해 독일 제2공영방송(ZDF)에서 하이데거의 삶과 사상을 소개하는 프로그램을 제작했다. 방송사는 이 프로그램에 하이데거를 직접 출연시키고 싶어 했다. 대중매체와 거리를 두던 하이데거는 『슈피겔』인터뷰 때와 마찬가지로 오랫동안 거절하다가 주위의 집요한 권고를 받아들여 20분짜리 짧은 대담에 응했다. 하이데거와 야스퍼스를 연구한 마인츠대학 교수 리하르트 비서(Richard Wisser,

마당을 거니는 노년의 하이데거.
하이데거는 육필원고와 미발표 원고를 마르바흐의 실러 문헌 보관소에 맡기고,
받은 돈으로 노년을 보낼 작은 집을 지었다.

1927~2019)가 대담자로 정해졌다.

하이데거와 비서의 대담은 1969년 9월 18일 프라이부르크의 뢰테부크베크 47번지 하이데거 집에서 촬영됐다. 하이데거를 직접 만난 적이 없었던 비서는 대담하는 날 처음 하이데거를 보고 받은 느낌을 후에 이렇게 밝혔다. "내가 받은 인상. 위대한 사람이 신체적으로 그렇게도 왜소할 수 있을까 하는 생각이 들었다. 그 모습은 소박하고 겸손하고 평범하여 눈에 띄지 않는, 그냥 손님을 접대하고 손님과 앉아서 묻고 듣는 평범한 인상의 소유자였다."[35] 그런 느낌을 저 옛날 헤라클레이토스의 오두막을 찾아온 사람들이 화덕 앞에 쭈그려 앉은 은자를 보고 느꼈을지도 모른다. 대담을 해가는 중에 비서는 하이데거가 점점 커져가는 느낌을 받았다.

하이데거는 대담 중에 마르크스의 '포이어바흐의 테제'에 나오는 저 유명한 명제를 비판했다.

"많이 인용되고 있는 '포이어바흐의 테제'에 나오는 카를 마르크스의 명제로 되돌아가봅시다. 그것을 정확히 인용하기 위해서 직접 읽어보겠습니다. '철학자들은 세계를 다양하게 해석했지만 중요한 것은 세계를 변혁하는 것이다.' 이 명제를 인용하거나 들으면서 사람들은 세계 변혁은 세계에 대한 생각을 바꾸는 것을 전제로 하고 있다는 것을 간과합니다. 세계에 대한 생각은 사람들이 세계를 충분히 해석하는 것을 통해서만 얻을 수 있습니다. 다시 말해 마르크스는 그 변혁을 요구하기 위해 완전히 규정된 세계 해석에 발을 딛고 있습니다. 이를 통해서 이 명제는 기초가 확실히 놓여 있지 않은 문장임이 입증됩니다."[36]

세계의 변혁을 요구하려면 먼저 세계 해석이 바뀌어야 한다는 지적이었다. 마르크스는 그 명제로 실천의 중요성을 강조하려 했지만, 세계를 어떻게 보느냐 하는 문제가 해결되지 않은 실천은 올바른 실천이 될 수 없다는 것이 하이데거의 생각이었다. 하이데거에게는 실천이 따로 있다기보다는 사유 자체가 가장 중대한 실천이었다. 이 대담이 포함된 프로그램은 하이데거가 1964년 과학과 종교에 관해 한 말도 소개했다. 하이데거는 이렇게 말했다.

"그래서 나는 인간들이, 예를 들어 공산주의자들처럼 종교를 가지고 있다고 말합니다. 그들은 무조건 현대의 과학을 믿습니다. 이런 무조건적인 믿음, 즉 과학이 내놓은 결과의 확실성에 대한 신뢰는 하나의 믿음이며, 어떤 의미에서는 개별적인 인간을 넘어서는 믿음입니다. 그래서 나는 어떤 인간도 종교 없이 존재하지 않는다고 말합니다. 이것은 모든 인간은 어떤 방식으로든 자신을 넘어서 있다는 말입니다. 즉 미쳐 있다는 말입니다."[37]

모든 인간은 자기를 초월한 어떤 것에 대한 믿음을 지니고 있기 때문에 믿음에 관한 한 과학이냐 종교냐 하는 이분법은 통하지 않는다. 중요한 것은 무엇을 어떻게 믿느냐라는 믿음의 내용과 방향이다.

대담이 끝나고 난 뒤 하이데거는 방송이 언제 나오는지 물었다. "내 동생 프리츠는 텔레비전을 가지고 있기 때문에 아마 그것을 보고 싶어 할 겁니다." 하이데거 자신은 볼 생각이 없는지 비서가 물었다. "아니요! 우리는 텔레비전이 없습니다." 하이데거는 무뚝뚝하게 대답했다. 비서가 하이데거에게 한 대 들일 생각이 없는지 묻자 하이데거는 아주 이상하다는 듯이 비서를 쳐다보며 손을 흔들어 거부의 뜻을 밝혔다.[38] 하이데거는 텔레비전을 보지 않았고 자신이 좋아하는 축구 경기가 있을 때에만 이웃 재단사의 집에 가서 얻어 보았다. 비서와 작별할 때 하이데거는 집 문 앞까지 나와 배웅했다. "나는 이 방문이 마지막이 되지 않기를 희망합니다." 비서에게 주는 격려의 말이었다.[39] 하이데거의 대담이 담긴 프로그램은 하이데거 생일을 이틀 앞두고 9월 24일 방영됐다.

한나 아렌트 '80세의 하이데거'

하이데거 80회 생일을 기리는 글 가운데 가장 주목할 만한 글은 한나 아렌트가 쓴 '80세 생일을 맞은 마르틴 하이데거'일 것이다. 그 글에서 아렌트는 하이데거를 플라톤과 비교했다. "하이데거의 사유에서 불어오는 폭풍은, 수천 년이 지난 뒤에도 플라톤의 작품에서 불어오는 폭풍과 마찬가지로 이 세기에서 유래하는 것이 아니다. 폭풍은 태고로부터 불어와 어떤 완성된 것을 뒤에 남기며, 모든 완성된 것이 그러하듯 태고로 돌아간다." 1966년부터 하이데거와 아렌트는 다시 빈번히 편지를 주고받기 시작했다. 그해 10월 하이데거가 아렌트의 60세 생일을 축하하는 편지를 보낸 것이 계기였다. 하이데거는 그 편지에 「가을」이라는 시를 써서 함께 보냈다. 편지를 받은 아렌트는 10월 19일 "당신의 가을 편지는 최고의 기쁨이었다"로 시작하는 답장을 보냈다. 이듬해 아렌트는 하이데거 부부를 방문했다. 1952년 방문 이후 15년 만이었다. 하이데거는 여든에 가까워졌다. 다시 만난 아렌트와 엘프리데는 과거의 불화를 지웠다. 이제야말로 화해다운 화해가 찾아왔다. 아렌트와 엘프리데는 서로 편한 이름을 부르기로 했다.

1969년 하이데거 부부는 계단을 오르내리는 것이 힘들어지자 조그만 단층 건물을 지어 노년을 보낼 계획을 세웠다. 문제는 비용이었다. 돈이 없는 하이데거는 『존재와 시간』의 육필 원고를 팔 생각을 했다. 이 문제를 상의하려고 엘프리데는 1969년 4월 아렌트에게 직접 편지를 썼다. 아렌트는 전문가들에게 문의하여 텍사스대학에서 최고 구입가를 제시했다고 알렸다. 하지만 『존재와 시간』 원고는 미국으로 가지 않고 독일에 남았다. 마르바흐의 실러 문헌 보관소에서 관심을 보였던 것이다. 결국 육필 원고와 미발표 원고를 모두 그곳으로 보냈다.[40) 받은 돈으로 하이데거 부부는 마당 한쪽에 작은 건물을 지었고 아렌트는 축하 인사로 꽃을 보냈다.

그해 하이데거가 여든 살 생일을 맞기 직전에 아렌트는 남편 블뤼허와 함께 다시 프라이부르크를 찾았다. 이제 나이 든 네 사람은 화기애애한 분위기에 젖어들었다. 네 사람은 이듬해에도 다시 만나기로 했다. 그러나 1970년 10월 블뤼허가 세상을 떠났다. 하이데거는 「시간」이라는 시를 써서 보내 아렌트를 위로했다. 혼자가 된 아렌트는 3부작 『정신의 삶』 집필에 몰두했다. 이 저작에서 아렌트는 하이데거의 사상 곁으로 다가갔고, 하이데거에게 편지를 써 자신의 주제인 사유·의지·판단에 관해 질문하고 조언을 구했다.[41) 이 마지막 몇 년 동안 아렌트는 해마다 하이데거를 방문했다. 하이데거 저작이 미국에서 번역·출간되는 데도 힘을 기울였다. 하이데거는 아렌트의 도움에 진심으로 고마움을 느꼈다.

가톨릭의 품으로 돌아가다

마지막 몇 년 동안 하이데거는 전집 발간을 준비하는 데 시간을 보냈다. 하이데거 전집은 모두 102권에 이르렀고 완간되기까지는 수십 년이 걸릴 예정이었다. 하이데거는 이 전집의 이름을 '작품들'(Werke, 저작집)이 아닌 '길들'(Wege)로 붙이기를 원했다. 작품이라는 말에는 완성이라는 의미가 들어 있지만 자신의 전집에 실릴 글들은 완성된 것이 아니라는 뜻이었다. 그러나 하이데거의 뜻은 받아들여지지 않았다.

이 마지막 시기에 하이데거는 고향 메스키르히를 더 자주 찾았다. 봄과 가을이 되면 메스키르히의 동생 집에 한동안 머물렀고 성 마르틴 축일인 11월 11일에는 어린 시절 앉았던 성가대 앞쪽 좌석에 앉아 미사를 보았다. 앞서 1959년에는 메스키르히 명예시민증을 받기도 했다.

1975년 8월 아렌트는 마지막으로 하이데거 부부를 방문했다. 이 방문은 아렌트에게 낙담을 안겼다. 아렌트는 8월 22일 지인에게 보낸 편지에서 이유를 밝혔다. "하이데거는 이제 갑자기 늙어 보이고 만년에 매우 변했고 귀가 먹었답니다. 전에 그를 만나지 못했을 때같이 이제는 접근할 수 없답니다. 나는 이곳에서 몇 주 동안 갑자기 늙어버린 사람들에게 싸여 있습니다."42) 하지만 세상과 먼저 작별한 사람은 아렌트였다. 아렌트는 뉴욕으로 돌아가 10월에 69번째 생일을 보냈다. 12월 4일 목요일 저녁 아렌트는 소파에서 식후 커피를 마시며 휴식을 취하다가 의식을 잃었다. 의사가 달려왔으나 깨어나지 못했다. 아렌트는 심근경색으로 숨을 거두었다.43) 12월 8일 아렌트의 장례식이 열렸다.

프라이부르크의 하이데거도 내맡김의 태도로 침착하게 죽음을 준비했다. 1976년 1월 하이데거는 프라이부르크대학 신학 교수로 있던 베른하르트 벨테(Bernhard Welte, 1906~83)와 만났다. 벨테는 하이데거와 마찬가지로 메스키르히 출신이었고 하이데거의 제자이기도 했다. 하이데거는 벨테에게 가톨릭식으로 장례를 치러달라고 부탁했다. 벨테가 추도사를 맡아주면 좋겠다는 청도 했다. 하이데거는 5월 24일 메스키르히 주민들에게 보내는 짧은 인사말을 썼다. 벨테가 메스키르히 명예시민이 되는 것을 먼저 명예시민이 된 사람으로서 축하하는 글이었다.

"오늘 우리의 공동체 고향 마을 메스키르히의 새로운 명예시민이 되신 베른하르트 벨테 교수에게 노장은 충심으로 감사의 인사를 드립니다. … 또한 우리 두 사람은 이날 우리 고향 마을의 시민의 아들이신 콘라트 그뢰버 대주교님을 새롭게 회상하는 바입니다. 그의 모습은 우리 두 사람에게 … 서로 다른 시기에 서로 다른 방식으로 결정적인 영향을 주었습니다. 오늘의 명예시민 축하연이 즐겁고 활기 넘치기를 바랍니다. 아울러 이 자리에 참석하신 모든 분들의 숙고하는 정신이 하나로 단결하길 바랍니다. 천편일률적으로 기술화한 세계 문명의 시대에 아직도 고향이 존재할 수 있는지 또 어떻게 존재할 수 있는지에 관해 숙고할 필요가 있기 때문입니다." 「마르틴 하이데거의 인사말」, 「사유의 경험으로부터」 313쪽

이 글은 하이데거가 지상에 남긴 마지막 글이었다. 유언과도 같은 글에서 하이데거는 '고향'을 불렀다. 하이데거의 사유가 잃어버린 고향을 찾아가는 기나긴 여정이었음을 알려주는 글이었다. 이 글을 쓰고 이틀 뒤 1976년 5월 26일 아침 하이데거는 잠에서 깨어났다가 다시 잠이 들었다. 그리고 세상을 떠났다.

"우리 시대의 가장 위대한 사상가"

5월 28일 하이데거의 장례식이 메스키르히의 성 마르틴 성당에서 열렸다. 장례는 하이데거의 생전 부탁대로 벨테 신부의 주관 아래 가톨릭 예식으로 치러졌고 하이데거의 시신은 성 마르틴 성당 마당의 부모 무덤 옆에 묻혔다. 독일 일간 신문 「프랑크푸르터 알게마이네 차이퉁」은 하이데거의 죽음을 알리며 이렇게 썼다. "이 사람 안에 세계 철학사의 모든 지혜가 결집돼 있으며 … 그가 남겨놓고 간 어마어마한 작품은 지금까지 그 모든 철학적 문헌이 할 수 있었던 것보다도 더 깊이 그의 독자들을 물음의 심연으로 휘몰아 넣을 것이다."[44] 프랑스를 대표하는 신문 「르몽드」도 하이데거의 죽음을 알렸다. 「르몽드」는 하이데거를 "우리 시대의 가장 위대한 사상가"라고 불렀다. 하이데거 사유의 크기와 깊이를 생각하면 이런 세간의 평가는 과장이

하이데거의 장례식.
1976년 5월 26일 아침 하이데거는
영원히 잠들었다. 장례식은 벨테 신부의
주관 아래 메스키르히의 성 마르틴 성당에서
가톨릭 예식으로 치러졌다.

라고 볼 수 없다.

하이데거가 일으킨 사유의 파문은 사후에도 줄지 않았고, 하이데거 사상의 영향은 철학 분야를 넘어 드넓은 정신세계에 미쳤다. 하이데거가 예견했던 대로 하이데거를 둘러싼 논란은 죽음으로도 끝나지 않고 때만 되면 다시 타올랐다. 위협이 됐든 자극이 됐든 하이데거 사유가 그만큼 거세게 생각의 뿌리를 흔들어놓는다는 뜻이리라. 플라톤이 살아서 돌아온다면 생전의 행적과 주장으로 하이데거만큼, 어쩌면 하이데거보다 더 큰 논란을 불러일으킬 것이다. 알렉산드로스의 스승 노릇을 했던 아리스토텔레스도 다르지 않을 것이다. 아리스토텔레스는 살아 있을 때 벌써 아테네 시민에게 버림받았다. 하이데거를 앞서간 니체는 광기의 어둠 속으로 떨어졌고 공산주의 유령을 불러낸 마르크스는 런던의 망명지에서 죽었다. 니체와 마르크스를 둘러싼 논쟁과 갈등은 이 사상가들의 죽음 이후에 오히려 더 격해졌다.

거대한 사상은 그 크기에 어울리는 커다란 논란을 그림자처럼 거느린다. 강한 사상이 감당해야 할 운명일 것이다. 그러나 플라톤과 아리스토텔레스 철학의 오래된 나무가 2천 년 동안 살아서 여전히 꽃을 피우고 있듯이, 칸트의 이성과 헤겔의 정신이 쉬지 않고 우리 앞에 불려나오듯이, 존재의 심연을 들여다본 하이데거 사상도 정신의 모험가들, 사유의 탐험가들의 앞길에 오래 빛을 비출 것이다.

하이데거 연보

1889   9월 26일, 독일 남서부의 작은 마을 메스키르히에서 성당 관리인
       인 아버지 프리드리히 하이데거(1851~1924)와 어머니 요하나
       하이데거(1858~1927) 사이에 태어남.

1903   장학생으로 콘스탄츠의 김나지움에 다님. 가톨릭 기숙학교 콘라
       디하우스에 거주함.

1906   프라이부르크 주교 직할 학교인 성 게오르크 신학생 기숙학교로
       전학. 성직자가 될 준비를 함. 1909년 가을 뛰어난 성적으로 김나
       지움 졸업함.

1909   9월 30일, 오스트리아 포라를베르크 지방 펠트키르히 인근 타지
       스에 있는 예수회에 수련 수사로 들어감. 심장질환 발병으로 10월
       13일 귀가 조처.
       프라이부르크대학 신학부에 입학함.

1911   두 번째 심장질환 발병. 오랜 방황 끝에 성직자 되기를 포기하고,
       1911년 겨울학기에 철학으로 전공을 바꿈.

1913   아르투어 슈나이더 교수 지도로 철학박사학위를 받음. 논문은 「심
       리주의의 판단에 관한 이론」이다.

1915   프라이부르크대학에서 교수자격 논문 통과. 논문은 「둔스 스코투
       스의 범주론과 의미론」이다. 1915년부터 1918년 초까지 예비전

력 일원으로 프라이부르크 우편물 검열국에서 근무함.

1917 엘프리데 페트리와 결혼함.

1918 이해 봄 전쟁 막바지에 현역으로 재소집돼 11월 제1차 세계대전
      이 끝날 때까지 서부전선에서 기상관측병으로 군 복무.

1919 후설의 연구조교가 됨. 이후 5년 가까이 후설 밑에서 현상학을 연
      구함. 프라이부르크대학 강사. 가톨릭 체제와 관계를 끊음. 아들
      외르크 하이데거 태어남.

1920 아들 헤르만 하이데거 태어남. 야스퍼스와 만나 우정을 쌓기 시작함.

1922 토트나우베르크에 오두막 연구실 지음.

1923 마르부르크대학 원외교수로 초빙되어 겨울학기부터 강의함.

1925 한나 아렌트와 연인 관계를 맺음.

1927 『존재와 시간』 출간, 큰 반향을 일으킴.

1928 후설 후임으로 프라이부르크대학 철학 정교수로 초빙되어 겨울학
      기에 '철학 입문' 강의 시작함.

1929 4월, 스위스 다보스대학 연구 주간에 초청돼 몇 차례 칸트 강연.
      또 에른스트 카시러와 형이상학적 대결을 벌임. 이때 한 강의를 기
      초로 삼아 이해에 『칸트와 형이상학의 문제』 출간.
      7월 24일, 프라이부르크대학 교수 취임 강연으로 '형이상학이란
      무엇인가' 발표함.
      겨울학기에 '형이상학의 근본개념들' 강의함.

1930 베를린대학의 첫 번째 초빙을 거절함.

1931 겨울학기에 '진리의 본질에 관하여' 강의함.

1933 1월, 히틀러 독일 총리 취임. 프라이부르크대학 총장으로 선출됨.
      5월 1일, 총장 취임과 함께 국가사회주의독일노동자당에 가입함.
      5월 27일, 총장 취임 연설(「독일 대학의 자기주장」). 이해 여름 카
      를 야스퍼스와 마지막으로 만남. 10월, 베를린대학의 두 번째 초빙
      을 거절함. 「창조적 풍광―우리는 왜 시골에 머무르는가」 발표함.

1934 2월, 나치당과의 불화로 총장직에서 사임함. 겨울학기 '횔덜린의
      송가 게르마니엔과 라인강' 강의함. 횔덜린 강의는 1940년대 초까

지 여러 차례 계속됨.

1935 여름학기 '형이상학 입문' 강의함.

1936 '예술 작품의 근원', '횔덜린과 시의 본질' 강연. 겨울학기에 '니체' 강의 시작함. 니체 강의는 1940년 여름학기까지 모두 네 차례 계속됨. 니체 강의에서 나치 이념을 비판함.

1936~38 비밀 노트에 존재사적 사유의 단상을 적어나감. 사후에 『철학에의 기여』로 출간됨.

1939 9월 1일, 독일의 폴란드 침공과 함께 제2차 세계대전 시작됨. 하이데거는 전쟁 중에 강의와 세미나에서 나치즘과 히틀러를 에둘러 비판함.

1944 제2차 세계대전에서 독일의 패색이 짙어지자 11월 국민돌격대에 징집돼 참호공사에 투입됨.

1945 5월, 나치 독일 패망. 7월, 프랑스 군정당국이 프라이부르크대학 안에 세운 나치정화위원회에서 조사받음. 사르트르와 만남이 무산됨. 프랑스 철학자 장 보프레와 우정이 시작됨.

1946 대학 강의 금지당함. 금지는 1950년까지 계속됨. 스위스 정신과 의사 메다르트 보스와 우정이 시작됨. 「휴머니즘에 관하여」 발표함. 릴케 사망 20주년을 기념하여 '무엇을 위한 시인인가?' 강연함.

1949 야스퍼스의 하이데거 구명 운동 계기로 야스퍼스와 편지 왕래 재개함.
12월, 브레멘 클럽에서 네 차례 강연함.

1950 2월, 한나 아렌트가 프라이부르크의 하이데거 집을 방문함. 하이데거의 나치당 가입 후 끊겼던 관계가 회복됨.
6월 6일, 바이에른의 예술아카데미에서 '사물' 강연함.

1951 프라이부르크대학 강의 금지 조처가 풀리고 복권되자 대학교수로서 정식으로 은퇴한 뒤, 겨울학기에 프라이부르크대학에서 '사유란 무엇인가'를 강의함.

1952 한나 아렌트가 프라이부르크의 하이데거 집을 두 번째 방문함.

1953 11월 18일, 바이에른의 예술아카데미가 개최한 세미나 모임에서

'기술에 대한 물음' 강연함.

1955   10월 30일, 메스키르히에서 열린 작곡가 콘라딘 크로이처 탄생 175주년 기념식에서 '내맡김' 강연함.

1957   6월 27일, 프라이부르크대학 개교 500주년 기념식에서 '동일률' 강연함. 1957~1958년 프라이부르크대학 일반교양 강좌에서 '언어의 본질' 주제로 세 차례 연이어 강의함.

1958   5월 11일, 빈의 부르크 극장에서 '시 지음과 사유함, 슈테판 게오르게의 시 「말」에 대하여' 강연함.

1959   1월, 바이에른의 예술아카데미에서 '언어에 이르는 길' 강연함.
6월 6일, 횔덜린 협회의 기념 세미나 논문으로 뮌헨의 퀴빌리에 극장에서 '횔덜린의 땅과 하늘' 발표함.
메다르트 보스와 촐리콘 세미나를 시작해 1969년까지 계속함.
9월 27일, 고향 메스키르히의 명예시민으로 추대되어 '나의 고향 메스키르히에 감사하며' 강연함.

1962   1월 31일, 프라이부르크대학 교양 강좌에서 '시간과 존재' 강의함.
4월, 처음으로 그리스 여행을 떠남.
9월, 토트나우베르크에서 '시간과 존재' 강연 원고를 놓고 하이데거 주재로 여섯 차례 세미나 엶.

1964   1964년 4월, 유네스코가 주관한 콜로퀴엄에서 '철학의 종말과 사유의 과제'라는 제목으로 강연함.

1966   독일 잡지 『슈피겔』과 인터뷰함. 그 내용은 사후에 게재됨.

1967   한나 아렌트가 15년 만에 다시 하이데거 집을 방문함(이해부터 거의 매년 방문함). 유대인 시인 파울 첼란과 우정이 시작됨.

1968   8월 30일~9월 8일, 프로방스 토르에서 개최된 세미나 모임에서 '피히테와 셸링의 체계와는 구분되는 헤겔의 사상' 강연함.

1969   하이데거 탄생 80년 기념으로 텔레비전 인터뷰에 응함.

1975   하이데거 전집 제1권이 출간됨.

1976   5월 26일, 세상을 떠남. 28일, 메스키르히에서 가톨릭 방식으로 장례식을 치른 뒤 성 마르틴 성당 묘지에 묻힘.

주 註

제4부 세계의 밤

1) 박찬국, 『하이데거와 나치즘』, 문예출판사, 2001, 57쪽.
2) 뤼디거 자프란스키, 『하이데거: 독일 철학의 거장과 그의 시대』, 박민수 옮김, 북캠퍼스, 2017, 403쪽.
3) 박찬국, 앞의 책, 58쪽.
4) 같은 책, 420~421쪽('부록').
5) 자프란스키, 앞의 책, 385~386쪽.
6) 박찬국, 앞의 책, 60쪽.
7) 같은 곳, 415쪽.
8) 같은 책, 415~416쪽('부록').
9) 같은 책, 416쪽.
10) 같은 책, 63쪽.
11) 같은 책, 64쪽.
12) 자프란스키, 앞의 책, 436쪽.
13) 같은 책, 434쪽.
14) 슬라보예 지젝, 『왜 하이데거를 범죄화해서는 안 되는가』, 김영선 옮김, 글항아리, 2016, 30쪽.
15) 같은 책, 30쪽.
16) 자프란스키, 앞의 책, 422쪽.
17) 같은 책, 423쪽.
18) 같은 책, 423~424쪽.
19) 같은 책, 424쪽.
20) 같은 책, 423쪽.
21) 박찬국, 앞의 책, 178쪽.
22) 같은 책, 61쪽.
23) 같은 곳.

24) 같은 책, 61~62쪽.

25) 자프란스키, 앞의 책, 393~394쪽.

26) 박찬국, 앞의 책, 418쪽('부록').

27) 자프란스키, 앞의 책, 390쪽.

28) 같은 곳.

29) 요아힘 페스트, 『히틀러 평전』, 안인희 옮김, 푸른숲, 1998, 1024쪽.

30) 같은 책, 47쪽.

31) 박찬국, 앞의 책, 101쪽.

32) 같은 책, 103쪽.

33) 같은 책, 266쪽.

34) 같은 곳.

35) 자프란스키, 앞의 책, 391족.

36) 같은 책, 392쪽.

37) 박찬국, 앞의 책, 417쪽('부록').

38) 박정자, 『빈센트의 구두』, 기파랑, 2005, 112쪽, 128쪽.

39) 박찬국, 앞의 책, 68쪽.

40) 같은 곳.

41) 같은 책, 69쪽.

42) 같은 곳.

43) 같은 책, 431쪽('부록').

44) 같은 책, 173쪽.

45) 같은 책, 179쪽.

46) 같은 책, 182쪽.

47) 페스트, 앞의 책, 815쪽.

48) 박찬국, 앞의 책, 163쪽.

49) 같은 책, 182쪽.

50) 같은 책, 191~192쪽; 전진성, 『보수혁명: 독일 지식인들의 허무주의적 이상』,
    책세상, 2001, 37~43쪽.

51) 박찬국, 앞의 책, 191쪽 이하; 피에르 부르디외, 「1장 순수 철학과 시대정신」,
    『나는 철학자다: 부르디외의 하이데거론』, 김문수 옮김, 이매진, 2005.

52) 자프란스키, 앞의 책, 430쪽.

53) 같은 곳.

54) 같은 곳.

55) 같은 곳.

56) 같은 곳.

57) 같은 책, 431쪽.

58) 박찬국, 앞의 책, 279쪽.

59) 같은 책, 276쪽.

60) 같은 곳.

61) 같은 책, 279쪽.

62) 레이 몽크,『비트겐슈타인 평전』, 남기창 옮김, 필로소픽, 2012, 403쪽.

63) 같은 책, 451쪽.

64) 톰 보토모어 외 지음,『마르크스 사상사전』, 임석진 편집 및 책임감수, 청아출 판사, 1988, 395~398쪽.

65) 프랜시스 윈,『마르크스 평전』, 정영목 옮김, 푸른숲, 2001, 84쪽.

66) 같은 책, 83쪽.

67) 박찬국, 앞의 책, 46쪽.

68) 리처드 월린,『하이데거, 제자들 그리고 나치』, 서영화 옮김, 경희대출판문화 원, 2021, 48쪽.

69) 같은 책, 48~49쪽.

70) 같은 책, 48쪽.

71) 박찬국, 앞의 책, 337쪽; 티모시 클라크,『마르틴 하이데거, 너무나 근본적 인』, 김동규 옮김, 앨피, 2008, 220쪽.

72) 박찬국, 앞의 책, 334쪽.

73) 월린, 앞의 책, 49쪽.

74) 지젝, 앞의 책, 27~28쪽.

75) 같은 책, 29~30쪽.

76) 같은 책, 36쪽.

77) 박찬국, 앞의 책, 30쪽.

78) 같은 책, 432쪽('부록').

79) 같은 책, 432~433쪽('부록').

80) 같은 책, 74쪽.

81) 같은 책, 80쪽.

82) 플라톤,「일곱째 편지」,『편지들』, 강철웅·김주일·이정호 옮김, 이제이북스, 2009, 83~127쪽.

83) 발터 비멜,『하이데거』, 신상희 옮김, 한길사, 1997, 11쪽.

84) 자프란스키, 앞의 책, 468쪽.

85) 같은 책, 473쪽.

86) 박찬국, 앞의 책, 21쪽.

87) 자프란스키, 앞의 책, 469쪽.

88) 같은 책, 491~492쪽.

89) 박찬국,『들길의 사상가, 하이데거』, 그린비, 2013, 169쪽.

90) 박찬국,『하이데거와 나치즘』, 문예출판사, 2001, 306쪽.

91) 프리드리히 휠덜린,『그리스의 은자 히페리온』, 김재혁 옮김, 책세상, 2015, 281~283쪽.

92) 장영태,『휠덜린 평전: 생애와 문학』, 유로, 2009, 193~206쪽.

93) 막스 베버,「제1장 직업으로서의 학문」,『'탈주술화' 과정과 근대: 학문, 종교, 정치』(막스 베버 사상 선집 I), 전성우 옮김, 나남, 2002, 46~47쪽.

94) 게오르크 빌헬름 프리드리히 헤겔,『정신현상학 1』, 임석진 옮김, 한길사, 2005, 71~72쪽.

95) 프리드리히 니체,『이 사람을 보라』(니체전집 15), 백승영 옮김, 책세상, 2002, 424~425쪽.

96) 장영태, 앞의 책, 158~160쪽.

97) 귄터 피갈,『하이데거』, 김재철 옮김, 인간사랑, 2008, 185쪽.

98) 마틴 제이,『변증법적 상상력』, 노명우 옮김, 동녘, 2021, 445쪽.

99) 테오도어 W. 아도르노, M. 호르크하이머,『계몽의 변증법』, 김유동 옮김, 문학과지성사, 2001, 81쪽.

100) 같은 책, 85쪽.

101) 같은 책, 37쪽.

102) 비멜, 앞의 책, 182~183쪽.

103) 같은 책, 183쪽.

104) 김종두,『하이데거의 존재와 현존재』, 새물결플러스, 2014, 288쪽.

105) 빌헬름 폰 헤르만,『하이데거의 예술철학』, 이기상 옮김, 문예출판사, 1997, 502쪽.

106) 고트프리트 빌헬름 라이프니츠,「자연과 은총의 이성적 원리」,『형이상학 논고』, 윤선구 옮김, 아카넷, 2010, 237쪽.

107) 헤르만 딜스 외 엮음,『소크라테스 이전 철학자들의 단편 선집』, 김인곤 외 옮김, 아카넷, 2005, 280쪽.

108) 호메로스,「제24권 저승 속편_맹약」,『오뒷세이아』, 천병희 옮김, 숲, 2015, 515쪽.

109) 헤르만 딜스 외 엮음, 앞의 책, 221쪽.

110) 같은 책, 222쪽.

111) 같은 책, 236쪽.

112) 같은 책, 276쪽.

113) 소포클레스,「안티고네」,『소포클레스 비극 전집』, 천병희 옮김, 숲, 2008, 108~110쪽.

114) 프리드리히 니체,『권력에의 의지』, 강수남 옮김, 청하, 1988, 606~607쪽;『유고(1884년 가을~1885년 가을)』(니체전집 18), 김정현 옮김, 책세상,

2005, 435~436쪽.

115) 아르투어 쇼펜하우어, 『의지와 표상으로서의 세계』, 홍성광 옮김, 을유문화사, 2009, 52장.

116) 자프란스키, 앞의 책, 527쪽.

117) 같은 곳.

118) 니체, 『권력에의 의지』, 강수남 옮김, 청하, 1988, 29쪽.

119) 르네 데카르트, 『방법서설, 정신 지도를 위한 규칙들』, 이현복 옮김, 문예출판사, 1997, 220쪽.

120) 윤병렬, 『하이데거와 도가의 철학』, 서광사, 2021, 70~71쪽.

제5부 궁핍한 시대의 사상가

1) 박찬국, 「부록: 『슈피겔』 인터뷰」, 『하이데거와 나치즘』, 문예출판사, 2001, 436쪽.

2) 윤병렬, 『하이데거와 도가의 철학』, 서광사, 2021, 61쪽.

3) 뤼디거 자프란스키, 『하이데거: 독일 철학의 거장과 그의 시대』, 박민수 옮김, 북캠퍼스, 2017, 556쪽.

4) 같은 책, 560쪽.

5) 같은 곳.

6) 카를 야스퍼스, 『죄의 문제』, 이재승 옮김, 앨피, 2014, 114쪽.

7) 자프란스키, 앞의 책, 566쪽.

8) 같은 책, 567쪽.

9) 같은 책, 565쪽.

10) 박찬국, 『니체와 하이데거』, 그린비, 2016, 163쪽.

11) 박찬국, 『들길의 사상가 하이데거』, 그린비, 2013, 173쪽.

12) 자프란스키, 앞의 책, 695쪽.

13) 박찬국, 앞의 책, 2001, 334쪽.

14) 같은 곳.

15) 자프란스키, 앞의 책, 695~696쪽.

16) 박찬국, 앞의 책, 2001, 334쪽.

17) 머레이 북친, 『휴머니즘의 옹호』, 구승회 옮김, 민음사, 2002, 270쪽.

18) 자프란스키, 앞의 책, 616쪽.

19) 같은 책, 618쪽.

20) 같은 책, 620쪽.

21) 같은 곳.

22) 같은 책, 641쪽.

23) 같은 책, 643~644쪽.

24) 같은 책, 579쪽.

25) 같은 책, 580쪽.

26) 같은 책, 570쪽.

27) 이기상 편저,『하이데거 철학에의 안내』, 서광사, 1993, 23쪽.

28) 자프란스키, 앞의 책, 571쪽.

29) 같은 책, 573쪽.

30) 장-폴 사르트르,『존재와 무』, 정소성 옮김, 동서문화사, 2009, 253쪽.

31) W. 블라트너,『하이데거의 '존재와 시간' 입문』, 한상연 옮김, 서광사, 2012, 299쪽.

32) 안니 코엔-솔랄,『사르트르(중)』, 우종길 옮김, 도서출판 창, 1993, 153쪽.

33) 장-폴 사르트르,『실존주의는 휴머니즘이다』, 박정태 옮김, 이학사, 2008, 29쪽.

34) 같은 책, 44쪽.

35) 안니 코엔-솔랄, 앞의 책, 1993, 21~22쪽.

36) 사르트르, 앞의 책, 2008, 86쪽.

37) 블라트너, 앞의 책, 301쪽.

38) 자프란스키, 앞의 책, 580쪽.

39) 같은 곳.

40) 같은 책, 581쪽.

41) 같은 곳.

42) 베르나르 앙리 레비,『사르트르 평전』, 변광배 옮김, 을유문화사, 2009, 247~248쪽.

43) 자프란스키, 앞의 책, 591쪽

44) 같은 책, 592쪽.

45) 같은 곳.

46) 같은 책, 611쪽.

47) 사르트르, 앞의 책, 2008, 66쪽.

48) 같은 책, 34쪽.

49) 박찬국, 앞의 책, 2016, 38~39쪽.

50) 존 카푸토,『포스트모던 해석학』, 이윤일 옮김, 도서출판b, 2020, 82쪽.

51) 같은 책, 82쪽.

52) 한나 아렌트,「실존철학이란 무엇인가?」,『이해의 에세이 1930~1954』, 홍원표 외 옮김, 텍스트, 2012, 302쪽.

53) 같은 책, 318쪽.

54) 같은 곳.

55) 같은 책, 319~320쪽.

56) 엘즈비에타 에팅거, 『한나 아렌트와 마르틴 하이데거』, 황은덕 옮김, 산지니, 2013, 105쪽.

57) 자프란스키, 앞의 책, 618쪽.

58) 에팅거, 앞의 책, 106쪽; 자프란스키, 앞의 책, 526쪽.

59) 자프란스키, 앞의 책, 615쪽.

60) 같은 책, 621쪽.

61) 같은 책, 622쪽.

62) 같은 책, 623쪽.

63) 에팅거, 앞의 책, 115쪽.

64) 자프란스키, 앞의 책, 625쪽.

65) 같은 곳.

66) 같은 곳.

67) 같은 책, 626쪽.

68) 같은 곳.

69) 같은 곳.

70) 한나 아렌트, 『전체주의의 기원 2』, 이진우·박미애 옮김, 한길사, 2006년, 48쪽 이하; 자프란스키, 앞의 책, 628쪽.

71) 에팅거, 앞의 책, 123쪽.

72) 존 매쿼리, 『하이데거와 기독교』, 강학순 옮김, 한들출판사, 2006, 207쪽.

73) 같은 책, 207쪽.

74) 에팅거, 앞의 책, 106쪽.

75) 엘리자베스 영-브루엘, 『한나 아렌트 전기』, 홍원표 옮김, 인간사랑, 501쪽.

76) 에팅거, 앞의 책, 20쪽.

77) 같은 곳.

78) 자프란스키, 앞의 책, 628쪽.

79) 에팅거, 앞의 책, 147~148쪽.

80) 자프란스키, 앞의 책, 636쪽.

81) 같은 책, 637쪽.

82) 같은 책, 637쪽; 영-브루엘, 앞의 책, 507쪽.

83) 카트린 클레망, 『마르틴과 한나』, 정해용 옮김, 문학동네, 2003, 105쪽.

84) 자프란스키, 앞의 책, 640쪽.

85) 영-브루엘, 앞의 책, 502쪽.

86) 같은 곳.

87) 같은 책, 503쪽.

88) 같은 책, 502쪽.

89) 한나 아렌트, 『정신의 삶: 사유와 의지』, 홍원표 옮김, 푸른숲, 2019, 553쪽.

90) 박찬국, 앞의 책, 2016, 449쪽.

91) 자프란스키, 앞의 책, 707쪽.

제6부 숲속의 은자

1) 뤼디거 자프란스키, 『하이데거: 독일 철학의 거장과 그의 시대』, 박민수 옮김, 북캠퍼스, 2017, 358쪽.

2) 박찬국, 「부록: 『슈피겔』 인터뷰」, 『하이데거와 나치즘』, 문예출판사, 2001, 456쪽.

3) 자프란스키, 앞의 책, 648쪽.

4) 카를 야스퍼스, 『역사의 기원과 목표』, 이화여대출판부, 1986, 207쪽; 마르틴 하이데거, 『강연과 논문』, 이기상·신상희·박찬국 옮김, 이학사, 2008, 396쪽 (이기상 해제 '현대 기술의 본질: 도발과 닦달')에서 재인용.

5) 리하르트 비서, 『하이데거 사유의 도상에서』, 강학순 옮김, 철학과현실사, 2000, 288~289쪽.

6) 박찬국, 앞의 책, 2001, 451쪽.

7) 마르틴 하이데거, 『사유의 경험으로부터』, 신상희 옮김, 길, 2012, 334쪽(신상희 '해제: 하이데거의 초연함에 대하여').

8) 게르하르트 베어, 『독일 신비주의 최고의 정신 마이스터 에크하르트』, 이부현 옮김, 안티쿠스, 2009, 16~17쪽.

9) 마이스터 에크하르트, 『마이스터 에크하르트 독일어 논고』, 요제프 퀸트 편역, 이부현 옮김, 누멘, 2009, 72~73쪽; 길희성, 『마이스터 엑카르트의 영성 사상』, 분도출판사, 2003, 185~186쪽.

10) 길희성, 앞의 책, 182쪽.

11) 같은 책, 174쪽.

12) 같은 책, 184쪽.

13) 같은 책, 73쪽.

14) 마르틴 하이데거, 『사유의 경험으로부터』, 신상희 옮김, 길, 2012, 337쪽(신상희 '해제: 하이데거의 초연함에 대하여').

15) 신상희, 『하이데거와 신』, 철학과현실사, 2007, 86쪽.

16) 존 카푸토, 『마르틴 하이데거와 토마스 아퀴나스』, 정은해 옮김, 시간과공간사, 1993, 202쪽.

17) 신상희, 『시간과 존재의 빛』, 한길사, 2000, 229쪽.

18) 아우구스티누스, 「제11권 제20장」, 『고백록』, 김희보·강경애 옮김, 동서문화사, 2008, 323쪽.

19) 신상희, 앞의 책, 2000, 253쪽.

20) 같은 책, 291쪽.

21) 같은 책, 301쪽,

22) 박찬국, 앞의 책, 2001, 450쪽.

23) 신상희, 앞의 책, 2007, 176쪽.

24) 루돌프 오토, 「제3장~제9장」, 『성스러움의 의미』, 길희성 옮김, 분도출판사, 1987.

25) 카푸토, 앞의 책, 306쪽.

26) 존 매쿼리, 『하이데거와 기독교』, 강학순 옮김, 한들출판사, 2006, 213쪽.

27) 카푸토, 앞의 책, 307쪽; 제임스 와이스헤이플, 『토마스 아퀴나스 수사: 생애, 작품, 사상』, 이재룡 옮김, 성바오로출판사, 2012, 489쪽.

28) 와이스헤이플, 같은 곳.

29) 카푸토, 앞의 책, 339쪽

30) 같은 곳.

31) 같은 책, 336쪽.

32) 같은 곳.

33) 길희성, 앞의 책, 172쪽.

34) 같은 책, 174쪽.

35) 카푸토, 앞의 책, 337쪽.

36) 신상희, 앞의 책, 2007, 83쪽.

37) 같은 책, 85쪽.

38) 같은 곳.

39) 매쿼리, 앞의 책, 22쪽.

40) 김종두, 『하이데거의 존재와 현존재』, 새물결플러스, 2014, 37쪽.

41) 존 카푸토, 『포스트모던 해석학』, 이윤일 옮김, 도서출판b, 2020, 284쪽.

42) 같은 책, 291쪽.

43) 폴 틸리히, 『존재의 용기』, 차성구 옮김, 예영커뮤니케이션, 2006, 218쪽.

44) 같은 책, 222쪽.

45) 마커스 보그, 『새로 만난 하느님』, 한일철 옮김, 한국기독교연구소, 2001, 66쪽.

46) 틸리히, 앞의 책, 195~196쪽.

47) S. 라다크리슈난, 「제8장 샹카라의 아드와이타 베단타」, 『인도철학사 IV』, 이거룡 옮김, 한길사, 1999, 138~432쪽; 길희성, 「제17장 불이론적 베단타 철학」, 『인도철학사』, 민음사, 2000.

48) 길희성, 앞의 책, 2003, 167쪽.

49) 자프란스키, 앞의 책, 715쪽.

에필로그: 무와 죽음

1) 뤼디거 자프란스키, 『하이데거: 독일 철학의 거장과 그의 시대』, 박민수 옮김, 북캠퍼스, 2017, 664쪽.

2) 피터 게이, 『프로이트 I : 정신의 지도를 그리다 1856~1915』, 정영목 옮김, 교양인, 2011. 266쪽.

3) 같은 책, 267쪽.

4) 자프란스키, 앞의 책, 664쪽.

5) 같은 책, 665쪽.

6) 같은 책, 667쪽.

7) 같은 책, 670쪽.

8) 같은 책, 691쪽.

9) 테오도어 W. 아도르노, M. 호르크하이머, 『계몽의 변증법』, 김유동 옮김, 문학과지성사, 2001, 37쪽.

10) 자프란스키, 앞의 책, 684쪽.

11) 같은 책, 685쪽.

12) 박찬국, 「부록:『슈피겔』인터뷰」, 『하이데거와 나치즘』, 문예출판사, 2001, 427쪽.

13) 같은 책, 438쪽.

14) 같은 책, 440쪽.

15) 같은 책, 442쪽.

16) 같은 곳.

17) 같은 곳.

18) 같은 책, 443쪽.

19) 같은 책, 451쪽.

20) 같은 책, 449쪽.

21) 같은 책, 452쪽.

22) 자크 데리다, 『정신에 대하여』, 박찬국 옮김, 동문선, 2005, 115쪽.

23) 박찬국, 앞의 책, 452쪽.

24) 같은 책, 453쪽.

25) 같은 책, 455쪽.

26) 같은 곳.

27) 자프란스키, 앞의 책, 698쪽.

28) 같은 곳.

29) 같은 곳.

30) 같은 곳.

31) 파울 첼란, 『파울 첼란 전집 2』, 허수경 옮김, 문학동네, 2020, 303쪽.

32) 자프란스키, 앞의 책, 700쪽.

33) 첼란, 앞의 책, 303~304쪽.

34) 자프란스키, 앞의 책, 701쪽.

35) 리하르트 비서, 『하이데거: 사유의 도상에서』, 강학순·김재철 옮김, 철학과현실사, 2000, 315쪽.

36) 같은 책, 281쪽.

37) 같은 책, 282쪽.

38) 같은 책, 361쪽.

39) 같은 책, 364쪽.

40) 자프란스키, 앞의 책, 707쪽.

41) 엘즈비에타 에팅거, 『한나 아렌트와 마르틴 하이데거』, 황은덕 옮김, 산지니, 2013, 195쪽.

42) 엘리자베스 영-브루엘, 『한나 아렌트 전기』, 홍원표 옮김, 인간사랑, 2007, 747~748쪽.

43) 같은 책, 752쪽.

44) 이기상 편저, 『하이데거 철학에의 안내』, 서광사, 1993, 21쪽.

참고문헌

■ 하이데거 저작

1. 한국어판

『강연과 논문』, 이기상·신상희·박찬국 옮김, 2008.

『근거율: 강의와 강연』, 김재철 옮김, 파라아카데미, 2020.

『근본개념들』, 박찬국·설민 옮김, 길, 2012.

『논리학: 진리란 무엇인가?』, 이기상 옮김, 까치, 2000.

『논리학의 형이상학적 시원근거들』, 김재철·김진태 옮김, 길, 2017.

『니체 Ⅰ』, 박찬국 옮김, 길, 2010.

『니체 Ⅱ』, 박찬국 옮김, 길, 2012.

『니체와 니힐리즘』, 박찬국 옮김, 지성의샘, 1996.

『동일성과 차이』, 신상희 옮김, 민음사, 2000.

『빌헬름 딜타이의 탐구작업과 역사적 세계관: 마르틴 하이데거의 카셀 강
        연』, 김재철 옮김, 누멘, 2010.

『사유란 무엇인가』, 권순홍 옮김, 길, 2005.

『사유의 경험으로부터』, 신상희 옮김, 2012.

『사유의 사태로』, 문동규·신상희 옮김, 길, 2008.

『셸링』, 최상욱 옮김, 동문선, 1997.

『숲길』, 신상희 옮김, 나남, 2008.

『시간개념』, 김재철 옮김, 길, 2013.

『아리스토텔레스에 대한 현상학적 해석』, 김재철 옮김, 누멘, 2010.

『언어로의 도상에서』, 신상희 옮김, 나남, 2012.

『언어의 본질에 대한 물음으로서의 논리학』, 김재철·송현아 옮김, 파라아카
　　데미, 2021.

『이정표 1』, 신상희 옮김, 한길사, 2005.

『이정표 2』, 이선일 옮김, 한길사, 2005.

『존재론: 현사실성의 해석학』, 이기상·김재철 옮김, 서광사, 2002.

『존재와 시간』, 소광희 옮김, 경문사, 1995.

『존재와 시간』, 이기상 옮김, 까치, 1998.

『종교적 삶의 현상학』, 김재철 옮김, 누멘, 2011.

『진리의 본질에 관하여』, 이기상 옮김, 까치, 2004.

『철학 입문』, 이기상·김재철 옮김, 까치, 2006.

『철학에의 기여』, 이선일 옮김, 새물결, 2015.

『철학의 근본 물음: '논리학'의 주요 '문제'』, 한충수 옮김, 이학사, 2018.

『칸트와 형이상학의 문제』, 이선일 옮김, 한길사, 2001.

『현상학의 근본 문제들』, 이기상 옮김, 문예출판사, 1994.

『형이상학 입문』, 박휘근 옮김, 문예출판사, 1994.

『형이상학의 근본 개념들: 세계-유한성-고독』, 이기상·강태성 옮김, 까치,
　　2001.

『형이상학이란 무엇인가?』, 이기상 옮김, 서광사, 1995.

『회상』, 신상희·이강희 옮김, 나남, 2011.

『횔덜린 송가 '이스터'』, 최상욱 옮김, 동문선, 2005.

『횔덜린 시의 해명』, 신상희 옮김, 아카넷, 2009.

『횔덜린의 송가 '게르마니엔'과 '라인강'』, 최상욱 옮김, 서광사, 2009.

2. 독일어판

1) 하이데거 전집

Martin Heidegger Gesamtausgabe (Vittorio Klostermann GmbH,
　　Frankfurt am Main).

『Band 1: Frühe Schriften』, herausgegeben von Friedrich Wilhelm von Herrmann.

『Band 4: Erläuterungen zu Hölderlins Dichtung』, herausgegeben von Friedrich Wilhelm von Herrmann.

『Band 9: Wegmarken』, herausgegeben von Friedrich Wilhelm von Herrmann.

『Band 11: Identät und Differenz』, herausgegeben von Friedrich Wilhelm von Herrmann.

『Band 13: Aus der Erfahrung des Denkens』, herausgegeben von Herrmann Heudegger.

『Band 14: Zur Sache des Denkens』, herausgegeben von Friedrich Wilhelm von Herrmann.

『Band 20: Prolegomena zur Geschichte des Zeitbegriffs(Marburger Vorlessung Sommersemester 1925)』, Herausgegeben von Ptra Jaeger.

『Band 21: Logik: Die Frage nach der Wahrheit(Marburger Vorlessung Wintersemester 1925/26)』, herausgegeben von Walter Biemel.

『Band 22: Die Grundbegriffe der antiken Philosophie(Marburger Vorlessung Wintersemester 1926)』, herausgegeben von Franz-Karl Blust.

『Band 24: Die Grundprobleme der Phänomenologie(Marburger Vorlessung Sommersemester 1927)』, herausgegeben von Friedrich-Wilhelm von Herrmann.

『Band 25: Phänomelogische Interpretation von Kant Kritik der reinen Vernunft(Marburger Vorlessung Wintersemester 1927/28)』, herausgegeben von Ingtraud Görland.

『Band 26: Metaphysische Anfangsgründe der Logik im Ausgand von Leibniz(Marburger Vorlessung Sommersemester 1928)』, herausgegeben von Klaus Held.

『Band 27: Einleitung in die Philosophie(Freiburger Vorlesung Wintersemester 1928/29)』, herausgegeben von Otto Saame und Ina Saame-Spiedel.

『Band 34: Vom Wesen der Wahrheit: Zu Platons Höhlengleichnis und Theätet(Marburger Vorlessung Wintersemester 1931/32)』, herausgegeben von Hermann Mörchen.

『Band 35: Der Anfang der abendlandischen Philosophie, Auslegung des Anaximander und Parmenides(Freiburger Vorlesung Sommersemester 1932)』, herausgegeben von Peter Trawny.

『Band 39: Hölderlins Hymmen 'Germanien' und 'Der Rhein'(Freiburger Vorlesung Wintersemester 1934/35)』, herausgegeben von Susanne Ziegler.

『Band 45: Grundfragen derPhilosophie: Ausgewälte 'Probleme' der 'Logik'(Freiburger Vorlesung Wintersemester 1937/38)』, herausgegeben von Friedrich Wilhelm von Herrmann.

『Band 51: Grundbegriffe(Friebruger Vorlesung Sommersemester 1941)』, herausgegeben von Petra Jaeger.

『Band 52: Hölderlins Hymmne 'Andenken'(Friebruger Vorlesung Wintersemester 1941/42)』, herausgegeben von Curd Ochwadt.

『Band 53: Hölderlins Hymne 'Der Ister'(Freiburger Vorlesung Sommersemester 1942)』, herausgegeben von Walter Biemel.

『Band 56/57: Zur Bestimmung der Philosophie(Frühe Freiburger Vorlesungen Kriegsnotsemester 1919 und Sommersemester 1919)』, herusgegeben von Bernd Heimbüchel.

『Band 58: Grundprobleme der Phänomenologie(Frühe Freiburger Vorlesungen Wntersemester 1919/20)』, herusgegeben von Hans-Helmuth Gander.

『Band 59: Phänomelologie der Anschauung und des Ausdrucks(Frühe

Freiburger Vorlesungen Sommersemester 1920)』, herusgegeben von Claudius Strube.

『Band 60: Phänomenologie des religiösen Lebens』, herausgegeben von Claudius Strube.

『Band 61: Phanomenolische Interpretationen zu Aristoteles, Einführung in die Phänomenologische Forschung(Frühe Freiburger Vorlesung Wintersemester 1921/22)』, herausgegeben von Walter Bröcker und Käte Bröcker-Oltmanns.

『Band 62: Phänomenologische Interpretationen ausgewählter Abhandlungen des Aristoteles zur Ontologie und Logik(Frühe Freiburger Vorlesung Sommersemester 1922)』, herausgegeben von Günter Neumann.

『Band 63: Ontologie(Hermeneutik der Faktizität) (Frühe Freiburger Vorlesung Sommersemester 1923)』, herausgegeben von Käte Bröcker-Oltmanns.

『Band 64: Der Begriff der Zeit』, herausgegeben von Friedrich Wilhelm von Herrmann.

『Band 65: Beiträge zur Philosphie(Vom Ereignis)』, herausgegeben von Friedrich Wilhelm von Herrmann.

2) 독일어판 단행본

『Der Satz vom Grund』, Günter Neske Pfullingen, 1986.

『Die Grundbregriffe der Metaphysik: Welt-Endlichkeit-Einsamkeit』, Vittorio Klostermann GmbH, 2010.

『Einführung in die Metaphysik』, Max Niemeyer Verlag GmbH, 1998.

『Gelassenheit』, Klett-Cotta, 2008.

『Holzwege』, Vittorio Klostermann GmbH, 2015.

『Kant und das Problem der Metaphysik』, Vittorio Klostermann GmbH, 2010.

『Nietzsche Ⅰ』, Klett-Cotta, 2020.

『Nietzsche Ⅱ』, Klett-Cotta, 2020.

『Schellings Abhandlung Über das Wesen der Menschlichen Freiheit(1809)』, Max Niemeyer Verlag GmbH, 1995.

『Sein und Zeit』, Max Niemeyer Verlag GmbH, 2006.

『Unterwegs zur Sprache』, Günter Neske Pfullingen, 1959.

『Vorträge und Aufsätze』, Günter Neske Pfullingen, 1985.

3) 독일어판 기타

『Hanna Arendt Martin Heidegger Briefe 1925~1975』, Vittorio Klostermann GmbH, 1998.

『Martin Heideggger Karl Jaspers Briefwechsel 1920~1963』, Vittorio Klostermann GmbH, R. Piper GmbH, 1990.

3. 영어판

『Basic Concepts』, trans. Gary E. Aylesworth, Indiana University Press, 1998.

『Basic Questions of Philosophy: Selected 'Problems' of 'Logic'』, trans. Richard Rojcewicz and Andre Schuwer, Indiana University Press, 1994.

『Basic Writings』, Ed. David Farrell Krell, Routledge, 2011.

『Being and Time』, trans. Joan Stambaugh, State University of New York, 2010.

『Being and Time』, trans. John Macquarrie and Adward Robinson, Harper Perennial Moder Thought, 2008.

『Being and Truth』, trans. Gregory Fried and Richard Polt, Indiana University Press, 2010.

『Bremen and Freiburg Lectures: Insight into That Which Is and Basic

Principles of Thinking』, trans. Andrew J. Mitchell, Indiana University Press, 2012.

『Contributions to Philosophy(of the Event)』, trans. Richard Rojcewicz and Daniella Vallege-neu, Indiana Unversity Press, 2012.

『Contributions to Philosphy(From Enowning)』, trans. Parvis Emad and Kenneth Maly, Indiana University Press, 1999.

『Elucidations of Hölderlin's Poetry』, trans. Keith Hoeller, Humanity Books, 2000.

『Hegel』, trans. Joseph Arel and Niels Feuerhahn, Indiana University Press, 2015.

『History of the Concept of Time: Prolegomena』. trans. Theodore Kisiel, Indiana University Press, 1992.

『Hölderlin's Hymns 'Germania' 'the Rhine'』, trans. McNeill and Julia Ireland, Indiana Univerity Press, 2014.

『Identity and Difference』, trans. Joan Stambaugh, University of Chicago Press, 2002.

『Introduction to Philosophy-Thinkig and Poetizing』, trans. Phillip Jacques Braustein, Indiana University Press, 2017.

『Introduction to Metaphysics』, trans. Gregory Fried and Richard Polt, Yale University Press, 2014.

『Kant and the Problem of Metaphysics』, trans. Richard Taft, Indiana University Press, 1997.

『Logic as the Question Concerning the Essence of Language』, trans. Wanda Torres Gregory and Yvonne Unna, State University of New York Press, 2009.

『Logic: The Question of Truth』, trans. Thomas Sheehan, Indiana University Press, 2010.

『Nature History State 1933~1934 Martin Heidegger』. trans. Gregory Fried and Richard Polt, Bloomsbury, 2015.

『Nietzsche: Volume Ⅰ: The Will to Power as Art, Vollume Ⅱ: The Eternal Recurrence of the Same』, trans. David Farrell Krell, HarperOne, 1991.

『Nietzsche: Volume Ⅱ: The Will to Power as Knowledge and as Metaphysics, Volume Ⅳ: Nihilism』, trans. Joan Stambaugh, David Farrel Krell, Frank A. Capuzzi, HarperOne, 1991.

『Off the Beaten Track』, trans. Julian Young and Kennth Haynes, Cambridge University Press, 2002.

『On the Way to Language』, trans. Peter D. Hertz. HarperOne, 1982.

『Ontology: The Hermeneutics of Facticity』, trans. John van Buren, Indiana University Press, 1999.

『Pathmarks』, ed. William Mcneill, Cambridge University Press, 2009.

『Phenomenological Interpretation of Kant's Critique of Pure Reason』, trans. Parvis Emad and Kenneth Maly, Indiana University Press, 1997.

『Phenomenological Interpretations of Aristotle』, trans. Richard Rojcewicz, Indiana University Press, 2009.

『Poetry, Language, Thought』, trans. Albert Hofstadter, Harper Colophon, 1975.

『Schelling's Treatise on the Essence of Human Freedom』, trans. Joan Stambaugh, Ohaio University Press, 1985.

『The Beginnings of Western Philosophy: Interpretatio of Anaximander and Parmenides』, trans. Andre Schwer and Richard Rojcewicz, Indiana University Press, 1998.

『The Concept of Time』, trans. William McNeill, Blackwell Publishing, 2005.

『The Essence of Human Freedom: an Introduction to Philosophy』, trans. Ted Sadler, continuum. 2005.

『the essence of truth: On Plato's Cave Allegory and Theaetetus』. trans.

Ted Sadler, Bloomsbury Academic, 2013.

『The Event』, trans. Richard Rojcewicz, Indiana University Press, 2013.

『The Fundamental Conceps of Metaphysics: World, Finitude, Solitude』, trans. William McNeill and Nicholas Walker, Indiana University Press, 1995.

『The Metaphysical Foundations of Logic』, trans. Machael Heim, Indiana University Press, 1992.

『The Phenomelology of Religious Life』, trans. Matthias Fritsch and Jennifer Anna Gosetti-Ferencei, Indiana University Press, 2010.

『The principle of Reason』, trans. Reginald Lilly, Indiana Unversity Press, 1996.

『The Question Concerning Technology and Other Esseys』, Harper Perennial Modern Thought, 2013,

『Towards The Definition of Philosophy: 1. The Idea of Philosophy and the Problem of Worldview, 2. Phenomenology and Transcendental Philosophy of Value』, trans. Ted Sadler, continuum, 2008.

『What is called Thinking?』, trans J. Glenn Gray, Harper Perennial, 2004.

『Letters 1925-1975, Hannah Arendt and Martin Heidegger』, trans. Andrew Shields, ed. Ursula Ludz, Harcourt, Inc. 2004.

『The Heidegger —Jaspers Correspondence(1920~1963)』, trans. Gary E. Aylesworth, Humanity Books, , 2003.

『Zollikon Seminars: Protocols-conversations-letters』, Ed. Medard Boss, Trans. Tranz Mayr and Richard Askay, Northwestern University Press, 2001.

▣ 2차 참고문헌

1. 국내 저서

강학순, 『하이데거의 숙고적 사유: 계산적 사고를 넘어서』, 아카넷, 2021.

고명섭, 『니체극장: 영원회귀와 권력의지의 드라마』, 김영사, 2012.

구연상, 『하이데거의 존재 물음에 대한 강의』, 채륜, 2011.

권순홍, 『유식불교의 거울로 본 하이데거』, 길, 2008.

권순홍, 『존재와 탈근거: 하이데거의 빛의 형이상학』, UUP. 2000.

길희성, 『마이스터 엑카르트의 영성 사상』, 분도출판사, 2003.

———, 『인도철학사』, 민음사, 2000.

김동규, 『하이데거의 사이-예술론: 예술과 철학 사이』, 그린비, 2009.

김동훈, 『행복한 시지푸스의 사색: 하이데거 존재론과 예술철학』. 마티, 2012.

김상봉, 『자기의식과 존재사유: 칸트철학과 근대적 주체성의 존재론』, 한길사, 1998.

김종두, 『하이데거의 존재와 현존재: 후기 하이데거의 자기해석에 기초한 '존재와 시간'의 재조명』, 새물결플러스, 2014.

김종욱, 『하이데거와 형이상학 그리고 불교』, 철학과현실사, 2003.

———, 『원효와 하이데거의 대화: 근본의 사유』, 동국대학교출판부, 2013.

김주연, 『노발리스』, 문학과지성사, 2019.

김 진, 『하이데거와 불교』, UUP, 2004.

———, 『하이데거의 정치신학』, UUP. 2020.

김진홍, 『마르틴 루터의 95개 논제와 하이델베르크 명제』, 성약출판사, 2017.

김형효, 『하이데거와 마음의 철학: '존재와 시간'을 소화하기 위한 해석』, 청계, 2001.

———, 『하이데거와 화엄의 사유: 후기 하이데거의 자득적 이해』, 청계, 2002.

박정자,『빈센트의 구두』, 기파랑, 2005.

박찬국,『내재적 목적론』, 세창출판사, 2012.

──,『니체와 하이데거』, 그린비, 2016.

──,『삶은 왜 짐이 되었는가』, 21세기북스, 2017.

──,『원효와 하이데거의 비교 연구: 인간관을 중심으로』, 서강대출판부, 2010.

──,『하이데거와 나치즘』, 문예출판사, 2001.

──,『하이데거 읽기』, 세창미디어, 2014.

──,『하이데거의 '신은 죽었다는 니체의 말' 읽기』, 세창미디어, 2016.

──,『하이데거의 '존재와 시간' 강독』, 그린비, 2014.

──,『들길의 사상가 하이데거』, 동녘, 2004.

백낙청,『서양의 개벽사상가 D. H. 로런스』, 창비, 2020.

소광희,『하이데거 '존재와 시간' 강의』, 문예출판사, 2003.

──,『시간의 철학적 성찰』, 문예출판사, 2016.

── 외,『하이데거와 철학자들』, 철학과현실사, 1999.

신상희,『시간과 존재의 빛』, 한길사, 2000.

──,『하이데거와 신』, 철학과현실사, 2007.

윤병렬,『하이데거와 도가의 철학』, 서광사, 2021.

이관표,『하이데거와 부정성의 신학: 하이데거의 죽음 이해와 무 물음 그리고 그 신학적 의미』, 동연, 2021.

이기상,『쉽게 풀어 쓴 하이데거의 생애와 사상 그리고 그 영향』, 누멘, 2011.

──,『존재와 시간: 인간은 죽음을 향한 존재』, 살림, 2008.

──,『존재의 바람, 사람의 길』, 철학과현실사, 1999.

──,『하이데거의 실존과 언어』, 문예출판사, 1991.

──,『하이데거의 존재사건학』, 서광사, 2003.

──,『하이데거의 존재와 현상』, 문예출판사, 1992.

── 편저,『하이데거 철학에의 안내』, 서광사, 1993,

이기상·구연상,『'존재와 시간' 용어 해설』, 까치, 1998.

이남인, 『현상학과 해석학: 후썰의 초월론적 현상학과 하이데거의 해석학적 현상학』, 서울대출판부, 2004.

이수정, 『하이데거: 그의 물음들을 묻는다』, 생각의나무, 2010.

───, 『하이데거: '존재'와 '시간'』, 철학과현실사, 2020.

이수정·박찬국, 『하이데거: 그의 생애와 사상』, 서울대출판부, 1999.

이승종, 『크로스오버 하이데거』, 생각의나무, 2010.

장영태, 『횔덜린 평전: 생애와 문학』, 유로, 2009.

전동진, 『창조적 존재와 초연한 인간』, 서광사, 2002.

전진성, 『보수혁명: 독일 지식인들의 허무주의적 이상』, 책세상, 2001

한국하이데거학회 편, 『하이데거의 철학세계』, 철학과현실사, 1997.

───, 『하이데거와 자연, 환경, 생명』, 철학과현실사, 2000.

───, 『하이데거와 근대성』, 철학과현실사, 1999.

───, 『하이데거의 언어사상』, 철학과현실사, 1998.

───, 『하이데거의 존재사유』, 철학과현실사, 1995.

한전숙, 『현상학의 이해』, 민음사, 1984.

한전숙·차인석, 『현대의 철학 1: 실존주의·현상학·비판이론』, 서울대출판부, 1980.

2. 번역서

게이, 피터, 『프로이트 I: 정신의 지도를 그리다 1856~1915』, 정영목 옮김, 교양인, 2011.

니체, 프리드리히, 『권력에의 의지』, 강수남 옮김, 청하, 1988.

───, 『니체 전집 15』, 백승영 옮김, 책세상, 2002.

───, 『니체 전집 18 유고(1884년 가을~1885년 가을)』, 김정현 옮김, 책세상, 2005.

───, 『비극의 탄생·반시대적 고찰』, 이진우 옮김, 책세상, 2005.

───, 『즐거운 학문』, 안성찬·홍사현 옮김, 책세상, 2005.

───, 『차라투스트라는 이렇게 말했다』, 정동호 옮김, 책세상, 2005.

달마이어, 프레드, 『다른 하이데거』, 신충식 옮김, 문학과지성사, 2011.

데리다, 자크, 『정신에 대해서: 하이데거와 물음』, 박찬국 옮김, 동문선, 2005.

데카르트, 르네, 『방법서설: 정신 지도를 위한 규칙들』, 이현복 옮김, 문예출판사, 1997.

딜스, 헤르만 외 엮음, 『소크라테스 이전 철학자들의 단편 선집』, 김인곤 외 옮김, 아카넷, 2005.

딜타이, 빌헬름, 『정신과학에서 역사적 세계의 건립』, 김창래 옮김, 아카넷, 2009.

라다크리슈난, 사르베팔리, 『인도철학사 Ⅳ』, 이거룡 옮김, 한길사, 1999.

라우리, 월터 『키르케고르 평전』, 임춘갑 옮김, 다산글방, 2007.

라이프니츠, 고트프리트 빌헬름, 『형이상학 논고』, 윤선구 옮김, 아카넷, 2010.

레비, 베르나르 앙리, 『사르트르 평전』, 변광배 옮김, 을유문화사, 2009.

로데, 페터, 『키에르케고르, 코펜하겐의 고독한 영혼』, 임규정 옮김, 한길사, 2003.

로스, 윌리엄 데이비드, 『플라톤의 이데아론』, 김진성 옮김, 누멘, 2011.

로티, 리처드, 『우연성, 아이러니, 연대』, 김동식·이유선 옮김, 사월의책, 2020.

롬바흐, 하인리히, 『아폴론적 세계와 헤르메스적 세계』, 전동진 옮김, 서광사, 2001.

르 블랑, 샤를, 『키르케고르』, 이창실 옮김, 동문선, 2004.

마르크스, 베르너, 『현상학』, 이길우 옮김, 서광사, 1989.

마르크스, 카를, 『경제학-철학 수고』, 강유원 옮김, 이론과실천, 2006

만, 토마스, 『마의 산(상)』, 홍경호 옮김, 범우사, 1996

매쿼리, 존, 『하이데거와 기독교』, 강학순 옮김, 한들출판사, 2006,

맬컴, 노먼, 『비트겐슈타인의 추억』, 이윤 옮김, 필로소픽, 2013.

몽크, 레이, 『비트겐슈타인 평전』, 필로소픽, 2012.

밀러, 막스, 『실존철학과 형이상학의 위기』, 박찬국 옮김, 서광사, 1988.

베버, 막스, 『'탈주술화' 과정과 근대: 학문, 종교 정치』(막스 베버 사상 선집 I), 전성우 옮김, 나남, 2002.

베어, 게르하르트, 『독일 신비주의 최고의 정신 마이스터 에크하르트』, 이부현 옮김, 안티쿠스, 2009.

벤야민, 발터, 『브레히트와 유물론』(발터 벤야민 선집 8), 윤미애·최성만 옮김, 길, 2020.

보그, 마커스, 『새로 만난 하느님』, 한일철 옮김, 한국기독교연구소, 2001.

보르트, 미하엘, 『철학자 플라톤』, 한석환 옮김, 이학사, 2003.

보만, 토를라이프, 『히브리적 사유와 그리스적 사유의 비교』, 허혁 옮김, 분도출판사, 1975.

보스, 메다르트, 『졸리콘 세미나』, 이강희 옮김, 롤링스톤, 2016.

보토모어, 톰 외, 『마르크스 사상사전』, 임석진 편집 및 책임감수, 청아출판사, 1988.

부르디외, 피에르, 『나는 철학자다: 하이데거의 정치적 존재론』, 김문수 옮김, 이매진, 2005.

부버, 마르틴, 『나와 너』, 표재명 옮김, 문예출판사, 2001.

─── , 『인간의 문제』, 윤석빈 옮김, 길, 2007.

북친, 머레이, 『휴머니즘의 옹호』, 구승회 옮김, 민음사, 2002.

블라트너, 윌리엄, 『하이데거의 '존재와 시간' 입문』, 한상연 옮김, 서광사, 2012.

비멜, 발터, 『사르트르』, 구연상 옮김, 한길사, 1999.

─── , 『하이데거』, 신상희 옮김, 한길사, 1997.

비서, 리하르트, 『하이데거 사유의 도상에서』, 강학순·김재철 옮김, 철학과현실사, 2000.

비트겐슈타인, 루트비히, 『논리철학논고』, 이영철 옮김, 책세상, 2006.

빈데만, 스티븐 L., 『하이데거와 비트겐슈타인: 침묵의 시학』, 황애숙 옮김, 부산대출판부, 2011.

사르트르, 장-폴, 『실존주의는 휴머니즘이다』, 박정태 옮김, 이학사, 2008.

─── , 『존재와 무』, 정소성 옮김, 동서문화사, 2009.

셸러, 막스,『우주에서 인간의 지위』, 진교훈 옮김, 아카넷, 2001.

셸링, 프리드리히 빌헬름 요제프,『인간 자유의 본질』, 한자경 옮김, 서광사, 1998.

소포클레스,『소포클레스 비극 전집』, 천병희 옮김, 숲, 2008.

쇼펜하우어, 아르투어,『의지와 표상으로서의 세계』, 홍성광 옮김, 을유문화사, 2009

슈미탈스, 발터,『불트만의 실존론적 신학』, 변선환 옮김, 대한기독교출판사, 1983.

스타이너, 조지,『하이데거』, 임규정 옮김, 지성의샘, 1996.

아도르노, 테오도어 W., M. 호르크하이머,『계몽의 변증법』, 김유동 옮김, 문학과지성사, 2001.

아렌트, 한나,『라헬 파른하겐: 어느 유대인 여성의 삶』, 김희정 옮김, 텍스트, 2013.

──,『사랑 개념과 성 아우구스티누스』, 서유경 옮김, 텍스트, 2013.

──,『어두운 시대의 사람들』, 홍원표 옮김, 인간사랑, 2010.

──,『어두운 시대의 사람들』, 홍원표 옮김, 한길사, 2019.

──,『이해의 에세이 1930~1954』, 홍원표 외 옮김, 텍스트, 2012.

──,『전체주의의 기원 1·2』, 이진우·박미애 옮김, 한길사, 2006.

──,『정신의 삶 : 사유와 의지』, 홍원표 옮김, 푸른숲, 2019.

──,『한나 아렌트의 말: 정치적인 것에 대한 마지막 인터뷰』, 윤철희 옮김, 마음산책, 2016.

아리스토텔레스,『범주론·명제론』, 김진성 역주, 이제이북스, 2005.

──,『형이상학』, 조대호 옮김, 나남, 2012.

아우구스티누스,『고백록』, 김희보·강경애 옮김, 동서문화사, 2008.

아일런드, 하워드, 마이클 제닝스,『발터 벤야민 평전: 위기의 삶, 위기의 비평』, 김정아 옮김, 글항아리, 2018.

야스퍼스, 카를,『죄의 문제』, 이재승 옮김, 앨피, 2014.

──,『철학 Ⅰ·Ⅱ·Ⅲ』, 이진오·최양석, 신옥희·홍경자·박은미, 정영도 옮김, 아카넷, 2016~2019.

에크하르트, 마이스터,『마이스터 에크하르트 독일어 논고』, 요제프 퀸트 편역, 이부현 옮김, 누멘, 2009.

에팅거, 엘즈비에타,『한나 아렌트와 마틴 하이데거』, 황은덕 옮김, 산지니, 2013.

영-브루엘, 엘리자베스,『아렌트 읽기』, 서유경 옮김, 산책자, 2011.

──── ,『한나 아렌트 전기: 세계 사랑을 위하여』, 홍원표 옮김, 인간사랑, 2007.

오토, 루돌프,『성스러움의 의미』, 길희성 옮김, 분도출판사, 1987.

오트, 하인리히,『사유와 존재: 마르틴 하이데거의 길과 신학의 길』, 김광식 옮김, 연세대출판부, 1985.

와이스헤이플, 제임스,『토마스 아퀴나스 수사: 생애, 작품, 사상』, 이재룡 옮김, 성바오로출판사, 2012.

월린, 리처드,『하이데거, 제자들 그리고 나치』, 서영화 옮김, 경희대출판문화원, 2021.

윈, 프랜시스,『마르크스 평전』, 정영목 옮김, 푸른숲, 2001.

윙거, 에른스트, 발터 벤야민,『노동자·고통에 관하여·독일 파시즘의 이론들』, 최동민 옮김, 글항아리, 2020.

자프란스키, 뤼디거,『하이데거: 독일 철학의 거장과 그의 시대』, 박민수 옮김, 북캠퍼스, 2017.

제이, 마틴,『변증법적 상상력』, 노명우 옮김, 동녘, 2021.

지젝, 슬라보예,『왜 하이데거를 범죄화해서는 안 되는가』, 글항아리, 2016.

첼란, 파울,『파울 첼란 전집 1·2』, 허수경 옮김, 문학동네, 2020.

카시러, 에른스트,『상징형식의 철학 제1권: 언어』, 박찬국 옮김, 아카넷, 2011.

카푸토, 존 D.,『마르틴 하이데거와 토마스 아퀴나스: 형이상학의 극복에 관한 시론』, 정은해 옮김, 시간과공간사, 1993.

──── ,『포스트모던 해석학』, 이윤일 옮김, 비, 2020.

칸트, 이마누엘,『순수이성비판 1』, 백종현 옮김, 아카넷, 2006.

──── ,『순수이성비판 2』, 백종현 옮김, 아카넷, 2006.

칸트, 이마누엘 외,『계몽이란 무엇인가』, 임홍배 옮김, 길, 2020.

캐니, 앤서니,『중세철학』, 김성호 옮김, 서광사, 2010.

코엔-솔랄, 안니,『사르트르』, 도서출판 창, 1993.

클라크, 티머시,『마르틴 하이데거: 너무나 근본적인』, 김동규 옮김, 앨피, 2008.

클레망, 카트린,『마르틴과 한나』, 정해용 옮김, 문학동네, 2003.

키르케고르, 쇠렌,『불안의 개념』, 임규정 옮김, 한길사, 1999.

――,『죽음에 이르는 병』, 임규정 옮김, 한길사, 2007.

틸리히, 폴,『존재의 용기』, 차성구 옮김, 예영커뮤니케이션, 2006.

팔머, 리처드,『해석학이란 무엇인가』, 이한우 옮김, 문예출판사, 1990.

페스트, 요아힘,『히틀러 평전』, 안인희 옮김, 푸른숲, 1998.

푀겔러, 오토 엮음,『해석학의 철학』, 박순영 옮김, 서광사, 1993.

푀겔러, 오토,『하이데거 사유의 길』, 이기상·이말숙 옮김, 문예출판사, 1993.

플라톤,『국가』, 천병희 옮김, 숲, 2013.

――,『국가·정체』, 백종현 역주, 서광사, 2005.

――,『소피스트』, 이창우 옮김, 이제이북스, 2012.

――,『파이드로스』, 김주일 옮김, 이제이북스, 2012.

――,『편지들』, 강철웅·김주일·이정호 옮김, 이제이북스, 2009.

피갈, 귄터,『하이데거』, 김재철 옮김, 인간사랑, 2008.

하버마스, 위르겐,『현대성의 철학적 담론』, 이진우 옮김, 문예출판사, 1994.

하이네만, 프리츠,『실존철학: 살았는가 죽었는가』, 황문수 옮김, 문예출판사, 2016.

헤겔, 게오르크 빌헬름 프리드리히,『대논리학 1』, 임석진 옮김, 지학사, 1989.

――,『법철학』, 임석진 옮김, 한길사, 2008.

――,『정신현상학 1·2』, 임석진 옮김, 한길사, 2005.

헤르만, 프리드리히 빌헬름 폰,『하이데거의 예술철학』, 이기상 옮김, 문예출판사, 1997.

――, 『하이데거의 존재와 시간을 찾아서』, 신상희 옮김, 한길사, 1997.

헴펠, 한스 페터, 『하이데거와 선』, 민음사, 1995.

호메로스, 『오뒷세이아』, 천병희 옮김, 숲, 2015.

횔덜린, 프리드리히, 『그리스의 은자 히페리온』, 김재혁 옮김, 책세상, 2015.

――, 『횔덜린 서한집』, 장영태 옮김, 인다, 2022.

후설, 에드문트, 『순수현상학과 현상학적 철학의 이념들 1 · 2 · 3』, 이종훈 옮김, 한길사, 2009.

――, 『유럽 학문의 위기와 선험적 현상학』, 이종훈 옮김, 한길사, 1997.

――, 『논리연구 2-1, 2-2』, 이종훈 옮김, 민음사, 2018.

――, 『논리 연구 1』, 이종훈 옮김, 민음사, 2018.

3. 기타

William J. Richardson, 『Heidegger: Through Phenomelology to Thought』, Fordham University Press, 2003.

Karl Jaspers, 『Notizen zu Martin Heidegger』, herausgegeben Hans Saner, Piper Verlag GmbH, 2013.

대한성서공회 발행 『공동번역성서』

『두산백과』

인명 찾아보기

ㄱ

게오르게, 슈테판 671, 674, 676,
    679, 684, 685, 687
고흐, 빈센트 반 35, 125, 127, 129,
    132, 165, 166, 657
곤타르트, 주제테 65, 89
괴벨스, 요제프 40
괴테 32, 449
그뢰버, 콘라트 410, 815

ㄴ

나폴레옹 32
노자 372, 535, 689
놀테, 에른스트 56
니체, 프리드리히 52, 59, 63, 67, 75,
    80, 83, 86, 91, 92, 111~113, 235,
    241, 243~246, 248~253, 255~
    262, 263~267, 269~275, 277~
    299, 301~320, 322~327, 331,
    334~341, 343, 344, 346~354,
    360, 362, 365, 366, 368~370,
    376~380, 385, 390~392, 397,
    414, 418, 419, 472~474, 476~
    478, 495, 523, 702, 705, 728, 731,
    739, 740, 759, 762, 777, 778, 818

ㄷ

데리다, 자크 804
데카르트, 르네 343, 344, 354~357,
    359~366, 389, 432, 572
도스토옙스키 330, 331
듀이, 존 37

ㄹ

라살, 페르디난트 47, 48
라이프니츠 44, 187, 190, 351, 371,
    550
람페, 아돌프 409, 410
레네, 알랭 427
레비, 프리모 807

뢰비트, 카를 424, 758
룀, 에른스트 40~42
루스벨트, 프랭클린 31
루카치, 죄르지 52
리터, 게르하르트 406, 408, 409
릴케, 라이너 마리아 415

ㅁ

마르셀, 가브리엘 433
마르쿠제, 헤르베르트 49, 416, 417
마르크스, 카를 47, 48, 182, 183,
　392, 450, 473, 480~483, 568~
　570, 579, 739, 740, 811, 818
마르틴, 베른트 27
매쿼리, 존 518, 773
몽크, 레이 46
뫼르헨, 헤르만 17
묄렌도르프, 빌헬름 폰 16, 17, 53, 54
무솔리니 33
뮐러, 막스 17, 33, 44, 785

ㅂ

바그너, 리하르트 267, 268, 272
바우만, 게르하르트 808, 809
바움가르텐, 알렉산더 411
바움가르텐, 에두아르트 36~38
베버, 마리아네 37
베버, 막스 37, 71
벨테, 베른하르트 815~817
보스, 메다르트 794
보프레, 장 438~440, 489, 511

볼프, 게오르크 798
볼프, 에릭 42, 53, 54
뵈메, 야코프 772
뵐렌도르프 86, 89, 269
불트만, 루돌프 759, 780
브로크, 베르너 37, 38
블로흐, 에른스트 52
블로흐만, 엘리자베트 44, 92, 530
블뤼허, 하인리히 507, 512, 514,
　516, 519, 520, 522, 814
비멜, 발터 156, 157
비서, 리하르트 809, 811, 812
비트겐슈타인 46, 47
480, 488, 490, 492, 508, 765

ㅅ

사르트르 75, 425, 427~438, 440,
　443, 446, 450, 456, 457, 460~462,
　464, 470, 471
샤데발트, 볼프강 53, 55
셸링 32, 64, 444, 614, 772
소포클레스 113, 215, 216, 224, 230,
　363, 496, 600
쇼펜하우어, 아르투어 257
슈미트, 게르하르트 407
슈반, 알렉산더 796
슈뵈터르, 빅토르 43
슈타우딩거, 헤르만 36~38
슈테른, 귄터 507, 516
슈트라서, 그레고어 40~42
스탈린 52, 178, 180

스피노자, 바뤼흐 44, 444, 445
실레시우스, 앙겔루스 467

ㅇ

아도르노, 테오도어 비젠그룬트 111,
    112, 796~798
아렌트, 한나 44, 55, 422, 505, 507~
    523, 590, 796~798, 813~815
아롱, 레몽 428
아리스토텔레스 25, 191, 201, 218,
    238, 380, 472, 496, 705, 714, 737,
    774, 818
아우구스티누스 29, 707, 758
아우크슈타인, 루돌프 798, 799
아퀴나스, 토마스 773, 774
알튀세르, 루이 490
야스퍼스, 카를 24~26, 28, 34, 37,
    44, 56, 410~414, 417, 420~424,
    433, 507~509, 511, 512, 515, 516,
    518, 521, 522, 530, 561, 796, 809
야스퍼스, 게르트루트 413
야코비, 펠릭스 29
야코비, 프리드리히 하인리히 329
에크하르트, 마이스터 607~609,
    642, 771~778, 781, 784
엥겔스, 프리드리히 47
오토, 루돌프 759, 771
외스터라이히, 존 519
요나스, 한스 780
월린, 리처드 50

ㅈ

자우어, 요제프 16, 17
자프란스키, 뤼디거 24, 43, 44
죄르겔 53
지젝, 슬라보예 24, 50~52

ㅊ

첼란, 파울 807~809

ㅋ

카푸토, 존 773
칸트 232, 283, 508, 705, 739, 791,
    818
칼프, 샤를로테 폰 65
캐스트너, 에르하르트 792, 794, 798
코제브, 알렉상드르 429, 431
크라우스, 카를 46
크로이처, 콘라딘 593
클레망, 카트린 521
키케로 448, 449

ㅌ

탄하우저 27, 37
텔렌바흐, 게르트 420
토와르니키, 프레데리크 드 427, 436
토인비, 아널드 31, 32
투르게네프 329~332
트라클, 게오르크 648, 651, 653,
    654, 661, 662, 665, 671
틸리히, 파울 759, 782~784

ㅍ

파르메니데스 211, 212, 218, 223, 224, 230, 308, 358, 611, 615, 625 626, 739, 746, 747

파리아스, 빅토르 800

페스트, 요하임 31

페체트, 하인리히 비간트 798

페트리, 엘프리데 16, 513, 514, 516, 517, 520, 521, 758, 793, 813

푸시킨 330, 331

프랭켈 37

프로이트, 지크문트 286, 409, 716, 792, 796

프로타고라스 354, 356~358, 364

플라톤 25, 34, 55, 113, 156, 215, 231, 264, 278, 279, 281~283, 333, 346, 369, 380, 419, 472, 474, 498, 534, 535, 562, 614, 705, 737, 739, 813, 818

피셔-바르니콜, 한스 271

피히트, 게오르크 407

필론 223

ㅎ

하르트만, 니콜라이 57

하만, 요한 게오르크 648

하이데거, 외르크 406

하이데거, 헤르만 16, 271, 406

하인릭스, 헤르베르트 33

하프너, 제바스티안 43

헤겔 44, 64, 65, 67, 79, 80, 111, 157, 158, 209, 221, 367, 368, 403, 419, 444, 472~474, 481, 500, 504, 575, 627~631, 705, 724, 728, 730, 739, 818

헤라클레이토스 78~80, 201, 211, 212, 216, 218~223, 358, 496, 497, 533, 610, 811

헤르더, 요한 고트프리트 648

헤베시, 게오르크 폰 27, 37

헤벨, 요한 페터 596

헬링그라트, 노르베르트 폰 63

호르크하이머, 막스 111, 112, 797, 798

호메로스 86, 103, 110, 111, 218, 793

횔덜린, 프리드리히 58, 59, 63~74, 76~80, 82~84, 86, 87, 89~94, 97~100, 102, 103, 105~111, 113, 115, 117, 118, 121, 149, 171, 174, 175, 177, 187, 202, 225, 241, 269, 415, 416, 475, 478, 542, 545, 546, 583, 762~764, 769, 777, 809

후설, 에드문트 428, 509, 519, 520, 796

히틀러, 아돌프 15~18, 19, 20, 28~34, 42, 47, 49, 58, 202, 233, 243, 405, 406, 409

힌덴부르크, 파울 폰 15

용어 찾아보기

ㄱ

『검은 노트』 48, 50

게슈텔 533, 561, 570~574, 577, 578, 580, 582~585, 600, 605, 619~623, 625, 660, 661, 667, 721, 730, 731, 800

『계몽의 변증법』 111, 112, 797

계산하는 사유 595, 597, 602, 606, 627

『고백록』 707, 758

고향 상실 115, 398, 475, 477~483, 486, 597, 767

관점주의 285, 286, 318

『구약 성서』 103, 223

『구토』 428

『국가』 55

국가사회주의 17, 18, 23, 28, 34, 35, 37, 38, 50, 57, 58, 233, 406, 485, 517

권력의지 92, 111~113, 246~262, 265~269, 273, 274, 290, 293, 296~301, 323~325, 329, 335~ 337, 349~354, 362, 365, 368~ 370, 376, 377, 379, 385, 398, 472, 474, 523, 640, 705, 731, 778

『권력의지』 245, 246, 251, 257, 259, 290, 297, 298, 331, 338, 341, 346, 352

「기술에 대한 물음」 597

기투 81, 173, 175, 179, 431, 434, 459~461, 474, 501, 619, 710, 772

ㄴ

『나의 투쟁』 46, 47

나치즘 17, 28, 33, 35, 36, 38, 40, 42, 43, 51, 53, 55, 58, 63, 115, 202, 233, 465, 485

내맡김 21, 73, 591, 593, 604~610, 776, 815

『내맡김』 607

『니체』 242, 245, 247, 376, 523

『니체 Ⅰ』 523

『니체 Ⅱ』 523

니힐리즘 33, 39, 45, 58, 183, 235, 243, 249, 256, 262, 263, 267, 280, 281, 302, 327, 329~335, 337~350, 353, 354, 362, 376~379, 385, 388, 392~395, 397, 398, 414, 416, 477, 478, 495, 802

ㄷ

대자 431

던짐 81, 141, 173, 175, 184, 459, 461, 474

데이논 114, 227~229

『데카르트적 성찰』 428

도구적 이성 48

『도덕경』 372, 535

독사 214, 215

「독일 대학의 자기주장」 18, 20

『동일성과 차이』 613

디오니소스적인 것 90, 91, 267, 269~273

디케 321, 352

ㄹ

로고스 90, 91, 201, 202, 217~223, 230, 231, 453, 472, 491, 621, 634, 640, 648, 702

리히퉁 152~156, 158, 159, 161, 163, 176, 454, 456, 458, 459, 468, 469, 471, 473, 711, 713, 742~747, 750, 751

ㅁ

『마르틴 하이데거와 '제3제국'』 27

마주던짐 141, 173, 175, 184, 459, 461, 474, 690

무사유 590, 592~594, 606

물질주의(적) 35, 37, 39, 48, 406

민족사회주의 35, 40

민족주의 38, 42, 43, 176, 476, 478

민족주의적 사회주의 40~42

ㅂ

반유대주의 27, 28, 38, 43, 45, 47, 48, 50

범재신론 781~783

본래성 35, 469, 590, 690, 722, 797

볼셰비즘 53, 58, 115

『비극의 탄생』 269, 290

비본래성 35, 58, 78,

비은폐성 120, 129, 130, 151~154, 156, 158, 161, 162, 165, 166, 172~174, 176, 179, 216, 231, 276, 307, 308, 357, 364, 365, 377, 381, 382, 388, 395, 398, 452, 454, 458, 484, 469, 563, 569, 570, 572~577, 579, 581, 585, 590, 632, 720, 729, 734, 742, 746~753, 766, 770, 776

『비트겐슈타인 평전』 46

ㅅ

『사유란 무엇인가』 593

『사유의 사태로』 695, 725

사이-나눔 639, 640, 658~662, 664~668, 670, 681

생기 97, 285, 473, 489, 550, 612, 613, 620~627, 631~633, 639, 640, 643, 647, 658, 668, 696, 716~725, 727~731, 768, 777, 778, 780

서로-나름 639~641, 659~664

『선악의 저편』 320

『성서』 188

『세계관의 심리학』 508

세계-내-존재 432, 492, 552

세계의 밤 118, 404, 415, 416, 478, 762, 796

세인 459, 469, 594

『소피스트』 614

숙고하는 사유 595, 602, 627

『숲길』 529, 530, 798

『슈피겔』 16, 18, 20, 28, 35, 53, 406, 531, 598, 757, 762, 780, 796, 798, 799, 801, 802, 804, 806, 809

『신약 성서』 222

실존주의 235, 425, 432, 433, 435, 440, 443, 446, 457, 461, 462, 470, 488, 490, 508

『실존주의는 휴머니즘이다』 433, 443, 456, 460, 470, 480, 492

심-연 328, 467, 618, 626, 643, 649

ㅇ

『아리스토텔레스의 현상학적 해석』 759

『아버지와 아들』 330

아이히만, 아돌프 520, 590

아폴론 89, 90, 92, 106, 133, 136, 794

아폴론적인 것 90, 91, 267, 269, 270~273

「안티고네」 113, 132, 224, 225, 230, 600

알레테이아 129, 151, 152, 213, 276, 307, 308, 563, 564, 632, 720, 729, 734, 742, 746~752

『언어로의 도상에서』 647, 671

에네르게이아 640, 702, 705, 727, 737

에토스 496, 497

에포케 395, 605, 619, 629, 631, 639, 704, 705, 727

『역사와 계급의식』 52

『역사의 기원과 목표』 561

염려(함) 371, 429, 446, 488

영원회귀 86, 246, 247, 250, 251, 253~256, 296, 337, 477, 523

『예루살렘의 아이히만』 520, 590

「예술 작품의 근원」 35, 121, 141, 158, 545, 546, 586, 647,

「오이디푸스 왕」 113, 215,

『우상의 황혼』 269, 282, 320

우시아 203, 234, 472, 702

은닉 158~167, 213, 216, 270, 276, 299, 381~383, 385, 388, 394, 395, 454, 468, 480, 498, 500, 538, 563, 599, 618, 632, 660, 661, 687, 705, 707, 713, 714, 720, 723, 724, 728, 729, 747, 750~752, 766, 768~770, 776, 778

『의지와 표상으로서의 세계』 257

『이 사람을 보라』 250, 474

이데아 215, 231, 232, 254, 255, 257, 262, 264, 265, 277~279, 282, 283, 343, 369, 472, 474, 498, 534, 535, 570, 640, 702, 705, 727, 737

『인간의 조건』 520

ㅈ

『자연학』 218

전체주의 38, 43, 53, 58, 419, 485

『전체주의의 기원』 517, 520

『정신의 삶』 523

『정신현상학』 79, 209, 367

존재 망각 45, 118, 192, 197, 235, 326, 416, 461, 472, 475, 478~481, 484~486, 502, 539, 553, 606, 632, 633, 642, 661, 721, 722, 728, 729, 766, 767, 778,

존재 물음 187, 193, 196~198, 200, 204, 206, 248

존재-신-론 380, 613, 627, 628, 633, 634, 641, 759, 760

『존재와 무』 425, 430~433, 436, 437, 462,

『존재와 시간』 34, 141, 153, 157, 172, 238, 367, 447, 455, 457~461, 463, 469, 471, 473, 488, 492, 508, 511, 518, 530, 547, 551, 552, 594, 647, 690, 695, 696, 710, 716, 736, 759, 813

즉자 431

ㅊ

『차라투스트라는 이렇게 말했다』 245

「창조적 풍광: 우리는 왜 시골에 머무르는가?」 35

『철학에의 기여』 59, 242, 613, 642, 777, 780

『철학의 근본 물음』 238

『철학적 자서전』 34

초인 337, 344, 348, 353, 362, 728, 731, 778

친밀성 76~80, 91, 94, 95, 148, 149, 658, 659

ㅌ

탈은폐 131, 158, 391, 392, 471, 559, 563~573, 577~579, 581, 583, 584, 586, 622, 632, 638, 667, 701~703, 719~721, 724, 729~731, 748, 749, 770, 792

탈-존 453~458, 461, 463, 464, 468~470, 487~489, 499, 501

테크네 266, 267, 482, 484, 559, 564,
    565, 574, 586, 792

ㅍ

파시즘 53, 86, 87, 89~91, 269~271,
    414, 797
포이에시스 177, 563~565, 574, 578,
    583~587
플라톤주의 113, 254, 255, 262~265,
    267, 277, 279~284, 287, 289, 346,
    352, 369, 739
피시스 72, 82, 103, 135, 145~147,
    164, 179~182, 191, 192, 202, 203,
    213, 216~219, 221~223, 225,
    229~231, 266, 276, 299, 369, 449,
    472, 496, 546, 563, 571, 572, 583,
    584, 640, 682, 741, 744, 794,

ㅎ

『향연』 65, 562
허무주의 39, 43, 58, 235, 236, 267,
    268, 298, 302, 335, 523, 728, 731,
    778
형이상학(적) 20, 39, 92, 111, 113,
    156, 187~189, 192, 195, 198, 235,
    242, 243, 245, 247~250, 278,
    290~293, 295, 298~300, 302,
    320~322, 324~326, 329, 333~
    337, 339~ 342, 344, 349, 350~
    352, 354, 359, 360, 362, 363,
    366~370, 375~ 383, 386~388,
    391, 392, 394~ 396, 399, 418,
    449~453, 462, 468, 472, 480~
    486, 489, 503, 501, 598, 616~618,
    631~635, 641~643, 727, 728,
    730, 731, 737~742, 760~763
형이상학의 신 76, 643, 760~762,
    764, 765, 777
형이상학의 완성 113, 243, 325, 360,
    366, 395, 396, 728, 738
형이상학의 종말 326, 334,
『형이상학의 근본 개념들』 141
「형이상학이란 무엇인가」 427, 428,
    673, 697, 761
홀로코스트 45, 48~50, 202
휴머니즘 433, 435, 440~442, 446~
    451, 453, 463, 464, 487~490, 495,
    512, 765
「휴머니즘 편지」 440, 443, 461, 511,
    625, 647, 716, 764, 765, 767, 770
『희망의 원리』 52
『히틀러 평전』 31
「히틀러 회견기」 32
『히페리온』 64

하이데거 극장 2
존재의 비밀과 진리의 심연

지은이 고명섭
펴낸이 김언호

펴낸곳 (주)도서출판 한길사
등록 1976년 12월 24일 제74호
주소 10881 경기도 파주시 광인사길 37
홈페이지 www.hangilsa.co.kr
전자우편 hangilsa@hangilsa.co.kr
전화 031-955-2000~3 **팩스** 031-955-2005

부사장 박관순 **총괄이사** 김서영 **관리이사** 곽명호
영업이사 이경호 **경영이사** 김관영 **편집주간** 백은숙
편집 박희진 노유연 이한민 박홍민 김영길
마케팅 정아린 **관리** 이주환 문주상 이희문 원선아 이진아
디자인 창포 031-955-2097
인쇄 예림 **제책** 경일제책사

제1판 제1쇄 2022년 8월 30일
제1판 제2쇄 2023년 9월 15일

값 43,000원

ISBN 978-89-356-7775-7 94160
ISBN 978-89-356-7773-3 (세트)